산업 보안론

Industrial Information Security

산업정보수집과 산업보안

신제철 · 김순석 공저

도서출판 그린

서문

필자는 운명을 믿지 않는다. 인생에 어떤 의미가 있다고 생각하지도 않는다. 결정된 운명이 없으므로 내가 개척하고 바꿀 수 있으며 애초부터 의미가 없는 인생이기에 내가 의미를 만들어 가는 것이라고 생각하며 살아왔다. 만일 너는 그렇게 살 수밖에 없다며 운명이 결정되어 있다면 또는 너는 태어날 때부터 그런 의미를 가지고 태어났다고 한다면 과연 살만한 인생이겠는가?

그러나 요즈음에 들어서 지나온 세월을 돌이켜보면 지금까지 살아온 나의 인생이 어쩌면 나에게 주어진 운명이 아니었던가? 하는 생각도 가끔씩은 하게 된다.

공직생활 30년 동안 나는 오로지 안보와 보안과 안전이라는 명제만을 안고 살아왔다. 안보와 보안전문기관에 들어가서 보안업무를 담당하였고 세월이 가다보니 책임을 지는 직위에서 근무도 하였다. 운명은 결정된 것이 아니라지만 결과적으로 다른 길을 가보지도 못하고 오로지 보안업무만 껴안고 살아 왔으니 그런 생각이 들만도 한 것이다.

필자가 공직생활을 시작했을 당시만 해도 보안하면 즉, 국가보안을 지칭하는 말이였다. 30여 년 동안 보안업무에 종사하면서 보안에 대한 이론도 개발하고 각급기관에 대한 보안감사, 중요시설과 업체에 대한 보안측정과 보안설계, 보안지도, 보안교육, 보안사고 조사업무를 담당하며 현장경험을 쌓아왔다. 그러면서 배우기도 하고 새로운 보안 분야를 개발해 내기도 했으며 그 과정에서 나만이 가질 수 있는 노하우도 개발하게 되었고 그리고 나름대로 보안에 대한 철학적 신념도 가지게 되었다.

필자는 평소에 지식인이라면 3가지의 책임이 있다고 주장하여 왔다. 첫째가 지식인은 아는 것만큼 모르고 있는 사람을 가르쳐 주어야 할 책임이 있으며 둘째로 지식인은 아는 것만큼 미래를 예측하고 대비하여야 하는 책임이 있으며 셋째는 지식인으로써 아는 것만큼 깨우쳐서 다른 사람에게 행동으로 모범을 보여야 할 책임이 있다고 생각하여 왔다. 특히 지식인은 미래를 대비하는 데에 앞장을 서야한다. 과거 우리는 미래를 예측하지 못하고 대비를 소홀히 함으로써 나라를 강탈당한 역사적 경험을 가지고 있다. 나라를 빼앗긴 책임이 과연 민초에 있었겠는가? 그것은 위정자와 지식인이라고 자처하는 그들에게 더 많은 책임이 있을 것이다. 저마다 주어진 위치에서 아는 것만큼 미래를 대비했다면 우리의 주권을 타국에 넘겨주는 우를 범하지 않았을 것이다.

1989년경 여러 국가기관과 중요시설 및 산업체에 대한 보안지도를 하는 과정에서 앞으로는 산업스파이와 사이버공격에 대한 대비가 중요한 문제라고 판단하게 되었고 이러한 우리들의 건의가 다행스럽게 받아드려져서 산업보안에 관한 이론개발과 조직을 만들고 체제를 구축하기위한 산업보안 T/F 팀장으로 명령을 받고 인원, 문서, 시설, 통신, 사이버 전문가들과 함께 산업스파이 방지대책 강구를 위해 머리를 싸매던 기억이 아직까지도 생생하다.

이 과정에서 이 업무에 대한 애정을 가지게 됨은 당연한 것일 것이다. 이제는 담당자들이 거의 바뀌어 아는 사람도 없고 산업보안업무 탄생의 역사를 기억 주는 사람도 없게 되었지만 그리고 이제는 다른 전문가들에 의하여 잘 발전되고 있지만 애를 낳기만 하고 다른 사람에게 맡겨 키워온 결과가 되어 직접 키우지 못한 일종의 책임감을 늘 느껴온 것이 사실이다.

그러나 누가 키우고 있든지 간에 마음 한 구석에는 언제나 이 업무가 발전되기를 간절히 소망하여 왔다. 혹자는 이 분야가 자기들만의 영역인 것처럼 생각하고 다른 사람들의 접근을 경계하는 마음을 가질 수도 있을 것이다. 모든 학문이 다 그러듯이 다양한 사람들이 다양하게 참여하여 다양한 의견을 주고받을 때만이 발전을 가져 올 수 있을 것이다. 숲을 만들기 위해서 이 사람 저 사람이 우선 나무를 여기저기 조금씩 심어 나가는데서 시작되는 이치와 같은 것이다.

진정으로 업무를 사랑하고 그래서 발전을 가져오기를 바란다면 마음을 열고 서로간에 정보를 교환하며 함께 연구하여야 한다. 공무원으로써 근무하는 과정에서 정책을 개발하고 법률을 제정하거나 개정하는 데에 있어 가장 중요한 것은 국민을 설득하는 것이며 국민을 설득하는 데에는 객관적 입장에서 연구한 이론적 밑받침이 중요하다는 생각을 하곤 하였다.

이론은 학문의 세계에서 개발하고 관이나 산업체에서는 개발된 이론에 따라 실무 현장에서 활용하고 실무에 적용하는 과정에서 나타난 새로운 현상과 문제점들이 다시 학문의 세계로 피드백되어 학문적으로 연구·발전되고 개발된 이론은 다시 관과 산업체에 전달되는 순환과정이 잘 돌아 갈 때 실사구시의 학문이 발전될 것이다.

국가보안업무도 여러 외국의 이론을 배워오고 이를 우리나라 국가기관이 활용하면서 나타난 문제점을 발굴하고 발굴된 문제점에 대하여 우리나라 실정에 맞는 개선대책이 꾸준히 연구되고 발전되어 그것이 지침이 되고 이어서 규정화되어가는 과정을 겪어 오늘날과 같은 체계를 구축하게 된 것이다.

애당초부터 산업보안은 그 모태가 국가보안이었다. 국가 보안하는 원리나 원칙과 방법이 산업 보안하는 원리나 원칙과 방법이 다를 수 없다. 진리는 하나이기 때문이다. 국가보안은 국가안전보장과 국가이익이 산업체는 산업체의 안전(존립)과 이윤 보호가 목적일 뿐이다.

실제로 산업보안업무 개발 T/F 팀장이 되어 산업보안의 이론과 체계를 연구함에 있어서 국가보안 관리체제를 모델로 삼아 미숙하지만 산업보안관리 체계를 개발하였다. 따라서 보안관리 방법을 설명함에 있어서 국가 보안관리 방법과 산업보안관리 방법을 구별하여 설명할 수는 없는 일이다.

이 책에서는 국가보안 관리방법을 기본으로 산업체에서 적용할 수 있는 방법을 찾아 기술하였다. 제시한 방법들이 때로는 지나치게 엄격하여 산업체에 직접 적용하기가 어려운 부분이 있을 수 있으나 그러한 부분은 산업체 실정에 맞게 변용하여 적용할 수 있을 것이다. 다만 보안의 원칙이 그렇다는 것이다.

산업보안을 시작했던 한 사람으로서, 혹은 먼저 경험했던 한 사람의 지식인으로써, 산업보안업무 발전에 대한 애착을 가진 한 사람으로써, 시작했던 그날로부터 오늘까지 현장에서 습득한 여러 가지 경험들을 어딘가는 남겨놓아야 한다는 부담감을 가지고 살아온 것도 사실이다. 언제든지 기회만 되면 그 부담감에서 벗어나고 싶었다. 이제 졸작이라도 세상에 내놓게 되었으니 어쭙지않은 그 부담감에서 벗어날 수 있게 되어 대단이 기쁠 뿐이다.

공무원을 퇴직하고 나서 몇 개의 대학에서 산업보안론을 강의 할 때마다 기본적인 교과서의 필요성을 절실하게 느꼈으며 내가 알고 있는 지식을 책자에 담아 전달하고 싶었다. 그것은 산업보안업무가 발전하기를 절실히 바라는 마음이지 다른 욕심이 전혀 없음을 알아주기를 바란다.

그러나 태생이 게을러서인지 차일피일 늦어졌다. 해가 갈수록 가슴 깊은 곳에서는 뭔가를 만들어 놓아야 한다는 갈증이 꿈실꿈실 피어올라 참을 수가 없었다. 2009년 겨울 방학에는 훌쩍 떠나 외딴섬이나 산사에 짐을 풀고 작업을 하려 했으나 그해 유난히 추위가 극심하여 용기를 낼 수가 없었다.

얼마 전까지는 매서운 겨울바람도 시원하게만 느껴져서 찬 겨울바람을 맞으려 바람 부는 언덕에 올라서곤 하였었다. 가는 세월을 잡을 수 있겠는가? 이제는 추위를 두려워 할 만큼 세월을 살아온 것이다. 나의 기억 속에 남은 추억들, 경험들, 지식들도 세월의 흐름과 더불어 조만간 자취를 감춰버릴 것만 같다. 하루빨리 작업에 들어가야 하겠다는 조바심 끝에 2011년 여름방학에 광릉수목원 앞 직골에 사는 지인의 집을 얻어 또아리를 틀었다.

필자와 공동 집필한 부산 신라대학교 법경찰학부 김순석 교수, 조상현, 김태순 조교, 사이버전 분야를 집필하신 강형섭 박사와 함께!

그동안 수집된 자료를 정리하고, 다른 사람들의 논문도 보고, 하루세끼의 식사를 손수 준비해가며 집필을 시작한 것이다. 생각해보면 서툴기만한 나의 요리를 맛있다면 소리 내며 먹어주었던 그 동료들이 고맙기만 하다. 무슨 책이든 집필하는 것은 피를 말리는 고통스러운 작업이다. 고통스러운 가운데에서도 시간이 갈수록 산산이 흩어져 있었던 자료들이 구술을 꿰듯 엮여져 가고 어느덧 한권의 책이 형태를 들어내기 시작했다.

광릉수목원 앞 직골에 있는 우제학사는 울창한 숲으로 들러 쌓여 있어 인세의 소리는 전혀 들리지 않는 적막함과 한가함, 그리고 약간의 외로운 분위기와 물소리, 새소리, 바람소리 등 자연의 소리와 울창한 숲에서 퍼져 나오는 향긋한 소나무의 향기가 있을 뿐이다, 공기는 맑고 청명하기만 하다. 우리의 열정은 뜨겁지만 청량한 기운이 넘쳐흘렀다.

이후 2012년 여름 방학 내내 다시 모여 숙식하면서 가다듬었다. 산업스파이에 대하여 효율적으로 대응하기 위해서는 산업스파이의 침해 수법을 먼저 알아야 하였기에 "산업정보 수집론"을 전반부에 배치하고 이에 대한 대응방안으로 "산업보안론"을 후반부에 기술하였다. 이 한권의 책이 산업 보안업무의 발전에 조금이라도 보탬이 되었으면 하는 소망이 간절하다.

그리고 마지막으로 필자가 좌절하고 있을 때 남편이 잘할 수 있는 것을 찾아내어 가는 방향을 가르쳐 주고 수차 답사한 끝에 우제학사를 잡아 주고 지원과 격려를 아끼지 않은 나의 반려자 명일 씨에게 감사드리며 이 책을 바친다.

우제학사에서
신 제 철

서문

일찍이 미래학자인 앨빈 토플러(Alvin Toffler)는 1990년에 출간한 저서 『권력이동(Power Shift』 을 통하여 다가올 미래의 변화를 누가 통제할 것인가의 문제를 예견하였다. 이 책에서 권력은 단순히 개인 · 기업 · 국가에서 다른 곳으로 이동하던 기존의 차원과 달리, 권력 본질 자체가 변화하면서 궁극적으로는 지식정보의 창출자 및 수집자 계층으로 옮겨질 것으로 전망하고 있다. 즉, 세계가 산업화 시대에서 정보화 시대로 옮겨가면서 사회를 통제하는 권력의 원천이 과거의 물리적 힘과 돈에서 컴퓨터로 대변되는 지식정보로 급속히 진행되고 있다는 것을 의미하는 것이다. 그리고 20여년의 지난 지금 그의 예견대로 정보를 통제하고 효율적으로 활용하는 집단이나 국가가 부와 권력을 독점하는 시대에 우리는 살고 있다.

이렇듯 정제화된 각종 정보(intelligence)가 개인은 물론 기업과 국가의 생존과 발전에 깊게 영향을 미치고 있는 시기에 지식정보에 대한 이해와 더불어 이에 대한 효과적인 관리와 보호 방안을 체계적으로 정리한 저서를 출간하는데 조금이나마 기여하게 된것을 개인적으로 커다란 영광이라고 생각한다.

따라서 본서는 산업정보의 개념과 역사 및 다양한 사례들을 통해 산업정보의 중요성과 그에 따르는 의미를 이해하기 위한 총론격인 산업정보 수집론과 각 분야별 산업보안의 실무적 기법과 원칙들을 정리한 각론에 해당하는 산업보안론을 포함시킴으로써 산업보안을 위한 실무자와 학계의 연구자들에게 미력하게나마 도움이 되고자 하는 취지에서 기획되었다.

나름대로 산업보안에 관한 관심과 연구가 없었던 것은 아니지만 저자의 능력과 경륜 및 지식이 일천한 관계로 본서의 집필에 참여하는 것이 산업보안을 연구하는 선배 연구자들에게 누를 끼치는 일이 아닌지 오랫동안 고민을 해왔던 것도 사실이다. 그러나 산업보안 분야가 비교적 새로운 학문분야이고 앞으로 그 토대가 견고하게 발전해야할 미래지향적인 학문이라는 점과 저자를 산업보안 분야에 눈뜨게 해주시면서 때로는 스승으로서 때로는 동료 연구자로서 많은 가르침을 주셨던 신제철 교수님의 격려가 없었다면 본서의 방대한 집필 작업에 참여할 수 없었으리라 생각한다.

이외에도 본서는 많은 사람들의 도움이 없었다면 출판이 어려웠을지도 모른다. 아직은 부족한 제자임에도 연구자로 성장해 나가는 것을 멀리서 지켜보면 언제나 격려를 아끼지 않으시는 스승이신 이황우 교수님과 이윤호 교수님을 비롯하여 지난한 원고작업을 말없이 지켜봐주시고 기다려주신 그린출판사 사장님과 이영조 과장님, 방학기간 두달을 집필을 위해 광릉수목원근처 모처에서 합숙하는 과정에 묵묵히 동참해준 제자 조상현군과 김태순군 그리고 언제나 나의 일을 믿고 격려해주는 든든한 동반자인 사랑하는 아내와 두딸 시현이와 시윤이에게 미안함과 고마움을 전하는 바이다.

백양산 기슭 연구실에서

김 순 석

목 차

제1편 산업정보수집론

제3장 중요자료 · 문서보안관리 ······ 279

제4장 시설보안 및 장비보안 ······ 321

제5장 사이버보안 및 통신보안 ········ 379

제6장 보안조사 ········ 493

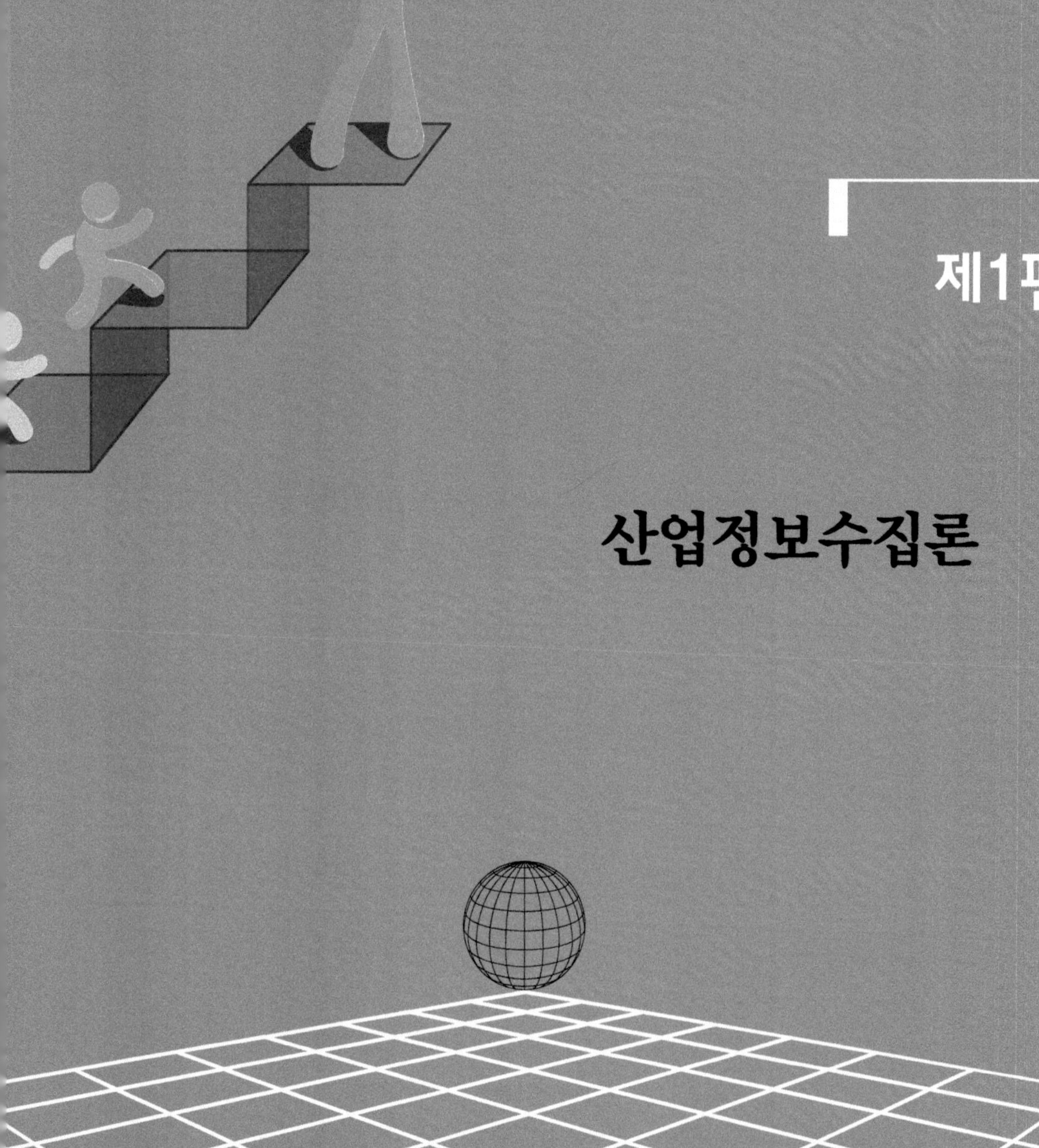

제1편

산업정보수집론

정보의 개념과 역사

1. 인간과 정보

1) 인간이란 무엇인가?

"인간은 무엇인가?" 라는 물음은 고대로부터 끊임없이 제기되어온, 그러나 현재까지도 결론은 맺지 못한 난제 중에 난제이다. 인간에 대한 연구의 대상과 범위는 매우 광범위하다. 정치적 · 사회적 · 생물학적 · 문화적 관점 등 인간을 보는 관점에 따라 다양한 연구와 결과를 도출해 낼 수 있을 것이다. 따라서 인간이 무엇인지에 대하여 한마디로 표현한다는 것 자체가 불가능한 일인 것이다. 철학적 역사를 통해서 보면 인간은 생물학적 현상이나 사회적 현상에 순응하는 방향으로 생존해 왔으며 종교적 · 인격적 · 이성적인 특성을 가지고 있는 것으로 이해되어 왔다. 따라서 인간의 고유한 특징으로 영혼 · 사유 · 노동 · 유희 · 소비 · 도덕 등이 제시되었다.

고대 그리스 철학은 세계와 우주의 본질을 탐구하는데 관심을 가지면서 그 중심에 인간이 있는 것으로 보아 인간은 자연의 한 부분이지만 그 본질은 영혼에 있다고 설명하고 있다. 특히 고대 그리스의 철학자이며 대표적인 소피스트(Sophist)인 프로타고라스(Protagorose)는 '인간은 만물의 척도'라고 주장하였다. 이는 인간은 사물을 인식함에 있어 절대적이지 않고 제 각각 상대적으로 본다는 것을 의미한다. 인간이 가지게 되는 지식은 인간의 인식에 기초하는데, 이 인식은 또한 인간의 감각에 기반을 두고 있어서, 인간의 감각기관에 의해서 인식되는 것이 각각 다르므로 지식 또한 사람마다 다르다는 상대주의적 진리론을 주장한 것이다.

또한 소크라테스(Socrates), 플라톤(Plato), 아리스트텔레스(Aristoteles)는 인간을 이성적 존재로 보았다. 세상에 존재하는 보편적인 도덕적 가치와 규범을 인정함으로써 소피스트의 상대주의를 극복하고자 하였으며, 특히 소크라테스(Socrates)는 이성적 존재인 인간은 감각세계의 변화를 넘어서는 영원하고 변치 않는 이성적 진리를 가진 존재로 인식하였으며 플라톤(Plato)은 지적인 정신세계를 실재하는 것으로 보면서, 인간의 영혼은 변화하는 세계를 초월하여 불변하는 이데아의 세계에 속해야 한다고 하였다. 아리스토텔레스(Aristoteles) 역시 인간은 이성을 지니고 있기 때문에 다른 존재보다 우월한 것으로 보았으며, 질료와 형상 원리에 따라 인간의 영혼을 육체의 형상으로 보고 영혼과 육체의 결합을 추구하였다. 특히 그는 인간은 정치적 동물로써 정치를 떠나서는 살 없다는, 즉 인간이 정치와 주고받는 관계 속에서 성장・발전한다고 보았다.

중세시대에는 그리스도교에 기초하여 인간을 신적(神的) 질서의 일부로 이해하게 된다. 인간은 신이 창조한 인격체이며 따라서 신을 추구함으로써만 그 의미를 갖는 존재로 이해되었다. 그러면서도 아우구스티누스(Aurelius Augustinus)는 사랑 안에서 완성되는 자유의지를, 토마스 아퀴나스(Thomas Aquinas)는 자유와 사랑보다 지성을 강조하였다. 그러나 종교개혁 이후 신앙이 부여한 이러한 통일이 무너지고 인간은 세계의 중심에서 주변으로 떨어져 방향과 안식처를 잃은 존재가 되었다.

근대에 들어와 인간은 객관적인 존재질서의 중심이 아니라 주관적 인식의 중심이 되었다, 르네 데카르트(Ren escartes)는 "나는 생각한다. 그러므로 나는 존재한다."라는 직관이 확실한 지식임을 주장하면서 사유를 본질로 하는 정신과 연장(延長)을 본질로 하는 물질로 구분함으로써 이원론적 체계를 펼쳤다. 또한 데카르트는 정신과 물질, 사유하는 의식과 연장(延長)을 지닌 육체는 아무런 공통점이 없는 '실체'라고 보았으며, 이러한 영혼과 물질의 단절은 근대 철학을 일면적으로 만들어 자유의지 즉, 정신만을 강조하는 합리주의는 인간의 이성을 사유하는 주관으로 축소시켰고 경험론은 경험과 물질에만 매달린다고 인식하였다.

그러나 임마누엘 칸트(Immanuel Kant)는 양자의 대립을 넘어서고자 했다. 그는 데카르트에서 시작된 합리주의 철학과 프랜시스 베이컨(Francis Bacon)의 경험주의 철학 등 인식론적 양대 흐름을 종합하였다. 그러나 순수이성을 추구하는 칸트의 선험철학(先驗哲學)은 인간의 통일과 전체성을 이루는 데 실패하였으며, 감각적 직관과 개념적 사유, 이론적 인식과 실천적 행위, 지식과 신앙의 대립을 통일하지 못하였다. 칸트는 "나는 무엇을 알 수 있는가?", "나는 무엇을 해야 하는가?", "나는 무엇을 바랄 수 있는가?", "인간이란 무엇인가?"라고 스스로 자문하면서 형이상학 · 도덕 · 종교에 기초해서 인간학을 확립하려고 노력하였다.

독일 관념론은 절대적 자아와 절대정신을 추구하여 칸트의 한계를 극복하려 하였다. 인간의 전체성을 세계와 역사 안에서 절대자의 변증법적 자기발전으로 파악하였으며 18세기 프랑스의 유물론자인 라 메트리(Julien offroy de La Mettrie), 달랑베르(Jeaun Le Rond d'Alembert), 홀바흐(Paul Heinrich Dietrich von Holbach) 등은 인간의 정신적 본질을 부정하고 인간을 물질 체계의 한 현상으로 간주하였다.

근대에 들어 카를 마르크스(Karl Heinrich Marx)는 역사를 유물론적으로 해석하고자 하였다. 그는 사회의 물질적인 삶의 조건이 우리의 생각과 의식을 결정하고 물질적 삶의 조건의 변화가 역사에 결정적인 작용을 한다는 것을 증명하고자 하였으며, 한 사회의 정신적인 상황이 물질적 변화를 일으키는 것이 아니라, 그 반대로 물질적인 상황이 정신적인 상황을 결정한다고 생각했다. 특히 한 사회의 경제적인 힘이 다른 모든 분야에 변화를 일으켜 역사를 발전시킨다고 강조하였다. 또한 그는 인간은 노동하는 존재로, 물질적 생산을 통해 세계를 만들고 사회공동체 안에서 다른 인간과 더불어 살면서 의식을 갖추고 물질적 · 정신적 활동을 하는 사회적 존재라고 하였다.

키에르케고르(S. Kierkegaard)는 인간을 보편적인 존재로 보기를 거부하면서 '실존'을 문제 삼았으며 인간은 무기력과 좌절, 죄와 불안 속에서 자기를 경험하는데 신과 마주섬으로써만 자기 실존의 의미를 찾을 수 있다고 주장한다. 그러나 니체(Friedrich Wilhelm Nietzsche)는 이와 반대로 자연적 인간과 그 생명력을 중시하면서 그리스도교를 비판한다. 이를 통해 기독교와 민주주의의 윤리를 약자의 노예 도덕으로 간주하였으며 강자의 군주 도덕을 찬미하여 그 구현자를 초인(超人)이라고 하면서 삶을 고양시키기 위해 '신은 죽었다'고 선언한다.

생(生)철학자인 베르그송(Henri Bergson)은 진화론의 영향을 받아 생명의 창조적 진화를 주장하였는데, 실증주의와 유물론에 반대해서 끊임없이 운동하고 성장하는 삶에 주목한다. 이것은 생명의 약동에 의해 창조적으로 진화하는데 그것은 합리적으로는 파악할 수 없고 직관으로 체험해야 한다. 이런 흐름은 실존주의에 연결되어 카를 야스퍼스(Karl Theodor Jaspers)는 실존의 해명을 통한 초월을, 마르틴 하이데거(Martin Heidegger)는 현존재의 실존론적 · 존재론적 해석학을, 사르트르(Bernard de Chartres)는 의식의 현상학을 전개하기 시작한다.

이렇듯 인간에 관한 논의는 철학적 인간학의 중심이었다. 현대의 철학적 인간학은 막스 셸러(Max Scheler)에 의해 기초가 마련되었는데, 그는 「우주에서 인간의 지위(Die Stellung des Menschen im Kosmos)」(1928)에서 인간과 동물의 행동을 비교하고 인간의 '세계개방성'을 동물의 '환경에 구속됨'과 구별하여 인간의 지위를 정신에서 찾고자 한다. 아르놀트 겔렌(Arnold Gehlen)은 경험과학을 인간학 관점에서 종합하여 동물이 고도로 전문화되어 있고 확고한 본능을 지닌데 비해 인간은 전문화되어 있지 않은 '결핍 존재'임을 밝히려고 하였으며, 인간은 자신의 행위로 그 결핍을 보충해야 했고 그리하여 높은 정신적 · 문화적 성취를 이루었다고 본다. 이와 달리 아돌프 포르트만(Adolf Portmann)은 생물학과 비교행동 연구에서 인간이 이미 생물학적으로 정신적 · 문화적 성취와 인격적 · 사회적 관계, 즉 '인간적인' 것을 목표로 삼고 있으며 고도로 '전문화'되어 있음을 보여준다. 헬무트 플레스너(Helmuth Plessner)는 인간이 자기 삶의 중심을 거듭 반성하고 이를 초월해서 '탈중심'으로 존재하기 때문에 동물의 '중심성'과는 다르다고 보기에 이르렀다.

2) "인간은 정보적 동물(Homo Intellicous)"이다.

위에서 살펴본바와 같이 고대에서 현대에 이르기까지 철학자들은 각자의 시선에서 인간을 바라보고 해석하고자 끊임없이 노력해 왔다. 그렇다면 정보적, 보안적 측면에서 보는 인간은 무엇이며 어떻게 정의될 수 있는가?

필자는 「인간은 정보적 동물이다(Homo Intellicous)」라고 주장한다. 인간은 하루의 시작을 오감을 통한 정보수집에서부터 시작한다. 아침에 눈을 뜨자마자 날씨가 맑은지, 흐린지, 추운지, 더운지를 파악하는 정보활동을 시작한다. 인간은 태어나면서부터 죽을 때까지 시각, 청각, 촉각, 후각, 미각 등 오감을 활용하여 정보수집활동을 쉬지 않고 계속한다.

만일, 오감 중에서 청각기능을 상실하였다면 발성할 수 있는 성대기능에 이상이 없다하더라도 말을 할 수가 없게 된다. 왜냐하면 귀를 통한 정보수집이 되지 않기 때문이다. 아빠가 아이를 보며 '아빠'라고 말하는 정보를 수집할 수 없기 때문에 언어를 구사할 수 없게 되는 것이다.

또한 태어날 때부터 시각에 장애가 있다면 색깔, 생김새 등에 대한 정보가 입수되지 않아서 머릿속으로 어떤 사물이나 현상에 대하여 형상화를 할 수 없게 될 것이다. 만일 인간의 정보수집 기능인 오감이 마비된다면 어떤 결과가 발생할 것인가? 그것은 죽었다는 것을 의미할 것이다.

인간은 어떤 정보기관보다도 탁월한 정보수집과 분석의 조직과 체제를 가지고 생존하기 위해 끊임없이 정보를 생산하는 동물로써 정보 없이 살아갈 수 없는 정보적 동물이다. 그러므로 정보수집 활동을 한다는 것은 살아있다는 것을 의미하며 생존의 수단이기도 한 것이다.

인간은 가공되지 않은 상태에서 수집된 정보(information)를 분석하여 정보(inteligence)를 생산하여 무엇을 어떻게 할 것인가를 결정한다. 이렇듯 정보란 인간이 외부 환경에 적응하려는 행동과 조절행동의 결과를 외부로부터 감지할 때에 인간이 외부 환경과 교환한 내용을 의미한다. 따라서 인간이 환경에 적응함에 있어서 필수적인 요소가 정보인 것이다.

인간은 어떤 상황에 직면하거나 어떤 일을 계획할 때에는 제일 먼저 정보 수집활동부터 시작한다. 그리고 수집된 정보를 바탕으로 여러 가지 행동 방법을 설계하며 마지막으로 설계된 여러 가지 방법 중에 최적의 방안을 선택하여 의사를 결정하고 행동으로 옮기게 되는 것이다. 이 과정에서 가장 중요한 단계는 물론 정보수집단계라 할 수 있다. 심층적이고 다양한 정보가 있어야만 여러 가지 대안의 설계와 최적의 대안을 선택할 수 있기 때문이다.

또한 인간은 생활반경 내에 외부인이 접근하거나 출입하게 되면 경계심을 일으키고 자기와 가족과 조직이나 단체를 보호하기 위한 대응책을 만들기 위해 정보 수집을 하게 된다.

인간은 주변 환경을 자료원으로 하여 이를 해석하고 분류하고 체계화하여 의미를 부여하고 이를 활용 가능한 정보(intelligence)로 생산하여 전달하고 축적하는 행위, 즉 정보행위를 한다. 인간은 어떤 의사결정을 하기 위해서 먼저 관련 정보를 수집하고 이를 분석하여 최적의 행동 방책을 결정한다. 때로는 어떤 원리를 새롭게 만들어 내기도 한다.

인간은 정보를 입수하고 분석하고 행동방책의 결정을 동시에 할 수 있는 지구상 최고의 정보수집과 생산의 메커니즘을 가지고 있어 어떤 동물보다도 탁월한 결론을 도출 할 수 있다. 인간은 과학화, 체계화된 고도의 정보행위 체계가 구축된 동물, 즉 '정보적 동물'인 것이다.

인간은 수집된 정보를 분석·생산하고 생산한 정보(intelligence)를 전달하기 위하여 어떤 그릇에 담으려는 노력을 꾸준히 전개하여왔다. 정보를 전달하거나 담는 방법이 발전되지 못한 과거에는 생산된 정보를 구두로 전달하였다. 이렇게 구두로 전달된 정보는 전달하는 사람의 능력에 따라 보태지기도 하고 어떤 내용은 빠지기도 하고 어떤 부분은 과장되거나 각색되기도 한다.

인간은 좀 더 정확한 정보를 전달하고 착오가 없는 해석을 위해 기호나 문자를 개발하고 정보를 담는 방법과 그릇을 꾸준히 개발하여 왔으며 좀 더 정확한 정보를 전달하고 활용하기 시작한다. 수메르의 설형문자, 거북의 등껍질, 파피루스, 죽간, 종이, 컴퓨터, 네트워크, 정보 통신 등이 바로 정보를 담아 정보를 전달하는 그릇으로 개발되어 온 것들이다.

인간은 정보를 수집하고 얻어진 정보를 그릇에 담고 잘못 담아진 내용을 수정하고 빼내고 가필하고 보완하는 작업을 끊임없이 수행하여 왔다. 이렇게 담는 그릇은 서적이 되고 서적에 담아진 정보는 모아져서 도서관이 되고 그것이 바로 문화가 되고 역사가 되는 것이다.

정보적 동물인 인간은 정보를 수집하고 정보를 생산하며 생산된 정보를 전달하고 축적하므로 써 인류의 지혜와 과학을 발전시키고 문화와 역사를 만든다. 오늘날의 인류의 지혜와 과학의 발전과 문화와 역사는 정보적 인간의 정보 행위의 결과이다. 어떤 동물은 인간과 마찬가지로 새로운 정보를 생산하고 정보전달 규약을 만들기도 한다. 다만 인간과 다른 점은 정보를 축적하는 능력이 없다는 것이다. 따라서 동물은 문화와 역사를 만들지 못하며 그로인해 지혜의 발달도 가져오지 못한다.

인간의 지혜가 발전되고 사회가 복잡해질수록 정보의 중요성은 더욱 부각되어 왔으며 개인과 단체와 국가의 필요성에 따라 좀 더 과학적이고 체계화되고 효율적인 정보활동을 추구하므로 써 오늘날 우리가 보고 있는 현대의 정보기관까지 탄생시켜 왔다. 급기야 오늘날에는 개인과 기업의 생존을 위하여 더 나아가 국가의 존립과 발전을 위해 필사적으로 정보를 수집・활용하고 어렵게 축적한 정보를 보호・전달해야만 하는 정보전쟁 시대에 접어들게 된 것이다.

2. 정보의 개념과 가치

1) 정보의 개념

정보는 그것을 필요로 하는 분야에 따라서 여러 가지 의미를 내포하고 있어 이에 대한 정의 또한 다양하다. 우리 사회에서 종종 정보의 의미에 대해 혼란을 가져오는 경우가 많은데, 그 이유는 'information' 과 'intelligence'라는 용어를 구분 없이 '정보'라는 명칭으로 통용하여 사용하는데서 비롯된다.

일반사회에서 사용되고 있는 '정보(information)'는 '정보(intelligence)'에 비하여 보다 포괄적인 개념으로서, 의미를 부여할 수 없는 상태로 존재하는 자료(date)와 그 의미의 타당성이 검증되지 않은 상태의 정보, 그리고 그 현상의 의미가 분석 및 평가 과정을 거쳐 일반적으로 인정된 내용으로 통용되는 지식(knowledge)을 모두 포괄하는 개념이다(국가정보포럼, 2006: 12).

그렇다고 모든 지식이 정보(intelligence)라고 할 수는 없다. 주로 국가정책이나 국가안전보장에 관련하여 정부기관이나 군대에서 한정적으로 사용되는 특수용어로서, 통상 군사상의 정보나 비밀 내용을 담은 지식을 국가정보(intelligence)로 칭한다(국가정보포럼, 2006: 24).

〈표 1-1〉 자료(data), 첩보(information), 정보(intelligence)의 관계

구분	자료(data)	첩보(information)	정보(intelligence)
의미	단순사실, 기호	목적의식에 따라 수집	가공하여 처리된 지식, 사용자를 위한 정보
용어	데이터, 자료, 생자료, 원자료	1차정보, 첩보, 생정보	2차정보, 정보, 가공정보
활동	입력	수집	평가, 분석, 해석
활동의 특성	임의적, 의식적	의식적	의식적
특성	무의미	불확실성	확실성
유용성	미약	정보화 과정에서 검증 필요	매우유용, 중요

※ **출처:** 국가정보연구회. 2012. 분단국가의 국가정보. 박영사. p. 16.

그렇다면 우리가 일상적으로 사용하고 있는 정보란 과연 무엇인가? 이에 대한 정확하고 완전한 정의를 내리기는 어렵다. 왜냐하면 모든 분야에서 자기의 전문 분야에 맞는 정보에 대하여 정의하고 있기 때문이다(경찰대학, 2002: 10). 사회일반적인 차원에서는 "정보란 지식이며, 조직이고, 활동"이라고 하며 경우에 따라서 "정보란 어떤 형태 또는 사건에 대한 불확실성을 감소시키는 유 · 무형의 실체"라고 정의를 내리기도 한다(이윤식, 1994: 104).

〈그림 1-1〉 자료(data), 첩보(information), 정보(intelligence)의 관계도

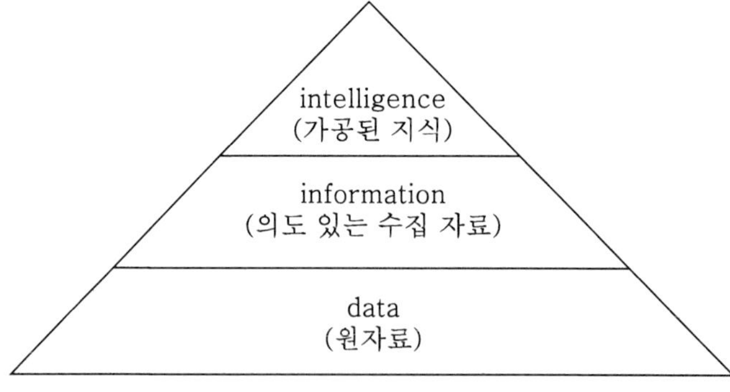

셔먼 켄트(Sherman Kent)는 그의 저서 「전략정보」에서 "정보란 지식이며 조직이고 활동이다"라고 하여 정보의 최종산물인 지식과 이 지식을 얻거나 기타 정보수집을

하기 위한 조직체와 조직체의 정보활동 그 자체를 전부 정보라고 하여 사회일반적인 차원의 정의를 내리고 있다(국가정보연구회, 2012: 12).

뿐만 아니라 국가정보(intelligence)는 위협, 국가, 비밀, 수집, 분석, 의도 등의 용어들을 포함시켜야 하며, 이 중에서 가장 중요한 것은 위협으로 위협이 없다면 정보기관이 존재할 이유가 없기 때문이다. 따라서 위협이란 단순히 어떤 사람의 이익에 영향을 미치는 미지의 요소라기보다는 심각한 손실이나 부상을 야기할 수 있는 것으로서 이는 타인의 비밀을 비밀리에 수집하는 것, 즉 비밀성을 내포한다(Robertson, 1987: 46).

또한 이러한 국가의 정보활동을 "모든 종류의 정보자료를 활용하지만 기본적으로 끝없는 은폐와 기만으로 가득 찬 부분을 꿰뚫고자 하는 노력."(Herman, 1989: 28) 혹은, "근본적으로 외부 집단이 숨기려고 노력하는 정보자료에 접근하고자 하는 것"이라고 기술하기도 한다.

이와 같이 보는 관점에 따라 정보에 대하여 다양한 정의를 내리고 있지만 정보기관에서는 "정보란 국가의 정책결정을 위하여 수집된 첩보를 평가, 분석, 종합 및 해석한 결과로 얻은 지식"이라고 정의하여 첩보(information)와 정보(intelligence)를 구분하고 있다. 이와 같이 국가정책이나 전략기획을 수립하거나 의사를 결정하기 위하여 사용자에게 가치 있고 유용한 지식이 정보라는 것을 분명히 하고 있다(경찰대학, 1967: 18-25).

이를 근거로 기업체에서 요구되어지는 산업정보란 "산업체의 안전과 이윤확보를 위해 수집, 분석, 생산하는 정보라고 정의를 내릴 수 있다". 정책결정, 계획수립, 갈등상황 조정을 위한 정보, 경제적 손실을 예방하기위한 정보 등이 해당된다. 이러한 정보를 정확하게 생산하기 위해서는 세계정세는 물론 한 나라의 국가권력 구조와 세력의 판도, 국가의 이념 및 법률 기타 제도, 주요 정책결정 기구, 국민들의 정치의식과 태도, 정치 지도자 등과 관련된 정보, 외교와 관련된 요소, 즉, 외교정책, 외교기구, 주요 국가와의 관계, 외교 행태 등에 관한 정보, 국내정세, 여론은 물론 한 나라의 경제를 구성하고 있는 경제적 요소 또는 경제현상 관련 정보. 예컨대, 경제주체, 경제객체, 경제활동을 규제하는 제도, 관행 등이 수집되어야 하며 한 나라의 과학기술상

핵심요소에 관한 정보. 즉 과학기술의 발달 수준, 첨단기술 개발동향 뿐만 아니라 한 나라의 사회를 구성하고 있는 제 요소, 즉, 인종, 인구, 주민 등의 사회구조. 사회문화 제도, 사회변동, 사회문제, 집단행동과 사회운동, 사회복지정책 등에 관한 정보 등이 수집되어야 한다.

산업보안은 이러한 정보를 생성·보관·유통·관리하는 과정의 일체를 보호하는 활동의 총제를 의미한다.

2) 정보의 가치

정보의 가치를 강조하는 입장에 의하면 정보는 물질, 에너지와 함께 자연을 구성하는 3대 요소 중의 하나이며 인류의 역사는 '정보의 역사'라고 말해도 과언이 아니다. 즉, '농업사회'가 물질을 강조하는 사회라면 '산업사회'는 물질과 에너지, 정보가 모두 중요시되며, '정보사회'는 상대적으로 정보가 가장 우선시 되는 사회이다. 이미 국제무역 패러다임도 사람, 물자, 자금의 이동에서 정보의 이동으로 변화되었다.

향후 정보의 생산·처리·가공·유통 등 정보산업이 고부가가치를 창출하는 사업으로 갈수록 발전할 것이다. 정보가 국가의 지적자산, 기업의 무형자산으로 국가와 기업의 경쟁력을 확보해 주는 핵심요소가 되고 있다. 미래학자들은 기업경영 요체는 미래관리이며, 미래관리는 정보관리이며 정보가 사회적 파워로 변화되어 정보지배자가 세계를 재패한다고 주장한다.

기업 간의 경쟁격화, 무역·기술·정보전쟁, 무한경쟁·기술보호주의 시대, 경제·금융·정보·통신·시장·정치·기술통합의 시대, 불확실성 시대에서의 합리적 의사결정을 위해서 정보의 가치가 더욱 증대될 것이다.

기업·기술·제품·지식·문화의 라이프 사이클이 단축되면 될수록 정보의 가치는 더욱 증대되고 소비자들의 욕구와 가치관의 변화를 신속하게 파악하여 고객과의 상호작용이 필요하면 필요할수록 정보가치는 더욱 증대될 것이다.

이와 같이 사회의 변화에 따라 정보가 차지하는 비중이 변화되어 있고 변화되어 갈 것이다.

〈그림 1-2〉 사회의 변천에 따른 정보가치의 증대

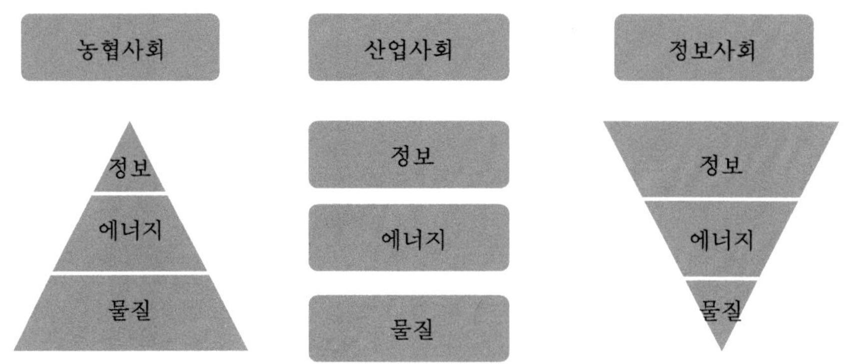

※ **출처**: 자료 : 전석호. 1993. 정보사회론. 나남. p. 25.

일반적으로 정보의 가치는 정보를 사용하는 주체나 목적에 따라 상업적, 개인적, 공공적 가치로 나눌 수 있다.

첫째 정보는 상업적 가치가 존재한다. 정보의 상업적 가치(commercial value)는 정보의 상품성을 강조하는 의미이다. 지난 수세기 동안 정보의 상품화는 서적이나 신문, 방송사업 등의 급성장에서도 잘 알 수 있다. 최근에는 인터넷을 통한 정보제공, 그리고 각종 정보서비스업 등이 각광을 받고 있으며 가장 유망한 사업으로 꼽히고 있는 실정이다. 그러나 정보라는 상품은 다른 일반적인 상품과는 다른 특징이 있다(이윤식, 2009: 111-114). 우선, 정보는 재생산이 가능하다, 뿐만 아니라 정보 재생산 과정에서 소요되는 비용이 여타 농업이나 제조업에 비해 매우 저렴하다. 또한, 정보는 최근의 각종 정보통신 기술을 이용하여 어디든지 즉시 전달이 가능하다는 장점이 있다. 또한 정보의 가치는 첨가적이지 않다. 동일한 내용의 정보를 여러 장 복사하여 가진다고 해서 더 가치가 있는 것은 아니다. 그런데 이와 같은 정보의 상업적 가치는 컴퓨터범죄나 저작권 등의 시비, 국가 간의 정보유통과 같은 문제들을 파생시키고 있다(경찰대학, 2002: 15-17).

둘째, 정보의 개인적 가치의 측면이 고려된다. 즉, 정보의 상업적 가치를 이용하여 이득을 보는 기업이나 조직이 있는 것처럼 개인도 정보를 어떻게 수집하고 이용하는가에 따라, 그리고 그 정보를 어떻게 관리하는가에 따라 개인적 가치(private value)

가 달라진다. 따라서 정보의 개인적인 가치로 인하여 정보를 알고 있는 기업이나 기관 등의 정보관리에 대한 중요성이 대두되고 있으며 이러한 문제는 정보의 개인적 가치의 영역에서 파생되는 문제라고 할 수 있다.

셋째, 정보는 본질적으로 공공적 가치(public value)를 가지고 있다. 정보를 공공복리에 영향을 미치는 것으로 보는 것이다. 따라서 정보의 공공적 가치를 높이기 위해서는 누구나 자유로이 정보에 접할 수 있도록 도서관이나 학교, 박물관 등의 설립에 사회 각계 및 정부가 지원하는 것이라 할 수 있다. 또한 학문의 자유에 대한 전통과 언론 및 출판시스템, 행정정보공개에 대한 법률 등도 정보의 공공적 가치를 인정하는 제도적 장치라고 할 수 있다.

3. 산업정보활동의 역사

1) 고대의 정보활동

정보활동은 인류의 탄생과 더불어 시작되었다고 할 수 있다. 그러나 초기에는 정보활동 방법이 발달되지 못하여 주술가나 점성가와 같은 미래를 예언하는 초자연적인 정보원에 의존 할 수밖에 없었다. 그러나 인간이 집단을 이루어 살아가기 시작하면서 적극적인 정보수집활동을 시작하게 되었으며, 이후 국가가 형성 되면서 정보활동은 더욱 발전 하여 안으로는 통치권자가 자기의 권력을 유지하거나 강화하기 위한 수단으로, 대외적으로는 외부 세력으로부터 국가의 안전을 유지하기 위한 수단으로 정보활동이 필요했을 것이다(국가정보포럼, 2006: 18).

과거의 기록을 보면 부족국가 시대에 들어서면서 국가 간의 정보활동은 더욱 활발해졌을 것이다. 약 4,000년 전 고대 이집트에서 신성문자(상형문자의 일종)라고 하는 '하이에로글리프(hieroglyph)'에 파라오의 명을 받아 순찰 중이던 '바눔'이라는 장군이 적정을 탐지한 내용이 전해 내려오고 있다(국가정보연구회, 2012: 41). 뿐만 아니라 구약성경 「민수기」 제13장에 모세가 벌인 정보활동에 관한 기록이 전해 내려오고 있다(국가정보연구회, 2012: 39).[1)]

BC 1200년경 그리스의 유리시즈의 부하 시논(Sinon)은 거짓으로 트로이왕에게 패해 사로잡혀 적의 정보를 제공하였다. 또한 유리시즈의 부하들이 트로이군의 승전 기념으로 성안에 들여놓은 목마 안에 숨어 있다가 성문을 열어 일시에 공격함으로써 트로이를 멸망시켰다. 시논은 허위 정보를 제공함으로써 트로이 공격을 위한 시간을 벌었던 것이다(국가정보연구회, 2012: 40).

BC. 200년경 그리스의 극작가 폴리비우스(Polybius)는 아라비아 숫자와 로마 글자를 조합하여 암호체계를 만들어 사용하였으며, BC. 5세기경 그리스의 스파르타에서는 군사용 암호통신을 사용했다는 기록이 있다. 스카이테일(skytale)이라는 암호통신을 만들어 사용했는데 원통형 막대기에 양피나 파피루스 천 조각을 감은 다음 그 표면에 비밀내용을 기록하는 방법이다. 천을 풀어보면 내용을 알 수 없으나 똑같은 원통에 감으며 내용을 알 수 있는 방법이다.

BC. 1세기경 시저(Julius Caeser)는 키케로(Cicero) 또는 친구에게 알파벳의 배열 순서를 2글자 건너 3번째에 위치한 문자로 바꾸는 방식으로 암호화하여 편지를 보낸 기록도 있다. 이는 정보 수집의 중요성 못지않게 정보의 보호(보안관리)에도 노력을 하였음을 알 수 있다.

동양에서도 기원전 500년 전에 중국의 손자는 손자병법에서 적에 관한 정보를 아는 것이 전투에서 승리할 수 있는 가장 결정적인 요인이라면서 일찍부터 정보의 중요성을 강조하였다. 특히 용간(用間)편에서는 첩자를 향간(鄕間), 내간(內間), 반간(反間), 사간(死間), 생간(生間) 등 5가지 유형으로 분류(유동환, 1999: 192-198) 하는 등 군사에서 정보의 중요성을 강조하였다(노병천, 1991: 91). 이것은 BC. 600년에도

1) 기원전 1,400년경 모세가 이스라엘 민족을 이집트에서 탈출시키고 젖과 꿀이 흐르는 가나안 땅으로 인도한다. 모세는 이스라엘 12지파에서 1명씩을 뽑아 12명의 정찰대를 조직하고 가나안 땅을 정탐하라고 지시를 내린다. 12명의 정찰대는 40일에 걸쳐 가나안 땅을 정탐하고 보고하는데 여호수와 갈렙은 성이 견교하고 그 곳 사람들이 용맹스러워 보이지만 하느님이 이스라엘 백성들을 지키고 도와주실 것이므로 이길 수 있다고 보고하고 기타 10명은 가나안 땅이 비옥하고 풍요로운 곳이긴 하지만 성이 매우 견고하고 그 땅에 살고 있는 사람들이 강하고 용맹스럽게 보여서 이스라엘이 이길 수 없을 것이라고 평가했다. 이는 정보활동의 중요성을 나타내는 중요한 자료가 될 것이다. 우리나라에도 이와 유사한 역사적 사실이 있다. 1591년 조선의 선조 임금은 정사 황윤길과 부사 김성일을 보내 일본을 정탐하도록 하였다. 정사 황윤길은 전쟁 가능성을, 부사 김성일은 전쟁 가능성이 없음을 보고 했다. 이와 같이 오랜 옛날부터 정보활동을 생존과 번영을 위한 수단으로 활용하여 왔음을 알 수 있다.

정보활동이 치열하게 전개되고 있었음을 의미한다. 중국의 삼국지(三國志) 전략전법은 대부분 정보활동의 결과에 대하여 기술하고 있는데, 특히 제갈공명은 전쟁 때마다 사람, 지리, 기상에 이르기까지 전쟁에 필요한 모든 분야에 대한 정보를 확보하였기 때문에 연전연승을 할 수 있었다고 전한다.

13세기에 아시아와 유럽을 점령한 징기스칸은 사전정보 수집은 물론이고 유언비어, 역정보를 전파하여 공포심을 유발시킴으로써 성문을 스스로 개방하도록 하였다.[2)] 이를 위해 유럽의 심장부에 약 10년간 첩자를 침투시켜 구(舊) 로마 도로지도를 만들고 무역 루트를 개척하였으며 각 왕국의 저항능력과 왕국들의 상호원조 의지와 공동 저항 능력, 그리고 각 왕국의 혈통·관습·파벌에 관한 정보까지도 수집하였다.[3)] 우리나라에서도 AD 475년 고구려 장수왕은 백제 개로왕이 바둑을 좋아한다는 사실을 알고 바둑고수인 도림을 파견하여 개로왕이 바둑에 정신을 쏟도록 하고 대대적인 토목공사를 하게함으로써 국고 탕진을 하게 하여 국민의 원성을 사도록 하고 백제를 공격하여 수도인 한성을 함락시킴으로써 한강유역을 점령하게 되었다. 뿐만 아니라 이순신장군도 정보를 잘 이용하였던 것으로 알려진다. 난중일기에 '밀지에 의하면' 이라는 말들이 나오는데 이것이 바로 정보수집 결과를 말하는 것으로 철저한 정보활동이 있었기에 연전연승 할 수 있었던 것이다. 고대의 정보활동은 신화적인 방법에서 점차 종교적으로 바뀌어가고 종교적인 것은 점차 세속적이고 인간적인 것으로 변모해 간다. 새로운 제국이 생겨나면서 통치자들은 적국과 전쟁에서 승리하므로 써 국가의 생존을 유지하고 국민들의 반란 등을 막기 위해 민정사찰을 강화하는 등 점차 정보활동을 중시하게 된다.

2) 3세기에 몽고인이 유럽을 침공하였을 당시 징기스칸은 그의 제자인 스보나이로 하여금 조직적인 정보기구를 활용케 하여 유럽제국의 군사력은 물론 지배자의 혈통과 관습 파벌의 분포까지도 세밀하게 조사하는데 성공하였다. 이에 반하여 유럽인은 몽고인에 대하여 사전지식이라고는 전혀 갖고 있지 않았다.

3) http://en.wikipedia.org/wiki/Mongol_military_tactics_and_organization#Intelligence_and_Planning

2) 중세의 정보활동

중세에는 국가조직의 발전과 전쟁 유형의 변천으로 말미암아 장기적이고 기본적인 사전지식의 중요성을 인식하게 되면서 정보활동도 모략적인 차원의 정보공작 수준에서 벗어나기 시작하였다(경찰대학, 2002: 28).

첫째, 정보활동이 단독스파이 활동을 지양하고 기본적 과학적인 것으로 변하였다.

둘째, 정보의 자료로서 지도의 제작기술이 발전하였다.

셋째, 재외공관에 의한 정보활동을 시작하게 되었다.

중세 초기에는 지도 작성기법이 전혀 알려져 있지 않아 지방 토착민들이 지형이나 강물의 깊고 낮은 것을 알려주는 정보에 의하여 표시를 하는 보잘것없는 수준이었지만 이것이 정보를 이용하여 지도를 작성하는 시초가 되었다. 루이 15세는 회교도 군과의 전투에서 그 지방민에게 얻은 지형에 관한 정보에 의하여 전승할 수 있었고, 에드워드 3세가 강물에 관한 정보로 프랑스군의 포위로부터 탈출한 것 등은 지질에 관한 정보의 중요성을 말해주는 사례들이며, 표식에 의하여 지도를 작성할 필요를 인식시켜 주는 계기가 되었던 것이다(경찰대학 2002: 48)

15세기에 들어서자 이탈리아인들은 외국에 영구적인 재외공관을 설립하여 해외정보 수집을 위한 실질적인 활동을 시작하기에 이르렀고 암호를 개발하여 사용하였으며 이러한 제도는 점차 다른 나라에도 파급되었다.[4] 16세기 영국의 엘리자베스여왕 시절 당시 국무장관이었던 프란시스 웰싱험 경(Francis Walsinghem)에 의하여 정보활동의 근대화 작업이 이루어졌다. 그는 암호화와 해독기술을 포함하여 정보활동의 기술적 영역을 개척하였으며 외국에 대하여 정치공작을 수행하기도 하였다. 그는 프로급의 정보전문가로서 공작원의 채용이나 교육에 있어서도 치밀하였고 사신의 검열을 제도화하였다(국가정보연구회, 2012: 43).

서유럽 통치자들은 동양에 대한 정보수집활동을 시작하였는데 루이 15세는 몽고에 사신을 파견하였으며 유명한 마르코 폴로(Marco Polo, 1254~1324)의 동방견문록은 동양에 관한 전략정보자료로서 대단히 유익한 것이었으나 당시 유럽의 귀족이나 왕들

4) http://www.britannica.com/EBchecked/topic/289760/intelligence/16267/History-of-intelligence-activities

은 동양을 이단시하여 이를 활용하지 않았다(경찰대학, 2002: 48-49). 17세기 초 프랑스 루이 13세 시대에 리슐리외 추기경/총리(Cardinal Richelieu, 1585-1642)은 샹브로누어(Chanmbre Noir)라는 정보기관을 운영하면서 왕권보호를 위한 귀족들의 정보 수집은 물론 적국의 요인을 암살하는 등 비밀공작 활동을 수행하기도 하였다(국가정보연구회, 2012: 44).

3) 근대의 정보활동

근대초기의 정보는 외교적 정보활동이 함께 발전하면서 서로 상반된 양상이 노출된 시대이며 정치공작을 위한 정보활동과 비밀경찰조직의 탄생으로 대(對) 정보공작이 활발해진 시대라고 특정 지을 수 있다. 특히 이시기는 세계무역이 활성화되면서 새로운 기술과 물품 확보를 위한 산업정보 활동이 본격화된 시기이기도 하다.

프러시아의 프리드리히 대왕(1740~1780)은 막료 월헴 스티버(Wilhelm Stieber)의 협력을 얻어 제도화된 체계적인 정보기관을 창설하였다. 그는 정보활동을 조직적으로 하기 위해서는 정보기구의 통합적 관리가 필요하다고 건의하여 군사정보와 비밀경찰의 정보망을 통솔하면서 외국의 군사정보를 수집하였다.

19세기에 이르러서는 다른 유럽제국도 프러시아의 정보조직을 모방하여 조직화 · 체계화하기 시작하였는데 마침내 유럽 전 지역은 '스파이 대 스파이'의 조직망으로 뒤덮이게 되었다. 로저 힐스맨은 당시 상황을 "전 대륙은 수백 명의 비밀스파이로 덮여 있고, 이들은 수입이 좋았으며, 평화 시에는 그다지 위험하지 않은 스파이의 연기를 교묘하게 연출하면서 이 나라 저 나라로 옮겨 다녀 흡사 희극배우처럼 보이기 시작했다"라고 묘사하고 있다(경찰대학 2002: 51).

영국의 경우는 1829년까지 국가적인 차원에서 비밀경찰을 두지 않았지만, 1855년 육군성 내에 지형통계국을, 이탈리아는 1854년과 1855년에 외무성에 비밀국, 육군성에 특수부대와 비밀부대를, 프랑스는 1873년 육군성에 첩보국을 창설하였으며 무선통신이 주요 통신수단으로 등장함에 따라 암호해독을 위한 별도의 부서가 신설되는 경우가 많았다(문정인, 2002: 84).

독재국가의 경우 비밀경찰에 의한 정보활동은 더욱 정교하게 국민의 생활 속 깊숙이 파고들었다, 예로서 19세기 러시아의 비밀경찰을 들 수 있다. 러시아에 조직적인 비밀경찰 활동은 1826년 니콜라이 1세부터 시작되었는데 1878년에는 '오크리나(내무성보안부)'로 활동이 인계되었고 19세기 말에는 해외로부터의 급진적 사고의 영향을 받아 민중반란이 빈번해지자, 국내뿐만 아니라 해외에도 정보망을 확대하기에 이르렀다.

1917년 볼세비키 혁명이후 레닌은 "오흐라나(Okhrana)는 독재자의 착취 및 음모기관이고 민중의 적이다."라고 하여 오흐라나를 폐지하고 '체카'라는 비밀경찰 제도를 만들었으나 이전의 오흐라나 보다도 방법과 수단에 있어 몇 배나 잔인하고 포악한 기관이 되기에 이르렀다.

미국은 1882년에 해군정보국, 1885년에 육군정보국이 창설되었다. 최기에 정보기구의 역할은 참모기능으로 제한되었지만, 정보의 중요성이 점증되면서 외국 군대에 대한 연구와 첩보수집의 역할을 맡게 되었다. 이후 전쟁에 필요한 적국의 병참, 철도 등 교통망, 무선 통신에 대한 정보가 필요하게 되었으며 1914년경 육・해군에 초보적인 수준의 정보기구가 설립되었다(국가정보연구회, 2012: 45).

4) 현대의 정보활동

20세기 들어, 유럽 각국은 국제사회 경쟁에서 승리하고, 해외 식민지를 지원하며 군사 및 통신 기술에서 우위를 차지하기 위해 더욱 더 많은 '전략 정보'(strategic intelligence)가 필요하였고 기술혁신이 일어나면서 기술정보의 필요성이 증가하게 되었다. 유럽국가들 간에 무선을 이용한 교신이 활발하게 이용되면서 무선 통신 내용을 암호화하는 한편 중간에 가로채서 그 내용을 해독하려는 노력이 활발하게 전개되었다. 1880년경 프랑스에는 암호분석기구를 부활시켰으며, 1914년까지 영국은 인도 및 러시아 등 다른 나라의 무선통신에 대한 암호해독 활동을 전개했던 것으로 나타난다(Ferris, 1989: 431-457).

제1차 세계대전 동안 정보활동에 있어서 크게 두 가지 변화가 나타났는데 첫째,

무선감청 기술의 발달이고, 둘째, 항공사진 기술의 발달이다. 제2차 세계대전 기간 동안에는 무선감청을 잘해서 적의동향을 잘 파악하는 사람이 유능한 장군으로 평가되었다(Howard, 1976: 134). 독일 전 지역에 대한 정찰 사진이 연합군의 전쟁 수행에 중요한 역할을 담당하였으며 1945년 냉전시대 이후에는 소련 지역에 대한 공개정보 수집이 어려웠기 때문에 기술 수단을 통한 정보수집 활동이 더욱 중요하게 부각되었다.

유럽 국가들은 제1차 세계대전을 겪으면서 해외 군사정보 수집활동을 국가적 차원에서 보다 조직적으로 수행할 필요성을 느끼게 되었다. 이에 영국은 1921년 'Secret Intelligence Service(SIS, 일명 MI−6)'를 설립하였고, 프랑스는 1909년에 설립된 군 정보기구인 '제2부'에서 'French Service de Renseignment'를 분리·설치하였다(국가정보연구회, 2012: 47). 독일은 1937년 중앙군사정보기구로서 '압베르(Abwehr)'를 설립하여 소련, 프랑스, 미국 등 해외에 광범위한 공작망을 조직하여 정보 수집 및 방첩 활동을 전개하였다.

1945년 이후 미국, 프랑스, 이스라엘, 오스트레일리아 등에서는 군 정보기구에서 분리되어 민간정보 수집활동과 비밀공작을 전담하는 기구들을 설립하기 시작했다. 드골은 제2차 세계대전 중에 창설한 '총특무국'을 이용하여 군사정보활동을 수행했는데, 1944년 파리로 귀환하면서 '연구조사총국(DGER)'으로 개칭하였고 이후 '해외정보 및 방첩국(SDECE)'으로 재차 개칭되어 민간정보 수집활동에 중점을 두는 기관으로 변모하였다(박영일, 1994: 95−96).

제1차 세계대전 당시 유럽에서 무선감청은 주로 육군이나 해군에서 수행하였는데 제2차 세계대전 동안에는 무선통신 감청이 중요한 수단으로 부각되면서 영국에서는 1945년 '정부통신본부(Goverment Communication Headquarters, GCHQ)'라는 별도의 독립기구가 설립되었다. 미국의 신호정보(SIGINT)는 주로 육군이나 해군에서 수행했는데, 제2차 세계대전이 종결된 이후 영국을 본떠서 1952년 NSA를 설립하였다.

영국은 제1차 세계대전 당시 전면전쟁을 수행함에 있어서 국가적 차원의 정보 분석

활동이 필요하다는 인식을 바탕으로 한 국가의 군사력은 산업능력, 인구통계, 군기 등 여러 가지 군사 및 군사외적 요소가 통합되어 발휘되는 것으로써 이를 제대로 분석하기 위해 별도의 통합된 정보기구를 설립하여 이 문제에 대처하고자 하였다.

1930년부터 독일의 군사력이나 전쟁 계획 등에 대한 종합적인 분석을 위하여 합참의장 산하에 통합된 군사계획기구를 설립했는데 이 기구를 통해 제2차 세계대전 동안 적의 육군, 해군, 공군, 정치, 경제 등 모든 요소를 종합적으로 분석이 가능했다.

독일의 경우 히틀러는 개인 또는 정권적 차원에서 정보기구를 이용하였던 반면에 영국은 국가적인 차원에서 적극적인 정보활동이 수행되었다. 아마도 그것이 독일과의 전쟁에서 승리할 수 있었던 중요한 요인이 되었을 것으로 생각된다.

특히 독일의 암호 체계인 '이니그마(Enigma)'를 해독해낸 영국의 스파이 활동의 하나인 'ULTRA 프로젝트'가 대표적인 예일 것이다. 당시 독일은 연합군이 '이니그마' 기계를 탈취한다 하더라도 기계만으로는 '이니그마' 체계의 암호를 해독하는 일은 불가능하다고 자신하고 있었다. 그러나 영국은 '이니그마'의 암호체계를 알아냈는데, 이는 독일군의 통신 내용을 연합군이 완전히 간파하고 있다는 것을 의미한다. 영국이 '이니그마'의 암호체계를 알아냈다는 사실을 독일이 모르는 한 전쟁은 연합군에게 유리하게 돌아갈 것은 자명한 것이다. 이러한 이유로 역사가들은 연합군이 히틀러를 이길 수 있었던 핵심적인 요인 가운데 하나로 'ULTRA 프로젝트', 즉 스파이 활동을 꼽는다. 이러한 영국의 정보활동은 스파이전에 미숙한 미국으로 하여금 CIA와 같은 정보기관 창설을 비롯한 적극적인 정보활동을 하도록 자극한 계기가 되기도 한다(스티븐 핑크, 2004: 65).

1945년 냉전과 함께 국가차원의 종합적인 정보기구의 설립 필요성이 더욱 증대되었다. 공산주의 운동이 정치, 군사, 경제 등 사회 모든 부문에 걸쳐 자유주의 진영에 위협을 가해옴에 따라 이에 대응하기 위한 수단으로써 정보활동의 중요성이 더욱 부각되었다. 특히 냉전시대 동안 소련과 중국 사회는 비밀에 싸여 있었기 때문에 비밀정보 수집활동의 필요성이 증대되었으며 또한 한편으로는 소련이나 중국에 대한 단편적인 정보들을 활용한 정보 생산 작업이 요구되었다.

1939년 영국에서는 '합동정보위원회(British Joint Intelligence Committee: JIC)'라는 기구를 설립하여 부문정보기관에서 제공되는 단편적인 정보를 종합하는 기능을 수행했다. JIC는 제2차 세계대전 중 전쟁 임무를 효과적으로 수행하여 명성을 얻었다.

미국은 진주만 기습을 겪고 난 후 부문정보기관들의 정보들을 종합하여 분석하는 기구가 필요하다는 판단에서 1947년 CIA를 창설하게 되었다. 국가차원의 종합적인 정보분석 기구는 영국과 미국의 독창적인 조직형태로써 매우 효과적인 역할을 수행했던 것으로 인정된다.

냉전시대 동안 미국과 소련 간에는 더욱 치열한 정보전이 전개되었다. 비밀에 싸인 사회주의 국가들에 관해 다양한 수단을 동원하여 정보를 수집하고자 노력했으며, 상대방 체제를 와해시키기 위한 비밀공작도 적극적으로 전개되었는데 1950년대 비밀공작 활동이 미 CIA 예산의 절반을 차지했던 것으로 나타난다. 또한, 미국이나 소련은 각기 상대방 국가의 국경부근에 수백 개의 신호감청 기지를 건설하여 신호정보활동을 적극적으로 전개하고 영상정보도 신호정보만큼 중요하게 이용하였다. 냉전이 시작되고 나서 10년 동안 미국은 소련 영공에 대해 비밀 항공정찰 활동을 전개하였는데 고공에서 운행하는 U-2기를 특별 제작하여 1956년부터 1960년 5월 1대가 격추될 때까지 소련 영공에 대한 비밀 항공정찰 임무를 수행했다. 영공침범의 문제로 인해 항공기를 통한 정찰활동이 어려워짐에 따라 1960년대부터 미국과 소련은 저궤도 위성(대략 200~1,000km 고도운행)을 쏘아 올려 상대국에 대한 수집활동을 보완했다.

냉전시대 동안 신호정보보다는 위성을 활용한 영상정보(IMINT) 분야에 있어서 획기적인 발전을 이루었으며, 오늘날 미국과 러시아는 신호정보와 영상정보를 동시에 수집할 수 있는 위성을 개발하여 이 분야에 있어서 독보적인 위치를 점하고 있다.

1980년대 말 냉전체제의 종식은 정보환경에 있어서도 엄청난 변화를 야기했다. 적대국이 와해됨에 따라 적대국에 대한 군사정보의 중요성이 감소되고, 산업 및 경제정보가 보다 중요한 요소로 부각되었다. 또한 범세계적으로 민주화가 이행되면서 정보활동의 공개성과 책임성이 보다 강조되었다. 러시아에서는 냉전시대 악명을 떨쳤던

소련의 KGB가 해체되고, 국내와 해외를 담당하는 FSB와 SVR로 각각 재탄생하게 되었다(국가정보연구회, 2012: 45). 미국의 CIA를 비롯하여 프랑스의 DGSE, 독일 BND 등 서방 정보기관들도 탈 냉전기 안보환경의 변화와 민주화 추세에 부응하여 조직, 기능, 활동을 대폭적으로 개혁하는 노력을 기울이고 있다(국가정보연구회, 2012: 49).

하버트 콜(Herbert Kohl) 미 상원 의원에 따르면 "냉전 시대가 끝나자 한때 미국의 적이었던 국가는 물론이고 미국의 오랜 우방국들까지 스파이 활동을 다시 정비하고 있습니다. 그들 정부는 할 일이 없어진 스파이들을 해고하지 않았습니다. 다만 목표를 군사기밀에서 산업기밀을 빼오는 것으로 바꾸었을 뿐입니다."라는 말로 산업기밀을 빼내오기 위한 전 세계의 정보전쟁의 서막을 알리고 있다(스티븐핑크, 2004: 66).

5) 우리나라의 역사상 정보활동

한국의 역사에서도 정보활동의 근거를 찾아볼 수 있다. 삼국 시대에서는 정보활동을 왕권의 유지와 전쟁 등으로부터 국가의 안위를 지키는 중요한 수단으로 삼아 왔음을 알 수 있다. 고구려는 중국, 백제, 신라 등 인접국가와의 관계로 정보활동이 가장 활발하게 이루어진 나라였으며 을지문덕 장군의 살수대첩도 정보활동의 결과이다. 특히, 승려 도림을 백제 21대 개로왕(455-475)에게 첩자로 보낸 장수왕의 비밀공작이 대표적인 사례이다.

고려시대 최무선 장군이 중국으로부터 화약제조 기법을 획득하였고,[5] 1363년 문익점 선생은 중국 목화씨와 재배 기술을 반입하여 재배에 성공하였으며 고려 말 원나라에 사신으로 갔던 안향, 백이정, 이제현 등은 새로운 학문인 성리학을 접촉하여 관련 서적 들을 수집하여 귀국 전파함으로써 고려 개혁의 이념적 토대가 되었다.

또한 조선후기 실학자인 박제가와 박지원 등 북학파들이 청나라에서 견문 한 지식을 바탕으로 국정 개혁에 활용하기도 하였다(국가정보연구회, 2012: 386-387).

5) 고려말 원나라는 화약제조 기술의 발달하였다. 최무선은 원나라 이원(李元)을 집에 두고 우대하면서 화약제조 기법을 배웠고 1377년(우왕 3년)에는 화통도감을 설치하였다.

이순신 장군 역시 난중일기를 보면 정보활동의 대가였음이 잘 나타나 있다. 난중일기에는 밀지(密旨)를 통한 언급이 빈번하게 등장하고 있는데 이는 사전 정보수집 결과를 활용했음을 나타내는 내용으로써 그로인해 백전백승 할 수 있었음을 알 수 있다.

또한 고종황제도 일제의 침략기도에 맞서기 위해 1902년 6월 최초의 근대적 형태의 정보기관에 해당하는 「제국익문사」를 황제 직속으로 설치하여 일제 동향을 감시했었던 사실이 밝혀지기도 했다. 경성에 본부를 둔 제국익문사는 상임통신원, 보통통신원, 특별통신원, 외국통신원 등 모두 61명의 통신원을 경성의 주요지역과 외국공관 및 외국인 거류지, 전국 13도, 주요항구 뿐만 아니라 일본, 중국, 러시아 등에 파견하였다. 이들의 비밀탐지활동 대상은 일본정당, 일본상인, 일본철도회사 등의 활동과 각국 주재공사의 행동감시, 각국 정부에 대한 방침 등에 관한 정보수집이었다(국가정보연구회, 2012: 390).

이 밖에도 보부상의 길드식 조직을 정보원으로 활용한 예도 있다. 원래 보부상은 자연경제가 발달하면서 그 기반 위에 생긴 것으로 신라시대부터 가내수공업자, 시장상인, 소비자들 사이를 왕래하면서 물물교환의 매개체 역할을 한 잡화 상인을 총칭하는 것으로 고려말기에 이르러서는 보부상을 조직화하여 소금을 운반케 하였다. 이들의 조직은 전체적으로 매우 광대하여 지방소통을 위한 유일한 기능을 가지고 있었다. 이성계는 이 조직을 조선왕조를 건립할 때 정보원으로 적극 활용하였다.

1952년 선조 25년 임진왜란 때에도 이들 보부상은 수천 명의 인원을 동원하여 행주산성의 권율 장군에게 양식을 전달하고, 적정상황을 보고하는 등 크게 활동하였으며, 1636년 병자호란 때는 남한산성이 청국에게 포위되자 포위망을 뚫고 아군과 연락하여 양식과 정보를 전달하는 역할을 맡기는 등 우리 역사에서도 다양한 정보수집 및 전달 사례를 찾아볼 수 있으며 이는 국가 권력의 성립과 유지뿐만 아니라 새로운 기술 및 산업발전의 기틀이 되기도 하였다(국가정보연구회, 2012: 388).

산업정보전쟁의 양상

1. 정보환경의 변화

1) 환경변화에 따른 정보의 중요성 증대

현재의 기업경영환경은 과거와는 다른 새로운 패러다임을 보여주고 있다. 우선, 자본주의와 사회주의로 대변되는 이데올로기의 대립이 종결되면서 새로운 국제경제 질서가 형성되고 있으며. 동아시아 사회가 세계를 견인하는 하나의 선두집단으로 부상하고 있다는 것이다. 또한, 생산자 사회가 생활자 사회로 변화하고 있으며 국가간의 경계가 의미 없어지면서 세계는 자국의 이익을 위해 달려가는 하나의 거대한 기업과 같은 존재로 변모하고 있다는 점이다. 엘빈 토플러가 「권력이동」에서 언급한 바와 같이 이제 힘의 균형추가 정보를 가지고 있는가에 따라 이동하고 있다. 따라 정보는 사람, 물자, 자금과 함께 강력한 사회적 파워가 되었다.

따라서 21세기 이후의 시대는 이 새로운 질서 키워드가 「정보화」이고 「정보시대」라고 특징지을 수 있는 것이다. 정보는 이제 국가의 지적자원이자 기업의 유형자산이 되었다. 따라서 국가와 기업에 있어서 경쟁력을 확보해주는 핵심적인 요소가 바로 정보이기 때문에 정보를 지배하는 자가 세계를 제패한다고 하였으며, 또한 기업을 경영한다고 함은 미래를 관리하는 것이고, 미래를 관리한다는 것은 정보를 관리하는 것이라고 여러 학자들은 갈파하고 있는데, 이는 바로 미래의 기업경영의 요체가 정보관리에 달려있다는 사실을 말해주는 것이다(박현우, 1993: 3).

그리하여 세계 각국이 펼치게 될 전쟁은 무력전쟁에서 기술전쟁으로,'보이는 전쟁' 에서 '보이지 않는 전쟁'으로 변모하고 있으며, 이처럼 치열해진 정보전쟁의 와중에서 나타난 현상이 바로 산업정보전쟁과 산업 스파이 활동이다.

오늘날 정보는 사람 · 물자 · 자금과 함께 기업경영의 4대 경영자원으로 등장하게 되었으며, 이에 따라 정보자원의 관리는 인사관리나 자금관리만큼 중요해지게 되었다. 따라서 조직내부 및 외부의 다양한 정보를 신속하게 수집하여 체계적으로 정리하고, 필요한 때에 효과적으로 활용할 수 있다는 것은 기업이 경쟁에서 우위를 점할 수 있는 필수요인이 되었다. 앞으로의 사회에서 기업이 다른 기업과 효과적으로 경쟁하고, 경쟁에서 우위를 차지할 수 있기 위해서는 사람 · 물자 · 자금 및 정보는 물론, 시간을 주요 경영자원으로 유효하게 관리해야 할 것이다.

이와 더불어 정보가 경영자원으로서의 중요성이 날로 증대되고 있다. 미국국립과학재단(NSF)의 한 조사에 따르면 연구개발에서의 정보활동의 비중(시간배분)이 50%를 넘을 정도로 막대한 것으로 나타난 바 있다. 또한 정보의 생산기여도(정보자원의 투입비중)가 증가하고 있으며, 정보의 상품화도 본격화되고 있다. 정보생산, 정보처리 · 가공, 정보유통 등 정보산업이 발전하여 정보의 생산과 판매가 활발해지고, 정보의 고부가 가치화가 이루어지고 있다(박현우, 1993: 28). 따라서 앞으로 정보전쟁은 더욱 치열하게 전개될 것이다.

〈표 1-2〉 연구개발에서의 정보활동의 비중(시간배분)막대

연구개발 단계	투입소요시간 비중(%)
정보의 입수와 전달	50.9
계획 및 사고	7.2
실험 연구	32.1
데이터 처리	9.3

※ **자료** : 미국 국립과학재단(NSF),미국 화학공업 연구자의 연구시간 배분

2) 의사결정에서 정보의 필요성 증대

급변하는 기업 환경과 대내외적인 제약요인을 극복하고 미래 지향적 경쟁력을 제고시키기 위한 비전 설정과 이를 위한 합리적인 의사 결정의 수립 및 시행은 현대의 기업경영에 있어서 핵심적인 요소이다.

노벨 경제학상을 수상한 바 있는 사이먼(H. A Simon)[6]은 “경영은 의사 결정이다.”라고 의사결정의 중요성을 강조하고 있으며, 특히 오늘날과 같이 불확실성이 만연한 경쟁 환경 하에서 경영의사결정은 기업의 성장은 물론, 생존과도 직결된 문제라고 할 수 있다. 의사결정(decision making)이란 목적의 설정과 그 목적에 이르기 위한 결정대안(decision alternatives)을 합리적으로 선택하는 과정을 말한다.

앞으로 조직규모의 확대, 상황정보의 증가, 사회 환경의 복잡화 및 다양화, 경쟁 심화 등에 따라 의사결정은 더욱 과학적이고 체계적인 분석과정을 요구하게 될 것으로 보이며, 이 과정에서 정보의 정확성 및 신속성을 도와줄 기업의 정보시스템(information system)의 역할이 클 것으로 기대되고 있다

의사결정은 경영환경의 변화에 대응하여 문제를 발견하고, 그 문제를 해결하기 위한 여러 가지 대안을 탐색하고, 또한 그 대체안의 예상되는 결과를 평가함으로써 최선의 방안을 선택하는 일련의 의사결정과정을 가리키는 것이다. 따라서 의사결정에 있어서는 문제나 여러 가지 대안 에 관련된 각종 정보를 수집하는 과정 또는 이를 평가하는 과정이 중요하다(박현우, 1993: 30)

사이먼(H. A. Simon)에 따르면 이러한 의사결정과정은 다음과 같이 세 가지 중요한 활동으로 구분할 수 있다. 우선, 정보활동(intelligence activity) 단계이다. 정보활동단계란 경제적 · 기술적 · 사회적인 환경을 분석하고, 정보를 수집하여 새로운 의사결정을 필요로 하는 계기를 탐구하는 단계이다. 다음으로, 설계활동(design activity)단계이다. 설계활동 단계는 전 단계에서 밝혀진 환경정보 등을 기초로 새로운 의사결정을 필요로 하는 상황, 즉 문제를 해결하기 위한 가능한 대안을 탐색하고 기획하고 전개해 가는 단계이다. 마지막으로, 선택활동(choice activity)단계이다. 이과정은 설계활동 단계에서 탐구된 가능한 대안의 예상되는 결과를 평가하고, 그 중에서 하나를 선택하는 의사결정 단계이다.

6) 사이먼(Herbert Alexander Simon)은 미국의 행정학자 겸 경제학자로 1946년의 「행정의 격언」(The Proverbs of Administration)이라는 논문과 저서 「행정행태론」 을 통해 행정학 연구에 있어서는 논리적 실증성이 있어야 한다고 강조하고 있다. 뿐만 아니라 그는 행정현상을 의사결정의 과정으로 파악하고 있는데 특징이 있다. 그 밖에 저서로는 「인간 행태의 모형」(Models of Man, 1957), 「경영 결정의 새과학」(The New Science of Management Decision, 1960), 「인간 문제 해결」(Human Problem-Solving, 1972) 등이 있으며, 이러한 연구 업적으로 그는 1978년에 노벨 경제학상을 받았다

이와 같이 의사결정은 특정목표의 설정과 이의 달성을 위한 대안선택 과정으로 요약될 수 있으며, 이는 곧 문제의 인식, 대안의 탐색, 대안의 평가 및 대안의 선택이라는 기본단계를 거치는 과정이라고 풀이할 수 있다. 이에 대해 학자에 따라서는 의사결정의 과정을 불균형감 인식, 문제의 진단, 문제의 기술, 해결책 모색, 그리고 실시라는 다섯 단계로 설명하기도 하며, 또한 과거단계(문제의 발견, 정보의 수집, 의사결정의 인식), 현재단계(대체안 탐색 및 선택) 및 미래단계(의사결정 수행 및 평가)로 구분하기도 한다.

이들의 내용을 종합하면 의사결정과정은 목표설정 및 문제의 정의, 대안의 탐색, 대안의 평가, 최적선택 및 실시라는 4단계 절차로 정리할 수 있다. 이 과정에서 정보활동의 중요성이 인정되고 있으며 기업 환경이 급변하면 급변할수록 정보활동의 중요성은 더욱 부가가 될 것이다. 미래학자들은 미래는 예측시대가 아니라 적응시대라고 주장하였다. 정확한 예측을 하기위해서도 정보가 필요하지만 신속히 적응하기위해서는 더 신속한 정보수집활동이 필요한 것이다. 따라서 미래 정보전쟁은 더욱 치열하게 전개될 것이다.

2. 정보전쟁의 시대

1) 현대는 정보 전면전시대

이명박 정부의 출범 초기에 미국산 소고기 문제가 불거져 엄청난 국민적 저항감을 불러 일으켰다. 주지하는 바와 같이 미국은 우리나라와 맹방이자 혈맹 관계라고 하지만 소요의 현장에서 느낌 점은 우방국가가 타도 대상국가로 변하고만 것이다.

오늘날에 있어서 러시아와 중국은 우리 국민들에게 어떤 나라로 비춰지고 있는가? 사실을 있는 그대로 말하자면 과거 러시아와 중국은 우리나라를 남북으로 분단시키고 6.25 동란을 일으키고 결과적으로 남북이 분단되게 한 원인을 제공한 국가들이다. 장구한 역사를 통해 볼때도 중국은 우리나라를 집요하게 침략 해왔던 국가이며 우리 국민에게 참을 수 없는 고통을 안겨 주었던 국가였다. 노대우 대통령의 북방정책 이전까지는 원수국가들이었으나, 문호가 개방되고 양국가의 국민들의 왕래가 활발하게 이루어지면서 적대국가라는 이미지가 탈색되고 지금은 '전략적 동반자'라는 용어를 사용하기에 이르렀다.

경제 성장에 관한 연구로 1987년에 노벨 경제학상을 받았던 MIT의 로버트 솔로우(Robert Solow) 교수는 "지난 20세기의 초반 50년 동안에 미국이 이루었던 경제 성장의 원동력은 기술의 진보"라고 말했다. 그리고 기술이 진보한 만큼 국민 1인당 소득액도 늘어났다는 것이다. 산업스파이 분야의 권위자인 챈들러 교수도 "한 나라의 경제 성장 정도는 지적 재산이 얼마나 늘어나느냐에 달려 있습니다. 이것은 분명한 사실입니다." 라는 말로 국제사회에서 각국의 나가야 할 길을 제시했다(스티븐 핑크, 2004: 34).

이러한 환경 하에서 국제관계가 변화된 것이다. 무엇이 이렇게 국제관계의 변화를 가져오게 했는가? 국가의 안전[7]과 국가의 이익[8]이 이렇게 국제관계를 변화시키는 동인인 것이다.

세계 각국은 자국의 안전과 이익을 확보하기 위해 대립과 화해와 협력 등 여러 가지 양태를 보이는 것이며, 이는 국가가 국제사회에서 살아남기 위해 치열한 생존을 하고 있음을 의미한다. 우리나라 역시 국제사회에서 살아남기 위해 치열하게 전개되고 있는 생존경쟁에서 반드시 승리를 해야 하는 것이다. 오늘날 이러한 생존경쟁에서 승리하기 위해서는 무엇이 필요한가? 그것은 정보와 지식인 것이다. 누가 먼저 상대방이 가지고 있는 정보를 입수・평가・활용하는가에 따라 그 승패가 결정된다고 할 수 있

7) 국가안보에 대한 정의는 학자마다 견해가 다르다. 전통적 국가안보의 개념은 외부의 군사적 위협으로부터 국가의 안전을 확보하는 것을 의미한다. 육군본부 군사용어사전에는 "국가안보란 군사, 비 군사에 걸쳐 국내・국외로부터 기인하는 다양한 위협으로부터 국가목표를 달성하는 데 있어서 추구하는 제 가치를 보전, 향상시키기 위해서 정치・외교・사회・문화・경제・과학기술에 있어서의 제 정책체계를 종합적으로 운용함으로서 기존의 위협을 효과적으로 배제하고 또한 일어날 수 있는 위협의 발생을 미연에 방지하며 나아가 발생한 불시의 사태에 적절히 대처하는 것"으로 정의하고 있다. 문정인의 국가정보론에 의하면 "국가안보란 국가의 사활적 가치(vital value)를 보존하는 것으로서 사활적 가치란 국가의 생존(survival), 국가의 번영(prosperity), 국가의 위신(prestige), 국가의 안정(stability)"이라고 정의하고 있다.

8) 국가이익도 시대와 역사, 문화, 전통 등의 시대 상황에 따라 변한다. 미국은 동맹국인 대만이 있음에도 미국의 국익을 위해 전쟁당사국이었던 중국과 국교징싱화를 이루었던 것이다 국가이익에 대하여 Beard는 국가가 유지되고 부강해 질 수 있는 기준과 방식이라고 정의하고 Morgenso는 국가의 생존이 최소한의 국가이익이라고 하였으며 Hertz는 국가의 존립과 발전을 위해 필요한 국민의 3대 열망요소로서 국가안전보장, 국가복지번영보장, 국가위신보장이라고 하고 Osgood는 한 국가의 최고 정책결정과정을 통하여 표현되는 국민의 정치적, 경제적, 사회적, 문화적, 군사적 욕구의 갈망이라고 주장하였다

다. 반대로 정보와 지식은 상대방을 넘어뜨릴 수도 있다. 과거 베를린 장벽의 붕괴도 결국에는 외부로터 유입된 지식과 정보가 일으킨 내부의 압력으로 스스로 무너졌다고 볼 수 있다(스티븐 핑크, 2004: 32).

프리드먼(Milton Friedman)은 세계화를 다음과 같이 정의하고 있다. "지금 시장과 국가와 기술이 전례를 찾아볼 수 엇을 만큼 빠른 속도로 통합되고 있다. 그리고 이는 고품질의 상품을 매우 빠르고 싸고 광범위하게 생산해내고 판매할 수 있는 능력으로 이어지고 있다. 이러한 상황은 세계화로 인해 피해를 보고 있거나 세계화의 추세를 따라잡지 못하는 경제 주체들의 강한 반발을 유발시키고 있다. 새로운 세계 경제 시스템에 뒤처질 것을 두려워하는 경제 주체들은 산업스파이 행위를 통해서라도 그것을 만회하려고 한다(스티븐 핑크, 2004: 33).

지금 세계 각국은 상대국가가 가지고 있는 정보와 지식을 빼내기 위해 눈에 보이지 않는 정보전쟁을 치열하게 전개하고 있다. 국가의 정보기관, 정부조직, 기업과 개인에 이르기까지 총동원되어 정보 전면전을 전개하고 있는 것이다.

상대방의 정보를 빼내기 위해서 그 어떤 방법에도 제한이 없다. 정보원이 침투하는 등 고전적인 방법으로 정보를 빼내기도 하고 첨단기술과 장비를 활용하기도 한다. 인공위성을 통해 전 세계 구석구석을 내려다보고, 소통하는 모든 통신내용을 감청하기도 한다.

정보력은 국력인 것이다. 국력이 강한 나라일수록 정보력이 강할 수밖에 없다. 따라서 강력한 정보력을 구비하기 위해 첩보위성을 경쟁적으로 쏘아올리고 있으며, 이러한 첩보위성이 없는 나라는 다른 나라로부터 정보를 빌려 쓸 수밖에 없다. 정보 제공자 측에서 정보의 일부를 빼고 주거나 더해서 제공하거나 내용을 조작할 수 있으므로 실상은 국가가 정보적으로 종속되기 마련이며 이는 정보적 측면에서 볼 때 독립된 국가라고 할 수 없다. 이 뿐만 아니라 PC 전자파를 잡아서 정보를 알아내고, 복사기내에서 복사된 내용을 입수하고, 카메라를 이용해서 촬영하고 송신기를 부착하여 대화내용을 입수한다, 동물을 이용하기도 하고[9], 미인계[10]와 미남계[11]를 활용하기

9) 미국의 전략공군사령부의 상공에 기러기가 날아갔으나 후에 소련에서 훈련시킨 첩보용 기러기인 것으로 밝혀진바 있었다.

도 하며 정보원이 직접 침투하기도 하고 쓰레기통을 뒤지는 두더지 작전[12])을 전개하기도 하는 등 정보를 입수하기 위한 방법에는 제한이 없다.

1,2차 세계대전을 거치면서 정보기관이 현대화되고 냉전체제하에서 그리고 냉전체제가 붕괴된 이후에 정보의 가치는 더 중요해졌다. 지금 세계 각국은 자국의 안전보장과 이익을 확보하거나 지키기 위해 국가나 기업체 그리고 개인에 이르기까지 총 동원되어 정보전쟁을 치르고 있는 정보전면전 시대이다. 이 흐름에 부응하지 못하거나 적절히 대응하지 못한다면 국가안보도 국가이익도 지켜내지 못할 것이다.

2) 경제 · 과학 · 산업 · 기술 정보전쟁시대

냉전 체제가 무너지기 전에는 군사력이 강한 나라가 강대국이었다. 물론 과거의 강대국이 오늘날에도 강대국일수도 있지만 진정한 의미에서의 강대국인지에 대해서는 의문점이 있다. 오늘날에 와서 강대국은 경제력이 강한 나라이다. 경제력이 강한 나라는 군사력도 정보력도 강한 나라인 것이다. 경제력이 강하기 위해서는 국토도 넓고 지하자원도 풍부하고 인구도 많아야 하며 자본도 넉넉해야 한다. 그러나 국토가 넓고 지하자원이 풍부하고 인구가 많은 국가가 강대국으로써 인정받지 못하는 나라도 있다. 그 이유는 경쟁력이 없기 때문이다. 따라서 오늘날에 있어서 강대국은 경제력이 강한 나라이며 경제력은 즉, 경쟁력으로 나타나고 있어 경쟁력이 강한 나라가 강대국이다.

미국, 일본, 독일 등 강대국들은 경쟁력이 강한 나라들이다. 경쟁력은 최고의 기술과 우수한 인재가 있어 최고의 상품을 만들고 최고의 판매 전략으로 상품을 판매하는 데서 나온다. 즉, 최고의 기술과 최고의 인재가 있어야 경쟁력이 있는 것이다.

그렇다면 내가 경쟁력이 없다면 어떻게 할 것인가. 포기할 것인가, 내가 가지고 있지 않는 기술과 인재는 어떻게 할 것인가? “훔쳐오고 빼내어 오라”는 것이다. 지금 세

---

10) 러시아주재 미 대사관 경비병인 ‘론트리’ 해병하사는 러시아 미인계에 넘어가서 미 대사관 내에 도청기를 부설하는 등 간첩활동에 도움을 준 사실이 적발된바있다

11) 서독 수상실 여비서로 근무하던 ‘에르게 파르크’는 동독 정보요원인 ‘게르하르트 디이메’의 미남계에 넘어가 13 년 동안 각종 비밀자료를 넘겨주다 적발되었다.

12) 미국 CIA에서는 쓰레기통을 뒤지는 작업을 두더지 작전이라 한다. 쓰레기통에 담겨있는 폐휴지를 통해서 생생한 정보자료를 얻을 수 있다.

계 각국은 정보기관을 동원하고 기업체는 산업스파이 조직을 만들어서 상대국가나 기업체가 가지고 있는 산업기술정보를 빼내기 위해서 수단과 방법을 가리지 않고 있다.

산업스파이 행위의 대상이 되는 영업 기밀은 따로 제한을 둘 수 없을 정도로 다양하다. 화학분자식, 특허 받은 기술, 마케팅 계획, 사업 확장 계획, 가격정보, 신제품 출시 계획, 생산 계획, 신기술 개발 계획, 잠재고객 리스트, 주요고객 리스트 등 회사 내의 정보는 모두 산업스파이 행위의 대상이라 할 수 있다(스티븐 핑크, 2004: 9). 뿐만 아니라 국가의 경제·금융·통상·무역·관세 정책, 자원, 환경정보 및 그 나라만 가지고 있는 희귀식물, 씨앗정보에 이르기까지 갖은 정보를 입수하기 위해 치열한 정보전쟁을 전개하고 있다. 따라서 지금은 경제·과학·산업기술 정보전쟁의 시대인 것이다. 즉 경제·과학·산업기술 정보는 경쟁력을 강화시키고 경제 발전을 가져오며 국가의 안보와 국가이익과 직결되기 때문이다.

따라서 국가정보기관의 정보수집 우선 목표가 과거의 국방·외교관련 비밀이나 지형정보 등 국가안보와 관련된 정보에서 이제는 국가이익과 관련 된 정보로 확대되었고 국가가 보호해야할 비밀도 이제는 안보관련 비밀에서 국가이익과 관련된 비밀로 확대되었으며 국가의 정보수집대상과 보안의 대상도 적대국은 물론 반국가단체에서 경쟁상대국가로 확대된 것이다. 이제는 우방국가도 적대국가도, 선진국가도 경쟁상대국가도 가리지 않고 보안의 대상으로 바뀌진 것이다.

과연 산업스파이들의 활동을 완전히 멈추게 할 수 있는 것일까? 대답은 "**없다**"이다. 그저 어느 정도 억제할 수 있을 뿐이다(스티븐 핑크, 2004: 8). 우리는 지금 바야흐로 적아가 구분이 없는 경제·과학·산업기술정보 전쟁시대에 살고 있는 것이다.

3) 국경이 없는 하이테크 정보전쟁시대

정보활동이 문화와 역사를 만들고 인류의 지혜와 과학기술의 발전을 가져왔으며 반대로 인류의 지혜와 과학발전은 정보활동의 체계화·과학화를 가져왔다.

정보수집방법도 하이테크가 접목되어 비약적인 발전을 가져왔다. 항공기나 선박 등에서 나오는 전파 또는 지상에서 발사되는 전파를 레이저파를 이용, 포착하여 그 전자파의 특성을 분석함으로써 항공기나 선박의 기종을 알아내는 전자정보기술(Electoronic Intelligence)은 물론 항공기나 전함 등의 무선 통신내용을 중간에서 수신하여 이를 분석함으로써 군사, 정치정보를 알아내는 통신정보기술(Communication Intelligence)도 산업정보수집에 활용되고 있다.

오늘날의 정보전쟁은 인간을 활용한 정보활동 못지않게 하이테크를 이용하는 정보활동이 주류를 이루고 있다. 이는 앞으로 다가올 시대가 하이테크 정보전쟁시대임을 반영해주고 있는 것이다. 전자기기를 탑재한 배나 항공기, 첩보위성을 쏘아 올리는 것도 하이테크를 이용한 정보전쟁을 전개하는 예로 이를 시진트(SIGINT)[13]라고 한다. 이미 알려진 사실로써 1983년 9월 KAL기가 소련 전투기에 의해 격추된 사건이 발생했으며 당시에 민간 항공기를 인지하고도 격추했다는 사실을 입증하기 어려웠으나 당시 일본 자위대는 엘린트(ELINT: Electronic Intelligence)와 커민트(COMINT: 네트워크로 전달되는 물리적 정보를 가로채는 기술)의 능력을 발휘하여 소련 전투기와 지상과의 교신내용 등을 녹음하였고 이를 UN에서 공개함으로써 소련전투기에 의해 KAL기가 격추되었다는 사실을 입증하였다(박현우, 1993: 10).

이와 같이 현대의 정보전은 하이테크 기술을 활용하여 기존의 국경 개념을 초월하여 전개되고 있으며 이와 같은 기술들이 산업정보 획득을 위한 산업스파이 활동에 이용되고 있다.

4) 국가기관이 참여하는 산업정보전쟁시대

현대사회는 자국의 이익을 위해서 보유하고 있지 않은 첨단기술을 빼내기 위해 기업뿐만 아니라 국가기관이 산업정보 전쟁의 선두에 서고 있다.

---

13) 영어에서 '신호'를 뜻하는 '시그널(signal)'과 '정보' 또는 '첩보'를 뜻하는 '인텔리전스(intelligence)'의 합성어이다. 정보원이나 내부 협조자 등 인적(人的) 네트워크를 활용하여 정보를 얻는 방식인 휴민트(HUMINT ; human intelligence)와 더불어 정보수집의 양대 축을 이룬다. 시진트는 다시 레이더 등 첨단 전자장비를 이용하여 수집한 전자정보를 뜻하는 엘린트(ELINT ; electronic intelligence)와 감청 등의 수단으로 통신의 내용을 파악하여 수집한 통신정보를 뜻하는 코민트(COMINT: communication intelligence)로 구분된다. 시진트의 대표적 사례로는 에셜론(Echelon)을 들 수 있다. 에셜론은 미국 국가안보원(NSA)의 주도하에 영국·캐나다·오스트레일리아·뉴질랜드가 유쿠자(UKUSA)라는 안보조약을 비밀리에 체결하여 운영하는 위성 감청망으로, 전세계의 무선통신·위성통신·전화·팩스·이메일을 도청 및 감청하여 수집한 정보를 컴퓨터를 이용하여 자동으로 분석·분류하는 능력을 갖춘 것으로 알려져 있다.

전 FBI 국장 루이스 프리(Louis Freeh)가 언급했던 "산업스파이들은 냉전 이후 미국의 국가안보에 가장 큰 위협이 되고 있다."라는 말처럼 과거 첨예했던 이념의 갈등은 그 의미가 퇴색되었으며 국가적 실리와 안전을 위한 방안만이 현대국가의 지상목표가 되고 있다. 실제로 미국은 1992년 상하 양원 정보위원회가 정보개혁 법안을 제출함으로써 본격적인 개혁에 나섰으며 정보개혁위원회를 구성하여 다각적인 개혁방안을 마련하였다. 우선 CIA의 업무개혁은 새로운 안보위협에 대처할 수 있고 경제분야를 강화하는 방향으로 나아가기 시작하였다. 지금까지 예산의 80%를 기술정보에 쏟아 부었던 것을 '과오'로 지적하고 인간정보를 강화하기 시작하였다. 전문지식인과 애국심을 가진 새로운 젊은 피를 수혈하기 위하여 공작관을 20%이상 증원하였다. CIA와 국가보안국(NSA) 등은 경제분야 정보수집활동을, FBI는 경제방첩활동을 강화하는 방향으로 조직을 개편하였다.

프랑스 역시 우리나라의 고속전철사업에 프랑스의 알스톰사를 중심으로 한 기업체가 수주 경쟁에 뛰어들었고, 수주경쟁에서 승리하기 위해 치열한 정보전쟁을 전개하는 과정에서 프랑스 정보기관인 대외안전총국이 상대방의 FAX나 통화내용을 도청하는 등 지원하므로 서 결국은 프랑스의 알스톰사가 승리할 수 있도록 지원하였던 사례는 잘 알려져 있다.

뿐만 아니라, 휴스턴 고급 주택가에 위치한 어느 전자회사 임원집 앞에 있는 쓰레기통을 두 남자가 가끔씩 수거해 가는데 타고 온 차가 쓰레기 수거차량이 아닌 벤인 것을 이상하게 생각한 동네 경비원이 차량번호를 적어 연방수사국(FBI)에 신고를 하였는데 차량번호를 추적해 본 결과 프랑스 영사관측의 차량임이 밝혀졌다. 이와 같이 쓰레기통마저 정보수집의 대상이 될 수 있다는 점은 정보수집활동의 집요함을 단적으로 나타내 주고 있는 사례이다. 쓰레기통은 생생한 정보를 얻어낼 수 있는 정보창고라고 할 수 있다. 오탈자가 나거나 행간이 맞지 않아서 버려진 자료를 얻을 수가 있고, 좋아하고 싫어하는 음식물, 그 집 여주인이 좋아하는 스타킹의 색깔 등 살고 있는 가족의 기호까지 알아낼 수 있기 때문이다. 미 CIA내 간첩도 혐의자가 쓰레기통에 무심코 버린 종이에 적힌 4자리의 숫자에서 단서를 포착하여 검거한 사례가 있었다.

결국 이것은 한 나라의 외교기관인 영사관이 전자회사의 정보를 얻어내기 위해 쓰레기통을 뒤지는 것을 주저하지 않는 일종의 스파이 활동을 한 것으로, 각국의 정부기관이 산업 스파이 활동에 깊숙이 개입되어 있고 얼마나 절박하게 이루어지고 있는지를 보여주는 단적인 사례라고 할 수 있다.

이것은 최근 어느 외국 경제지에 실린 기사내용으로서 국가 공공기관이 산업스파이 활동에 개입하고 있다는 사실을 밝혀주는 사례이다. 미국의 어느 첨단기술 회사의 임원이 거래를 위해 파리를 갔는데 상대거래처 중역과 거래 상담 시에 자기 회사가 보유한 첨단기술 내용을 어느 정도 파악하고 있다는 느낌을 받았고, 이를 추적해본 결과 미국인이 투숙한 호텔방을 청소하는 부인이 가방에서 비밀문서를 몰래 꺼내 사진을 찍었던 것으로 밝혀졌다. 따라서 기업체의 중요 인물들의 해외일정, 투숙호텔을 가급적 노출시키지 말아야하며 호텔에 비밀서류나 컴퓨터, USB, 접촉자 명함 등이 담기 가방 등을 방치하지 않도록 주의해야 한다(박현우, 1993: 54).

냉전 체제가 붕괴되고 난 직후 러시아의 정보기관의 부서장들이 모여서 러시아가 냉전 체제하에서 왜, 패배하였는가와 정보기관의 위상을 재정립하기 위한 토론에서 '패배원인은 경제력 이였으며 경제정보에 관한 정보수집에 치중하여 기업에 제공함으로써 러시아의 경제 회복에 도움을 줄 수 있도록 노력해야 한다.'라고 결정을 하였다. 미국을 비롯한 서방 선진 정보기관들도 소련의 붕괴로 냉전체제가 무너짐에 따라 임무를 산업정보 수집으로 전환하였다.

실제로도 미국의 CIA와 국가보안국(NSA) 등은 경제정보 분야 정보수집활동을 FBI는 경제방첩활동을 강화한 것은 주지의 사실이다. 미국과 일본의 주요 매스컴에서도 미국의 중앙정보국(CIA)와 국가안전보장국(NSA) 등 중요 정보기관들이 세계 곳곳에 통신시설, 선박, 위성 등을 배치하고 외국기업의 전화, 팩스, 음성 통신 등 방대한 통신내용을 감청하고 해독하는 등 산업정보 수집활동을 대폭 강화하였으며 대상지역을 일본을 비롯하여 한국 등 아시아 국가들도 포함되었다고 보도하고 있다.

중국의 정보기관은 오래전부터 경제정보 수집활동을 적극 전개하여왔고 상당한 성과를 이루고 있는 것으로 알려졌다. 최근 중국경제가 급성장한 배경에는 이와 같은 정보활동의 지원이 상당했을 것으로 보인다. 중국의 장쩌민 국가주석은 2003년 3월 10일. 제10기 전국인민대표회의에서 "현대 전쟁은 기계화 전쟁에서 정보화전쟁으로 변모하고 있다"고 지적하고 "중국군은 첨단 정보기술을 바탕으로 군의 정보화를 이룩해야하며 첨단기술을 이용하여 작전능력을 높임으로써 국가의 안전을 보장하고 적의 침투와 파괴에 대처해야한다"고 주문한바 있다. 군사 분야에서도 현대의 정보전에 적극 대처하겠다는 의미이다(국가정보연구회, 2012: 66-67).

이와 관련하여 중국은 이미 80기의 각종 위성을 띄워 전 세계를 대상으로 영상정보와 신호정보를 수집하고 있고 반경 500km를 커버하는 引-5 레이더를 설치한 7개의 레이더 기지를 운용하여 아시아 상공을 떠도는 전파를 잡고 있다. 해커들을 양성하고 이들을 배치한 사이버군부대도 창설하였다.

2003년 4월에는 중국 해군은 「장난」(江南)급 이지스함을 진수하였고 2011년에는 50여대의 함재기를 탑재할 수 있는 항공모함을 건조하기도 했다. 2003년에 유인우주선 발사를 성공시킨데 이어 2011년에는 우주선 도킹을 성공하였음을 볼 때 중국은 이미 많은 과학기술을 수집하고 축적하였음을 보여주고 있다.

2007년 5월 독일 헌법보호청 렘베르크 차장은 연방정부 차관급 회의에서"최근 중국 베이징 등을 발신지로 하는 대규모 공격 메일들이 연방정부 주요 부처에 대한 침투를 시도하고 있다고" 보고 하였다. 또한 독일 시사주간지 '슈피겔'지는 '모래알의 원칙'이라는 기사에서 "최근의 해킹 뒤에는 중국정부, 특히 인민해방군이 있으며 추적을 피하기 위해 한국의 컴퓨터 시스템을 경유하는 '우회전술' 을사용하고 있고 독일의 산업기술 정보와 노하우, 정부부처의 안보 관련 정보까지 노리고 있음이 확인되었다고 보도한바 있다(현대호, 2008: 66-68). 이 사건이 국가안보회의에 공개된 이후 모든 정부부처 컴퓨터의 파일들을 검색한 결과, 총리실, 외무부, 경제기술부의 중앙전산망에서 중국의 스파이 프로그램 '트로이 목마' 가 발견 됐다고 보고되었다. 이와 관련 독일의 한 고위관리는 '슈피겔' 과의 인터뷰에서 스파이 프로그램이 방치됐을 경우 160기가바이트 규모의 정보 유출이 불가피하고 "이미 빠져 나간 정보의 양이 얼마나 되는지는 사실상 알 방법이 없다" 고 토로하였다. 이에 대하여 중국 원사바오

총리는 헌법보호청의 보고 내용을 부인하는 한편 "해커 공격에 대한 정부 차원의 조치를 취하겠다."고 언급하였으나 중국 정부는 1986년 '863계획', 1997년 '973계획' 을 발표한 이래 서방과의 기술 격차를 줄이기 위해 모든 수단을 동원하겠다고 선언한 바 있고, 이후 15개 첨단 연구 분야를 지정해 수백 명의 과학자를 해외에 보내 선진기술 동향을 수집하고 있다

'슈피겔'지는 '황색 간첩(Die Gelben Spione)'이라는 특집기사에서 기술첩보 활동에 관계된 인력이 해외 유학생 등 총 80만 명으로 추산된다고 보도하였고 2007년 9월 8일 프랑스 르몽드지도 "프랑스 총리실이 중국군으로 추정되는 해커들로부터 사이버 공격을 받았다"라는 기사를 게재 하였으며 2007년 9월 4일 영국 파이낸셜 타임스는 "미 국방부의 전산망이 중국군 해커들에게 점령당해 상당한 정보가 유출되었고, 로버트 게이츠(Gates) 국방장관 보좌관들의 전산망까지 침입 당했다"고 게재하였다.

이에 2007년 시사주간지 타임(Time)도 "미국 내 중국 산업스파이 건수는 매년 20-30%씩 증가한다고 보도한바있고 FBI가 중국으로 정보를 빼돌린다고 의심해 감시하는 기업체만 3000여개"라는 글을 게재하면서 중국의 산업 스파이 활동으로 인한 미국 기업들의 피해액만 연간 450억 달러(약 42조 원)가 넘는 것으로 예상하였다.

각국의 예에서 보듯이 국가정보의 목표방향이 변화되었고 국가안보를 위협하는 요소가 보다 다양화됨에 따라 국가는 탄력적으로 이에 대처하지 않을 수 없게 되었다. 앞으로 각국 정보기관의 관심은 산업정보와 테러, 국제범죄, 사이버 안보 분야에 두어질 것이며 이러한 새로운 영역에 대한 활동을 적극 확대해 나갈 것이다.

한편 세계 각국의 정보기관들은 산업정보 수집을 위해 새로운 기구와 조직을 설치하고 일본어, 독일어, 중국어 등 언어 전문 인력을 스카우트하고 경제학, 경영학 및 이공계 박사들의 채용을 확대하였는데 이는 산업기술 정보 수집은 산업기술이 무엇인지, 어떤 기술이 첨단기술인에 대한 지식이 있어야 가능하기 때문이다.

각국의 정보기관들이 우리나라에 들어와서 활동하고 있는 사실은 이미 잘 알려진 사실이다. 미국은 CIA를 비롯한 16여개의 정보기관을 이용하여 한반도에 대한 기득권 유지를 위해 정보수집활동을 지속하고 있으며 최근에는 산업정보 수집도 목표로

삼고 있다. 일본 역시 우리나라를 잠재적 적대국, 경쟁상대국가로 지정하고 있으면서 정치적 경제적 영향력을 행사하는데 필요한 정보 수집활동을 하고 있으며 중국과 러시아는 경제계발에 이용하기 위하여 첨단산업과 관련된 정보수집 및 미국, 일본 등의 견제에 필요한 정보수집 활동을 강화하고 있다. 프랑스와 독일 등의 국가는 대형 프로젝트에 관한 정보수집에 주력하고 있으며 우리나라와의 경쟁상대국가들은 근로자 파견을 통해 산업기술 정보를 빼어가고 있다.

이와 같이 현대사회는 기업체는 물론이고 국가기관이 참여하는 산업정보 수집을 위한 정보전면전 시대인 것이다. 따라서 각국의 보호 대상 및 보안활동 대상도 달라졌다. 이전의 보호대상은 국가안보와 관련된 정보(외교, 국방 등)였으나 지금은 국가이익과 관련된 정보(경제, 산업, 기술정보 등)도 국가차원서 보호되어야할 정보로써 그 중요성을 인정받고 있다. 미국 국가기관인 지적 재산 법률자문위원회의의 이장 제임스 챈들러(James Chandler) 교수는 “지적 재산의 보호 없이는 국가도 존립할 수 없다.”라는 말로 국가 차원의 산업기술 보호의 중요성을 설명하고 있다(스티븐 핑크, 2004: 28).

과거에는 국방과학기술이 민간 기술로 이전되었으나 지금은 민간 첨단기술이 국방과학기술로 바로 사용되고 있다. 민간첨단기술은 즉, 국방 과학기술이며 경쟁력이고 경제력이기 때문에 보호대상이 될 수밖에 없다.

따라서 산업정보수집 활동은 오히려 출입국과 국내 체류가 용이한 우방국이나 경쟁상대국가가 활발히 전개하고 있다고 볼 수 있다. 국가의 경제발전은 국가의 존립을 위해 반드시 필요하며 국가의 경제발전은 산업기술 발전여부가 관건인 만큼 기업체의 산업정보 유출 방지 활동과 더불어 국가의 산업정보 수집활동도 강화되어야 할 것이다. 다시 말하면 기존의 보안활동의 대상에서 벗어나 국가의 이익에 해가 되는 경쟁국가의 산업정보수집 활동을 엄격히 통제하고 대한민국의 경쟁력을 높일 수 있는 기술선진국에 대한 산업정보 수집활동을 강화하는 것이 오늘날 보안활동의 핵심이라고 인식의 전환이 필요한 시대이다.

3. 산업정보전쟁의 본격화

1) 산업스파이 활동의 본격화

인간은 기본적으로 비밀을 누설하고자 하는 욕구를 지니고 있다. 이는 성욕, 식욕 등과 마찬가지고 인간의 기본적인 욕구에 해당한다. 그리스어의 '카타르시스'라는 의학적 용어에서도 알 수 있듯이 카타르시스란 아리스토텔레스가 '애련과 공포에 의하여 이러한 정서 특유의 정화'라는 말을 설명하기 위해 은유법으로 이용된 단어이다. 하지만 본 단어의 의미는 배설의 의미로서 마음속에 억압된 감정의 응어리를 언어나 행동을 통하여 표출함으로써 정신의 안정을 찾는 일을 말한다. 즉, 인간의 본성 중 홀로 비밀을 알게 되면 정서적으로 불안한 감정이 생기고 이를 타인에게 알림으로서 마음의 안정을 찾고자 하는 것이다. 산업스파이는 이러한 인간의 취약점과 누설하고 싶은 욕망을 교묘하게 파고든다.

산업정보전은 여러 가지 양상으로 전개되고 있으며 산업 스파이는 그 전형적인 예라고 할 수 있다. 미국 FBI는 오래 전부터 산업스파이 행위를 '경제적인 가치가 있는 정보를 얻기 위해 정부, 기업, 단체, 개인 등을 대상으로 외국 정보기관에 의해 주도적으로 행해지는, 혹은 외국 정보기관의 지원 하에 행해지는 불법적인 정보 활동'을 산업스파이 활동이라고 규정해오고 있다.

피해 기업의 입장에서야 산업스파이 행위의 주체가 민간 기업이든 외국 정부든 마찬가지의 손실을 입는 셈이겠지만, 거시적인 차원에서 본다면 후자의 경우에 의한 손실이 훨씬 더 크다. 민간기업이 훔쳐낸 정보는 그 기업의 이익을 위해서만 사용될 테지만, 정부 주도로 훔쳐낸 정보는 그 나라의 여러 기업들에게 나누어질 것이기 때문이다.

FBI는 1998년 한 해에만도 외국 정부에 의해 미국 기업들을 대상으로 행해진 산업스파이 사건 가운데 자신들이 실제 수사에 착수한 사건만 해도 700건이 넘는다고 밝혔다. 따라서 오늘날 범세계적으로 벌어지고 있는 스파이 전쟁에 있어 믿을 수 있는 친구나 협력자는 없다고 봐도 무방할 것이다(스티븐 핑크, 2004: 68).

민간 기업 간의 경쟁도 나날이 치열해지고 있다. 그 무대도 단지 한 국가 내에만 머물고 있는 것이 아니라, 국제적인 규모로 확대되어 가고 있다. 경쟁이 치열해짐에 따라 정보수집 방법도 공개적인 방법뿐만이 아니라 은밀한 방법들이 동원되는 추세이다. 사실 얼마 전까지만 하더라도 스파이라고 하면 국가 간에서의 기밀정보를 에워싸고 발생되는 특수공작원의 활동 정도로 생각했던 것으로서, 일반인에게는 별로 관련이 없는 존재로 인식되어 왔다. 그러나 지금에 와서는 기업 간의 경쟁이 심화됨과 더불어 정보의 가치가 높아지면서 민간차원에까지도 현실문제로 크게 부각되고 있다. 오히려 민간차원의 기술정보가 한 국가의 미래를 변화시키는 사례는 동·서양의 역사 속에서 심심치 않게 등장하고 있다.

공식적으로 기록된 최초의 미국인 산업스파이는 캐벗 로웰(Cabot Lowell)의 이야기가 대표적이다. 로웰은 1811년 영국 전역을 돌아다니며 당시의 최첨단 방직기인 카트라이트(Cartwright) 방직기 제작 기술을 훔쳐낸 것으로 유명하다. 증기기관으로 가동되던 당시의 혁신적이고 생산성 높은 영국산 방직기는 '영국 방직산업의 정수'라고 표현될 만큼 생산효율성과 품질이 우수했다. 새로운 첨단기술이 응용된 방직기의 위력을 실감하던 영국은 이미 1780년대 후반부터 방직기 기술의 국외 유출을 법으로 금지하고 있었다. 일종의 산업스파이 법이었다. 물론 죽을 때까지 고문을 하겠다던 고대 중국의 비단 지키기 법안보다는 형벌의 정도가 약했지만 영국의 방직 기술 수출 금지 법안도 상당한 효과를 발휘했던 것으로 평가되고 있다.

그럼에도 불구하고 로웰처럼 그 기술을 빼내와 미국에서 카트라이트 방직기를 거의 똑같이 만들어 낸 사람도 있었다. 이 한 명의 산업스파이가 미국 전역에 끼친 영향이 얼마나 큰지 상상도 할 수 없을 것이나. 로웰로 인해 미국에서도 산업형명이 일어났다고 해도 과언이 아니며, 미국 북부의 경제가 성장하기 시작한 것도 이 시점부터이다. 이로부터 한 세기 후에 벌어진 남북전쟁에서 북군이 승리하게 된 것도 공업 생산성의 우위 때문이라는 점은 널리 알려진 사실이다. 로웰이 훔쳐낸 기술로 만든 방직기들은 곳곳에서 영국과 경쟁을 벌였고, 이로 인해 독점적인 지위를 차지했던 영국 방직회사들은 제품의 판매 가격을 내려야만 했다. 미국 매사추세츠주 로웰시는 바로 다른 나라의 기술을 훔쳐낸 산업 스파이의 이름을 딴 도시이다. 아이러니컬하게도 영국의 방직 기술도 사실은 이태리로부터 훔쳐 온 것이다. 영국의 '더비'라는 사람이 이태리 방직공작에 근로자로 위장 취업하여 방직기계 도면을 그려내어 영국의 더 헌터라는 언덕에 방직공장을 세우게 된 것이 계기가 되었으며 당시 '더비'는 영국정부와 국민들로부터 대대적인 환영을 받은 바 있다. 또한 '폴리'라는 사람은 음유시인으로 위장하여 벨기에와 독일 등지의 주물공장에 위장 취업하여 우수한 철 주물기술을 훔쳐 왔다. 일설에 의하면 영국의 산업혁명도 산업스파이가 일으켰다는 주장도 있다(윤은기, 1990: 15-16).

당시 산업스파이 행위를 하고 있던 미국의 유명 인사들은 로웰만이 아니었다. 교과서에도 자주 등장하는 알렉산더 헤밀튼(Alexander Hamilton)이나 토머스 제퍼슨(Thomas Jefferson)도 영국이 가지고 있던 여러 가지 산업기밀들을 미국으로 빼돌린 것으로 알려져 있다. 이들의 면면을 살펴봤을 때 과거 산업스파이 행위의 주요 동기 가운데 하나는 애국심이 아닐까 한다. 그렇다면 미국 기업에 대한 다른 나라 산업스파이들의 동기 역시 애국심이 적지 않은 비중을 차지할 것이라는 것도 생각해 볼 수 있다(스티븐 핑크, 2004: 30). 정보기관의 산업스파이 활동은 바로 애국심 차원에서 위험성을 무릅쓰고 적극적으로 전개하고 있는 것이다.

현대에도 각종 신문지상이나 방송매체에서 산업 스파이나 컴퓨터 범죄에 관한 기사가 경제면이나 사회면에 자주 등장하고 있는 것만을 보아도 쉽게 이해할 수 있을 것이다. 이와 같이 매스컴에 자주 다루어지고 있지만 그것은 극히 일부에 지나지 않는다. 산업 스파이 활동은 은밀히 이루어지는 것인 만큼 그 실태는 완전히 포착하는 것은 사실상 불가능한 일일 것이다. 특히 오늘날은 컴퓨터, 복사기, 사진기, 녹음기술 등 정보보존 및 전달 수단이 급속하게 발달되고 있기 때문에 산업 스파이 활동의 실태를 파악하기가 더욱 어려워지고 있다. 따라서 일반적으로 알려지고 있는 산업 스파이 활동도 TV나 영화에서 볼 수 있는 것과 같이 전형적인 수법으로부터 크게 벗어나고 있는 실정이다.

1997년과 1999년의 ASIS(American Society for Industrial Security: 전미 산업기밀보호협회) 조사에 의하면 미국의 경우 산업스파이 행위로 인한 피해액이 한 해

적게는 450억 달러에서 많게는 2,500억 달러에 이른다. 1980년대만 하더라도 산업스파이들이 미국 경제에 끼친 총 피해액은 1조 2000억 달러에 달한다고 한다.

한 조사에 따르면 「포춘」지 선정, 1,000대 기업 가운데 56퍼센트가 산업스파이에 의해 피해를 봤다고 응답했다. 나머지 44퍼센트의 기업 가운데 상당수는 산업스파이의 표적이 되었지만 아직은 무사하거나, 산업스파이에 의해 피해를 본 사실을 아예 인지하지 못하고 있거나, 피해를 봤음에도 외부에 알리기를 꺼리는 기업일 가능성이 높다. 특히 산업스파이들의 최대 표적인 미국 기업들의 경우 이들로 인한 피해가 기업의 업종과 규모를 가리지 않고 나타나고 있다.

한국의 경우에도 2007년 중소기업 산업기밀관리 실태조사 보고서에 따르면 중소기업의 17.8%가 최근 3년간 산업기밀의 외부 유출로 인해 피해를 입었고 이중 52.6%가 2회 이상 기밀유출을 당한 피해경험을 보고하고 있다(중소기업청, 2007: 56-58).

전 FBI 국장 푸이스 프리에 따르면 "현재 수많은 외국의 산업스파이들이 미국 기업들을 끊임없이 노리고 있습니다. 1990년 중반에 FBI 수사에서 밝혀진 바에 의하면 미국에서 활동하고 있는 산업스파이들의 배후에는 최소 23개 국가가 있습니다."라고 밝혔다.

하지만 미 하원 정보위원회 위원장을 역임했던 데이브 맥커디(Dave MvCurdy) 하원 의원은 '23개 국가'라는 수치는 선진국 가운데에서 미국을 상대로 산업스파이 행위를 벌이는 국가의 숫자만을 의미하는 것이며 전 세계 200여개 국가 가운데 100개가량의 국가가 미국 기업들을 상대로 하는 산업스파이 활동을 지원하는 것으로 믿고 있다면서 "이제 누가 훔쳐 가느냐를 따지는 것보다 누가 훔쳐가지 않느냐를 따지는 편이 더 쉬워졌습니다."라고 말하기도 하였다(스티븐 핑크, 2004: 27).

이와 같이 국가와 기업차원에서 여러 가지 유형의 산업 스파이 활동이 이루어지고 있으며 이러한 산업 스파이 활동 방법으로는 크게 인간에 의한 방법과 기계에 의한 방법으로 나누어진다. 기계에 의한 방법은 기계를 조작하는 것이 결국 인간이기 때문에 인간이 하는 스파이 활동의 각종 수단을 보완하는 것이라고도 이해할 수 있다. 인간에 의한 방법은 매수형과 잠입형으로 다시 나눌 수 있다. 먼저 매수형이란 대상기업의 불평불만 자나 성격결함 또는 약점이 있는 사람에게 접근하여 특정한 반대급부 등을 제시하여 중요 정보를 빼내는 스파이 활동을 말한다.

매수에 쉽게 걸려드는 사람은 대체로 윤리성이 결여되어 있으며, 낭비벽이 있거나, 과도한 성취동기 등 인위적인 취약성을 가지고 있는 경우가 대부분이다. 그렇지 않다고 하더라도, 인간은 불완전한 존재로서 성격이나 언행에 많은 취약점을 지니고 있어 쉽게 매수의 대상이 되곤 한다(윤은기, 1990: 42).

다음으로 잠입형이란 경쟁기업의 공장이나 사무실로 몰래 침투하여 정보를 빼내는 산업 스파이 활동을 말하며, 보다 최근에는 고도의 기술을 빼내기 위해 위장취업을 하는 경우도 많이 발생하고 있다. 이 경우 단기 간 동안의 활동에 그치지 않고, 수년간 잠복하는 장기 잠입형도 있다. 우리나라 사례에서도 국내 기업 중에 크지는 않지만 첨단산업기술을 가지고 있는 견실한 중소기업이 있다. 이 기업은 외국인 근로자를 고용하고 있었는데 그 중에 한 외국인은 태국의 동종기업의 아들이었고 기술을 빼어가기위해 위장취업을 했던 것으로 밝혀진바 있다. 이 외국인의 근무 자세가 무척 성실하였기 때문에 사장은 격려차원의 회식을 베풀었고 회식 중에 "사장님은 전문가이고 학자이면서 기업가라며 가장 존경한다."는 말에 감동을 받아 열심히 베울 것을 종용하자 "열심히 배우려고 노력하고 있으나 이 분야만은 잘 모르겠다."라는 말에 자기도 모르는 사이에 노하우를 설명해주었던 것이다. 그 이후 이 외국인은 가정사를 빌미로 출국한 이후 현제가지 돌아오지 않고 있다. 일반적으로 전문가는 자기과시성향이 있다. 위장 취업하여 교모하게 사장의 자기과시성향을 자극하므로 써 노하우를 빼내어 간 것이다.

기계를 이용한 스파이 활동은 사용하는 데 특별한 훈련이나 교육이 필요하지 않은 단순한 도구, 즉 카메라, 복사기, 녹음기, 쌍안경 등을 이용하는 경우와 고도의 전문성을 필요로 하는 특수기기를 사용하는 경우가 있다. 다음 〈표 1-3〉는 산업스파이 피해 발견시 대응방법에 대하여 제시한 것이다.

〈표 1-3〉 산업스파이 피해 발견 시 대응방법

산업스파이 피해 발생에 대비한 대응 대책은 산업스파이에 의한 예상되는 피해를 최소화하는 방법으로 강구되어야 한다.

1. **비상시 대비 T/F팀을 구성해 놓는다.**
   부서별·분야별 전문요원으로 편성된 T/F팀을 구성하고 비상 연락망을 설치하며 예상되는 상황을 가정한 상황별, 단계별 대응방안을 사전에 강구한다.
2. **언론 대응전략을 수립한다.**
   언론 및 경쟁 기업체의 입장에 끌려가지 않기 위해서는 일사불란한 대처가 필요하다. 따라서 ① 언론접촉 창구를 일원화하고 ② 사안별 언론 보도문을 준비하여 선 제공하므로 써 추측성, 선정성 보도를 차단하고 ③ 예상되는 질의 답변 자료를 기업 내의 임·직원에게 숙지하도록 하여 똑같은 소리를 내도록 한다.
3. **루머 방지 대책을 강구한다.**
   ① 이번 산업스파이 사건은 기업이 미리 알고 있었고 그동안 정보·수사기관과 긴밀한 협조 하에 지속적으로 추적해 온 결과임을 알림으로써 보안관리에 대한 신뢰성이 상실되지 않도록 한다.
   ② 그동안 영업비밀이 철저히 보호되어 왔음을 협력·공동연구·합작회사 및 증권가에 홍보하여 신뢰성을 확보하고 투자자들을 안심시킨다.
4. **내부직원 관리 대책을 강구한다.**
   ① 이번에 발생한 산업스파이 사건의 전말, 회사의 입장 등을 경영진이 직접 설명함으로써 직원들의 동요를 차단한다.
   ② 특히 전·현직 직원이 연루된 사건일 경우에는 회사 측의 조치가 타당하였으며 일방적이라는 느낌이 들지 않도록 하므로 써 사건과 연루된 전·현직 직원에 대한 동정심이 유발되지 않도록 하여야 한다.
5. **투자자, 핵심고객, 협력업체에 대한 대처방안을 강구한다.**
   금융회사, 투자자, 협력업체에 대한 설명서를 작성·제공하거나 직접 설명회를 개최하여 추측·불평, 독자적 견해 표명 등을 예방한다.
6. **해외 지사원들의 안전관리 대책을 강구한다.**
   산업스파이 사건이 기업체의 문제에서 국가 간의 분쟁으로 비화되었을 경우 해외지사원이 테러를 당하거나 산업스파이의 혐의로 체포되어 산업스파이의 석방, 형량감경 등의 목적을 위한 협상카드로 사용될 가능성도 있으므로 주재국의 법규준수, 외출 및 활동자제, 상대국가로의 여행금지 등의 대책을 강구하여야 한다.

※ **자료:** 뚫는 자와 막는 자 기업스파이전쟁, 조선일보사, 스티븐 핑크, 2004, p.102

미국 산업보호협회의 홀스타인(Brian Hollstein)은 “산업스파이의 피해자가 된다는 것은 성병에 걸리는 것과 흡사하다. 걸린 사람은 많지만 아무도 얘기하려 들지 않는다.”고 말한 바 있다. 이러한 이유 때문에 산업 스파이 활동이 증가하고 있는 것인지도 모른다. 어쨌든 이러한 정보도둑과 해적행위에 대한 소송행위도 늘고 있다.

또한 갈수록 강력해지는 산업 스파이의 공격을 막아내지 못한다면 소리 없이 무너져 버릴 것이라는 데 전문가들은 견해는 같이하고 있다. 산업스파이는 치열하게 전개되는 정보전쟁의 산물이며 막대한 연구비를 절약할 수 있고 기술격차를 단번에 극복할 수 있을 뿐만 아니라 경쟁기업의 핵심적인 경영전략을 사전에 입수하여 그 허점을 공격하는 대응전략을 구사하는 등으로 기업이 경쟁력을 회복할 수 있는 가장 손쉬운 방법이라는 생각에서 활용하고 있는 것이다.

이처럼 기업정보활동이 수동적인 방식의 차원을 넘어 공격적 정보수집인 스파이전으로 변하고 있는 것이다. 도덕이나 법질서를 파괴하면서까지 이러한 활동이 이루어지고 있는 것은 피할 수 없는 현실인 것이다.

〈표 1-4〉 산업스파이 피해 시 예상되는 결과

대부분의 기업체가 산업스파이로 인한 피해를 당하면 당황하기 마련이다. 경험이 없고 대처하는 방법을 잘 알지 못하기 때문이다. 산업스파이를 당했을 경우 예상되는 피해는 다음과 같다. 1. 자사 제품이 동일 또는 유사 제품에 비해 경쟁력을 상실하게 되어 시장 점유율이 서서히 또는 급격히 저하되고 매출액이 감소한다. 2. 기업과 상품에 대한 소비자들의 신뢰가 감소한다. 3. 따라서 기업의 수익구조에 변화가 생긴다. 3. 기업 내에서 긴장의 강도가 높아진다. 5. 기업에 대한 시장의 평판이 나빠지게 된다.. 6. 직원들의 영업활동에 지장을 초래한다. 7. 공동 연구 기업체의 연구소들로부터 의심을 받기 시작한다. 9. 연구 개발비의 지출이 더욱 증가한다. 10. 법률 및 보험 비용이 증가한다. 11. 언론 매체와 정보기관으로부터 집중적인 관심을 받게 된다

※ **자료:** 뚫는 자와 막는 자 기업스파이전쟁, 조선일보사, 스티븐 핑크, 2004, p.58

2) 국가기관의 산업정보 활동 본격화

전 세계적으로 정부 차원에서 산업스파이 행위를 가장 적극적으로 지원하고 있는 나라가 바로 프랑스이다. 1980년대 초부터 프랑스에는 경제전략정보부(Economic and Strategic Information Bureau: ESIB)라는 기관이 버젓이 존재하며, 이 기관의 주요 임무가 바로 산업스파이 행위의 지원이라고 한다. 이들은 주로 미국의 대기업들을 대상으로 하여 정보를 뽑아내려고 하고 있다. 그 대표적인 사례로 프랑스에서 에어 프랑스 소속 여객기들의 퍼스트 클래스에 정부 주도로 도청기를 설치하였고 프랑스 정보국이 노렸던 정보는 역시 기업 활동과 관련된 것이었다(스티븐 핑크, 2004: 79).

뿐만 아니라 1943년 드골이 창설하고 1982년 미테랑 대통령에 의해 발전한 대외보안총국(DGSE)은 해외정보 수집을 전담하는 기구이나 1991년 냉전이 종식된 이후 경제·산업 정보 수집활동에 집중하고 있는 것으로 알려져 있다. 과거 IBM, Texas Instruments Corning 등의 회사에 정보요원을 심어놓고 기업정보를 수집하였으며 1993년 미국의 우주·항공 산업에 대해 스파이 활동을 지시하기도 하였다(한국정보연구회, 2012: 375)

사실 산업 스파이하면 일본이 대표적이다.[14] 과거 일본인을 표현할 때 경제적 동물이니 모방의 천재라는 용어를 사용하였던 것을 우리는 기억하고 있다. 모방을 하기 위해서는 정보수집이 전제된다는 사실은 누구나 쉽게 짐작할 수 있을 것이다. 이제 일본은 다른 나라 기업체의 기술을 빼어내어 모방하는 국가가 아니라 세계 최고의 기술을 창출하는 기술 강국이 된 것이다. 지금 와서 일본인에 대하여 경제적 동물이니 모방의 천재라 등의 용어를 사용하고 있는 나라도 사람도 없다.

일본의 기업들은 1960~80년대 서구 기업들의 보안체계가 허술한 것을 틈을 타 막대한 정보를 빼내 오늘날의 세계 최고기업으로 성장한 것이다. 일본기업들은 오래전부터 정보망을 구축하기 시작하였으며 오늘날에 있어서 일본기업들의 정보력은 세계 최강이라고 할 수 있다(윤은기, 1990: 35). 1904년 러일전쟁 시 제정 러시아에 진출

14) 일본의 정보기구는 12세기 막부 시대로부터 시작된 것으로 본다. 일본 군부는 나가노 정보학교를 설립하여 정보요원을 양성하였는데 이들이 전쟁 이후 민간 기업에 취직하여 정부와 민간기업간의 해외정보 공유의 핵심적 고리역할을 해왔다.

했던 미쓰이 물산이 그곳 동향을 낱낱이 수집하여 본국에 타전함으로써 전쟁 승리에 결정적인 영향을 미쳤다는 것도 1966년 인도네시아 스카르로 통령의 실각 사실도 일본의 상사 지사원이 외국인으로 어떠한 정보기관보다도 먼저 입수했던 사실은 이미 널리 알려져 있다. 우리나라가 경제성장을 시작하던 1960년대 초 일본의 상사들은 지구의 마지막 시장이라고 일컬어지는 아프리카까지 진출하였다(박현우, 1993: 15).

일본 기업의 정보시스템은 일본제국군의 정보체제와 유사한데 이는 일본이 패전 후 미쓰이 상사, 노무라 종합연구소, 이토츄 상사 등 종합상사에서 군정보담당자들을 대거 채용한데 기인한다. 일본기업들의 정보수집・보고・분석・활용 체제는 군대조직처럼 일사분란하고 보안 유지가 철저한 것이 특징이다.

1980년대 중반 들어서는 컴퓨터, 반도체, 인공위성, 광통신망 등 첨단기술과 접목되어 양과 질 면에서 급성장하였는데 1978년 일본 상사가 이란 팔레비 왕정 붕괴 후 호메이니의 집권을 예측하지 못하여 플랜트 수출에 실패하고 이어서 1979년에는 우리나라에 에칠렌 관련 석유화학공장을 한・일 합작으로 설립하였는데 제5공화국의 긴축정책으로 실패하자 일본재계는 개발도상국에 대한 정보부족이 실패의 원인이며 경제정보만 가지고서는 치열한 무역경쟁에서 승리할 수 없다고 판단하고 정치・군사 관련 정보시스템도 강화하였다.

또한 일본의 강점은 수집된 정보를 관련기관 간에 공유한다는데 에 있다. 우리나라에서도 일본대사관 관계자, 한국에 진출하고 있는 기업체, 은행. 언론기관 등은 매주 목요일마다 간담회를 개최하여 정보를 공유한다. 한국인들은 똑같은 자료를 얻기 위해 동일한 일본 기관이나 회사를 저마다 찾아가 요구하고 심지어 같은 회사 사람들끼리도 제각기 같은 자료를 요구한다. 우리나라는 같은 기관 네의 부서 간에도 정보를 공유하지 않는 경향이 있다.

거시적으로 볼 때 일본인 1억 3천만 명 전체가 정보원이며, 일본국은 하나의 거대한 정보망을 이루고 있는 정보국가라고 할 수 있다. 일본문제에 정통한 미국의 「Ezra F, Vogel」은 「NO.1, 일본에서 미국이 배울 것」이라는 저서에서 "일본의 성공원인은 정보취득 욕구인데 일본인은 강의실, 골프장, 회의실, 술집, TV 등 어디에서든지 전문가이건 아마추어이건 불문하고, 친구이건 적이건 불문하고 정보를 수집한다." 라고 기술하고 있고 「엘빈 토플러」는 일본인의 정보수집능력이 "세계를 재패할 무기다"라고 언급한바 있고 많은 미래 학자들이 향후 최대의 권력은 「정보」에서 나오며, 21세기는 일본이 최강국이 될 수도 있다고 경고한 바도 있다. 이러한 일본인들의 정보활동과 정보력이 세계대전 후에 무너져버린 그들의 경제를 단기간 내에 세계 정상으로 올려놓은 원동력이 된 것이다. 일본인이야말로 손자병법에서 강조한 「자신과 남을 알면 백전백승」이라는 정신에 충실하여 무역전쟁에서도 연전연승 할 수 있었든 것이다(박현우, 1993: 18).

산업정보 수집에 국가가 개입하는 일은 비단 프랑스나 일본 뿐만이 아니다. 'US 뉴스 앤드 리포트' 기사에 따르면 최근 중국 정보기관들의 최우선 임무는 산업스파이 행위라는 보도를 낸 적이 있다. 너무나도 많은 산업스파이 사건의 배후에 중국 정부가 등장하기 때문에 이제는 '중국 사람이 저지른 일은 모두 중국 정부에서 시킨 것이다'라는 말이 나돌 정도이다. 실제로 로스알라모스(Los Alamos)연구소에서 핵 관련 정보를 빼내려다가 적발된 웬 호 리(Wen Ho Lee) 박사의 경우도 아직 확인된 바는 없지만 중국 정부의 지시를 받았을 것으로 추정되고 있다.

한편 구소련도 각국의 산업정보 수집에 사력을 다하였다. 구소련 시대의 명성이 높은 KGB는 다섯개의 총국(chief directorate) 으로 구성 되어 있고, 이 중 제1총국은 KGB의 해외공작을 담당하였으며, 제1총국 내 T국에서 산업 스파이 업무를 담당하였다. T국 요원들은 비밀 공작기술과 어학훈련을 받았을 뿐만 아니라 훌륭한 자격을 갖춘 과학자이거나 기술자이며, 석사 또는 박사 학위를 가지고 있는 경우가 많다. T국 연구소에는 선진국 주재 KGB 지부에서 대량으로 보내오는 자료를 처리하기위해 과학자, 분석가, 번역가들이 배치되어 있었다. 수많은 T국 장교들 및 협력자들이 과학 및 기술에 관련이 있는 모든 행정기관과 조직들, 그리고 외국 과학자와 정규적인 거래가 있는 기관들에 파견되어 있었다. 해외의 과학 심포지엄에 참석하는 소련대표단에는 T국의 요원과 그들의 신뢰를 받는 협력자들이 어김없이 끼어있다. 이러한 T국은 국가과학기술위원회(GKNT) 및 과학 아카데미와도 긴밀히 협의하여 마스터 플랜을 세워 정보를 수집하였다. 그들은 과학 참사관, 무역대표부원, 국영 에어로폴로트 항공사 직원과 같은 위장신분으로 훌륭히 그 업무를 담당할 수 있는 진짜 과학자이고 기술자이기 때문에 다른 KGB 공작원들과 식별하기조차 어렵다고 한다(박현우, 1993: 71-73). 과거 러시아 과학기술위원들이 미국의 항공사를 방문하는 과정에서 신발 바닥에 끈적이를 발라 공장바닥에 떨어져 있는 소재가루를 묻혀온 사실은 이미 널리 알려진 바이다(윤은기, 1990: 23). 1991년 KGB가 해체되고 해외정보부(SVR)가 창설되었으며 해외정보부의 Direc torate X에서 과학기술정보 수집 활동을 전개하기도 하였다.

이러한 산업정보 전쟁에 대한 관심은 미국정부도 예외는 아니다. 미국에서는 1991년 9월 상원에서 부시 대통령이 신임 CIA 국장으로 임명한 로버트 게이츠에 대한 인준 청문회가 개최된 바 있다. 이 청문회에서는 게이츠 신임국장이 변화하는 시대에 CIA를 어떻게 변혁시켜 나갈 것인가 하는 데에 집중되었다. 그 이유는 냉전체제가 붕괴된 이후 CIA도 새로운 역할을 찾아야 한다는 여론이 크게 대두되었기 때문이다. 소련공산당의 해체는 CIA로 볼 때는 최대의 적이 사라졌다는 사실을 뜻한다. 따라서 CIA 스스로 정보활동의 우선순위를 변경해야 한다는 과제가 새로이 생긴 것이다.

이 청문회에서 게이츠는 "과거 우리의 동맹국가들 중 최소한 2개국 이상이 우리의 기업들을 상대로 기술 및 시장정보 수집활동을 벌이고 있다"며, "CIA는 이에 대해 보다 공격적으로 대응해 나갈 필요가 있다."고 말했다.

위에서 살펴 본 프랑스, 중국, 구소련, 미국 이외에도 많은 나라가 정보기관을 비롯한 국가공공기관을 통해 산업정보의 획득활동에 큰 관심을 보이고 있으며, 이는 앞으로 더욱 치열해질 전망이다. 지금까지 우리는 산업 스파이라고 하면 국내의 경쟁기업이 자기 회의 비밀을 빼내가는 정도로만 생각하는 것이 보통이었다. 그러나 기업 간의 경쟁이 국경을 넘어서 전 세계적으로 이루어지는 오늘날에는 기업정보를 훔치려는 산업 스파이 활동에 국내 경쟁자뿐만 아니라 외국의 경쟁자, 더 나아가 각국의 정보기관과 심지어 대사관이나 영사관 등의 공공기관들까지 가담하고 있는 것이다(스티븐 핑크, 2004: 70).

이들은 자국의 기업들을 위해 이 순간에도 열심히 산업 스파이 활동 을 하고 있는 것이다. 그러나 각 나라마다 산업스파이 활동에 대해 효과적으로 대처하지 못하는 이유도 존재한다. 이는 앞으로 각국의 정부기관들이 해결해야할 문제인 것이다.

그러나 외국 정부에 의해 주도되거나 외국 정부의 지원을 받은 산업스파이 사건의 경우 수가기관이 수사를 해놓고도 선뜻 기소를 하지 못하는 현상에 대해 미국 대형 보험사 법률 고문으로 있는 닐 월린(Neal Wolin)은 외국 정부를 기소하기 전에 다음과 같은 문제에 대해서 면밀히 고려해야 한다고 지적하고 있다(스티븐 핑크, 2004: 74).

우선, 상대국과의 현재 외교 관계는 어떠한가? 그리고 현재 상대국과 현재 진행 중인 외교협상은 무엇이 있는가? 또한 산업스파이 사건이 전면에 부각될 경우 상대국과의 외교관계 및 현재 진행 중인 외교협상에 미칠 영향은 무엇인가? 마지막으로 그 나라의 전체 외교정책과 국가 안보에 비추어 산업스파이 사건이 상대적으로 얼마나 중요한가? 등이다.

산업정보의 수집과 활용

1. 산업정보 수집활동의 중요성

1) 미래에 대한 예측가능성의 확보

국가와 기업체간의 국가 간의 산업 및 경제 정보전은 날고 가속화 되고 있다. 무한 경쟁시대에서 기업체가 살아남기 위해서는 현재의 국·내외적 경제 환경과 여건에 대한 정확한 파악이 필요하다. 세계의 경제정세, 각국의 경제정책과 경제체제, 석유·철강 등 원자재 가격의 변동추이, 금융외환위기, 지진 폭동 등 자연재해, 괴질 발생 및 확산 실태, 소비자의 욕구의 변화, 과학 및 산업기술의 개발동향에 이르기까지 정치·경제·사회·문화 등 각 분야에 대한 정보는 물론 우리 기업이 처한 입장과 내·외적 위험요인 등에 관한 정보를 수집하고 수집된 정보를 바탕으로 기업체의 정책방향을 설정하고 정책방향의 우선순위를 결정해야하며 위험요인도 사전에 발견하여 대응대책을 수립하고 신속하게 대응해야 한다.

불확실성 시대에서 합리적 의사결정은 기업의 생존과 직결된다. 합리적 의사결정을 하기위해서는 무엇보다도 다양한 정보수집 활동이 전제된다. 기업체의 정책방향을 수립하는데 있어서도 정책성과를 극대화 하는 데에도 많은 정보가 요구되며 수립된 정책의 효과와 문제점을 파악하는 데에도 정보가 요구된다. 정보가 많으면 많을수록 객관적인 평가를 할 수 있기 때문이다.

2) 기업 정보자산의 확대

세계는 기계화 시대에서 지능화·디지털화 시대로 변화되고 국제 무역의 패러다임도 사람 · 물자 · 자금의 이동에서 정보의 이동으로 변화되었다. 이제는 정보가 국가와 기업체의 지적자산이며 무형자산으로써 정보야 말로 기업의 경쟁력을 확보해주는 핵심요소이다. 정보자산의 확대는 기업자산의 확대와 직결된다. 또한 기업경영의 요체는 미래관리이며 미래관리는 즉 정보관리이며 정보가 사회적 파워로 변화 되었다. 정보를 지배하는 자가 세계를 제패한다고 미래학들이 이미 설파한 바 있다. 기업 간의 경쟁은 날로 격화되고 기술보호주의는 더욱 심화되고 기업· 기술·제품·지식· 문화의 라이프 사이클로 날로 단축되고 있는 현실에서 산업정보 수집은 기업체의 생존과 직결될 수밖에 없다.

무역전쟁은 이제 기술전쟁이다. 과학 · 산업기술 개방동향에 관한 정보를 수집해야 한다는 것은 자명한 사실이다. 원자재와 설비나 장비를 도입하는 데에도 설비와 장비의 장단점 등에 대한 정보가 필요하다.

3) 시장 환경에 대한 경쟁력 확보

이제는 생산자가 제품을 만들고 소비자들이 알아서 사가라는 시대가 아니다. 소지자의 욕구에 맞는 제품을 생산하여야 한다. 당연히 소비자 욕구변화에 대한 발 빠른 정보수집이 있어야 가능하다. 경쟁기업의 기술개발동향과 전략전술을 수집하므로 써 경쟁기업체의 경영방향을 예측하고 이에 대한 대응책을 수립 할 수 있다.

정보 수집을 통하여 새로운 사업에 진입하고 신제품을 개발하고 선진기술을 추격할 수도 있고 사양산업도 조기에 발견하여 퇴출할 수도 있으며 기술개발을 위한 투자 · 시간 · 인력 · 비용을 절감할 수 있고 경쟁 업체를 견제·차단 할 수 있는 방책을 강구할 수도 있다

이제는 산업정보의 수집·분석·평가·생산 활용이 기업의 경영의 필수 조건이라고 할 수 있다. 산업정보 수집과 보호의 중요성을 인식하지 못하는 기업은 생존할 수 없을 것이다.

2. 산업정보 수집의 추세

1) 경쟁기업에 대한 정보수집 활동 증가

정보장악을 위한 산업정보 전쟁이 가열화 되면서 상대기업의 계획, 제품, 이윤을 등에 대해 보다 많은 정보가 필요하다고 생각하는 회사가 늘고 있다. 이 때문에 이른바 경쟁사에 관한 정보수집 활동이 크게 증가하게 되었다. 물론, 민첩한 회사는 종전에도 경쟁업체를 항상 눈여겨 보았겠지만 오늘 날에는 특히 상대방에 관한 지식이 정보전쟁에서 가장 중요한 무기가 되고 있다.

이러한 태도를 설명해주는 몇 가지 요인이 있다. 첫째, 지금은 어떠한 시장이든지 외부에서의 신속한 침투가 가능하다는 점이다. 둘째, 조사연구에 필요한 리드 타임(lead time)이 길어졌다는 점이다. 이는 제품의 수명 주기가 짧아진 것과는 대조적인 현상이다. 셋째, 경쟁이 더욱 치열해 졌다는 점이다. 이러한 현상은 모두 널리 알려져 있는 산업 스파이 활동의 체계화와 전문화에 기여하고 있다(박현우, 1993: 150-180).

2) 경쟁정보 수집활동의 증가

기술혁신에 대한 계속적인 압력은 보다 많은 자원이 신제품에 투입되는 결과를 가져왔는데, 신제품 중에는 연구비용이 아주 많이 소요되는 것도 있다. 「실리콘 밸리의 스파이 활동」의 저자인 할람카(John D.Halamka)는 현재 기업들이 경쟁사의 제품을 분해하여 그 비밀을 알아내는 이른바 분자공학 (reverse engineering)에 열중하고 있는 이유를 설명하면서 "칩 한 개를 설계하는 데는 수백 노동년(labor years)과 수백만 달러가 필요하다. 그러나 경쟁제품을 모방하면 시간과 비용이 모두 적게 든다."고 말하고 있다(박현우, 1993: 151-180). 에이버리테리슨사의 산업기술 유출 사례는 이러한 상황을 적절하게 이야기 해주고 있다. 에이버리테니슨사는 미국 오하이오주 콩코드에 본사를 두고 있는 연매출 39억 달러의 세계 최대 라벨 제조 회사이며, 「포춘」 선정 500대 기업 가운데 하나이기도 하다. 대만에서 태어나 미국에서 화학공학

박사학위를 받은 텐홍 빅터 리(Tenhong Victor Lee)는 아무데나 잘 붙고 흔적을 남기지 않는 스티커 개발과 관련해 세계적 권위자인 그는 에이버리테니슨에서 일한 11년 가운데 8년이라는 기간을 핀 옌 양(Pin Yen Yang) 회장이 이끌던 대만의 포필러스 엔터프라이즈(Four Pillars Enterprise)사에 핵심 기술과 영업정보를 제공하였다.

에이버리테리슨사가 연구개발을 위해 투자한 비용은 2억 달러에 달했던 반면 포필러스사에서 빅터리 박사에게 8년간 지급한 활동비 총액은 고작 16만 달러에 불과하다는 점은 윤리의식과 법 정의를 빼고 대차대조표상에서만 생각한다면 비교가 되지 않는 수치이다. 세계화를 통해 국가 간의 장벽이 점점 사라지면서 산업스파이 행위는 윤리의식이나 법정의 따위는 개의치 않는 사람들에게 아주 매력적인 사업으로 보여지고 있는 것이 현실이다.

경쟁적인 정보수집 활동의 증가를 부채질하는 또 한 가지 요인은 전략계획 작성과 보고과정이 확산되고 있다는 데 있다. 전에는 간부 직원이 계획업무를 수행하면서 최고 경영층에 보고하는 고도로 중앙집권화된 형태를 보였으나 지금은 사업부서로 밀려 내려와 마구잡이 경쟁에 익숙해진 실무부서 관리자들이 그 업무를 수행하는 경우가 많다. 경쟁상대가 어디까지 가 있는가를 안다는 것은 전략적인 도움을 줄 뿐만 아니라 당장 전술적인 이익도 가져다주기 때문이다.

3) 경쟁정보 수집실태

「포춘」지에 따르면 미국의 매리어트(Marriott)사는 페어필드 인(Fairfield lnn)사를 출범시키기 전에 거의 400개에 달하는 경쟁호텔에 기업정보 수집요원을 파견하여 어떤 비누와 타월을 내놓는가, 프런트 데스크가 특정한 문제를 어떻게 처리하는가 심지어 객실의 교성이 옆방에 들리는 지까지 체크했는데. 이를 위해서 한 명이 객실에 들어가 교성을 흉내 내고 다른 한 명이 옆방에서 청취하였다고 한다. 또한 메리어트는 중역급 스카우트 담당자를 고용하여 경쟁업체의 조사는 물론, 그 업체의 지역 관리자들과 인터뷰하여 경쟁업체의 봉급수준은 어떠한가, 어떠한 훈련을 실시하는가, 관리자들이 만족해 하는가 등을 알아보았다.

뿐만 아니라 미국의 대형 트럭 운전대 제조업체인 미국의 셸러-글로브(Sheller-Glove)사는 새로운 운전대를 설계하기 위해 잠재적 거래 업체들을 체계적으로 방문하여 경쟁업체들의 제품을 대상으로 단위 연료당 주행거리, 안락도, 방풍유리의 시계, 핸들 조종의 용이성, 좌석배치, 조종 장치 사용의 난이도 및 내구성 등 7가지 척도에 대해 등급을 매겨주도록 부탁했다. 여기에서 얻은 정보는 셸러-글로브사의 설계팀이 달성해야 할 목표를 설정해 주었다.

이렇듯 기업정보 수집요원들은 마치 진짜 스파이처럼 우선 '개방된' 정보 소스를 조심스럽게 훑는 일부터 시작한다, 그들은 상대 업체의 계획을 탐지하기 위해 업계 전문지, 사보, 일반 간행물을 숙독한다. 그들은 연설문을 읽고, 사원모집 광고를 검토하며, 각종 회의와 세미나에도 참석한다. 외부 컨설턴트로서 급여를 받는 경우가 많은 이러한 기업 정보수집 요원들은 또한 경쟁업체의 생산능력을 알아보기 위해 헬리콥터를 타고 공장 위를 날아다니고, 쓰레기통을 뒤져 버려진 메모를 찾아내는 등 보다 공격적인 방법도 사용하는 것으로 알려져 있다. 때로는 경쟁업체가 거래를 흥정하는 호텔 객실이나 사무실을 도청하기도 한다. 미국의 군납업자들은, 국방성 프로젝트에 상대 업자보다 싼 가격으로 입찰하기 위해 컨설턴트를 고용하여 경쟁사의 입찰가격을 사전에 탐지해내고 있다. 이러한 컨설턴트 중 일부는 그 자료를 입수하기 위해 군부 인사에게 뇌물을 준 것으로 보도되기도 하였다. 물론, 경쟁사 정보수집 전문가들은 자기들의 업무를 합법적인 활동이라고 주장한다.

지금 우리는 이미 종업원의 기능에 관한 경영층의 태도가 변화하는 초기적 현장을 목격하고 있다, 전체 종업원들은 날이 갈수록 단지 회사의 지식자산 전반에 기여하는 데 그치지 않고 회사의 경쟁사 정보수집 노력에도 기여하도록 요구받고 있다, 미국과 일본 두 나라의 기업들을 위해 기업정보수집사업을 대행하는 서치 어소시에이트 (Search Associate)사의 사장 코틀라(Mindy Kother)에 따르면, 일본인은 미국인보다 정보수집에 관해 훨씬 더 총체적인 견해를 가지고 있다고 한다. 일본인 임원들은 정보 수집을 일상적 직무의 일부분이라고 생각하는 데 반해, '전형적인 하버드 경영학 박사(MBA) 출신들은 그런 일은 회사의 도서 담당자나 할 일' 이라고 말한다는 것이다.

그러나 이제 이러한 편협한 태도는 잠차 사라지고 있다. 미국의 제너럴 밀스(GeneraI Mills)사에서는 모든 종업원이 경쟁사정보수집에 참여하도록 요구받고 있다. 심지어 사환들도 행상인에게서 물품을 구입할 때 경쟁사들이 무슨 물건을 사서 무엇을 하는가를 물어보도록 되어 있다.

미국의 전화회사들은 세미나를 열고 자료를 배포하여 회사 임원들에게 경쟁사 정보수집 활동의 방법과 그 이점에 대해 설명해주고 있다. 바이엘(Bayer)사는 임원들을 교대로 경쟁사 정보수집 팀에 근무하도록 하여 그들에게 이러한 종류의 정보수집이 중요하다는 것을 깨우쳐주고 있다. GE사는 회사의 전략계획수립에 경쟁사 정보수집 활동을 연결시키고 있다.

앨빈 토플러에 따르면 오늘날 정보 전쟁이 치열해지고 있는 것은, 새로운 경제에서 중요한 위치를 차지하는 지식이 다른 자원에 적용되는 모든 기준을 무너뜨리고 있다는 인식이 점증하고 있다는 사실을 반영하는 것이라고 한다. 우리는 아직까지 판매 가능하지만, 그 대부분이 고객들 자신에 의해 또는 의도적이건, 무의식적이건 경쟁사에 의해 공급되는 자원을 관리하는 방법을 알지 못할 뿐만 아니라, 아직까지 기업 전체가 어떻게 지식강화에 기여하는지도 이해하지 못하고 있다는 것이다.

3. 산업정보 수집방법

1) 정보수집의 개념

정보의 수집이란 정보 사용자의 요구에 의하여 "정보수집 출처를 개척하고 수요 자료와 첩보를 입수하여 이를 정보 분석·생산부서에 전달하는 과정"을 말한다. 훌륭한 정보를 작성하기 위해서는 우선 좋은 자료와 첩보를 수집하여야 한다.

수집단계에서 문제되는 것으로는 출처의 개척, 요구하는 첩보 입수·획득기술, 입수한 첩보를 있는 그대로 보안을 유지하면서 어떻게 생산부서에 신속하게 전달하느냐의 등을 문제로 들 수 있다. 첩보의 수집은 인적·기술적 수단으로 이루어지데 정보

수집에 필요한 장비와 훈련받은 인원, 상대방의 보안체계를 뚫고 들어갈 수 있는 기법 등이 마련되어야한다. 수집된 정보는 정보 분석이 용이하도록 정리되어 신속하게 정보의 분석·생산부서로 전달하게 되어야 한다. 단, 정보의 내용이 경미하거나 긴급성이 있는 경우 분석과정을 거치지 않고 사용자에게 전달될 수도 있다(한국정보연구회, 2012: 15).

정보를 수집하기 위해서 요구되는 정보가 결정되고 그에 따라 필요한 자료나 첩보가 결정되면 정보수집계획을 수립하고 수집활동에 착수한다. 정보의 수집계획은 어떠한 규정된 양식으로 작성하도록 요구되지는 않으며, 정보요원에 따라, 부여받은 정보의 성질이나 수집시간에 따라 다르게 작성할 수도 있고 그렇지 않을 수도 있다. 정보수집의 신속성이나 적시성, 보안성을 위해서는 작성하지 않는 것이 바람직 한 경우도 있다. 수집계획은 요구정보 획득부서, 방법, 정보의 보고시간과 방법, 수집활동의 진행상황과 성과 등을 포함하여 정보수집에 참고할 수 있도록 작성한다.

2) 정보의 출처

(1) 정보출처의 개념

좋은 첩보를 얻기 위해서는 그 첩보가 어디에 있는지 소재지(원천)를 찾아내야 한다. 첩보가 있는 원천을 출처라 하며 출처를 찾아내는 것을 출처개척이라 한다. 첩보가 얻어지는 원천은 기관, 인물, 사물, 사건 등 여러 가지 형태로 존재할 수 있다.

대부분의 첩보는 공개출처에서 얻을 수도 있지만 비공개출처를 통하여 얻어야 하는 것으로써 전문가에 의하여 고도의 수집기술을 통하여 확보해야 하는 경우도 있다.

정보수집활동은 수집의 대상인 첩보가 어디에 어떠한 형태로 존재하느냐를 확정하는 것으로부터 출발한다. 조직, 단체, 지역, 인물 등의 첩보수집목표가 설정되면 이들 목표 중에 첩보를 가지고 있는 인물이나 장소, 구체적 방법 설정 및 경로들을 파악하여야 하는데 이러한 방법설정 및 경로파악을 정보의 출처라고 한다.

(2) 정보출처의 종류

정보의 출처분류 방법은 정보기관과 학자에 따라 다양하다, 출처의 비밀성 유무를 기준으로 삼는 경우 공개출처(open source 또는 overt source)와 비밀출처(covert source)로 구분하고 수집경로 또는 수집방법을 기준으로 분류하면 인간정보(human intelligence: HUMINT)와 기술정보(technical intelligence: TECHINT)로 구분하며 비밀성의 유무에 따라 다시 공개출처정보(open-sources intelligence: OSINT)와 비밀출처정보로, 기술정보(TECHINT)는 다시 영상정보(IMINT: Image Intelligence)와 신호정보(SIGINT: Signal Intelligence)로 구분될 수 있다.

① 수집활동 중심에 따른 구분

인간정보는 사람이 사람을 수단으로 하여 수집한 정보를 말한다. 사람이 신문, 잡지 기타 출판물과 인터넷, 방송매체 등 각종 매스컴을 통하여 정보를 수집하기도하고 공공기관 방문, 전화 문의, 공개 토론회, 세미나 참석, 기업・전시장에서의 팸플릿 수집 등을 통하여 수집하기도 하고 특정한 인물을 만나 면담, 상담 또는 관찰을 통하여 정보를 수집하는 것을 말한다. 정보기관에 소속되어 정보수집을 담당하는 사람을 정보관(intelligence officer)이라고 한다. 상대국가의 대사관의 직원으로서 외교관의 신분을 가고 활동하는 주재관(attache) 등이 직접 수집하기도 하고 공작원이나 협조자를 포섭하여 이들을 활용하거나 포로・망명자 등으로 부터 수집하는 경우도 있다. 정보관은 외교관이나 정부관리 등의 공식적인 신분을 가지고 공식적으로 정보활동을 하는 「백색정보관」(白色情報官 legal officer)과 여행자, 항공사직원, 상사원, 기자, 학자 등 민간인 신분으로 위장하여 활동하는 「흑색정보관」(黑色情報官, illegal officer)으로 나눌 수가 있다.

「백색정보관 」은 공식적인 직함을 가지고 있어 합법적으로 활동 할 수가 있으므로 일상적인 업무 수행과정에서 '정보원천'(intelligence source)에 접근하기가 용이하고, 주재국의 관리나 주재국에 주재하는 제3국 외교관 등을 공식적으로 접촉 할 수 있으며, 주재국 국민과도 접근할 수가 있다. 또한 신분이 보장되어 있어 주재국의 정보・수사기관에게 체포되지 않는 등 안전하다는 장점이 있다. 반면, 신분이 노출되어있어서 주재국 보안당국의 감시대상이 되고, 특히 적대국일 경우 주재국 국민들이 접촉을 꺼리고 외교관계가 단절될 경우에는 더 이상 주재가 어렵다는 등의 단점이 있다(한국정보연구회, 2012: 134). 한편, 「흑색정보관」은 신분이 노출되지 않는 한 가장된 신분(cover)에 맞는 범위 내에서 활동이 가능하며, 외교관계가 단절될 경우라 할지라고 계속적으로 활동할 수 있다는 장점이 있다. 그러나 신분을 은폐하고 다른 신분으로 가장 하기가 어렵고, 가장신분을 만들기 위한 환경 조성에 많은 시간과 비용이 소요되며, 외교관 혹은 주재관 등과 같이 법적 보호를 받을 수 없어 노출 되었을 경우 간첩죄 등으로 구속될 수 있는 등 신분상의 위험이 따른다는 등의 단점이 있다(한국정보연구회, 2012: 134).

기술정보는 과학 기술과 장비를 이용하여 기술적 수단으로 수집한 정보를 말한다. 기술정보는 항공기, 인공위성, 도청장치, 레이저 등을 이용하여 정보를 수집하는데 그 종류가 다양하다. 기술정보는 영상정보(imagery intelligence: IMINT)와 신호정보(signal intelligence: SIGINT)로 대별된다.

영상정보는 사진이나 영상을 수집수단으로 하며 위성전자사진(satellite electronic photography: SATINT), 레이더 영상(radar imagery: RADINT), 재래식항공사진(conventional aerial photograph: PHOTINT) 등으로 수집하는 정보를 말한다.

영상정보를 통하여 정확한 정보를 생산할 수도 있지만 기상, 경쟁국 및 경쟁사의 방해에 의해 적시성이 떨어지는 경우가 있다. 최근에는 일반기업도 상업위성을 통해 비용만 지불하면 손쉽게 구입하여 활용할 수 있다.

신호정보는 음성, 전파 등의 각종 신호를 수집수단으로 하며 음파, 전신부호, 전화회선, 공중파, 전자우편 등을 도청 또는 감청하는 통신정보(communication intelligence: COMINT)가 그 대표적인 예이다(경찰대학, 2002: 134).

신호정보는 상대방으로부터 전파 및 전자적 신호를 탐지하고 수집하여 얻는 정보이므로 통신정보와 전자정보를 포함하는 개념이다. 통신정보는 적의 무선이나 전화를 도청하여 얻는데 이렇게 하여 얻어진 자료는 암호해독, 교신분석, 방향 탐지를 통하여 적의 송신소의 위치 통신자원의 분석, 적의 활동양상 및 의도를 파악하는데 사용된다. 무선통신은 보안성이 희박하기 때문에 암호화하여 사용하는 경우가 있으므로 이를 해독할 수 있는 능력이 요구되기도 한다.

신호정보의 탐지와 관련되어 국제적으로 관심이 되었던 사건은 냉전시기 KAL기 격추사실의 입증과 관련된 사건이다. 소련이 격추사실을 시인하게 된 것은 일본 측의 자료공개에 의해 더 이상 사실을 은폐할 수 없기 때문이었다. 당시 일본 자위대는 레이더와 전파도청으로 소련 요격기와 지상과의 교신기록을 확보함으로써 격추사실에 대한 정확한 정보를 확보하고 있었던 것으로 알려지고 있다.

② 비밀성의 유무에 따른 구분

정보 상태가 비밀리로 관리되고 있는가, 일반에게 공개되어 있는가에 따른 분류이다. 공개출처정보란 신문·방송, 잡지, 학술논문, 학술지, 서적, 사보, 정부 및 국제기구간행물, 공식적인 외교보고서, 국제회의, 전화번호부, 고속도로 지도, 역사·지리 관련 서적, 주요인사의 연설문, 자서전 등 누구에게나 공개된 출처에서 수집한 정보이므로 불법성과 신변의 위험성 없이 쉽게 합법적으로 수집 할 수가 있다.

정보기관의 첩보수집활동도 '공개출처정보'로부터 출발한다. 정보기관이 국가에 필요한 정보를 생산함에 있어서 국가에 따라 다르지만 일반적으로 전체 정보의 75% 내지 90%가 공개출처에서 나온다(문정인, 2002: 95). 따라서 정보를 생산함에 있어서 공개정보의 중요성이 매우 높다. 문제는 공개된 정보에서 필요한 정보를 잘 찾아내는 능력이 관건이며 착안능력과 활용여부에 따라서 정보수집에 필요한 비용과 시간을 절감할 수도 있다. 또한 공개출처정보에서도 비밀 정보를 얻기도 하고 분석만 잘하며 상대방이 비밀로 보호하고 있는 정보도 유출해 낼 수가 있다.

한나라의 정보력은 곧 경제력이다. 세계 각국은 정보수집 활동에 막대한 인원과 예산을 쏟아 붓고 있다. 따라서 공개정보의 활용도를 높이면 많은 예산을 절감 할 수 있다. 공개출처정보를 통하여 국가정보의 80%를 충족시킬 수 있지만 공개출처정보를 수집하는 비용은 국가정보 수집예산의 1%에 불과할 수 있다.[15] 따라서 이제는 공개되어 있는 수많은 정보를 어떻게 활용하느냐 하는 것이 정보수집의 관건이 되고 있다. 국가안보와 국익과 관련된 정보도 대부분이 공개된 사실에 근거하여 생산되고

15) 1998년도(1998년 이후에는 공개되지 않고 있다) 미국의 13개 정보공동체의 예산 총액은 267억 달러인데 이중 공개정보수집에 사용한 예산은 2억5천만 달러라고 발표된 바 있다.

있고 극히 일부분만이 비공개 정보로 채워지고 있다. 미국의 국무부 등 해외근무자나 무관 등의 보고내용도 80%가 공개출처정보(OSINT) 인 것으로 알려지고 있다(한국정보연구회, 2012: 131).

한편, 뉴미디어와 인터넷의 발전으로 공개출처정보(OSINT)가 폭발적으로 증가하고 있다. 이제는 신문·방송·저널 등 전통적 매체 보다는 인터넷 망을 통해서 가치 있는 공개출처정보(OSINT)를 대량으로 얻을 수 있다. 따라서 공개정보에서 우리가 얻고자 하는 정보만을 자동으로 검색하고 수집할 수 있는 시스템과 관련 기술이 공개출처정보(OSINT)의 핵심이 되어 가고 있다(한국정보연구회, 2012: 132).

각국 선진 정보기관들은 공개첩보 수집을 위하여 관련조직을 확대 운영하고 있다. 이제 정보기관의 정보관들도 비밀정보 출처를 개척하기 전에 공개출처에서 수집이 가능한지를 먼저 검토하고 공개출처에서 입수할 수 없는 비밀첩보에 대한 수집계획을 세우지 않을 수 없게 되었다.

미국은 1992년 정보기관의 집합체인 정보공동체(IC: Intelligence Community)내에 「공개정보 담당처」(Community Open Source Program Office)를 설립하고 공개출처정보를 수집하여 각 정보기관에 배포하고 있다. 그리고 미 CIA는 이와는 별도로 「공개정보국」을 두어 공개정보를 수집하고 있다.[16]

비공개출처는 보안체계로 보호되고 있어 자유로운 접근이 어려운 곳에 있는 출처를 말한다. 따라서 이 출처에서 정보를 얻으려면 사전에 주도면밀한 계획과 고도의 기술을 가지고 접근해야 한다. 비공개출처는 첩보가 숨겨져 있는 출처와 그 출처를 보호하거나 정보를 가져다주는 첩보망을 보호하기위하여 비밀로 하는 출처로 구분된다.

(3) 정보출처의 결정

정보의 출처의 결정은 다음과 같은 사항을 고려하여 결정하게 된다(경찰대학, 2002: 135).

① 어떤 종류의 정보가 요구 되며 무엇을 알고 싶은가를 먼저 파악해야한다.

16) 미 CIA는 1998년 5월 인도의 핵실험을 알지 못했으나, 당시 러시아 상업위성은 핵실험장 부근을 촬영한 사진을 인터넷(www.cartographic.com)을 통해 불과 50달러에 팔고 있었다.

② 이용할 수 있는 출처 중에서 어떤 출처가 보다 더 신뢰성이 있고 유용한가?

③ 부여된 시간 내에 그러한 출처를 개척하여 정보를 얻을 수 있는가?

④ 이용 가능한 출처가 많을 경우 빠르고 쉽게 그리고 정확하게 얻을 수 있는 출처는 어떤 것인가?

⑤ 어디까지 수집해야 하는가?

⑥ 입수한 정보의 진실성을 점검할 수 있도록 이중출처를 개척, 활용한다.

⑦ 목표에 접근하기 전에 목표에 대하여 충분히 연구하여 맥을 잡는다.

⑧ 가까운 곳부터 찾는 습관을 가져야 한다.

⑨ 한번 개척한 출처는 절대로 잃지 않도록 관리한다.

⑩ 공개 자료는 즉시 이용 가능하도록 평소에 정리해 둔다.

(4) 정보출처의 개척

정보출처의 개척이란 정보가 있는 원천을 발견하고 정보를 수집하기위하여 여건을 만들어 가는 일련의 활동을 말한다. 즉, 정보수집자가 특정사항에 대한 수집 임무를 부여받고 그 정보가 어디에 있는지를 알아내고 수집 할 수 있는 여건을 마련하거나 정보를 수집할 수 있는 방법을 찾아내는 것을 말한다. 정보의 출처를 개척하는데 있어 고려해야할 사항은 다음과 같다.

① 요구하는 정보가 어떠한 종류의 것인가를 감안하여 결정해야 한다.

② 어떠한 출처가 더 신빙성(reliability)이 있는지를 고려하여야 한다.

③ 수집부서에게 주어진 시간 내에 해당 출처를 개척하여 출처로서 활용할 수 있는지 여부를 검토하여야 한다.

④ 신빙성이 담보되고 수집부서가 개척할 수 있는 출처들 가운데에서도 가장 신속하고 경제적으로 정보를 입수할 수 있는 출처가 어딘지를 선별하여야 한다.

⑤ 출처의 신빙성, 접근성, 경제성 등을 감안하되 이를 근거로 단 하나의 출처에 집착하는 것은 바람직하지 않다. 출처로부터 획득한 정보의 내용의 신뢰성(credibility)을 검토하기 위해서는 비교대상이 필요하기 때문이다.

이와 같이 정보수집부서의 한 번 개척한 출처는 정보가치가 상실되지 않는 한 계속 유지될 수 있도록 관리하여야 한다.

3) 정보수집의 원칙

(1) 무엇을(What), 어떻게(How) 수집해야 하는가?

우선 정보의 요구(Needs)를 파악해야 한다. 실용성과 활용 목적을 염두에 두고 수집한다. 모든 정보를 수집해서 모든 가능성을 판단한다는 것은 의미가 없는 일이며, 또한 불가능한 일일 것이다. 현대와 같이 다양한 정보가 범람하고 있는 상황에서는 언젠가 필요할 것이라는 막연한 생각을 갖고 아무 정보나 무작정 수집하는 것은 어리석은 일이다. 최소의 노력으로 효과적인 정보를 수집하기 위해서는 '정보를 왜 수집하려고 하는가?'하는 뚜렷한 목적의식과 정보에 대한 요구(Needs)를 파악하는 것이 가장 중요한 출발점이 된다.

(2) 정보의 배경을 분석한다.

정보의 수집배경을 파악해야 요구하는 정보를 수집할 수 있다.

(3) 다각적이고 종합적인 시각을 갖도록 한다.

편협하고 주관적인 입장에서 정보를 수집하지 말고 객관적인 입장에서 접근하는 자세로 임해야 한다.

(4) 공개정보를 중시한다.

우선적으로 공개정보에서 찾아 보아야 한다. 공개정보에서 귀중한 정보를 찾아낼 수 있는 사람이 진짜 정보맨이라고 할 수 있다. 공개정보에서 유용한 정보를 찾아내는 안목을 개발하기 위해서는 끊임없는 연구와 노력이 필요하다.

(5) 선입관 없이 바라본다.

지금까지 배우고 알고 있는 지식만으로 모든 것을 판단하는 자세는 곤란하다. 지나친 고정관념은 융통성 없는 사고를 낳기 쉬우며 문제의 핵심을 간과하게 만들 수 있다는 것을 명심한다.

(6) 우선순위를 정한다.

주변에 산재해 있는 다양한 정보 중에서 자신의 정보 목표에 따라 계획성 있게 정보를 수집하기 위해서는 우선순위를 결정해야 한다. 계획성 없는 수집활동은 노력의 분산 및 낭비를 초래하게 됨으로 어떤 정보를 먼저 입수할 것인가의 우선순위를 정하는 것은 매우 중요하다. 이러한 우선순위의 결정시 고려해야 할 기준은 다음과 같다.

① **고이용 정보 우선의 원칙**

이용 가능성이 높은 정보부터 수집하는 것이 시간과 비용을 줄일 수 있다.

② **참신성의 원칙**

이제까지 알려져 있지 않은 정보를 수집함으로써 정보의 가치를 확대시킬 수 있다.

③ **긴급성의 원칙**

긴급한 정보일수록 우선적으로 수집하여야 한다.

④ **수집가능성의 원칙**

아무리 중요하고 필요한 정보라 하더라도 수집 가능성이 희박하다면 곤란하다. 따라서 수집 가능성 여부를 검토해야 한다.

⑤ **경제성의 원칙**

수집에 필요한 경비·시간·노력 등이 얼마나 소요되는지를 검토하여 우선순위를 정함으로써 불필요한 낭비를 방지한다.

(7) 정보원(情報源)을 확인하라

정보제공을 받을 경우에는 그 정보원을 확인해야 한다. 권위있는 정보원(源)으로부터 제공된 정보라도 거짓 정보일 수 있다.

(8) 비밀을 지키고, 지키게 하라

입이 무겁다는 것은 '정보제공자의 신뢰를 얻고, 자기 자신에게도 득이 된다. 특히 비공개정보의 입수는 보안유지가 중요하다.

(9) 대화는 주의해서 하라

정보를 빼내려면 잘 듣는 자가 되어야 한다. 능숙하게 청취를 하려면 화술이 좋아야 한다. 어설픈 질문은 나의 의도를 노출 시킬 우려가 있다.

(10) 전화를 최대로 활용하라.

시간과 경비의 절약을 위해서도 전화를 잘 활용해야 한다. 전화를 걸기 전에 질문내용에 대하여 메모하고 생각해야 한다. 전화 거는 방법을 잘 익혀서 전화 한 통으로도 정보망을 확장시켜 나갈 수 있어야 한다.

(11) 집념을 갖고 정보수집에 임하라

필요한 정보 수집을 불가능하게 만드는 부끄러움과 불안감을 버리고 냉철한 이성을 가지고 집요한 자세로 정보수집에 임해야 한다.

(12) 겸허하라.

정보수집 활동에 있어 아는 척하는 것처럼 나쁜 것은 없다. 겸허한 자세로 접촉하고 수집해야 한다.

(13) 계속성을 유지하라

급할 때만 정보활동을 하는 것은 오히려 더 많은 비용을 들게 한다. 장기간 계속적으로 정보를 수집하고 축적한 정보는 미래에 유용한 추세분석의 자료가 된다.

(14) 숫자에 철저 하라

숫자는 설득력 있는 객관적인 용어로써 숫자가 있는 정보는 설득력이 있다.

(15) 부지런히 움직여라

자신이 직접 가서 오관을 통하여 수집한 정보가 가장 효율적인 것이고 능률적인 것이다.

(16) 정보를 적재적소에 보급하라

정보는 흐르지 않으면 썩고 만다. 한 사람 한 사람이 정보유통의 중요성 을 인식하고 정보가 적시적소에 흐를 수 있도록 해야 한다.

4) 정보수집의 단계

(1) 정보요구(needs)의 결정

정보사용자는 물론 수집지시부서가 필요로 하는 정보가 구체적으로 무엇인지를 확정하는 단계이다. 수집지시가 명확하지 않은 경우 지시부서와의 의사소통을 통하여 정보요구가 왜곡되게 해석되지 않도록 함으로써 수집부서의 자원을 낭비하지 않도록 해야 할 것이다.

정보를 요구하는 방법에 따라서는 해당 정보를 요구하게 된 배경, 즉 정보가 사용자에게 필요한 이유를 제시하는 경우가 있다. 그러나 이러한 배경의 설명이 요구과정에서의 기술적 한계로 인해 수집부서에 의해 왜곡될 수 있는 우려는 언제나 존재한다. 따라서 수집부서는 정보요구의 배경을 수집부서에 축적된 기본정보 또는 공개정보를 통하여 재해석 해보고 그 해석의 결과와 요구부서의 최초의 의도가 일치하는지 여부를 확인하기 위해 노력해야 한다.

한편 정보수집이 수집부서의 자체적인 판단에 의해 이루어지는 경우에도 정보요구의 결정이 필요하다. 정보의 수집이 반드시 요구부서의 명시적인 요구에 의해 이루어지는 것은 아니기 때문이다 수집부서가 평소의 수집활동 과정에서 획득한 정보가 요구부서가 미리 그 필요성을 제기한 것이 아닌 경우가 이러한 경우이다. 이때에는 수집부서에서 해당 정보가 정보사용자에게 반드시 필요한 것인지를 자체적으로 결정하게 되는 것이다.

(2) 정보수집목표 설정

목표(target)란 실무적으로 정보수집의 대상이 되는 조직, 단체, 지역, 인물 등을 말한다. 이 단계에서는 전술한 정보요구의 결정단계에서 결정된 정보요구를 충족시키기 위해 필요한 목표들을 물색하고 결정하게 된다.

물론 정보요구 단계에서 각 수집부서에 가장 적합한 주요 수집목표가 무엇인지를 세부적으로 지정해주는 것이 바람직하다. 그럼에도 불구하고 수집부서에서는 이러한 지시를 참조하는 가운데 수집부서에 특수한 사정 등을 감안하여 목표의 타당성을 다시 한 번 점검할 필요가 있는 것이다.

(3) 목표의 분석

목표 분석이란 결정된 대상 목표의 각종 현황 등을 검토하여 정보수집활동의 바탕을 마련하는 일련의 과정을 말한다. 정보수집자는 출처를 개척하기 위해서 정보수집 임무와 대상목표에 대해 사전에 치밀하게 연구하는 데, 이를 '목표분석(目標分析, Target analysis)'이라 한다(한국정보연구회, 2012: 135). 이때 정보수집부서가 관할하는 목표들에 대해 평상시에 축적해온 기본정보가 목표분석에 사용된다. 기본정보의 적시성, 정확성 등을 검토하여 목표분석을 위해 별도의 정보 수집이 필요한지 여부도 결정해야 할 것이다. 목표분석 시 파악해야 할 주요내용은 목표의 종류에 따라 달라진다.

① 조직, 단체의 경우에는 그 조직의 연혁·기구·시설 등 현황, 목적·규약은 물론 조직을 구성하는 인적 요소들에 대한 공개된 정보를 우선적으로 분석해야 할 것이다. 이 밖에도 해당조직이 목표로 삼고 있는 주요사업의 내용, 특기할 만한 활동사항과 함께 조직이나 단체 내부의 취약점과 문제점 등을 사전적으로 파악할 필요가 있다

② 정보수집의 대상이 되는 지역을 분석하는 경우에는 그 지역의 특성, 행정구역, 면적, 인구, 주요산업 시설, 교통, 통신 등의 기본적 사항에 대한 이해가 선행되어야 한다. 해당 지역의 정치적 성향을 결정하는 지역 내 기관이나 정당, 단체와 각각의 주요 인물과 같은 정치적·인적요소에 대한 이해도 필요하다. 지역민의 숙원사업 기타 민원 요소 등이 무엇인지를 미리 알아두어야 할 것이다.

③ 인물의 경우에는 기본적인 신원사항을 포함하여 수집하고자 하는 정보수요와 관련된 사항들을 착안하여 사전적인 지식을 가지고 면담과 같은 수집활동에 임하여야 한다. 이 때 인물의 경우에는 특히 개인의 프라이버시권과의 충돌 가능성을 염두에 두고 필요한 범위 내에서, 사회적으로 사용가능한 수단만을 선택하여 목표 분석에 임하여야 하는 것이 원칙이다. 이러한 맥락에서 공개된 인물정보를 평상시 파악하고, 필요가 있는 경우 이를 활용하여야 할 것이다.

이러한 목표분석은 수집활동의 방향을 제시해주고, 적합한 포섭대상과 포섭방법을 발견하게 해주며, 안전한 활동방법을 찾게 해준다. 또 수집된 첩보의 진위여부를 확

인하는데도 도움을 준다.

(4) 정보수집 우선순위 책정

정보수집의 우선순위의 책정단계는 정보요구 및 목표분석 결과를 감안하여 어떠한 정보를 우선적으로 수집하는 것이 전체적인 수집활동에 비추어 효율적인가를 검토하는 과정을 말한다.

우선순위의 결정 문제는 요구과정에서와 마찬가지로 정보수집부서의 물적・인적 자원이 제한되어 있다는 고려에 따라 제기되는 것이다. 원칙적으로 요구부서에서 우선순위에 따라 채택한 요구방법에 따라 수집의 우선순위를 정하게 된다.

(5) 정보획득이 가능한 출처 파악

어떠한 원천(source)에 정보가 존재하는지를 파악한다. 이 때 유의하여야 할 점은 정보획득이 가능한 출처가 평상시 어떤 방식으로 수집부서에 의해 관리되고 있느냐 하는 것이다.

(6) 정보수집방법의 결정

정보획득이 가능한 출처가 결정되면 해당 출처의 성격에 비추어 가장 적합한 정보수집 방법이 어떠한 것인지를 결정한다. 인간정보의 경우 공개출처를 활용할 것인지, 비밀출처를 사용할 것인지를 결정하여야 하며 기술정보의 경우 세부적인 기술적 방법들을 결정하게 된다.

(7) 정보수집계획서의 작성

복잡하고 다양한 성격의 정보를 수집하는 경우 명확한 임무 부여의 필요성이 높아지므로 정보수집계획서를 작성하여 사전준비를 하는 것이 바람직하다.

수집계획서에는 ① 수집목표와 방침, ② 수집대상의 수집범위 ③ 수집의 분담과 책임 ④ 수집의 세부 일정 및 계획 ⑤ 수집방법 ⑥ 수집성과의 보고요령 ⑦ 수집상의 유의 사항 ⑧ 기타 특별지시사항 등을 포함시켜 작성하도록 한다.

5) 정보수집의 기법

(1) 관찰을 통한 정보수집

관찰이란 특정한 목적을 가지고 인간의 실체, 사물의 현상, 사건의 전말을 오관(五官)을 통해 감지하는 것을 말한다. 정보수집이라는 목적의식에 입각하여 이루어지는 관찰은 산업정보 수집활동의 기본이 된다. 전체 정보의 94%가 보고 듣는 행위를 통해 수집된다고 할 만큼 모든 정보수집활동의 기본이 된다.

① 관찰의 종류

ⓐ 비조직적 관찰

비조직적 관찰이란 관찰의 대상이나 도구를 사전에 명백히 규정하지 않고 자연적인 상태에서 전체적인 유기성(有機性)을 해치지 않고 하는 관찰을 말한다.

ⓑ 조직적 관찰

조직적 관찰이란 관찰의 절차와 그 대상을 명백히 사전에 정하여 그의 타당성과 신뢰성을 확보하기 위해 관찰 사항을 표준화하거나 질의표나 조사표 등의 보조도구를 사용하여 실시하는 관찰을 말한다.

ⓒ 참여관찰

참여관찰이란 관찰대상 집단에 들어가 그 구성원의 일원이 되어 생활에 참여하면서 하는 관찰을 말하며 일반적으로 조직적 관찰과 병행하여 이루어지는 관찰을 말한다.

ⓓ 비참여관찰

비참여관찰은 관찰자가 관찰대상 집단의 성원과 일체의 상호작용을 하지 않는 상태에서 제3자의 입장에서 행하는 관찰을 말하는데, 비조직적 관찰에서 흔히 적용되는 방법이다.

② 관찰의 방법

ⓐ 오관을 최대한 동원하여 관찰한다.

ⓑ 연상법·분류법을 이용하거나 자신의 경험과 비교하여 관찰·기억한다.

ⓒ 전체에서 부분으로, 외부에서 내부로, 위에서 아래로, 아래에서 위로 좌에서 우로 체계적으로 접근한다.

ⓓ 정보적 가치가 있는 중요 사항을 선택하여 집중 관찰한다,

ⓔ 필요시에는 신체나 휴대품을 척도로 사용한다.

ⓕ 관찰한 내용을 메모하는 습관을 들인다.

(2) 면담을 통한 정보수집

정보수집 대상을 직접 관찰하고 대상 인물들과 면접하는 것은 중요한 정보수집수단이다. 여기에는 관찰 및 유출기술이 필요하게 되며 면접에 있어서도 상당한 배경지식을 요하게 되는 것은 물론이다. 사람과 직접 만나 대화를 통하여 필요한 정보를 입수하는 방법에는 세 가지 형태가 있을 수 있다. 즉, 면담유출, 설득, 상담 등이 그것이다.

① 면담유출

면담유출이란 상대방이 목적이나 의도를 의식하지 못하게 하면서 대상인물과 마주하고 대화를 함으로서 상대방이 가지고 있는 특정·불특정의 정보를 수집하는 것을 의미한다. 이는 재판관과 피고, 검사와 피의자, 변호사와 의뢰인관계나 신문기자가 취재대상자를 만나 질문하고 답변을 녹음하고 정리하여 기사를 쓰는 인터뷰를 연상하면 될 것이다.

정보관이 정보를 수집하는 데 있어서 가장 빈번하게 활용하는 기본적 방법은 면담유출이다. 유출은 일상적인 대화를 하면서 상대방이 자발적으로 가치 있는 첩보사항을 발설하도록 하여야하기 때문에 심리적 기법을 활용하는 등 고도의 대화기법이 필요하다. 예컨대 상대방의 과시욕을 자극한다든지 불안한 심리상태를 이용한다든지 하는 방법 등이 사용된다.

정보관이 직접 정보수집 대상자를 접촉하여 대화하는 방법은 정보원을 고용하여 정보를 수집하는 것보다 더욱 가치 있는 첩보를 수집 할 수 있다. 왜냐하면 정보관은 수집해야 할 정보에 대하여 정보원보다 더 많은 예비지식을 가지고 있고 정보의 수집 방향과 목적을 명확히 이해하고 있기 때문이다. 또한 정확한 현황에 대한 파악이 가능

하여 정보원에게 보다 구체적으로 수집사항을 지시를 할 수 있고 정보원이 수집한 첩보의 진실성 여부에 대한 판단력을 높여주기 때문이다(한국정보연구회, 2012: 142).

② **설득**

한 쪽이 상대방에게 자기의 의지나 감정을 따르도록 지도・설득・강요하는 관계로서 보험의 권유, 상품판매, 독촉, 회유 등을 예로 들 수 있다.

③ **상담**

앞의 두 가지 형태가 절충되는 형태로서 상담이 있다. 특별한 문제해결을 위해 전문가와 의논하거나 의뢰하는 것을 말한다.

정보 수집을 위하여 이 세 가지 형태를 동시에 사용하거나 특정한 형태만을 사용하여 정보를 획득할 수 있다. 그러나 무엇보다 중요한 것은 정보수집자가 인간에 대한 이해와 인간을 다루는 기술을 훈련을 통하여 익혀야 한다.

(3) 면담 시 고려사항 및 면담요령

① 시간과 장소 선택에 유의한다. 원칙적으로 면담은 피면담자가 가장 편하게 생각하는 시간과 장소에서 이루어질 때 가장 효율적이다. 식사자리 등 사적(私的)인 자리를 만드는 것도 좋은 방법이다.

② 최초의 대화 주제를 충실히 준비하여 분위기를 조성한다. 본격적인 면담에 앞서 가벼운 성격의 화제가 필요하다. 날씨나 근황, 가벼운 시사문제 등을 중심으로 대화 분위기를 만들어가야 하며 언행을 예의 바르게 하고 친밀감을 조성하여 피면담자가 거부감 없이 대화할 수 있도록 유도한다.

③ 합리적인 면담의 이유를 준비하고 면담목적과 면담자의 직무와 관련성을 강조한다. 피면담자의 전문성, 정책영향력 등에 비추어 면담이 긴요하다는 점을 인식시킬 필요가 있다.

④ 면담의 주제가 되는 현안에 대해 전문가 수준의 배경지식, 사실관계 등을 미리 알아둘 필요가 있다. 또한 피면담자의 출신 배경, 경력, 전문분야 등에 비추어 면담의 목적을 달성하는 데 방해가 되는 질문이나 대화의 전개가 면담자에 의해 주도적으로 이루어지지 않도록 유의하여야 한다. 전문성을 확보하기위하여 박사학위를 받는다든지 하여

한 분야의 전문가가 되면 접촉하기도 용이하고 이름이 나면 대화하기가 편하다.

⑤ 훌륭한 경청자가 되어야 한다. 면담은 피면담자로부터 듣기 위한 과정이다. 피면담자가 의도하지 않았던 주제에 관해 장황하게 이야기 하거나 선호하지 않는 화법을 구사한다고 하더라도 이에 반응하는 태도를 보여서는 피면담자의 신뢰를 확보하기 어렵다. 이와 반대로 면담자가 상대방의 말을 모두 기억하려는 듯한 긴장된 태도를 시종일관 유지하는 것도 피면담자에게 부담으로 작용할 위험이 있다. 첩보를 얻기 위해 노력한다는 인상을 상대방에게 주거나 알려고 애쓴다는 것을 알게 되면 피면담자는 결코 입을 열지 않는다.

⑥ 주제를 바꿀 때에는 논리적인 근거를 마련하고 그 기회를 모색한다. 면담의 도중에 주제를 바꾸게 되면 대화 분위기가 단절될 우려가 있다. 앞선 주제와의 연관성에 유념하여 주제 전환의 계기를 마련하고 그 시기의 선택에도 신중해야 한다.

⑦ 여러 가지 질문을 동시에 하지 말고 답변할 시간을 주라. 이를 위해서는 사전에 면담의 주제를 분석하여 적절한 수의 질문의 내용을 선택하고 그 연관성에 따라 순서를 정하는 것이 중요하다. 특히 주제가 광범위한 경우, 여러 가지 질문을 한 번에 마친 후 그 전부에 대해 답변을 기다리는 것은 피면담자에게 부담을 주게 됨은 물론 면담자가 그 내용을 기억하거나 정리하는 데도 어려움에 처하게 된다.

⑧ 자기과시나 전문지식 면에서 상대를 능가하려는 태도는 삼가야한다. 남의 말을 듣는 태도에 대해 중국의 문호인 노신이 남긴 다음의 글은 면담에 임하는 태도에 대해 시사하는 바가 크다. “명망 있는 학자와 이야기 할 때는 상대방이 말을 할 때 군데군데 이해가 되지 않는 척 해야 한다. 너무 모르면 업신여기게 되고, 너무 잘 알면 미워한다. 군데군데 모르는 정도가 서로에게 가장 적합하다.” 상대방보다 많이 알고 있다는 인상을 주면 제보자는 결코 상세한 정보를 제공하지 않는다.

⑨ 말 이외의 반응을 주시해야 한다. 민감한 주제는 말보다 표정이나 제스처가 중요한 의미를 지니며 이를 통해 내용의 진실성도 평가할 수 있다. 면담과 함께 관찰이 병행되어야 한다.

⑩ 면담이 끝난 후에도 피면담자와 신뢰와 신의관계를 형성하는데 노력하여야한다. 향후에도 피면담자로부터 자발적인 첩보를 제공 받을 수 있다.

〈표 1-5〉 면담을 통한 정보수집 기법 예시

2차대전시 일본에서 활약한 소련간첩 조르게의 정보원 오사끼가 체포된 후 진술한 첩보수집 기법을 소개하면 다음과 같다. ① 첩보를 획득하기 위해 노력한다는 인상을 상대방에게 주어서는 안된다. 알려고 애쓴다는 것을 알게 되면 사람들은 결코 입을 열지 않는다. ② 상대방보다 많이 알고 있다는 인상을 주면 제보자는 결코 상세한 첩보를 제공하지 않는다. ③ 사적인 식사 자리는 정보수집에 매우 적절할 장소이다. ④ 한 전문가로 이름이 나면 활동하기에 편하다. 나는 중국전문가였기 때문에 각계각층을 만나는데 이들로부터 많은 정보를 얻었다. ⑤ 나는 여러 곳으로부터 강연요청을 받았는데 강연 기회는 일반의 여론을 파악하는데 큰 도움이 되었다. ⑥ 언론기관과의 연고는 크게 도움이 되었다. 내가 한때 일했던 신문사가 큰 도움이 되었다. ⑦ 제보자들의 신뢰와 신의를 받도록 노력하면 그들로부터 자발적인 첩보를 받을 수 있다. ⑧ 정보원 자신이 훌륭한 첩보출처가 되어야 한다. 그러기 위해서는 끊임없이 연구하고 폭넓은 경험을 쌓아야 한다.

(4) 비인적(非人的) 정보원을 활용한 정보수집

정보는 체계화되어 있는 정보와 체계화되지 않은 비정형 정보를 구분할 수 있다. 비정형적 정보원은 데이터베이스로 이루어지는 정형화되고 체계화된 정보원 이외의 모든 정보원을 말하는 것으로서, 이는 인적 정보원과 비인적 정보원으로 구분할 수 있다.

우선 비인적 정보원은 인쇄물의 형태로 이루어지는 모든 형태의 정보를 말한다. 이러한 비인적 정보의 대표적인 형태는 신문과 잡지로서 공개정보의 핵심을 이루고 있다. 신문, 잡지 등 공개정보의 중요성은 다음과 같은 예를 통해서도 알 수 있다. CIA가 입수하는 정보의 80% 이상은 신문, 잡지 등 공개정보이며, 비공개정보는 완성된 정보를 생산하는 과정에서 줄거리가 이어지지 않고 중간 중간 끊긴 맥을 이어주는데 불과하다. 정보분석 전문가의 경우 60%정도 정보가 입수 되면 40%는 논리적으로 유추하여 완성된 정보를 생산할 수 있어야 한다.

또한 제2차 세계대전 중 미해군 정보부 정보 전문가였던 자 카리스는 평상시는 정보의 95%가 공개적인 정보 소스로부터 입수되며, 나머지 4% 정도는 공개정보를 분석 정리하여 얻을 수 있고, 나머지 1% 정도만이 비밀정보로 채워진다고 한다. 공개정보의 중요성이 얼마나 중요한지를 잘 알 수 있는 예이다(박현우, 1993: 170). 대표적인 공개정보와 활용시의 유의 사항은 다음과 같다.

① **신문자료**

신문은 가장 비용이 적고, 쉽게 필요한 정보를 입수할 수 있는 장점이 있다. 신문은 각 지면을 정치, 경제, 사회, 문화, 환경, 교육, 건강, 스포츠 등으로 구분하여 지면의 헤드에 중요한 기사를 싣고 있다. 그러므로 각 지면의 구성을 잘 파악하여 중점적으로 읽을 면과 대충 넘어가도 좋은 면을 정해 놓고 읽도록 하는 등 다음과 같이 신문을 읽는 습관을 갖도록 한다.

ⓐ 정보수집에 있어서 제1원칙은 목적의식을 가지고 사물을 보라는 것이다. 수집 하려고 하는 대상이 명확하지 않을 때는 아무리 훌륭한 정보원이나 정보가 있어도 눈에 들어오지 않으며, 귀에 들리지도 않는다. 따라서 신문을 읽을 때는 자신이 수집하려고 하는 분야와 어떤 연관성이 있는지 목적의식을 가지고 읽도록 하며, 특히 관련성 있는 지면은 중점적으로 읽는 습관을 들인다.

ⓑ 제목은 반드시 읽고, 문장은 앞의 몇 줄을 꼼꼼히 읽고 나머지는 골라서 읽는다. 작은 기사라도 제목 정도라도 읽어서 흐름을 잃지 않도록 한다.

ⓒ 서평과 신간안내, 광고, 인물난 등은 주의해서 읽는다.

ⓓ 경제신문이나 업계신문 등에서 보도하는 신제품과 신기술 정보에 관한 기사는 반드시 읽는다. 업계 전반의 동향을 알 수 있는 기사도 빠뜨려서는 안 된다.

ⓔ 기사의 이면을 파악하려고 노력한다. 객관적 사실을 보도하려는 신문의 속성을 인식하고, 기사의 이면을 파악하는 노력이 필요하다. 기사의 이면과 배경이나 이전 기사와의 연관성, 향후 흐름 등을 파악하여야 한다.

ⓕ 보도태도의 변화를 파악한다. 신문은 정부의 외교통상정책이나 금융정책, 세제개혁, 노사정책, 사회적 물의를 야기한 대형사건이나 사고, 대기업의 경영전략의 변화 등에 대하여 여론의 향방을 가늠해 볼 수 있는 훌륭한 자료이다. 특히 각종 신문의 사설이나 전문가의 칼럼 등은 여론형성에 중요한 역할을 하므로 주의 깊게 읽도록 한다. 동일 사안에 대한 보도 태도의 변화는 곧 여론의 변화를 반영하는 것이라고 볼 수 있으므로 일정기간의 보도태도를 분석하는 것도 여론변화를 알 수 있는 좋은 방법이 될 수 있다.

② 잡지나 단행본 자료

잡지나 단행본 등은 내용 면에서 깊이가 있기 때문에 동일한 사안에 대해서도 다른 언론매체보다도 깊이 있는 자료를 얻을 수 있는 장점이 있다. 특히 전문분야나 사회의 이목이 집중되어 있는 사건이나 인물 등에 대하여 심도 있게 취재·분석하여 특집기사로 게재하는 경우가 많으므로 스크랩하여 활용한다. 또한 다른 시사주간지, 월간지 등을 서로 비교하면 좀 더 객관적이고 체계적인 자료를 얻을 수 있다. 기업의 사보(社報)는 해당기업의 신제품광고는 물론이고 경영전략, 노사정책, 그리고 인사이동이나 관련업계의 경제동향 등을 자세히 게재하므로 유익하게 활용할 수 있다.

③ 정부의 간행물 자료

정부에서 발간하는 각종 백서나 통계자료, 여론조사 자료와 관공서 간행물은 사회상황을 알려 주는 좋은 자료가 된다. 정부간행물을 통해 월별 통계수치를 입수 할 수도 있고 시사성도 있고 내용이 방대하여 풍부한 내용을 입수할 수 있다. 그러나 내용의 다양성으로 인하여 자칫 좋은 자료를 놓칠 수도 있으므로 수집하려는 자료의 목표에 맞는 간행물 목록부터 살펴보는 것이 좋다. 방대한 자료 중에 목표한 자료를 찾아내다보면 시간이 많이 걸릴 수도 있고 엉뚱한 자료에 매달릴 수도 있기 때문이다.

④ 방 송

라디오나 TV방송은 뉴스를 시간대별로 또는 사안에 따라서 수시 방송하므로 가장 신속하게 현용정보를 수집할 수 있는 매체이다. 그러나 사실과 다르게 보도 될 수도 있으므로 선별 능력이 있어야 한다. 특집프로그램이나 TV강좌 및 토론회는 특정 사안에 대한 시민여론을 수집할 수 있는 장점이 있다.

특집프로그램은 장기간에 걸친 취재와 조사를 거쳐 제작되므로 객관적이고 검증된 자료로서의 가치가 높고 TV강좌나 토론회는 사회적인 상황을 반영한 주제를 선정하는 것이 대부분 이므로 여론의 방향을 수집할 수 있다.

라디오는 TV 보다 방송시간이 길고 뉴스나 날씨, 교통상황 등을 수시로 보도하므로 신속하게 정보를 입수할 수 있고 TV와는 달리 장소에 구애를 받지 않을 뿐만 아니라, 교통방송, 종교방송, 교육방송 등 다양한 방송국이 교양·생활 등 다양한 프로그램을 운영하고 있어 수집목표에 맞게 채널을 선택할 수 있는 장점이 있다.

(4) 주요 비정형적 정보원을 활용한 정보수집

비정형정보는 각종 데이터 등을 취합하여 만들어진 1차 정보로써 정보를 생산하는 데 아주 유용하게 활용된다.

비정형적 정보(1차 정보, 가공되지 않은 정보)의 특징과 활용방법을 살펴보면 다음과 같다.

① 통계정보는 기초적인 자료를 얻기 위한 중요 정보원으로서, 대개 인쇄된 보고서로 공표되며 보통 정부간행물센터에서 입수할 수 있다. 각 관청의 백서(白書)류도 풍부한 자료 원으로서 이용될 수 있다.

② 업계 단체의 조사 자료는 업계의 공통문제에 대한 조사가 주 내용으로서, 관청통계의 결함을 보충하는데 활용될 수 있다.

③ 신문사・방송국의 조사 자료는 신문사나 방송국이 광고주에게 서비스하는 자료이면서 자기 매체의 광고상의 가치를 PR하기 위해 정기 또는 비정기적으로 실시한 자료이며 이중 소비자 행동분석 등과 같은 자료가 유용하다. 이 조사는 어느 특정 광고주를 위한 것이 아니라, 자기 매체의 시청자 또는 독자의 특성을 명확히 조사하여 효율적인 광고 제작을 하기위한 자료이다.

④ 광고대행사나 전문 조사기관의 자체 조사 자료는 판매도구로 활용하기위하여 자체 존안하고 있는 자료로서 좋은 정보자료가 된다.

⑤ 독립 조사기관이나 광고대행회사의 회원이 되어 나누어 주는 자료를 얻는 방법도 있다. 독립 조사기관이나 광고대행회사의 회원이 되면 막대한 비용이 소요되어 독자적으로 조사하기가 어려운 자료도 경제적 부담을 적게 하면서 좋은 조사 자료를 얻을 수 있다. 외국의 경우 닐슨 조사연구소 등이 유명하다.

⑥ 자사가 과거에 실시했던 조사 자료도 중요한 정보원이 된다. 그러나 규모가 아주 큰 기업체는 이러한 정보원을 체계적으로 관리하지 않는다면 조사 담당자가 바뀌는 등 변화가 발생하면 잘 이용되고 못하고 사장되는 경우가 많다. 따라서 과거에 생산된 조사보고서 등에 대한 정확하고 과학적인 관리체제를 구축해야 향후에도 잘 이용할 수 있다.

〈표 1-6〉 정보의 내용 및 특성

정보 내용	성격 및 특성
통계정보	· 기초적인 자료를 얻기 위해 가장 중요한 정보원 · 대개 인쇄된 보고서로 공표 · 각 관청부서의 백서류도 풍부한 자료원 · 기업별이나 브랜드별 데이터는 찾기 어려움
업계 단체의 조사자료	· 업계의 공통문제에 대한 조사가 주 내용 · 관청통계의 결함을 보충하는 자료로 활용
신문사·방송국의 조사자료	· 신문사나 방송국이 광고주에 대한 서비스 하는 것으로서 자기 매체의 광고상의 가치를 PR하기 위해 정기 또는 비정기적으로 실시한 조사자료·특히 소비자 행동 분석 등이 가장 유용한 자료
광고 대행사나 전문 조사기관의 자체 조사 자료	· 광고대행사 조사부서나 전문기관이 판매도구로 가지고 있는 자체 조사 자료나 비치 조사자료 · 선진국에서 발전
회원제 조사용역 등의 회원으로서 제공받는 자료	· 1개 회사가 독자적으로 조사하려면 막대한 비용이 소요되어 실시가 불가능할 경우, 독립 조사기관 등이 회원사를 모집하여 회원회사 부담이 적은 금액으로 조사한 자료
자사가 과거에 실시했던 조사자료	· 큰 회사나 조사 담당자가 바뀐 경우 등 사장화 · 과거의 조사보고서 등은 정확하고 과학적으로 관리해야 향후에 유효하게 이용

※ **출처:** 산업기술정보원, 1993, "피할 수 없는 정보전" p. 171.

(5) 인적(人的) 정보원을 활용한 정보수집

① 일반적 인적 정보

인적 정보원은 사람을 통한 정보 수집을 말한다. 일반적 인적 정보란 말 그대로 일반적인 사람을 통해 정보를 입수하는 것을 말한다. 업계회합, 컨설턴트, 주요 지도자 및 기타 관련 인사들로부터 얻을 수 있을 뿐만 아니라 고객(소비자)과 판매원으로부터도 얻을 수 있다.

그 외에 전화나 FAX 등을 통한 통신 정보원도 있다. 예를 들면, 한국무역협회가 서비스하고 있는 "경제정보 문의 전화 서비스"를 이용하면 국제환율, 국제원자재 가격, 국제금리 등에 관한 정보를 전화로 입수할 수 있다.

경제기획원과 KDI 국민경제교육연구소가 공동으로 제공하고 있는 "정부경제자료 안내 서비스"는 전화나 우편으로 경제 각 부처 발간자료에 관한 각종 정보를 쉽게 입수할 수 있다, 또한 대한무역진흥공사는 미국 수입업자 디렉터리, 미국 제조업체 주소록, 미국 수출입통계 등을 「무공 무역정보 광전자도서 검색 서비스」를 통해 제공하고 있다.

〈표 1-7〉 전화, FAX 등의 정보원

서비스명	서비스 기관	주요 서비스 내용	문의
경제정보 문의 전화 서비스	한국무역협회	· 국제환율 · 국제원자재 가격 · 국제금리 등	한국무역협회 해외조사과
정부경제자료 안내 서비스	지식경제부 · KDI 국민경제 교육연구소	· 경제 12개 부처 발간자료의 열람 · 복사 · 정부 간행물 판매 · 기타 전화 · 우편 서비스	지식경제부 경제교육기획국
무역정보 광전자 도서 검색 서비스	대한무역진흥공사	· 미국 수입업자 디렉토리 · 미국 제조업체 주소록 · 미국 수출입통계 등	한국무역진흥 공사 자료실

※ **출처:** 산업기술정보원, 1993, "피할 수 없는 정보전" p. 203.

기타 정보입수경로는 각종 세미나, 정보조사 전문기관 등이 있다. 각종 세미나의 경우 경제지 등을 보면 하루에도 몇 가지씩의 다양한 세미나 개최가 광고되고 있는데, 이들 중에는 참가비도 없이 무료로 자료까지 제공하는 경우도 많다. 이러한 세미나 참가는 주요 경제현안 등에 대한 분석능력을 제고시켜 줄 뿐만 아니라, 산업계 변화의 신속한 파악도 가능하게 해주는 이점이 있다. 그러나 무엇보다도 중요한 것은 독자적 정보 네트워크를 구축하는 일이다.

이를 테면, 정보보호기관에 관한 정보(목록이나 전화번호 등)를 확보하고 있어서, 자신이 관심을 가지고 있는 분야에서 궁금한 것이 있으면, 즉시 전화 등으로 궁금증을 해결할 수 있는 준비를 하고 있는 것이라거나 공식 · 비공식 모임, 기타 각종 사적 모임 등을 정보 교류망으로 나름대로 활용하는 것 등을 말한다.

② 전문적 인적정보

전문적 인적 정보원이란 정보기관의 정보원이나 정보관으로서 별도의 훈련을 받은 사람이 직접 정보를 입수하거나 정보원을 통하여 정보를 입수하는 것을 말한다. 보통

정보수집은 정보관이 직접 하는 경우도 있지만 대부분이 정보원(agent)이나 협조자를 통해 수집한다. 정보세계에서 "정보 수집의 성패여부는 얼마나 많은 그리고 유능한 정보원과 협조자를 물색하고 도움을 받느냐에 달려있다"는 말이 있다.

정보원은 유급 정보원과 협조자로 구분한다. 정보원에게는 보수를 지급하고, 협조자에게는 지급하지 않는다. 정보원은 정보관의 '통제'(control) 하에 활동하나, 협조자는 친분관계를 유지하고 있어 말 그대로 협조를 해주는 사람이다. 그러나 유능한 협조자는 정보원보다 더 좋은 정보를 수집하는 경우도 많다. 정보원은 본인이 정보원이라 것을 의식하고 의식적으로 협조하고 협조자는 정보원으로 일한다는 것을 알지 못한 채 협조하는 경우가 많다.

정보관은 정보수집을 위해 대상목표를 철저히 분석하고 목표가 분석되면 정보수집에 활용할 정보원이나 협조자를 '물색'(spotting)한다. 물색해야할 대상자가 선정되면 음악, 미술, 테니스, 골프 등 취미생활, 업무상 관련성, 사업관계 상담, 학연・지연・혈연관계 등 다양한 접촉구실과 방법을 만들어서 자연스럽게 접근한다(박현우, 1993: 138). 접근이 이루어지면 친숙관계를 형성해 나가면서 정보원으로써의 적합성을 판단하여 포섭대상자를 선정한다.

포섭 대상자가 선정되면, 포섭될 수 있는 여건이 무엇인지를 판단하여 설득하거나 회유할 수 있는 방법을 마련한다. 예컨대 민족감정, 정치적 소신, 애국심, 충성심, 애사심, 종교적 신념 등 사상과 이념을 이용한다든지 금전욕, 출세욕, 과시욕, 인사불만, 장래보장, 가족의 안전 등 개인적 욕망을 이용하여 승진이나 물질적 보상을 약속 한다든지 복수심, 증오, 애정, 우정, 불륜 등 감정적 동기를 이용한다든지 때로는 마약중독, 부채, 개인비리, 약점 등을 이용하거나 불가피 할 경우에는 공갈・협박 등 공포심을 유발하여 강압적으로 포섭하기도 한다.

사상과 이념적 동기로 포섭한자는 자발적 협조자가 되기도 하고 적은 보수에도 적극적으로 일을 하면서도 배신하지 않는 장점이 있으나 지나친 신념으로 통제가 쉽지 않고 물질적 동기(物質的 動機)로 포섭된 자는 통제하기 쉬우나 좀 더 큰 유혹이 있을 경우 배신할 가능성이 있으며 감정적 동기(感情的 動機)나 강압적인 분위기로 포섭된 자는 오래가지 못하고 쉽게 배신할 가능성이 있으므로 유념해야한다.

정보원과 협조자를 선정함에 있어서 가장 중요한 것은 첩보원천에 대한 접근성, 안전하게 활동할 수 있는지 여부, 즉, 안전성, 허위·과장 보고하거나 배신할 가능성이 있는지 여부, 즉. 신뢰성 등이 고려되어야 한다. 정보원의 가치는 무엇보다도 대상목표에 대한 안전한 접근성에 있다. 즉, 첩보수집활동에 합리적인 구실을 붙일 수 있는 위치에 있는 사람이어야 한다.

서방측 정보기관이 입수한 구(舊) 소련의 KGB의 "미국인을 협력자로 만드는 방법"이란 문서에는 4가지 유형의 포섭대상자를 열거하고 있다. ① 도덕성을 결여한 정부요원 ② 부유한 철부지 ③ 불만에 가득찬 지식인 ④ 고독한 비서 등이다.

전 CIA 방첩책임자 '앵클턴'은 "정보원은 비밀이 보관되어 있는 방에 의심을 받지 않고 들어가 그것을 복사할 수 있어야 한다. 상대방의 대화를 도청할 경우에도 도청장치를 안전하게 설치하고 회수할 수 있는 위치에 있어야 한다. 그 조직에서 충분한 신임을 받고 있는 자만이 이러한 조건을 충족할 수 있다."고 지적하였다(한국정보연구회, 2012: 136-137).

정보원으로 포섭되면 임무의 중요성, 사명감, 목적의식 등 정신교육과 첩보수집요령, 행동요령, 보고방법 등 실무교육과 누설하지 않겠다는 보안서약 집행과 보안교육을 실시해야 한다.

③ 특수인적정보

특수인간정보란 간첩을 활용하여 경쟁국 및 경쟁사의 기밀을 탐지하여 정보를 얻는 방법으로서 인간정보의 일환이다. 특수인간 정보는 원래 정치, 군사, 외교 등에 이용되는 것이기는 하지만 근래에는 산업정보를 수집하는 데도 활용하고 있다. 손자는 간첩을 쓰는 방법에 따라 향간(鄕間), 내간(內間), 반간(反間), 사간(死間), 생간(生間)으로 구분하였다. 향간(鄕間)이란 적국의 시민을 사용하여 정보활동을 하는 것이고, 내간(內間)이란 적의 관리를 매수하여 정보활동을 시키는 것을 말한다. 반간(反間)이란 적의 간첩을 역으로 이용하여 아군을 위해 활동하는 것이며, 사간(死間)은 고의로 허위를 조작하여 배반할 염려가 있는 아군의 간첩으로 하여금 적에게 누설하게 하는 것으로서 이 경우 대체로 피살되기 마련이다. 생간(生間)이란 적국 내에 잠입하여 정보활동을 하고 돌아와 보고하는 간첩을 말한다. 적의 의도를 파악하기 위해서 간첩 등 인간정보 수집수단은 필수적이다.

최첨단 정보수집 장비가 계속 발전하고 있으나 인간에 의해서가 아니면 수집할 수 없는 정보가 있다. 따라서 인간정보는 정보수집의 시작이자 마지막이라고 할 수 있다.

(6) 컴퓨터를 활용한 정보수집

현대를 정보화 사회라 하고 미래는 정보시대가 될 것이라고 이미 미래 학자들이 예측하였다. 즉, 컴퓨터 없이는 살 수 없는 시대에 우리가 살고 있는 것이다. 실제로 컴퓨터 세계에는 우리가 필요로 하는 자료도 인간도 산업스파이도 간첩도 마약도 총기나 폭발물 까지 다 들어 있다. 실제의 인간 세상에 있는 것은 컴퓨터 세계에 다 들어 있는 것이다, 우리가 인식을 하건 하지 못하건 간에 컴퓨터는 일상생활에 있어 우리의 실질적인 동반자가 되고 있다. 사무실이나 가정 등 도처에 컴퓨터화된 기기들이 산재하여 우리 생활에 깊이 관여하고 있다. 컴퓨터는 항공여행을 하거나 쇼핑을 하거나 레스토랑에서 식사를 할 때도 우리와 함께 하고 있다.

첨단 컴퓨터와 그것을 이용한 혁신적 기술이 우리의 삶과 근로행태를 바꾸어 놓고 있다. 컴퓨터는 서류절차를 간소화함으로써 기업들의 상품판매, 상품인도, 선적사무 등에 혁명을 가져 왔다. 상품선적 사무원들도 운전기사들도 휴대용 컴퓨터를 이용하고 있다.

도로를 순찰하는 경찰들도 범법 차량을 가려내기 위해 소형 컴퓨터를 사용하고 트럭 운수회사 운전기사들도 컴퓨터를 통하여 상호간에 통신을 자유롭게 하고 운전기사와 본사간의 교신도 가능하다.

대학의 학생들도 컴퓨터로 수강신청도 하고 강의도 수강한다. 학생들은 컴퓨터 모니터를 통해 위대한 저술가의 저술활동을 재현할 수 있고 자신의 작품과도 접목시켜 볼 수도 있다.

주방용품 업체에서는 부엌 설계나 개조를 원하는 고객들에게 컴퓨터 그래픽을 이용, 다양한 색상과 구조를 미리 선보여 선택하게 하는 서비스를 제공하고 있다. 이 경우 고객들은 모니터를 통해 완성된 형태의 부엌을 여러 각도에서 관찰할 수 있다.

은행을 이용하는 고객들도 은행에 가지 않고도 컴퓨터만으로 구좌확인과 송금, 대금결제 등을 자유롭게 할 수 있다. 그들은 단지 모뎀이 부착된 첨단 컴퓨터의 키보드만을 두들기면 된다. 미국에서 개발된 자동차매매 컴퓨터 시스템은 이용객이 자동차 대리점 컴퓨터 화면을 통해 신형차량의 시험주행을 할 수 있게 함으로써 막대한 비용 절감효과를 가져다주었다. 건강식품, 영양정보 및 최적의 건강요리법도 손쉽게 알 수 있다. 따라서 정보 소프트웨어를 개발하는 회사도 성업 중에 있으며, 점차 늘어가는 추세에 있다.

컴퓨터 기술은 또한 음성영역에까지 그 지평을 넓혀가고 있다. 새로운 음성종합기술에 의한 전자장비 시스템으로 멀리 떨어진 사무실이나 가정에 메시지를 전달할 수도 있고 배달된 메시지를 수신할 수 있게 되었다. 또한, GPS, 외국단어에 대한 설명, 정확한 발음까지 들려주는 전자사전, 자동 통역기까지 개발되고 있어 외국어를 몰라도 세계 각국을 불편 없이 여행 할 수도 있다.

폭발성 인화물질 운반과정, 군수품의 선적상황, 근・원리를 항해하는 항공기나 선박을 추적 감시하는 데도 사용하고 있다.

컴퓨터는 또한 우리들이 이미 사용하고 있는 도구들을 혁명적인 속도로 변화시키고 있다. 몇 년 전만 하더라도 기업은 단순히 전달기능만을 가진 팩시밀리를 사용하였으나 오늘 날의 팩시밀리는 응답체계는 물론 디스크 드라이브가 장착된 PC와 결합된 형태로까지 발전했다.

미래에는 지금은 상상도 하지 못할 새롭고 혁신적인 수준의 컴퓨터를 업무와 실생활에 이용하게 될 것이다. 실로 컴퓨터의 세계는 인간의 상상력만큼이나 무한한 것이기 때문이다.

따라서 컴퓨터 세계에는 우리가 수집하고자 하는 정보가 대부분이 들어있다고 할 수 있다. 특히 정보수집활동을 하는 정보관이 컴퓨터를 활용한 정보수집기술을 알아야한다는 것은 아무리 강조하여도 지나침이 없을 것이다.

이제는 정보기관도 기업체에서도 사이버 정보 수집팀을 만들어야 할 것이다. 현대를 사는 우리들은 컴퓨터 활용기술을 알지 못하면 불편할 정도이겠지만 미래에는 컴퓨터 활용기술을 알지 못하면 살아 갈 수 없을 지도 모른다.

(7) 데이터베이스를 통한 정보수집

데이터베이스(database: DB) 란 각종 데이터를 컴퓨터 처리가 가능(컴퓨터 가독형)하도록 수집, 처리, 가공, 편집한 것으로서, 데이터를 정리·통합하여 컴퓨터에 의한 검색과 서신처리가 가능하도록 구조화한 형식의 정보 파일 또는 그 집합체를 말한다.

데이터베이스라는 말은 1950년대에 미국에서 생겨났다. 당시 미국 정부는 전 세계적인 군비상황을 집중관리하기 위해 컴퓨터 기술을 구사한 도서관을 개발하였다. 이것을 '데이터의 기지(BASE)'라는 의미로 데이터베이스(data base)라고 부르게 되었다.

현재 웹스터(Webster) 사전에는 데이터베이스를 편리한 검색올 위하여 조직된 관련 데이터의 포괄적인 집합체(a comprehensive collection of related data organised for convenient retrieval)로 정의하고 있다.

또한 일본의 저작권법에서는 데이터베이스를 논문, 수식, 도형 및 그밖에 정보 집합물로서, 정보를 전자계산기 (computer)를 이용하여 검색할 수 있도록 체계적으로 구성한 것」으로 정의하고 있다. 이 두 정의를 종합하면 데이터베이스란 모든 종류의 관련 정보롤 컴퓨터로 효율적으로 검색하기 위하여 체계적으로 정리 축적한 것이라고 할 수 있다. 다시 말해서 원하는 정보를 신속·정확하게 찾아 활용하려는 수요자의 요구(Needs)를 컴퓨터 기술을 이용하여 충족시키려는 노력이 데이터베이스를 구축하게 하였으며 이러한 데이터베이스의 유형은 여러 가지로 구분할 수 있으나, 대표적으로는 수록된 정보의 항태에 따라 크게 문헌 DB(서지 DB)와 사실(fact) DB로 구분된다.

문헌 DB는 수록된 정보가 각종 형태의 문헌으로서, 그 문헌의 서지사항(저자, 제목, 수록 잡지, 발행 연도, 발행기관, 키워드, 초록 등)이 정보로 담겨 있다. 따라서 이는 1차 정보의 유통을 돕기 위해 1차 정보를 기초로 만들어진 새로운 정보인 2차 정보를 담고 있는 데이터베이스라고 할 수 있다. 이에 대하여 사실 DB는 원정보

(original source data)가 지닌 원래의 형태 그대로를 수록한 것으로서, 검색한 결과를 즉시 활용할 수 있는 데이터베이스인데, 이는 다시 전문(full-text) DB, 수치 DB 및 이미지 DB 등으로 구분할 수 있다.

국내에서 데이터베이스를 제작하여 유통하고 있는 기관은 삼성 Net-work System, 중앙일보사, 한국 PC 통신, 한국 데이터 통신, 매일경제신문사, 한국무역협회, 한국신용평가, 대한무역진흥공사, 산업기술정보원 등 여러 기관이 있는데, 이들 기관은 성격에 따라 다양한 내용의 정보를 DB 화하여 수요자에게 제공하고 있다. 우리는 데이터베이스를 통해 필요한 정보를 신속하게 수집할 수 있다.

(8) 비밀출처를 통한 정보수집

비밀 출처 정보는 주로 훈련받은 정보원이나 기술적 정보수집 방법이 필요하다. 인적 정보원에 의한 비밀출처 정보의 수집은 그 주체에 따라 기업의 정보수집 담당자가 직접 수집하는 경우, 협조자를 활용하여 수집하는 경우로 나누어지며 이러한 경우에는 수집목표에 접근 가능한 인간출처를 찾아내는 물색단계, 대상과의 접촉을 통해 회유 설득하거나 그 약점을 파악하여 유인 또는 위협하는 단계, 포섭 단계, 포섭된 출처로부터 정보를 제공받는 운용 등의 단계를 거치게 된다.

인간정보의 수집은 일반적으로 가장 많이 이용되는 정보의 수집방법으로 알려져 있다. 과학기술의 발달과 함께 기술정보의 수단이 다양화, 첨단화 하는 추세 속에서도 인간정보 수집활동은 그 고유한 영역과 중요성을 유지하고 있는 것이다.

이렇게 간과할 수 없는 인간정보 수집활동의 중요성에도 불구하고 그 수단적 특성에 내재하는 여러 가지 문제점들이 있는 것도 현실이다. 인간정보 수집활동을 더욱 효율적으로 수행하기 위해서는 이러한 문제점들에 대한 이해와 대책에 대한 고려가 반드시 선행되어야 할 것이다

첫째, 정보의 신뢰성을 검증하기 곤란하다는 문제점이 있다. 정보제공 협조자의 경우 비밀출처의 문서와 같이 그 자체로서 증명 가능한 정보를 제시하는 경우가 있기는 하지만 많은 경우 정보의 신뢰성을 다른 수단에 의해서 확인하기 불가능한 경우가 많다. 특히 인간정보의 출처(sources)들은 자신의 공적을 과장하거나 더 많은 보상을

받기 위해 정보를 과장, 왜곡, 조작하는 경우가 많으며. 비록 진실을 말하는 경우에도 인간의 인지능력이 가지는 한계로 인해 사실을 잘못 이해하거나 해석하는 경우도 있게 된다.

둘째, 정보의 수집목표의 보안체제가 강한 기업이나 폐쇄적인 기업문화를 가지고 있는 경우 정보원에의 접근이 곤란하다.

셋째, 협조자에 대한 사후처리 문제가 야기되는 경우가 있다. 해고된 타 기업의 협조자가 과거의 협조를 미끼로 계속 금전적 요구를 하는 경우도 있고 비밀활동 내용을 상대 국가 기관이나 언론기관에 공개하여 기업의 입장을 어렵게 하거나 이미지를 나쁘게 하는 경우도 있으며 정보 수집과정에서 알게 된 사항이나 인간관계를 다른 목적으로 이용하는 경우도 있으므로 사후처리문제대하여 신중을 기할 필요가 있다.

(9) 기술적 정보수집

기술적 정보수집이란 IT, 위성, 비행기, 선박 등 최첨단 과학 장비를 활용하여 인적 정보 활동으로 수집할 수 없는 영역인 유・무선 통신을 수집하거나 원격지의 영상을 촬영함으로서 필요한 정보를 수집하는 것을 의미한다.

과학・기술을 활용한 정보활동은 대상목표나 지역에 접근이 어려워 인간에 의한 정보수집(HUMINT) 활동이 곤란한 경우 사용하는 수단으로써 천문학적인 예산과 많은 인원을 투입되고 심대한 법적 문제 등이 있어 주로 국가 정보기관에서 활용하며 기업체에서 정보수집 수단으로 활용하기가 불가능하므로 간략히 소개하는 정도로 기술하겠다.

과학・기술을 이용한 기술정보수집은 크게 신호정보수집(SIGINT: Signal Intelligence), 영상정보수집(IMINT: Image Intelligence), 계측・흔적정보수집(MASINT: Measurement And Signature Intelligence), 공개출처정보수집(OSINT) 등으로 분류된다. 신호정보수집(SIGINT)은 공중에 전파되는 다양한 무선신호를 수집하여 정보를 생산하는 활동이며, 신호종류에 따라 통신정보수집(COMINT : Communication Intelligence), 전자정보수집(ELINT: Electronic Intelligence), 레이다정보수집(RADINT: Radar Intelligence) 등으로 분류된다.

영상정보수집(IMINT)는 고공 비행기나 궤도위성에 탑재된 카메라 또는 고주파 및 적외선신호 센서를 통해 지상에 대한 영상자료를 획득하는 수집활동이다. 계측・흔적정보수집(MASINT)은 정보 목표에 접근하여 직접 정보를 수집할 수 없는 경우 해당 지역의 대기 또는 하천수 등 환경자원으로부터 성분을 분석하여 정체 규명, 증거 등을 확보하는 수집활동이다.

한편, 인터넷 망에서 관련 정보를 자동으로 수집・검색하여 고급 정보화하는 공개출처정보수집(OSINT) 활동도 있으며 이외에도 공작원 또는 정보활동 요원의 현장 활동을 기술적으로 지원하는 특수 공작장비 분야도 있다.

이러한 과학・기술 정보수집 활동이 전적으로 모든 정보 수집 요구를 만족시킬 수는 없으며, 인간정보수집(HUMINT) 활동의 보조적 역할을 수행함으로서 정보의 완성도를 높이는 역할을 한다고 볼 수 있다(한국정보연구회, 2012: 150).

기술정보수집능력은 1, 2차 세계대전을 통해 비약적으로 발전하였으며 특히, 2차 세계대전 후 미국과 소련의 냉전이 시작되자 '갈 수 없는 곳', 그리고 '위험부담 없이 들어가지 않고 정보를 수집할 수 있는 수단으로써 비약적으로 발전된 것이다. 특히, 핵무기의 발달로 조기경보가 사활적인 문제가 되자, 적의 기습 징후에 대한 선제 핵공격이 국가의 사활을 좌우한다는 강박의식에서 바다에서 우주까지 엄청난 기술정보 수집장비들을 배치하였다(한국정보연구회, 2012: 151).[17)]

1991년 소련의 해체로 냉전이 종식되었음에도 기술정보 수집은 전자전, 사이버전, 우주전이라는 새로운 영역으로 한없이 확대되고 있으며 기술정보수립 능력이 곧 국력의 바로메타라고 인식하게 되었다. 기술정보 수집을 위해 필요한 장비를 갖추려면 과학과 기술이 뒷받침되어야 하고 상당한 경제력이 요구되기 때문이다.

① **신호종류별 정보수집**

ⓐ 통신정보 수집(COMINT)

통신정보 수집(COMINT)는 무선통신(Wireless Communication)의 전파를 수신하

17) 1981년 하바드대 의학교수인 에이브람스박사는 소련이 핵무기로 선제공격할 경우 제 1격에 미국민의 40%가 수 분 안에 죽게 될 것이며 나머지도 갖은 후유증으로 죽어가게 될 것이라는 논문을 발표하여 미국 국민들을 경악시켰다.

여 상호 통신하는 내용을 중간에서 감청하여 통신내용(전화, 텔렉스와 같은 전신, 팩시밀리, 이메일 등)을 수집한 후 이중 정보생산에 유용한 내용만을 검색하여 정보를 생산하는 활동이다. 통신정보수집 활동의 주요 대상은 항공기나 선박, 휴대용 무전기 등에 이용되는 단파와 초단파 신호와 지상전화 또는 위성전화망에 이용되는 마이크로웨이브 신호이다(한국정보연구회, 2012: 151). 최근에 와서 휴대전화망의 대중화로 휴대전화 통신망이 통신정보수집 활동의 주요 대상이 되고 있다.

제1차 세계대전 당시 영국은 독일이 운용 중인 해저케이블에 침입하여 통신내용을 감청하였으며 1950년대 미 CIA와 영국 MI-6가 서베르린에서 동베르린 지역으로 굴을 파서 소련 공군사령부와 모스크바간의 통신을 10여년 간이나 감청하였던 사례가 있다. 냉전시대에 미・소간의 '도청작전'은 치열하였는데 1985년 모스크바 주재 미대사관 신축과정에서 소련 측이 벽에 도청장치를 한 것이 적발되어 미국은 2개 층을 헐고 미국에서 들여온 자재와 미국인 인부를 들여와 재건축한 바 있다. 그러나 2001년 뉴욕타임스는 워싱턴 주재 러시아 대사관 단지 지하에 도청을 위한 비밀땅굴이 있다고 보도하였다(한국정보연구회, 2012: 151). 이 땅굴은 FBI와 NSA가 합동하여 굴착한 것이라고 주장하였다.

COMINT에서 암호 해독은 가장 고전적인 기술정보 수집방법이다. 제 2차 세계대전 시 영국은 Bombe라는 컴퓨터를 사용하여 독일군의 엔니그마(Enigma) 암호를 해독하였고 미국은 일본의 암호를 해독하여 전쟁 상황을 유리하게 유도하는 데 크게 기여했다. 암호는 비단 해독되어야만 쓸모가 있는 것은 아니다. 암호 메시지를 모두 수집, 비교하여 암호의 패턴을 찾고 패턴의 의미를 추정함으로써 중요한 정보를 얻을 수도 있으며, 대형 컴퓨터를 이용하여 암호를 해독하기도 한다. 그러나 암호해독 기술의 발전과 함께 암호조립 기술도 발전하여 암호해독은 점점 더 어려워지고 있다. 이럴 경우 암호키나 난수표를 가진 사람을 포섭하거나 암호키나 난수표를 절취함으로써 암호를 분석하며, 암호분석이 불가능할 경우에는 통신량 분석을 통해서도 유용한 정보를 얻어낸다. 암호전보의 발신지와 수신지를 추적하거나 통신량의 급격한 변화가 있을 경우 뭔가 이상사태가 발생되었음을 감지할 수 있다. 1945년 미국은 일본 히로 시마에 원자폭탄을 투여한 후 그 지역의 통신이 완전 두절된 사실을 발견하고 이를 근거로 피해규모를 산출한 바 있다(문정인, 2002: 99-100).

최근에는 감청기술이 더욱 발전하여 통신회선에 '직접 침입'(wiretape)하지 않으면서도 사무실이나 가정에 전자도청 장치를 설치하여 대화나 통신내용을 도청하기도 하며 레이저 빔을 이용하여 근거리에서 사무실 등의 대화 내용을 도청하기도 한다. 미국의 경우 이렇게 통신회선에 침입하거나 전자도청을 하는 업무에는 국가안보국(NSA)이 참여하지 않으며 CIA와 FBI만 이를 담당하고 있다. 왜냐 하면 이러한 수집수단은 기술정보 수집수단과 인간정보 수집수단이 결합될 경우에만 수집활동이 제대로 이루어질 수 있기 때문이다(문정인, 2002: 100-101).

한편, 과거에 인텔샛 등 통신위성을 주로 이용하던 국제전화 시스템이 통신용량의 한계 등으로 인해 해저 광케이블망으로 대체됨에 따라 무선통신 정보수집 대상이 대폭 축소되고 있어 선진 정보기관은 해저 광케이블을 대상으로 유선 통신 감청기술을 개발하여 대처하고 있는 것으로 알려지고 있다. 무선통신의 유선화 이외에도, 통신신호의 디지털화 및 고도화로 인해 무선전파 신호를 포착하여도 신호 속의 유효 정보를 추출해 내기가 더욱 더 어려워지고 있으며, 슈퍼컴퓨터를 이용해도 해독이 곤란한 고비도 암호통신이 대중화되고 있어 신호정보수집(COMINT) 활동은 과거에 비해 대폭 위축되고 있다(한국정보연구회, 2012: 153).

ⓑ 전자정보수집(ELINT)

전자정보수집(ELINT)은 컴퓨터, 프린터, 모니터와 같은 각종 전자장치로부터 발생하는 전자파 신호로부터 중요첩보를 생산하는 활동이다. 과거 CRT방식의 모니터가 LCD 및 LED 등을 이용한 디스플레이 장치로 변화되었고 전자장치내의 부품이 고집적 반도체로 대체됨에 따라 전자파 발생이 최소화되고 그 신호도 미약하여 원거리에서 전자파 수집이 곤란해짐에 따라 ELINT 활동도 대폭 위축되고 있는 실정이다.

이러한 전자파 이외에도 외국의 영토나 외국 또는 자국의 영공에서 활동하는 무선신호 중 통신정보로 분류되는 양방향 통신신호가 아니고 단 방향으로 전송되는 신호를 포착하여 중요 정보를 생산하는 활동을 외국기기 신호정보수집(FISINT : Foreign

Instrumentation Signal Intelligence)이라 하는 데, 이를 양방향 통신이 아니란 점에서 전자정보수집(ELINT) 활동에 포함시키고 있다. FISINT는 미국이 외국을 대상으로 신호정보 수집활동을 하면서 정의한 용어로서, 주로 미사일 발사 과정에서 전송되는 신호와 같은 원격측정정보수집(TELINT : Telemetry Intelligence)과[18] 궤도위성 또는 항공을 이용하여 영상을 촬영하여 지상으로 송신하는 영상신호(비디오) 정보수집 등을 포괄한다(한국정보연구회, 2012: 153).

어쨌든 전자정보수집(ELINT)는 단순히 정보수집 뿐만이 아니라 이를 전장(戰場)에서 적극 활용하여 적의 지휘체계나 작전을 무력화 또는 방해하는 전자전(電子戰)이라는 새로운 양태로 발전되고 있다.

ⓒ 레이더 정보수집(RADINT)

레이더 정보수집(RADINT)는 각종 레이더파를 이용하여 원거리에서 활동하는 항공기와 선박 등에 관한 정보를 수집하거나 상대국의 지상 또는 항공기·선박·미사일 발사대 등에서 송신되는 레이더파를 수집하여 대상 목표의 활동상황에 관한 정보를 얻는 수단이다. 레이다는 초고주파의 전자신호인 레이더파를 발사하여 대상 목표물에서 반사되어 오는 신호를 수신하여 항공기 또는 선박의 이동 정보(비행경로, 위치, 속도, 강하각도, 연습내용)를 산출한다. 이외에도 적외선 신호를 발사하여 원격지의 온도분포를 감지함으로서 목표물의 이동 또는 존재 유무를 파악하는 활동도 RADINT 범주에 해당된다(한국정보연구회, 2012: 154).

② 수집위치별 정보수집

신호정보의 대상인 무선 전파는 발사위치 기준으로 360도 전방위로 방사되며 전파특성상 전파가 직진하는 방향에 장애물이 있는 경우 직진하지 못하고 반사되어버려 수집기지에 도달하지 않기 때문에 수집이 곤란한 특성이 있어 SIGINT 수집기지는 고공일수록 유리하다. 다만 단파(3-30 Mhz주파수)인 경우 전리층을 통해 반사되어 지상에 도달하기 때문에 수집기지의 고저와는 상관이 없고 전리층 반사특성으로 인해

18) TELINT는 중·장거리 미사일 발사 시험 시 미사일이 날아가면서 무선으로 지상으로 송신하는 각종 상황정보를 중간에서 포착하여 미사일 관련 시험정보인 탄두수, 탑재량, 탄두의 크기, 연료 소비상태, 탄두 궤적의 정확도 등 미사일 발사와 관련된 모든 시험내용을 수집하는 활동이다.

전파 불감지역이 있어 이를 고려한 수집기지 설치가 필요하다(한국정보연구회, 2012: 155).

ⓐ 인공위성 수집

위성은 적도 상공 36,000Km에 위치하면 지구와 같은 속도로 공전하면서 정지해있는 것과 같은 상태인 정지위성과 남극과 북극을 기준으로 수백 키로 내지 수천 키로 상공에서 지구 궤도를 회전하면서 활동하는 궤도위성으로 분류된다. 정지위성은 대부분 통신 또는 방송위성이나 기상위성 등으로 활용되고 있으며 극히 일부 첩보위성 역할을 하고 있으나 그것도 원거리 수집 기지에서 수신되는 신호를 중계하는 역할을 주로 하고 있다. 궤도위성의 경우 일부 과학목적 또는 기상위성으로 활용되고 있으나 특정 목적이 정해져 있지 않은 대부분의 기술개발 및 다목적 위성들은 군사목적 위성으로서 군사첩보 또는 국가안보를 위한 COMINT 정보를 수집할 목적으로 운용되고 있다.

1957년 소련이 「스푸트니크」(sputnk) 1호를 궤도에 진입시킴으로써 기술정보 수집활동의 영역을 우주로 확대하려는 기미를 보이자, 이에 자극을 받은 미국은 1958년 CIA와 공군 합동으로 정찰위성 개발에 착수하였다. 1959년 2월 미국은 「코로나」(Corona) 위성을 과학연구용으로 위장하여 「디스커버러」(Discoverer) 1호로 명명하고 발사하였다. 최초의 이 미국 위성은 무게가 3,900kg(최근에는 1만kg을 훨씬 초과한다)이었지만 회수되는 캡슐의 무게는 135kg에 불과하였으며 낙하산에 매달려 지상으로 떨어지는 도중 항공기에 장착된 특수한 장치에 의해 공중에서 회수되도록 되어 있었다. (최초로 회수에 성공한 것은 1960년 디스커버러 12호였다)

1960년 국가의 주권이 미치는 범위는 대기권내로 한정하고 우주공간은 제한 없이 비행할 수 있다는 국제간의 합의가 이루어지자 미국과 소련은 우주에서의 정찰활동에 본격적으로 뛰어들었다. 소련은 1962년 4월 유인우주선을 개조한 코스모스 4호를 발사하였는데, 그것이 소련 정찰위성의 효시였다.

미국의 위성은 1962년 사모스 형부터 크게 발전하였는데 코닥사에서 제작한 영상시스템은 장(長)초점과 단(短)초점의 두 가지 렌즈로 촬영된 필름이 릴에 감기면서 현상되고, 현상된 필름은 스캔장치에 의해 스캐닝 되면서 전기신호로 바뀌었다. 전기신호는 지상기지로 전송되고 지상기지는 이를 다시 영상으로 바꿀 수 있어, 캡슐을 회수하여 촬영된 필름을 입수하는 불편이 해소되었을 뿐 아니라 영상정보수집 시간도 단축되었다(한국정보연구회, 2012: 156).

1963부터 기술적으로 더욱 진보한 2세대 위성이 발사되었는데 이 위성은 우주선 본체에 페럿(ferret)위성을 탑재하였다. 페럿위성은 일종의 자위성(子衛星)이라 할 수 있는데 본체 위성으로부터 분리 발사되어 별도로 신호정보를 수집하여 수신기지로 발송하는 기능을 가지고 있다. 당시 Ferret 위성은 소련의 잠수함을 추적하는 임무를 수행하였다. 추가로 발사된 Ferret 위성은 소련의 방공망과 대륙간 탄도탄, 조기경보 레이더에 대한 신호정보를 수집하였다.

1966년에는 3세대 위성이 등장하는데 타이탄 로켓 등 보다 강력한 추진력으로 더 큰 캡슐을 더 높은 고도에 올려놓을 수 있었다. 새롭게 개발된 정밀카메라를 싣고 높이 올라갈 수 있어 정밀탐사와 광역탐사가 가능하였다. 이후에도 미국은 개량되거나 형태를 달리한 각 위성들을 수차례씩 발사하였다. 1968년 Canyon위성, 1970년 Rhyolite위성 등은 통신정보와 함께 첨단무기실험 전자정보를 수집하였다.

1971년 6월 미국의 새 정찰위성 「빅버드」는 크기가 더욱 커지면서 영상정보와 신호정보 수집을 동시에 할 수 있었고 카메라의 해상도도 크게 향상되었다. 또한 종래의 수주에 불과했던 위성의 수명이 수개월로 늘어났다. 1976년부터는 KH-11이라는 신형이 등장하였다. KH란 'Key Hole'의 약자로 「열쇠구멍」, 즉 엿보는 것을 의미한다고 한다. KH-11시리즈는 사진을 전자 스캐닝 하여 송신하는 것이 아니라 센서가 잡은 영상을 디지털식으로 판독하여 송신하는 방법을 사용하였다. 영상은 사진처럼 선명하지는 못했지만 수집한 영상을 즉각적으로 연속 송신할 수 있는 장점이 있었다. 또 열적외선 장비와 레이더장비를 장착하고 있어 24시간 영상정보 획득이 가능하게 되었다. KH-11의 수명은 2년이나 되어 연간 발사대수도 10여대에서 1~3대로 줄어들었다.

1989년8월에는 KH-11보다 수명이 길고 궤도변환 능력이 우수한 KH-12가 발사되었다. KH-12는 총 무게 18톤 중 연료만 8톤을 탑재하여 강력한 추진력과 긴 수명을 가지고 있으며, 지구와 멀어지고 가까워지는 형태의 타원형 궤도를 돌 수가 있다. 이와 같은 타원형궤도를 통해 특정지역을 정밀하게 살피거나 넓게 살핌으로써, 필요한 해상도(解像度)와 광역대(廣域帶)를 얻을 수 있다.

그러나 KH-12에 탑재된 전자광학 카메라는 야간과 악천후에는 촬영을 할 수 없다는 약점을 가지고 있다. 이러한 약점을 해결해 준 것이 라크로스(Larcrosse)위성이다. 라크로스위성은 레이다파를 쏘아 반사되는 형상을 흑백사진으로 만드는 SAR(합성개수레이다)장비를 탑재하고 있다. SAR 장비는 움직이는 장비의 동영상까지 촬영하기 때문에 전쟁시에 매우 유용하나 매우 큰 안테나를 설치해야 하는 불편이 있다.

미국은 한 지역을 집중적으로 관찰하는 데는 KH-12를, 광범위한 지역을 추적하는 데는 라크로스위성을 주로 사용한다고 한다. 이러한 위성들은 걸프전과 아프가니스탄전, 이라크전에 투입되어 많은 성과를 거둔 것으로 알려지고 있다.

미국의 군사위성은 KH시리즈나 라크로스 외에도 대륙탄도탄 같은 미사일의 동태를 살피는 조기경보위성(DSP), 군사작전에 필요한 기상상황을 파악하는 군사기상위성(DMSP), 항공기·함정·유도탄의 위치파악과 목표지역 유도에 사용하는 군사항법위성(GPS Biok2), 통신용 또는 통신감청용 군사통신위성(DSCS) 등이 있다. 또한 미국은 이와 같은 군사용 위성만으로는 전 세계를 커버할 수 없어 상용위성이나 동맹국의 위성을 활용하기도 한다(한국정보연구회, 2012: 158).

ⓑ 항공기 정보수집

첩보위성 보다는 고도가 낮지만 지상에 비해 신호 수집에 유리한 이유 때문에 항공기를 이용한 SIGINT 수집도 항공기 운용에 따른 고비용이 요구되는 단점이 있지만 선진국 정보기관에서는 보편적으로 활용하고 있다. 주로 항공기에서 수집하는 정보는 COMINT보다는 ELINT나 RADINT이며 전파 발신지에 대한 방탐 정보도 포함하여 주로 군사첩보 생산에 활용되고 있다.

1953년 미국의 CIA는 록히드사를 통해 전설적인 U-2기 개발에 착수하였다. U-2기는 1956년부터 작전에 투입되어 소련의 미사일 개발 센터와 쿠바 미사일 기지 건설에 관한 결정적인 정보를 수집하였다. 그러나 1960년 5월 1일 동·서 긴장완화와 핵실험 금지 문제 토의를 위한 4개국 정상회담 및 아이젠하워 대통령의 소련 방문을 앞두고 소련 상공을 정찰 중이던 U-2기가 기계 고장으로 고도를 낮추는 동안 소련 미사일에 의해 격추되고 조종사가 생포됨으로써 미국 외교의 신뢰성을 실추시켰다. 이 사건 이후에도 U-2기는 1970년 중반 전략정찰기인 SR-71로 대체될 때까지 계속 미국의 주요 항공정찰 수단이었다(문정인, 2002: 101).

미국의 대표적인 신호정보 수집 항공기 E-2 Hawkeye는 1965년 개발된 이래 지속적으로 개량되어 560km의 탐지거리 내에서 25,000㎢의 공간을 수색할 수 있으며 2,000개 이상의 목표를 자동으로 탐지 추적하고 동시에 40개 이상의 목표물에 요격 관제를 할 수 있다. E-2 Hawkeyes는 현재에도 미국, 일본, 프랑스, 이스라엘 등의 주력기로 활약하고 있다. 북한은 가끔 중앙방송 등을 통해 "지난 한 달동안 미국은 U-2 고공전략정찰기, EP-3 전자정찰기, E-3 지휘기, RC-7B 전술정찰기 등을 동원하여 군사분계선 일대에서 대북정찰을 200회에 걸쳐 실시하였다"며 비난하고 있다.

영국은 폭격기 캔베라(canberra)를 개조하여 정찰기로 개발하였다. 이처럼 대형의 폭격기를 정찰기로 개조하는 것은 높은 고도로 운항할 수 있고 폭탄창에 연료탱크를 넣으면 항속거리가 크게 늘어나고 대형 카메라 등 장비를 많이 장착할 수 있기 때문이었다. 구 소련 역시 TU-95, 135, 154 와 IL-62 등의 여객기와, AN-12, 24, IL-18같은 수송기를 개조하여 전략정찰기로 개발하고 MIG-17, 21, 23, 25 같은 전투기를 개조하여 전술 정찰기로 활용하였다. 특히 구 소련은 여객이나 화물 운송을 담당하는 「아에로푸로트」 항공사의 비행기를 이용하여 기술정보를 수집하는 술수도 부리는 등 수단과 방법을 가리지 않았다.

1981년 11월 미국은 정상적인 항로를 벗어나 원자력 잠수함이 건조중인 코네티커트주 그로톤 조선소와 전략공군기지가 있는 피스기지를 통과한 「아에로푸르트」 사의 여객기의 미국 운항허가를 취소하였다. 아에로푸르트와 소련의 수송기들은 미국 뿐 아니라 네델란드, 캐나다, 인도, 태국 등지에서 '길을 잃고 헤메는' 모습을 연출하였다. 1970년에는 페루 지진 피해 이재민에 대한 구호물자 수송을 한다면서 아이슬랜드, 스웨덴 지역의 NATO 군사기지 상공을 21번이나 뛰어들었는데 수송기 AN-22 기수 밑에는 촬영이 가능한 관측 돔이 있었고 수송기 편대에는 수송기와 외형이 비슷한 TU-95정찰기를 슬쩍 끼워 넣기도 하였다.

미국은 1960년대 초부터 적의 공격으로부터 보다 안전한 무인정찰기개발에 나섰으며 1만 8천m 이상의 고고도(高高度)를 나는 무인정찰기 등을 개발하여 실전에 배치하기 시작하였다. 다른 나라들도 무인정찰기 개발에 박차를 가하기 시작하여 상당한 성과를 거두었으며 최근에는 전투지원을 위한 전술정찰에 무인정찰기(UAV)가 투입되고 있다. 다만 이러한 항공기들은 적의 지대공미사일망을 피하기 위해 적대국의 영공 밖에서 활동해야 하는 단점으로 인해 사각으로 영상을 촬영하기 때문에 정보수집에 일정한 제약이 따른다(한국정보연구회, 2012: 162).

ⓒ 지상 수집

지상 SIGINT 수집기지인 경우 신호 종류 및 대상에 따라 최적화한 수집기지를 건설, 운영하고 있다. 위성통신 경우 대상 목표 위성의 전파가 산악지대 등으로 가리지 않고 수신 가능한 지역에 설치운영하고 있고, 단파신호 수집기지는 전리층 반사를 고려하여 전파 수신 감도가 양호한 곳에 건설한다. 또한 무전기 등 초단파 신호인 경우에는 전파의 직진 특성 및 수신 감도 등을 고려하여 대상목표와 인접한 고산의 정상 등 고지대에 주로 수집기지가 위치하고 있다.

미국의 경우는 미군이 주둔하는 모든 국가에는 지상 수집기지를 운영하고 있는데, 모든 전파를 수집할 수 없는 한계를 극복하기 위해 세계 여러 나라와 정보협력을 체결하고 그 국가에 SIGINT 기지를 운영하고 있는바 현재 60여 곳이 있는 것으로 알려지고 있으며 통상 우리는 이것을 에셸론(ECHELON)이라고 칭한다. 에셸론은 전세계의 모든 라디오와 위성통신, 전화, 팩스 그리고 이메일을 광범위하게 감청할 수 있고 획득된 정보는 초고성능의 슈퍼컴퓨터로 자동 분류되어 데이터 마이닝 시스템을 구축한다(한희원, 2009: 100). 특히, 일본 아오모리현(青森縣) 미사와(三澤) 기지에는 극동지역 최대의 미군 신호정보수집 시설이 가동 중이다. 직경 200m의 원형 안테나는 극동지역 대부분을 커버하는 능력을 가지고 있으며 수집된 정보는 기술정보 전문수집기관인 미 국가안보국(NSA)에 직송된다. 또한 이 기지는 태평양과 인도양 전역에서 중국, 러시아 등의 해군 동향까지 관찰한다.

한편, 프랑스는 에셀론이 일반 군사 안보 정보뿐만 아니라 자국을 비롯한 전세계 주요 국가를 상대로 한 경제정보 획득 수단으로 이용되고 있다고 비난하고 있다. 현재 프랑스의 이의제기에 따른 진상조사가 유럽연합(EU) 의회에 의해 진행 중이다(한희원, 2009: 100). 그러나 프랑스도 에셀론에 대한 대응으로 프렌체론(Frenchelon)이라는 지구적 신호정보전자감시체계를 운영하고 있는 것으로 알려져 있으며, 국방부 산하 대외안보총국(DGSE)이 프레체론을 관장하고 있는 것으로 추정된다. 프렌체론도 애쉴론 체계처럼 외교적, 군사적 그리고 산업통신을 광범위하게 감청하여 자동적으로 데이터베이스를 구축한다고 한다. 프렌체론은 존재가 공식적으로 인정되지는 않았지만 많은 언론인들에 의해 각종 군사정보에 기초하여 감지되어 왔다(한희원, 2009: 101).

ⓓ 선박에 의한 정보수집

해상을 통해 첩보수집 대상국에 더 가까이 접근할 수 있는 장점을 활용하기 위해 군함이나 상선, 어선, 화물선 등으로 위장한 선박에 SIGINT 수집 장비를 탑재하고 첩보 수집을 하고 있고 이러한 선박이나 함정을 첩보 수집함 또는 정보함이라 한다. 「프에블로」함 같은 정보함을 운용하는가 하면 어선이나 상선으로 위장한 정보수집함을 공해상에 배치하여 육상의 신호정보까지도 수집하는 경우도 있다. 최근에는 잠수함의 성능이 크게 발전하여 핵공격까지 가능한 장거리 미사일을 탑재하게 되자 전략상으로도 잠수함에 대한 탐지활동이 매우 중요하게 되었다.

③ 신호정보(SINGINT) 보안체계

이와 같은 신호정보수집에 대응하기 위한 보안체계도 부단히 발전하고 있다. 이미 기원전(紀元前)에 통신의 비밀을 유지하기 위하여 종이를 말거나 접어 글을 쓴 다음 이것을 펴거나 다른 방식으로 접어 전달하는 방식을 쓰기도 했다고 한다. 기원전 450년에 평원반(平原盤)이나 회전반(回轉盤)을 사용하여 평문(平文)을 암호문으로 재배열하는 방식이 나타났는데 이것이 암호의 시초가 되겠다. 19세기 중엽부터 무선통신용으로 평문을 암호화하는 기계를 만들어 사용하였고 1차대전시에는 회전바퀴를 이용한 암호기계를, 2차대전시에는 전자회로를 이용한 암호기계를 만들어내었다. 요즘에는 컴퓨터를 이용하여 조립한 암호체계를 사용한다(한국정보연구회, 2012: 165).

음성통신에는 상대방이 즉각적으로 알아들을 수 없도록 음어(단어를 쪼개어 숫자화)나 약어(비행기를 까치로 부르는 등 약속된 단어로 사용)를 사용하는 고전적인 방법이 있었으나 최근에는 비화기(秘話器)를 많이 사용한다. 비화기는 음성의 파장을 변환시키거나 음성을 인공적으로 합성하는 방법 등을 이용하여 보안성을 높인 기계이다. 무선통신에는 암호화와 더불어 불감청 코드와 디지털 코드 등 여러 가지 전자방식을 사용하며 「주파수 도약」(Frequency hopping)이라는 방법 등이 사용된다. 「주파수 도약」이란 컴퓨터를 이용하여 송수신하는 주파수를 수시로 다르게 바꿈으로써 상대방이 감청할 수 없도록 하는 방식이다(한국정보연구회, 2012: 166).

④ 영상정보수집(IMINT) 활동

영상정보수집(IMINT)은 항공기나 궤도위성 등을 이용하여 고공에서 고해상도 카메라, 레이더 및 적외선 센서 등을 이용, 수집목표 지점의 영상을 촬영하여 지상으로 송신하고 수신된 영상의 변화내용을 판독하여 첩보를 생산하는 활동이다. 고해상도의 영상을 촬영하는 것도 중요하지만 영상 변화내용을 정확히 판독하는 것이 영상정보에서 핵심 요소이므로 판독관에게 축적된 경험이 가장 중요하다고 할 수 있다.

영상촬영은 궤도위성이나 항공기가 목표지점을 지나 갈 때에만 가능하고 촬영하는 시간에 구름이 덮여있는 경우 카메라 촬영이 불가하여 감시가 불가능하다는 특성이 있다. 적외선이나 초고주파를 발사하여 반사되어 오는 신호의 특성이 반사물체에 따른 다른 특성을 이용, 영상화 하는 영상 촬영 방식(Remote Sensing)은 비, 구름 등에 관계없이 전천후로 촬영이 가능한 장점이 있으나 저해상도 화질로 인해 고급 첩보 수집에 한계가 있다(한국정보연구회, 2012: 167).

미국 남북전쟁에서 북군이 기구를 이용하여 적지역 상황에 대한 영상을 감시한 것이 영상촬영의 효시로 알려져 있으며 군용기 등을 이용한 현대적 영상정보 수집은 제 1·2차 세계대전시 적군지역에 대한 광범위한 사진촬영 등을 통해 발전되어 왔다(Richelson, 2009: 150-152). 고공의 무인항공기에 의한 영상촬영이 가능해졌으며 디지털카메라 기술의 발전으로 한층 더 높은 고화질의 영상촬영이 가능해지고 있다.

영상의 해상도는 1미터, 10미터 등으로 표현하는데 숫자가 적을수록 고해상도인 것이다. 현재 선진국의 영상촬영 해상도 수준은 15센티미터 정도까지 이루어지는 것으로 알려져 있으나 이렇게 고해상인 경우 지상 주차장에 있는 차량 번호까지도 식별할 수 있을 것으로 기대된다(한국정보연구회, 2012: 168).

영상정보수집(IMINT)에 의한 첩보는 정보의 진실성이 보장되기 때문에 정밀하게 얻어진 영상정보는 정책결정자에게 중요한 정보적 가치가 있다. 이는 별도의 평가나 분석이 가해지지 않아도 정보로서의 가치가 높기 때문이다(Carl, 2002: 187). 또한 영상정보의 장점은 인간정보활동으로 접근할 수 없는 지역을 목표로 하여 주기적인 영상을 얻음으로서 인간정보 활동을 보조할 수 있다는 것이다.

또한 영상정보는 대규모 군사훈련과 같이 광범위한 지역에서 벌어지고 있는 사태에 대해 상세한 정보를 준다. 반면 단점은 분석전문가의 해석에 전적으로 의존해야한다는 점이다. 또 특정장소에서의 순간을 포착하는 영상정보는 위장이나 모조품으로 기만하거나 위성의 관측시간대를 피하여 행동하는 회피작전에 취약하다는 문제가 있다.[19]

최근에는 선진국 우주항공 기업에서 위성영상을 발사하여 상업 목적으로 운영하고 있으며 위성을 발사할 수 없는 후진국에서는 일정 조건으로 구매 계약을 하여 이용하고 있다. 수요자는 공급자에게 사전에 목표 지점에 대한 영상촬영을 요구하면 공급자인 위성영상 운용사는 해당 목표를 촬영하여 디지털형태로 제공하고 있으며 최근에는 50Cm급까지도 판매하고 있어 위성영상 정보가 선진국만 획득하는 시대는

19) 1998년 미국 정보기관은 첩보위성의 사진을 근거로 북한이 금창리에 대규모 지하 핵시설을 운영하고 있다고 판단하였으며, 이러한 사실이 언론에 보도되자 미국은 물론 남한과 일본이 여론이 비등하였다. 미국의 카트만 특사는 1998년 11월 16일~18일간 평양을 방문하여 금창리 지하핵시설 의혹을 제기하였으며 이에 대해 북한은 '3억불의 관람료'를 요구하여 북·미 협상을 희화화하였다. 사실 북한은 미국의 정찰위성이 금창리 상공을 통과하는 시각에 수천 명의 인민군 공병을 동원하여 비밀공사를 하고 있는 것처럼 위장하였다. 1998년 12월 4일~11일간 뉴욕과 워싱턴 D.C에서 열린 세 차례 북·미 접촉 에서 북측은 "금창리 시설은 국가안보 시설이므로 이를 보려면 3억불을 지불해야 한다"고 요구하였고 1999년 1월 제네바에서 개최된 두 차례 북·미 접촉에서 미국은 '식량 40만톤'(2억불 상당)을 지원할 용의가 있음을 시사하였다. 결국 1999년 2월 27일~3월 15일간 개최된 일련의 북·미 접촉에서 미국은 "금창리 시설을 사찰하는 대가로 3억불 상당의 식량 60만톤을 제공"하기로 하여 합의가 이루어졌다. 그에 따라 1999년 5월 20일~22일간 14명의 미국 전문가 팀이 금창리 시설에 접근하여 조사한 결과 지하 핵시설 의혹이 잘못된 판단이라는 결론을 내렸다. 그 후 두고두고 '금창리 사건'은 미국 정보기관의 '자기충족적인'(self-fulfilling) 판단으로 상황을 오판한 대표적인 사례로 인용되었다.

지나갔다(한국정보연구회, 2012: 169).

⑤ **계측 · 징후정보 수집(MASINT)**

계측 · 징후정보 수집(MASINT)은 측정정보수집이라고도 하는데 이는 특정 지역의 하천수나, 대기 성분을 분석하거나 음향, 지진파 등을 분석하여 SIGINT나 IMINT 가 수집하지 못하는 첩보생산을 할 수 있는 과학적 수단이다. 접근할 수 없는 건물의 용도를 파악하기 위하여 건물주변의 대기나, 나무 잎, 하천수 등의 화학적 성분을 분석하여 건물에서 무엇을 생산하고 있는지 알아낼 수 있으며, 핵실험시 방사되는 대기 성분을 분석하여 핵실험 여부 및 진행 상황에 대한 단서를 포착할 수 있다. 또한 지진파 및 음향을 분석함으로서 핵 및 미사일 시험 여부도 알 수 있어 선진국은 이들을 이용한 감지센서들을 네트워크화 하여 문제국가의 핵 및 생화학 무기 개발에 대한 감시활동을 강화하고 있고 항공기나 위성을 이용한 MASINT 센서 개발에도 많은 투자를 하고 있다. MASINT는 다양한 첩보요구를 만족시키기 위해 화학, 핵, 음향, 지진, 재료학 등 종합적인 기술이 필요하다(한국정보연구회, 2012: 169).

6) 수집한 정보의 관리요령

모든 정보수집활동에는 철저한 보안관리가 전제되어야한다. 특히 비밀출처에 대한 정보수집활동에는 보안을 유지할 수 있는 특별한 방법들이 동원되어야 한다. 인간은 속성상 비밀을 지키는데 약한 취약점을 가지고 있고 반면에 누설하고 싶은 본능도 가지고 있다. '임금님 귀는 당나귀'라는 우화는 인간의 누설하고 싶은 욕망을 잘 나타낸 이야기라고 할 수 있다.

수집한 내용이나 활동 과정에 대하여 비밀이 지켜지지 않는다면 정보원의 신변 위험을 초래하기도하고 사회적 물의를 야기해 정책 수행에 차질을 가져오기도 하고 기업의 이미지를 손상시켜 막대한 경제적 손실을 가져오기도 한다. 따라서 정보수집활동에 있어서 보안문제는 매우 중요하다. 보안관리 여부가 정보수집활동의 성공여부를 결정짓는 관건이라 할 수 있다. 정보수집결과로 생산된 각종 정보에 대하여도 철저한 보안관리가 중요하다. 성공적으로 정보 수집을 하였다하더라도 생산된 정보에 대한 보안 관리를 실패했다면 그 정보자료가 정보적 가치를 상실하게 되기 때문이다. 또한 아무리 정성을 다하고 요령 있게 자료를 수집했다 하더라도 수집한 정보를 그대로 썩혀 둔다면 그것은 한낱 자료(data) 에 지나지 않는다. 자료가 정보로서의 가치를 지니려면 가공단계를 거쳐야 한다. 그러므로 수집자는 수집한 정보를 일정한 방법으로 스스로 관리함으로써 정보의 가치를 높일 수 있다. 여기에서 사용되는 자료 및 정보나 정보의 개념은 모두 일정한 목적의식을 가지고, 수집한 것으로서 아직 정보로서의 처리과정을 거치지 않은 정보수준의 정보를 의미한다.

(1) 수집된 자료는 즉시 정리한다.

신문이나 잡지를 보다가 필요한 자료를 발견하였다면 다음으로 미루지 말고 즉시 스크랩을 하거나 눈에 잘 뜨이도록 표시를 해두어 유실되지 않도록 한다.

입에서 입으로 전해지는 정보나 소식 등 외부에서 입수한 정보는 반드시 날짜, 사람, 장소, 목적 등을 적어 수첩에 메모해 놓는다. 정리 카드를 만들어 정리하면 더욱 편리하다.

(2) 꼭 필요한 자료를 선택한다.

정보를 수집하는 단계에서는 그 정보가 유용하게 쓰일지의 여부를 구분하는 것이 어렵다. 그러므로 일단 모아 두었다가 정리를 하는 시기에 다시 한 번 검토를 해 보는 것이 좋다. 따라서 일단 수집한 자료는 일정한 보관함이나 상자에 넣어 두었다가 정리단계에서 우선 바로 활용할 것, 근간에 도움이 될 만한 것, 오랜 시간이 지나서 활용할 것 등으로 구별하고, 불필요한 것은 즉시 처분한다.

필요 없는 자료를 제 때에 처분하는 것도 정보 수집의 한 요령이다. 반드시 필요한 자료가 아닌데도 수북이 쌓여 있으면 심적인 부담뿐만 아니라, 처리하는데 고민을 안겨 주기도 한다. 버리는 결단이 어려운 자료는 정리 카드에 정리하여 검색했다는 표시를 해 둔다. 낡은 정보에 너무 얽매이다 보면 새로운 정보가 잘 보이지 않을 수도 있으므로 적당한 시기별로 정보를 처분하는 용기가 필요하다.

(3) 정보의 분류를 크게 한다.

정보를 수집할 때 처음부터 지나치게 세세히 분류하면 여러 가지 문제점에 부딪치게 된다. 우선 정보가 산만할 수도 있고, 한 주제에 접근하기가 어려워진다. 또한 수많은 정리 파일을 준비해야 하고, 모아둔 정보를 제때에 재빨리 찾아서 사용하는 데도 어려움을 겪게 되므로 처음에는 큰 항목부터 정리하는 것이 바람직하며, 어느 정도 정보를 수집한 후 정보가 늘어나게 되면 중항목, 소항목으로 분류해 나가도록 한다.

(4) 첨단기기를 최대한 활용한다.

정보를 체계적으로 수집하려는 사람에게 가장 먼저 필요한 첨단기기가 바로 복사기라고 할 수 있다. 복사기가 있으면 타인의 자료라도 복사해서 자료로 쓸 수 있으며 자신이 규격화한 형태로 보관할 수 있는 장점이 있다. 또한 사이즈가 규격화되어 있기 때문에 자료 검색과 자료를 이동시킬 경우에도 편리하다. 신문이나 잡지를 복사기를 이용해 같은 크기로 복사하여 보관하면 보관하기에도 번거롭지 않으며, 사용하기에도 훨씬 용이한 장점도 있다. 개인용 컴퓨터는 정보를 검색할 수도 있고, 수집한 정보를 간단하게 입력할 수 도 있다. 특히 많은 양의 정보를 디스켓을 이용하여 저장할 수 있으므로 편리하다. 카세트테이프를 이용하여 내용을 녹음해 두는 방법도 있다. 카세트테이프에 녹음을 할 경우에는 반드시 어떤 내용이라는 것을 표시하여 혼동하는 일이 없도록 한다.

(5) 보관기간을 정하여 정리한다.

정보가 아무리 양질의 것이라 하더라도 이미 사용되었거나 다른 사람이 이미 정보의 사용자에게 전달한 것이거나, 시간이 지난 것이면 정보로서의 가치보다는 자료로서의 가치가 남아 있을 뿐이다. 그러므로 이러한 정보는 계속하여 보관하지 말고 그 중요성을 다시 검토하여 불필요한 정보는 과감히 버리고, 보존가치가 있는 것만을 보존하도록 한다. 정보를 정리할 때는 기한을 나누어 하도록 한다. 한꺼번에 다 정리해 버리면 다시 쓸 일이 생길 수도 있기 때문에 기간을 정하여 '당장 없애도 되는 것'과 '좀 더 시간이 흐른 후에 정리할 것' 으로 구분하여 단계별로 정리하는 것이 좋다.

이때 주의할 것은 불필요한 정보를 쌓아 두지 말아야 한다는 것이다. 그러므로 꼭 필요한 것인지 여부를 구분하는 요령이 필요하다.

(6) 바인더를 효과적으로 활용한다.

바인더는 자료를 넣고 빼고 하는 것이 자유롭고, 가지고 다니기가 편리하기 때문에 일목요연하고 체계적으로 자료를 저장할 수 있다. 바인더를 사용할 때는 주제별, 기간별, 대상별 등 무엇을 중점으로 하여 구분 할 것인가를 미리 정하여 정리한다. 다양한 색깔의 바인더를 이용하여 쉽게 알아 볼 수 있도록 하는 것도 좋은 방법이 될 수 있다(경찰대학, 2002: 124-126).

7) 수집한 정보의 전달

정보를 수집했으면 정보를 필요로 하는 기관에게 적당한 시기에 정확한 내용의 전달이 이루어져야 한다. 아무리 좋은 정보를 입수하여도 이것이 잘 전달되지 못 할 때는 무용지물이 될 뿐 아니라 내용이 왜곡되어 전달될 때에는 중대한 정책결정상의 오류를 가져오게 되는 것이다. 따라서 수집한 정보를 전달할 때는 다음과 같은 사항을 고려하여야 한다.

(1) 정보의 사용자

수집된 정보를 누가 가장 필요로 할 것인가를 판단하여야 한다. 일반적으로 정보를 필요로 하는 기관은 소속기관이거나 그러한 정보를 요구한 기관이 되겠지만 반드시 그러한 것만은 아니다.

(2) 보고시기

정보수집계획에 의하여 수집된 정보는 정해진 시기 내에 보고하면 되겠지만 그렇지 않을 경우에는 수집된 정보의 중요성과 긴급성에 따라 필요한 기관에 신속히 전달되어야 한다. 그러나 사안에 따라 신속히 전달하는 것만이 올바른 것이 아닐 수도 있다. 정보에 따라서는 출처의 신뢰성을 확인하고, 정보의 신빙성을 검토한 후에 전달하는 것이 요구될 수도 있는 것이다.

(3) 보고형태

정보를 어떠한 형태로 보고할 것인가를 결정하는 것도 중요하다고 할 수 있다. 정보에 따라서는 원형 그대로 전달하는 것이 사용자에게 의미전달이 확실한 것도 있는 반면에 어떤 것은 요약하거나 부분적으로 발췌하여 전달하는 것이 효과적인 경우도 있기 때문이다. 예를 들면, 특수성분으로 구성된 물건이나 기기, 사진 등은 원형 그대로 전달하는 것이 효과적이며, 문서라 할지라도 원형 그대로 보고 하는 것이 효과적일 때도 있다. 정보를 요약하거나 발췌할 때는 필요한 최소한도의 정확한 인용과 요약을 해야 한다. 또한 정보를 전달할 때는 정보사용자의 평가에 도움을 주기 위하여 출처 및 수집일시, 수집경위 및 배경을 설명하여야 한다. 만일 출처가 비밀출처라면 출처명을 명확하게 밝히지 않을 수도 있다.

(4) 전달수단

정보를 전달하는 수단은 해당 정보의 중요성과 긴급성, 정보의 형태에 따라 적절하게 결정한다. 일반적으로 전달 수단에는 구두, 전신, 전화, 도표, 사진, 문서 등이 있다.

구두에 의한 전달은 직접 대면하여 전달하기 때문에 보안을 유지하면서 안전하게 전달할 수 있는 장점이 있으나, 이러한 환경을 만들기란 그리 쉬운 일이 아니다. 또한 사람의 기억력에는 한계가 있어 정보의 내용을 정확히 기억하였다가 전달하는 것은 매우 어려운 일이므로 오히려 완전한 전달이 되지 않을 수가 있다. 전신 및 전화를 사용하는 것은 신속한 전달이 될 수는 있으나 보안을 유지하는 것이 곤란할 수도 있다. 만약 정보의 내용이 누설되어 심각한 문제가 따르거나 할 위험이 있다면 특별히 보안에 유념해야 한다.

가장 안전한 전달수단은 도표, 사진 등으로 간략하게 만들어 전달하거나 완전한 보고서를 만들어 상세하게 전달하는 것이다.

(5) 보고자의 기본적 자세

정보를 보고함에 있어 업적을 과대평가 받으려 하거나 책임을 추궁 당하지 않기 위하여 침소봉대 하는 폐단이 나타날 수도 있다. 그러므로 전달자에게 다음과 같은 자질을 갖추는 것이 요구된다.

① 임무에 대한 정확한 이해가 있어야 한다.

왜냐하면 자기의 임무에 대한 이해가 정확하지 않을 경우 보고의 초점을 흐리게 할 뿐 아니라 불필요한 내용에 노력을 소비하게 된다. 또한 구체적 보고가 되지 못하고 추상적으로 전달되어서 도중에 사실을 변화시켜 놓는 결과가 될 수도 있다.

② 보안을 유지하는 능력이 필요하다.

정보를 상세히 수집하였어도 철저한 보안유지가 되어야 그 가치를 발휘하게 된다.

③ 객관적으로 보고하는 능력이 필요하다. 정보가 어떤 보고자의 개인적 감정이나 주관적인 이해판단에 휩쓸릴 때는 정확한 전달이 될 수 없다.

④ 사실과 추측을 구별하는 능력이 있어야 한다.

정확한 사실을 판단하여 전달한다는 것은 매우 중요한 일이며 또한 관찰자가 나름대로 추측한 내용도 중요한 보고사항이다. 그러나 사실과 추측을 명백히 구분할 수 있는 능력이 뒷받침되지 않는다면 추측을 사실로 바꾸어 전달할 수도 있다.

⑤ 확실성의 정도를 보고하여야 한다. 보고하는 정보에 의문이 있는 경우 그 의문의 정도를 함께 보고함으로써 사용자의 판단에 도움을 줄 수 있어야 한다는 것이다.

〈표 1-8〉 성공하는 정보수집 자세

1. **인간관계를 잘하는 사람이 정보수집능력이 높다.**
   인간만사는 인간관계에 달려있으므로 시간이 있다면 내부 사람보다 외부사람을 접촉하라. 한번 이루어진 친분관계와 형성된 정보망은 끝가지 관리해야 한다.
2. **공개정보를 중시하라.**
   수집코자하는 정보는 대부분이 공개정보에서 수집이 가능하고 극히 일부분만이 비밀 정보에서 얻어진다. information을 intelligence 화하는 능력을 기르기 위해 리포트, 논단, 논설, 사설 등을 꾸준히 읽어라.
3. **남보다 먼저 입수하라.**
   남보다 먼저 입수한 정보가 정보로서 가치가 있으며 이를 위해 사소하고 적은 사건이나 기사 등에 집중하라
4. **자료정리 서랍이나 분류 책장을 활용하라.**
   자료정리 서랍을 만들고 입수되는 자료를 평소 분류하여 저장하고 발췌일자, 복사 일자, 출처 등을 기록하여 저장하라
5. **메모하는 습관을 길러라.**
   떠오르는 아이디어, 면담이나 관찰내용, 특이한 발견 등을 그때그때 6하 원칙에 의해 수첩에 기록하는 습관을 길러라.
6. **주변 여건과 환경을 면밀히 관찰하라.**
   인간은 관심 있는 분야는 잘 보이고 관심이 없는 분야는 잘 보이지 않는 경향이 있다. 항상 처해진 환경과 여건을 주의 깊게 관찰하면 새로운 사실을 발견할 수 있다.
7. **역사에서 교훈을 찾아라.**
   역사는 정보행위의 결과이며 순도 높은 intelligence이고 반복되는 경향이 있다. 역사에서 현제의 교훈을 찾고 미래를 예측할 수 있는 지혜를 얻을 수 있다
8. **합리적인 사고방식을 가져라.**
   지나친 긍정적 사고나 비판적 사고는 한쪽면만 볼 수 있다. 숲을 보고 계곡을 보고 마지막에는 산 정상에서 바라보는 눈을 가져야한다.
9. **불가능은 없다는 소신이 중요하다.**
   인간들이 사는 세상에서 인간이 해서는 않되는 일은 없다. 얼마나 절실하게 생각하고 얼마나 노력하는가에 달려있다.

※ **참고:** 8가지 성공을 부르는 정보수집방법, 1999, 아사이타가시, 이기애, 평민사,

산업정보전쟁의 대응과 산업보안

1. 보안의 개념과 원칙

1) 보안의 개념

인간은 태어나면서부터 치열한 생존경쟁을 전개하면서 살아간다. 인간은 생존경쟁에서 살아남기 위해서 다른 사람이나 다른 조직과 경쟁하게 되는데 이 경쟁에서 승리하기위해 자신과 조직의 가치와 능력을 향상시키는 한편 자체 취약점도 지속적으로 보완해 간다.

또한 생존경쟁에서 승리하기 위해 자기 나름대로 여러 가지 방법을 강구하는데 강구한 방법들이 상대방이나 상대조직에 노출될 경우 불리하게 작용되기 때문에 이를 보호하기위한 노력을 하는 반면 상대방이 가지고 있는 능력과 취약점 그리고 전략 등을 알아내기 위한 정보수집 활동도 전개한다.

특히 오늘날 국제사회에서 국가와 기업체간 국가안보와 국가이익 또는 기업의 이익을 확보하기위해 치열한 정보전쟁을 전개하고 있는데 이는 누가 먼저 상대방이 가지고 있는 능력과 취약점 그리고 상대방의 전략 등에 대하여 보다 많은 정보를 수집하고 이를 분석, 평가·활용하는가에 따라 승패가 결정되기 때문이다. 따라서 국가나 기업 등이 가지고 있는 능력, 전략·전술, 자체 취약점 등을 보호하려는 노력을 하는데 이러한 활동을 보안이라고 한다.

보안(security)이라는 용어는 1904년 친일단체인 유신회를 배격하는 항일운동을 전개하기 위하여 '보안회'라는 조직체를 만들면서 '보안이라는 용어가 최초로 사용되었다. 그 후 일본경찰의 용어인 '보안경찰' 등에서 영향을 받아오다가 해방이후 미군의 주둔으로 인해 'Security'가 보안으로 번역되었으며, 후에 국가보안법을 비롯한 기밀보호를 위한 정부의 각종 보안규정 등으로부터 용어사용이 점차적으로 다양하게 사용되면서 오늘날에 이르렀다.

'보안'이란 용어는 쓰이는 용도나 국가체제에 따라 그 개념이 상이하게 나타난다. 따라서 경찰행정에서는 '대공', 법무행정에서는 '교도소 수용자 관리의 의미', 산림행정에서는 '공공의 위해방지, 복지증진 또는 산림보호'등의 의미로 다양하게 사용되고 있다(이희준, 2007). 사전적 의미로는 '안전을 유지하는 것', 혹은 '사회의 안녕과 질서를 보호하는 것'으로 정의할 수 있다(우리말사전, 2008; 중소기업청, 2007b). 보안의 정의를 기업의 입장에서는 인적자원, 정보, 물리적 자산을 보호하고 회사 자산의 위험을 감소시키는 것으로 정의할 수 있다(Halibozek and Kovacich, 2005; 노민선, 2010: 242 재인용).

국가안보측면에서는 "국가안전보장과 관련되는 인원・문서・시설・지역・자재・통신 등을 각종 위해행위로부터 보호하기 위해 취해지는 적극적 또는 소극적인 예방대책" 혹은 "국가안전보장에 영향을 주는 간첩 침략수단으로부터의 보호대책 및 이 대책으로부터 발생하는 경과의 보호책"이라고 정의하고 있다.

국가에 따라 보안의 개념 또한 조금씩 차이가 있는데 미국은 "기밀에 속하는 모든 기관・인물・물자・시설・지역 등에 관한 일체를 허가되지 않은 자로부터 보호하는 것"을 의미하고 있으며, 중국은 '비밀유지 및 안전업무'라고도 칭하며, "적의 간첩활동을 차단, 예방하기 위해 취해지는 방어성 조치"를 의미한다. 일본의 경우는 "안전유지 또는 사회의 안녕, 질서보전"을 의미한다.

이러한 각국의 보안개념을 통해서 볼 때 "보안이란 보호가치가 있는 대상을 각종 위해요소로부터 안전하게 보호하기 위한 소극적 또는 적극적 예방책을 강구하는 일체의 행위"를 의미하는 것으로 보아야 한다(이희준, 2007).

2) 보안의 개념을 정립하기 위한 네 가지 요소

보안은 일반적으로 "사회의 안녕질서를 보전함"을 뜻하는 것으로 사용되었으나 시대나 목적, 장소에 따라 다양하게 해석되고 사용되었다. 이러한 의미에서 보안의 개념을 정립하기 위해서는 다음의 네 가지 요소를 고려하여야 한다. 보안의 개념을 정립하기 위한 요소로는 ① 보안의 주체, ② 보안의 대상, ③ 피해요소, ④ 수행형태 등이 있다.

(1) 보안의 주체

주체에 따라 국가보안, 산업보안, 기업보안 등으로 분류한다. 국가로부터 위임받아 업무를 수행하는 공직자들은 자기업무에 수반되는 보안 관리까지도 위임받은 것으로서 보안관리 책임도 함께 부담하여야 한다. 따라서 보안관리 소홀로 인한 국가안보나 국익에 손해를 미치게 되었다면 그 책임은 당해 국가기관과 업무를 위임받아 수행한 해당 개인에게 그 책임이 부과된다.

(2) 보안의 대상

보안이라는 수단과 방법을 통하여 보호해야 할 객체는 무엇인가? 하는 문제이다. 기업체의 존립과 이익을 확보하는데 보호할 필요성이 있는 것이면 그 형태를 불문하고 보안의 대상이 된다. 따라서 보호해야할 유무형의 가치가 표현되어 있거나 담겨져 있거나 저장되어 있는 문서, 녹음테이프, 디스켓, CD, 컴퓨터, 그 내용을 관리하거나 알고 있는 사람, 보호해야할 유무형의 가치가 보관되어 있는 시설, 지역 또한 그 내용을 소통하는 통신수단 등이 대상이다.

(3) 보안의 피해요소

보안은 피해요소에 따라 ① 외부적 침해, ② 내부적 침해, ③ 재해로부터의 침해에 대한 보호로 구분되기도 한다.

(4) 보안의 수행 형태

보안의 수행형태에 따라 「적극보안」과 「소극보안」으로 구분된다. 「적극보안」과 「소극보안」 활동이 상호 보완작용을 원활히 하게 될 때 소기의 보안목표가 달성된다. 「적극보안」이란 국가기관이 간첩이나 산업스파이를 색출하는 등의 적극적인 보안활동을 말하며 「소극보안」이란 가정이나 기업체가 자체적으로 자체 재산 등을 보호하기 위해 강구하는 여러 가지 보안관리 활동을 말한다.

3) 보안의 원칙

(1) 비밀유출사고에 대한 조기발견

보안관리의 목적은 보호되어야 할 사항들이 외부로 유출・도난 등을 방지하거나 위험성을 최소화하고 비밀유출사고 발생사실을 조기에 인지하려는데 있다고 보아야 한다. 따라서 비밀을 보호하기 위해서는 제반 보안관리 규정을 철저히 준수함과 동시에 수시 이상 유무를 점검하여 비밀 유출 등의 사고 발생 여부를 확인해야 한다.

(2) 비밀의 소지사실 여부에 대한 보안

새로운 비밀이나 보호해야할 새로운 기술을 소유하고 있거나 보유하고 있다는 사실 자체를 상대방이 감지 할 수 없도록 해야 한다.

(3) 비밀 관리자에 대한 비밀보호 책임

비밀보관 책임자, 비밀취급자 등 개개 비밀의 관리자에게 비밀 보호의 책임이 있다.

(4) 예상되는 위험성 정도에 따른 보호대책 수립

보호대책 강구에 투입되는 비용 등의 규모는 보호대상의 중요도에 따라 결정되어야 한다. 과도한 투자나 적은 투자는 예산 낭비, 과도한 규제를 낳아 오히려 보안대책을 무용지물로 만들거나 보안상 중대한 허점을 초래할 우려가 있다.

(5) 효율성에 근거한 집중관리

많은 정보 중에서 특별히 보호해야할 대상을 선정하고 비밀표시를 하는 것도 집중관리의 일환이며 가급적 관리가 용이한 좁은 구역에 모아놓고 관리하는 등 집중관리가 요구된다. 통제구역 등 보호구역을 합리적으로 설정하고 통제구역에 비밀문건을 모아 관리하는 것도 이러한 원칙에 의한 것이다. 이러한 집중관리의 목적은 최소한의 자원으로 최대한의 보안효과를 기하자는데 있다.

(6) 비밀 접근 허용 기준의 필요성

직무상 알필요(need of know)가 있는 경우에만 비밀의 접근을 허용해야 한다. 예컨대 상무, 전무 등 화사내에서 고위 직책에 있는 사람일지라도 알 필요가 없는 사람에게는 접근을 제한하고 하위직 근무자하 할지라도 업무상 필요한 자에게는 접근을 허용해야 한다는 것이다.

(7) 중첩적인 보안 대책 강구

각종 보안대책은 보호하고자 하는 보안 목표에 침입자의 접근시간을 최대한으로 지연시키고자 하는데 있다. 목표에 접근하는 시간이 지연되면 지연된 만큼 발각의 가능성이 높아지기 때문이다. 따라서 보안대책은 이용할 수 있는 여러 가지 방법을 동원하여 중첩해서 설치해야 한다.

(8) 침입자의 입장에 따른 보안대책 설계

국가 안보 · 보안 · 대테러 대책 등 모든 대책은 상대방 또는 침입자의 입장에서 허점을 발견하여 보완하고 예상되는 침입방법에 대응하는 대비 대책을 마련해야 한다.

(9) 소속직원 전체가 준수하는 보안대책 수립

예컨대 A부서에서 비밀로 보호되는 것은 B부서에서도 동일하게 보호되어야 한다는 것이다. 타 부서의 비밀이라고 비밀로 취급하지 않다든지 한다면 비밀로서 보호될 수 없는 것이다.

(10) 보안책임의 명확화

비밀 생산 단계부터 파기 등 소멸시 까지 보호책임자를 지정하는 것, 비밀관리기록부나 열림 기록부를 비치하여 기록 · 유지하는 등도 다 보안책임을 명확하게 하자는데 그 목적이 있다.

(11) 보안대책이나 보안 시설 자체에 대한 보안 유지

침입자가 설치된 보안대책이나 보안시설 내용에 대해 알지 못할 경우 침입이 용이하지 않기 때문이다.

(12) 자연스러운 보안대책 설계

모든 보안대책은 규제적인 면이 강하기 때문에 일상 업무에 지장을 초래한다면 지켜지지 않는 경우가 많다. 따라서 회소한의 규제로 최대 보안 효과를 나타낼 수 있는 방법을 찾아내야 하며 근무자들이 인식하지 않는 상태에서 자동적으로 보안관리가 되는 방법을 마련해야 한다. 예컨대 통제구역의 출입문을 개방하지 말아야 한다면 자동 잠금장치를 부착하는 방법 등이 그것이다.

2. 산업보안의 개념과 연역

1) 산업보안의 개념

'산업보안'이란 용어는 냉전체제가 붕괴되고 각국의 '자국이익 보호주의'가 팽배하면서 사용되기 시작하였다. 국가 정보전 양상이 군사, 외교 위주에서 국가경제 발전을 위한 정보와 기술 수집으로 방향이 전환되면서 핵심 산업기술 보유국을 대상으로 대응책을 강구하게 되었고 이 과정에서 민간산업을 비롯한 연구소 등의 국제경쟁력을 갖춘 기술과 산업정보를 국가안보차원에서 보호해야 할 필요성이 대두되면서 '산업보안'이라는 용어가 본격적으로 사용되게 되었다.

그러나 '산업보안'이란 개념은 학술상 또는 법률상 정립된 용어는 아니다, 최근 첨단산업기술이 발달하면서 기술이 산업경쟁력을 좌우하게 되었고 기술을 확보하려는 산업스파이들의 활동이 치열해지면서 이러한 산업기술을 보호·관리한다는 뜻으로 사용하여 왔다. 그러므로 '산업보안'이란 첨단기술 뿐만 아니라 산업활동에 유용한 기술상, 경영상의 모든 정보나 관련 인원, 문서, 시설, 자재 등을 산업스파이나 경쟁기업은 물론이고 관계가 없는 타인에게 누설 또는 침해당하지 않도록 보호·관리하기 위한 대책이나 활동을 말한다.

즉, 국가는 안전보장을 지키고 국제사회에서 국가이익을 확보하기위하여 국가보안관리를 하는 것이고, 개개인의 사람들은 자기의 명예와 이익을 지키기 위하여 나름대로 사생활에 대한 보안관리를 하는 것과 마찬가지로 기업도 산업 활동을 하면서 도산하지 않고 다른 기업과의 경쟁에서 더욱 발전하기 위하여 필연적으로 보안관리를 하여야 한다. 이와 같이 산업계에서 동종 또는 유사 기업 간에 생존경쟁에서 승리하기 위하여 하는 산업 활동상의 모든 보안활동을 '산업보안'이라고 하는데 기업에서는 흔히 '기업보안'이란 용어를 쓰고 있다(국가정보대학원, 2006: 1).

'기업보안'이란 주체인 기업의 입장에서 표현한 용어이고 '산업보안'이란 기업의 밖에서 볼 때 산업계 전체의 보안관리 문제라는 뜻으로 사용하고 있지만 엄밀한 의미에서는 산업보안과 다소 차이가 있다. 우선 기업보안이란 보안관리의 주체를 기준으로 하여 기업이 주체가 될 때 기업보안, 국가가 주체가 될 때 국가보안, 개인이 주체가 될 때 개인보안이라고 분류하고, 산업보안이란 업무분야를 기준으로 한 분류이다.

산업보안이란 용어가 보편화된 것은 비교적 최근이라고 할 수 있다. 지난 2003년 국가정보원에 '산업기밀보호센터'가 설립되고 산업보안의 중요성이 강조되면서 용어가 일반에게 널리 알려지기 시작했고, 2006년 '산업기술의 유출방지 및 보호에 관한 법률'이 제정되면서 제18조와 제20조 등에 산업 보안기술과 보안산업 등의 법률용어로 구체화되었다(한국산업보안연구학회, 2011: 5).

산업보안(Industrial Security)의 개념은 '산업체 · 연구소에서 보유하고 있는 기술 · 경영상 정보 및 이와 관련된 인원 · 문서 · 시설 · 통신 등을 경쟁국가 또는 업체의 산업스파이나 전 · 현직 임직원, 외국인 유치과학자 등 각종 위해요소로부터 침해되지 않도록 보호하는 활동'이라고 정의하고 있다. 또한 국가정보대학원이 발간한 '산업보안실무'는 산업보안을 '첨단기술 뿐만이 아니고 산업 활동에 유용한 기술상 · 경영상의 모든 정보와 인원 · 문서 · 시설 · 자재 등을 산업스파이나 경쟁기업은 물론이고 특정한 관계없는 자에게 누설 또는 침해당하지 않도록 보호 · 관리하기 위한 대책이나 활동을 말한다. 라고 정의하고 있다(국가정보대학원, 2006: 2).

따라서 '산업보안'은 일반적으로 산업기술을 보호하는 활동과 업무를 의미하나, 실질적인 산업보안의 의미는 산업자산의 안전성을 유지하는 모든 활동이나 상황을 의미한다(한국기업보안 연구회, 2008). 따라서 산업보안은 기업보안과는 목적에 차이가 있다. 기업의 존립이나 영리와의 관계뿐만이 아닌 국가안보와 산업발전에 기여할 수 있는 가치 즉 공익성을 가지고 있기 때문에 산업보안은 기업보안과는 사뭇 다르다(김윤배 · 김선령, 2007: 289).

이와 같이 산업보안의 개념은 그간 산업보안 업무를 국가기관에서 주도해 왔다는 태생적 이유로 인해 국가보안의 개념을 상당부분 차용하여 주로 정의되어 오다가 점차 그 범주가 확대되려는 경향을 보이고 있다.

산업보안의 개념에 대해 다양한 견해가 있으나 아직도 통합된 정의는 없다. 국가나 산업체나 기업체 할 것 없이 주체에 따라 설립목적이 있고, 구성원이 있으며, 조직과 체재를 구축하며 인원과 시설과 장비 등과 같은 자원을 활용하여 조직의 목적을 달성하고자 노력하는 일련의 활동을 의미한다. 이를 토대로 한국산업보안연구학회에서는 국가개입의 정당성과 근거를 설명하는 측면에서 '산업보안을 산업기술 및 기밀유출방지'로 한정하여 소극적으로 파악하는 협의의 개념과 산업보안 영역의 정체성 확립과 학문범위 설정을 위하여 '산업전반에 있어서 모든 형태의 범죄로부터 보호'라는 측면이라는 광의의 개념으로 구분하여 설명하기도 한다(한국산업보안연구학회, 2011: 7).

그러나 산업보안의 개념정의와 더불어 산업보안의 목적을 달성하기 위해서 가장 먼저 해야 할 일은 우선 무엇을(What), 즉 어떤 것을 보호해야 하는가 하는 보호 대상을 엄선하는 것이다. 보호대상을 선정하는 것이 산업보안 업무에서 가장 중요한 이유는 보호대상을 명확히 하는 것이 산업보안의 출발점이라 할 수 있을 뿐만 아니라 이러한 보호대상은 당연히 산업체의 이익 및 안전과 관련된 모든 것들이라 할 수 있으며 이는 산업보안 관리의 필요성과도 밀접한 관련이 있다.

이처럼 보호대상이 선정되었으면 그 다음으로 어떻게(How) 보호할 것인가 하는 보호 수단과 방법을 결정해야 할 것이다. 따라서 산업보안이란 산업체의 이익 및 안전과 관련되어 보호 가치가 있는 유 · 무형의 재산을 각종 침해 및 위험으로부터 보호하기 위해 수단을 강구하는 일체의 활동이라고 정의할 수 있다.

(1) 산업보안의 주체

산업보안의 주체는 산업기술의 개발 · 활용 · 보급에 관련된 모든 기관과 경영에 필요한 영업비밀 및 지적재산권을 보유한 국가기관·연구기관·기업·대학 등을 비롯한 법률상 영업상의 실체를 의미한다(한국산업기술진흥협회, 2009: 95). 이와 함께 보안활동의 주체는 산업기술 생산에 참여하거나 취급하는 사람은 물론 기업전체 이익을 보호해야할 책임이 있는 사람까지 포함되고, 산업보안의 주체는 기본적으로 산업체 전반을 포함하는 개별 기업이다. 그러나 보안활동을 통한 개별 기업의 이윤창출 극대화가 국부창출의 토대라는 점과 국가가 이를 위해 관련법령의 제정 및 지원을 담당하고 있다는 점, 그리고 국가가 운영하는 국영기업의 예를 통해 제한적이나마 국가도 산업보안의 주체가 될 수 있다.

따라서 산업보안의 책임은 당해 기업과 고용계약을 맺고 있는 임직원, 계약에 의하여 비밀유지 책임을 지고 있는 협력업체 직원 및 퇴직임직원, 고문변호사, 회계사, 세무사를 포함하고 있으며 일부 산업분야의 업무를 수행하고 있는 공직자에게도 있다. 이때의 보안책임은 원칙적으로 민사상 계약에 의해서 그 효력이 발생한다(국가정보대학원, 2006: 2).

(2) 산업보안의 객체

산업보안의 객체는 보안관리 대상을 의미하며 이는 보호하여야할 가치를 지니고 있거나 비밀의 인지 또는 접근 가능한 유·무형의 모든 자산을 의미한다. 이때의 자산에는 유형자산으로서의 사람, 시설, 장비, 문서, 통신뿐만 아니라 무형 자산으로서의 기업정보, 영업비밀, 보호가치 있는 기술 등 모든 것을 포함한다.

그러나 이때의 모든 자산이 보안상의 가치가 동일한 것은 아니며 개별 기업체에 있어서 산업보안상의 가치는 각 기업의 환경과 가치에 따라 중요도가 결정되며 이러한 중요 정도는 산업보안의 수단과 방법 및 정도를 결정하는 요소로 작용된다. 뿐만 아니라 이때의 기업비밀은 기업의 업종, 기업주의 의지, 기술수준이나 관리전략 등에 따라 기업마다 각각 다르다.

기업에 이익이 되는 모든 비밀, 인원, 시설, 통신 장비라고 하여 보안상 가치까지도 같다는 것은 아니다. 보안이란 보안상의 가치정도 즉 중요도에 따라 그 보호대책이 달라지는 것이다(국가정보대학원, 2006: 3).

〈표 1-9〉 산업보안의 분야별 대상

구분	주요대상
기획분야	·기업 경영정책 방향 및 변경사항 ·기업의 중장기 발전계획 등
조직분야	·화사내 비밀조직 ·기업조직 개편내용 ·타 기업과 인수합병 계획 등
재무분야	·중점 투자분야 또는 자금 조달 계획 ·신규 투자계획 ·예산 배분 실태 등
인사분야	·중요기술 및 정보보유 인원 현황 ·중요인물의 신원사항 ·인사이동 및 인력배분 계획 등
생산분야	·제품의 설계방법, 설계도, 공정과정 ·연구보고서, 실험자료, 신이론, 신기술 ·생산원가, 원료의 종류, 구입처 및 구입가격 ·신제품의 모형 등
판매분야	·제품 또는 기술의 판매계획 ·고객명부, 거래처 명부 ·고객, 거래처 등의 신용에 관한 자료 등

※ **출처:** 산업기술진흥협회. 2009. 산업기밀실태조사보고서.

(3) 산업보안 영역의 구분

산업보안이 보호객체와 취급영영에 따라 기본적인 접근방법은 관리적 보안, 물리적 보안, 기술적 보안 등 3가지로 구분할 수 있다.

① 관리적 보안(Managerial Security)

관리적 보안(Managerial Security)은 산업보안의 3가지 기본적 접근방법 중 하나로 기업의 내부 및 외부 인원에 대한 보안 등을 의미한다. 정보시스템과 연관되어 있는 인원, 조직, 기술상에 대한 전반적이고 총체적인 운영 및 유지에 관련된 보안을 의미한다.

이 보안은 〈표 1-10〉와 같이 기업 내부 인원의 채용, 재직, 퇴직 시기에 따른 보안대책과 협력업체 등 외부기관 직원들의 출입에 따른 보안대책에 관련된 지식 등을 제공하며, 보안정책과 보안전략의 수립과 운영을 위한 산업보안의 핵심역량이라고 할 수 있다.

〈표 1-10〉 관리적 보안 통제항목

요소	내용
보안문서	보안문서는 정보시스템의 구축과 향후 운영 및 관리에 대한 인적, 조직별, 기술적인 사항들을 성문화한 것이며, 다음과 같이 정책, 지침, 절차라는 3개의 계층구조로 이루어진다. ・정책 : 정보시스템을 도입하여 보안경영을 하고자하는 근본적인 이유와 목표를 제시하고, 이의 중요성을 최고경영자가 선언하는 내용을 포함한다. ・지침 : 정책에서 제시된 목표를 달성하기위해서 필요한 해당 보안기능 및 요건들을 명확히 한다. ・절차 : 지침에서 다루어진 보안기능 및 사항들을 보다 구체적으로 명시하고, 세부적 행동방침을 기술한다.
조직	정보시스템을 보호하는 책임과 권한을 지닌 인원들이 어떠한 형태로 전담조직을 갖추고, 이 조직이 지니는 권한과 책임은 무엇이며, 또한 이 조직이 타조직과 어떠한 위상과 관련성을 맺어 나가야 하는지를 문서화한다. 이 내용은 위의 보안문서에 반영된다.
비상대책	정보시스템이 여러 가지 원인으로 인하여 제 기능을 발휘할 수 없을 경우에 취해야할 사항 및 사전 준비책으로 이 내용들은 보안문서에 지침과 절차의 형태로 문서화 된다.
교육	정보시스템을 운영하고 이용하는 사람들의 보안의식을 함양하여, 정보시스템을 사용하는데 불편함을 줄이고, 보안관련 사고에 대한 대처능력을 재고하려는 지원 및 유지활동을 의미한다.
감사	정보시스템이 의도했던 대로 운영되고 사용되고 있는지를 주기적으로또는 필요할 때마다 조사하여 정보시스템이 악용되거나 정보보안이 훼손되는 경우를 찾아내고 감시하며 기록을 남겨 책임추적성을 활보하는 활동을 의미한다.

※ **출처:** 중소기업청 기술보호상담센터. 2009. 중소기업 산업기밀관리 실태조사 보고서.

② 물리적 보안(Physical Security)

산업보안의 3가지 기본적 접근방법 등 가장 기초적이라 할 수 있는 것이 물리적 보안으로, 정보를 처리하는 컴퓨터, 통신기기 등과 같은 시설 및 장비들, 또는 이러한 시설이나 장비로 처리된 자료나 정보를 보관하는 매체나 장소를 여러 위협으로부터 보호하는 영역을 의미한다.

이를 위해서는 〈표 1-11〉과 같이 통제구역의 지정 및 외부인 출입 시스템의 구축, CCTV와 지문인식시스템의 설치 등 첨단장비를 활용하여 물리적 보안을 실행한다.

〈표 1-11〉 물리적 보안 통제항목

요소	내용
건물접근통제	인원 및 장비를 포함하여 정보시스템이 위치해 있는, 또는 이러한 시스템으로 처리된 자료나 정보를 저장하는 건물을 보호하는 보안활동을 의미한다. 일반적으로 이러한 건물보호는 건물의 출입구를 통제하거나 건물의 핵심지역을 통제함으로써 이루어진다.
자연재해	화재, 수해, 지진, 태풍 등 다양한 천재지변이나 자연재해로부터 인원 및 장비를 포함한 정보시스템과 그 시스템으로 처리된 정보, 그리고 이것들이 저장된 매체나 위치한 장소를 보호하기 위해 취해야 할 대처방안을 마련하는 보안활동을 의미한다.

※ **출처:** 중소기업청 기술보호상담센터. 2009. 중소기업 산업기밀관리 실태조사 보고서.

③ 기술적 보안(Technological Security)

기술적 보안은 〈표 1-12〉와 같이 특히 컴퓨터 산업스파이 범죄에 대한 보안지식을 다루는 기술로서 PC의 보안관리, E-mail 보안관리, 해킹방지 등의 내용을 집중적으로 다룬다.

〈표 1-12〉 기술적 보안 통제항목

요소	내용
인터넷/ 인트라넷 보안	정보시스템이 인터넷이나 인트라넷에 접속되어 사용될 경우에 발생할 수 있는 보안상의 문제점들에 대처할 수 있는 대응책을 마련하는 보안활동을 의미한다.
데이터 통신보안	네트워크상에서 이루어지는 통신을 안전하고 신뢰할 수 있도록 하기 위하여 이루어지는 보안활동을 의미한다.
분산환경의 보안	네트워크가 분산환경화 되면서 취약해지기 쉬운 주요 보안사항인 정보의 무결성과 비밀성, 가용성 그리고 사용자 인증성을 확보하여 신뢰할 수 있는 네트워크 환경을 이루기 위한 보안활동을 의미한다.

※ **출처:** 중소기업청 기술보호상담센터. 2009. 중소기업 산업기밀관리 실태조사 보고서.

2) 산업보안의 연혁

보안의 역사는 정보의 생성과 보존·전달을 의미하는 인류의 역사와 맥을 같이하고 있다고 해도 과언이 아니다. 이러한 정보보호는 국가의 보호와 발전이라는 측면에서 초기에 체계화되었기 때문에 「보안」이라고 하면 「국가보안」을 의미하였던 것이 사실이다. 1989년 당시 국가정보원(당시 안전기획부)은 한 정부부처에 대한 보안 감사(국정원 보안 감사권은 93년에 삭제)시에 새로운 보안관리 문제점을 발굴해 내는 임무를 수행하였으며 당시 우리나라는 선진국 진입 또는 중소기업의 경쟁력 제고를 달성하기 위하여 다양한 문제점과 그에 따르는 개선방안을 강구하던 중 공무원, 연구자 등 사회 각계각층의 정보 생산 및 취급자가 보안에 대한 인식과 직무지식이 부족하다는 점에 착안하여 「산업스파이 방지대책」에 대해 대통령에게 보고하기에 이르렀다.

그 결과 1989년 11월에 국가보안 담당자들 중에 인원, 문서, 시설, 전산, 통신 등 분야별 전문가들로 구성된 「산업보안 TF팀」이 국가정보원에 구성되었으며 「산업보안 TF팀」은 첨단 산업기술과 관련한 용어의 정의, 산업보안의 개념 및 산업보안 관리 요령 등을 대통령령인 보안업무규정 및 시행규칙과 그간의 경험을 참고하고 주요 기업체 및 연구소의 연구인력 200~300 명을 면담한 결과 등을 토대로 1999년 10월 「산업보안업무편람」이라는 책자를 발간하여 주요 기업체 및 연구소에 배포하는 한편 지식경제부와 과학기술처 합동으로 산업보안 및 전략물자 수출에 요령에 대한 순회강연 및 현장지도를 실시하였던 것이 국내 산업보안의 시초라고 할 수 있다. 이후 국가정보원내에 산업보안 조직을 신설하여 산업보안 업무를 시작하였으며 이러한 산업보안조직이 점차 확대되어 발전되어오다 2003년 6월 「국내 첨단기술의 유출실태」에 대해보고 받은 대통령의 지시에 따라 국가정보원에 「산업기밀보호센터」가 설립되어 본격적인 산업보안 활동을 활발하게 전개하기에 이르렀다

2004년 3월에는 기술보호를 위한 민·관간 교류 협력을 위해 전자·정보통신·생명공학·화학·기계 등 4개 「산업보안업무 협의회」를 설립·운영하였고 2006년 11월에는 삼성전자, POSCO 등 12개 업체 대표기업 경영진이 참석하는 「산업보안 CEO」를 설립하였고, 2006년 12월에는 아이씨텍, 네패스 등 16개 벤처기업으로 구성된 「벤처기업CEO협의회」도 창립하였다. 또한 2007년 12월에는 서울대, 연세대 등 10개 대학 산학협력단장이 참석하는 「대학산업보안 협의회」를 창립하였다. 2007년 4월에는 「산업기술의 유출방지 및 보호에 관한 법률」을 시행하는 한편 2007년 10월에 「한국산업기술보호협회」를 설치하여 그간 국가정보원 주도의 산업보안활동에서 민간주도의 산업기술 유출방지와 보호시책 추진을 위한 기반을 만들었다.

이때부터 국가정보원 산하 「산업기밀보호센터」에서는 산업스파이 색출 활동을 강화하는 한편 산업기술 보호를 위한 민간 협의체로 결성된 「한국산업기술보호협회」를 통하여 첨단산업체와 협조창구를 마련하였고 산업보안 교육, 컨설팅 등 산업기술보호를 위한 다양한 활동을 본격적으로 실시하게 되었다.

이러하듯 국가정보원을 중심으로 한 정부주도의 노력을 바탕으로 관련 국가 공무원 및 산업체 종사자들의 산업보안에 대한 인식과 지식이 상당부분 재고되었으며 학계를 중심으로 한 연구도 활발히 진행되어 학문적으로 밑받침이 되는 이론개발 및 관련 연구를 통하여 산업보안 분야의 학문적 발전도 기대되고 있는 실정이다. 특히 학계 차원의 연구는 초기 컴퓨터 및 IT 전문가를 중심으로 한 사이버 보안 및 정보보호를 중심으로 연구가 진행되었으나 최근에는 범죄학, 법학, 경영학 분야에서 관리적 차원의 거시적 이론개발과 정책입안이 연구의 중심을 이루면서 산업보안 분야의 정체성 확립과 연구범위의 확대를 도모하기에 이르렀다.

3. 산업보안 관리의 중요성

사회의식 결여와 개인주의의 발전에 따라 우리산업사회에서는 첨단기술의 유출이 점점 심화되어가고 있다. 또한 기술적 격차를 단축하기 위한 기술정보수집 시도는 기업과 기업 및 국가와 국가 사이에서 계속 이루어지고 있다. 기술보유가 기업, 국가의 경쟁력으로 해석되는 오늘과 같은 무한경쟁시대에 산업보안이라는 용어가 주요 이슈로 등장하였다(김윤배 · 김선령, 2007: 289).

이는 국가가 보유한 산업기술을 보호함으로써 국가경쟁력과 기업경쟁력을 동시에 유지하기 위함이며 21세기는 정보 사회로서 첨단기술경쟁이라는 경제전쟁에서 살아남으려는 세계 각국과 각 나라의 기업간에 각축전이 치열하게 전개되고 있다.

뿐만 아니라 WTO체제의 확산과 국가 간 FTA 체결의 가속화로 보호무역전략의 수정이 불가피한 국제정세에 따라 개방을 통한 자유무역의 국제환경 속에서 자국내 기업의 경쟁력을 유지하는 것이 21세기 경제전쟁시대의 생존전략으로 자리잡아가고 있다.

1) 국가발전 측면에서의 중요성

(1) 국가 이익의 창출

산업보안이 기업의 입장에서는 생존수단이며 경쟁력 강화의 수단이기 때문에 중요한 것은 말할 것도 없지만 다른 한편에서는 핵심 산업기술의 보유는 국가의 경쟁력이며 국가 발전의 원동력이라는 점에서 물러설 수 없는 중요한 과제인 것이다. 이러한 현상은 정보사회로 발전할수록 더욱 더 심각해질 것이다. 기술의 관리와 보호가 중요한 이유는 우선, 현대국가에서 핵심기술의 보유와 이에 대한 보호는 국가발전의 중요한 요소가 된다. 냉전이 종식되면서 세계 각국은 경제의 발전을 국가의 지상목표로 하고 있는데 경제의 발전에 기술의 확보는 제일의 필수요건이 되고 있다. 이를 위해 각국은 자국의 기술개발이나 보호를 위하여 많은 노력을 경주하고 있다. 오늘날에는 기술이 없이는 선진국이 될 수 없는 것이다. 또한 글로벌 지식기반경제로의 이행이 본격화됨에 따라 첨단기술의 확보와 더불어 원천기술의 창출능력이 국가의 경쟁력을 좌우하고 있으며 국가 경제발전을 위해서는 기술 확보가 필수요건이다. 선진국은 기술이 앞선 나라이며 첨단기술개발 없이는 선진국 진입이 불가능하다.

또한 미래학자 앨빈 토플러는 "기업 스파이는 21세기 가장 큰 산업 중의 하나"라고 말했을 정도로 기술 유출 시도와 방지 노력은 '창과 방패'처럼 끊임없이 이뤄지고 있다. 특히 불황이 깊어지면서 경제의 독버섯인 산업기술 유출이 크게 늘고 있다. 따라서 기술개발과 함께 개발된 기술의 보호의 중요성은 아무리 강조해도 지나치지 않다.

(2) 국가안보 차원의 중요성

오늘날 핵심기술의 보유와 이에 대한 보호는 국가안보유지의 핵심요체이다. 현대전은 걸프전에서 보았듯이 기술전이다. 기술이 없이는 국가안보도 지킬 수 없는 것이다. 뿐만 아니라 과거에는 일반산업기술과 방산 기술을 확실히 구별할 수 있었으나 현재는 그 한계가 모호하며 특히 전자나 통신 분야에서는 일반산업기술이 방산 분야에도 그대로 적용되고 있어 국가안보를 위하여도 기술개발은 꼭 필요하며 개발된 기술에 대한 보안관리 중요성은 더욱 부각되고 있다

선진국들은 미래전의 양상을 다차원 첨단기술 전쟁과 정보 전쟁이 될 것이라 상정하고 있다. 다차원 첨단기술 전쟁이란 전쟁이 지식, 정보 네트워크의 구축으로 인해 전장공간이 지상 및 해상, 공중에서 우주까지 확장, '광역화'된 입체전의 양상으로 발전할 것이며 이를 위해 미사일, 로봇 등 첨단무기들이 적극 활용된다는 개념이다.

정보전쟁은 차세대 전쟁이 정보능력에 의해 결정될 것이라는 의미이다. 즉, 현재 비약적으로 발전하고 있는 전자통신기술을 바탕으로 하여 정보, 전자전, 사이버전이 될 것이며 선진 각국은 발달된 장비를 운용하여 고도의 정보전과 해커 전을 구사할 가능성이 크다는 것이다. 과거에는 전쟁이 과학을 발달시키는 계기가 되었으나 오늘날은 과학기술의 발전이 국방력을 증가시킨다고 할 수 있다, 그 대표적인 예가 미국이며 최첨단 과학기술로 나날이 새로워지고 있는 군의 최첨단 무기체계는 과학기술의 꽃이라 할 만하다. 따라서 국가안보차원에서도 첨단 과학 기술의 개발과 함께 개발된 기술에 대한 산업보안의 중요성은 날로 부각되고 있다.

2) 산업 환경적 측면의 중요성

(1) 국제적 환경의 변화

21세기 정보사회에서는 첨단기술이나 전문적인 지식 또는 정보는 산업경쟁력의 원천으로 인식되고 있다. 특히 산업에서 원자재가 차지하는 비중은 정보사회로 발전할수록 낮아지는 대신에 첨단기술이나 전문적인 지식은 점점 더 중요시되고 있으며, 이러한 현상은 앞으로 더 심화될 전망이다. 따라서 기술이나 지식개발 못지않게 개발한 기술이나 지식을 관리하고 보호하는 것이 중요한 국가적 과제로 부상하게 되었다.

이에 따라 산업정보 수집활동 기술이 교묘하게 발달하고 있다. 첨단기술이나 전문적인 지식이 산업경쟁력을 좌우하게 되자 자체 기술개발, 합법적인 도입 외에도 여러 형태의 산업정보활동을 통하여 이를 확보하려는 노력을 기울이게 되었다. 그 수법도 인류의 지혜와 과학 발달정도에 따라 발전되어 왔는데, 최근에는 첨단과학 장비를 이용한 산업정보활동이 매우 성행하고 있어 항공기나 인공위성사진을 촬영, 분석하여 산업비밀이나 영업비밀을 파악하고, 도청·녹음과 심지어는 경쟁기업에 자사의 직원을 위장 침투시키는 등 산업정보활동이 과학화되면서 매우 지능화 되었다. 이러한 산업 환경의 변화는 보안관리에 대단히 어려움을 가중시키고 있다. 과거와 같은 피상적인 통제만으로는 보안관리의 효과를 기대하기 어렵게 되었고 전문적인 지식을 가지고 조직적으로 관리하지 않으면 안 되게 된 것이다.

또한, 각국 정보기관들의 역할 변화이다. 동서냉전체제가 붕괴된 이후 세계 각국은 경제제일주의, 무한경쟁 상태로 변화 되하면서 각국의 정보기관들도 자국의 산업경쟁력 확보를 위한 정보활동을 더욱 강화하고 있어 이미 세계 각국은 경제정보전쟁 상태에 돌입 한 것이다. 구소련을 비롯하여 동구권이 붕괴되어 이념문제가 퇴색되고, 정보사회의 산업경쟁력이 첨단기술이나 전문적인 지식에 좌우되면서 나타난 이러한 현상은 너무나도 자연스러운 것이었다. 국가정보기관은 물론이고 각국의 국가기관이 자국기업을 위한 정보를 직접 수집하고 국가의 원수가 직접 외교적 역량을 동원하는 등 총체적으로 지원활동을 전개하고 있다. 즉, 이것을 달리표현하면 산업스파이 활동무대가 아마추어에서 프로 화되었다고 할 수 있다. 따라서 산업보안대책 강구는 더욱 어렵고 심각하게 되었다(스티븐 핑크, 2004: 111).

(2) 국내적 환경의 변화

산업보안이 중요하게 된 국내적 요인으로 가장 중요한 원인은 국내 노동구조의 변화로 인한 외국 인력의 다수 유입이다. 개방경제정책, 국내 산업계의 임금인상과 국민의 생활수준향상으로 근무환경이 열악하거나 힘이 드는 업종의 기피현상 등으로 외국의 산업인력이 유입될 수밖에 없었다. 이로 인해 외국인의 우리나라에 대한 산업정보활동 여건이 대단히 좋아진 것이다. 한편 외국 산업인력 대부분이 중국, 인도네시아, 필리핀 등 우리나라보다 기술수준이 뒤떨어진 후진국인들로서 우리나라를 앞서려고 하는 경쟁 상대국가인들이다. 이들 중에는 산업스파이 활동을 목적으로 위장 입국한 자도 있고, 산업스파이 목적은 없었다 하더라도 우리나라의 고급기술을 익히고 귀국하여 그 기술을 임의로 사용한다면 우리나라는 결과적으로 산업스파이의 피해를 입게 되는 것이다.

뿐만 아니라 외국에서 최근 기술수준이 향상된 국내 기업의 산업정보활동을 강화하고 있다는 점이다. 우리나라의 산업기술 수준은 분석방법에 따라 다소 차이는 있지만 대략 10~12위 수준으로 평가되고 있는데, 우리나라에 산업인력을 보내고 있는 국가들의 입장에서 보면 우리나라의 경제개발전략, 정책 등을 배우려고 할 뿐만 아니라, 기술관련 정보의 입수를 위해 우리나라를 대상으로 산업정보 활동을 활발하게 전개하고 있는 것으로 전해지고 있다. 첨단기술인 원천 기술 보다는 생산 현장에 바로 접목할 수 있는 생산기술이 풍부한 우리나라의 기술이 활용하기에 적당한 수준의 기술인 것이다. 따라서 일부 국가에서는 우리나라에 보내는 산업연수생, 유학생이나 공직자들에게 산업정보 수집기술을 교육시켜 파견하는 등 국가차원의 정보활동을 강화하고 있는 것이다. 또한 외자유치 또는 기업의 해외매각과정에서 중요한 기업비밀이 유출되고 있다는 점도 우려되고 있다.

그러나 이러한 국내 기술의 입수를 위한 각국의 치밀한 노력보다 더욱 심각한 문제는 산업기술의 보호에 관한 국내기업인의 보안의식이 부족하다는 점이다. 산업보안 사고의 피해는 매우 치명적이어서 한 번의 사고로써 재생불능의 상태가 되는 경우가 많기 때문에 사고를 당하기 전에 사전 예방대책을 강구하도록 하는 기업인의 보안의식 고취노력이 무엇보다도 필요하다.

4. 산업보안의 이론적 배경

산업보안은 새로운 것이 아니라 사회의 발달에 따른 세분화・고도화가 이루어진 산업이다. 고대로부터 오늘날에 이르기까지 여러 가지의 안전에 관련된 대책들이 직・간접인 생산적 활동에서 발생한 것이다. 지금까지 학계에서나 실무기관에서 산업보안의 이론적 배경에 대한 논의가 별로 없었고 연구도 부족하여 정통한 이론적 배경은 찾아 볼 수 없다. 다만 산업보안 관련 산업의 성장과 산업보안범죄 발생 원인에 대한 이론은 민간경비와 범죄학에서 일부 논의되고 있다.

1) 성장이론

(1) 경제환원이론

경제환원이론은 특정한 현상을 설명함에 있어 그 현상이 경제와 직접적으로 무관한 성격을 갖는 것임에도 불구하고 그 원인을 경제문제에서 찾으려는 것이다. 예컨대, 권위주의적 정권의 대두 등과 같이 한 국가의 정치적 변화를 그 국가의 경제발전 단계나 경제적 운용 상태에로 귀결 지우려는 연구들이 있는데, 이는 경제환원론적 입장에서 설명하려는 것이다.

경제환원론적 입장에서 민간경비시장의 성장을 범죄의 증가에 다른 직접적 대응이라는 전제하에서 출발하고 있으며, 특히 거시적 차원에서 범죄의 증가를 실업의 증가에서 그 원인을 찾으려고 하는 것이 특징이다. 물론 실업은 경제의 일반적 침체에서 발생한다고 봄으로써 결국 민간경비 시장의 성장을 경제 전반의 상태와 운용에 연결시켜 설명하려는 입장이 경제환원론적 시각이다(이윤근, 2001: 6).

(2) 공동화이론

공동화이론은 기본적으로 경찰과 민간분야 사이의 관계가 어떠한 성격을 갖는가하는 논의에서 이론적 뿌리를 찾을 수 있다. 공동화이론은 한 사회에 있어 보안산업이 경찰이 수행하고 있는 경찰 본연의 기능이나 역할을 보완하거나 대체한다는 일반적 관점과 맥을 같이하는 이론이다.

공동화이론은 경찰 자신들에게 부여된 기능이나 역할인 범죄예방이나 통제와 같은 서비스를 제공할 수 있는 능력, 즉 인적·물적 측면 등이 감소됨으로써 생겨난 '공동상태'를 보안산업이 메워 준다는 주장을 기본으로 하고 있다.

사회의 다원화와 분화에서 초래되는 사회적 긴장과 갈등 그리고 대립 등에 의한 무질서나 범죄의 증가에 대응하기 위하여서는 경찰력이 증가하여야 한다. 그러나 경찰력의 증가는 현실적으로 통상 이러한 사회적 요구를 따라가지 못하고 있다. 그 결과 생겨나는 갭(gap) 즉, 공동을 메우기 위해서 보안산업이 발전한다는 이론이다. 이 이론에서 유출할 수 있는 것은 경찰과 민간분야가 상호갈등이나 경쟁관계에 있는 것이 아니라 상호보완적, 역할 분담적 관계를 갖는다는 점이다. 공동화이론은 후자의 입장에서 기반을 두고 있다(최선태, 2005: 31).

(3) 이익집단이론

이익집단이론은 1973년 Flovel이 주장한 이론으로서 경제환원론적 이론이나 경찰과 민간경비가 상호보완적 관계를 갖는다는 공동화이론의 입장을 부정하는 이론으로써 "그냥 내버려두면 보호받지 못한 채로 방치될 재산을 민간경비가 보호한다."는 주장을 제시하고 있다.

이 이론은 공동화이론과 유사하나 공동화 이론의 주된 관심과 출발점이 공공부문과 민간부문의 관계에 대한 성격을 밝혀내고자 하는데 있다며, 이익집단이론은 민간보안산업을 하나의 독립적인 행위의 주체로 인식하고, 보안산업 자체적으로 고유한 이해관계를 가질 수 있는 것으로 인식하는 것이 공동화이론과의 차이이다.

이익집단이론에 따르면 한 사회에 존재하는 많은 이익집단들은 그들의 이익을 극대화하기 위해서 활동하는 것과 마찬가지로 보안산업도 자신의 집단적 이익을 실현시키기 위해서 규모를 팽창시키고, 새로운 규율이나 제도를 창출시키는 등의 노력을 기울인다는 것이다.

보안산업의 양적성장은 초기적 단계에서 일어나는 현상이며, 궁극적으로는 이익집단으로서의 내부적 결속과 제도화와 그리고 조직화의 결과, 세력과 입지를 강화하게 된다는 것이 이익집단이론의 주장이다(김두현, 2009: 27).

(4) 수익자부담이론

수익자부담이론은 자본주의 사회에서 국가기구의 일부로서 경찰이 갖는 근본적 성격과 역할 및 기능에 관한 통념적 인식에 의문을 제기한다.

경찰의 역할이 개개인의 안전과 사유재산을 보호하는 것이라는 일반적 통념을 부정하는 것으로, 국가 법집행기관의 일부로서 경찰은 국가가 자본주의의 전반적 체제유지를 위한 정치적 역할을 수행하는데 있어 일부분을 담당하는 공조직으로 파악되어야 한다는 것이다. 따라서 자본주의 사회에 있어 경찰의 공권력 작용은 원칙적으로 거시적 측면에서 질서유지나 체제수호 등과 같은 역할과 기능으로 한정하고, 사회구성원 개개인 차원이나 여타 집단과 조직 등의 안전과 보호는 결국 해당 개인이나 조직이 담당하여야 한다는 인식에 기초를 둔 이론이다.

이것은 자본주의 사회에서는 개인의 재산보호나 범죄에서 발생하는 신체적 피해로부터의 보호를 결국 개인적 비용에 의해 담보 받을 수밖에 없다는 입장이 수익자부담이론이다. 이러한 환경은 전반적인 국민소득의 증가, 안전에 대한 사회적인 인식의 변화, 실제적인 범죄의 증가와 안전 서비스의 유용성에 대한 일반 시민들의 인식의 변화가 선행되어야 한다(서진석, 2010: 78).

(5) 치안서비스 공동생산이론

치안서비스 공동생산이론은 치안환경과 관련하여 치안서비스 생산과정에 있어서 경찰과 같은 공공부문의 역할 증대뿐만 아니라 민간부문의 참여를 활성화 시키고 있다. 이는 공공경찰이 근본적으로 안고 있는 한계를 일부 극복하고 시민의 안전욕구를 충족시키기 위하여 민간부문의 능동적인 참여를 다각적으로 유도하고 있다는 것이다.

민간부문은 서비스 수혜자인 시민과 영리목적의 민간경비 등을 들 수 있다. 과거에는 이들 민간부문을 치안활동의 보조적 차원과 별개의 차원에서 인식하여 왔으나, 이제는 이들을 능동적・주체적으로 인식하고 있다는 것이다. 이는 민간부문을 경찰의 보조적 차원이 아닌 주체적 차원으로 인식함으로써 이들이 가지고 있는 인적・물적 안전 자원을 보다 효율적이고 체계적으로 활용할 수 있다는 것이다. 치안활동에 있어서 민간부문의 참여는 필연성으로 받아들여지고, 공공부문과 민간부문이 구별된 것이 아니라 다양한 네트워크에 의해서 이루어지고 있는 것이다.

미국・영국 등 선진국에서는 치안활동에 대한 접근에 있어서 서비스 주체의 다원화에 초점을 두고 있다. 치안활동에 있어서 다원화는 경찰이 독자적으로 치안서비스를 수행하는 것이 아니라 민간부문이 하나의 독립된 주체로서 참여하게 되었다는 것이다. 이러한 견해는 치안활동은 곧 공공경찰이라는 전통적 견해에서 보다 발전된 것이다.

이러한 과정 속에서 치안서비스의 공동생산론적 접근은 치안서비스의 생산성을 높이는 중요한 대안으로 등장하고, 이를 통해 공공부문과 민간 부문의 상호 역할성립 및 상호관계를 이론적 · 실천적으로 체계화시켜 줄 수 있다는 것이다(김두현, 2009: 29).

2) 산업보안범죄의 발생이론

산업보안범죄 발생의 바탕은 이익을 추구하고자 하는 인간의 본성이다. 특히 전통적 범죄와 다른 형태로는 높은 사회적 지위와 지식계층에서 자신의 직업과정에서 범죄를 발생하는 것을 볼 수 있다. 이는 화이트칼라범죄와 유사하다고 할 수 있다.

화이트칼라범죄는 1939년 Edwin Sutherland가 부유한 사람과 권력 있는 사람들의 범죄활동을 기술하기 위해 처음으로 사용한 용어이다. 서덜랜드(Sutherland)는 화이트칼라범죄를 "높은 사회적 지위를 가지고 존경 받고 있는 사람이 자신의 직업활동과 관련하여 행하는 범죄"라고 정의하였다. 여기에는 사회적 상위계층에 속하는 경영인, 기업가, 공무원 그리고 회사의 연구원 등에 의한 법익침해행위를 말한다(정병수, 2007: 23). 산업보안범죄가 발생하는 원인의 이론은 범죄학에서 찾을 수 있다. 그 내용은 다음과 같다.

(1) 차별적 접촉(differential association)이론

Edwin Sutherland는 1939년 '범죄학의 원리'에서, 사람은 기본적으로 사회적인 무(social blank)로서 범죄의 경우에도 전통적인 행위와 마찬가지로 친밀한 그룹으로부터 학습하는 사회화과정을 통해서 이뤄진다고 주장했다. 이러한 사회화과정을 차별적 접촉을 통해 설명하였다. 그는 사람들은 그들의 친밀한 그룹끼리 차별적으로 접촉(differential association)하며 범죄행위와 전통적인 행위를 학습한다고 주장하면서, 특정한 사회계층이 범죄가치에 대해 차별적으로 접촉하는 것이다. Sutherland는 접촉의 (a)빈도 (b)경과기간 (c)우선순위 (d)집중도에 따라 범죄의 가능성이 결정된다고 보았다(이창무, 2010:131).

(2) 합리적 선택(rational Choice)이론

행위자가 자신의 경험이나 학습한 지식을 기초자료로 하여 범죄를 선택한다고 하는 것이 합리적 선택이론이다. 이 이론에서 행위자의 범죄선택 단계는 3단계로 구분할 수 있는데, 첫 번째 단계는 범죄행동의 선택이다. 행위자는 ⓐ범죄로부터 얻어지는 이익 ⓑ체포의 위험성 ⓒ형벌의 무게를 비교 고려하여 범죄를 실행에 옮길 것인지 아닌지를 결정한다. 즉 ⓐ범죄의 이익〉 ⓑ체포의 위험성 X ⓒ형벌의 무게가 되는 경우에 범죄를 실행한다고 보면 된다. 두 번째 단계는 범죄종류의 선택이다. 행위자는 입수한 정보를 분석하여 어떠한 범죄를 행할 것인지를 결정한다. 세 번째 단계는 범죄대상자의 선택이다. 행위자는 피해자를 무작위로 선정하는 것이 아니라, 합리적인 계산에 의해 범죄대상자를 선택한다. 역으로 말하면 범죄 포기 결정은 범죄자가 경제적인 이익을 얻을 수 없다고 판단했거나 혹은 체포될 확률이 매우 높다고 판단한 경우에 내려진다. 즉 ⓐ범죄의 이익〈 ⓑ체포의 위험성 X ⓒ형벌의 무게가 되는 경우이다(이만종, 2007: 252). 기업보안 범죄는 법을 준수할 때의 이익보다 법위반으로 얻을 수 있는 경제적 이익이 크기 때문에 기업보안관련 범죄가 발생된다고 할 수 있다.

(3) 중화(neutralization) 이론

모든 범죄는 자기 범죄행위를 합리화하기 때문에 발생한다는 일종의 합리화 이론을 말한다. 각종 이유를 들어 자기의 잘못된 행위를 중화(neutralization)시켜, 도덕, 양심 등 범죄를 억제하는 기제들을 무력화하기 때문에 범죄행위가 용이해진다는 것이다. “회사는 이익을 많이 내고 있는데도 봉급을 적게 받고 있으니까, 나는 당연히 일부를 가질 자격이 있다”는 식으로 합리화하거나, ”회사가 나를 화나게 했고 그에 대한 보복이다”라는 식으로 자신의 범죄행위를 합리화함으로써 범죄를 저지르게 된다(이창무, 2010:132). 즉 기업보안범죄는 행위자의 노력이 회사의 노력보다 더 크므로 행위자가 더 큰 보상을 받아야하는데 그에 대한 불만을 다른 곳으로 기밀이나 영업비밀을 빼돌리는 행위의 범죄적 심리를 중화하므로 행위자 스스로를 합리화하는 것이다.

(4) 억제(deterrence)이론

억제이론은 사회통제 중 사법기관의 처벌에 주목하여 그것에 의해 범죄가 설명될 수 있다고 본다. 이처럼 억제이론은 범죄의 원인을 처벌의 여부와 강약에 주목하고, 처벌이 있거나 강화되면 범죄를 하지 않을 것이고, 반대로 처벌과 통제가 느슨해진다면 범죄의 발생 가능성은 높을 것이라 주장한다(주용걸, 2010: 11).

기업보안범죄 범법자들은 직·간접적인 외부 및 내부의 유혹과 보안관리 감독체계 및 관련 법률과 제도가 강력한 역할을 하지 못하므로 유출과 발생 원인이 되고 있다.

(5) 아노미(anomie)·긴장(strain)이론

문화와 사회구조 간 모순에서 아노미가 발생하고 이러한 아노미를 극복하지 못할 때 범죄가 발생한다고 주장한다. 목표 성취문화와 이를 성취할 기회가 제한된 사회구조 사이에서 모순이 발생할 수밖에 없고, 이러한 사회문화적 목표와 사회구조적 기회 사이의 괴리에서 긴장이 발생하고 범죄로 연결된다는 것이다. 즉, 자본주의 사회에서 중요하게 간주되는 경제적 성공을 이루고 싶은데, 정상적이고 합법적인 방법으로는 어렵기 때문에 비정상적이고 불법적인 방법을 추구하게 되는 것이다(이창무, 2010: 132). 기업보안범죄는 정상적 방법으로는 행위자가 원하는 경제적 이득을 이루기가 어렵기 때문에 금전 유혹으로 인하여 발생 원인이 된다(이창환, 2010: 11-18).

5. 산업보안 관리전략

1) 자연스러운 보안전략

앞서 살펴본 여러 가지 원인으로 한번 산업기밀이 유출되고 나면 범인을 체포하더라도 이미 유출된 산업기밀로 인하여 기업의 피해는 막대할 수밖에 없다. 즉, 산업스파이는 사후대응보다 사전에 예방하는 것이 가장 효과적이다(정병수, 2007: 80). 이렇게 산업 스파이를 사전에 효과적으로 예방하기 위해서는 기업은 물론이고, 정부, 보안기관, 민·관 협의체에 걸친 보안관리 감독체계가 구축되어야 한다.

〈그림 1-2〉 산업보안의 협력체계도

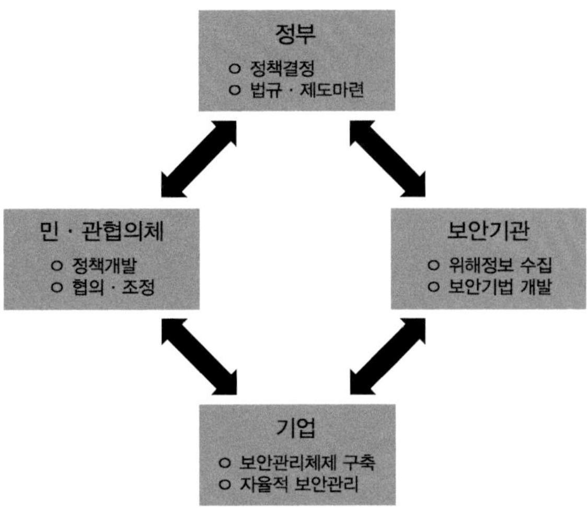

정부와 보안기관은 정보를 수집하여 정책을 수립하고 법과 제도를 정비해야 하며, 기업 내에서는 스스로의 보호노력과 관리가 선행되어야 한다. 또한 정부와 기업을 위한 공동협의체를 구성·운영하는 것도 중요하다. 산업기밀의 보안관리가 제대로 이루어지지 못한다면 이는 기업의 손해를 넘어서 국가적 손해이며, 산업기밀 유출은 궁극적으로 국익과 관련되어 있기 때문이다. 이러한 관점에서 비추어 볼 때, 한 국가의 산업보안관리 정책과 그 보호체계 구축 방안은 한나라의 흥망을 좌우한다 해도 과언이 아니다.

기업에서 비밀로 보호함으로써 이익이 되는 「산업정보」는 무조건 비밀로 보호하는 것만이 능사는 아니다. 때로는 기업의 홍보를 위하여 또는 특정분야의 광고를 위하여 일부를 공개할 수도 있고, 비밀로 보호하는 것보다 이것을 공개하여 권리화하는 것이 기업에 더 큰 이익이 될 수도 있는 것이다. 이렇게 공개하여 권리화 하느냐 또는 기업의 비밀로 보호하느냐 하는 선택은 기업의 입장에서는 대단히 중요한 경우가 되기 때문에 이러한 전략은 그 장단점을 면밀히 검토하고 비교하여 신중하게 판단하여 기업의 규모와 보안환경에 맞추면서도 누구에게도 불편함을 주지 않는 자연스러운 관리가 이루어지는 것이 최상이다.

이러한 보호방법을 선택함에 있어서는 다음과 같은 점을 고려하여야 한다.

첫째, 보호 가능한 수단을 검토하여야 한다. 산업재산권으로 권리화하기 위해서는 자연법칙을 이용한 기술의 창작이어야 하고, 저작권으로 권리화하기 위하여 문학, 학술, 예술의 범위에 속하는 창작물이어야 한며, 기타 신(新)지적재산권으로 권리 화하기 위해서는 각각 그에 해당하는 보호요건을 갖추어야 한다. 그러나 기업의 비밀로 보호하는 데는 생산기술이든, 경영상, 상업상의 정보이든 또는 신 지적재산권으로 보호할 대상이든 가리지 않기 때문에 산업정보를 기업의 비밀로 보호하는 외에 공개하여 권리화한다면 어떠한 방법으로 권리화할 수 있느냐를 검토하여야 한다.

둘째, 보호할 정보가 생산기술이라면 복제공법(Reverse Engineering)에 의한 기술파악이 가능한 기술인가를 검토하여야 한다. 복제공법이란 일반적으로 제품을 해석・평가함으로써 그 구조, 재질, 성분, 제조법 등 그 제품에 내재되어 있는 정보를 추출하거나 추출한 정보를 사용하는 행위를 말한다. 기업이 경쟁사의 제품을 분해하여 해석・평가하는 것은 극히 당연한 것으로 행하여지고 있기 때문에 공개시장에서 정당하게 구입한 제품을 복제공법에 의하여 정보를 취득하는 것은 부당한 정보의 침해로는 볼 수 없다. 따라서 복제공법에 의하여 추출이 가능한 기술이라면 비밀로 보호할 수도 업기 때문에 빨리 공개하여 권리 화하여야 한다.

셋째, 기술개발경쟁이 얼마나 치열한 분야의 기술인가를 고려하여야 한다. 최근 들어 기술개발의 속도가 점점 빨라져서 공산품은 제품의 Life Cycle이 몇 개월로 단축되고 있어 개인용 컴퓨터의 경우는 제품 생명주기가 6~7개월, 화장품류의 생명주기는 3~4개월에 불과하다. 이렇게 기술개발의 경쟁이 치열한 기술은 우리나라와 같이 특허심사 처리기간이 평균 22여개 월이나 걸리는 국가에서는 특허출원이 큰 의미가 없게 된다. 또한 기술관리를 위해서는 경쟁 또는 유사업계의 기술개발 동향에 대하여도 부단한 관심을 가지고 동향을 파악하여야 한다. 동일한 기술을 우리가 먼저 개발하고 경쟁업체나 다른 연구소에서도 곧 개발단계에 있다면 하루빨리 특허출원으로 권리를 확보하여야 하기 때문이다.

넷째, 관리 또는 보호하는 데 소요되는 경비나 보안관리 여건을 검토하여야 한다. 국내특허의 경우는 큰 부담이 되지 않겠지만 국제특허(PCT출원)의 경우는 중요한 20여 개국만 출원하여도 그 비용이 적지 않은 금액이다. 또한 비밀로 보호하는데 있어서도 외국의 선진기업에서는 많은 투자를 하고 있다.

예를 들면, IBM에서는 중요한 영업비밀을 알고 있는 임직원이 퇴직할 때에는 지득한 영업비밀을 지켜주는 경업금지의무를 부담하는 조건으로 3~4년분의 본봉을 지급하고 민사상의 계약을 체결하고 있으며, 코카콜라사에서도 퇴직자에 의한 비밀누설을 방지하기 위하여 지득하고 있는 비밀내용에 따라 3~4년분의 본봉을 지급하고 계약을 체결하고 있다. 우리나라에서도 기업의 비밀누설을 민사적으로 또 장기적으로 철저하게 보호하기 위하여 외국과 같이 상당한 보상을 하여야 할 것이다. 따라서 업무수행상 많은 임직원이 필연적으로 알아야 하는 기술은 누설의 위험성도 많을 뿐만 아니라 많은 비용이 소요되기 때문에 경제성이 없다. 코카콜라의 원액제조기술도 불과 3~5명만 알고도 제품생산이 가능하니까 119년이나 적은 비용으로 비밀유지가 가능했던 것이다.

2) 국가적 차원의 관리전략

(1) 산업보안 관련법규와 제도

기술유출의 위험과 시도로부터 기업의 산업기술을 보호하기 위한 대표적인 법제를 살펴보면, 2006년 제정된 「산업기술의 유출방지 및 보호에 관한 법률」을 비롯하여, 기업의 영업비밀의 보호를 규정하고 있는 「부정경쟁방지 및 영업비밀보호에 관한 법률」, 기술을 공개하는 대가로 일정기간 동안 독점배타적 권리를 가지는 「특허법」을 비롯한 「산업재산권법」 등이 있다. 이 밖에도 산업기술의 유출을 직・간접적으로 규제할 수 있는 많은 법률들이 있는데, 먼저 산업기술의 유출행위가 「형법」상의 '절도죄', '장물취득죄', '(업무상)횡령죄', '(업무상)배임죄', '비밀누설죄','주거침입죄' 등의 성립요건을 만족하는 경우, 형법상의 제재가 가능할 것이다. 정보통신기술의 발전에 따라 컴퓨터해킹, 도청과 같이 정보통신망 등을 이용한 기술유출의 경우에는 「정보통신망 이용촉진 및 정보보호 등에 관한 법률」이나 「통신비밀보호법」 등에 의해 규제가 가능할 것이다.

그러나 이러한 법적 제재가 있음에도 불구하고 산업기술 유출 사범에 대한 처벌이 무겁지 않기 때문에 유출사건은 줄어들기보다 오히려 큰 폭으로 늘고 있다. 대다수 기술유출 사범들이 범죄의식이 희박한데다 법원에서도 초범·미수범 등을 이유로 집행유예·벌금 등 처벌이 경미하여 사회적으로 충분한 예방효과를 거두지 못하고 있는 실정이다. 따라서 이를 해소하고 산업기술에 대한 경각심을 일깨우며 유출사범에 대한 엄중한 처벌을 위해서 산업스파이에 대한 형량을 강화할 필요성이 제기된다(류지훈, 2008: 118). 이와 더불어 산업스파이의 단속의 어려움에 대한 제도적 방안으로 몇몇 학자들 사이에서 함정수사제도의 도입을 주장하고 있다. 우리나라는 형사소송법상 함정수사에 대해 부정적인 입장이나 단속에 많은 어려움이 있는 산업스파이에 대해서만 한정적으로 도입하는 방안을 신중하게 고려해 보아야 한다. 실제 미국이 경제스파이법위반 사건의 상당수는 함정수사를 통한 사전예방활동이 이루어지고 있는 점을 볼 때 시사점이 크다고 할 수 있다.

(2) 정부 산하의 각종 정부기구

정부는 2003년 10월, 국정원 산하에 산업기밀보호센터를 두어 해외 산업 기술 유출을 예방하고자 하였다. 산업기밀보호센터는 주로 ① 첨단기술과 기업의 경영상 비밀정보 등을 해외로 불법 유출하려는 산업스파이를 차단하고, ② 기업체와 연구소의 보안관리 강화를 위해 맞춤형 산업보안교육과 보안 컨설팅을 실시하고, ③ CEO, 보안책임자, 실무자 등을 대상으로 산업보안 워크샵과 산업보안설명회를 정기적으로 개최하며, ④ 국내 외 산업보안 관련정보와 동향 및 선진국의 산업보안 기법 등을 입수하여 활용하도록 지원한다.

그 밖에 정부와 기업 간 협조체제를 강화하기 위해 ① 전기·전자 ② 정보통신 ③ 생명공학 ④ 기계산업 등 4개 분야별로 산업보안 협의회를 결성하여 운영하고 있으며, 정부부처 간 협력을 강화하기 위해 과학기술부, 지식경제부, 정보통신부 및 중소기업, 특허청 등으로 구성된 산업보안 정책협의회도 있다. 마지막으로 산업보안 관련수사의 효율적인 수사와 협력을 위해 검찰, 경찰 및 기무사로 구성된 정보수사기관 산업보안 협의회도 결성되었다. 그러나 이러한 민관협의회에도 불구하고 우리나라는 산업기밀유출에 관련된 정부 및 기업에 대한 정보의 공유나 종합이 이루어지는 효과적인 시스템이 구비되어 있지 않아 각 기관이 중복적으로 업무를 수행하고 있어 소중한 시간과 자원을 낭비하고 있다. 따라서 산업보안 기능을 조정할 수 있는 기관의 신설이 요구되고 있다.

아래의 그림은 2006년 한국산업기술진흥협회에서 조사한 효과적인 보안관리를 위한 정부의 제도에 대한 건의사항이다. 기술보안 전문기관 육성(27.6%)과 보안교육, 지도, 자문활동지원(25.0%)그리고 산업기밀 침해자 처벌강화(22.6%)가 강하게 요구되는 세 가지 부분이다. 따라서 기술보안 전문기관 육성과 산업기밀 침해자 처벌강화, 산업보안 교육 및 자문활동을 강화하는 제도가 추진되어야 한다. 정부 유관부처에서는 주기적이고 정례적으로 중소·벤처기업의 보안상 취약점 진단 및 보안 마스터플랜 등을 수립하고 지원하여야 한다. 또한, 정부 차원의 산업보안 교육을 제도적으로 확대하고 해외 진출 기업에 대한 기술 보호활동도 강화하는 한편, 산업보안 전문가 양성 교육 과정 운영을 통해 나날이 지능화되고 조직화되는 산업기밀 유출에 대처해야 할 것이다(류지훈, 2008: 129).

〈그림 1-3〉 한국산업기술진흥협회 산업기밀관리 대정부 건의사항

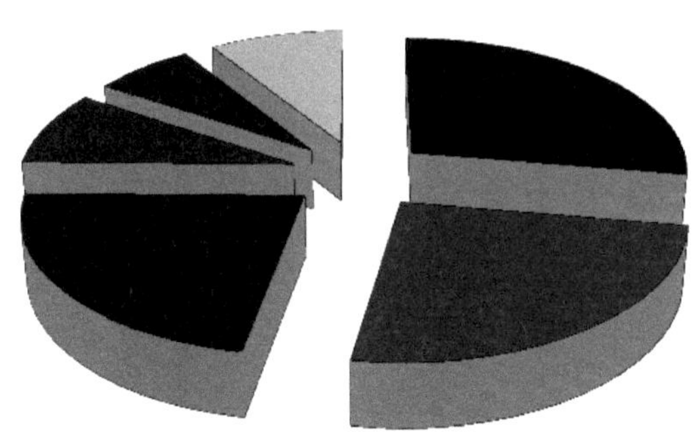

마지막으로 산업기술의 유출은 대부분 전·현직 직원들에 의해서 이루어지고 있으며 이들 대부분이 개인의 영리나 금전적 이익을 위하여 산업기술을 유출시키고 있음으로 제도적인 차원에서 연구원에 대한 충분한 보상시스템이 요구된다(김기권, 2009:

93-94). 기술 유출에 대한 처벌은 있으나 핵심 기술자에 대한 지원책은 미흡한 시점에서 정부는 연구자들의 규제에 대한 사기 진작을 고려하여 규제 이전에 연구원들의 처우 및 핵심기술 연구자나 개발자에 대한 충분한 보상 시스템을 마련해야 할 것이다(오일석, 2007: 70). 특히, 최근 극심한 이공계 기피 등으로 기술 연구인력이 감소하는 상황에서 기존의 연구 인력들의 연구 성과에 대한 적절한 인사상 · 금전적 보상과 함께 사회적 대우나 처우가 나아져야 여기저기서 손을 뻗는 유혹을 연구원들이 뿌리칠 수 있을 것이다.

3) 기업적 차원의 관리전략

위에서 살펴본 바와 같이 기업의 핵심 기술 유출 방지를 위해서는 기업과 국가 간 유기적인 협력 및 지속적인 유대관계가 무엇보다 중요하다. 그리고 이러한 점은 기업 내에서 전문화되고 세분화된 정보 보호 전략을 수행하는 주체 및 내용들에서도 적용되어야 한다.

〈표 1-13〉 연도별 산업기밀관리현황

구분		2007년	2008년	증감
조직및 제도	보안관리규정 마련	35.3	37.3	2.0%p ↑
	정기보안점검, 감사	9.8	12.3	2.5%p ↑
	보안전담조직 운영	6.6	5.9	0.7%p ↓
보안 감독 체계	연구노트, 일지 작성	35.8	34.7	1.1%p ↓
	입사시 비밀엄수서약 작성	57.8	58.2	0.4%p ↑
	퇴사시 비밀유지 및 경쟁업체 취업금지 서약	48.0	47.3	0.7%p ↓
	방문자 출입통제	67.0	64.6	2.4%p ↓
	거래업체에 대한 비밀유지계약	44.3	37.9	6.4%p ↓
	이동식 저장매체 보안관리	-	23.0	-

※ **출처:** 중소기업청, 2009. 산업보안관리 매뉴얼.

지금까지 기업이 자체 보안시스템 구축을 위해 많은 투자를 하지 않았던 것은 보안업무의 특성상 당장 성과로 나타나지 않기 때문이다. 그러나 산업스파이에 대한 피해가 한번 발생하고 나면 되돌릴 수 없는 막대한 피해를 가져오기 때문에 기술 유출 방지 대책이 시급하다(정병수, 2007: 80-81). 기업의 정보보안관리 전략의 핵심은 제도적, 물리적, 인적 관리의 유기적인 결합에 있다. 아래에서 각각의 보안관리 전략에 대해 알아보자.

〈그림 1-4〉 기업내 보안관리 전략

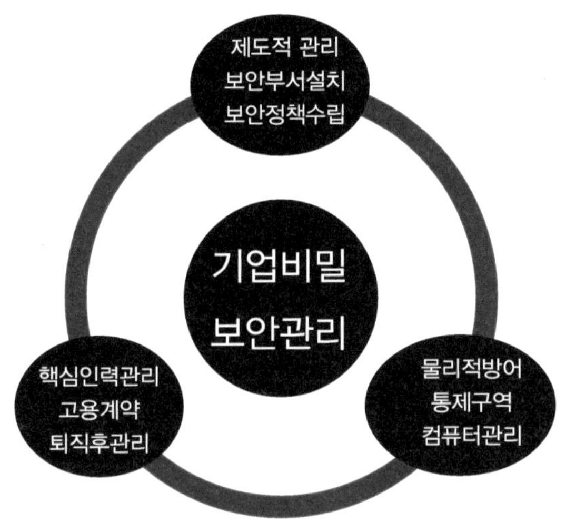

(1) 제도적 장치 보완

기업은 산업스파이에 대해 기업의 생존이 걸린 문제라는 인식을 갖고 기업 내의 자체·보안시스템을 구축하여야 한다. 그러나 위의 표에서 기업의 산업기밀 현황을 보더라도 기업 내의 자체 보안시스템이 많은 부분 부족하다는 것을 알 수 있다. 기업은 영업비밀을 강조하면 정보유통의 장애로 인하여 경직되기 쉽고, 조직의 유연성을 강조하면 영업비밀이 유출되기 쉽다는 문제점이 있다. 따라서 영업비밀보호와 기업의 유연성을 강조하면 영업비밀이 유출되기 쉽다는 문제점이 있다. 따라서 영업비밀보호와 기업의 유연성을 조화시킬 수 있는 각 기업 특성에 맞는 관리 정책을 스스로 개발하는 것이 중요하다.

① 기업 내 정보 보안 정책 수립 및 보안관리 규정 마련

② 보안 담당조직 설치·운영과 비밀업무 전담 관리자, 책임자, 담당자 지정

③ 보안 대책의 협의·조정 업무계획 등을 위한 정보보안 협의회를 운영

④ 주요 정보의 등급분류와 취급절차 시행, 접근 통제 정책마련

⑤ 물리적, 기술적 정보보호시설, 장비의 보유와 유무를 항시 확인

⑥ 임직원의 정보보호 의식조사 및 실태분석, 의식전환 및 기초 교육실시

⑦ 정기적으로 보안점검 및 감사를 실시, 분석

(2) 물리적 조치의 강화

기업이 개발 또는 보유하고 있는 영업비밀은 내부 직원에 의해서도 유출되지만 외부인에 의해서도 유출 될 수 있으며, 영업비밀을 보호하기 위한 물리적 조치의 최종목표는 이러한 내·외부인으로부터 영업비밀이 유출되는 것을 방지하는데 있다. 이러한 물리적 조치는 관리 장소에 대한 통제구역 설정에서부터 문서 및 통신보안에 이르기까지 그 범위가 대단히 광범위하다.

① 영업비밀 보관 장소에 대한 일반 직원 및 외부인의 접근을 금지

② 통제구역에는 출입자 명부를 비치, 첨단 감시 장비를 설치하여 상시 감시

③ 외래 방문객의 경우 방문 증을 착용하게 하고 비밀 준수 각성에 서명

④ 영업비밀이 저장된 컴퓨터의 접근 최소화, 패스워드의 정기적인 변경

⑤ 컴퓨터 내 해킹 등을 방지하기 위한 침입 차단시스템의 설치·운영

⑥ 영업 비밀문서를 암호화하여 저장하거나 특정신호를 첨가 또는 가공

⑦ 비밀문서 파일의 복사나 전송을 차단, 경로의 모니터링 혹은 침입탐지시스템 설치

⑧ 문서, 도면, 사진과 같은 서류에 대하여 관리책임자 지정, 열람자를 기록

(3) 인적관리 강화

우리나라 영업비밀 침해사례의 대부분은 종사원에 의한 것으로서 아무리 제도적·물리적 조치가 완벽하다고 하더라도 종업원 관리를 소홀하게 되면 오랜 기간 연구, 개발한 노력의 성과는 내부직원에 의하여 외부에 유출되고 말 것이다. 기업과 종업원은 협력자적 동반관계라는 인식 아래 핵심 인력들에 관한 관리가 필요하다.

① 영업비밀 준수 서약서, 전직 및 퇴직 시 사용·공개 금지 및 경업금지 서약서를 징구

② 재직 중 주기적으로 지속적인 보안교육 실시, 강화

③ 우수 개발자, 비밀 취급 관리자 적절한 수당 제공, 종합적인 복지정책 시행(김기권,

2009: 106)[20]

④ 퇴직 시 영업비밀 인수인계, 사용 또는 공개에 대한 법규 설명, 관련 서류 일체 반납

⑤ 영업비밀 신고제도를 마련하여 자체적으로 신고하게 하고, 이에 따른 보상금 지급

〈표 1-14〉 산업기술 유출관련 자가 진단표

1. 본인의 업무와 관련 없는 다른 직원들의 업무에 대해 수시로 질문하는 사람
2. 본인의 업무와 관련 없는 다른 부서 사무실을 빈번히 출입하는 사람
3. 사진 장비를 지나치게 많이 사용하는 사람
4. 주요 부서에서 근무하다가 이유 없이 갑자기 사직을 원하는 사람
5. 연구실·실험실 등 회사기밀이 보관되어 있는 장소에 주어진 임무와 관계없이 접근을 시도하는 사람
6. 평상시와 다르게 동료와의 접촉을 회피하거나 최근 정서변화가 심한 사람
7. 업무를 빙자 주요기밀 자료를 복사, 개인적으로 보관하는 사람
8. 주어진 임무와 관련없는 DB에 자주 접근하는 사람
9. 사람이 없을 때 동료 컴퓨터에 무단 접근하여 조작하는 사람
10. 특별한 사유 없이 일과 후나 공휴일에 빈사무실에 혼자 남아 있는 사람
11. 기술 습득보다 고위 관리자나 핵심 기술자 등과의 친교에 관심이 높은 연수생
12. 연구활동보다 연구성과물 확보에 지나치게 집착하는 연구원
13. 시찰, 견학을 하면서 지정된 방문코스 외에 다른 시설에 관심을 갖고 있는 방문객

4) 민관협력체계

산업보안에 있어서 정부와 기업이 추구하는 목표는 다르다고 할 수 있지만, 산업기밀의 유출이 궁극적으로 국익과 관련된 사안이라는 점을 감안한다면 정부와 기업의 공동 대응 방안이 절실히 요구된다. 앞서 살펴보았듯 우리나라는 정부와 기업간의 민관협력체를 구성·운영하고 있다. 하지만 산업보안협의회는 각 지방단위로 첨단기술 보유업체 및 연구소 등을 자체적으로 선정하여 운영되고 있기 때문에 첨단기술을 보유하고 있으나 선정되지 않은 기업체에 대해서는 민·관의 긴밀한 협력 체제를 구

20) 예를 들면 능력개발과 퇴직준비 지원, 퇴직 장려금, 선택적 정년제, 퇴직자 재활용, 외부 우수 인재활용, 전직 가능성 조사, 분사형 창업 지원 등이다. 김기권, 상게서, 2009 .p106

축할 수 없다. 국가기관과 정보교류 등 많은 부분에 있어 협력을 원하는 기업체가 있지만, 선정이 안 될 경우에 이러한 협조체제를 구축할 수 없기 때문에 효과적인 민·관 협력체계를 구축하기 위하여 적극적으로 홍보를 하는 등의 노력을 하여야 할 것이다(정병수, 2007: 82).

한편 정부 산하 협력체뿐 아니라 민간부문에서도 활발한 활동을 하고 있는데, 대표적인 산업보안 관련협회로는 한국 산업기술 보호협회와 한국 정보 보호 산업 협회를 들 수 있다. 이들이 하는 중요 활동은 아래와 같다.

① **한국산업기술보호협회(http://www.kaits.or.kr/)**

'산업기술의 유출방지 및 보호에 관한 법률'에 근거해 산업자원부와 국가정보원의 도움을 받아 2007년 10월에 설립했다. ⓐ 산업기술 보호 프로그램 운영 ⓑ 산업보안 관련 최신 정보서비스 제공 ⓒ 산업기술 보호제도 운영관련 대 정부 업무 수행 ⓓ 산업기술보호 전문 인력 육성 ⓔ 산업보안기술 개발사업 지원 등 산업기술 보호를 위한 정책개발, 예방활동, 보안 전문 인력 양성을 우해 많은 활동을 펼치고 있다.

② **한국정보보호산업협회(http://www.kisia.or.kr/)**

1998년 정보보호산업체 간의 협력으로 협회를 출범하였다. ⓐ 정보보호 활성화 방안 연구 및 지원 ⓑ 산업계 마케팅 지원 및 인력양상 지원 사업 ⓒ 정보보호산업 국제협력 지원 사업 등 수요창출을 통한 정보보호 시장 확대와 경쟁력 제고를 위한 정책 파트너 역할, 그리고 기술협력 및 개발 지원 등을 목표로 활동하고 있다.

5) 사회적 인식의 확대 및 홍보

마지막으로 산업스파이에 대한 효과적인 대응을 위해서는 전반적인 사회적 인식의 전환이 필요하다. 더 이상 산업스파이 문제는 기업 내에서의 문제가 아닌 국가차원의 문제로의 인식의 전환이 필요하다. 따라서 정부차원의 대대적인 홍보와 관련 교육이 이루어져야 하지만 우리나라는 아직까지 미흡한 실정이다. 따라서 정부는 국민들을 대상으로 산업기밀유출에 대한 피해의 심각성과 사회문제로의 중요성에 대해 알리는 한편 법원 판사, 국가정보원 그 밖의 정보관계자를 대상으로 우리나라의 첨단기술과 관계된 이공계 분야에 대한 이해도 증진 및 전담 재판부 운영도 필요할 것으로 보인다.

한편 기업들 또한 산업기밀 보호의 주체로서 기업의 생존이 달린 문제라는 인식으로 산업보안에 대한 중요성을 직원들에게 홍보하는 한편 보안관리를 위한 실무요령, 보안사고시 대응 방안 및 절차 등을 지속적이고 체계적으로 교육하여야 한다. 이러한 산업스파이에 대한 교육과 홍보는 산업스파이의 예방에 있어서 중요한 부분을 차지한다고 볼 수 있다. 기업에서의 임직원에 대한 홍보 뿐 아니라 일반 국민에게도 정보나 교육을 제공함으로써 산업스파이의 예방에 효과적인 성과를 얻을 수 있다(류지훈, 2008: 125-126).

6) 공개하는 보안전략

(1) 지적재산권 제도에 의한 권리화 방안

특허는 산업재산권을 대표하는 제도이기도 하지만 산업재산권 중에서도 기술관리와 제일 밀접한 관계가 있는 제도로서 발명을 장려하기 위하여 발명한 내용을 공개하여 산업의 발전에 이바지한자에 대하여 일정 기간 독점, 배타적인 권리를 인정함으로써 경제적으로 보상하는 제도이다. 이와 같이 특허나 실용신안은 발명의 내용을 의무적으로 공개하는 대신 일정 기간(특허는 출원일로부터 20년, 실용신안은 출원일로부터 15년) 독점적으로 배타적인 권리를 행사할 수 있다. 그러나 특허제도에 의한 보호에도 한계가 있다.

예를 들면, 특허요건을 충족하지 못한 발명, 즉 자연법칙을 이용한 고도의 기술적 창작으로 신규성(novelty), 진보성(non-obviousness), 산업성(usefulness utility) 등이 부족한 노하우나 기업의 상업상 또는 경영상의 정보는 특허 또는 실용신안으로 권리화가 불가능할 뿐만 아니라 기술을 공개만 하고 심사과정에서 특허권을 취득하지 못할 위험성도 감안하여야 한다. 반면에 영업비밀의 경우는 그 인정받을 수 있는 범위가 특허나 실용신안권보다 대단히 넓고 등록이나 심사를 받는 제도가 아니고, 나중에 침해받았을 때 재판에 의하여 영업비밀로 인정을 하느냐 않느냐가 가려지게 되는 것이다.

(2) 저작권제도에 의한 권리화 방안

저작권제도는 독창적인 아이디어 자체를 보호하는 것이 아니라 아이디어가 저작물에 표현된 상태를 보호하는 제도라는 점에서 특허나 영업비밀 보호제도와는 다르다. 즉 특허나 영업비밀 보호제도는 어떠한 입수경로를 통해서도 보유자의 사상적 창작이나 산업정보 자체를 활용할 수 없는 것이지만, 저작권제도는 저작자의 아이디어는 활용할 수 있되 저작자의 사상이 표현되어 있는 저작물 자체를 복제하여 활용할 수 없는 제도이다. 따라서 어떠한 기술이나 산업정보를 보호하는 데는 적절하지 못한 점도 있으나 어떠한 기계나 제품의 설계도 등과 같이 영업비밀중에서 어떤 특정 형태나 형식을 보호하는 데는 유리한 점도 있을 것이다.

(3) 신(新)지적재산권제도에 의한 권리화 방안

최근에는 산업재산권과 저작권 어느 곳으로도 분류하기가 곤란한 새로운 지적재산권이 많이 등장하는 바 ① 컴퓨터프로그램 및 소프트웨어와 같은 산업저작권 ② 반도체칩회로 설계권, 생명공학기술과 같은 첨단산업재산권 ③ 데이터베이스(D/B), 뉴미디어와 같은 정보재산권이다. 따라서 이들과 관련된 기술을 권리화 하려면 특허 등 산업재산권이나 저작권으로 보호하고 권리를 행사할 수 있을 것이다.

7) 비공개하는 보완 전략

(1) 영업비밀 보호제도

① 제도 도입경위

기업의 경쟁이 치열해 지면서 기업이 보호하고 있는 각종 비밀의 보호필요성이 인정되어 미국이나 일본, 독일, 스위스 등 주로 기술 선진국을 중심으로 세계 각국은 어떠한 형태로든지 이러한 비밀을 법적으로 보호하는 제도를 마련하게 되었다.

미국에서는 주로 민사적인 보호제도에 의존하고, 독일에서는 형사적인 구제를 강화하는 등 국가마다 그 방법에는 다소 차이가 있으나 각국의 문화와 사정에 따라 그 보호대책을 강구하고 있다.

또한 우리나라를 비롯하여 독일, 일본에서는 부정경쟁방지법에 의하여 프랑스, 이탈리아, 스페인 등에서는 판례법에 의하여 보호하고 있다. 우리나라는 1991년 12월 31일 부정경쟁방지법을 개정하여 영업비밀 보호제도가 법제화되면서 1992년 2월 15일부터 시행되었으며, 1998년 12월 31일 개정된 부정경쟁방지 및 영업비밀보호에 관한 법률은 1999년 1월 1일부터 시행되었으며, 2004년 1월 20일 영업비밀침해범의 처벌을 강화하기 위하여 비교적 대폭적으로 동 법을 개정하여 2004년 7월 21일부터 시행에 들어갔다. 그렇다고 개정된 법이 시행되기 이전에는 영업비밀을 전혀 보호하지 않았던 것은 아니다. 즉, 민사적으로는 민법상의 계약이나 손해배상제도 또는 상법에 의하여, 형사적으로는 형법상의 절도, 횡령, 배임, 주거침입, 장물죄 등으로 일부 보호하고 있었으나 사회가 발전할수록 영업비밀의 관리가 사회적 문제로 제기됨으로써 다음과 같은 국내외적인 요구에 의하여 다년간의 연구 끝에 영업비밀 보호제도를 확립하게 되었다.

이와 같이 영업비밀 보호제도를 법제화하게 된 경위는

첫째, 미국, EU, 일본 등 주로 기술선진국을 중심으로 완벽한 지적재산권제도 확립을 위한 국제적인 협상이 진행됨에 따라 국제무역질서에 동참하기 위하여 영업비밀의 보호를 요구하는 외부적인 요구가 있었고, 둘째, 많은 연구개발투자의 결과 얻어지는 생산기술에 관한 영업비밀을 보호하는 것은 연구 개발을 촉진시켜 경쟁력을 높이는 효과가 있으며, 건전한 거래질서의 확립이나 사회정의에도 부합하고, 셋째, 산업전반에 걸친 기술수준의 발달로 영업비밀이 급증하고, 영업비밀을 침해하는 사건이 증가하는 등 산업 환경이 급격히 변화하면서 산업계에서 영업비밀 보호의 필요성을 인식하여 이에 대한 요구가 있었고, 넷째, 완벽한 지적재산권 보호제도가 확립되지 않고는 외국의 선진기술을 도입할 수 없을 뿐만 아니라, 대외 통상마찰 등 국제간 분쟁의 요인이 되고 있기 때문이다.

② **영업비밀의 요건**

ⓐ 비공지성(non-public knowledge)

영업비밀은 학술지나 언론에 이미 공개하였거나 업계에 일반적으로 알려진 정보는 영업비밀이 될 수 없다. "공연히 알려져 있지 아니하다"는 것은 불특정인이 알 수 있는 상태로 놓여 있지 않아 일반적으로 그 정보를 취득할 수 없는 상태로 관리되고 있는 것을 말한다. 따라서 일반적으로 알려져 있지 않고, 그 정보를 취득하는 데 보유자의 허락 없이는 취득할 수 없으면 되는 것이지 그 정보를 알고 있는 사람의 수와 관계없고, 제3자가 우연히 같은 정보를 개발하였어도 영업비밀로 관리만 잘 하고 있으면 상관없다. 또한 "독립된 경제적 가치를 가지는 것"이란 공연히 알려져 있지 아니한 비밀이기 때문에 영업비밀 보유자만이 향유할 수 있는 독점적인 경제적 가치를 말한다.

ⓑ 비밀유지노력(effort to preserve for secrecy)

영업비밀은 특허와 달리 배타적인 권리를 인정하는 제도가 아니고, 보유자가 스스로 비밀로 유지하고 있어 비공지성이 인정될 때 그 상태를 인정하는 것이다. 따라서 보유자가 스스로 비밀로 유지하려는 노력을 하여야 하고, 그 노력은 객관적으로 인정할 수 있어야 한다.

주관적으로 비밀이라는 인식만으로는 부족하고, 영업비밀이 침해되었을 때에는 비밀로 관리하는데 상당한 노력을 하였음을 객관적으로 증명할 수 있어야 한다. 예를 들면, ㉠ 문서화된 영엉비밀에 비밀표시를 하거나 경고문 게제 ㉡ 견고한 용기에 별도 보관 ㉢ 영업비밀 관리사규 제정 등 객관적으로 인정받을 수 있어야 한다.

ⓒ 유용성(usefulness)

비공지의 정보는 모두 영업비밀이 되는 것은 아니고 영업활동에 유용하여야 하고, 반사회적이거나 공공 양속에 반하는 정보는 비밀로 인정하지 않는다. 예컨대, ㉠ 기업주의 불미스러운 남녀스캔들이나 ㉡ 공해물질의 방출, ㉢ 교묘한 탈세기법 등 반사회적인 정보는 영업비밀이 될 수 없다. 영업활동에 유용한가의 여부는 보유자의 주관적인 판단이 아니라 객관적으로 인정받을 수 있어야 한다.

ⓓ 경제적 가치성(economic values)

영업비밀은 그것이 독립되고, 독점적이며 경제적인 가치를 갖고 있어야 영업비밀로서의 권리를 향유할 수 있다.

세계 주요국가의 산업보안 현황

1992년 12월 17일에 미국과 캐나다, 멕시코 세 나라 사이에 북미경제블록 내에서의 관세인하 등을 통한 자유무역을 촉진하기 위하여 북미자유무역협정(North American Free Trade Tgreement: NAFTA)이 체결되었다. 이 협정은 1994년 1월 1일부터 정식으로 발효되었으며, 동 협정은 영업비밀이 국제규범에 반영된 최초의 사례이다. 이 협정은 제1711조에서 영업비밀과 관련한 조항을 두고 있으며, 1994년 4월에 체결된 WTO/TRIPS협정도 제39조제2항에서 미공개정보(Undiscovered Information)로 영업비밀을 보호하고 있다(현대호 외, 2008: 37-38).

1. 미국의 산업보안

1) 미국의 산업보안 현황

미국은 산업기술 보호를 위한 국가 정책적 차원에서의 전방위 지원을 하고 있다. 이를 위해서 정부기관인 CIA, 연방수사국(FBI), 국방부, 국무부, 법무부, 에너지부 등 전 방첩기관이 첨단기술 유출 방지를 위해 유기적인 공조시스템을 구축하고 있다. 뿐만 아니라 2001년 국가방첩관실(ONCIX)을 신설하여 관련 조직을 정비하고 있으며 매년 미국 경제 · 산업에 대한 외국의 스파이활동 관련 보고서를 의회에 제출하고 있다.

또한 2003년 관 · 학 · 기업 관계자로 구성된 「정보보안 경영특별 TF팀」을 통한 첨단기술 유출방지 활동을 전개하고 있으며, 민간차원에서는 미국 산업보안협회가 기술보호업무를 수행하고 있다. 정부 차원의 산업보안 활동은 주로 핵개발 · 통신 · 우주항공 등 국가안보와 직결되는 산업기술에 집중하고, 기업들의 산업기술 보호를 위한 업무는 주로 민간 보안 컨설팅 업체에서 담당하고 있다. 정보통신 분야에서는 개인

정보보호법을 연방 및 주법으로 제정하여 해킹・사이버테러 및 불법도청 등에 대비하고 있다.

특히, 9.11 테러사건 이후 정부기관 및 기업들의 보안의식이 크게 높아져 보안산업 시장이 매년 30%씩 급격히 증가하고 있으며, 보안 컨설턴트가 새로운 직업으로 부상함에 따라 미국 산업보안협회(American Society for Industrial Security ; ASIS)가 주관하는 보안전문가 자격시험(Certified Protection Professional: CPP) 응시자가 매년 50%씩 증가하고 있는 실정이다.

또한 미국은 연방정부를 중심으로 미국 내 지적재산, 즉 영업비밀을 보호하기 위하여 적극적 조치를 취하고 있다. 특히 전반적으로 미국 내에서 지적재산은 사적 재산으로 인정되어 형사처벌 문제에 대해서는 매우 소극적임에도 불구하고 산업스파이에 의한 영업비밀침해의 형사처벌에 대해서는 적극적 태도를 취하고 있다. 그 결과 만들어진 것이 연방경제스파이법이며 이의 적용은 외국인에 한정되는 것이 아니라 내국인에게도 활발하게 적용된다.

특히, 지적재산 침해와 관련하여 미국정부가 취하고 있는 조치 중 주목되는 점은 불법적인 방법에 의한 미국 내 지적재산의 취득 이외에도 표면적으로 합법을 가장하고 있지만 미국 내 중요 지적재산의 해외유출이라는 결과를 가져올 수 있는 행위에 대해서도 국가의 적극적 개입이 이루어지고 있다는 점이다. 즉 미국 내 기업이나 자산의 합병이나 인수를 통하여 미국 내 기업을 소유하게 된 외국 기업을 통하여 실제로 미국인의 지적 재산이 해외로 유출될 가능성이 존재하며 이런 경우를 대비한 내용들을 여러 법에 담고 있다. 주목되는 것은 초기에 군수산업이나 국방과 관련된 분야에 한정되던 법의 내용이 국가기간산업이나 중요기술에까지 범위가 확대되고 있다는 점이다. 2007년 제정된 외국인투자 및 국가안보법(FINSA)이 대표적인 것으로 이 법을 통하여 미국 정부는 합법적 거래를 가장한 미국의 지적재산의 해외유출방지를 더욱 강화하기 위한 조치를 마련하기도 하였다.

2) 미국 산업보안 조직

미국 국가차원의 방첩공동체는 외국의 불법적인 기술유출 시도를 막고자 막대한 인력을 투입하고 있다. 이것은 미국 경제・군사력의 기반을 흔들 수 있는 첨단기술의 유출을 최대한 방지하기 위한 것이다. 하지만 그런 와중에 미국 경제의 근간이 되는 물자・기술의 국제적인 흐름 자체를 차단해서는 안 된다는 사실 또한 충분히 인식하고 있다.

전반적으로 방첩공동체간의 협력사항이 크게 증가하고 있는 추세이다. 또한 정보수집관, 분석관, 집행관들 사이의 즉각적인 정보공유 및 사건 대응 이 가능하도록 여러 가지 프로젝트들이 진행되고 있다.

(1) 국가방첩위원회(The National Counterintelligence Executive : NCIX)

2001년 클린턴 대통령은 미국의 방첩기관들이 당면한 위협에 보다 효율적으로 대처하기 위하여 "21세기 방첩활동전략(CI-21, 대통령훈련 75호)"에 서명함으로서 국가방첩위원회(NCIX) 신설 등 방첩관련 조직을 정비하였다. 따라서 국가방첩센터(NACIC)를 개편한 국가방첩관실(ONCIX)을 발족하였으며 여기에는 CIA・FBI・NSA・DIA・국방・국무부 등 방첩・보안전문가 등으로 구성되어 있으며, 주요 임무는 미국의 첨단기술・핵심인력에 대한 외국정부・기업의 탐지실태에 관한 자료를 수집하여 관계기관・업계에 지원하고 있으며 해외・국내・통신・군사 등 기관별로 분산되어 있는 국가 방첩업무를 통합조정하고 있다.

(2) 외교안보 자문위원회(Overseas Security Advisory Council : OSAC)

1980년대 중반에 민간 부문과 정부 부문 합동으로 만들어진 외교자문위원회(OSAC)는 다른 나라와의 다양한 문제를 상호 이익이 되는 방향으로 해결한다는 목적을 가지고 국무부 산하에 설치되었다. 외교자문위원회(OSAC)가 다루는 문제는 당연히 산업스파이 사건도 포함된다. 현재 외교자문위원회(OSAC)는 회원으로 있는 1,800여 개의 기업체에 산업스파이들의 활동에 관한 다양한 형태의 정보를 제공하고 있다.

(3) 국가보안센터(National Counterintelligence : NCC)

1996년 산업스파이 법안이 미 의회에서 통과되기 2년 전에 만들어진 조직으로 처음부터 산업스파이 행위 추적을 목적으로 설립되었다가 2001년 5월에 NICX로 조직의 명칭을 바꾸어 기존의 임무를 계속수행하고 있다. 특히 NCIX는 버지니아주 랭리에 있는 CIA 본부 내에 입주해 있는데, 이들에게는 CIA에서 취급하는 모든 정보에 접근할 수 있는 권한이 주어져 있다.

(4) 연방수사국(The Federal Bureau of Investigation : FBI)

미국 연방수사국(FBI)은 방첩국 산하에 경제 스파이 대응전담 조직을 편성하여 외국 기관원에 의한 영업비밀 유출을 차단하고 있다. 또한 특정 위해 정보를 민·관에 제공하기 위한 조직을 구성·운영하고 있다. 또한 민간산업체와 사법기관 소속직원을 교육하기 위해 외국의 경제스파이 행위에 관한 영상물도 제작하였으며 민간기업들이 영업비밀, 민감한 기술, 지적재산권 관련 정보 절취에 관한 사항을 신고할 수 있도록 '1-800번' 전화를 개설하고 있다.

FBI는 오래전부터 자체적으로 대테러첩보경계국(Development of Espionage, Counterintelligence and Counterterrorism Awareness: DECA)이라는 조직을 만들어 운용해 왔는데, DECA는 산업스파이 법안이 통과되는 시점에서 국가안보문제대응 경계국(Awareness of National Security Issues and Response: ANSIR)이라는 명칭으로 바뀌었다. ANSIR의 주요 임무 가운데 하나가 바로 산업스파이 행위에 의한 피해가 우려되는 기업들을 상대로 피해가 발생하기 전에 관련 정보를 제공하는 것이다. 뿐만 아니라 ANSIR에서는 '국가 안보문제에 대한 대응 프로그램'을 운영하여 민간을 위해 정보를 지원하고 인프라가드(InfraGard)라는 프로그램을 운영하여 민간기업과 협력체를 구성하여 미국을 대상으로 하는 악의적인 활동을 막기 위해 각종 정보 및 분석결과를 공유하고 있다. 해군 범죄수사국과 연합하여 민·관 기관을 보호하기 위한 제도를 시험 운영하고 있다.

(5) 국방성산하 방첩팀(The Counterintelligence Field Activity : CIFA)

국방성산하 방첩팀(CIFA)은 '연구·기술보호 전담부서(RTP)'를 운영하면서 국방부나 다른 정부기관에서 '중요기술 유출 위험평가' 등 방첩정보를 제공한다. '연구·기술보호 전담 부서(RTP)'의 보고서는 특히 연구결과·첨단기술·프로그램·시설 등 미국의 국가안보상 중요 기술 보호에 초점이 맞추어져 있다.

(6) 국방위협경감국(The Defense Theat Reduction Agency : DTRA)

국방위협경감국(DTRA)에서는 방첩·보안 인력 등을 팀으로 구성·기술시험 및 평가 등을 전담하도록 하고 있다. 이들은 기술 개발시 구상으로부터 구현까지 전단계를 보호할 목적으로 투입되고 있다. 국방위협경감국 산하 시험부서에서 주관하는 브리핑에도 이들이 투입되어 방첩활동을 하고 있다. 이들은 또한 민감한 기술정보를 공개해야 하는 경우 부주의한 기술유출이 이루어지지 않도록 하는 조치들을 강구하며 그 외에도 신기술 유출에 대응하기 위해 다른 정부기관들과 정보를 공유하기도 한다.

(7) 국방보안국(The Defense Security Service : DSS)

국방보안국(DSS)은 미국 전역에 결쳐 12,000여 보호대상기관에 위해·방첩 정보를 제공하는 등 국가 산업보안프로그램을 운영하여 왔다. 해당 기관들로부터 보고되는 정보에 근거하여 변화하고 있는 미국 첨단기술에 대한 위협을 추적, 분석하고 있다. 또한 미국기업 및 첨단기술에 대한 위협에 대응하기 위해 여러 지역의 관간 업무협력 공동체를 운영·지원하고 있다.

(8) 미국 산업보안협회(Americal Society for Industral Security : ASIS)

1955년에 설립된 세계 최대의 민간보안단체로서 본부는 미국 버지니아주 알렉산드리아에 위치하고 있으며, 전세계 22개 국가에 208개의 지부를 두고 기업 보안분야 책임자·임원, 컨설턴트, 변호사 및 개인 등 회원 33,000여명이 활동하고 있다.

주요 활동내용은 보안관련 워크숍, 보안전문자격증 발급, 연례 세미나 및 전시회 등 교육프로그램을 실시하고 있고, 각종 보안이슈에 대한 해결책을 제시하고 교육프로그램 개발 후 보안분야 종사자에게 제공하고 있다. 뿐만 아니라 일반인들의 보안의식 제고를 위해 "Security Management" 등 보안관련 잡지를 정기 발행·배포하고 있으며, 인터넷 「정보자료센터」를 운영하는 등 회원들에게 보안관련 정보를 제공하고 있다. 또한 FBI 등 자국 정보기관의 각종 보안업무 수행관련 활동을 지원하면서 대정부 보안정책을 발굴·건의하고 있다.

3) 미국의 산업보안 법제

미국에서는 전통적으로 영업비밀(Trade Secret)의 침해행위를 불법행위의 일종으로 보는 각 주의 판례법에 따라 영업비밀이 보호되었다.[21] 이러한 판례법을 보다 체계화하기 위하여 1939년에 미국법률협회(American Law Institute)가 제정한 불법행위에 관한 리스테이트먼트(Restatement of Law of Torts)에 영업비밀에 관한 조항이 최초로 도입되었다.

이후 1970년대 말부터 1980년대에 걸쳐 미국의 산업 경쟁력이 약화된 결과 산업경쟁력을 회복하기 위하여 지적재산권을 보호 및 강화하기 위한 소위 Pro-Patent정책[22]을 실시하였으며, 그 일환으로 1979년에는 미국법률가협회(American Bar Association)가 통일 영업비밀법(The Uniform Trade Secrets Act)을 마련하여 각 주에 그 채택을 권고한 결과 대다수의 주가 이를 법률로 제정하여 시행하고 있다.

1988년에는 외국인이 미국의 기업을 실질적으로 지배하게 되는 인수 또는 합병을 함에 있어 그러한 인수 또는 합병이 미국의 주간 통상(Intersstate Commerce)에 종사하는 자를 통제할 수 있는 결과를 야기할 수 있고 미국의 국가안전보장에 영향을 줄 수 있는 경우에는 대통령이 이를 조사하여 필요한 조치를 할 수 있는 것을 내용으로 하는 엑슨 플로리오조항[23]을 제정하였다(국가정보원, 2006: 84).[24]

이후 미국은 통일 영업비밀법(Uniform Trade Secrets Act)이 영업비밀 침해행위

21) 1837년에 선고된 Vickery v. Welch 판결 및 1868년에 선고된 Peabody v. Norfolk 판결등이 그 효시로 알려지고 있다.

22) Pro-Patent정책은 친 특허정책이나 특허 강화정책이라 하며 1980년 초 레이건 행정부에서 미국의 산업경쟁력을 회복하기 위한 정책의 일환으로 추진하였다.

23) Exon Provision, 60 USC Appendix Section 2170

24) 1986년 일본의 후지쯔사가 미국 반도체회사인 페어차일드(Fairchild)를 인수하려 하자 미국 의회가 국가안보 목적상 외국기업에 의한 미국기업 대상 M&A 또는 실질적 지배를 차단하기 위하여 도입하였다.

에 대한 민사적 구제수단만 규정하고 영업비밀 불법취득행위에 대한 형사처벌을 규정하고 있지 않은 것을 보완하기 위하여 영업비밀을 불법적으로 취득하는 행위 소위 산업스파이를 엄하게 처벌하기 위한 산업스파이법을 1996년에 제정하였다.[25] 이 법률에 의하면 외국 산업스파이에 대하여는 15년 이하의 징역형, 법인에 대하여는 1000만불 이하의 벌금형에 처하고 국내 산업스파이에 대하여는 10년 이하의 징역형, 법인의 경우에는 500만불 이하의 벌금형에 처하도록 되어있다. 처벌의 대상이 되는 행위에는 영업비밀을 불법취득하는 행위는 물론 그러한 불법행위가 개입된 사실을 알면서 취득하는 행위도 포함되어 있다(현대호 외, 2008: 41).

2. 일본의 산업보안

1) 일본의 산업보안 현황

일본의 산업정보 보호정책은 내각관방에서 총괄하고 있으며, 산업정책은 경제 산업성에서 주관하고 있다. 현재 일본 기업들은 아웃소싱 억제 및 생산기지를 본토로 이전하는 등 첨단기술의 해외유출을 우려하여 자국내 생산을 강화하고 있다, 외국기업의 적대적 M&A 증가와 기술유출에 대비하여 정관에 이사회 의결만으로 신주를 발행, M&A세력 이외의 주주에게 시가의 절반 이하 가격에 인수권을 부여하여 경영권을 방어하는 등의 독소조항(Poison Pill)을 도입하는 기업이 증가하고 있다.

또한 특수강 · 탄소섬유 · 공작기계 · 계측기기 · 로봇 · 바이오 등 6개 분야를 선정하여 외국인 투자를 제한하는 등 외국인 투자자들이 국내 기술력 있는 기업을 인수하는 것을 규제하고 있다. '대량살상무기와 주요 방산물품의 기술유출 방지'를 내세워 외국자본이 자국 첨단기술 기업의 인수 · 합병을 손쉽게 할 수 없도록 "외환 및 외국무역법"을 개정하여 2007년부터 시행중에 있다.

뿐만 아니라 일본 경제산업성은 주요 기술의 유출방지와 관련하여 외국 정부 · 기

25) 냉전시대가 끝나고 소위 경제전쟁 시대를 맞아 각국 정부가 적극적으로 미국 기업의 영업비밀을 탐지하는 사건이 빈번하게 발생한 것이 이 법률 제정의 계기가 되었다(18 USC 제90장)

업과 테러리스트의 열람을 막고, 국가 안전과 산업 경쟁력 손실을 사전에 방지하기 위해 군사용으로 전용할 수 있는 기술이 포함된 특허정보를 비공개로 하는 '비밀 특허제도' 도입을 추진 중이다. 농림수산성은 신품종 육성자의 권익보호 강화를 위해 관련 소송절차를 개선하는 한편 권익침해에 대한 제재를 강화하는 방향으로 종묘법을 개정하였다.

최근 일본 정부는 일본 기업정보의 해외유출 실태가 심각하다는 인식하에 기업의 경쟁력을 확보하고 군사적 목적으로 전용될 수 있는 기술의 유출도 사전에 방지할 수 있도록 정보유출 자체만으로도 처벌할 수 있는 법안을 마련키로 했다. 새 법안에는 "정보절도죄" 조항을 두어, 기업이 사내에서 비밀로 취급하고 있는 경영상 중요 기술정보 등을 의도적으로 입수하거나 누설한 행위만으로도 처벌할 수 있도록 하고 있다. 예를 들어, 사내 비밀 정보에 접근 권한이 없는 사원이 사내 전산망에 접속하여 CD 등에 정보를 복사하거나 이메일을 통해 정보를 유출하게 되면 제3자에게 정보가 유출되었는지 여부를 떠나 위법행위로 간주하게 된다.

2) 일본의 산업보안 조직

일본에서는 내각 및 경제산업성 산하에 지적재산권 전략본부와 부정경쟁 방지 소위원회를 두고 정부기관간 협조체계를 구축하여 국가적 차원에서 영업비밀의 보호강화책 수립에 만전을 기하고 있으며, 전담청인 경찰청의 단속 아래 검거건수, 검거인원 및 검거법인 수도 해마다 증가하고 있다.[26)]

(1) 지적재산전략회의

일본은 국가산업의 국제경쟁력을 강화하고, 경제를 활성화하기 위해서는 연구활동이나 창조활동의 성과를 지적 재산으로서 전략적으로 보호・활용하는 것이 중요하다는 인식아래, 일본의 지적재산전략을 시급히 수립하고, 그 추진을 꾀하기 위해 내각산하에 '지적재산전략회의'를 구성하여 국가적 전략으로서 영업비밀의 보호에 대처하고 있다.

---

26) 일본경찰청의 자료에 의하면, 부정경쟁방지법상 영업비밀침해범은 '지적재산권침해서범'으로 분류하고 있는데, 2007년의 검거상황은 16사건 43인이었다.

2002년 2월 25일 출범한 지적재산전략회는 내각총리대신을 중심으로 내각관방장관, 경제재정정책담당·정보통신기술(IT)담당대신, 과학기술정책담당대신, 총무대신, 법무대신, 외무대신, 재무대신, 문부과학대신, 후생노동대신, 농림수산대신, 경제산업대신 및 총리가 임명한 11명의 학계·재계 전문가들로 구성되어, 2003년 1월 16일 제8회 회의까지 활동하였다.

영업비밀보호와 관련된 지적재산전략회의의 주된 활동을 살펴보면, 2002년 7월 3일 제5회 회의에서 지적재산전략회의 결정으로 "지적재산전략대강"을 공표하였다. 영업비밀보호에 대해서 지적재산전략대강은 '구체적 행동계획, 지적재산의 보호강화, 영업비밀의 보호강화'라는 제목 아래, "일본의 기업활동에서 영업비밀의 중요성이 한층 고양되고 있는 가운데 기업의 영업비밀이 국내외의 경합회사에 유출되는 사례가 증가하여 기업의 경쟁력이 손상되고 있다.

이를 방지하기 위하여 영업비밀의 부정취득 등에 대한 민사상의 구제조치를 강화하고 벌칙의 도입을 통하여 인재의 유동화에 대한 억지효과 등을 검토하여 2003년 정기국회에 부정경쟁방지법개정안을 제출하였다. 또한 일본에서는 재판공개원칙이 강력히 작용하여 재판과정에서 영업비밀이 공개됨으로써 권리자의 불이익이 발생할 수 있기 때문에 현실적으로 영업비밀에 관한 소송이 적지 않게 발생하고 있다. 재판의 공개는 헌법상의 요청이긴 하지만 이러한 문제를 등한시하는 경우 재판과정에서 영업비밀이 적절하게 보호될 수 없을 것이다. 산업계에서 영업비밀에 대한 중요성이 강조되고 있는 현실에서 구미 제국에 비하여 일본의 영업비밀보호의 수준이 극단적으로 저하되지 않도록 필요한 대책을 강구하여야 할 것"이라고 하면서 구체적으로는 "부정경쟁방지법개정에 의한 민사·형사 양면에 걸친 영업비밀의 보호강화에 대하여 인재유동화에 대한 억지효과 등, 이에 수반될 수 있는 문제점을 감안하여 2003년 정기국회에 개정법안을 제출한다."고 하여 영업비밀의 보호강화책을 강구하였다 (http://www.kantei.go.jp 참조).

또한 2002년 10월 16일 제7회 회의에서는 영업비밀보호를 포함한 지적재산보호의 국가적 전략을 효율적이고 구체적으로 추진하기 위한 "지적재산기본법안"을 성안하고 2002년 12월 4일 법률 제122호로 공포되어 2003년 3월 1일부로 시행되었다. 지적재산전략회의는 지적재산기본법의 시행과 더불어 그 활동을 종료하고 영업비밀보호 등 지적 재산의 보호강화를 위하여 확대된 새로운 기구인 '지적재산전략본부'가 내각 산하에 설치되었다.

(2) 지적재산전략본부

'지적재산전략회의'의 활동을 계승한 '지적재산전략본부'는 2003년 3월 1일 부로 내각산하에 설치되어 2008년 4월 1일 현재 19회에 걸쳐 활동을 지속하고 있다.

지적재산전략본부는 '지적재산기본법(2002년법률제122호0', '지적재산전략본부령(2003년정령제45호)'을 근거로 설치된 기구로서, '지적재산기본법' 제24조(설치)는 "지적재산의 창조, 보호 및 활용에 관한 시책을 집중적이고 계획적으로 추진하기 위하여 내각에 지적재산전략본부를 설치한다."고 규정하고 있으며, 지적재산기본법 제23조의 위임에 따라 제정된 '지적재산전략본부령'은 국무위원 이외의 본부원의 정수 등을 규정하고 있다. 2008년 4월 1일 현재 지적새산전략본부의 구성원(지적재산기본법 제27조 내지 제29조, 지적재산전략본부령 제1조)은 본부장인 내각총리대신을 중심으로 부본부장인 내각관방장관, 내각부특명담당대신(오키나와 및 북방대책, 과학기술정책, 국민생활, 규제개혁), 문부과학대신, 경제산업대신 및 본부장, 부본부장 이외의 모든 국무대신을 본부원으로 하여 구성하고, 동법 제29조 제2항 및 동령 제1조에 따라 내각총리대신이 임명하는 학・재계전문가 10인으로 구성되어 있다 (http://www.kantei.go.jp 참조).

지적재산기본법 제23조에 의하면, 지적재산전략본부의 주된 임무는 지적재산의 창조, 보호 및 활용에 관한 추진계획을 매년 작성하는 것이며, 추진계획에는 지적재산의 창조, 보호 및 활용에 관하여 정부가 집중적이고 계획적으로 강구하여야 할 시책, 지적재산에 관한 교육의 진흥 및 인재의 확보 등에 관하여 정부가 집중적이고 계획적으로 강구하여야 할 시책 등이 포함되어야 한다. 특히 영업비밀의 보호강화와 관련하여서는 2004년 5월 27일 결정된 "지적재산추진계획2004"에서 '노하우등이 기술자 등을 통하여 해외로 유출되는 것을 방지하기 위하여 해외에 영업비밀 등을 누설하는 행위에 대하여 2004년도에 피해실태를 조사・분석하여 필요한 대책을 강화한다'라는 요청에 입각하여 2005년 부정경쟁방지법 개정안에 해외에서의 영업비밀 부정사용·개시죄가 추가되었다. 또한 2007년 5월 31일 결정된 "지적재산추진계획2007"에서는 영업비밀의 보호강화를 위하여 (a) 전략적인 노하우관리를 위한 환경을 정비하고 (http://www.kantei.go.jp 참조), (b) 노하우 등의 의도하지 않은 유출을 방지하기 위한 시책을 강구하고 있다. 즉 2007년도에 계속하여 부정경쟁방지법이나 영업비밀 관리지침 등의 주지·보급 등을 통하여 기업에 적절한 영업비밀 관리를 촉구하며, 이를 위해 영업비밀 관리지침의 개정이나 필요한 법제도를 정비하는 지속적으로 영업비밀의 보호강화를 위한 시책을 강구하고 있다.

(3) 경제산업성 부정경쟁방지소위원회

경제산업성산하 부정경쟁방지소위원회는 글로벌화한 경쟁환경에 대응한 영업비밀의 보호강화와 관련된 부정경쟁방지법의 개정, 영업비밀 관리지침, 기술유출방지지침 등을 실질적으로 제·개정 등 관장하는 위원회로 2002년 6월 26일부터 2005년 10월 11일까지 활동하였으며, 이후로는 경제산업성산하 지적재산정책부회에서 2008년 4월 1일 현재까지 영업비밀보호강화를 위한 기능을 담당하며, 내각산하 지적 재산전략본부의 시책작성에 관여하고 있다(http://www.meti.go.jp 참조).

이상과 같이 일본에서는 영업비밀의 보호강화를 위하여 국가적 차원에서의 시책 등을 강구하는 등 내각차원에서 필요한 법제도 등의 정비, 지침 등의 제·개정 등을 통하여 영업비밀의 보호강화를 위하여 만전을 기하고 있으며, 경찰청 생활안전 대책본부에서 그 단속에 만전을 기하는 등 국가적 차원에서 정부기관간의 협조체계를 공고이하여 대처하고 있다.

3) 일본의 산업보안 법제

일본은 우리나라보다 1년 앞선 1990년 6월에 법률 제66호로 부정경쟁방지법을 개정하여 영업비밀 보호제도를 도입하였다. 일본의 영업비밀보호 관련 부정경쟁방지법의 조항들은 우리나라의 부정경쟁방지법 조항과 대체로 유사하나 우리나라의 경우 영업비밀 누설행위에 대한 형사처벌을 규정한 데 반하여 일본의 부정경쟁방지법은 형사처벌을 규정하지 않았던 점에서 큰 차이가 있다.

그런데 일본이 지난 10년간 산업경쟁력이 약화되고 경기침체를 겪으면서 그 해결책으로 고이즈미 전(前) 총리가 지적재산권을 강조하여 소위 지재입국(知財立國)의 슬로건을 내걸고 Pro-Patent 정책을 적극적으로 추진하게 되었다. 구체적으로는 지적재산권의 보호범위 확대, 지적재산권의 국제적 보호에 대한 대응으로서 노하우 부정유출 방지의 강화, 영업비밀을 포함한 지적재산권의 분쟁을 신속히 해결하기 위하여 재판의 분쟁처리(ADR) 제도의 추진 등이 포함되어 있다.

이를 위하여 2002년 2월 내각총리대신 및 관련부서 대신들과 전문가를 포함하는 지적재산전략회의가 설치되었고 지적재산전략회의는 2002년 7월 지적재산 입국을 실현하기 위한 마스터플랜인 지적재산 전략대강(知的財産戰略大綱)을 작성하여 총리에게 제출하였다(고이케 아키라, 2004).

2003년 7월에는 지적재산전략본부의 추진전략계획에 의거하여 2004년에 개정된 부정경쟁방지법을 시행하였으며 이를 통해 영업비밀 침해행위에 대한 형사벌 제도를 도입하고 영업비밀 보호를 강화하고 소송단계에서 권리자의 보호를 강화하기 위하여 1998년부터 1999년에 특허법 등 지적재산권 관련법에서 도입한 침해행위 및 손해액 입증 간소화에 관한 규정과 동일한 규정을 부정경쟁방지법에도 채택하였다. 또한 일본 정부는 2003년에 경제산업성을 중심으로 영업비밀관리지침 및 기술유출방지지침을 제정하여 시행하기에 이르렀다. 그 후 2005년에는 부정경쟁방지법 개정안을 공포하여 기술을 국외로 유출한 자에 대한 처벌규정을 도입하였다.

2008년에는 경제산업성 주도로 '기술정보의 적정한 관리방법에 관한 연구회(http://www.meti.go.jp 참조)'를 만들어 기업의 중요한 기술정보 등에 대한 산업스파이 행위를 막기 위한 "기술정보 적정관리법(가칭)의 제정에 관한 검토에 들어갔다. 이는 미국의 "경제스파이법"과 같이 기술유출과 관련한 기업의 입증책임 문제, 기업의 경쟁력 강화, 국가의 안전보장 등을 위한 비밀정보나 기술정보 등을 부정하게 취득하는 행위를 형사처벌하는 것을 명문화 하고 있다.

3. 독일의 산업보안

1) 독일 산업보안 현황

2007년 독일기업협회의 조사에 의하면 독일회사들이 산업기술 유출로 연간 500억 유로(약89조원) 이상의 손해를 보고 있으며 3만명 이상이 일자리를 잃고 있다고 보고 있다. 그리고 중소기업의 20%가 산업스파이 활동에 희생양된 것으로 나타나고 있다(백영준, 2011: 51). 따라서 독일정부는 1909년 '부정경쟁방지법'을 제정하는 등 산업기술 보호를 위해 지속적으로 관련 법령 및 제도를 정비해 오고 있다. 기업들은 산업기밀 보호의 주체로서 자체 보안부서 및 전담직원을 두고, 기술보호·안전 등 기업보안활동을 수행하면서 주(州) 산업보안협회를 매개로 정부기관과 정보교류 등 긴밀한 민관협력 관계를 유지하고 있으며 1993년 BDI(독일산업연맹) 등 중앙 경제단체들과 9개의 주(州) 산업보안협회를 회원으로 하는「연방 산업보안협회(ASW)」를 구성하여 산업보안 관련 경제계의 입장을 연방 정부에 전달하고 관련정보를 활발히 교류하고 있다. 뿐만 아니라 최근 들어서는 각 부처가 수집한 산업보안 관련 정보를「연방총리실」이 종합하여「연방 산업보안협회(ASW)」 등을 통해 기업에 지원하는 한편 기업체와 정부간 간담회를 통해 기업체의 산업보안 관련의견을 수시로 수렴하는 등 협조체제를 더욱 강화하고 있다.

2) 독일 산업보안 조직

산업스파이 행위는 주(州) 경찰이 처리하는 것이 원칙이나 기업이 협조를 요청하거나 위험한 사태라고 판단될 경우, 예를 들면 핵, 잠수함 등 민감한 기술 유출이 의심될 경우에는 연방 정보부(BND)나 연방헌법보호청(BfV)이 개입한다. 독일은 산업스파이 행위는 주경찰이 처리하는 것이 원칙이나, 기업이 협조를 요청하거나 위험한 사태라고 판단될 경우 연방정보부(BND)와 연방헌법수호청(BfV)이 개입한다. 연방산업보안협회(ASW)는 산업보안과 관련한 경제계 입장을 연방정부에 전달하며, 연방총리실은 산업보안 정보를 종합해 연방산업보안협회에 제공한다. 이러한 면에서 이 협회는 연방정부와 경제계의 사이에서 가교역할을 담당하면서 산업보안과 관련된 정보교류 및 협조체제를 강화하고 있다고 할 수 있다. 또한 연방헌법수호청은 정부내 산업스파이 대응책 조정역할을 떠맡는다.

3) 독일의 산업보안 법제

독일의 산업기술 보호체계는 비교적 단순한 편이다. 산업기술 보호를 위한 법체계는 "부정경쟁방지법"과 "대외경제법" 등으로 비교적 단순하게 되어 있고 연방정부의 역할보다는 주(州) 정부의 역할이 많으며 민간의 역할이 중심을 이루고 있다. 따라서 전체적으로 법·제도의 강화나 정부기관의 감시기능 보다는 각 기업이 중심이 된 예방활동이 산업보안 활동의 핵심을 이루고 있다(염돈재, 2008: 16).

우선 산업기밀 보호과 관련된 가장 중요한 법으로 "부정경쟁방지법" 이 있다. 이 법은 1909년 제정된 후 1932년 개정되었으며 이 법에 규정된 영업비밀 보호조항은 근로계약을 맺고 있는 자의 누설행위만을 처벌하도록 되어 있어 제3자, 특히 산업스파이의 영업비밀 절취 행위는 처벌이 어렵도록 되어 있었다. 따라서 연방의회는 1986년 이후 2004년 까지 총 6차례에 걸친 개정을 통해 영업비밀 보호조항을 대폭 강화하여 업무상 거래자와 제3자에 의한 영업비밀 절취행위도 처벌할 수 있도록 하고 있다.

또한 대외경제법은 군수물자 등 전략물자의 수출을 제한하고 국가안보와 군사기술 보호에 필요한 경우 방위산업체의 해외매각이나 외국인의 방위산업에 투자를 제한할 수 있도록 규정하고 있다.

4. 중국의 산업보안

1) 중국 산업보안 현황

급속도로 경제성장이 진행되고 있는 중국의 기술획득 전략은 전방위적으로 진행되고 있다고 해도 과언이 아니다. 이는 중국의 5개년 경제발전전략과 함께 국가 중장기 과학기술 발전이라는 국가적 전략으로 추진되고 있다.

덩샤오핑의 남순강화(南巡講話) 이후에 과학기술의 경제와의 연계성 강화가 국가 정책의 모토로 제시되었으나, 실질적으로 중국의 과학기술정책이 경제발전 정책과 연계되어 추진된 것은 장쩌민 중심의 집단지도체제인 8차 5개년계획(1991~1995)부터 9차 5개년계획(1996~2000) 시기라 할 수 있다.

이후 후진타오 중심의 집단지도체제 시기인 10차 5개년(2001~2005) 단계에서는 기술수준별 기술획득 전략을 전개하였으며 2006년 2월에 수립한 '국가중장기과학기술발전계획요강(2006~2020)'에서 2020녀까지 향후 15년의 정책목표로 자주적 혁신능력의 강화, 기초과학 및 첨단기술 분야의 종합적 실력강화, 세계적으로 영향력 있는 과학기술 성과의 획득, 혁신형 국가의 건설 등을 제시하고 있다(장보영, 2011: 190).

이러한 중국은 외국에서 들여오는 기술정보에 대해서는 불법성 여부를 불문하고 관대한 입장인 반면 자국의 기술이 유출될 경우에는 엄격한 잣대를 대고 있다. 특히 국가안전부(Ministry of State Security, MSS)는 자국 산업기술보호 등을 위해 외국 정보기관의 중국인 포섭차단, 해외공관의 도청차단, 해킹방지 업무를 수행하며 해외공관에는 방첩전담요원을 파견, 공관 보안유지 및 공관원에 대한 주재국 정보기관의 정보수집 활동을 차단하고 있다. 또한 외국 통신사들이 경제정보 서비스를 중국내에서 시행할 경우, 신화통신사를 통해 인가를 받도록 의무화하고 경제정보의 유통과정을 감독하기 위해 경제정보화 지도소조를 설치해 운영하고 있다(지식경제부, 2011: 63).

2) 중국 산업보안 법제

중국에서의 2003년 국가안전부 주도로 "국가안전법"을 제정하여 산업기밀 유출을 국가안정에 위해를 가하는 행위로 간주하여 간계자 전원을 중형으로 처벌하고 있으며 "중화인민공화국반부정당경쟁법(이하 '부정경쟁방지법'이라 한다)"에 의하여 영업비밀의 정의, 침해유형, 민사책임에 대하여 비교적 간단하게 규정되어 있고, 행정법규로는 영업비밀침해행위에관한규정(關于禁止侵氾商業秘密行爲的 若干規定)이 있으며, 형법 제219조는 영업비밀침해죄를 규정하고 있다. 이외에도 영업비밀 관련 법률로서 민법통칙, 계약법[27], 회사법[28], 노동법[29] 등이 있다.

또한 중국역시 미국 및 우리나라와 마찬가지로 국가 비밀기술 수출시 정부 허가를 받도록 규정하는 "수출통제법령"을 통하여 국가 비밀기술의 수출시 국가과학기술위원회의 허가를 받도록 하고 있으며, 기술 수출입시 수출금지・제한・자유 기술로 구분해 해외유출을 통제하고 있다. 수출제한기술에 대해서는 국무원 상무부에서 심사, 승인 여부를 결정한다.

27) 중국은 1999년 3월 기존에 제정・시행중이던 기술계약법(기술合同法), 경제계약법(經濟合同法), 섭외경제계약법(涉外經濟合同法)을 통합하여 새로운 계약법을 제정하여 시행하고 있으며, 중국에서의 전형계약인 모든 계약관계(총 23종의 계약)를 규정하고 있어 민법통칙을 보환해주고 있다.

28) 1993년 12월 제정되고 1999년 12월 개정도니 회사법 제62조, 제123조, 제128조에는 이사(董事), 감사(監事), 경영관리자(經理)는 법률의 규정 또는 주주총회의 동의에 의하지 아니하고는 회사의 비밀을 누설해서는 안되고, 비밀누설로 인하여 회사에 손해를 입혔을 경우 배상책임이 있다고 규정하고 있다

29) 1995년 1월부터 시행하고 있는 노동법 제22조 및 제102조에는 노동계약 당사자는 노동계약중 사용자의 영업비밀 관련사항에 대하여 비밀유지의무를 규정할 수 있고, 노동자가 계약사항을 위반하여 사용자에게 경제적 손실을 입혔을 경우 배상책임이 있다고 규정하고 있다.

06 한국의 산업보안 현황

1. 산업기밀 유출실태

1) 산업기밀 유출실태

기업의 핵심기술은 현 제품군과 그 로드맵에서 정의된 제품의 진화 그리고 성장동력을 위한 핵심기술들과 기업경쟁력을 간접적으로 지원하는 서비스 및 인프라관련 핵심 기술을 포함한다. 따라서 세계경제의 침체 속에서도 세계의 글로벌기업들은 첨단기술 확보를 위한 치열한 경쟁 속에 놓여있게 되었다. 특히 우리나라의 경우, 첨단기술력을 지닌 미국·일본과의 격차를 줄여가면서 신흥기술국인 중국·인도 등의 맹렬한 추격을 받는 등의 상황으로 국가 기술력 순위에서 가장 경쟁구도가 심각한 선두국가들 중 중간에 위치하고 있다. 그리하여 우리나라의 기술력이 기술선진국이나 신흥기술국의 선호하는 표적이 되고 있는 실정이다.

국가정보원 산업기밀보호센터는 2003년부터 2010년 10월말까지 해외로 유출하려던 244건의 기술유출 사건을 적발하였는데, 관련 업계에서는 적발된 기술이 그대로 해외로 유출되었다면 엄청난 피해를 입었을 것으로 추정하고 있다. 기술유출 적발현황을 연도별로 구분해 보면 2003년에는 6건에 불과하던 것이 2004년 26건, 2005년 29건, 2006년 31건, 2007년 32건, 2008년 42건, 2009년 43건으로 매년 증가추세를 보이고 있다. 주로 전자, 정보통신 분야의 중소 벤처기업에서 유출사고 빈도가 높고, 전·현직 직원을 통한 유출빈도가 가장 높았으며, 금전적 이득이 가장 큰 원인으로 작용하고 있다.

2) 산업기밀 유출배경

1990년대 이후 냉전체제가 붕괴된 이후 전 세계는 경제전쟁, 정보전쟁의 시대로 진입하게 되었다. 경제전쟁은 국내의 동종기업 뿐만 아니라 세계의 기업을 상대로 하는 무한 경쟁이며 시작도 끝도 없는 소리 없는 전쟁이다. 무한경쟁에서 기업의 우위를 확보하기 위하여 자사의 기술유출을 차단하고 타사의 첨단기술정보를 획득하기 위한 정보경쟁은 한 기업의 생존을 결정하는 중요한 요인으로 인식되고 있다(고인영, 2005.9.8일자 강원일보). 이렇게 정보의 중요성이 커지면서 국가, 기업 간의 산업 및 경제정보 전쟁이 가속화되고 있는 시점에서 불법적인 산업스파이 행위는 점점 증가하고 있다.

뿐만 아니라 정보 통신기술의 발달은 정보사용의 편리성과 활용이 용이하게 되었다는 장점과 함께 산업기술 유출 위험을 가중 시켰다. 먼저 과거에 기업 내에서 종이문서에 의존하였던 정보는 아날로그 형식에서 디지털화 되어 데이터나 파일의 형태로 쉽게 저장할 수 있게 되었다. 또한 압축 기술의 발달로 컴퓨터나 CD, USB 등에 다량으로 저장되고 소형화 되어 휴대와 이동도 용이하게 되었다. 한편 인터넷을 이용하여 정보를 공유하고 파일을 전송할 수 있는 방법도 매우 다양하게 되었다. 메일, 웹하드, 메신저, P2P 등 대용량 데이터를 쉽고 빠른 시간에 전송이 가능하게 되었으며, 블루투스, 적외선 통신으로 장소에 관계없이 무선으로 정보가 오고 가고 있다. 이러한 정보 통신 기술의 변화는 쉽게 유출될 수 있는 하나의 배경으로 자리 잡았다. 이러한 정보통신기술의 발전과 더불어 산업 스파이 기술이 점점 더 과학화, 지능화, 고도화, 전문화, 은밀화되고 있는 추세이다.

3) 산업기밀 유출원인

(1) 도덕적 해이(moral hazard)

기존의 기술유출자는 전·현직 직원에 의한 생계형 기술유출이 대부분이었으나 최근에는 고액 연봉, 승진 보장 등 금전적 사리사욕 추구를 위해 기술을 훔쳐 경쟁사로 전직한다거나 첨단기술을 불법 도용해 창업하기도 한다. 이는 물질 만능주의와 한탕

주의가 낳은 결과이다. 또한 IMF 이후 평생직장의 개념이 무너지면서 실직에 따른 불안감, 타 기업의 스카우트 제의, 불법적인 유혹 속에서 기술자의 도덕적 해이는 심각해지고 있다. 이러한 도덕적 해이는 자원의 낭비와 비효율을 가져온다. 따라서 핵심 기술 인력에 대한 체계적인 관리와 보안시스템 강화, 연구원들의 주인의식 회복과 도덕적 해이를 극복하기 위한 교육 등이 절실하다고 전문가들은 지적한다(권영일, 2007. 5. 23일자 사이언스 타임즈).

(2) 보안의식의 결여

보안의식 결여는 기업비밀 유출 원인 중 큰 비중을 차지한다고 볼 수 있다. 특히, 이러한 산업 기밀유출은 기술개발에 참여한 사람들에 의해 주로 행하여지기 때문에 "내가 개발한 기술을 내가 좀 이용한다는 데 무엇이 문제인가"라는 식으로 별다른 죄의식 없이 이루어지는 경우가 많다. 그러나 이에 대응하는 우리 기업들의 자세는 안일해 보인다. 기술유출의 80%이상이 전・현직 임직원에 의해서 이루어지고 있다는 점을 고려해 볼 때, 전・현직 임직원에 대한 보안관리가 미흡함을 알 수 있다. 기업체마다 보안관리 체제를 구축하고 보안시설에 대한 투자도 이루어져야 하지만, 특히 임직원들을 대상으로 한 보안의식 및 건전한 직장 관을 고취시킬 수 있는 기업차원의 적극적인 노력이 있어야만 보안유출 사고를 미연에 방지할 수 있을 것이다.

(3) 처벌 법규의 미흡

2011년 기술 유출 사범 가운데 법정에 세워진 인원은 10명에 한 명 수준이었던 것으로 나타났다. 따라서 기술 유출 범죄는 급증하는데 정부 당국이 사법처리에 소극적이어서 기업들의 기술 개발 의지를 꺾는 것 아니냐는 지적이 일고 있다. 또한 크게 한건하고 처벌받는 것도 괜찮다는 풍조를 만연시켜 기술유출 범죄를 증가시키는 원인이 되고 있다는 지적도 있다.

기술유출의 경우 현재 「산업기술의 유출방지 및 보호에 관한 법률」에서 해외 유출의 경우 10년 이하의 징역 또는 10억 이하의 벌금을, 국내 유출의 경우에는 5년 이하의 징역 또는 5억 이하의 벌금을 규정하고 있다. 그러나 실제적으로 기술유출의 경우 적발되더라도 고학력자에 초범인 경우가 대다수이라서 1심에서 집행유예를 선고 받는 경우가 가장 많다.

(4) 금전적 이익

산업기밀유출 문제에 있어 기술유출자, 기술수요자, 기술보유자 모두에게 가장 핵심적으로 관련된 원인은 금전적 이익에 있다. 먼저 기술수요자에게 있어 기술을 빼내는 행위는 굉장히 효율적인 행위이다. 기술수요자는 경쟁업체의 인력을 스카우트하거나 경쟁업체의 직원에 금전적 보상, 고위직 제의 등을 통해 정보를 빼내거나 합법적인 인수합병을 가장해서 정보를 빼가는 방법을 주로 택하는데 이러한 방법은 기술개발에 들어가는 막대한 투자비용과 장기간의 시간을 소요하지 아니하고 손쉽게 기술을 획득할 수 있는 방법이기 때문에 기술수요자 입장에서는 범죄의 유혹을 느낄 수 있다고 할 수 있다.

마찬가지로 기술유출자와 기술보유자 측면에서도 돈이 문제가 된다고 할 수 있는데 특히 대기업보다도 자금력이 부족한 중소기업들에서 문제가 된다. 대기업의 경우 연구, 개발에 대한 어느 정도 보상이 이루어지고 또 보안관리 체계에 있어서도 투자가 이루어지고 있어 기술유출에 있어 상대적으로 위험성이 덜하다고 볼 수 있지만 자금력이 부족한 중소기업의 경우 모든 자금이 당장의 연구, 개발에 투자가 되기 때문에 실질적으로 그 연구, 개발에 참여한 임직원에 대한 보상이 상대적으로 충분히 이루어지지 않고 이에 대해 불만을 품거나 미래에 불안감을 느끼는 임직원들은 경쟁업체에서 제시하는 금전적 유혹을 뿌리치기 힘들게 되는 경우가 많다. 또한 보안관리 체계에 있어서도 투자가 많이 이루어지지 않기 때문에 충분히 막을 수 있는 기술유출까지도 피해를 입게 되는 경우가 생기는 것으로 보인다.

2. 산업기밀 유출범죄의 특성 및 유형

1) 산업기밀 유출범죄의 특성

산업스파이가 산업기술을 절취하는 방법은 다양하다. 즉 전통적인 절도, 항공촬영, 컴퓨터해킹, 도청, 기업내부자의 매수, 스카우트, 공공기관의 정보를 이용하는 방법 등이 있을 수 있다. 이와 같은 다양한 방법들을 이용하는 산업스파이 행위는 전통적인 범죄와 구별되는 다음과 같은 성격을 지니고 있다.

(1) 고의범

산업스파이행위는 각국의 국내법상 허용되지 아니한 불법적인 방법 또는 경쟁법적으로 허용되지 아니한 방법을 동원하여 정보를 습득한다는 측면에서 볼 때 고의에 의한 범죄행위이다. 반면에 보통 범죄는 고의와 과실에 의해서 행해진다.

(2) 재산범

이 경우 고의는 보복, 원한관계의 청산, 충동으로 자행되는 보통범죄와는 달리 오로지 산업기술을 절취하여 경제적 이익을 달성하기 위한 목적으로 행해진다.

(3) 피해의 광범위성

전통적인 범죄는 특수한 경우를 제외하고 그 피해자가 소수인데 반하여 영업비밀 침해로 인하여 그 기업이 경쟁력을 잃어 문을 닫게 되면 기업주가 망하는 것은 물론 그 기업의 근로자가 일자리를 잃게 되고 넓게는 국가전체의 경쟁력을 잃게 되어 국가경제 및 국가안보에 심각한 영향을 미친다.

(4) 죄의식의 희박

영업비밀 침해죄는 전통적인 범죄에 비하여 범죄의식이 낮다는데 심각한 문제가 있다. 전통적인 범죄는 그 행위시에 자기가 범죄를 저지르고 있다는 의식이 명확한 반면, 영업비밀 침해범죄는 기술개발에 참여한 사람들에 의해서 주로 행하여지기 때문에 '내가 개발한 기술을 내가 좀 이용한다.'는 식으로 별다른 죄의식 없이 범죄를 저지르는 특징이 있다.

(5) 화이트칼라 범죄

영업비밀 침해는 주로 화이트칼라 범죄이며 그 기업의 내부사정에 밝고 정보원에 접근이 용이한 내부자가 대부분이다. 이 점은 기업내부의 조직・인사관리 그리고 직원들의 후생복지 등과도 밀접한 관련성을 갖기 때문에 시사하는 바가 크다고 할 수 있다.

(6) 적발의 어려움

전통적인 범죄에 비해 영업비밀 침해사건은 적발하기가 매우 어려울 뿐만 아니라 당해 기업이 침해를 당했다는 사실을 인지하는데 장시간이 소요되기 때문에 적절한 조치를 취하기 어렵다. 일반적으로 유체재산을 도난당했을 때는 원본이 사라지기 때문에 쉽게 인식할 수 있으나, 무체재산인 산업기술은 그대로 남아있고, 그 복제물이 첨단장치들을 통해 유출되기 때문에 침해사실을 인식하지 못하다가 시장에서 자신의 기업이 개발한 기술이 유통되는 것을 보고서야 인식하는 경우가 많다(현대호 외, 2008: 27-29).

2) 산업기밀 유출범죄의 유형

산업기술을 비롯하여 개인의 정신적 창조물은 그 경제적 가치가 증대됨에 따라서 침해사례도 증가하여 왔다.[30] 특히, 산업기술 유출은 어느 한 기업의 피해에 그치는 것이 아니라 산업전반의 경쟁력까지 위협하고 국부유출로 이어진다는 점에서 심각한 문제이다. 일단 산업기술은 빠져 나가게 되면 그 피해를 돌이킬 수 없게 된다. 산업기술을 빼내간 기업은 연구개발비와 시간을 들이지 않고서도 싸게 제품을 생산해 원천기술을 가진 기업보다 먼저 시장을 선점할 수 있으며 단기간 내에 기술격차를 줄일 수 있기 때문이다. 외국의 산업스파이가 노리는 것은 우리나라의 경우 전자・정보통

30) 오늘날 미국에서도 개인의 정신적 창조물에 대한 침해가 증가하고 있는데, 그 이유는 첫째 상품에 사용되는 기술의 복잡성과 다양성, 둘째 침해자의 시장진입으로 상실하는 연구 및 개발에 대한 투자의 중요성, 셋째, 침해자에 의하여 손상된 상표등에 의하여 형성되는 신용의 중요성, 넷째 침해자의 시장진입으로 예상되는 잠재적 이용의 상실, 다섯째 지적재산권자에게 부여되는 엄청난 손해배상액 등이 그 주된 이유로 작용하고 있는 것으로 판단된다(Robert L. Dunn, Recovery of Damages for Lost Profits, Lawpress Corporation, 5th edition, 2002. p.17).

신·원자력·생명공학 등 각 분야에서 우리나라가 세계적으로 기술경쟁력 우위를 확보한 분야의 첨단기술 및 경영전략 등 기술상·경영상의 영업비밀 정보이다.

2010년 국가정보원 자료에 따르면 지난 5년간 기업의 핵심기술 유출의 주된 유형 중의 하나가 바로 핵심연구원을 매수하는 것으로 총 189건의 기술유출 사건가운데 146건(77%)으로 그 비중이 제일 큰 것으로 나타났다. 이외에도 공동연구(3%), 위장합작(3%) 등의 수법과 함께 직원내부자 상호간의 공모(20%)의 형태도 있다.

(1) 현직직원 매수에 의한 방법

핵심기술을 보유하고 있는 기업의 내부직원 및 연구원을 매수하여 국내 및 해외경쟁사가 기술을 빼돌리는 경우에 해당하며, 주로 기술을 담보로 하여 거액의 스카우트 제의 및 지위보장을 미끼로 하고 있다.

> 국내 LCD업체에 근무하던 D사의 연구원은 전직 직원 출신 K씨로부터 휴대폰용 컬러모듈 기술을 넘겨주면 중국 T사로 스카우트해서 부장급 대우와 함께 억대 수준의 연봉을 주겠다는 권유에 넘어갔고 D사가 60억을 들여 개발한 기술도면을 넘기다 적발되어 구속되었다.

(2) 전직직원에 의한 기술유출

퇴사 시 불법으로 가지고 나갔던 기술자료 등을 토대로 타 회사에 취업하여 기술을 유출시키는 경우에 해당하며, 이는 현직매수 또는 현직직원과 공모 등 다양한 형태로 하고 있다.

> D사를 퇴사한 직원 손모씨 등은 자신이 근무했던 전 회사의 지문인식 프로그램 관련 컴퓨터 파일, 백업CD, 설계서 등을 빼내 일본 S사와 기술이전에 관한 계약을 체결한 뒤 퇴사, 당시 훔친 프로그램 파일 등을 이메일을 통해 유출시킨 혐의를 받고 불구속되었다.

상기사례와 같이 퇴직 전에 미리 자료를 준비하는 경우는 상당히 광범위하게 이루어지고 있다. 프로그래머나 설계, 또는 연구원, 그리고 프로젝트 수행자들의 경우 대부분 자신들이 했던 작업이나 백업 데이터를 개인이 소장하거나 또는 따로 가지고 있는 경우가 많다. 이는 비록 자신이 만들고, 작성한 것이라 하더라도 회사의 명령과 재산을 가지고 했다면 그 소유권이 회사에 있다고 생각하는 것이 아니라 자신의 창작과 노력의 산물이라고 단순하게 생각하며 이것이 범죄가 될 수 있다는 사실을 알지 못하는 경우에 많이 발생한다.

따라서 퇴직 후 재취업 시 자신이 이전에 수행했던 과업물을 인용 또는 참조하여 전직한 회사에서 사용함에 따라 자연스럽게 타 회사에 유출되는 경우도 있으며, 취업 조건에 전직장의 기술자료를 같이 가져올 것을 요구받아 자신이 가지고 있는 자료와 함께 부족하다면 내부에 남아있는 선후배들에게 부탁해서 그 기술자료를 유출하는 경우가 허다한 것이 사실이다.

(3) 인력 빼내기에 의한 유출

이 형태는 결국 상기 (1), (2)와 같은 이야기 일 수 있으나, 결국 (1), (2)의 종합편인 것으로 볼 수 있다.

기술절취에 따른 대가를 지불하는 것에는 같지만 지금 현재 근무하고 있는 핵심 기술인력을 직접적이고 불법적인 형태로 스카우트하거나 제3의 회사로 빼돌리는 방법으로 기술자료와 함께 그 핵심인력까지도 함께 유출해 가는 것이다.

사례 1. 핸즈프리를 제조하는 F사는 외국계 M사와 합작법인 설립을 추진하던 중 제품개발 담당 연구원 2명이 사라지는 경우를 당했다. 이 연구원들이 우편으로 회사에 사직서를 송부하고 핵심기술이 저장된 노트북을 소지한 채 해외로 나가버리면서 핵심기술과 시제품이 M사로 건네지고 합작은 무산되었다.

사례 2. H사 박모 전무와 상무 홍모씨는 경쟁사인 Y사에서 차량용 AV시스템 기술 개발을 담당하고 있던 연구원 7명을 빼내 별도의 C사를 설립하고 H사에 AV시스템을 납품함과 동시에 기술자료를 몰래 팔아넘긴 사실이 발각되어 모두 구속되었다.

(4) 산업스파이의 이용

미션임파서블 같은 정보영화에서 많이 등장하는 산업스파이들은 고객의 요청에 따라 상대방의 중요 정보를 빼내기 위해 위장취업, 컨설팅 사칭, 국제세미나 및 포럼에서 의도적으로 관계를 맺어 기술자에게서 기술 유출 등 다양한 방법으로 기술을 절취하기 위한 시도를 한다.

> 동영상 표준인 MPEG G4의 솔루션 개발업체인 M사의 심모 사장은 해외에서 개최된 솔루션 개발자 포럼에서 기술을 도난당할 뻔하였다. 심 사장은 한 외국인으로부터 미국 대학원생이라며 연구용으로 필요하니 원천기술을 알려달라고 요청을 받았다. 개발자끼리는 신분이 확실하면 기술을 공유하는 암묵적 동의가 있어 도면을 보여주려다 의심스러워 확인해보니 경재업체인 미국 P사의 엔지니어로 밝혀졌다.

이와 같이 신분을 속이는 일은 의외로 손쉽게 이루어지는 것으로 보이며 대표적으로 2006년 기아자동차 기술유출 시에는 유령의 회사 명함을 가지고 바이어인 것처럼 위장하여 공장내부를 시찰하고 촬영까지 했다고도 한다.

(5) 위장 인수합병

기술을 가진 회사의 핵심정보를 빼내기 위해 의도적으로 투자를 전제로 하여 기술유출을 시도하거나 유령회사 또는 제3의 회사를 이용하여 합작 등의 제의를 하여 기술정보에 접근 후 계약을 파기 하는 형태 등 다양하게 진행되고 있으며, 우리나라의 경우도 외환위기 이후 외국 회사와 M&A과정에서 수많은 기업들이 가지고 있던 핵심기술들이 실사 과정에서 유출되고 M&A가 무산 되는 등 다양한 기술 유출 사례를 가지고 있으며, 대우해양조선의 매각과정에서도 외국 투자자본에 의한 기술유출시도에 대항하여 산업기밀유출이라는 본질적 문제를 가지고 많은 잡음을 일으킨 결과 우선인수 대상자가 국내기업으로 바뀌게 되는 사례도 발생하였다.

> 산전차단기개발에 성공하였으나 심각한 자금압박에 시달리고 있던 S사는 이때 국내 유수의 모 전자회사가 신기술생산투자를 제의해왔고 다급한 나머지 계약서류를 작성하기 전 투자상담을 하는 과정에서 핵심자료를 제공하였다. 그러나 투자를 제의한 모 전자회사가 갑자기 투자의사를 철회하고 S사의 기술을 모방하여 독자제품을 출시했다.

(6) 합법적인 M&A를 통한 기술유출

요즘 뜨겁게 이슈가 되고 있는 형태로서, (5)의 위장인수합병이 아닌 막대한 자금을 가진 기술후발업체가 기술력을 가졌으나 재정적 문제를 가진 핵심기술 보유회사를 인수하여, 합법적으로 기술만 빼어내고 그 회사를 정상적으로 경영하지 않는 사례이다.

> 대표적으로 중국 상하이 자동차와 국내 쌍용 자동차의 사례이다. 재정난에 시달리던 쌍용자동차를 중국 상하이 자동차가 약6천억여 원에 인수를 한 후, 인수 후 투자 및 신차개발은 하지 않고 상하이 차와 쌍용차의 인트라넷 망을 공유하여 모든 기술을 중국으로 이전한 후 현재 쌍용차의 경영에서 퇴진하겠다는 의사를 밝혔다. 이 문제를 가지고 많은 법리학자와 산업보안 관계자는 이것이 기술유출이라는 결론을 내었으나, 상하이 차의 입장에서는 당연히 자회사의 정보를 가지고 있는 것인데 외국기업이라는 이유로 기술유출 운운하는 것은 시장경제논리에 맞지 않는 배타성이라는 논리로 맞대응 하며 경영의사마저 포기하였다.
> 이 과정에서 쌍용자동차는 지난 몇 년간 신차개발이 없었으며, 판매활동도 부진하여 경영악화는 심화되었고, 상하이 자동차는 2대 정도의 신차개발에 소용되는 R&D비용만을 가지고 10년은 기술진보를 할 수 있는 기술을 유출해간 것이다.
> 현재 상하이자동차는 우리나라 기업에 했듯이 이번에는 영국의 자동차 기업을 인수하려는 움직임을 보이고 있어 영국 내에서 엄청난 반대에 직면해 있다고 한다. 중국은 현재 막강한 달러 보유고를 토대로 국가의 지원 하에 해외의 선진기술을 가진 기업 인수에 앞장서고 있는 바, 앞으로 국내 기업의 인수합병과정에서 이와 같은 사실에 주의해야 할 것이다.

상기까지 산업기술유출의 형태에 대해 원인에 비추어 개인과 기업의 대표적인 방법만을 살펴보았다.

기술유출이 결국 기업활동 침해라는 견지에서 복제품, 불법상표사용, 도용상표사용 등 건강한 기업활동을 저해하고 시장을 교란하는 여러 가지 형태가 있겠지만 산업기술유출의 원인이 무엇인가의 답이 직접적으로 개인영달 및 금전의 유혹이라는 결론에서 3가지 항의 내부적 또는 개인적 요인((1), (2), (3))과 외부로부터의 요인 또는 적대적 요인((4), (5), (6))으로 나누어 사례를 살펴보았다.

(1), (2), (3)은 또한 엄밀히 따지면 외부에서 그러한 목적의 유혹이 있었기에 가능

한 것이지만 외적영향 보다는 내적인 심리변화 및 개인영달의 추구에 따라 개인이 스스로 기술유출에 가담한 것으로 볼 수 있다고 판단하여 내부적 요인이라 했으며,

(4), (5), (6)은 기업 또는 개인의 의사와 상관없이 외부 영향세력에 의하여 의도적으로 기술유출이 되는 것으로 판단하여 외부로부터의 요인이라고 하였다.

3. 산업보안 조직체계

1) 산업보안 관련 조직

(1) 정부기관

① 국가정보원

국가 정보보안업무의 기획・조정 및 보안정책수립・시행 등 국가・공공기관에 대한정보보안 업무 총괄을 담당하고 있다. 근거법령으로는 "국가정보원법" "보안업무규정" "정보통신기반보호법" "전자정부법" "국가 사이버안전 관리규정" 등이 있다.

국가정보원 산하기관으로 국가사이버안전센터(NCSC)와 산업기밀보호센터(NISC)가 있다. 국가 사이버 안전센터에서는 국가 사이버안전 정책수립, 국가 사이버 안전 전략회의 및 대책회의 운영지원, 사이버위협 관련 정보의 종합 수집・분석・전파, 국가 정보통신망 안전성 확인, 국가 사이버 안전매뉴얼의 작성・배포, 사이버공격으로 인하여 발생한 사고의 조사 및 복구지원, 외국과의 사이버위협 관련정보의 협력 등의 업무를 수행하고 있다.

산업기밀 보호센터(NISC)에서는 산업스파이 색출, 첨단기술 해외유출 방지, 산업보안 교육・컨설팅, 산업보안 설명회 및 워크숍, 산업보안 협의회 운영, 산업보안 관련 정책자료 제작 및 지원, 산업스파이 신고상담소 등 업무를 담당하고 있다.

② 방송통신위원회

방송통신환경을 더욱 안정적으로 발전시키고 글로벌 사이버위협에 신속하게 대응하여 전 국민이 안전한 사이버환경에서 생활할 수 있도록 방송통신 분야의 정보보호

업무를 수행한다. 근거법령으로는 “정보통신망 이용촉진 및 정보보호에 관한 법률”에 의거하여 산하에 인터넷 침해사고 대응 지원센터(KISC)가 설치되어 있으며 주요업무로 해킹, 웜・바이러스 등 인터넷 침해사고 대응, 인터넷 침해사고 예방활동, 국제협력체계 구축업무를 담당하고 있다.

③ **행정안전부**

정보보호 계획수립, 법제 및 체계정비, 기술적 보호강화, 교육확대 및 피해구제 강화등 다각적 대책수립 및 추진하고 있다. 근거법령으로는 “정보화 촉진기본법”, “전자정부법”, “전자서명법”, “정보통신기반보호법”, “공공기관의 개인정보보호에 관한 법률”, “행정기관 정보시스템 접근권한 관리규정” 등이 있다.

산하기관으로 정부 통합전산센터(NCIA)가 있으며 여기서는 국가 정보자원의 효율적 관리와 안정적 운영, 중앙 행정기관의 정보시스템과 통신망의 보안유지 업무를 담당한다.

④ **지식경제부**

지식정보 보안산업 육성 및 전문 인력 양성, ‘지식정보 보안산업 진흥 종합계획 Securing Knowledge Korea 2013)’수립, 원천분야 연구개발 집중투자 지식정보보안 전문 인력 양성, 주요 정보통신 기반시설의 지저확대, 보안제품 패키지수출 컨소시엄 등 추진 중에 있다. 근거법령으로는 “정보통신기반 보호법”, “정보통신망 이용촉진 및 정보보호 등에 관한 법률” 등이 있으며 산하에 정보보호산업지원센터(KISIS)를 운영하며 영세 중소 지식보안 기업의 제품연구개발을 위한 시험환경 및 지원시설 제공하고 있다. 뿐만 아니라 바이오인식정보시험센터(KNBTC)를 통하여 바이오인식 제품의 시험서비스 및 기술자문 서비스 제공하고 있다.

⑤ **대검찰청**

정보처리장치 및 정보통신 매체를 사용한 범죄사건에 대한 검찰 사무의 지휘・감독, 사건에 관한 범죄현상의 분석・연구・수사지침 수립 및 국내・외 중요사건 사례연구집 발간 등의 업무수행하고 있다. 산하기관으로는 ‘인터넷 범죄수사센터’가 있으며 주로 해킹・컴퓨터바이러스 유포와 같은 각종 인터넷 범죄와 전자상거래를 이용한 사기 개인정보침해 등에 중점을 두어 집중적 감시전개, 각종 사이버범죄에 대응하기 위한 대책수립, 새로운 수사기법개발 업무를 담당한다.

⑥ **경찰청**

사이버 범죄수사 및 사이버테러대응 국제협력 및 국제 공조수사, 디지털 증거분석 등 사이버테러대응 수사기관으로서의 역할을 담당하고 있으며 산하기관으로 사이버테러 대응센터를 운영하며 사이버테러 종합대책 수립·시행, 전국 사이버 수사요원 교육, 국제 공조수사 활동 전개, 24시간 사이버순찰을 통한 초동조치 및 대국민 경보발령, 주요 사이버테러 사건수사, 사이버테러 수사기법 개발 및 기술지원 업무를 담당한다. 또한 '디지털증거 분석센터'를 통하여 첨단범죄 증거분석, 증거 분석절차의 표준화 및 보급, 전문 수사기법 연구개발 등의 업무도 수행한다.

⑦ **중소기업청**

체계적이고 효율적인 중소기업지원체계를 구축하고 중소기업의 경쟁력을 높이기 위해 개청하였고, 주요업무로는 중소기업 정책의 기획, 중소기업 육성 및 창업활성화, 자금·인력·수출·판로 등 중소기업 성장지원, 중소기업 기술혁신, 소상공인 지원 등의 업무를 수행하고 있으며 산하에 '중소기업기술정보진흥원(TIPA)'을 두어 중소기업이 변화하는 경쟁환경에 능동적으로 대응하고, 기술혁신과 정보화를 통해 혁신역량을 획기적으로 향상시킬 수 있도록 기술개발 R&D, 경영혁신형 중소기업 육성, 정보화촉진을 지원하고 있다.

(2) 산하전문기관

① **국가보안기술연구소(NSRI)**

주요 정보통신 기반시설 등의 보호를 위한 기술개발 및 지원, 국가·공공기관의 정보통신 시스템 및 정보통신망에 대한 사이버침해에 효과적으로 대응하기 위한 기술 및 정책의 개발·지원 업무를 담당하고 있다. 근거법령으로는 "국가 사이버안전 관리 규정", "국가 정보보안 기본지침", "국가정보보안 기술 연구개발 지침"이 있다.

② **한국정보보호진흥원(KISA)**

인터넷 침해사고에 대한 효과적인 대응, 개인정보보호 및 피해 구제, 불법 스팸의 예방과 대응, 전자서명 인증관리 및 이용활성화, 정보통신 기반시설의 보호, 정보보호 제품에 대한 보안성평가, 지식정보 보안산업 육성 및 인력양성, 정보보호 정책 및 기술개발과 표준화, 정보보호 인식제고 활동 등의 업무를 수행한다. 근거법령으로 "정보통신망 이용촉진 및 정보보호 등에 관한 법률"이 있다.

③ **한국전자통신연구원(ETRI)**

네트워크 인프라 마비, 불건전・유해정보유통, 개인정보 유출 및 프라이버시 문제 등 유비쿼터스 사회로의 진입에 걸림돌이 되는 정보화 역기능 해소를 위한 정보보호 선도기술 확보 및 보유기술의 신속한 산업화 지원하고 있으며 근거법령으로는 : "정보통신망 이용촉진 및 정보보호 등에 관한 법률"이 있다.

④ **금융보안연구원(FSA)**

국가사이버안전센터, 한국정보보호진흥원 등이 제공하는 위협요소를 활용한 금융기관의 안전성점검 및 방안 수립, 급속히 발전하는 금융 IT환경에 적용되는 보안제품의 적합성 테스트, 고객의 편의성과 금융기관의 중복투자를 제거하기 위한 금융기관의 일회용 비밀번호OTP: One Time Password) 통합 인증센터 구축 및 운영하고 있다. 근거법령으로는 "정보통신망 이용촉진 및 정보보호 등에 관한 법률"이 있다.

⑤ **금융결재원 금융정보 보안센터(FLSeC)**

국내 은행과 새마을금고연합회에 대한 공공보안관제 취약점 분석・평가, 정보공유 및 정보보호 교육 등의 서비스 제공한다.

⑥ **산업기술보호협회(KAITS)**

"산업기술의 유출방지 및 보호에 관한 법률"에 의거하여 산업기술 보호를 위한 정책개발, 예방활동, 전문인력 양성업무를 담당하고 있다.

2) 기업의 산업보안 관리체제

보안 관리체계라고 하면 보안관리를 하기 위한 제도와 조직을 말한다. 기업의 규모가 개인사업자 또는 소규모의 기업이어서 별도의 관리체계를 갖추지 않고 기업주의 판단에 따라 그때그때 보안관리를 하는 영세기업이라면 몰라도 보안관리를 체계적, 조직적으로 관리하여야 할 기업에서는 우선적으로 관리체제의 확립이 급선무이다. 그러나 보안관리는 어느 기업이나 동일한 조직과 제도를 적용할 수 있는 것은 아니고 기업주의 의지, 기업의 보안상 중요성, 주변 환경이나 시설의 구조 등을 고려하여 기업의 특성에 맞는 관리체제를 독자적으로 구축하여야 한다(국가정보대학원, 2004: 51).

(1) 보안관리 제도의 운영

보안관리 제도에서는 기업에서 조직적으로 보안관리를 하려면 어떠한 자체 규정이나 계획을 가지고 추진하여야 하느냐 또는 관리상태를 확인 감독하기 위해서는 어떠한 제도가 필요한가에 대하여 설명하겠다.

① 자체 보안규정의 확립

보안에 관한 자체 규정은 분야별로 여러 개가 있을 수도 있지만 가능하면 기본적이 규정은 단일 사규로 통일하고, 지엽적이고 일시적인 것은 지침이나 지시사항의 형태로 보완하는 것이 좋다. 또한 보안규정은 그 기업의 보안관리 수준을 정하는 것인 만큼 처음부터 과욕을 부리지 말고 신중히 검토하여 실현가능한 내용으로 규정하여야 하고, 너무 잦은 개정은 안정성을 저해하고 혼란만 가중시킬 뿐이다.

ⓐ 보안규정에 포함하여야 할 사항

㈀ 규정의 제정목적, 적용범위 등 총칙에 관한 사항

㈁ 보안업무 및 책임의 분담체제

㈂ 보안업무 수행기구 및 관리감독제도와 절차에 관한 사항

㈃ 보안교육, 보안조치, 임용 및 퇴임시의 비밀유지 계약, 퇴직자 관리 등 인원보안에 관한 사항

㈄ 비밀의 등급구분, 취급 및 취급인가, 수발, 보관, 활용, 파기 등 비밀의 보호요령에

관한 사항

(ㅂ) 내・외부인의 출입통제, 보호구역이 설정 및 관리대책과 주야간 경비대책 등 시설보안에 관한 사항

(ㅅ) 기업의 기능이나 생산품목, 취급업무 등을 고려하여 보안상 중요한 관리대상의 보안관리에 관한 사항

(ㅇ) 협력업체, 거래 등 관련 업체의 보안관리에 관한 사항

(ㅈ) 전산실, 전사매체, 통신보안 등 정보통신보안에 관한 사항

(ㅊ) 기타 통신 및 컴퓨터보안에 관한 사항

ⓑ 보안규정 확립시 주의사항

(ㄱ) 가능한 한 통일된 단일규정으로 기업 내의 모든 보안관리 사항을 수록

(ㄴ) 직원들의 자의적인 해석이나 변칙적으로 시행할 수 없도록 명확하게 표현하고 세부적으로 규정

(ㄷ) 최소한의 통제로 최대의 효과를 거둘 수 있도록 규정

(ㄹ) 지나친 이상과 과욕을 자제하고 시행부서의 의견을 수렴, 시행가능하게 수립

② 연간 보안업무 추진계획 확립

보안업무도 다른 업무와 마찬가지로 계획성 있게 추진하기 위해서는 기업 내의 구체적인 년간 추진계획이 필요하다. 연간 추진계획의 시행상태는 자체감사나 점검시 확인하고, 심사분석을 실시하여 시행상의 문제점이나 시행성과 등을 분석하여 다음 년도계획을 반영함으로써 발전시켜 나가야 한다.

ⓐ 계획수립시 고려사항

(ㄱ) 자체 보안관리상 취약성 분석과 이러한 취약성에 대한 대책

(ㄴ) 기업의 년간 중요사업이나 신규사업에 대한 보안상 문제점과 대책

(ㄷ) 자체 보안감사, 점검 또는 보안업무 심사분석이나 보안진단시 제기된 문제점에 대한 개선대책

(ㄹ) 자체 보안감사, 점검, 교육 등 기업의 보안관리에 관한 사항

(ㅁ) 기타 자체 보안관리 개선을 위한 세부계획

ⓑ 확립요령

(ㄱ) 시행목적, 시행책임자, 대상, 시기, 방법 등을 명확하게 하고 미사여구나 추상적이고 막연한 내용 기술 지양

(ㄴ) 보안담당부서에서만 일방적으로 수립하지 말고 시행부서의 의견을 충분히 수렴하고 계획은 시행부서에 배포, 자체 계획수립 시행토록 조치

(ㄷ) 보안규정이나 지침내용 반복기술 불필요

(ㄹ) 시행가능하고 실적보다는 성과위주의 계획수립

③ 보안진단 및 조사분석

보안진단은 비밀의 정리, 비밀취급인가, 내・외부인의 출입통제와 같이 일상적, 반복적으로 수행하는 기본적인 보안행정관리 사항들의 시행상태를 시행부서에서 스스로 확인하여 시정하는 제도이고, 심사분석은 일정 기간 중 보안 관리한 사항이 목표나 계획을 기준으로 최초에 의도한 성과를 어느 정도 달성하였는가를 자체 분석하는 사후 평가제도이다. 따라서 감사나 점검제도가 있는데, 이러한 진단이나 심사분석까지 필요하겠느냐는 의문이 있을 수 있으나 기업의 보안상 중요성이나 규모 등을 고려하여 신중히 검토할 가치가 있는 제도이다. 감사나 점검과 다른 점은 보안진단이나 보안업무 심사분석은 시행부서 자체확인평가제도이고, 감사나 점검은 감독부서의 감독권 행사라는 차이가 있다.

ⓐ 보안진단

보안진단은 생산이나 접수한 비밀이 있으면 즉시 관리기록부에 등재하여 관리하다가 재분류 기일이 도래된 비밀이 있으면 검토하여 파기나 일반문서로 재분류하여야 하고, 비밀취급이 필요한 직책에 보직된 자는 보직과 동시에 취급인가를 하였다가 비밀취급이 불필요하게 되면 즉시 인가를 해제하면서 필요한 교육이나 보안조치를 하여야 하는데, 이와 같이 일상적이고 기초적인 보안행정 관리사항도 지연되고 누락될 수 있으므로, 지연이나 누락이 되지 않도록 1개월 또는 2개월에 한 번씩 주기적으로 확인하여 잘못된 것이 있으면 즉시 시정하여 보안행정의 기초질서를 바로 잡기 위한 제도이다.

따라서 기업에서 보안진단의 대상이 될 수 있는 업무는 다음과 같은 것이다.

㈀ 소유비밀의 정리상태 일제 확인

㈁ 비밀취급인가와 해제 및 보안조치의 절대성

㈂ 보안상 중요직책 보직자와 퇴직자의 비밀유지 계약체결 및 중요한 영업미밀 지득 후 퇴직자의 동향파악에 관한 사항

㈃ 내・외부인의 출입통제 시행상태와 출입증 보유여부 확인

㈄ 보호구역의 운영상태 확인

ⓑ 보안업무 심사분석

심사분석의 방법에는 여러 가지가 있겠으나, 보안은 형식보다도 실질적인 보호를 중요시하기 때문에 경제성이나 능률성을 측정하는 방법이나 사업계획에 대한 달성도를 평가하는 방법보다는 사업목표에 대한 달성도를 측정하는 방법이 좋다고 본다. 즉, 연도별 보안업무 추진계획에 의하여 보안감사나 교육을 계획대로 실시하였느냐를 분석하는 것 보다는 감사나 교육을 통하여 소기의 성과가 있느냐를 분석하는 것이 보다 효과적이다.

기업에서 보안업무 심사분석을 한다면 다음과 같은 업무가 대상이 될 것이다. 연간 보안업무 추진계획을 기준으로

㈀ 보안감사, 점검, 진단, 교육실시에 관한 사항

㈁ 보안업무 심의기구의 운영과 그 효과에 관한 사항

㈂ 비밀의 보유현황과 비밀취급인가자의 증감에 과한 사항

㈃ 영업비밀 등 중요한 비밀취급자의 비밀유지계약 및 퇴직자 관리사항

㈄ 기타 보안활동 전반에 관한 사항

(2) 보안관리 기구의 내용

보안책임은 보안의 대상을 관리하는 기업의 임직원에게 있고(관리자 책임의 원칙), 궁극적인 감독의 책임은 기업의 관리자 즉, 사장(독립된 공장이나 연구소의 경우는 공장장 또는 연구소장)에게 있다. 그러나 사장이 조직적인 보안관리를 하기 위해서는

보안업무에 대한 사장을 보좌하고 기업 내의 보안업무를 조정하고 총괄하는 보안참모가 필요한데, 이러한 임무를 수행하는 직책이 보안담당관이며, 기업 내의 부서 간에 보안업무를 협의하고 횡적인 협조체제를 유지하기 위한 기구로 보안업무협의회 또는 보안심사위원회, 보안정책위원회 등 그 기업의 특성에 맞는 명칭의 기구를 둘 필요가 있다.

① 보안담당관제도

기업은 사장을 정점으로 분야별로 조직이 구성되고 업무가 분장되어 각각의 책임자가 임명되어 있다. 따라서 보안관리도 관리자 책임의 원칙에 의하여 각자의 업무를 수행하는 과정에서 강구하여야 할 보안대책도 각자의 책임 하에 수행하여야 한다. 그러나 이렇게 각자에게 분담되어 있는 보안업무를 효과적으로 조정하고 지휘감독하기 위한 제도가 보안담당관 제도이다.

보안담당관은 기업의 성격에 따라 중요한 보안의 대상을 많이 관리하고, 보안업무를 전체적으로 조정, 통제할 수 있는 위치에 있는 간부직을 임명하는 것이 바람직하다. 국가보안에서는 보안담당관은 통상 총무나 서무담당 과장 또는 국장급 간부들이 겸임하고 있어 기업체에서도 보안담당관은 당연히 겸임하는 것으로 오해하기 쉬우나 보안상 비중이 높거나 기업주의 의지여하에 따라서는 보안담당관을 별도로 두어 보안업무에 전념할 수 있도록 하는 것이 좋다.

특히 조직이 비대하거나 공장 또는 영업소 등이 여러 곳에 산재하여 있어 보안담당관이 기업 내의 보안업무를 전체적으로 조정, 통제할 수 없는 기업에서는 분임보안담당관 제도를 두는 것도 효과적이다. 분임보안담당관은 보안담당관의 지시와 통제를 받아 부서 내에서 보안담당관의 임무를 수행하는데, 보통 부서장보다 하위직급자를 임명한다. 즉 부서내의 보안업무에 대한 총괄적인 책임이 부서장에게 있는 것은 당연하나, 부서내의 보안업무를 효과적으로 수행하기 위하여 부서장의 보안참모로써 차하위직급자를 분임보안담당관으로 임명하는 것이다.

보안담당관은 다음의 직무를 수행한다.

ⓐ 기업전체의 보안상 취약성, 보안관리 중점대상 분석 및 관리대책 강구

ⓑ 보안업무 분담, 관리체제 구축 및 운영에 관한 사항

ⓒ 보안관계 규정, 취업규칙, 지침의 수립 및 시행상태 감독

ⓓ 각 부서별 기능에 따른 보안대책의 적절성 조정 및 시행상태 감독

ⓔ 전직원의 보안교육 및 서약집행에 관한 사항

ⓕ 기타 기업의 전체적인 보안관리에 관한 사항

② 보안업무 협의기구의 심의

기업이 보안관리를 하는데 있어서는 횡적으로 협조를 유도하고 중요한 보안문제에 대하여 심의하기 위한 협의기구가 필요한데, 별도의 기구를 만들지 않고 간부회의를 소집하여 실질적으로 상호협조 또는 심의한다면 아무런 문제가 없을 것이다. 그러나 이러한 협조나 심의 없이 사장이나 보안담당관의 수직적인 지시에 의하여 보안업무를 처리하는 것 보다는 협의기구에서 토론과정을 거쳐 결정된 사항이 시행력이나 합리적인 방안을 모색하는데 보다 효과적일 것이다.

기업에서 보안업무 협의기구의 심의를 받을 필요가 있는 사항을 예시하면 다음과 같은 것이 있을 것이다.

ⓐ 보안관계 규정, 취업규칙 등 보안제도의 수립 및 개정에 관한 사항

ⓑ 핵심기술의 관리방법에 관한 사항 즉 특허화할 것인가, 영업비밀로서 보호할 것인가 등 보호전략에 관한 사항

ⓒ 보안규칙 위반자의 처리에 관한 사항

ⓓ 세미나, 전시회, 주주총회 등 중요행사에 따른 보안관리 사항 등

그런데 보안업무 협의기구의 성격에 관하여는 신중한 검토가 필요하다. 즉 보안업무 협의기구를 사장의 자문기구로 할 것인가? 아니면 독립된 기구로 할 것인가의 문제이다. 자문기구로 할 경우에는 협의기구에서 의결된 사항이라 하여도 사장이 거부할 수 있기 때문에 사장을 위원장으로 하는 것이 불합리하며 독립된 의결기구로 할

경우에는 사장을 위원장으로 하는 것이 합리적이다. 그러나 독립된 기구로 할 경우 보안업무협의회에서 의결된 사항을 사장이 거부할 수 없을 뿐만 아니라, 보안업무에 대한 사소한 결정을 하는 데도 보안업무협의회를 개최하여야 하는 번거로움이 있으므로 현실적으로는 많은 어려움이 있을 것으로 보인다.

3) 산업보안 정책의 추진방향

〈그림 1-5〉 산업보안 정책의 목표 및 추진방향

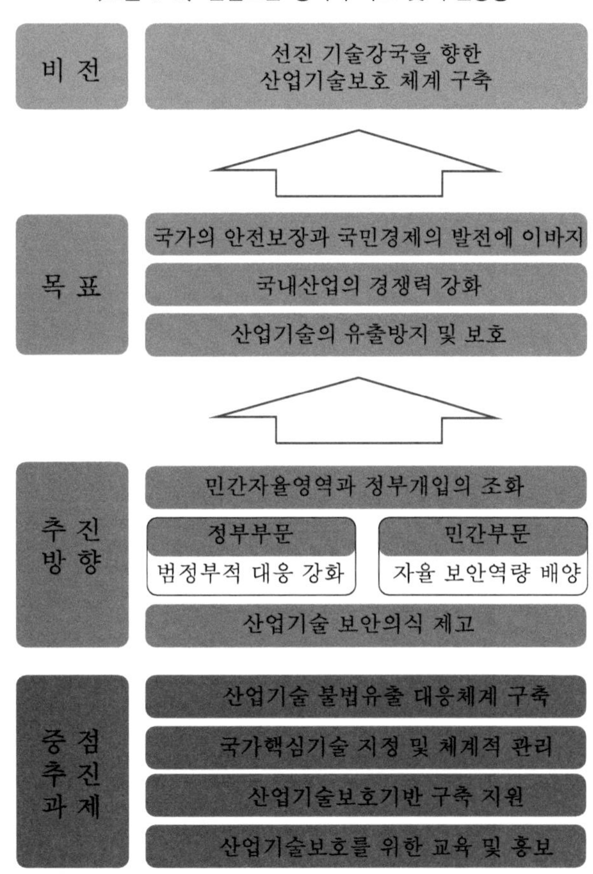

※ **출처:** 산업기술의 유출 방지 및 보호에 관한 기본계획, 산업기밀보호센터, 2007

(1) 추진체계

산업기술의 불법 유출에 대한 유기적인 대응체계를 구축하여 기업 등의 피해를 최소한하고 불법 침해 시도행위를 차단하여야 한다.

〈그림 1-6〉 산업기술보호 정책 추진체계

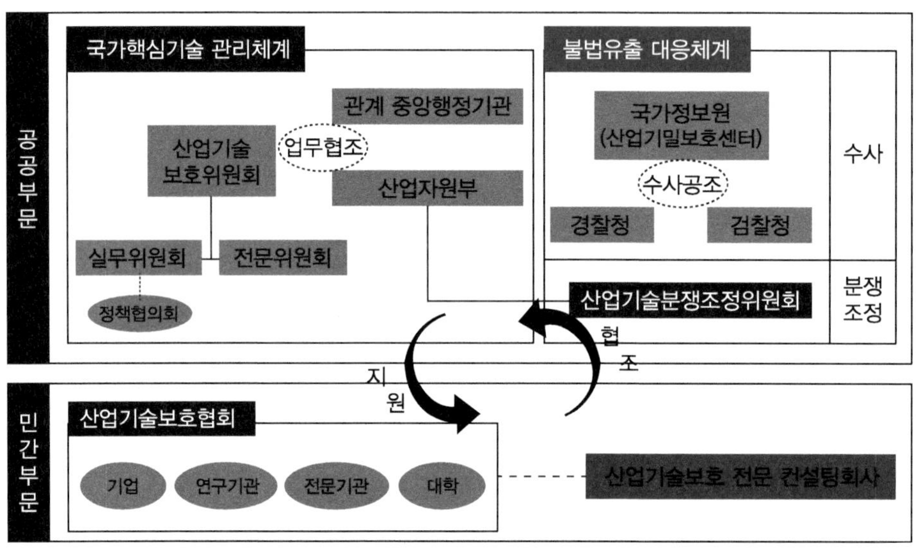

※ **출처:** 산업기술의 유출 방지 및 보호에 관한 기본계획, 산업기밀보호센터, 2007

〈표 1-15〉 산업보안업무 추진 기구의 역할

추진기구	주요역할	구성원
산업기술 보호위원회	· 산업기술의 유출방지 및 보호에 관한 사항의 심의	국무총리(위원장), 관계중앙행정기관의 장, 민간위원 등
실무위원회	· 보호위원회에 상정할 안건의 사전 협의 조정	산업자원부차관(위원장), 관계행정기관의 고위 공무원단 소속 공무원, 민간위원 등
정책협의회	· 주요 정책과제의 사전협의 조정	산업기밀보호센터장(의장), 관계행정기관의 과(팀)장
전문위원회	· 보호(실무)위원회의 심의 안건의 사전 전문적 검토	관계 행정기관의 장 4급 상당 공무원, 민간위원 등
산업기술분쟁 조정위원회	· 산업기술의 유출에 대한 분쟁의 신속한 조정	4급 상당의 공무원, 민간위원(교수, 판·검사 등) 등

※ **출처:** 산업기술의 유출 방지 및 보호에 관한 기본계획, 산업기밀보호센터, 2007

(2) 추진방향

① 민간자율영역과 정부개입의 조화

기업의 정상적인 경영활동을 최대한으로 보장하기 위하여 국가핵심기술은 국가안보와 국민경제적에 미치는 영향이 크므로 이러한 점을 고려하여 필요 최소한으로 지정한다. 또한 합법적인 국가핵심기술의 수출제한은 기업의 글로벌 경영활동을 저해하지 않는 범위 내에서 신중하게 운용하도록 한다.

② 범정부적 대응 강화

산업기술 불법유출에 대한 대응체계를 구축하고 국가핵심기술의 지정 및 체계적인 관리를 도모하기 위해서는 산업기술 침해 대응 조직간 공조체계를 확립하고 신고제도를 운영하며 분쟁에 대한 대응체계를 구축한다. 또한 국가핵심기술의 지정·관리체계 수립 및 보호조치 방안을 강구하여 수출을 관리한다.

③ 민간 자율역량 배양

산업보호기술 역량 강화를 위한 산업기술보호기반의 구축을 지원하기 위하여 민·관 연계로 산업보안기술 개발 수요조사를 포함한 대상기관의 산업기술 보호와 관리 실태조사를 실시하고 산업보안기술 개발, 전문인력 양성 및 산업기술기반 구축 등에 관한 지원방안을 수립한다.

④ 산업기술 보안의식 제고

산업보안의식 제고를 위해 대상기관 인력에 대한 체계적 교육 및 홍보계획을 수립·시행하고 다양한 국내 홍보활동 및 국제협력 사업을 추진하고 지원한다.

(3) 중점추진과제

① 산업기술 불법유출 대응체계 구축

〈그림 1-7〉 산업기술침해 대응체계

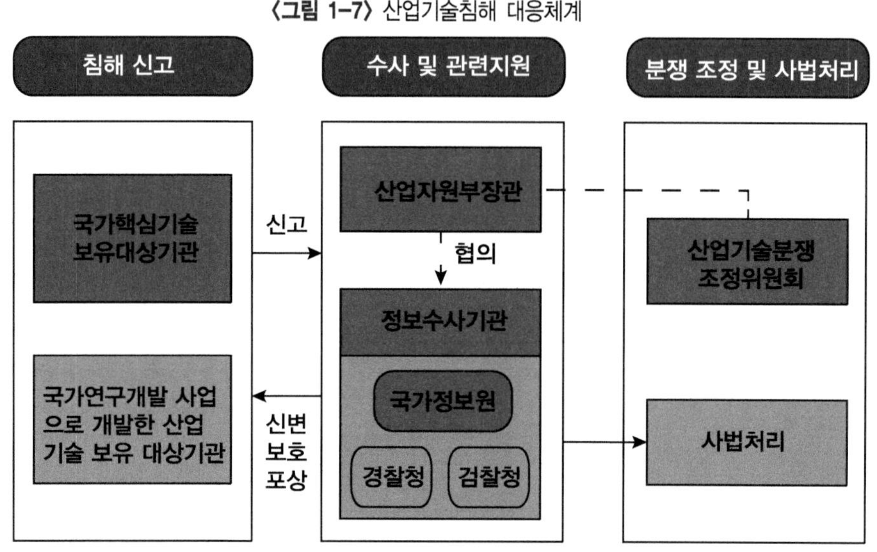

※ **출처:** 산업기술의 유출 방지 및 보호에 관한 기본계획, 산업기밀보호센터, 2007

ⓐ 산업기술 침해 대응조직간 공조체계 확립

산업기술 침해사고 발생시 신속하게 대응할 수 있는 산업자원부 및 정보수사기관 간의 공조체계를 확립해야 한다. 이를 위해서는 산업자원부 장관 및 정보수사기관의 장은 산업기술 침해사고에 관한 협의 채널을 구축하여 운영하여야 한다. 또한 각 정보수사기관의 장은 산업기술 침해 사고 수사 협조를 위한 관련조직과의 핫라인을 구축・운영하여야 한다.

산업기술의 유출 및 침해사고에 대한 수사・지원을 위한 전문성 강화를 위하여 정보수사기관의 장은 산업기술 불법유출 수사 전문인력의 확보를 위한 방안을 수립 및 운영하여야 하며 산업기술의 불법 해외 유출에 대한 국제 공조 등 대응을 위해 첨단 수사기법을 개발하여야 한다.

ⓑ 산업기술 침해 신고 제도 운영

주요 산업기술에 대한 침해 우려 및 발생이 있는 경우에는 해당 산업기술을 보유한 대상기관의 장에게 신고를 의무화하고 있다.

〈표 1-16〉 신고의무 사항

구분	주요내용
신고 의무자	· 국가핵심기술을 보유한 대상기관의 장 · 국가연구개발사업으로 개발한 산업기술을 보유한 대상기관의 장
신고 사유	· 법 제14조의 각 호에 해당하는 행위가 발생할 우려가 있는 경우 또는 발생한 경우
신고 기관	· 산업자원부 장관과 정보수사기관의 장

※ **출처:** 산업기술의 유출 방지 및 보호에 관한 기본계획, 산업기밀보호센터, 2007

산업기술을 해외로 불법 유출한 사실을 신고한 자에 대한 보호 및 지원제도 운영을 위하여 정보수사기관의 장은 산업기술 불법유출을 신고한 자가 요청시 관련법상 신변보호 조치를 제공하여야 하며 정부는 산업기술의 불법 해외 유출을 신고한 자에 대한 포상제도를 마련하여 운영하여야 한다.

〈표 1-17〉 포상금 지급내역

포상금 지급대상	포상금액
법 제14조 각 호(제4호를 제외한다)의 어느 하나에 해당하는 행위를 한 자로서 해당 산업기술을 해외로 유출한 자를 신고한 경우	1억원 이하
법 제14조 제4호에 해당하는 행위를 한 자로서 해당 산업 기술을 해외로 유출한 자를 신고한 경우	3천만원 이하
산업보안기술의 개발 등 산업기술의 유출 방지 및 보호에 기여한 공이 큰 경우	500만원 이하

※ **출처:** 산업기술의 유출 방지 및 보호에 관한 기본계획, 산업기밀보호센터, 2007

ⓒ 산업기술 유출분쟁의 신속한 조정

산업기술분쟁조정위원회를 통해 산업기술 유출 및 침해 분쟁이 발생한 경우 신속하게 조정하여야 한다. 이를 위해서 기존 민·형사적 분쟁해결 방법의 한계 극복을 위해 산업자원부장관 소속하에 분쟁조정위원회를 설치 운영하여야 하며 대상기관으로 구성된 산업기술보호협회를 통한 산업기술 분쟁조정위원회의 조정업무를 지원한다.

산업자원부장관은 산업기술의 유출 및 침해에 따른 대상기관의 피해규모의 산정방법을 개발하여야 하며 이를 위해 분쟁의 대상이 될 수 있는 정부 및 대상기관의 의견을 수렴하고 피해규모 산정방법을 분쟁 조정, 손해배상액 산정 등의 기초자료로 활용한다.

② **국가핵심기술 지정 및 체계적 관리**

민간기업의 경영활동과 국가핵심기술 보호정책이 조화되도록 필요 최소한으로 국가핵심기술을 지정하여 합리적으로 운영하여야 한다.

〈그림 1-8〉 정부 규제의 범위

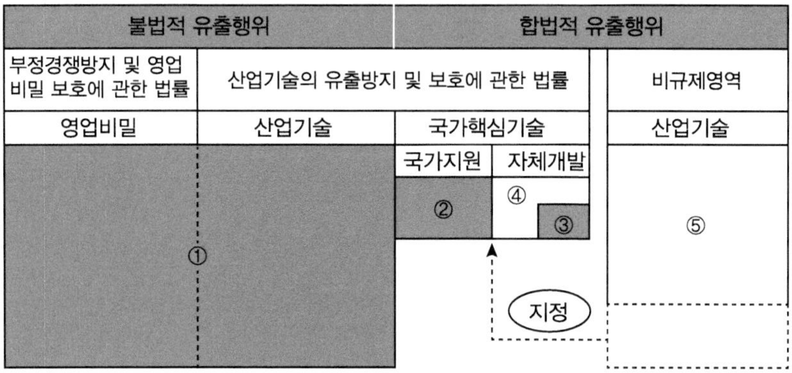

불법적 유출행위

합법적 유출행위

부정경쟁방지 및 영업비밀 보호에 관한 법률

산업기술의 유출방지 및 보호에 관한 법률

비규제영역

영업비밀

산업기술

국가핵심기술

산업기술

국가지원

자체개발

①

②

③

④

⑤

지정

① 영역(형사적 책임): 최고 7년이하 징역 또는 벌금 부과
② 영역(수출승인) : 국가안보, 국민경제적 파급효과 등 고려 결정
③ 영역(수출신고) : 국가안보에 심각한 영향있는 경우 수출중지 등 사후 조치
④+⑤ (수출자유) : 국가안보에 심각한 영향없는 국가핵심기술+핵심기술이 아닌 산업기술

※ **출처:** 산업기술의 유출 방지 및 보호에 관한 기본계획, 산업기밀보호센터, 2007

〈그림 1-9〉 국가핵심기술 보호체계

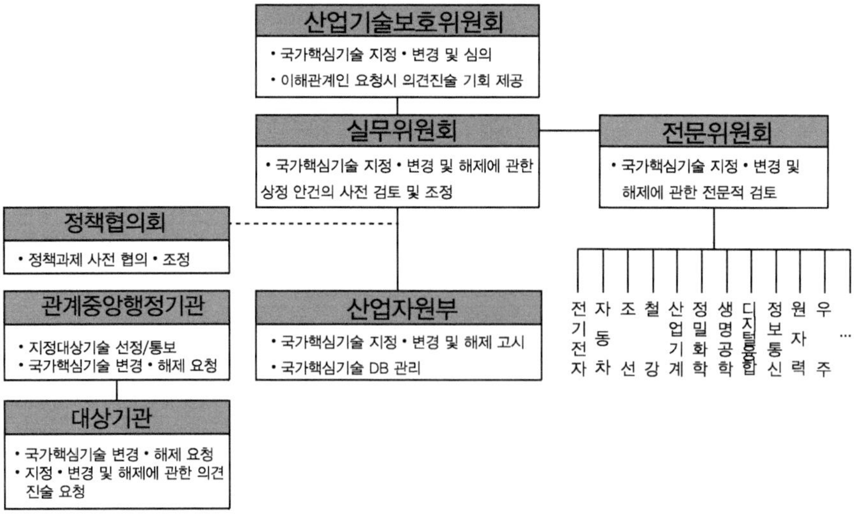

산업기술보호위원회
• 국가핵심기술 지정 • 변경 및 심의
• 이해관계인 요청시 의견진술 기회 제공

실무위원회
• 국가핵심기술 지정 • 변경 및 해제에 관한 상정 안건의 사전 검토 및 조정

전문위원회
• 국가핵심기술 지정 • 변경 및 해제에 관한 전문적 검토

정책협의회
• 정책과제 사전 협의 • 조정

관계중앙행정기관
• 지정대상기술 선정/통보
• 국가핵심기술 변경 • 해제 요청

산업자원부
• 국가핵심기술 지정 • 변경 및 해제 고시
• 국가핵심기술 DB 관리

대상기관
• 국가핵심기술 변경 • 해제 요청
• 지정 • 변경 및 해제에 관한 의견 진술 요청

전기전자 자동차 조선 철강 산업기계 정밀화학 생명공학 디지털융합 정보통신 원자력 우주 …

※ **출처:** 산업기술의 유출 방지 및 보호에 관한 기본계획, 산업기밀보호센터, 2007

ⓐ 국가핵심기술의 지정·변경 및 해제

국가핵심기술이라 함은 국내외 시장에서 차지하는 기술적·경제적 가치가 높거나 관련 산업이 성장잠재력이 높아 해외로 유출될 경우에 국가의 안전보장 및 국민경제의 발전에 중대한 악영향을 줄 우려가 있는 산업기술로서 산업기술보호위원회의 심의를 거쳐 지정된 산업기술을 말한다.

관계 중앙행정기관의 장은 소관 산업기술을 대상으로 기본적으로 해당기술의 글로벌 경쟁력과 산업성장주기를 고려하여 필요 최소한으로 지정 대상기술을 선정한다. 이의 선정기준은 국가안보 및 국민경제에 미치는 파급효과, 관련 제품의 국내외 시장점유율, 해당 분야의 연구동향 및 기술 확산과의 조화 등을 종합적으로 고려한다.

〈그림 1-10〉 국가핵심기술의 지정 및 운영절차

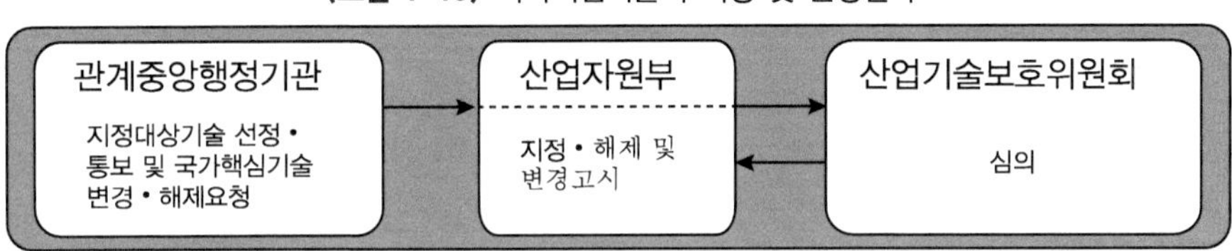

※ **출처:** 산업기술의 유출 방지 및 보호에 관한 기본계획, 산업기밀보호센터, 2007

산업기술 보호위원회는 국가핵심기술이 지정·변경 및 해제에 관하여 이해관계인의 요청이 있는 경우에는 의견진술의 기회를 제공하여야 한다.

〈그림 1-11〉 지정대상기술의 범위예시

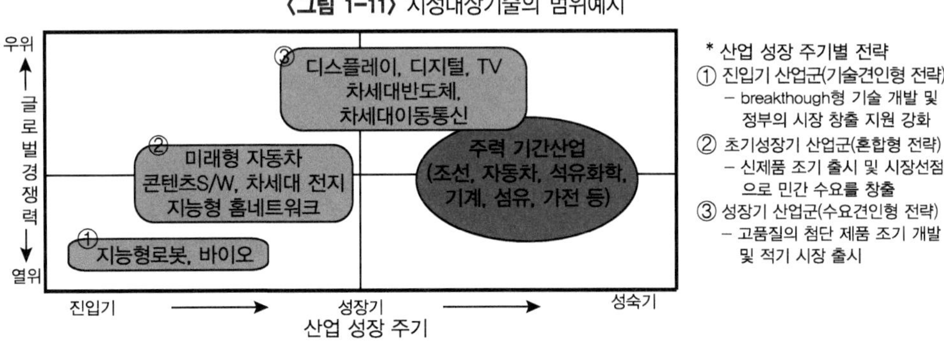

※ **출처:** 산업기술의 유출 방지 및 보호에 관한 기본계획, 산업기밀보호센터, 2007

ⓑ 국가핵심기술 보호조치 방안 강구

국가핵심기술의 보호를 위하여 보호구역을 설정하여 출입허가 또는 출입시 휴대품 검사 등 국가핵심기술의 유출방지를 위한 기반구축에 필요한 조치를 취해야 하며 산업자원부장관으로 하여금 대상기관의 보호조치 이행을 점검하여 개선을 권고한다. 이러한 국가핵심 기술의 보호조치 사항으로 ① 국가핵심기술에 대한 보호 등급의 부여와 보안 관리규정의 제정, ② 국가핵심기술 관리책임자와 보호구역의 지정, ③ 국가핵심기술 관련 정보의 처리 과정과 결과에 관한 자료의 보호, ④ 국가핵심기술의 연구개발 인력에 대한 보안교육의 실시, ⑤ 국가핵심기술의 유출 사고에 대한 대응체제 구축 등이 있다.

〈그림 1-12〉 국가핵심기술의 보호조치 절차

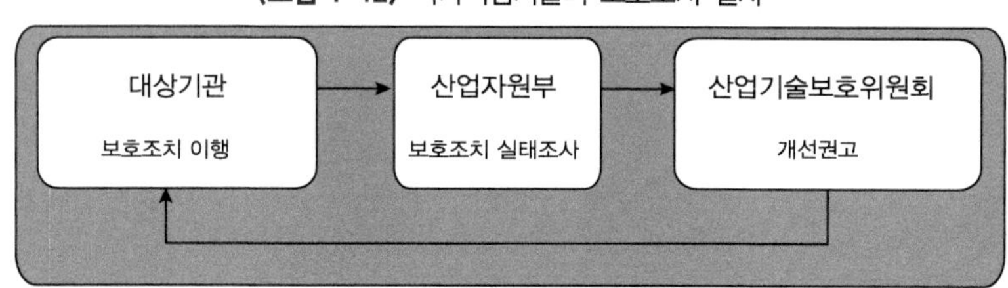

※ **출처:** 산업기술의 유출 방지 및 보호에 관한 기본계획, 산업기밀보호센터, 2007

ⓒ 국가핵심기술의 수출 관리

국가핵심기술의 수출승인 및 신고 제도를 운영하여 국가핵심기술의 해외 수출에 대하여 국가연구개발비를 지원받은 경우 사전승인을 거치도록 하고 연구비를 지원받지 않은 경우 사전 신고토록함으써 국가핵심기술을 관리한다.

〈그림 1-13〉 국가핵심기술의 수출승인 및 신고절차

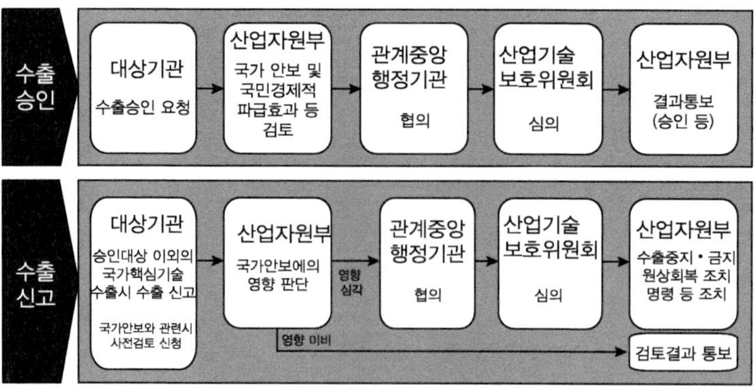

※ **출처:** 산업기술의 유출 방지 및 보호에 관한 기본계획, 산업기밀보호센터, 2007

또한 국가핵심기술의 수출신고 전에 사전검토 제도를 운영하여 신고대상 국가핵심기술의 수출이 국가안보와 관련되어 있는지 여부에 대하여 검토하고 사전승인 또는 사전신고 제도 운영시 관련 행정처리 기간을 최대한 단축하여 기업 등의 불편을 최소화하도록 한다.

③ 산업기술보호기반 구축 지원

산업보안기술 개발 및 산업기술보호 설비 구축 등의 지원을 통한 민간의 산업기술보호 역량을 강화시킨다.

〈그림 1-14〉 산업기술보호기반 구축 지원체계

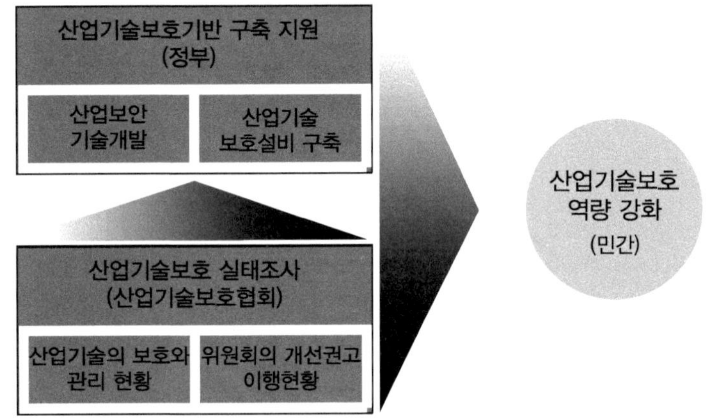

※ **출처:** 산업기술의 유출 방지 및 보호에 관한 기본계획, 산업기밀보호센터, 2007

ⓐ 산업기술 실태조사 실시

민·관 연계를 통한 실태조사 계획 수립과 관련하여 산업기술보호협회를 통해 산업기술을 보유하고 있는 대상기관에 대해 격년으로 실태조사를 실시하고 산업기술보호센터의 '찾아가는 대민 서비스'와 외부 전문기관에 의한 보안컨설팅을 연계시켜주는 노력을 기울인다.

또한 산업기술보호협회는 수립된 방안에 따라 산업기술을 보유하고 있는 대상기관을 대상으로 실태조사를 실시하고 실태조사시 대상기관의 산업기술보호에 필요한 산업보안기술 개발에 대한 수요조사를 포함하여 실시한다.

ⓑ 산업보안기술 개발 지원 및 전문인력 양성계획 수립

산업보안기술 개발 지원 및 전문인력 양성을 위하여 단계별 개발 지원 및 전문인력 양성계획을 수립·시행하고 이를 실태조사에 반영하며 정부는 산업보안기술 개발 및

전문인력 양성사업을 실시하는 사업자의 소요비용 출연·보조 방안을 수립하도록 한다. 또한 산업기술보호 역량 강화를 위해 현 산업보안 이슈와 최신기술을 고려하여 산업보안기술을 5개 영역으로 분류하여 영역별로 지원하도록 한다.

〈표 1-18〉 개발지원 대상기술 예시

영역	개발지원 대상기술
통합인증 접근제어	· 지능형 통합인증관리 메커니즘 · 상호호환성, 확장성을 위한 표준 인터페이스
외부정보 유출방지	· 통합된 개인방화벽 서비스 기술 · 패킷기반 트래픽 행위 분석 · 다중 layer 기반 패킷 분석 기술 · 학습형 차단방지기술과 학습모델 생성 · 모바일로 확장된 침입 차단 기술 · 다중 layer 보안 프로토콜 기술 · 초고속 네트워크 실시간 침입방지 기술
내부정보 유출방지	· 초경량 보안플랫폼 기술 · 다중 디바이스 적용을 위한 DRM 기술 · Two-way 상호인증 보안기술 · 다중인증 스마트카드 기술 · 다중 호출기반 정보도용 방지 시스템 · DB 암호화 기술
취약성 분석/대응	· 취약성 분석기술 · 침해대응 전략 기술
컴퓨터 포렌식	· 침해사고 신고체계 강화 · 침해사고 대응관련 법제 연구 · 컴퓨터 포렌식 정보획득 기술 · 제도 운영 · 관련법령 정비 및 추진 · 정보분석 사례추적 기술

ⓒ 산업기술보호설비 구축 등 대상기관 지원 실시

관계 중앙행정기관 및 정보수사기관은 산업기술보호설비 구축 등의 필요한 기술과 경비를 지원할 수 있는 계획을 수립하고 관계 중앙행정기관 및 정보수사기관은 매년 대상 기관의 신청을 받아 지원 여부를 결정한다.

④ **산업기술보호를 위한 교육 및 홍보**

산업보안의식 제고를 위한 산업기술보호 교육 및 홍보 활성화를 추진하여야 한다.

〈그림 1-15〉 교육 및 홍보추진방향

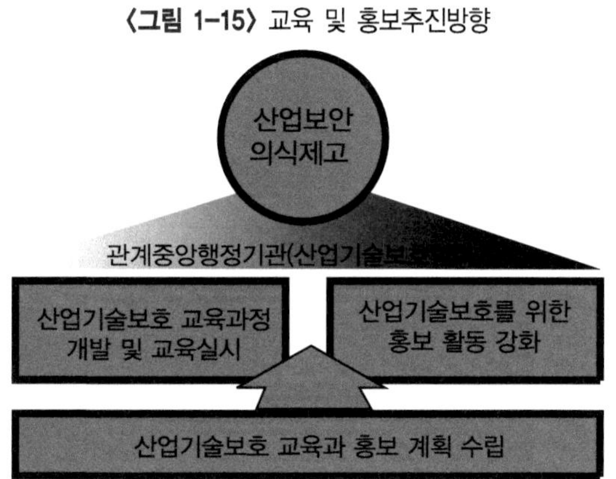

※ **출처:** 산업기술의 유출 방지 및 보호에 관한 기본계획, 산업기밀보호센터, 2007

ⓐ 산업기술보호 교육과 홍보 계획 수립

산업기술 보호를 위한 매년도 교육과정, 교육일정, 교육방법, 전문 강사인력의 체계적 교육계획을 수립하고 매년도 산업보안 관련 국내·외 최신 정보수집 및 제공을 통한 홍보계획을 수립한다.

ⓑ 산업기술보호 교육과정 개발 및 교육실시

산업기술보호협회는 산업기술보호를 위하여 산업별 기술유출과 침해 사례에 따른 유형별 예방 대책, 침해시 대응 방안 등을 포함한 다양한 전문 교육과정을 개발하고 대상기관의 임직원을 대상으로 월 1회 산업기술보호 교육과정을 개설하며 교육효과 및 적극적인 참여 유도를 위한 양방향 교육 시스템 등 효과적인 교육 방법을 모색하여야 한다.

ⓒ 산업기술보호를 위한 홍보 활동 강화

산업기술보호를 위하여 산업자원부 주관의 산업보안 관련 기술·정책 세미나, 설명회, 각종 전시회 등의 정기적인 개최를 통하여 국내 홍보를 활성화 하고 정부는 산업보안기술 및 보안산업에 관한 국제협력사업의 추진계획을 수립하여야 한다.

4. 산업보안 관계법령

1) 부정경쟁방지 및 영업비밀보호에 관한 법률

(1) 1961년 부정경쟁방지법의 제정

우리나라 산업보안 관계법령의 시초는 1961년 제정된 부정 경쟁방지법을 들 수 있다. 이법의 제정목적은 "부정한 수단에 의한 상업상의 경쟁을 방지하여 건전한 상거래의 질서를 유지하려는 것"이라고 밝히고 있다.

(2) 1988년 법 개정

제정 법률에서는 영업비밀을 포함하고 있지 않았는데 1988년 이 법을 개정하면서 영업비밀에 관한 사항이 포함되었다. 그 개정 이유를 보면 "최근 우리 기업의 기술수준이 향상되고 국제교류가 증대됨에 따라 핵심기술의 유출 등 영업비밀 침해행위의 증가가 우려되므로 이에 효율적으로 대처할 수 있도록 관련 규정을 보완하고, 위조상품의 제조・판매 등 부정경쟁행위를 조사할 수 있도록 함으로써 건전한 거래질서를 확립하려는 것임"이라고 밝히고 있다.

(3) 1998년 법 개정의 주요내용

1998년 법 개정의 주요내용은 우선 이 법이 규율하고 있는 사항중 영업비밀의 보호에 관한 내용의 비중이 커지고 있으므로 이를 반영하여 법 명칭을 '부정경쟁방지법'에서 '부정경쟁방지 및 영업비밀보호에 관한법률'로 변경하고, 영업비밀 침해행위로 인한 손해배상을 청구하는 경우 당해 행위를 한 자가 그로 인하여 이익을 받은 때에는 그 이익의 액을 청구인의 손해의 액으로 추정하도록 하는 등 영업비밀 침해행위로 인하여 영업상의 이익을 침해당한 자가 손해배상청구소송을 용이하게 수행할 수 있도록 하며, 기업에 유용한 기술상의 영업비밀을 외국에서 사용하거나 외국에서 사용될 것임을 알고 제3자에게 누설한 자를 더 무겁게 처벌할 수 있게 하여 영업비밀의 해외유출을 방지하도록 하였다. 또 종전에는 기업의 현직 임직원의 부정한 이익을 얻거나 그 기업에 손해를 가할 목적으로 그 기업에 특유한 생산기술에 관한 영업비밀을 제3

자에게 누설할 경우에 한하여 처벌하였으나, 개정법에서는 전직 임직원이 제3자에게 누설한 경우에도 이를 처벌하도록 하고, 그 형량도 상향조정함으로써 영업비밀 침해행위를 방지할 수 있는 제도적 기반을 확충하였다.

(4) 2001년 법 개정

그 이후 2001년 법 개정을 통해 영업비밀 침해행위와 관련된 소송을 보다 용이하게 진행하여 부정경쟁행위 등으로 인하여 영업상의 이익을 침해당한 자의 손해를 효과적으로 보전할 수 있도록 하였으며 기업의 영업비밀을 침해한 자에 대한 형사처벌을 강화하였다. 이 법에서 영업비밀이라 함은 공연히 알려져 있지 아니하고 독립된 경제적 가치를 가지는 것으로서, 상당한 노력에 의하여 비밀로 유지된 생산방법・판매방법 기타 영업활동에 유용한 기술상 또는 경영상의 정보를 말한다(동법 제2조제2호).

2) 산업기술의 유출방지 및 보호에 관한 법률

(1) 입법 목적

부정경쟁방지 및 영업비밀보호에 관한법 상의 영업비밀 보호는 근본적으로 부정한 방법으로 타인의 영업비밀을 알아내거나 이를 이용하는 것으로부터의 보호를 목적으로 하는 법률이다. 그렇지만 그 동안 영업비밀이 차지하는 경제적 중요성이 높아짐에 따라 독자적인 형사법이 신설되는 등 소송절차상으로도 영업비밀의 실질적인 보호를 위한 각종의 제도가 마련되어 왔다. 실체법적으로도 손해배상청구의 실질적 보장을 위한 각종 손해산정방법 등이 신설되어 물건의 침해에 따른 손해배상청구보다 용이하게 보호받을 수 있도록 하였으며, 특히 영업비밀의 침해행위가 외국정부나 외국기관 등에 의하거나 해외로 유출하는 것에 대하여는 국익적 차원에서 강력한 형사벌을 도입하여 왔다.

따라서 2006년 10월 국가핵심기술의 해외수출을 규제하고 산업기술보호위원회의 설치 등을 주요 내용으로 하며 산업기술의 유출을 방지하고 산업기술의 효과적인 보호를 목적으로 하는 “산업기술의 유출방지 및 보호에 관한 법률(이하 ”산업기술보호법"이라 한다.)이 제정되었다. 이 법률은 우리나라도 최근 산업기술의 불법 해외유출이 심각한 수준에 있으나 부정경쟁방지법에 따른 처벌대상이 민간 기업비밀 누설의 경우로 한정되어 있고, 각종 법률에 산재하여 있는 관련 규정으로는 산업기술유출 방지 및 근절에 큰 효과를 내지 못하고 있으므로 이 법을 제정하여 국내 핵심기술을 보호하고, 국가 산업경쟁력을 강화하며, 국가의 안전과 국민경제의 안정을 보장할 수 있도록 하려는 것을 목적으로 하고 있다.

또한 2011년 2월 이 법의 개정을 통하여 산업기술 정의의 명확화 및 국가핵심기술이 지정대상 범위의 확대, 산업기술보호위원회의 기능 및 권한 범위 조정, 외국인 투자에 의한 국가핵심기술 유출 방지 장치 등을 마련하여 그간 운영되었던 산업기술보호법의 미흡했던 집행과 운용의 실효성을 제고하였다.

(2) 주요내용

우선, 산업기술의 유출방지 및 보호에 관한 기본계획 및 시행계획을 수립・시행(법 제5조 및 제6조)토록 하였다. 또한 국무총리소속하에 국무총리를 위원장으로, 교육과학기술부장관을 부위원장으로, 지식경제부장관을 간사위원으로 하는 산업기술보호위원회를 설치(법 제7조)하였으며 보호지침을 제정・보급(법 제8조)토록 하였다.

또한 지식경제부장관은 관계 중앙행정기관의 장으로부터 그 소관의 국가핵심기술 지정 대상기술을 통보받아 산업기술보호위원회의 심의를 거쳐 필요최소한의 범위에서 국가핵심기술로 지정할 수 있도록 하되, 이해관계인에게는 의견진술의 기회를 부여(법 제9조)하도록 하였다.

뿐만 아니라 국가핵심기술의 해외매각 등에 대한 승인(법 제11조제1항 내지 제3항 및 제7항)등을 받도록 하였으며 국가핵심기술의 해외매각 등에 대한 신고 등(법 제11조제4항 내지 제7항)을 하도록 하였다.

또한 산업기술 유출행위 등의 금지 및 신고의무(법 제14조 및 제15조) 규정, 산업기술분쟁조정위원회의 설치(법 제23조) 규정, 비밀유지의무 등(법 제34조 및 제36조제5항) 및 산업기술의 유출행위 등에 대한 벌칙(법 제36조 및 제37조) 규정 등을 신설하였다.

이 법은 또한 2008년 개정되어 국가경쟁력을 떨어뜨려 국가적으로 큰 손실을 가져올 수 있는 산업기술 해외유출사범에 대한 처벌 수위를 최고 10년 이하의 징역 또는 10억원 이하의 벌금에 처할 수 있도록 상향 조정하였다. 즉 산업기술을 외국에서 사용하게 하거나 사용되게 할 목적으로 유출 등의 행위를 한 자에 대한 벌칙을 현행 '7년 이하의 징역 또는 7억원 이하의 벌금'에서 '10년 이하의 징역 또는 10억원 이하의 벌금'으로 상향 조정하였다.

3) 외국인 투자촉진법 시행령중 외국인의(인수합병) M&A제한 규정

(1) 입법 목적

우리나라의 경우 외국인투자촉진법 시행령이 2008.2.22.에 개정되었다. 이 시행령은 산업기술의 합법적인 유출을 할 수 있는 M&A에 대하여 규제하는 내용을 담고 있다. 그 개정 이유로 "외국인의 직접투자는 선진 기술 및 경영기법 도입 등 산업발전과 경제성장에 크게 기여하여 왔으나, 최근 신흥 경제국들의 해외투자 및 국부(國富)펀드의 증가 등 세계 투자환경 변화로 외국인 투자의 국가안보 관련성에 대한 국제적인 관심이 증대되는 등 국가안보와 관련된 외국인투자 제한 제도의 보완 필요성이 커짐에 따라, 국가안보에 부정적인 영향을 줄 수 있는 외국인투자의 제한에 대한 구체적인 기준과 심의절차 등을 마련함으로써 외국인투자로 인한 국가안보위해를 사전에 방지하려는 것임"이라고 밝히고 있다.

(2) 주요내용

이 법은 국가안보위해와 관련된 외국인투자를 제한(영 제5조제1항제2호)하도록 하였으며, 주무부장관의 검토 요청 및 외국인투자가의 사전확인을 요청(영 제5조제5항 및 제6항 신설)토록 하였다. 또한 국가안보 위해 결정·통보 및 공표(영 제5조제7항 및 제8항 신설) 규정, 국가안보위해 결정에 따른 주식 등의 양도(영 제5조제9항 신설) 제한 규정 등을 포함하고 있다.

4) 대외무역법상 전략물자 수출통제(COCOM) 제도

산업기술 중에는 전략물자에 해당하는 경우도 있는데, 이 경우 전략물자로 분류되어 보다 강한 규제를 받도록 되어 있다. 여기서 전략물자란 무기 또는 무기 제조·개발에 이용 가능한 민수용 물품으로써 위험한 국가 또는 단체에게 이전된 경우 국제평화와 안전에 위해를 가할 수 있기 때문에 자유로운 무역거래가 제한되는 물품을 말한다. 따라서 무기류와 그 관련제품만을 의미하는 방산물자와는 구별되는 개념이다.

전략물자에 대한 수출통제는 1949년 미국의 주도로 서방국들이 대공산권 수출조정위원회(Coodinationg Committee for Export Control; COCOM)를 결성하면서부터이다. 즉 첨단기술과 제품이 공산권으로 이전되는 것을 차단하기 위해 COCOM을 결성하여 비회원국으로의 수출을 집단적으로 통제한 것이 전략물자수출통제의 시초이다. 이는 국제무역에 장애요소가 될 수 있음에도 불구하고 선진국들이 전략물자의 수출입을 통제하는 목적은 국제평화와 안전이 보장되지 않을 경우 국제무역의 순조로운 진행 또한 보장받을 수 없기 때문이다. 현재 전략물자수출통제의 국제적 협의체로 5개의 다자간 전략물자 수출통제체제가 운영 중이다.

〈표 1-19〉 다자간 전략물자 수출통제체제 현황

구분	바세나르 체제 (Wassenaar Arrangement)	핵공급국그룹(NSG), 쟁거위원회	미사일기술수출 통제체제(MTCR)	호주그룹(AG) 31)
설립	1996	1978	1987	1984
회원국	33개국	44개국	33개국	33개국
우리나라 가입	1996.7	1995.10	2001.3	1997.10
통제대상	재래식무기 및 이중용도품목	원자력 전용물자 및 이중용도품목	미사일 관련물품	생화학무기 및 관련물품

※ 출처: 한국기술거래소. 2005. 기술유출 대응 가이드북.

31) 호주그룹은 1984년 이라크의 생물학 무기 사용 이후 1985년에 세워진 국가들의 비공식 기구이다. 이 그룹은 생물학 무기와 화학무기의 감시, 그리고 생물학 무기와 화학무기를 개발할 수 있는 기술을 통제하여 생물학 무기와 화학무기의 확산의 방지를 돕고 있다. 모든 유럽 연합 회원국뿐만 아니라 유럽 위원회, 그리고 멕시코를 제외한 모든 경제 협력 개발 기구 회원국들이 동참하고 있다. 이 그룹은 생물학 무기와 화학무기를 확산시킬 수 있는 수출 제한을 둔 기술의 공통된 명부를 유지하며, 대표단은 매년 프랑스 파리에서 회원국을 대표하는 모임을 갖는다.

지난 2003년 미국의 9·11사태 이후 대량파괴무기(Weapons of Mass Destruction : WMD)수출통제 문제가 국제안보분야의 핵심현안으로 부상함에 따라 미국은 자국의 수출통제제도를 엄격하게 운영할 뿐만이 아니라 수출통제 문제에 최우선 외교순위를 부여하여 다른 나라들에 대해서도 수출통제 강화노력을 촉구하고 있다. 이에 따라 2003년 9월 아르헨티나 부네노스아이레스에서 개최된 미사일기술통제체제(MTCR) 총회에서도 지침을 개정하여 catch-call제도의 명시적 도입을 천명하였다. catch-call제도란 기존의 수출통제제도를 한층 더 강화하여 통제품목의 범위를 확대시키고 최종사용자에 대한 수출자의 자발적 심사를 통해 대량파괴무기의 개발 등에 전용될 수 있는 물품의 불법적인 수출을 원천적으로 차단하기 위한 제도이다.

한국은 미국과 '한미간 전략물자 및 기술보호에 관한 협정'을 체결함에 따라 1987년 6월 대외무역법 시행령 제정시 전략물자수출입통제에 관한 근거규정(제35조제2호)을 마련함으로써 본격적인 수출통제를 시행하게 되었다. 한국이 미국과 양해각서를 체결한 주요이유는 COCOM체제에서 협력국의 지위를 획득함으로써 선진국으로부터 기술이전을 용이하게 받기 위함이었다. 1990년대 이후 한국은 COCOM의 후속체제인 바세나르체제 등 4대 전략물자 수출통제체제에 회원국으로 가입하였다.

(1) 대외무역법령의 내용

대외무역법에 전략물자 수출통제제도를 규정한 지는 10년이 넘었지만 일반국민들에게 매우 생소하게 느껴지는 주된 이유는 우리나라에서 생산되는 전략물자의 종류와 양이 매우 적었기 때문이다. 1990년대 초반 만해도 우리나라의 공작기계업체들의 능력으로는 다자간 전략물자수출통제체제에서 정한 규격과 성능을 가진 공작기계를 생산하기가 어려웠다. 그러나 1990년 후반 들어 우리나라 업체들이 생산하는 기계류와 전자제품들의 정밀도와 성능이 크게 향상되어 다자간 전략물자수출통제체제에서 정한 규격과 성능을 초과하게 되었다.

전략물자수출통제제도는 대외무역법, 대외무역법 시행령에 법적 근거를 두고 있다. 대외무역법은 통제대상물품과 수출제한지역 등 세부사항을 전략물자수출입공고에 위임하고 있다. 통제의 편의를 위해 전략물자를 1종과 2종으로 구분하고 있다(대외무역법 시행령 제39제1항). 통제대상물품은 1종 전략물자와 2종 전략물자로 구분되는데, 1종은 다자간 전략물자 수출통제체제에서 성능과 규격을 정한 물품으로 수출 전에 반드시 지식경제부 등으로부터 수출허가를 받아야 된다. 반면에 2종 전략물자는 수출허가기관으로 수출허가를 신청하라는 통보를 받거나 수출업자가 수입업자나 최종사용자가 대량파괴무기의 개발 등에 연루된 자라는 인식을 한 경우에만 수출허가를 신청해야 되는 물품으로 2003년 1월 catch-call제도[32]가 시행되면서 수출통제 대상물품으로 편입되었다.

(2) 관리현황

전략물자는 서로 다른 부처에서 관리하고 있다. 예를 들어 원자력전용물자는 교육과학기술부에서 방위산업물자는 국방부에서, 산업물자는 지식경제부에서 관리・수출통제를 하여 왔다.

〈표 1-20〉 전략물자 관리・수출 목록

구분	1종 전략물자				2종 전략물자
	WA	NSG	MTCR	AG및CWC	Catch-all 품목
통제 대상 품목	재래식 무기 및 제조용 이중용도품목	원자력 전용물품 및 관련 일반 산업용물자	로켓, 무인 항공기 및 관련 기자재	화학・생물무기원재료 및 관련 제조장비	WMD개발과 관련된HD 25~40, 54~59,63,67~93 및 95류의 품목
수출 제한 지역	전지역	전지역	전지역	전지역	원칙적으로 전지역 미국 등 27개국은 제외
수출 허가 기관	지식경제부, 다만,방산물자는 국방부	전용물품은 교육과학기술부, 일반산업용물자는 지식경제부	지식경제부	지식경제부	지식경제부(다만 제28류와 제84류의 일부품목은 교육과학기술부)

위 표에서 보듯이 수출허가기관도 3개 부처나 되고 부처들 간의 업무구분마저 명확

32) catch-call제도란 기존의 수출통제제도를 한층 강화하여 통제품목의 범위를 확대시키고 최종이용자에 대한 수출자의 자발적 심사를 통해 대량파괴무기의 개발 등에 전용될 수 있는 물품의 불법적인 수출을 원칙적을 차단하기 위한 제동이다.

하지 않아 수출허가를 신청하고자 하는 기업들의 불편이 적지 않았다. 또한 일반기업으로서는 어느 제품이 전략물자인지, 어느 부처에서 관리하는지 파악하기가 어려웠다. 그 이유는 국제 기준상의 바세나르체제의 1종 전략물자, 원자력 비확산체제(NSG)의 통제품목, 미사일기술통제체제(MTCR)의 통제품목, 생화학무기 비확산체제(AG)의 통제품목의 체제가 주로 물질의 종류에 따른 구분을 하고 있기 때문에 구체적인 판단이 어려웠던 때문이다.

5) 형법 및 기타 형사특별법에 의한 산업기술의 보호

종래 부정경쟁방지 및 영업비밀보호에 관한법률상 영업비밀 침해행위에 대한 형사처벌 조항이 신설되기 전에는 영업비밀 침해행위는 민법 제750조의 불법행위에 의한 민사적 구제가 주로 문제되었다. 그렇지만 영업비밀의 침해행위 자체에 대한 형사처벌을 할 수 없다고 하여도 영업비밀 침해과정에서 수반하는 다른 형사벌로 처벌하는 경우가 종종 있었다. 이와 같은 현상은 부정경쟁방지 및 영업비밀보호에 관한법률에 영업비밀 침해죄가 신설된 이후에도 형사실무상으로 종종 발견할 수 있다. 예컨대, 아래에서 살펴보는 절도죄, 주거침입죄, 업무상 비밀누설죄, 횡령죄등, 배임죄 등, 비밀침해죄, 통신비밀침해죄, 저작권침해죄 등 다양한 범죄에 적용받아 형사처벌을 하고 있다. 물론 부정경쟁방지 및 영업비밀보호에 관한법률과 산업기밀 유출방지 및 보호에 관한 법률 제정 이후에도 이들 범죄와 동시에 기소되거나 이들 범죄만으로 기소하는 경우도 종종 발견 할 수 있다.

(1) 영업비밀에 접근할 권한이 있는 내부자에 의한 누설

① 업무상 비밀누설죄

특정한 직업을 가진 사람이 그 업무처리 중 알게 된 타인의 비밀을 누설시 '3년 이하의 징역이나 금고', '10년 이하의 자격정지' 또는 '700만원 이하의 벌금'에 처한다(형법 제317조). 여기서 '비밀'이라 함은 특정인 또는 일정한 범위의 사람에게만 알려져 있는 사실로서 타인에게 알려지지 아니하는데 본인에게 이익이 있는 사실이므로 영업비밀은 본조의 비밀에 포함된다고 할 수 있다. 이 범죄는 친고죄로서 고소가 있어야 공소를 제기할 수 있으며(형법 제318조), 범인을 알게 된 날로부터 6월을 경과하면 고소하지 못한다(형사소송법 제230조제1항).

영업상 비밀누설죄는 특정한 신분관계를 가지고 있는 일정한 관계에 있는 자만에 대하여 적용되고 영업비밀의 침해가 이와 같은 신분관계에 있는 경우에 부정경쟁방지법상 영업비밀 침해죄와 중첩된다.

② **횡령죄, 업무상 횡령죄, 특정경제범죄자가중처벌법상 가중처벌**

타인의 재물을 보관하는 자가 그 재물을 횡령하거나 반환을 거부하는 경우 5년 이하의 징역 또는 1,500만원 이하의 벌금에 처하며(형법 제355조제1항), 업무상 임무에 위배하여 횡령죄를 범하는 경우 10년이하의 징역 또는 3천만원 이하의 벌금에 처하고 미수범도 처벌한다(형법 제356조). 특정경제범죄가중처벌법 제3조제1항에 의하여 횡령 혹은 업무상 횡령을 통하여 얻은 재산상 이득액이 50억원 이상일 때에는 무기 또는 5년 이상의 징역에 처하고, 5억원 이상 50억원 이하일 경우에는 3년 이상의 유기징역에 처하며, 이 경우 이득액에 상당한 벌금을 병과할 수 있다(동법 제3조제2항). 산업기술과 관련해서도 이와 같은 상황에 있는 지에 대하여 동법의 적용을 전적으로 배제된다고 볼 수는 없다.

이와 같이 횡령죄는 통상 영업비밀을 담고 있는 유체물과 관련하여 횡령이나 반환을 거부하는 경우에 문제된다. 따라서 회사가 비밀서류를 직원에게 회사 외부의 별도의 장소나 분소 같은 곳에 위탁하여 놓은 경우 또는 회사의 비밀서류를 다른 보안회사 등에 위탁하여 놓은 경우에 비밀서류를 위탁받아 보관하고 있는 회사의 임직원 등이 비밀서류에 대하여 횡령죄를 범할 수 있다. 그렇지만 통상 회사 내에 보관하던 자신의 업무관련 비밀서류를 무단으로 반출한 경우에는 횡령죄가 아니라 일반적으로 절도죄가 성립하게 된다. 왜냐하면 횡령죄의 객체는 자기가 점유하는 재물인데, 회사에 보관하고 있는 비밀서류의 경우 당해 비밀서류에 대한 소유권이 회사에 있고 또한 점유도 유출자의 단독점유가 아니라 회사와의 공동점유상태에 있기 때문이다.

③ **배임죄, 업무상 배임죄, 상법상 특별배임죄, 특정경제범죄가중 처벌법상 가중처벌**

타인의 사무[33]를 처리하는 자가 그 임무에 위배하는 행위[34]로써 재산상의 이익을 취득하거나 제3자로 하여금 이를 취득하게 하여 본인에게 손해를 가하는 경우 5년 이하의 징역 또는 1,500만원 이하의 벌금에 처하며(형법 제355조제2항), 업무상 배임죄의 경우 횡령죄와 마찬가지로 10년 이하의 징역 또는 3천만원 이하의 벌금으로 가중 처벌하고, 미수범도 처벌한다(형법 제356조). 상법 제622조는 특별배임죄로서 회사의 발기인, 업무집행사원, 이사, 감사, 지배인 기타 회사영업에 관한 어느 종류 또는 특정한 사항의 위임을 받은 사용인이 그 임무에 위배한 행위로서 재산상의 이익을 취득하거나 제3자로 하여금 이를 취득하게 하여 회사에 손해를 가한 때에는 10년 이하의 징역 또는 3천만원 이하의 벌금에 처하도록 규정하고 있다. 특정경제범죄가중처벌법 제3조제1항에 의하여 배임 혹은 업무상 배임을 통하여 얻은 재산상 이득액이 50억원 이상일 때에는 무기 또는 5년 이상의 징역에 처하고, 5억원 이상 50억원 이하일 경우에는 3년 이상의 유기징역에 처하며, 이 경우 이득액에 상당한 벌금을 병과할 수 있다(동법 제3조제2하). 이와 같은 배임죄가 성립하기 위해서는 영업비밀 침해행위와 일정한 관계에 있는 자가 영업비밀을 부당사용하거나 제3자에게 부당 사용하게 하여 회사에 손해를 끼친 경우에 적용될 수 있다.

(2) 영업비밀에 접근할 수 없는 제3자에 의한 비밀침해

① 비밀침해죄

비밀침해죄는 봉함 기타 비밀장치한 사람의 편지, 문서 또는 도화를 개봉한 자나 전자기록 등 특수매체 기록을 기술적 수단을 이용하여 그 내용을 알아낸 자는 3년 이하의 징역이나 금고 또는 500만원 이하의 벌금에 처한다(형법 제316조). 따라서 시건장치가 있는 봉함물을 무단으로 개봉하여 그 내용을 알아내는 행위를 처벌한다. 그러므로 영업비밀에 접근할 수 있는 권한이 없는 자가 불법적으로 영업비밀을 알아

33) 타인의 사무는 타인의 재산을 보호 내지 관리할 의무를 의미한다.

34) 임무에 위배하는 행위는 처리하는 사무의 내용, 성질 등 구체적 상황에 비추어 법률의 규정, 계약의 내용 혹은 신의측상 당연히 할 것으로 기대되는 행위를 하지 않거나 당연히 하지 않아야 할 것으로 기대하는 행위를 함으로써 상호간의 신임관계를 저버리는 일체의 행위를 포함한다. 예컨대, 기업의 영업비밀을 사외로 유출하지 않을 것을 서약한 회사의 직원이 경제적인 대가를 얻기 위해 경쟁업체에 영업비밀을 유출하는 행위는 영업비밀을 사외로 유출하지 않는다는 점에 대한 회사와 직원간의 신임관계를 저버리는 배신행위로서 업무상 배임죄를 구성하는 임무에 위반하는 행위에 해당한다.

낸 경우에 비밀침해죄로 처벌할 여지가 있다.

② **절도죄**

타인의 재물을 절취하는 경우 6년 이하의 징역 또는 1,000만원 이하의 벌금에 처하며 미수범도 처벌한다(형법 제329조). 산업스파이가 기업체의 영업비밀을 절취하였다고 볼 수 있을 만한 사례는 (i) 영업비밀이 화체된 문서, 디스켓 등을 절취한 경우 (ii) 영업비밀이 화체된 문서를 현장에서 복사, 촬영하여 그 내용을 파악해 간 경우 (iii) 영업비밀이 화체된 문서 등을 가지고 나가 복사, 촬영 등을 하고 제자리에 갖다 놓은 경우가 있다.

③ **통신비밀침해죄**

전기통신・우편・대화 등을 통하여 송・수신되는 영업비밀을 감청・녹음하거나 또는 그 취득한 내용을 공개・누설하는 경우 10년 이하의 징역과 5년 이하의 자격정지에 처한다(통신비밀보호법 제3조, 제16조).

정보통신망에 의하여 처리・보관 또는 전송되는 타인의 정보를 훼손하거나 타인의 비밀을 침해・도용 또는 누설한 자는 5년 이하의 징역 또는 5천만원 이하의 벌금에 처한다(정보통신망법 제49조, 제62조). 해킹을 통한 영업비밀 침해시 형법상의 비밀침해죄가 적용될 수 있으나 특별법에 해당하는 본 법을 적용하는 것이 바람직하다.

(3) 프로그램 저작권 침해죄

타인의 프로그램을 무단으로 복제, 개작, 번역, 배포, 발행 또는 전송한 자는 3년 이하의 징역 또는 5천만원 이하의 벌금에 처한다(컴퓨터 프로그램보호법 제29조, 제46조). 산업기술이 파일형태로 존재하는 경우에 이를 복제 등을 통하여 무단으로 유출된 경우에 저작권 침해죄도 적용될 수 있다.

제2편

산업보안론

산업보안 관리의 일반원리

1. 산업보안 관리의 원칙

1) 산업보안 관리의 필요성

정보 전쟁의 대응 수단은 무엇인가? 그것은 철저한 보안관리 뿐이다. 보안은 보안의 수행형태에 따라 '적극보안'과 '소극보안'으로 분류한다. 적극보안이란 간첩이나 산업스파이를 추적 · 내사 · 색출 · 검거하여 법에 따라 조치하는 활동, 즉 국가기관에서 하는 보안 활동을 말하며 소극보안이란 가정이나 기업에서 가족 및 구성원의 생명 · 신체와 자산을 지키기 위해서는 일련의 활동으로서 문단속, 출입문 이중시건장치 등 사소한 것에서부터 개인이나 기업이 보유하고 있는 유 · 무형이 자산을 보호하기 위해 그들 스스로가 행하는 관리적 · 물리적 · 기술적 · 정보시스템적 예방 및 보호조치 등을 의미한다.

이 책에서는 적극적인 보안이 아닌 기업이 보유하고 있는 유 · 무형의 자산들의 보호에 관하여 자체적으로 어떠한 보안관리 대책을 강구해야 하는가에 대한 기업체의 소극보안 측면을 중심으로 기술하고자 한다. 이 방법들이 어떤 기업체에서는 그대로 적용되기도 하고, 또 어떤 기업체에서는 그대로 적용되지 않을 수도 있으며 이 책에서 기술한 방법들을 실행에 옮기는데는 여러 가지 해결해야할 어려운 문제들이 있을지도 모른다. 이는 각 기업체별, 업종별, 규모별, 환경별로 보호해야할 대상과 수준에 따라 다르게 적용되기 때문이다.

무엇을(What)을 보호하고 어떠한(How) 방법을 선택하여 보호할 것인가? 하는 것은 기업체 스스로가 결정해야할 문제이다. 다만, 이러한 보안관리는 원칙과 방법이 존재한다는 사실을 소개할 뿐이다.

대부분의 기업들이 산업스파이는 자기 기업과는 무관하다는 생각에서 피해를 예견하지 않는 경우가 많다. 그러나 자기 기업이 돈이 될 만한 기술을 가지고 있다면 그것이 바로 산업스파이를 유인하는 먹잇감이라는 사실을 알아야 한다.

그렇다면 자기 기업이 보유하고 있는 기술을 보호하기 위해서는 최소한의 보안장치를 강구해야 하며 이를 소홀히 하게 될 경우 산업스파이에 의해 기업의 명운이 달려있는 중요한 정보 및 기술이 유출 당하게 될 뿐만 아니라 정보유출이 이루어진 후에도 그 사실을 알지 못하는 경우가 발생하게 된다.

『부정경쟁방지법』 상 '영업 비밀'로써 인정을 받기 위해서는 기업이 '비밀'로써 보호하고자 하는 상당한 노력이 있어야만 한다. 이를테면 보호해야 할 비밀들을 선정하고 비밀이라는 사실을 표시해야 하며 목록도 정리하여 관리하고 이를 위한 제도 및 운영체제를 구축하여야 하며, 보호 책임자도 지정하고 직원들을 대상으로 보안교육 및 기밀을 누설하지 않겠다는 등의 서약서도 징구하고 협력업체 등에게 산업스파이 방지책을 시행하고 있음을 설명해야 한다. 즉, 기업비밀을 『부정경쟁방지법상』 '영업 비밀로'써 보호받기 위해서라도 보안관리를 시작해야 한다.

기업체내에 기업의 생존 및 이익과 관련된 요소들은 대단히 많다. 기업의 이익과 관련된 유·무형의 자산을 관리하는 사람, 기업 고유의 기술로 재품을 생산하는 시설과 장비, 관련자료, 데이터, 컴퓨터시스템, 의사소통에 필요한 통신시설, 장비 등이 그것이다. 기업의 안전과 이익을 확보하기위해서는 기업 보안과 관련되는 이 모든 것들을 같은 기준, 같은 수준으로 관리 해나가야 한다.

2) 산업보안 관리의 기본원칙

(1) '왜(Why)'의 원칙

산업스파이에 의한 피해실태 및 결과, 기업체가 가지고 있는 유·무형의 자산에 대한 경제적 가치, 유·무형의 정보가 보안관리 소홀로 외부로 누설되었을 경우 기업체에 미치는 영향, 보안관리를 해야하는 이유 등과 같은 보안관리의 중요성과 필요성에 대해 인식하는 것이 가장 중요하다. 특히 기업체의 CEO를 비롯하여 간부들이 보안에 대한 필요성과 중요성을 인식하는 것이 더욱 중요하다. 왜냐하면 소속 직원들은 기업체 CEO나 간부들이 관심을 같은 사항에 대하여 유의하게 될 수밖에 없기 때문이다.

(2) '무엇을(What)'의 원칙

기업체가 가지고 있는 기술, 노하우, 모든 시설・장비・인원・자료가 자산으로써 보호해야 할 가치가 있겠으나, 보호하기 위한 보안조치의 방법과 수단은 모든 자산에 똑같이 적용할 수는 없다. 모든 자산에 똑같은 보안관리 방법과 수단을 적용한다면 많은 에너지와 자원을 불필요하게 낭비하는 결과를 초래할 수 있기 때문이다. 또한 보안관리 방법들은 규제적인 성격을 가지고 있어 지나치거나 불필요한 보안조치는 직장의 근무 분위기를 경직시키고 시스템의 원활한 운영에 지장을 초래할 수 있다. 따라서 기업 입장에서 보호해야할 가치가 있는 것만을 골라내어 보호조치를 하는 것이 보다 더 효과적인 것이 되는 것이다. 효율적인 보안관리를 위해서 가장 중요한 것은 무었을 보호 할 것인가? 보호대상을 골라내는 작업이다. 어떤 사람을 보호할 것인가? 어떤 자료를 보호할 것인가? 어떤 시설과 장비를 보호할 것인가를 각 요소마다 일정한 기준에 따라 평가하고 골라내야만 한다. 무었을 보호할 것인가하는 선택이 바로 보안의 시작인 것이다.

(3) '어떻게(How)'의 원칙

보호 할 자산이 선정되었으면 그다음 단계는 선정된 자산을 어떤 수준과 방법으로 보호해야 하는가를 결정하고 선택된 자산에는 반드시 보호할 가치가 있다는 표시(비밀표시)를 하여야 한다. 비밀표시를 해야만 하는 이유는 그 표식을 통하여 직접 관리자, 관련자, 여타 임직원들 모두가 이것은 보호대상로 선택된 것이며 그러므로 보호해야함을 알리는 것이며 반면에 관계없는 자는 보지 말라고 경고를 하는 것이며, 만약 보게 되었다고 하더라도 누설하지 말아야 한다는 것을 알게 하기 위함이다.

3) 산업보안관리의 실천원칙

(1) 예방관리의 원칙

예방관리 원칙이란 모든 보안관리는 보안사고가 발생하지 않도록 사전에 예방해야 한다는 원칙을 말한다. 최근에는 과학 장비의 발달과 스파이기법의 지능화로 인하여 비밀이 누설되고 유출되는 보안사고가 발생하더라도 사고의 발생자체를 인지하기도 대단히 어려울 뿐만 아니라, 사고가 발생하고 난 후에는 사고발생 이전의 상태로 원상을 회복시키기가 대단히 어렵거나 불가능한 경우가 많기 때문에 철저한 예방이 최우선 이라는 원칙이다.

(2) 관리자책임의 원칙

관리자 책임의 원칙이란 보안사고의 발생 등 보안책임은 보안대상을 관리하는 관리자에게 책임이 있다는 원칙이다. 그러나 대부분의 기업에서는 보안에 대한 이해가 부족하여 보안업무를 기업의 통상업무와는 별개인 부수적 업무로 인식하거나 보안담당부서 등 특정부서와만 관련이 있는 업무로 잘못 인식하고 있는 경향이 있다.

기업의 임직원 등 인원보안 관리의 책임은 그 임직원에 대한 인사권과 직원의 동향을 관리하고 보안교육 등을 실시하여야 할 인사책임자에게 있으며, 문서보안의 대상이 되는 비밀문서에 대한 보안책임은 그 비밀문서를 취급하고 관리하는 자에게 있다는 원칙이다. 물론 기업체의 총괄보안책임은 기업체의 장, 실무적 책임은 기업체의 장을 보좌하여 기업체의 보안업무를 총괄하는 보안담당 부서장에 있으나 1차적 책임은 그 보안대상을 관리하는 자에게 있는 것이다.

(3) 반복의 원칙

보안관리 성패여부는 소속 직원의 보안에 대한 관심도 제고, 경각심 고취, 보안에 대한 직무지식의 정도에 달려 있다. 보안에 대한 관심도, 경각심, 직무지식을 향상시키기 위해서는 교육을 주기적·반복적·계속적으로 실시해야 한다. 우리 기업체의 보호대상이 무엇이며 어떠한 제도를 가지고 있고, 그리고 이를 위해 전 임직원들이 어떻게 해야 하며 보안관리를 소홀히 할 경우 기업체와 개인에게 어떠한 불이익이 있게 되는지 등에 대한 체화된 보안교육이 전직원에게 반드시 필요하다.

(4) 환류(feedback)의 원칙

연 1회 이상 자체 보안관리 내규·제도·지침·행정명령의 준수여부, 직원들의 인원, 문서, 시설·장비, 사이버·통신 등의 보안관리 상태, 기업체 자체 취약점과 그에 대한 대책 강구실태 등에 대해 상시적으로 점검을 실시하고 발견된 문제점에 대하여 환류(feedback)를 통하여 보완대책을 수립해 나가야 한다.

그러나 기존의 보안관련 내규가 현실에 맞지 않을 수도 있고, 완벽하다고 생각했던 제도도 상황의 변화에 따라 허점이 생길수도 있음 감안 자체 보안관리 실태점검을 통하여 비합리적인 제도나 허점을 찾아내어 개선·보완해 나가야하며, 점검결과에 대하여는 책임과 포상, 개선대책 강구 등을 통하여 시정개선과 함께 경각심을 제고함으로써 재발방지를 도모해야한다.

2. 산업스파이가 노리는 정보

1) 조직관리 분야

산업스파이가 통상적으로 노리는 정보는 무엇인가를 아는 것은 대단히 중요하다. 산업스파이가 노리는 정보는 경제적 가치가 있는 유무형의 정보나 자료이며 반대로 말하면 기업체에서 중점적으로 보안관리를 해야 될 대상인 것이다, 산업스파이가 노리는 정보나 자료는 시대에 따라 달라 질수도 있으나 통상적으로 열거하면 아래와 같다.

① 새로운 기술 개발을 위해 구성된 연구 개발조직

② 기업 환경변화에 부응한 조직 개편계획

③ 타 기업 인수·합병 계획 등 전략사업 및 조직의 확대계획

④ 기업 내에서 업무를 위해 사용되는 컴퓨터 소프트웨어 및 소스코드

⑤ 패스워드를 포함한 약호, 음어, 암호

2) 재무관리 분야

① 중점 투자 분야 또는 신규자금 조달계획

② 신규장비 구매 · 설비 투자계획

③ 자산 보유실태

④ 현재의 재무상태

⑤ 제품의 원가와 마진, 영업보고서, 손익계산서

⑥ 예산 계획 및 예산 분배계획

3) 인사관리 분야

① 소속 직원의 신상정보 관련자료

② 중요기술 보유 인력현황 및 인사 관리자료

③ 중요 인원의 개인 취약점 등 신상정보자료

④ 승진, 승급, 인사이동 및 인력 배치계획

4) 생산관리 분야

① 제품의 설계방법, 설계도, 공정과정, 성능평가 분석 데이터 및 기타 노하우 등 재품생산에 필요한 자료

② 제품 개발계획, 테스트, 실험방법, 실험결과 등 실험 관련자료

③ 개발 단계에 있는 상품에 관한 정보

④ 원료의 종류와 구입처, 생산원가, 상품의 원가 등 손익계산 관련자료

⑤ 제품 생산에 사용하고 있는 장비 등 기계설비, 기계설비 취급 · 운용 방법

⑥ 제품 생산 시 발생한 문제점 및 해결 방안

⑦ 회사 고유의 기술정보, 공식이나 분자식 등 관련자료

⑧ 계산법과 계산결과, 각종 연구관련 도표, 노트 등

⑨ 생산비용, 공장도 가격, 마진 등의 정보

⑩ 회사 고유의 생산설비 및 생산기술

⑪ 회사 자체적으로 개발한 공정

⑫ 생산에 필요한 기술적 세부 데이터

⑬ 광범위한 개념의 제조기법

5) 품질관리 분야

① 품질관리 절차

② 품질관리 세부비법 및 체크리스트

③ 품질관리 데이터

6) 판매관리 분야

① 제품 또는 기술의 판매계획

② 고객명부, 거래선 명부 등 제품 판매관련 자료

③ 고객, 거래선 등 신용조사에 관한 자료

④ 마케팅과 판매에 대한 조사보고서 및 계획안

⑤ 시장 조사자료

⑥ 과거 · 현재 · 장래의 고객명단

⑦ 예상 매출액 자료

⑧ 판촉 계획안 및 경쟁사에 대한 보고서

⑨ 제품 발주계획

7) 기타 분야

① 전략적 사업 계획안

② 중요 기업 경영 정책의 결정 및 변경에 관한 사항

③ 기업의 단기 · 중기 · 장기 발전계획 등 경영계획에 관한 사항

④ 협력 회사의 이름 및 각 협력 회사와의 거래내용

⑤ 협력 회사들과의 거래금액

⑥ 협력 회사들과의 세부 계약내용

3. 보안관리 대상 선정

1) 보안체계 구축을 위한 사전 보안진단

기업이 보안관리를 하기 위해서는 체계적, 효율적 보안관리 체제를 구축해야하며 보안관리 체제를 구축하기 위해서는 보호대상 선정, 위협요소 평가, 취약요소 발굴 및 위협의 평가, 등급분류 등의 과정을 거쳐 선정된 대상을 보호하고 취약점이나 위협에 효율적으로 대응하기 위한 보안관리 체제를 구축해야 한다.

(1) 보안대상 선정

① 안전하게 보호되어야 하는 대상 및 가치 파악

② 유형자산 : 임직원, 시설, 문서, 현금, 영업비밀 등

③ 무형자산 : 정보, 지식 등

(2) 위협요소 평가

① 보안대상의 안전성에 영향을 미칠 수 있는 요소

② 내부요소 : 불만이 많은 임직원, 위험시설 등

③ 외부요소 : 불특정 다수의 고객, 방문객, 테러리즘, 재난, 산업스파이 등

(3) 취약요소 발굴

① 위협요소를 제거하거나 최소화할 수 있는 대책의 취약성

② 행정적 요소 : 보안정책, 출입절차, 보안조직 등

③ 물리적 요소 : 잠금장치, 출입동선, 방문자관리 등

(4) 위험평가

① 발생할 수 있는 위험의 정도를 분석

② 산업기술 : 영업비밀이 외부로 노출되는 위험발생 가능성

③ 시설안전 : 고의 혹은 실수에 의한 시설물의 파손 및 도난 가능성

2) 보안대상 선정을 위한 자산분류방법

(1) 보유자산 분류 : 국제 정보보호 표준규격(ISO/IEC 27001)

기업의 모든 자산은 분류하고 자산의 중요도에 따라 등급과 자산별 소유관계를 명확하게 정의하여 이를 문서화해야 하며 자산관리의 효율성을 위하여 부서별 자산목록과 회사 전체의 자산목록으로 구분하여 관리하여야 한다, 자산분류는 그 유형에 따라 다음과 같은 방법으로 분류할 수 있으며 분류된 자산은 그 중요성에 따라 등급을 지정하여 관리해야 한다(산업기밀보호센터, 2007: 25).

〈표 2-1〉 자산 분류표

구분	대상	세부내용
정보자산	대상기관이 보유, 관리하는 모든 종류의 정보	- 금융정보 - 개인정보 - 업무관련정보 - 조직정보 - 세일즈, 마케팅 정보 - DB 정보
문서자산	대상기관이 보유, 관리하고 있는 모든 출력 문서	- 정책, 지침 - 업무관련 문서 - 인사기록 - 송장 등
소프트웨어 자산	정보시스템에 사용하는 프로그램	- 운영프로그램 - 통신 프로그램 등 - 어플리케이션 프로그램
소프트웨물리 적 자산	업무에 활용되는 하드웨어	- 서버, 책상, 의자 등
인력자산	대상기관에 속해있는 모든 인원	- 내부직원 - 고객 등 - 제3자(외주업체, 컨설턴트 등) - 퇴직자 - 아웃소싱 직원
대외기관 제공 서비스	대외기관에서 제공되는 서비스	-정보서비스 - 통신서비스 - 전기, 수도, 사무실 등

※ **출처:** 지식경제부, 2009.산업보안 실무 가이드북, 62.

산업기술보호는 지정된 산업기술과 이를 보호하기 위한 관련된 자산의 보호를 주 목적으로 한 것이므로 IT기반으로 한 정보자산보호와는 차이가 있고 공개되지 아니한 산업기술보호를 전제로 하므로 대상기관의 실정에 맞는 분류가 필요한 것으로 본다.

(2) 자산별 위험도출 및 대책(지식경제부, 2009: 63)

정보자산의 위험평가 Sheet(예시) = 지식경제부 자료 정리

가. 정보자산의 평가

<table>
<tr><td rowspan="2">자료
유형</td><td rowspan="2">정
보</td><td rowspan="2">평가
대상
자산</td><td rowspan="2">PC내
고객
개인
정보</td><td rowspan="2">평가자</td><td>부서</td><td></td><td rowspan="2">대리
평가자</td><td>부서</td><td rowspan="2"></td></tr>
<tr><td>직명/
성명</td><td>팀장:</td><td>직명/
성명</td></tr>
</table>

다음 중 위 자산에 대하여 귀사의 현재 상태와 일치하는 항목을 골라 √자 표시를 하십시오.(복수 선택가능)

① 위 자산이 포함하고 있는 정보가 외부에 유출 및 공개되었을 경우 회사와 부서에 영향이 있다.(기밀성)

② 위 자산이 포함하고 있는 정보가 변조되거나 정확하지 않을 경우 회사와 부서에 영향이 있다.(무결성)

③ 위 자산의 포함하고 있는 정보가 훼손, 고장, 도난 등으로 사용하지 못할 경우 회사와 부서에 영향이 있다.(가용성)

위 ①을 선택한 경우 아래 항목에 대하여 귀사의 현재 상태를 한 가지만 선택하여 √표시한 후 예상 피해정도를 기술하여 주십시오, 위 자산이 외부유출 및 공개 되었을 경우

□ 회사의 사업이 중단될 정도의 치명적인 손실이 발생한다.

□ 회사의 사업에 어느 정도 손실이 있으나 복구가 가능하다.

□ 회사의 사업에 무시할 정도의 사소한 영향을 미친다.

▶ 예상피해정도 기술(체크 하십시오)

□ 1천만원 미만	□ 1억원 미만	□ 10억원 미만	□ 10억원 이상

※ 피해금액 기술 :

위 ②를 선택한 경우 아래 항목에 대하여 귀사의 현재 상태를 선택하여 √ 표시한 후 예상 피해정도를 기술하여 주십시오. 위 자산이 포함된 정보가 임의로 변조되거나 정확하지 않을 경우

☐ 회사의 사업이 중단될 정도의 치명적인 손실이 발생한다.

☐ 회사의 사업에 어느 정도 손실이 있으나 복구가 가능하다.

☐ 회사의 사업에 무시할 정도의 사소한 영향을 미친다.

▶ 예상피해정도 기술(체크 하십시오)

☐ 1천만원 미만	☐ 1억원 미만	☐ 10억원 미만	☐ 10억원 이상

※ 피해금액 기술 :

위의 ③을 선택할 경우 아래 항목에 대하여 귀사의 현재 상태를 선택하여 √표시한 후 예상 피해정도를 기술하여 주십시오. 위 자산이 포함된 정보를 고장, 훼손, 도난 등으로 상요할 수 없을 경우

☐ 회사의 사업이 중단될 정도의 치명적인 손실이 발생한다.

☐ 회사의 사업에 어느 정도 손실이 있으나 복구가 가능하다.

☐ 회사의 사업에 무시할 정도의 사소한 영향을 미친다.

▶ 예상피해정도 기술(체크 하십시오)

가용성 보장	☐24:00-06:00	☐06:00-12:00	☐12:00-18:00	☐18:00-24:00
피해 예상규모	☐ 1천만원 미만	☐ 1억원 미만	☐ 10억원 미만	☐ 10억원 이상

※ 예상 피해 규모는 가용성이 보장되어야 하는 시간 기준

▶ **피해정도의 평가**

유출유형	사소한 영향(1점)	손실, 복구(2점)	치명적 손실(3점)	평가사유
①				
②				
③				

나. 위협/취약성 평가

<table>
<tr><td rowspan="2">자료
유형</td><td rowspan="2">정
보</td><td rowspan="2">평가
대상
자산</td><td rowspan="2">PC내
고객
개인
정보</td><td rowspan="2">평가자</td><td>부서</td><td></td><td rowspan="2">대리
평가자</td><td>부서</td><td rowspan="2"></td></tr>
<tr><td>직명/
성명</td><td>팀장:</td><td>직명/
성명</td></tr>
</table>

① 위 자산에 대하여 귀사에서 발생할 수 있는 사고나 우려사항을 아래 항목에서 선택하여 √자 표시를 하십시오.

② 선택한 항목에 대하여 귀사의 현 상태를 고려하여 발생 가능성을 한가지 선택하여 √자 표시를 하십시오.

③ 해당 발생가능성을 선택한 사유를 "평가사유"에 기술하여 주십시오.

(1) 유출가능성

① PC로 다운로드 받은 개인정보 폐기 절차 미흡으로 개인정보 오남용

② PC내 저장되는 개인정보의 취급부주의로 인한 개인정보의 유출

③ PC내 개인정보에 대한 비인가자가 불법접근에 의한 유출

④ PC내 개인정보가 암호화 등의 보안이 되지 않아 발생하는 정보유출

(2) 유출가능성 평가

유출 유형	가능성 희박(1점)	가능성 있음(2점)	반드시 발생(3점)	평가사유
①				
②				
③				
④				

다. 정보유출가능성과 대응방안의 강약

유출유형	가능성과 피해 분석(점수			분류 및 대응책(보호강도)			비고
	가능성	피해 정도	평가	극비5 ~6	비밀 3~4	대외비 1~2	
개인정보 00의한 유출	2	3	5	o			

※ 가능성과 피해: 5~6점=극비, 3~4점=비밀, 1~2점=대외비(일반관리)

위의 예시의 PC내 개인정보의 유출가능성은 있음으로 2점이고 그 정보의 유출로 손실이 치명적이면 3점으로 합계 5점은 위협 및 취약성이 있고 손실이 극심하므로 극비로 취급하여야 한다는 결론이 나온다.

(3) 등급분류 방법

자산이 중요도에 따라 분류되었으면 등급을 지정하여야 한다. 그러나 현재까지 기업체에서 등급을 어떻게 분류하고 지정해야한다는 규정은 없다. 여러 가지의 등급분류 방법이 있으므로 기업체에서는 기업체의 실정에 맞게 등급분류방법을 결정하고 그 것을 기업체 자체의 내규로 규정한다면 그것이 바로 그 기업체의 등급분류방법이 되는 것이다. 여기에서는 등급분류방법을 예시할 뿐이다.

① 1등급(1급비밀, 기밀정보, Top Secret, 최고비밀, 절대비밀, 극비): 접근권한이 있어야 열람 등 접근 할 수 있는 고도로 민감한 정보

② 2등급(2급비밀, 중요비밀, Secret): 접근권한이 있어야 하며 업무상 필요한 인원은 열람 등 접근할 수 있는 상당히 민감한 정보

③ 3등급(3급비밀, 비밀, Confidential): 접근권한이 있어야 하며 업무상 필요한 인원은 열람 등 접근할 수 있는 정보

④ 대외비(사내비, Interal Use Only): 회사 임직원에게 공개되는 정보이나 대외적으로는 비밀로 유지되는 정보

⑤ 4등급(일반정보, Public, 미 표시): 외부에 공개가 가능한 정보

4. 보안관리체제 구축

1) 보안정책수립

기업체의 보안정책은 그 기업에서 추구하는 모든 보안관리의 기본 원칙이 된다. 또한, 보안정책은 그 기업체의 장이 추구하는 보안에 대한 이념과 실천방향을 나타내기도 한다. 이는 보안적 측면에서 결정 사항을 안내하고 합리적인 결과를 수행할 수 있게 하는 원칙이나 규율을 가리킨다.

이러한 보안정책을 수립하는 데에 고려해야할 사항으로는

① 보호대상 유무와 가치의 정도

② 보안의 대상 선정과 분류

③ 기업체 자체의 취약점 분석 및 보완대책방향

④ 자체 보안관리 제도와 제도상 미비점 및 개선·보완사항

⑤ 보안사고 발생 및 피해 실태

⑥ 소속 직원의 보안의식 및 보안관리 실태

⑦ 예상되는 외적 위협요인

이와 같은 요소들을 종합적으로 고려하여 결정하고 기업체가 가지고 있는 유무형의 자산을 보호하기위해 중점적으로 추진해 나가야 할 최적의 장·단기 보안정책방향을 제시해야한다, 장·단기 정책방향이 제시되면 기업체내의 모든 부서에서는 제시된 정책 방향에 대한 세부 실천계획을 수립·추진하고 감독부서에서는 각 부서별로 실천한 결과에 대한 심사분석 및 평가결과 발굴된 미진사항에 대한 개선대책 등을 피드백 하여 기존의 정책과 제도를 보완하는 한편 보완된 제도를 자체 보안내규에 반영하므로 써 법적·제도적 장치로 발전시켜 나아가야 한다.

2) 보안관리 체제구축

보안관리 체제라고 하면 보안관리를 하기 위한 제도와 조직을 말한다. 어떠한 보안관리 체제를 구축하느냐 하는 것은 기업체의 장이 보호해야할 자산의 규모, 기업체 내·외 환경 등을 고려하여 결정해야할 문제이다. 보호해야할 자산이 있어서 보안관리를 체계적·조직적으로 하여야 할 필요성이 있는 기업에서는 우선적으로 보안관리 체제를 구축해야한다. 보안관리 체제는 어느 기업이나 동일한 조직과 제도를 적용할 수 있는 것은 아니며 기업주의 의지, 기업의 보안상 중요성, 기업체 내·외 환경이나 시설의 구조 등을 고려하여 기업의 특성에 맞는 관리체제를 독자적으로 구축하여야 한다(국가정보대학원, 2004: 51).

(1) 보안관리 제도의 운영

보안관리 체제는 보안관리를 하기 위한 제도나 조직을 의미하며 보안관리 체제를 구축하기 위해선 보안관리 제도나 조직을 규정하는 자체 보안 규정을 제정해야 한다.

① 자체 보안규정의 확립

기업체가 보유하고 있는 산업기술을 보호하기 위해 필요한 것 가운데 가장 기본이 되는 것이 바로 '산업기술의 유출방지 및 보호 세부규정(이하 보안규정)' 이다. 이 규정은 산업기술의 유출방지 및 보호를 위해 대상기관과 소속직원이 지켜야 할 산업기술 보호의 원칙이라 할 수 있다. 따라서 세부규정의 수립은 무엇보다 정확해야 하고, 이해하기 쉬워야 하며, 실천이 가능해야 하고, 세밀한 부분까지 언급되어야 한다.

또한 산업기술 보호 세부규정은 주기적으로 제·개정하고, 제·개정이 되었을 경우 경영진에게 결재를 받은 후 그 사실을 모든 임직원에게 공지하여야 그 효력이 발휘될 수 있다(산업기술보호센터, 2007: 28).

이러한 규정은 보안에 대한 고정된 규칙이나 방침을 정하는 것이므로 해석상 이론이 생길 수 없도록 명료하고 간결하게 표현되어야 한다. 또는 규정에 예상되는 모든 사항을 다 담을 수 없으므로 전체를 포괄하는 기본적인 사항을 중심으로 규정하고 지엽적이고 일시적인 사항은 지침이나 그때그때의 행정명령으로 보완하는 것이 좋다. 또한 보안규정은 그 기업의 보안관리 기본골격, 보안관리제도, 보안관리 기구, 보안관리 원칙과 수준 등을 정하는 것인 만큼 실현가능한 내용으로 규정하여야 하며 상황과 시대의 변화에 맞게 개정·보완해야 하지만 빈번한 개정은 오히려 규정의 안정성을 저해하여 혼란을 가중시킬 우려가 있으므로 적절한 개정이 필요하다.

ⓐ 보안규정에 포함하여야 할 사항(지식경제부, 2009: 95)

㈀ 규정의 제정목적, 적용범위 등 총칙에 관한 사항

㈁ 보안업무 및 책임의 분담문제

㈂ 보유자산의 분류 및 통제 방법

- 비밀의 등급구분, 취급 및 취급인가, 수발, 보관, 활용, 파기 등 비밀의 보호요령에 관한 사항

㈃ 기술의 유출방지 및 보호조직의 구성과 운영 방법

- 보안업무 및 책임의 분담에 관한사항
- 보안업무 수행기구 및 관리감독제도와 절차에 관한 사항

㈄ 인력의 관리 절차 및 방법

- 보안교육, 보안조치, 임용 및 퇴임시의 비밀유지 계약, 퇴직자, 핵심인력 관리 등 인원보안에 관한 사항

㈅ 침입방지 시스템 구축 방법

- 내·외부인의 출입통제, 보호구역의 설정 및 관리대책과 주야간 경비대책 등 시

설보안에 관한 사항

㈀ 정보시스템 관리·운영·점검 방법

㈁ 전산실, 전산매체, 통신보안 등 정보통신 보안에 관한 사항

㈂ 협력업체, 거래 등 관련 업체의 보안관리에 관한 사항

㈃ 사고의 대응, 외부자의 처리에 관한 사항 및 복구대책

㈄ 보안관리 문화 정착 방법

ⓑ 보안규정 확립 시 주의사항

㈀ 통일된 단일규정으로 기업 내의 모든 보안관리 사항을 수록

㈁ 자의적인 해석이나 변칙적으로 시행할 수 없도록 명확하게 표현하고 세부적으로 규정

㈂ 최소한의 통제로 최대의 효과를 거둘 수 있도록 규정

㈃ 지나친 이상과 과욕을 자제하고 시행부서의 의견을 수렴, 시행가능하게 수립

② 연간 보안업무 추진계획 수립

보안업무도 다른 업무와 같이 일관되게 추진해야할 목표가 있고 그 목표를 달성하기위한 보안정책이 있으며 목표와 보안정책 추진을 위해 당해 연도에 중점적으로 추진해야할 목표를 설정해야 한다. 목표가 설정되었으면 목표를 달성하기 위해서 연간 보안업무 추진계획을 수립하여 체계적으로 추진하고 추진결과를 심사분석을 통해 미진사항을 발굴·보완하고 시행결과를 자체감사나 점검 시 현장 확인을 통하여 시행상의 문제점 및 개선사항, 다음해에 중점적으로 추진해야 할 사항을 선정하여 다음 년도 보안업무 추진계획에 반영함으로써 발전시켜 나가야 한다.

ⓐ 계획수립 시 고려사항

㈀ 보안정책 및 당해 연도 추진목표 실천방안

㈁ 자체 보안관리상 취약성 분석과 보완대책

㈂ 당해 연도 예상되는 정보적 침해 및 대응방안

㈃ 중요사업이나 신규 사업에 대한 보안상 문제점과 보호대책

㈄ 자체 보안감사, 점검, 심사분석, 보안진단 시 발굴된 문제점에 대한 개선대책

(ㅂ) 전년도 보안업무 추진계획 추진결과 미비점

(ㅅ) 보안사고 발생원인 분석 및 재발방지를 위한 대책

(ㅇ) 기타 자체 보안관리 개선을 위한 세부계획

(ㅈ) 소속직원의 보안의식 및 경각심제고를 위한 방안

(ㅊ) 보안관리 생활화 및 보안문화 정착방안

ⓑ 확립요령

(ㄱ) 시행목적, 시기, 대상, 방법, 시행책임자 등을 명확하게 하고 미사여구나 추상적이고 막연한 내용 지양

(ㄴ) 년도 보안업무 세부계획 수립 지침을 각 시행부서에 통보하여 각 시행부서별로 담당업무에 맞는 세부계획을 먼저 수립하고 보안담당부서에서 종합, 형평성과 균형, 시행가능성을 검토・보완하여 전 시행부서에 배포

(ㄷ) 보안규정이나 지침내용 반복기술 불필요

(ㄹ) 숫자로 표시하는 실적보다는 성과위주로 계획수립

③ 보안진단 및 심사분석

보안진단은 시행부서 스스로 비밀의 정리, 비밀취급인가, 내・외부인의 출입통제와 같이 일상적, 반복적으로 수행하는 기본적인 보안행정관리 상태를 확인하여 시정하는 제도이고, 심사분석은 일정기간 중 보안관리 목표나 계획을 어느 정도 추진하고 의도한 성과를 어느 정도 달성하였는가를 자체 분석하고 미진사항에 대한 보완대책을 강구하는 사후 평가제도이다. 따라서 감독기관이나 감독부서가 실시하는 감사나 점검제도와 차이가 있다. 보안진단과 심사분석은 자체 확인 평가 제도로써 자율적 보안업무 수행분위기를 조성한다는 차원에서 의미가 크다. 따라서 기업의 보안상 중요성이나 규모 등을 고려하여 신중히 검토할 가치가 있는 제도이다. 그러나 자칫 형식적으로 운영된다면 오히려 행정적 부담을 부과하는 제도로 변질 가능성도 농후하므로 제도도입에 신중을 기하여야 할 것이다.

ⓐ 보안진단

보안진단은 위에서 설명한 바와 같이 시행부서 스스로 비밀의 정리, 비밀취급인가,

내・외부인의 출입통제와 같이 일상적, 반복적으로 수행하는 기본적인 보안행정관리 상태를 확인하여 시정하는 제도이다. 따라서 1개월 또는 분기별, 반기별로 일정한 기간을 정하여 그 기간 동안에 수행하여 온 보안관리 상태를 확인하여 잘못 수행되어 온 것들을 보안관리 상태를 일제 정리하는 의미로 생각하면 된다. 그러므로 생산이나 접수한 비밀은 관리기록부에 등재되었는지, 재분류 기일이 도래된 비밀은 재분류가 되었는지, 비밀취급인가 및 해제는 제때에 하였는지, 보안교육은 목표대로 실시하고 보안조치는 적시에 실시하였는지 등 일상적이고 당연히 해야 할 기초적인 보안행정 관리사항등을 확인하여 시정하는 제도이다. 즉 일제 정리하여 바르게 정리 정돈하는 제도로 보면 된다.

따라서 기업에서 보안진단의 대상이 될 수 있는 업무는 다음과 같은 것이다.

㈀ 소유비밀의 관리상태 일제 확인・정리

㈁ 비밀취급인가와 해제 및 보안조치의 적절성

㈂ 보안상 중요 직책 보직자와 퇴직자 관리실태

㈃ 내・외부인에 대한 출입통제제도 운영실태

㈄ 보호구역의 운영・관리상태 확인

ⓑ 보안업무 심사분석

심사분석은 일정기간 중 보안관리 목표나 계획을 어느 정도 추진하고 의도한 성과를 어느 정도 달성하였는가를 자체 분석하고 미진사항에 대한 보완대책을 강구하는 사후 평가제도이다. 보안업무 심사분석은 다른 업무의 심사 분석과 달리 경제성이나 능률성을 평가하는 것이 아니라 사업계획에 대한 달성도 위주로 평가하는 방법이 적절하다. 왜냐하면 보안업무에 투자하는 자원은 애초부터 이윤획득이 목적이 아니므로 경제성을 기대할 수 없기 때문이다. 즉, 연도별 보안업무 추진계획에 의하여 보안교육을 계획대로 실시하고 그것이 경제적 측면에서 성과가 있었느냐를 분석하는 것보다는 교육을 통하여 소기의 성과가 달성되었는가를 분석하는 것이 보다 적절하다.

기업에서 보안업무 심사분석을 한다면 다음과 같은 업무가 대상이 될 것이다.

㈀ 년도 보안업무 추진계획 및 추진결과

㈏ 자체보안감사, 점검, 진단, 교육실시에 관한 사항

㈏ 보안업무 심의기구의 운영과 그 효과에 관한 사항

㈐ 비밀의 보유현황과 비밀취급인가자의 증감에 관한 사항

㈑ 영업비밀 등 중요한 비밀취급자의 비밀유지계약 및 퇴직자 관리사항

㈒ 각 부서별 업무별 보안대책 강구 및 추진실태

㈓ 기타 보안활동 전반에 관한 사항

(2) 보안관리 기구구축

기업의 보안관리를 효율적으로 수행하기 위해서는 보안업무를 주도적으로 수행하는 보안관리 기구를 두어야 한다. 그 조직은 상설조직이거나 임시조직이어도 상관없으나, 산업기술의 보호와 유출대응 등의 업무를 수행할 수 있어야 한다. 임직원이 10여명에 불과한 대상기업에서는 현실적으로 불가능할 수 있다. 하지만 규모가 작다고 해서 산업기술이 유출될 가능성이 없지 않기 때문에 산업기술 보호 업무수행 기능은 필요하다. 따라서 조직을 구성할 수 있는 큰 규모의 기업체는 조직을 구성하고, 조직을 구성하기 어려운 작은 규모의 기업체는 산업기술의 유출방지 및 보호조직의 업무내용을 알고 있는 담당자로 하여금 그 업무를 수행하도록 해야 한다(산업기밀보호센터, 2007: 31).

기업의 보안관리의 총책임자는 물론 기업체의 최고경영자이므로 기업체의 최고경영자에게 보안업무 수행과 감독책임이 있다하겠다. 그러나 기업체의 최고경영자가 직접적으로 보안관리를 하거나 감독업무를 수행하기가 현실적으로 곤란하므로 최고경영자를 보좌하여 보안업무를 총괄 할 수 있는 대리자 또는 보좌하는 보안참모가 필요하다. 이러한 임무를 수행하도록 지명된 자를 산업보안 담당관(보안담당 총괄책임자, 보안업무 정책임자)이라 한다. 산업보안 담당관은 기업체의 최고경영자를 대신하여 기업 전체의 보안관리 업무를 수행해야 하므로 제 보안관리 대상이 되는 인원, 문서, 시설, 장비, 전산 및 예산을 총괄하는 부서의 장으로 지명하는 것이 효과적이다. 산업보안 담당관은 또한 전 기업체의 보안관리를 혼자서 수행하기가 곤란하므로 산업보안 담당관 산하에 산업보안 담당관을 보좌하여 산업보안 업무를 수행할 분임산

업보안 담당관(보안업무 부책임자, 부서보안업무 담당자)을 부서별 또는 시설단위별로 두어야 하며 그의 숫자는 기업체의 규모에 따라 적절하게 지명하면 될 것이다. 각 부서별, 시설별 보안업무 부책임자는 부서별, 시설별 부서장 즉, 업무감독 책임자를 지명하는 것이 효과적이다. 또한 기업체의 최고경영자와 산업보안 담당관 사이에 산업보안 정책을 합의・결정하고, 부서 간 산업보안 업무를 협의・조정하고 횡적인 협조체제를 유지하기 위하여 협의체 형태의 산업보안 업무협의회 또는 산업보안 심사위원회, 산업보안 정책위원회 등을 그 기업의 특성에 맞게 설치 할 필요가 있다.

〈그림 2-1〉 산업기술의 유출방지 및 보호 조직도

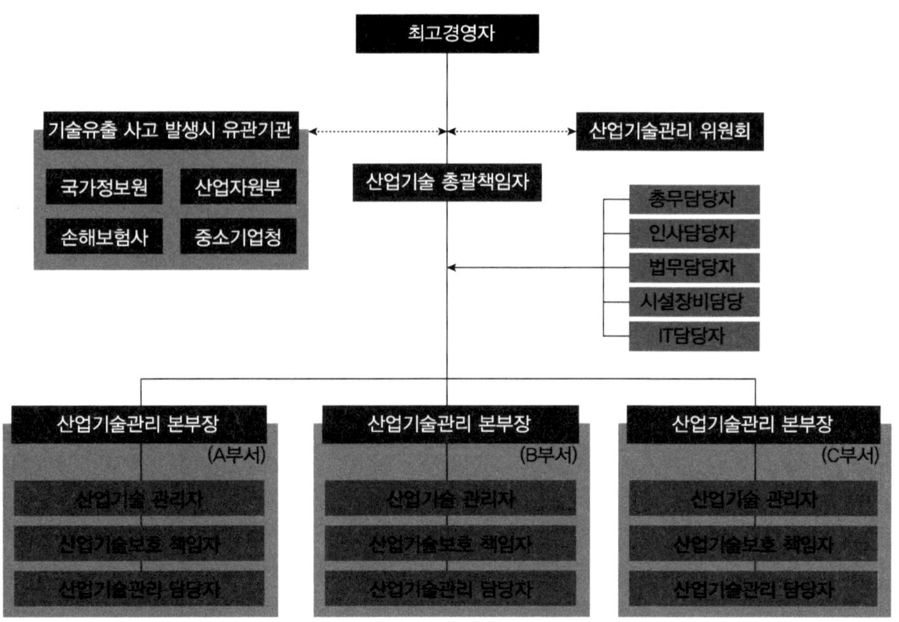

※ **출처:** 산업기밀보호센터. 2007. 산업기술 보호지침. p. 32.

① **산업보안 담당관제도**

기업체의 최고경영자를 보좌하여 산업보안업무를 총괄 할 수 있는 대리자 또는 보좌하는 산업보안 참모를 산업보안 담당관(보안담당 총괄책임자, 보안업무 정책임자)이라 한다. 기업은 최고경영자를 정점으로 분야별 업무 책임자가 임명되어 있다. 따라서 산업보안 관리도 분야별 업무책임자 책임 하에 수행되어야 한다. 기업체의 장을

대신하여 분담되어 있는 산업보안 업무를 효과적으로 조정하고 지휘감독하기 위한 제도가 산업보안담당관 제도이다.

산업보안 담당관은 기업체 전체의 산업보안 업무를 조정, 통제할 수 있는 위치에 있는 간부로 임명하는 것이 바람직하다. 국가보안에서는 보안담당관을 통상 총무나 서무담당 과장 또는 국장급으로 임명하고 있음은 보안업무의 효율성 차원에서 고려된 임명이다. 보안상 비중이 높거나 기업주의 의지여하에 따라서는 보안담당직책을 별도로 두어 보안업무에만 전념할 수 있도록 할 수도 있다.

특히 조직이 비대하거나 공장 또는 영업소 등이 여러 곳으로 산재되어 있어 산업보안 담당관이 기업 전체를 조정, 통제할 수 없는 경우에는 분임산업보안 담당관 제도를 두는 것도 효과적이다. 분임산업보안담당관은 산업보안 담당관의 지시와 통제에 따라 부서 내의 산업보안 업무를 수행하는데, 부서장을 분임산업보안 담당관으로 임명하는 것이 좋으나 산업보안 담당관과의 기업체내에서의 위치 관계 등을 고려하여 부서장보다 하위직급자를 임명 할 수도 있다. 그러나 부서내의 산업보안 업무에 대한 총괄책임은 역시 부서장에게 있으며 부서 산업보안 업무를 효과적으로 수행하기 위하여 부서장의 산업보안 참모를 지명한 것이 분임산업보안 당당관이다.

산업보안 담당관은 다음의 직무를 수행한다.

ⓐ 산업보안 업무에 대한 총괄 · 조정 · 감독

ⓑ 기업전체의 보안상 취약성분석 및 보안대책 강구

ⓒ 보안관리 중점대상 선정 및 관리대책 강구

ⓓ 보안업무 분담, 관리체제 구축 및 운영에 관한 사항

ⓔ 보안관계 규정, 규칙, 지침의 수립 및 시행상태 감독

ⓕ 각 부서별 기능에 따른 보안대책의 적절성 조정 및 시행상태 감독

ⓖ 전 직원의 보안교육 및 서약집행에 관한 사항

ⓗ 기타 기업의 전체적인 보안관리에 관한 사항

② **산업보안업무 협의기구(산업기술관리위원회)**

기업의 효율적인 산업보안 관리를 위해서는 전 소속직원의 협조가 필요하다. 협조나 심의 없이 종적으로 업무지침을 하달하고 일방적으로 시행을 강요하기보다는 전 부서 전 직원의 자발적인 협조를 끌어낸다면 성공할 가능성이 당연히 높을 것이다. 물론 간부회의를 통하여 협조를 유도 할 수도 있다. 아니면 별도의 협의 기구를 설치하고 이 기구를 통하여 토론을 거쳐 중요한 보안문제가 결정된다면 좀 더 횡적인 협조를 이끌어 낼 수 있을 것이다. 횡적인 협조를 유도하기위해서 설치하는 기구가 보안업무 협의 기구이다(산업기밀보호센터, 2007: 33).

산업보안업무 협의기구의 성격을 규정하는 데는 신중한 검토가 필요하다. 즉 산업보안업무 협의기구를 기업체 최고경영자의 자문기구로 할 것인가? 아니면 독립된 기구로 할 것인가?가에 따라 협의 기구의 결정사항이 갖는 구속력에 있어서 현격한 차이가 있기 때문이다. 자문기구로 할 경우에는 협의기구에서 의결된 사항이라 하여도 최고경영자가 거부할 수 있고 독립된 의결기구로 할 경우에는 결정사항에 대하여 최고경영자가 거부할 수 없게 된다. 그러나 독립된 기구로 할 경우에는 산업보안업무에 관한 사소한 문제까지 보안업무협의회를 개최하여야 결정하려는 경향이 발생할 우려도 있다.

산업보안업무 협의기구의 심의를 받을 필요가 있는 사항을 예시하면 다음과 같다.

ⓐ 산업보안 정책수립 및 장·단기 보안 목표 수립에 관한 사항

ⓑ 보안관계 규정, 규칙 등 보안제도의 수립 및 개정에 관한 사항

ⓒ 핵심기술의 보호·관리 전략에 관한 사항 즉, 특허 화할 것인가, 영업비밀로서 보호할 것인가 등

ⓓ 보안관련 규정 위반자의 처리에 관한 사항

ⓔ 세미나, 전시회, 주주총회 등 중요행사에 따른 보안관리 사항 등

3) 보안체계의 성공요인

① 최고경영자의 보안에 대한 관심도 및 가시적인 지원

② 사업목표를 반영한 보안정책수립, 대상설정 및 통제방법

③ 조직의 문화를 고려한 보안제도 강구

④ 보안 요구, 위험평가 및 관리에 대한 바른 이해

⑤ 임·직원의 보안에 대한 이해도 제고를 위한 효과적인 방법

⑥ 모든 직원 및 계약자에게 보안 정책 및 표준의 전달

⑦ 적절한 교육 및 훈련

⑧ 보안관리와 개선제안의 환류(Feedback), 프로세스 평가를 위한 균형 있는 체계

〈표 2-2〉 산업보안 담당 부서의 역할과 책임

구분	역할 및 책임
산업기술 관리위원회	· 산업기술보호 규정 제정, 주요계획, 주요정책과 상벌 등의 심의 · 특허 등의 산업기술 보호방법 결정 · 핵심비밀 취급자 및 퇴직자의 관리정책, 비밀보호와 관련된 임직원 등의 우대 정책, 기타 비밀보호에 관한 주요정책 결정
	시행조직
산업기술 총괄책임자 (산업보안 담당관)	· 최고경영자를 보좌하여 산업기술의 유출방지 및 보호를 총괄하는 업무
산업기술 관리본부장 (분임산업 보안담당관)	· 조직 전체 산업기술 관리에 대한 총괄적인 조정 통제 업무 · 산업기술 관리 지침 작성, 계획 작성 · 산업기술 보호의 총괄 조정, 지도교육, 감사업무 · 사고의 조사 보고 및 대응조치 · 산업기술 보호를 위한 상담센터 운영
산업기술 관리자	· 부서내 산업기술 관련 문서의 생산, 보관, 관리 · 소속직원에 대한 산업기술유지 교육 및 직원 관리 · 산업기술의 수발신의 통제, 산업기술 안전관리, 보호조치 · 소관 퇴직자의 관리, 자체점검, 소관장비 관리, 기타 주요사항
산업기술 보호책임자	· 산업기술 관리자를 보조하는 총괄 실무 담당 · 산업기술 취급과 관리를 위한 실무 책임자 · 소관장비, 시설관리 실무책임, 모든 안전조치 및 보호의 실행

산업기술 관리담당자	· 산업기술 관련 문서의 수발, 대장정리, 출입자 관리, 각종 장비, 문서 및 디스켓 등 관리 · 산업기술 관리자/ 산업기술보호 책임자의 보조

지원조직	산업기술 유출 예방 관련 업무	산업기술 유출 대응 업무
총무부서	· 보안조직 예산 편성 · 유관기관과의 협조 체계 구축 · 유사 업종 및 전문 컨설팅 업체 등 자문기관 활용한 보안관리 방안 강구	· 사고발생시 사고 종합 · 피해조사/사고조사 주관 · 피해에 따른 조직운영 방안 모색 및 경영진 보고
인사부서	· 임직원에 대한 지속적인 교육 및 면담을 통한 개인별 신상확인 · 임직원의 충성심 유발을 위한 활동	· 기술 유출자에 대한 색출 · 퇴직자 근황 조사 · 기술 유출자에 대한 징계 · 기술 유출자에 대한 고용계약서 확인 및 법무 담당자에게 이관
법무부서	· 각종 지침의 법률적합성 확인 · 법률 조언 · 각종 계약 체결시 산업기술 유출 대비 법률 조언	· 소송 가능성 판단 · 소송에 필요한 서류 및 증거 등 준비
시설/장비 관리부서	· H/W, S/W, 외주 관리 등에 대한 구매 정책 수립 및 실행 · 설비 운영 및 운영현황 파악 · 유지보수 및 방재관리 · 전산장비 내 자료 삭제 후 개인별 지급	· 사고 발생시 대응지원 및 결과 분석을 통한 예방체계 수립
IT관리부서	· 임직원에 대한 시스템 접근권한 부여 · 정보자산 관리 · 침입탐지/방지 시스템 운영	· 사고에 대한 증적 확보 · 기술 유출자에 대한 보안 서약서 확인/법무 담당자에게 이관

※ **출처:** 산업기밀보호센터. 2007. 산업기술 보호지침. p. 32.

02

인원보안

1. 인원보안의 의의 및 대상

1) 왜(Why) 인원보안을 실시해야 하는가?

보안 관리자는 기계나 물건이 아닌 '사람'이다. 또한 보안은 사람의 불순한 책동으로부터 목표를 성실히 보호하고 관리함을 목적으로 한다. 뿐만 아니라 사람이야말로 기업의 진정한 경쟁력이다. 사실 한 기업의 전략적 목표는 핵심인재를 비롯한 고성과자에 의해 달성된다고 해도 과언이 아니다. 따라서 최고의 조직은 단순히 사람이 많다고 해서 만들어지는 것이 아니라 그 회사에 맞는 최적의 인재가 있을 때 비로소 탄생한다. 모든 조직에는 고유한 문화화 일반화된 핵심 가치가 있게 마련이다(박두진 외, 2006: 24).

즉, 보안자체도 사람이요, 보안수단으로서 역시 사람인 것이다. 따라서 보안관리의 주체가 관리의 목표가 되는 보안대상을 침해하는 경우가 생겨서는 안되는 것이다.

모든 보안대상은 사람의 위해행위로부터 보호되고 성실한 관리가 보장되어야 한다. 따라서 보안대상의 관리자에게는 보안대상을 성실히, 기업의 목표를 달성하는데 부합되도록 관리할 수 있는 신뢰성과 성실성 그리고 충성심이 요구된다. 그러기 위해서는 성실하고 믿음성있는 사람이 선택되어야 함은 물론 이러한 정신적 요건이 계속 유지될 수 있도록 지도 및 감독되어야 하며 이와 같은 사람에 대한 관리・감독을 '인원보안'이라고 한다.

인원보안이란 기업의 목표가 잘 달성될 수 있도록 소속 인원을 잘 관리하는 것을 말한다. 따라서 인원 보안은 기업목표에 맞는 적정 인원의 선택, 선택된 인원의 적재적소 배치와 관리, 소속 인원에 의한 기업체 유・무형의 정보의 외부유출・누설방지,

핵심인력의 유출 방지 등을 위해 행하는 제반 인원관리를 말한다(중소기업청, 2006: 82).

이에 대한 제반 원칙을 살펴보면,

① 기업의 목표에 맞는 적정인원을 선택하는 것. 즉 기업목표에 맞는 인원을 선택하기 위해서는 그 대상 인원의 전문성 등 자질과 능력, 성실성과 충성심, 보안성 등 성품과 성향, 생활 형편, 주변 환경, 그 인원이 가지고 있는 인적 취약요인 등을 제대로 파악하여 선택하여야 한다.

② 기업의 목표와 관련이 있는 중요한 업무를 담당하고 있는 자가 성실하고 충성심이 있는 자세를 견지토록하고 기업체가 가지고 있는 유무형의 가치 있는 정보 등을 누설·유출하지 않도록 보안의식 고취를 위한 교육과 지도 그리고 감독하여야 한다.

③ 기업체가 보유하고 있는 핵심인력이 외부로 유출되지 않도록 보호하여야 한다.

④ 소속 인원의 자질과 능력, 성실성과 충성심 등 성품과 성향, 생활형편, 주변 환경, 그 인원이 가지고 있는 인적 취약요인 등을 파악하여 적재적소에 배치하여야 한다.

인원보안은 관리하는 대상이 사람이고 관리하는 주체도 사람이기 때문에 모든 보안관리 분야의 기본이 되며 가장 어렵고 중요한 보안 분야라고 할 수 있다. 시설이나 장비, 문서나 자료 등은 사람이 관리하고 작동하는 대로 움직이지만 인원은 의지를 가지고 있으며 실수도하고 태만하기도 하기도 하고 관리자의 의도대로 움직이지 않는 경우도 종종 발생하기 때문에 고도의 관리기법이 필요한 분야라고 할 수 있다. 시설과 장비의 보안관리, 통신과 사이버 보안관리, 심지어 경비의 성패 여부까지 인원 보안 관리 성공여부에 달려 있으며 기업 목표 달성여부도 인원보안 관리의 성패여부에 달려 있다. 따라서 기업체의 최고경영자, 인원을 관리하는 임무를 담당하는 자, 직속상관 등이 수행해야할 기본적이고 가장 중요한 임무이라고 할 수 있다(산업기밀보호센터, 2007: 60).

2) 누구를(Who) 보호할 것인가?

(1) 대상의 성립

인원보안의 대상이 되는 인적 대상은 광범위하고도 유동적이다. 일정한 신분을 획득함으로써 보안의 대상이 되는 인원이 있는가 하면 일정한 자격(면허, 허가 또는 인가)을 획득함으로써 보안의 대상이 되는 인원이 있으며 특별한 직책과 임무를 담당하거나 수행함으로서 인원 보안의 대상이 되기도 한다.

(2) 대상의 범위 선정

인원보안 관리도 다른 보안관리와 마찬가지로 전 사원이 인원보안의 대상이지만 특히 어떤 직원에 대하여 세심히 관리해야 하는가를 면밀히 평가하여 특별관리 대상을 선정해야 한다. 예를 들어 제품 개발자, 설계자, 전략적 사업 관련자, 제품판매 전략 수립자 등과 같이 맡은 직책의 중요도, 누설・유출시 예상되는 피해・위험의 정도 및 기업에 미치는 영향 등을 고려하여 선정하고, 선정된 중요도에 따라 인사관리 제도를 마련해야 한다. 인원보안 관리의 시작은 인원 보안 관리 대상자(Who)를 선정하는 것이다. 많은 인원 중에 누구(Who)를 보호할 것인가? 대상자를 선정해야한다. 인원 보안 대상자(Who)를 선정하였으면 그 다음 단계로 대상에 따라 어떻게(How) 보호할 것인가를 결정해야 하며 이를 위해 체계적인 인원보안 관리 시스템 구축을 해야 한다.

3) 어떻게(How) 보호할 것인가?

기업비밀 보호를 위해 보호대상을 엄선하고 비밀표시를 하고 비밀의 배포, 열람 등에 대한 통제 및 사이버 보안 대책과 시설・장비 등에 대한 보안관리를 철저히 한다 해도 내부 근무 인원이 비밀내용을 외부에 누설한다든지 자료를 유출시킨다면 가장 치명적인 보안사고가 발생하게 된다.

특히, 핵심기술이나 주요 영업비밀을 개발하고 생산한자가 불만이나 복수심에 의해서 산업스파이 행위를 자행한다면 그 피해는 상상할 수 없을 결과를 가져오게할 것이다. 따라서 인원보안 관리의 성공여부가 기업보안 관리 성패의 관건이라고 할 수 있다(중소기업청, 2007: 68).

뿐만 아니라 인간은 태생적으로 보안에 취약한 특성과 성품을 가지고 있다. 또한 인간의 누설하고 싶은 욕망은 일종의 본능이라고 할 수 있다. 「임금님 귀는 당나귀 귀」라는 이야기는 인간의 누설 욕망을 적나라하게 표현하고 있는 우화이다. 임금님귀가 당나귀처럼 자라난다는 사실을 알게 된 이발사는 임금으로부터 "이를 누설하면 삼족을 멸한다."는 보안조치를 받고 부터 가슴이 답답해지고 식욕도 없어진다. 결국 성 밖으로 나아가 구덩이를 파고 "임금님은 당나귀이다."라고 소리치고 남이 들을 새라 구덩이를 즉시 매꾸지만 성안으로 들어 와보니 "임금님 귀는 당나귀다"라는 소문이 쫙 퍼져 있었다. 이 우화는 인간으로 하여금 보안을 지키게 하기는 그만큼 어렵고 보안을 지키게 하기위해서는 대단한 노력이 필요하다는 점을 상기하게 한다.

그러나 인간은 태생적으로 보안에 취약한 특성과 성품을 가지고 있다. 지금까지 발생한 모든 국가기관의 비밀누설사고나 산업스파이 발생실태를 분석해보면 관련자의 성품이나 주변환경과 관련된 경우가 많다. 욕심, 허영심, 자만심, 시기심 등이 과도하거나 과도한 성욕을 가진자, 의지가 박약한자, 독선적인 성품의 소지자, 동료애·애사심·애국심 등이 부족한자, 매사를 불신하고 비관적인자 등이 보안사고 유발 위험성이 많고 산업스파이의 유혹에 쉽게 넘어간다.

또한, 가난하거나 사생활이 문란한자, 도박·도벽이 있고 부채가 많은자, 과도한 음주자, 마약중독자 등을 대상으로 금전 제공을 미끼로 매수, 회유, 협박하기도 하며 애국심, 이념과 사상, 종교 등을 매개로 접촉하여 산업비밀을 탐지해가기도 한다. 뿐만 아니라 보안에 대한 무지에서 기밀을 누설하기도 하고 조직에서 소외감을 느낀 나머지 관심을 유도하기 위해서 흥미위주로 기밀 내용을 발설하기도 한다.

대체적으로 보면 전문가, 연구원, 과학자 등은 자기 과시성이 강한 편이므로 세미나 등에서 자기의 전문성을 과시하기 위해 비밀 내용을 누설하기도 하며 설령 보안에 대한 경각심을 가지고 있고 보안에 대한 지식이 있는 사람이라도 부주의에 의해 무의식적으로 비밀내용을 누설하기도 한다. 또한 연구원이나 기술 개발자들은 자기가 개발한 기술이라는 강한 의식 때문에 연구 성과를 개인적으로 소장하고 있다가 산업스파이로 의심받는 경우도 다수 발생하고 있다.

인간의 누설욕망에 따른 보안취약요인을 살펴보면(윤은기, 1990: 43)

① 성향·성품의 측면에서는 과도한 욕심·성욕, 이기·시기·허영·모험·자만심, 경솔한 언행, 의지박약, 독선, 질투, 불신, 동료애·애사심·애국심 부족, 자기과시, 반항적 태도, 불평불만, 부주의, 자기과시, 무지, 부정적·비관적 성품 등의 소지자는 보안에 취약할 수 있다.

② 환경적 측면에서는 가난, 부채, 도박·도벽·알코올·마약중독 등 사생활 문란, 소외감 등이 있는 경우에는 보안에 취약하다.

위와 같은 성향과 성품의 소지자나 환경적 측면이 있는 자를 대상으로 금전제공 매수·회유·공갈·협박하거나 애국심, 이념과 사상, 종교 등을 이용한 접촉으로 기업기밀을 빼내어 간다.

효과적인 인원보안 목표를 달성하기 위한 대책으로는

① 그 인원이 어떤 사람인가를 주의깊게 파악하고 성향에 맞는 대책을 강구해야 한다.

② 인간의 보안취약 요인을 억제할 수 있는 심리적 보안방벽을 구축하기 위하여 다양한 제도를 강구해야 한다. 동료애, 애사심, 애국심이 있는 사람은 회사 기밀을 누설하거나 팔아먹지 않는다. 따라서 나는 죽어도 우리 회사와 운명을 함께하겠다는 마음과 같은 심리적 보안방벽을 구축하도록 해야 한다.

③ 보안에 대한 경각심은 지속적이면서 반복적으로 고취 시켜야 한다. 보안에 대한 경각심은 시간이 지나면 해이해지기 마련이다. 따라서 비밀 누설시 개인과 기업에 어떠한 처벌과 피해가 따르는지에 대해서 반복적으로 주지시켜야 한다. 따라서 비밀을 지득하게 되는 사안이 발생할 때 마다 서약서를 작성하게 하는 방법 등으로 그때그때마다 경각심을 고취시켜야 한다. 또한 무지로 인해 발생하는 보안 사고를 예방하기 위해서 보안관리 요령 등에 대한 교육도 지속적으로 반복해야 한다.

4) 인원보안과 요인보호

요인보호라 함은 요인(VIP)의 신변의 안전을 도모하기 위한 수단으로서 직접 또는 간접적인 실제적 위기로부터 요인의 신변을 최선의 수단으로 보호함을 말한다.

보통 VIP는 대통령이나 삼부 요인 등 신변보호 대상자를 말하지만 직책과 임무에 따라 특별이 보호를 받아야 할 사람을 말하기도 한다. 예컨대 국가적 차원에서 볼 때 암호조립 관계자 등이나 기업체로 말하면 핵심기술 보유자 등이 매우 중요한 인물로써 특별이 보호를 받아야 할 대상이라 할 수 있다. 따라서 요인보호 활동도 넓은 의미에서는 인원보안의 범주에 속한다고 볼 수 있다.

2. 인원보안의 방법

1) 인원보안의 수단

인원보안이란 기업체의 목표를 달성하기 위한 사람 관리를 의미하는 것이다. 인원보안의 수단이라 함은 인원보안을 하기 위하여 동원되는 일체의 절차와 방법 등을 말한다. 인원보안의 특징은 사람이 사람을 관리하는 데 있으며 그 기본적 수단에는 어떠한 사람인가? 어떻게 생활을 하여왔으며 어떻게 생활하고 있는가를 파악하여 적절한 관리 방법을 강구하고 보안의식을 견지하기 위한 교육 등을 지속적으로 시키는 것 등을 의미한다.

(1) 고용 계약서상 기밀유지 조항

직원의 신규 채용은 기업의 기밀보호에 대한 인적관리의 시작이다. 따라서 채용시점부터 기업기밀에 대한 보호의식을 가지고 재직기간 중 영업비밀을 관리해 나갈 수 있도록 하여야 한다(중소기업청, 2006: 84-85).

〈그림 2-2〉 고용계약서(일반직원)상 기밀유지의무

고용 계약서

고용인(갑)	대표자 성명		사업장 번호	
	업 체 명			
	소 재 지			
피고용인(을)	성 명		주민등록번호	

위 당사자 "갑"과 "을"은 아래와 같은 고용계약을 체결하고 쌍방중 일방이 이를 위반시는 「근로기준법」, 「부정경쟁방지 및 영업비밀 보호에 관한 법률」 등 관련법령과 회사규칙에 정한 규정 등에 따라 민·형사상의 처벌은 물론 해당 손해액을 지체없이 배상할 것을 양자 합의하여 근로계약을 체결한다.

제1조 (계약기간)

~

제10조 (기밀유지 및 성실의 의무)

① 업무와 관련하여 습득한 기술 및 영업정보·개발자료 및 회사의 기밀사항을 제3자에게 누설하지 아니한다.

② 갑의 사전승인 없이 취급하고 있는 업무관련 사항을 제3자(타기관 및 개인)에 대해 자문해 주거나 타업에 종사하지 아니한다.

③ 제품의 제조기술·공정, 디자인, 설계, 사양, 개발된 시제품 또는 완제품 및 그에 관한 정보와 노하우를 외부에 누설하지 아니한다.

④ 재직 중 회사 내부사정 및 자신의 업무와 동료에 관한 사항을 외부인에게 알리지 아니한다.

⑤ 근무시간 중 회사의 허가 없이는 업무와 관련이 없는 자를 근무장소에 데리고 들어오지 아니한다.

⑥ 인가권자의 허가 없이는 출입제한 지역으로 설정되어 있는 장소를 출입할 수 없으며, 실험실·실험과정·연구실·연구결과물 등에 대한 사진촬영을 해서는 아니된다.

⑦ E-mail, 홈페이지 등을 개설할 경우에는 사용범위(ID, 비밀번호)등을 구체적으로 명시하여 사전 허가를 받아야 한다.

⑧ 퇴직시 퇴직일로부터 ○년간은 경쟁관계에 있는 회사의 임직원으로 취업하거나 자문역, 고문, 대리인 기타의 자격으로 직·간접적으로 관여하지 못함은 물론 유사한 사업을 영위하지 못한다.

20 . . .

사 용 자 : ○○○ 주식회사 대표이사 ○ ○ ○ (인)
근 로 자 : ○ ○ ○ (인)

〈그림 2-3〉 고용계약서(연구원 채용)상 기밀유지의무 예시

고용 계약서

본인 (이하 "갑"이라 한다)은 (이하 "을"이라 한다)과 다음 사항에 동의하여 근로계약을 체결한다.

제1조 (고용조건)

~

제4조 (지적재산권 관련 권리 및 의무)

① "갑"이 "을"에 재직 중 본 계약의 이행으로 인해 발생되는 지적재산권(특허권, 실용신안권, 의장권, 상표권, 저작권, 컴퓨터프로그램 등, 이하 "지적재산권"이라 한다)에 대한 모든 권리는 "을"의 소유로 하며, "을"은 연구소 규칙에서 정하는 바에 따라 보상을 지급할 수 있다.

② "갑"은 "을"의 요청이 있을 경우에는 국내외에서 지적재산권을 취득하는데 필요로 하는 도면, 자료 등 일체의 서류를 "을" 또는 "을"이 지정하는 대리인을 통하여 작성, 제출하고 필요한 협조를 하여야 한다. 이 경우 소요되는 비용은 "을"이 부담한다.

③ "갑"은 본 계약서상 양도의무가 없는 모든 지적재산권 사항을 이면에 명기하여야 하며, 입사전에 발명한 것으로서 본인이 본 계약에 적용받지 않기를 원하는 출원되지 아니한 발명사항의 목록과 이들에 대한 개요를 기술하며, 이러한 기술사항이 사실과 위배되지 아니하고 누락사항이 없음을 서약한다. "을"은 이면에 기록된 발명사항에 대하여는 여하한 권리도 요구할 수 없다.

④ "을"은 출원으로 인하여 보안상 또는 기밀의 누설로 중대한 불이익이 초래할 우려가 있다고 인정한 때에는 "갑"이 지적재산권을 출원하는 것을 일정기간 제한하거나 보류하게 할 수 있다. 이 경우 "을"은 "갑"에게 연구소 규칙에서 정하는 보상을 지급 할 수 있다.

제5조 (비밀유지) "갑"은 "을"에 재직 중은 물론 퇴직 후에도 연구소에서 지득한 모든 기밀사항을 "을"의 승인 없이 타에 누설하지 아니한다.

제6조 (기술정보 유출금지) "갑"은 재직중은 물론 퇴직후 ○년이내 직무창작에 해당하는 창작을 지적재산권 출원(신고)하고자 할 경우에는 반드시 "을"의 사전승인을 받을 것이며, "을"의 승인 없이 도안, 청사진, 연구자료, 정보 등 "을"의 업무와 관련되는 모든 사항을 소지하거나 유출하지 아니한다.

20 . . .

갑 (피고용인) : ○○○ 주식회사 대표이사 ○ ○ ○ (인)
을 (고 용 인) : ○○○ 연구소 ○ ○ ○ (인)

고용 계약서 작성시 주의사항으로는

① 고용 계약서 상의 보안준수 요구를 확인 시킨다.

② 보안준수 사항의 위반시 처벌조건을 확인 시킨다.

③ 연구 성과물 등에 대한 소유권을 확인 시킨다.

④ 퇴직시 경업금지 등에 대하여 확인 시킨다.

⑤ 재직중 알게된 기밀은 재직중은 물론 퇴직 후에도 누설하지 않겠다는 내용을 명기해야 향후 발생하게 될지도 모르는 법률상황에 대응할 수 있다.

⑥ 경력직을 고용할 경우 타 업체에 근무시 알게 된 영업비밀을 사용하지 않겠다는 서약을 받아야 불법 스카우트 또는 영업비밀 침해 등을 둘러싼 소송발생시 법적 보호가 가능하게 된다.

(2) 신원파악

신원파악이란 일정한 신분이나 자격증 취득, 특별히 중요한 직책이나 임무에 고용되는 자의 자격, 자질, 보안성 여부를 심사하기위해 대상자의 신상정보를 사전에 파악하는 것을 말하며 국가기관에서 실시하는 신원조사 등이 이에 해당이 된다. 신원파악은 국가기관의 협조를 받아 실시하는 신원조사를 통하여 대상자의 사상동향, 전과사실 등 준법성 여부, 생활환경, 취약점 유무, 주변 인물들을 대상으로 사상, 인품 및 소행, 세평 등을 파악하고 대상자로부터 자기소개서, 이력서 등을 제출받아 면접, 면담, 주변인물 진술 등을 통해 진실성, 신뢰성, 충성심, 전 직장 근무태도 등 당사자의 적격 여부를 판단하게 된다. 신원파악 결과의 활용도는 그 대상자의 직책과 담당임무에 따라 달라진다. 예컨대 신뢰성이 부족하거나 소비성이 있는 자는 경리 분야에 부적합하고 대인관계가 부족한 자는 영업 분야에 부적합하다고 볼 수 있으며 보안상 중요한 직책에는 보안성 여부가 관건이 될 것이다. 또한 중요한 보직 근무자에게는 좀 더 엄격한 기준이 적용될 수밖에 없으므로 심도 있는 신원파악이 필요하게 된다.

(4) 보안교육

보안교육은 인원보안 수단으로써 중요한 비중을 차지한다. 보안에 대한 이해의 촉구가 얼마나 중요한 것인가는 우리가 실무를 통하여 체험한 터이며 특히 보안에 대한 무지가 얼마나 무서운 결과를 가져오는지에 대해서는 재론의 여지가 없다(중소기업청, 2007: 68).

보안은 그 담당자의 이해와 지식이 바탕이 되어야 하며 특히 현실적 영리를 추구하는 일반 기업체에서는 비생산적인 보안대책의 강구를 꺼려하는 것이 사실이다. 하지만 치열한 정보전쟁의 승패가 기업의 운명을 결정짓는 현대사회에서는 보안에 대한 철저한 인식에 바탕을 둔 이러한 절차 등이 실질적 밑거름이 되는 것이다.

(5) 서약

비밀유지 서약서 작성시 주의사항으로는(중소기업청, 2007: 69)

① 비밀유지 서약은 비밀유지 대상이 되는 정보의 범위를 명확히 하는 것이므로 특정 부서별 서약서를 준비해둘 필요가 있으며 서약서는 입사·재직·퇴직 시 각각 작성을 요구할 수 있다.

② 보호가치가 높은 정보는 해당 프로젝트에 참여시마다 서약서를 받는 것이 좋으며 구체적인 영업비밀 목록을 첨부하는 것이 법적으로 보호받는데 유리하다.

③ 퇴직후에는 비밀유지 서약서만으로는 법적인 제제를 가하기가 쉽지 않으므로 기술개발 등 고도의 정보를 접하는 직원에 대해서는 '퇴직 후 경업금지 계약'을 따로 체결하여야 한다.

④ 이는 법적 소송제기시 "비밀유지 의무의 위반"에 관한 입증은 어려우나 "동업 타사에 취직해 있는 것"과 같이 경업하고 있다는 것은 입증이 용이하기 때문에 실무상 자주 사용된다.

경업금지 계약서 작성시 주의사항으로는

① 근무기간 중 알게된 모든 정보를 보호대상으로 하게되면 헌법상 직업선택의 자유 또는 영업의 자유를 침해하게 되어 계약이 무효가 될 소지가 있기 때문에 제한하는 직종의 범위를 구체적으로 명기하고 보호가 필요한 고도의 정보만을 목록으로 만들어 계약서에 첨부하는 것이 바람직하다.

② 경업금지를 부과한 기간도 합리적으로 설정되어야 하는데 신제품 발표의 빈도, 시간적 간격, 특허 출원 상황 등을 종합적으로 고려하여 적당한 기간(통상 1년)을 산정하여야 한다. 쌍방간의 계약에 의하여 전직 또는 경업을 제한하는 경우라도 그 기간이 사회질

서에 반하는 정도로 장기인 경우 정당한 취업기회를 제한하는 것이되어 무효인 계약이 되므로 주의하여야 한다.

③ 최근의 우수인력 유치를 위해 기술개발 상여금 등 인센티브제도를 도입하는 회사가 늘어나고 있는데 상여금을 지급할 때 이에 대한 확인서를 받아두면 향후 문제가 발생하였을 경우 법적 소송에서 영업비밀 보호를 위한 회사의 노력을 입증할 수 있게 되어 유리하다.

〈그림 2-4〉 비밀유지 서약서 예시

비밀유지 서약서

성명 : 주민등록번호 :

주소 :

본인은 당사 ○○부서(업무)에 근무함에 있어서 다음 사항을 준수할 것을 서약 합니다.

1. 재직중 본인이 개발한 영업비밀이나 또는 정보에 대한 권리는 당사의 소유임을 인정한다.
2. 재직중 지득한 당사의 모든 비밀뿐만 아니라 당사가 지켜야 할 제3자의 비밀도 당사의 서면동의 없이는 재직중 뿐만 아니라 퇴직후라도 유출, 발설, 공개하거나 개인의 이익을 위해서 사용하지 않는다.
3. 퇴직후에는 재직중에 지득한 다음의 기업비밀과 관계가 있는 경쟁업체에 재취업하거나 창업을 하지 아니할 것을 다음과 같은 조건으로 준수한다.
   가. 기업비밀의 내용:
   나: 비밀유지 기간:
   다: 창업 또는 재취업 제한지역:
4. 퇴직시에는 본인이 관리하던 회사의 모든 비밀에 관한 자료는 회사소유의 것으로 함은 물론이며 개인적으로 소유하던 자료도 퇴직전까지 모두 반납한다.

이상과 같이 서약하며 만일 위의 서약사항을 위반할시에는 어떠한 징계나 민·형사상의 책임도 감수함은 물론 회사에 손해를 끼친 경우에는 그 손해를 지체없이 변상할 것을 약속하며 본 서약서를 제출합니다.

20 . . .

위 서 약 자 : (인)

○ ○ ○ ○ 주식회사 사장 귀하

2) 심리적 보안방벽 구축방안

(1) 심리적 보안방벽의 개념

심리적 보안방벽이라는 용어에 대한 학문적 정의는 없다. 다만 실무 경험을 통해 보안관리의 성패여부는 소속인원의 마음에 좌우된다는 점을 인식하고 고도의 인사관리, 조직관리, 리더십 등을 통해 소속직원 스스로가 회사의 업무, 보수 등에 대한 불만을 불식시키고 소속 기업에 근무하는 것에 대한 자긍심과 애사심을 고취하게 하여 회사, 상사, 동료를 배신할 수 없다는 인식을 가지게 하는 일련의 과정을 의미한다. 따라서 직원 스스로가 퇴직하는 그날까지 이 기업과 운명을 같이 하겠다는 마음을 가지게 하는 것을 심리적 보안방벽의 구축이라고 할 수 있겠다.

이는 인간의 마음 상태에서 비롯된 것이므로 눈에 보이지는 않지만 이러한 마음을 가진 직원은 비밀 누설행위나 산업스파이로 매수되지 않을 가능성이 높다. 그러므로 심리적 보안방벽의 형성은 어떠한 방법보다도 강력한 보안관리 방법인 것이다. 심리적 보안 방벽을 구축하도록 하는 것은 결국 애사심을 갖도록 하는 것이므로 이를 구축하기 위한 다양한 방법을 모색해야 한다.

(2) 심리적 보안방벽 구축 방안

① 건전한 직업관을 고취시켜야 한다.

자기가 소속된 직장에서 부여된 임무를 소중히 여기면서 회사의 비밀을 무덤까지 가지고 간다는 의식을 계속적으로 고취시켜야 한다.

② 건전한 소양을 배양시켜야 한다.

나의 것과 회사의 것을 구분할 수 있는 인식, 나의 연구결과는 본인의 노력과 능력에서 비롯된 것이기도 하지만 그 동안 기업의 자원, 에너지, 자금을 활용하고, 동료직원들의 협력과 지원의 산물이라는 인식을 가지도록 해야 한다.

③ 동료애를 고취시켜야 한다.

동료애는 단결심에서 나오기도 한다. 부서간 단합대회와 동아리 활동과 같은 비공식적 조직을 활성화시키고 담당 업무 등을 소재로 한 퍼포먼스, 패러디, 전시회, 공연 등을 개최하여 효과적이고 유쾌한 직장 분위기를 조성하는 것도 하나의 방법이 될 수 있다.

④ 애사심을 고취시켜야 한다.

일하고 노력한 만큼의 정당한 보상으로서의 보수체계 등을 포함한 평가와 승진인사, 개인 발전과 성취를 충족시킬 수 있는 교육제도, 해외연수제도, 학위취득제도, 신기술 개발자 포상제도, 개발된 기술을 토대로 재품생산자 포상제도, 우수 영업자 포상제도 등 실질적인 직무발명제도를 시행하는 것이 바람직하다. 또한 기업체의 사회 공헌도를 높임으로써 회사에 대한 자부심을 가지도록 하는 방안도 효과적이다.

⑤ 애국심을 고취시켜야 한다.

일본 기업체들은 회사원 교육시 회사 기술을 빼내어 파는 것은 일본을 파는 것과 같다는 식의 교육을 시키고 있다. 또한 역사적 사례를 통해 선조들의 보안의식이 국가를 발전시킨 사례들을 소개하고 애국심이 있는 국민은 해외 여행시에도 국가에 해가 되는 행동을 하지 않는다는 것을 교육시킨다.

⑥ 주기적 교육과 면담을 실시하여야 한다.

보안 교육과 서약서 작성은 계기가 발생할 경우에 실시하게 되므로 수시로 직원과의 면담을 통해서 애로사항, 생활상태 등에 대해 자상하고 적절한 조치를 취할 수 있도록 한다.

3) 채용과 퇴직시 보안관리 방안

(1) 신규사원 채용시 보안관리 점검사항

① 채용시 성장배경, 대인관계, 습성, 도덕성 등 신상관계를 검증한다.

② 신상 관련사항은 자필로 상세하게 작성하도록 하고 재직 중에도 신상을 지속적으로 파악하여 보안관리에 활용하여야 한다.

③ 산업기술 보호서약서 집행 및 산업기술보호의 중요성과 필요성 및 산업기밀 보호 세부 규정 등에 대한 교육을 실시한다(산업기밀보호센터, 2007: 38).

〈표 2-3〉 신규 채용시 신뢰도 측정 프로그램

항목	특징	장점
이력서	지원자의 배경에 관한 주관적 서술	해당 업무에서 요구되는 조건과의 일치여부에 대한 신속한 검토
회사지원서 양식	지원자의 이력에 관한 객관적 서술	일관성, 대조, 거짓말을 이력서와 비교하고, 신속한 평가를 통하여 채용과정을 계속할 것인가 중지하여 손실을 방지할 것인가를 판단
	각각의 질문에 대한 답변과 거주지, 경력, 교육은 지원자의 진실된 상황을 나타내고 지원자가 서명하고 날짜가 기록된다.	제출된 서류에 대한 치밀한 검토와 확인이 가능하게 되고 전화, 컴퓨터, 편지에 의하여 면접이 가능하고 지원자와 관련된 추가적인 정보를 얻을 수 있다.
	지원자의 서명에 의한 신뢰성 확보	법적인 서류로서, 적절하고 정직하게 기록되었을 경우에, 지원자의 거짓이나 잘못된 정보에 대하여 자유로울 수 있다.
첫 번째 면접	복장, 태도, 화술, 면접에 임하는 자세, 몸가짐의 단정여부를 보여준다	기본적인 질문으로서 해당기업의 이미지와 어울리는가? 필수적인 요구조건에 부합하는가? 이력서와 지원서가 일치하는가? 사람과 기업에 대한 지원자의 태도는 어떠한가?
추가적인 면접	배경조사, 심리학적 시험으로서 1차 면접을 통과 후에 실시된다.	각종 고용 관련 법률을 적용하여 위반된 것이 없는가를 확인하고, 지원자의 잠재적인 능력에 초점을 맞추어 시간과 비용을 절약한다.
기능측정	지원자에게 요구된 기능의 객관적인 확인	채용하기 전에 해당 직무에서 요구되는 훈련의 범위를 고려하여 시간과 돈을 절약하게 한다.
정직성과 성실성의 평가	거짓말과 절도를 범할 가능성에 대한 표준화된 시험, 다른 사람의 부정을 보고하지 않음으로서 타인에게 피해를 끼칠 경향, 폭력 성향	지원자의 확인이나, 상기에 언급한 사항에 대한 징조를 조기에 발견함으로서 기업의 이미지를 보호하고 돈과 시간을 절약하게 되고, 궁극적으로 기업 재산을 보호하게 된다.
기초적인 사전 채용전 조사	지원자에 의해 작성된 문서의 확인	지원자의 교육과정, 경력, 자격증 등 관련 사항의 확인
	공공기관을 통한 이력의 확인	지원자의 범죄(민・형사)기록의 확인
	지원자의 신용 정보	지원자의 재정상태에 관한 관련 기관을 통한 확인
배경조사	지원자의 개인적인 관계를 조사	파산, 담보, 재판관련 상황의 확인, 재산의 기록, 전화 면접을 통해서도 가능함
최종결정	평가, 분석, 고용여부의 객관적인 결정과 더불어 추가적인 정보의 요청 여부를 판단	① 객관적이고 확인된 정보를 근거로 경영진이 결정한다. ② 사전조사의 태만으로 인한 잘못된 고용에 따른 법적 위험성을 감소하게 한다. ③ 인적자원으로 인한 시간과 돈을 절약하게 한다.

※ **참고:** 기획재정부, 산업보안실무가이드, 2009: 110

(2) 경력사원 채용시 보안관리 점검사항

① 대상자의 전(前) 직장의 근무행태, 전직사유, 보안의식에 대하여 파악한다.

② 산업기술 보호의무 위반에 대한 벌칙, 이전 직장의 기술을 활용한 업무금지 등을 담은 산업기술 보호 서약서를 작성케 한다. 이는 불법적인 인력유출 및 상대회사의 영업비밀 침해 의사가 없었음을 입증하는 자료로 소송 발생시 보호받을 수 있는 수단이 된다(산업기밀보호센터, 207: 39).

③ 핵심부서 보직시, 중요 산업기술 취급시, 특별 프로젝트 참여시 산업기술 보호 서약서를 집행하고 개인 부채 등 금전과 관련한 사생활을 수시로 파악한다. 채용단계부터 작성되어온 신상파일에 대인관계, 근무태도, 직무수행 능력, 업무적성 여부, 프로젝트 공동 수행자 등을 기록하여 지속적으로 관리한다.

(3) 퇴직자 보안관리 점검사항

① 연구요원, 경영 및 기획 담당자, 현장 엔지니어, 마케팅 담당자 등 분야별로 관리되어야 한다.

② 퇴직 예정자에 대한 은행 부채, 가정불화 등 문제 여부를 사전에 파악하고 퇴직사실에 대하여 본인의 받을 충격을 완화하기 위하여 사전에 통보하는 등 퇴직자와의 관계를 원만하게 하는 것이 필요하다.

③ 퇴직자에게는 퇴직시 별도 수당지급, 연구개발 성과에 대한 금전보상, 퇴직전 전직 준비기간의 부여, 퇴직 후 일정기간 생활 보조금 지급 및 퇴직 후 계약직(혹은 촉탁직) 직원으로 재임용할 수 있도록 주선해 주어야 한다.

④ 퇴직 후 산업기술관련 내용의 비밀유지, 동종업계 취업 및 취업 후 해당기술의 사용금지, 산업기술 보호의무 위반에 대한 법규 고지 및 퇴직자 산업기술 보호 서약서를 받아 두어야 한다(중소기업청, 2007: 69).

⑤ 핵심기술이나 기타 관련자료(정보)에 대한 접근 제한 조치 및 관련 영업비밀이나 자료의 회수조치를 하여야 한다.

(4) 기타 인력 보안관리 점검사항

① 출장 중 관계자 접촉시 관련기술 누설에 유의하고, 특히 출장 중 숙소에 기밀서류를 두고 다니거나 식사시 기밀관련 문건을 사무실 및 회의실 등에 두고 다니지 않도록 한다.

② 차량, 기차, 항공기 이용시에도 관련 문건을 휴대하는 것을 습관화 한다.

③ 회의시에도 사전 참석자를 확인하며 기밀 사항에 대한 발표전에는 부서장 등에게 발표 및 게시에 대한 사전 지침을 받아 시행하여야 한다.

④ 중요한 기업정보 발표시에는 부득이 회의참석자에게 양해를 구하고 비밀누설 방지(영업비밀보장)각서를 작성하도록 하고 관련자에 제공시 반드시 수령증을 받아두어야 한다.

3. 핵심인력 보안관리

1) 핵심인력의 개념

핵심인력에 대한 개념 정리에 앞서 핵심기술 유출과 인간의 상관관계 즉, 기술을 유출하는 '인간'이라는 존재에 대한 성찰이 필요하다. 그렇다면 핵심인력은 누구인가, 즉 무엇을(What) 보호하여야 하는 것인가가 관건이다. 핵심인력의 기준과 자격요건은 무엇인가, 또한 핵심인력의 관리는 어떻게 되어야 하는가라는 주제는 기업이나 연구소의 관리자라면 많은 관심을 가지고 있지만 명확히 이해하고 있는 사람은 드물다. 핵심 인력에 대한 기준과 자격 요건에 대하여 확립된 부분은 없으나, 일반인들이 느끼는 부분은 막연하게 그 분야의 능력이나 재주가 뛰어난 사람, 학식과 능력이 뛰어난 사람, 한 분야의 전문가로 경력이 인정되는 소수의 사람들 이라고 생각을 할 것이다.

따라서 핵심인력이란 전문적 과업능력과 열정을 겸비하고 조직의 혁신을 주도할 수 있는 인물, 혹은 해당 인력의 존재가 기업의 핵심역량이 되는, 혼자서 수만 명을 먹여 살릴 수 있는 기술, 영업, 관리 등의 천재・수재급 인재, 외부유출시 기술력 약화, 사업추진 차질, 고객 상실 등으로 인해 기업이 치명적인 손실을 입을 가능성이 높은 인재, 과거보다는 현재, 현재보다는 미래지향적으로 인적가치가 상승하는 자 등으로 정의내릴 수 있을 것이다.

따라서 핵심인력이란 각 조직이나 기업의 환경 업종에 따라 다양하게 해석될 수 있다. 예를 들어 첨단산업 제조업의 하나인 반도체 회사에서의 핵심 인재가 서비스업 중 금융업종의 하나인 은행에서도 똑같이 핵심 인재 역할을 할 것이라 보기는 어렵기 때문이다. 조직이나 업종 나름대로 독특하게 인재의 개념을 해석하고 가치 기준을 두고 있으며 핵심 인재를 성취 수단에 따라서도 다른 의미로 부여하며, 말단 직원에서 임원 사이에서도 서로 다른 의미로 해석되기도 한다. 그러나 상기 여러 개념을 볼 때 어느 조직의 실적과 목표 이상을 달성 하면서 큰 부가가치를 창출하여 조직에 크게 기여하고 다른 직원에게는 동기를 부여하는 인간형을 일컫는다는 점을 알 수 있다.

〈표 2-4〉 선진기업에서의 핵심인력에 대한 개념

기업	핵심인력의 개념
Merrill Lynch	지적 능력, 열정, 혁신 지향, 인재 양성 능력을 중시하고, 여기에 인간적 매력을 필수 요소로 포함
Sony	'Digital Dream Kid'라는 독특한 인재상을 정립, 이를 통해 고유한 'Sony다움'을 추구. 이를 위해 호기심, 마무리에 대한 집착, 사고의 유연성, 낙관론, 위험 감수의 5가지 핵심 인재 요건을 정립.
GE (Genaral Electric)	자기 분야의 전문 기술적 능력도 중요하지만, 직원들을 잘 관리하고 이들에게 동기를 부여하거나 적합한 사람을 찾아 일을 진척시킬 수 있는 리더십을 갖춘 사람을 핵심 인재로 강조. 리더십을 평가할 때도 회사는 아무리 성과가 탁월한 인재라도 회사의 핵심 가치인 4E(Energy, Energize, Edge, Execution)에 배치되거나 도덕성이 결여될 경우 이러한 인력을 핵심 인재 관리 대상에서 철저히 배제.

※ **출처:** 박두진 · 최유경 · 송명준(2006). 105-107.

2) 핵심인력의 유출원인

핵심인력 유출이 심화되는 원인은 핵심인력의 직장관이 변화하고 국내기업의 핵심인력 관리가 미숙하며 경력자 시장의 활성화되는 상황 등으로 볼 수 있다.

(1) 핵심인력의 직장관 변화

과거 핵심인력들은 직장의 이동을 금기시해 왔다. 그러나 외환위기, 벤처시장 형성, 외국계 기업의 진출 등으로 기업체 연구소의 규모나 국적에 대한 선호도의 차이가

소멸하고 있다. 인력들에게 있어서 직장이동이 새로운 경험을 쌓고 자신의 경력가치를 높이는 수단으로 인식되고 있다. 아울러 직장선택의 기준과 가치가 다양화되고 있다(김태환, 2007: 10).

맥킨지 컨설팅의 「인재전쟁(The War for Talent)」 보고서에는 하이테크 회사의 직원들이 회사를 떠나거나 머무르는 이유에 대한 연구 결과에 따르면 대부분이 세계적인 기업에서는 금전적 제안이 결정적인 이직 이유는 아니다. 회사를 떠나는 이유 중 상위 순위는 학습 기회 및 개인적 성장 기회 때문이었다. 다시 말해 충분한 학습 시간과 최신・최고의 기자재들을 갖고 충분히 연구할 기회가 주어지는 회사는 상당히 좋은 조건을 갖췄다고 할 수 있는 것이다(박두진 외, 2006: 101). 따라서 젊은 핵심인력들은 직장 선택 시 장시간에 걸쳐 얻을 수 있는 소득, 명예보다 '지금 당장 얻을 수 있는 것' 즉, 휴가, 자기계발 및 바로 받을 수 있는 수당 등을 선호한다. 이는 단기간 내 고수익을 위해 직장을 옮기는 일도 잦아졌다.

(2) 핵심인력 관리의 미숙

국내기업들은 핵심인력 유출에 사전대처하기 보다 사후에 그것도 임시 미봉책으로 대응하는 경향이 있다. 기업의 성장 단계상 성숙기에 접어들면 우수인재들이 외부의 기회를 찾아 이직하는 경향이 있는데 국내기업이 그것에 대처하는 데 미숙하다. 창업기말의 주요 이직원인은 창업기가 예상보다 길 경우이거나 창업자와의 이해 갈등 때문이며 이때에는 주로 기술인력의 이직이 많은 편이다. 또한 성장기말과 성숙기 초의 이직원인은 도전을 통한 역량발휘 기회 부족, 성공보수 획득 기회 부족, 변화・성장의 정체 등이며 이때 대다수의 핵심 인재의 이직이 활발히 이루어진다. 마지막으로 쇠퇴기 이직원인으로는 난파선 탈출, 미래와 고용에 대한 불안감에 따른 이직이며 이때 일반인력 보다 핵심인력의 이직이 더 많게 나타난다.

그리고 국내기업의 미래 비전이 잘 보이지 않는 상황에서 외국 자본계 기업 진출 등이 핵심인력을 흡인하고 있으며 사업이 성숙기에 접어들면 관리중시의 풍토가 형성되고 인사적체가 심해져 우수한 인재의 불만이 증가하게 되고 이는 핵심인력의 이직을 부추기는 원인이 된다. 특히 국내 기업의 경우 보상, 평가, 승진 등 인사시스템의 경쟁력이 매우 취약하기 때문에 핵심인력은 현재보다 더 나은 연봉과 승진기회를 보장 받고자 하나, 자신들의 업무능력에 상응하지 못하는 대우를 받고 있다고 생각하면 이직을 고려하게 되고, 이러한 핵심인력의 경우 불법 기밀유출 등에도 매우 취약할 수밖에 없다. 타워스왓슨 리서치 조사에 따르면 직원들의 이직사유가 스트레스라고 밝힌 반면, 기업 경영진이 꼽은 사유 중 1~5위 내에 스트레스라는 사유가 없는 등 대다수의 회사가 핵심인력들에 대한 기본적인 이해조차 하지 못하고 있다고 한다(왓슨와이어트 리서치, 2007-2008).

(3) 외국 자본계 기업의 채용 확대 등으로 인한 핵심인력 수요 급증

외자계 기업들은 국내시장에의 조기 진출과 사업기반 구축 및 첨단기술과 같은 노하우를 자기 기업에 전수하기 위해 경험과 능력이 있는 국내기업의 인력을 스카우트하려고 한다. 외자계 기업의 경우 업무의 자율성, 책임, 성과 평가 및 보상 등이 명확하여 젊은 우수인력들의 취향에 부합하며 주5일제, 유연근무제 등이 일반화되어 있어 자기계발이나 개인시간 확보가 용이하다는 메리트가 있다.

(4) 경력노동시장의 활성화

경력가치를 중시하는 노동시장의 풍토가 빠르게 형성되었고 기업특수숙련보다 외부에서 통용가능하고 인정받을 수 있는 개인의 경력이 중시되며 이에 따라 보상수준도 결정되고 있다. 구조조정이 일상화되면서 정년보장이라는 관행이 붕괴되는 현상, 국내 대기업의 경우 임원 승진이 되지 않으면 40대에 사실상 퇴직해야 하는 등의 상황으로 경력노동시장의 활성화에 힘을 가하고 있다. 그리고 신규 사업 추진 등과 같은 전략적 사업에서 인재스카우트가 활성화되면서 기업은 기술, 문화, 역량 획득을 위해 외부수혈에 초점을 맞추게 되었고 복합적인 상황으로 핵심인력의 빈번한 이직을 활성화시킨다.

그러나 이러한 경력직 핵심인재들도 입사 후 기업에 적응하지 못하는 경우가 40%에 육박하고 있으며 이는 문화적 갈등으로 인한 어려움, 이방인에 대한 폐쇄적 문화, 가족과의 관계 등에 의한 어려움을 들 수 있다(최병권 · 한상엽, 2009: 184).

(5) 기타 원인

이외에도 정치적 안정성, 정치문화, 정치활동의 자유도 등은 과학기술자나 지식인들을 끌어들이는 요인으로 작용한다. 불안정한 정치적 환경은 고도로 숙련된 기술자나 지식인들로 하여금 정치적으로 안정된 선진국으로 이주를 결정케 하는 중요한 요인이 되기도 한다. 아울러 생활조건이나 본인의 자아실현 및 자녀들의 교육 문제 등의 개인적인 이유로 해외로의 인력 유출이 되기도 한다.

3) 핵심인력 유출의 영향

(1) 핵심인력의 임금 인플레 현상 초래

기업들의 우수인재 확보 내지 유지를 위한 가장 손쉬운 방법으로 보수 인상을 이용한다. 대기업에서 인재확보를 위해 높은 임금을 제시함으로써 경쟁기업으로 하여금 이를 모방하고 과도한 임금 인상 경쟁을 초래하고 인력의 유출시 대체인력 확보를 위해 기존 인력의 보상보다 4배를 부담해야 한다.

〈표 3-2〉 대체인력 채용에 드는 비용

	핵심우수인력	경영자 우수인력	관리자 계층	일반직원
대체인력 채용비용/ 기존인력보상	4.0배	2.5배	2.0배	0.5배

※ **출처:** 프라이스워터하우스 & 쿠퍼스(2009).

(2) 조직구성원의 사기 저하 및 조직 관리상의 혼란

조직에서 실력을 인정받고 미래가 보장되던 핵심인력이 이탈함으로서 남아있는 조직구성원들로 하여금 비전과 희망을 잃게 하고 경영진으로 하여금 인력관리를 위해 기울여온 투자와 노력에 허탈감을 준다. 또한 우수한 핵심인력의 유출은 조직 내 모럴해저드 현상을 촉진하고 일반 인력들의 연쇄이탈을 낳을 우려가 있다. 이로 인한 인력부족의 발생, 핵심인력의 유출과 동반한 기술 유출로 전략적 사업상의 업무에 차질을 빚을 수 있다. 또한 사기와 관련된 기업문화는 기업보안과 관련되는 성과에서 고려하여야할 핵심적 요소이며 이는 기업보안정책과 절차에 핵심적인 요소이다(최선태, 2009: 170).

(3) 핵심기술 유출로 인한 막대한 국가적 피해

2004년부터 2009년까지 국가정보원의 산업기술 유출 적발을 통해 200조를 훌쩍 넘는 피해를 예방했다는 점과 우리나라의 2009년 예산과 비교하여 볼 때 더 많다는 점에서 핵심기술 유출의 경제적 피해는 막대하다고 할 수 있다. 삼성 반도체의 기술 유출과 관련하여 국내 경쟁기업 이외에도 미국 경쟁기업에도 산업기밀이 유출된 정황이 포착되어, 삼성전자가 직접적으로 입은 피해는 수천억 원대이며 업계의 후발주자와의 격차가 줄면서 발생한 간접적인 피해규모는 수조원에 해당한다는 사례처럼 핵심기술의 유출로 인한 피해의 규모는 매우 크다는 점에서 더욱이 관심의 대상이 된다. 핵심인력의 관리 미흡으로 인한 핵심인력의 유출은 국가적 자원의 손실이자, 기업체 · 연구소 조직 구조, 노동시장의 와해를 야기할 수 있다는 점에서 핵심인력의 확보, 유지, 관리가 매우 중요하다.

4) 핵심인력 관리상의 문제점

현재 우리나라의 핵심인력 관리 능력은 세계 초일류 기업에 비해 걸음마 단계에 불과하다. 공식적으로 작금의 국내 기업 중 인력관리 상의 체계화된 제도를 가지고 있는 기업으로 '삼성'에 불과하다는 보고서도 있으며 이와 더불어 국내 기업의 인력관리 제도가 많은 지적을 받고 있다.

(1) 핵심인력에 대한 개념정리 미흡

국내 기업 대부분의 경우 핵심인력의 중요성은 인식하고 있지만 자기기업에 적합한 핵심인력에 대한 개념정리 내지 관리초점이 명확하지 않다. 핵심인력을 확보, 유지 등의 관리를 위해서는 핵심인력이 누구인가에 대한 설정이 필요하고, 설정에 따른 분류가 이루어져야 실제적인 핵심인력의 관리 계획과 실행이 뒤따를 수 있다. 하지만 일반인력과 핵심인력이 명확히 설정되지 않은 상태에서 타기업을 모방한 무리한 인력의 확보는 기업 내 재정적 타격을 입을 수 있다는 점에서 효율성이 매우 떨어진다.

(2) 일관된 관리시스템의 부재

외국의 선진기업의 경우 핵심인력의 '확보-적응-양성-유지-관리'에 이르는 일관된 관리시스템을 통해 체계적으로 핵심인력을 관리하는 반면, 국내 기업의 경우 일반적으로 추상적인 관리체제를 적용함으로써 해외 경쟁기업의 공격적인 핵심인력 확보 활동에 피해를 받고 있다. 일관된 관리시스템의 부재와 함께 국내 기업의 경우 핵심인력 확보에는 박차를 가하고 있으나, 체계적으로 양성, 유지, 관리하지 못함으로써 고비용과 많은 노력을 투자하여 확보한 핵심인력마저 제대로 활용하지 못하는 경우가 허다하다. 그리하여 핵심인력들로 하여금 국내 기업은 해외 일류기업으로의 이직을 위한 경력을 쌓는 과정으로 입사한지 1~3년 이내에 이직하는 경우가 잦아들고 있다.

(3) 일시적 보상 및 금전적 보상에 치우친 보상체계

핵심인력의 유출을 방지하기 위해 스톡옵션, 인센티브 부여, 장려금 지급 등 금전적 보상이 강화되고 있다. 하지만 국내 기업에 장기적으로 지속되는 보상체계가 미흡하며, 시행되고 있는 보상체계 또한 금전적 보상에 치우친 경향이 있다. 핵심인력의 확보·유지 및 업무 능력 제고에 있어서 금전적 보상도 매우 중요하다. 그러나 금전적 보상의 경우 핵심인력으로 하여금 진정한 동기 부여, 직무만족도를 제고시키지 못한다. 금전적 보상으로 확보한 핵심인력은 경쟁기업체에게 같은 방법으로 잃게 될 가능성이 많다.

5) 핵심인력 관리의 성공사례

(1) GE(General Electric)

미국의 직업문화 풍토상 연평균 약 20%의 높은 이직률과 관계하여 미국기업은 핵심인력의 확보 및 유지에 많은 어려움을 겪고 있다. 직원들의 직무만족도를 향상시킴으로서 인재 유출을 방지하기 위해 노력중이지만 높은 이직률은 지속되고 있다. 그리하여 주요 기업들에서는 근로자들의 애사심을 높이거나 연봉을 인상하는 등의 단기적인 방법의 한계성을 직시하고 장단기적인 인재유지 전략을 실행하고 있다.

미국의 GE사 또한 80년대 후반부터 경영환경의 불확실성과 불안정성이 고조되면서 안정된 환경에 적합했던 기존 핵심 인재상을 새롭게 정의내릴 필요가 있었다. 정교한 계획, 조직중시, 통합과 관리보다는 최고를 지향하는 열정, 불확실한 상황에서의 결단력을 보다 중시하게 되었으며 GE의 전 회장 잭 웰치[35]는 핵심인력의 덕목으로 4E모델을 제시하였다.

특히, GE의 경우 매년 핵심인력을 재선발하고 육성성과를 평가하고 있다. 전체 인력 중 10~20%에 해당하는 핵심인력을 선발하여 장차 어떻게 육성할 것인지에 대한 세부 육성계획을 수립한다. 또한 개인 실적과 GE 가치에 충실한 사원은 많은 승진 기회를 접할 수 있으며 리더쉽 연수 기회도 제공받는다. 경영진 및 경영 후보진을 선발할 시에도 구성원들의 재능을 발휘할 수 있는 능력, 즉 핵심인력 관리 능력을 최우선으로 판단한다는 점에서 핵심인력 관리에 만전을 기하고 있다.

(2) SONY

일본의 경우 버블경제의 붕괴, 경기불황의 장기화 등으로 핵심인력의 유치를 둘러싼 스카웃 경쟁이 치열하다. 주요 기업들이 공개적으로 중도채용을 추진하면서 핵심인력 유치에 박차를 가하고 있다. 일본식 경영의 근간인 종신고용제가 붕괴하면서 조직적인 인력의 이탈현상이 본격화되고 안정적인 직장의 개념이 사라짐과 동시에 높은 연봉과 근무조건에 대한 메리트가 향상되었고 그로인해 외국계 자본 기업으로의 인력 유출이 심각해진 상황이다. 그리하여 일본 기업들의 핵심인력 유출에 대응하는 '인재리스크관리'를 강화하고 있다.

일본기업 SONY는 'Digital Dream kid'라는 특징있는 인재상을 정립하고 이를 통

35) 잭웰치는 20세기 최고의 경영자로 손꼽히고 있으며, 1960년에 GE에 입사. 수년 동안 자신만의 독특한 사업 및 경영 방식으로 승진을 거듭한 그는 레그 존스 회장에게 발탁되어 1981년에 마침내 GE의 최연소 회장이 됨. 이때부터 GE는 전혀 새로운 조직으로 다시 태어남. 각 사업부를 대상으로 '고쳐라, 매각하라, 아니면 폐쇄하라'라는 전략을 통해 10만 명 이상의 직원을 해고하면서 '중성자탄 잭'이라는 별명을 얻을 정도로 리스트럭처링을 위해 모든 노력을 기울임. 또한 6시그마, 세계화, e비즈니스 등의 전략으로 GE를 혁신하여 세계 최고의 기업으로 우뚝 서게 함. 엄격한 후계자 선정 과정을 통해 제프 이멜트를 후임자로 선택한 그는 2001년 9월 GE를 은퇴하여 현재는 다른 기업을 위한 경영 컨설팅과 강연 활동에 주력.

한 "SONY다움"을 추구하고 있다. 아울러 일본의 자부심을 판다는 모토를 직원들에게 주입시킴으로서 더욱 인력 관리에 힘을 가한다.

특히 SONY에서 중점적으로 보아야 할 사항은 교육기회의 제공이다. 사람이 아닌 키 포지션(Key Position)별로 석세션 플랜(Succession Plan)을 실시하며, 전 세계적으로 중요하다고 생각되는 100~150개의 직책 · 직위별로 4~5명씩의 후보자 약 500명을 리스트업해서 기업 내 대학인 SONY University를 두고 체계적으로 양성하고 있다(삼성경제연구소, 2002: 5). 해당 500여 명을 CEO 후보군으로 설정하고 경영자 교육을 실시하며, 1년간의 UCLA 위탁교육 등 전문지식 교육 및 CEO와의 심층 토론을 시행함으로써 현직 직원들에게 사기를 제고하고 있다.

(3) 삼성전자

삼성전자는 섬세한 선발, 교육, 핵심인재 관리 및 철저한 성과주의 실현의 인사체계를 시행하고 있다. 따라서 전략분야에 핵심인력을 집중 · 대거 투입함으로써 변화를 유도하는 등 핵심인력 채용을 전략적 변화의 Tool로 활용하고 있다.

또한 핵심인력 채용 전담 조직을 설립하고 CEO평가의 30%를 핵심인력 육성 · 관리 실적에 할애 하는 등 외부영입 · 내부육성을 병행 운영하고 있으며 기술, 노하우, 전문지식, 희소성에 따라 S, A, H급으로 체계적인 분류를 하는 리텐션 제도[36]를 실시하고 있다.

삼성전자의 핵심인력의 육성 방안으로는 면담강화 및 체계적인 CDP[37]관리를 통해 핵심인력의 성장을 관리하고, 인사팀 Hotline을 운영하여 핵심인력의 내재적 관리를 도모하고 있다. 또한 입사 후 6개월 시점에 조직적응 중간평가, 연1회 역량향상도 평

36) 핵심인재 유지를 위한 삼성전자의 리텐션 제도

* 핵심인재 풀은 3등급으로 나뉜다.

- S급 : 최상급 인재로 최소 임원대우를 받는 자
- A급 : 일단 부장이나 차장급으로 발탁해서 임원 승진 여부를 결정하는 자
- H급 : 잠재적 성장가능성이 큰 하이 포텐셜(High Poential) 인재로 불리는 자, 해외 유수 대학의 박사급 출신들은 대체로 H급으로 채용되며 성과와 실적에 따라 윗 단계로 옮겨갈 수 있음.

현재 삼성전자 내에서 핵심인재의 비중은 전체 인력의 3%대이며, 5%를 넘기면 핵심인재 제도의 의미가 퇴색된다고 보고 있다. 매년 3월에 핵심인재 풀에 포함될 인력을 갱신하므로 한번 핵심인재로 선발됐다고 해서 재선발되는 것은 아니다. 삼성전자는 23명의 리텐션 전담조직을 운영하고 있는데, 다른 업무와 겸직하면서 리텐션에 투입되는 인력까지 합하면 90명에 달한다.

37) CDP : 경력개발계획, 직업계획 ; 인사이동, 목표관리, 사전평가 등을 도입한 종합적인 인재육성책

가, 핵심인력 재설정을 위한 정기 종합평가 등을 실시하여 핵심인력에 밀착·심층관리를 위한 자체적 평가체제를 보유하고 있다.

(4) LG전자

LG전자는 선진 인사제도를 도입하며 R&D 인력에 대한 차별적 보상을 통해 핵심인력을 확보, 유지하고 있다.

LG전자는 핵심인력을 확보하기 위하여 각 사업본부 책임 하에 선정·심의하고, 다단계 심의 및 심층 토론을 통한 핵심인재를 선정하고 있으며 핵심인력 육성을 위하여 Target Position의 '직책 요건서'에 근거한 육성 계획을 수립하고 시련과제 부여, 직무이동을 통한 경력개발, 단계별 교육프로그램 등 핵심인력의 역량강화를 위한 다양한 프로그램을 운영 중이다.

핵심인력의 유치를 위하여 금전적 보상은 기존 보상 제도를 유지하고 있으나, 핵심인재 Pool 내에서 발탁승진 후보자를 선정하는 신분보상을 제공하고 있다. 또한 핵심인력에 한하여 해외 MBA 등 선발 교육기회를 우선 제공한다.

6) 핵심인력 관리방안

(1) 환경의 개선

한국과는 대조적으로 지난 10년간 두뇌유출지수를 높인 아일랜드의 경우는 대외개방과 글로벌화를 통하여 선진 해외기업의 적극적 유치에 주력한 결과 고급인력을 위한 일자리가 많이 창출된 것이 두뇌유출 지수의 개선에 크게 기여하였으며, 인도의 경우 역시 1990년대 말부터 IT 산업을 중심으로 한 선진기업의 유치가 크게 도움이 되었다.

현 세계화 시대에 인적 자원의 자유로운 국제적 이동은 더 이상 거부할 수 없는 필연적인 추세가 되어가고 있다. 악화되고 있는 두뇌유출 현황을 개선하고, 고급의 인적 자원을 효율적으로 활용하기 위해서는 고부가가치를 낳을 수 있는 일자리가 많이 만들어져야 하며, 아일랜드와 인도의 경험에서 알 수 있듯이 일자리 창출을 위한 첩경은 기업하기 좋은 환경을 만드는 것에 있다. 정부 규제의 선진화와 글로벌 스탠다

드의 준수, 이를 통한 기업환경의 개선이야말로 두뇌유출 문제의 근본적인 대책이라고 할 수 있다.

(2) 인적 내부 위협의 관리

기업 및 조직의 손실 대부분은 내부요인에서 기인한다. 도난, 정보유출과 같은 인적 문제 등을 지칭하는 내부위협은 직원들의 도덕성과 일반인에 대한 기업이미지의 손상으로 이어지는 경우가 많기 때문에 특별히 주의해야 한다.

인적 내부위협의 원인은 개인적인 문제와 환경적 문제로 나눌 수 있다. 개인적인 문제는 직원 개인의 재정적인 문제, 가정적 문제, 약물 남용, 도덕성 결여 등이 있다. 따라서 경영진은 문제가 있는 직원들을 경계해야 하며, 내부적 조치 및 관련 기관의 도움을 받는 것이 바람직하다. 더불어 기업환경은 내부 절도의 강력한 요인이다. 특히 경영진의 부도덕성은 내부적 보안위협의 강한 원인이 되며, 회사에 대한 충성도를 낮아지게 한다. 또한 주변인의 절도 행위는 내부적 보안위협을 크게 증가시킨다. 집단행동에서 오는 합리화는 행위자의 죄의식을 경감시키므로, 강력한 예방대책과 사후 대처가 필요하다.

이러한 내부위협은 다음과 같은 관리적 보안대책으로 줄일 수 있다. 효과적인 기획과 예산체계, 좋은 내·외부의 관계, 지원자의 적격심사와 직원의 사회화, 책임, 회계, 감사, 정책과 절차의 통제, 보험과 보증 등이 그것이다.

(3) 핵심인력 관리시스템의 구축

핵심인력 유출 방지를 위해 인사관리 시스템을 조속히 정비하여 핵심인력들이 계속 근무하고 싶어 할 매력적인 조직으로 변화를 추진하여야 한다. 이는 최고 경영자부터 현장 관리자에 이르기까지 핵심인력을 기업의 핵심자산으로 인식하고 인재유출에 따른 리스크에 대처함으로써 이루어 질 수 있다.

① 핵심인력 정의의 선행

우선 적으로 자기기업이나 연구소의 업무와 관련하여 핵심인력에 대한 명확한 정의가 선행되어야 하고 핵심인력과 일반인력을 구분 지을 수 있는 체계적인 분류 매뉴얼을 제작해야 한다. 업종의 특성, 사업전략, 핵심역량 및 경쟁력 수준을 고려해 핵심인력의 정의를 구체화하고 핵심인력 확보·관리의 초점을 명확히 해야 한다. 5~10년 후 기업의 미래 비전을 수립하고, 이를 성공적으로 달성하기 위한 핵심역량을 도출하는 것이다. 또 기업별 보유수준에 따라 핵심인력의 확보 및 양성목표를 구체적으로 수립해야한다. 예를 들면, 글로벌 경쟁력 수준이 미흡하거나 국내 경쟁단계이면 선진기술과 노하우를 가진 외부 인재를 적극 확보해야한다. 그러나 이미 글로벌적인 리더나 경쟁단계에 있는 회사의 경우는 외부채용보다는 내부양성에 치중할 필요가 있다.

② 핵심인력에 대한 보안 메커니즘 확립

핵심인력의 유출은 곧 핵심기술의 유출을 의미한다. 고로 인원 보안을 위한 적합한 체계가 구성되어야 한다. 그러므로 인원 보안 메커니즘은 채용 과정부터 퇴직까지 직원의 전 과정에 걸쳐서 적용되어야 한다.

우선 채용과정에서 보안사항을 면밀히 검토하여야 한다. 예를 들면 이력사항 검토(개인의 자질, 능력 검토 이외에도 성장 배경, 개인의 습성 등 신상 관계도 검토), 비밀유지 서약서 작성[38], 부정행위로 인한 손해 발생 시 책임을 묻기 위한 신원보증, 경쟁업체로의 진출제한 합의서[39] 및 이전 직장의 기술을 활용한 업무금지 서약서 등 불법행위 발생 시 회사 및 기술을 보호할 수 있는 법적조치 마련, 정보보안 교육의 이수 의무화 등이 이루어져야 한다.

다음으로 재직자에 대해서는 기업비밀을 접하게 되므로 그 보안사항에 대한 내용이 더욱 중요하다고 할 수 있다. 예를 들어 사업장내에서는 반드시 등록된 전산저장매체만을 사용할 것, 개인소유의 전산저장매체를 임의로 반입하지 아니할 것, 업무관련 기술 정보 및 일반 기술 정보에 대한 임의 발송을 하지 않을 것, 비밀분류기준에 의거, 비밀에 해당하는 경우에는 비밀로 등록하여 관리할 것, 업무상 발생되는 모든 전산장

38) 비밀유지 계약에 있어 무엇보다 중요한 것은 비밀유지 대상이 되는 정보의 범위를 명확히 하는 것, 특정 부서별로 준비할 필요가 있으며, 입사·재직·퇴사시 각각 받을 수 있으나 해당 프로젝트 참여시 받는 것이 가장 효율적임.

39) 경업금지 목적, 즉 영업비밀 보호내용이 구체적이고 특정화 되어야 함, 지나치게 포괄적일 경우 헌법상의 직업의 자유와 영업의 자유를 침해하여 무효가 될 소지 가 있음, 또한 적절한 기간이 합리적으로 설정되어야 함.

비는 업무상으로 인가된 목적 이외의 개인목적으로 사용하지 않을 것 등이다.

마지막으로 퇴직자에 대해서는 업무관련 자료에 접근할 수 있는 권한 삭제, 개인 PC패스워드 및 ID 삭제, 업무관련 자료의 외부유출 방지를 위해 출입증, 정보저장매체, 연구노트 등의 지급물품을 환수하고 반출 품목의 점검 강화, 부서 내 주요 설비 및 시스템 사용권한 삭제, 야근 및 휴일근무 금지, 정보저장매체 신규 구입 및 기능 업그레이드 금지, 퇴직 후 산업기술관련 내용 비밀유지, 동종업계 취업 및 취업 후 해당기술 사용금지, 산업기술 보호의무 위반에 대한 벌칙고지 및 퇴직자 산업기술 보호 서약서 청구 등이 있다(오일석, 2007: 70).

③ 체계적인 핵심인력 보상체계의 마련

〈그림 2-5〉 기술유출 방지를 위한 핵심인력 보상체계

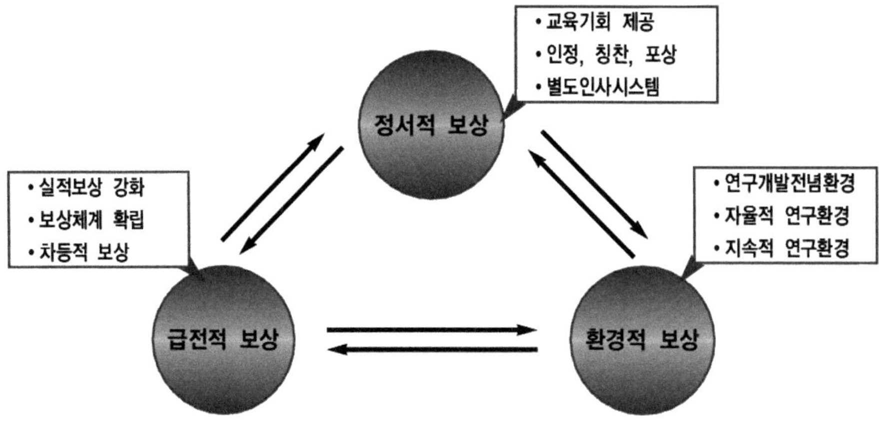

※ **출처:** 박성필(2009). 197.

기술유출 방지를 위한 핵심인력의 관리를 위해서는 보안 메커니즘 등의 '채찍' 뿐만 아니라 보상체계 마련 등의 '당근'이 필요하다. 핵심인력의 보상체계는 단순이 금전적인 보상으로 이루어지는 것이 아니라 정서적 보상과 환경적 보상이 병행되어야 한다(박성필, 2009: 197).

ⓐ 금전적 보상

핵심인력이 발명, 특허를 출원했을 경우 장려금 성격의 보상이나, 새로운 제품의 출시

및 원가절감 등의 이익 발생 시 부여되는 실적 보상으로 구분할 수 있다. 특히 금전적 보상 체계에서 문제되는 것은 장려금 성격의 보상보다 실적 보상에서 분쟁, 갈등의 대상이 된다. 대다수의 해외 선진 기업의 경우 연구 성과에 대한 인센티브나 이익분배의 형태로 확실하게 보상을 하는 체계가 마련되어 있다. Pacific Northwest National Laboratory의 경우 지적재산권 판매를 통한 수익의 10%를 해당 연구원에게 지급하고, SONY의 경우 우수한 기술력에 대해 연간 200만 엔씩 최장 10년간 지급하는 등의 실적 보상제도가 잘 마련되어 있다. 또한 마츠시다의 경우 가전 디자이너 270명중 최상급 연구원이 퇴직할 경우 과제위탁 계약을 체결하고 경쟁국 업체로 취업하는 것을 차단하는 퇴직자 관리제도를 시행하고 있다(국가정보원, 2009: 5-7). 또한 일본의 기업들은 직원들의 연구 의욕을 높이고 경쟁사로의 기술유출을 막기 위한 수단으로 직무상 발명 보상 제도를 도입하여 시행하고 있다.

〈표 2-5〉 일본기업의 직무발명 보상 주요내용

구분	주요내용
소니	- 특허출원 및 등록시 최고 100a만엔의 보상금 지급 - 기술 공헌도를 높게 평가해 6등급으로 나눠 매년 5만~200만엔 지급
히타치	- 특허를 활용한 제품의 매출과 특허권 수입에 대한 상한선없이 이익금의 일정비율을 보상금으로 지급
후나이전기	- 사회로부터 특허 수입이 1,000만엔 이내일 경우 10%, 1,000만엔 이상 일 경우 초과분에 대해 추가로 5% 지급
미쓰비시화학	- 5년간 영업이익이 60억엔 이상일 경우 2억 5,000만엔, 30억~60억엔일 경우 1억5,000만엔을 상한으로 보상금 지급
세이코엡슨	- 특허출원 및 등록시 2만엔을 지급하고, 특허 수입료의 2.5%를 지급
코스모석유	- 특허수입이 3년가 5,000만엔 이상일 때 2% 지급

※ **출처:** 국가정보원(2007). p. 75.

이러한 체계적 금전 보상이 이루어짐으로써 핵심인력의 업무 능력 제고와 유지에 기여할 수 있으며 이외에도 승진이나 연봉인상 등의 간접적 금전 보상 등의 추가 제도보완이 필요하다.

ⓑ 정서적 보상

직무만족도나 회사에 대한 애사심이 높은 직원일수록 기밀을 유출한 가능성이 낮다. 직무만족도나 애사심은 단순히 금전적 보상으로 형성될 수 없다. 그러므로 핵심인력의 직무만족도 및 애사심 향상을 위한 정서적 보상을 고려해야 한다. 연구직에 있는 핵심인력의 경우 금전적 측면보다 연구자체를 즐기고 기술을 습득하고자 하는 욕구가 강하다. 실제 삼성전자 연구소의 핵심인력을 대상으로 한 리서치 결과, 약 70%이상이 자신의 연구능력 향상을 위한 안식년, 해외근무, 학위과정 지원을 바라는 것으로 나타났다(이재하, 2004: 65). 그러므로 핵심인력의 연구, 업무능력 향상을 위한 교육기회의 제공 및 지원을 고려해야 한다.

ⓒ 환경적 보상

핵심인력의 경우 금전적 보상보다 정신적 보상을 선호한다(박준호 외, 2009: 112). 그 중 놓쳐서 안 될 것 중의 하나가 연구개발에 전념할 수 있는 환경 내지 핵심인력의 업무 수행에 전념할 수 있는 환경을 제공하는 것이다. 우리나라 핵심 연구인력의 경우, 6개월 내지 1년 단위의 성과평가가 이루어지기 때문에 단기적인 성과에 중점을 맞추게 되고 이를 기피하는 핵심인력이 해외로 유출되는 경우가 잦다. 또한 경영, 업무의 핵심인력의 경우 사내 인사나 승진을 위한 대인 관계 등으로 자신의 업무에 대한 몰입도나 외국 기업에 비해 현저히 낮다는 보고가 있다. 그러므로 연구 및 자신의 업무에 몰입, 전념할 수 있는 환경을 조성해 주어야 한다.

금전적 보상책은 쉽게 경쟁국, 경쟁사에 의해 모방될 수 있고 그 효과도 쉽게 사라지며 빠른 승진과 높은 보수로 확보한 인력은 언젠가는 같은 이유로 기업을 미련 없이 떠날 리스크가 크다. 또한 핵심인력의 경우 단순히 보상에 대한 불만으로 인한 이직 또는 매수를 통한 정보 유출을 하는 것이 아니라 회사 내 기회 박탈이나 자신의 능력을 펼칠 수 없는 회사 여건에 때문에 발생하는 경우가 잦다. 이와 같은 방법으로 몇몇의 선진기업에서는 핵심인력들에게 대의명분을 분명히 하여 자신의 과업과 조직 내 역할에 대해 자부심을 가질 수 있도록 한다.[40]

(4) 핵심인력 개인의 특성에 맞춘 인력관리

일반적으로 핵심인력이 조직에 들어오면 자의든 타의든 직무를 부여받게 된다. 부여받은 직무를 최선의 노력을 다해 얻은 결과로 성과를 얻게 되고, 성과에 따른 보상

40) 자사의 직원에게 주입한 선진기업의 분명한 대의명분
- Ford : T모델을 개발하여(1908) 당시 고가의 사치품이던 자동차를 일반대중에게 보급한다는 사명을 주입함
- 마쓰시타(日) : 기업은 제품을 수돗물처럼 싸고 풍족하게 공급하여 생활의 풍요에 기여해야 한다고 주창
- SONY : 전자제품이 아니라 '일본의 자부심'을 판다는 명분 제시
- 존슨&존슨 : 선한 사람이 만든 선한 회사라는 기업 이념하에 세계와 지역사회에 대한 책임을 강조

이 이루어진다. 이러한 과정에서 만족 내지 불만족의 결과가 생기고 이는 직무만족도와 조직에 대한 몰입도를 결정하게 되는 것이 일반적이며 핵심인력을 유지하기 위해서는 동기부여의 과정 속에서 개인의 특성에 맞추어 그들이 'Why', 'What', 'How', 에 의해 동기부여 되는지를 파악해야 한다(최병권 · 한상엽, 2009: 186). 따라서 노력과 성과 창출의 과정은 핵심인력 등 조직 내 구성원은 담당직무에 흥미를 느낄 때 만족하므로 경영진에서는 핵심인력으로 하여금 해당 직무가 적성에 맞는지를 모니터링하며 적성검사, 교육훈련을 통해 관리해야 하며 성과 창출 후 평가 과정은 공정한 평가시스템 및 열린 조직 문화의 구축이 필요하다.

또한 보상 단계[41]는 핵심인력이 바라고자 하는 보상을 인지함이 필요하며 노력, 성과, 보상 단계에서의 만족은 핵심인력으로 하여금 자신의 직무에 다시 노력하도록 동기를 부여하도록 한다.

41) 대부분의 글로벌 기업에서는 핵심인재에 대한 별도의 보상이나 인센티브가 없으나 핵심인재들이 기업에서 핵심인력으로서 인정받았다는 것, 그리고 회사에서 중요한 업무를 수행하거나 도전적인 업무를 맡는다는 것에 더욱더 의미를 둠.

중요자료 · 문서보안관리

1. 문서보안의 특징

1) 왜(Why) 문서를 보호하여야 하는가?

문서는 문자나 기호 등으로 일정한 의사(意思)나 관념(觀念), 사상(思想)등 정보(intelligence)를 담은 그릇으로써 영구성과 순환성의 특징이 있다. 문서에 역사적 사실이나 문화를 기록하여 영구적으로 보관 · 관리할 수도 있고 복사하여 여러 사람이 동시에 볼 수도 있다는 점에서 유용성은 인정받고 있으나 문서의 특징 그 자체가 오히려 보안상 취약요인으로 작용한다. 문서에 기록되어 있는 어떤 사안이 종결되었다 하더라고 그 문서가 용해되거나 소각되는 등의 방법으로 파괴되지 않는 한 그 문서에 기록되어 있는 내용을 알 수가 있다(국가정보원, 2005: 28).

또한, 문서는 의사의 전달 수단인 까닭에 작성자 외에 관계자에게 전파되고 보관 · 처리되며 의사 결정과정에서 그 내용이 결정될 때까지 계속 순환된다. 이는 한번 작성된 문서는 여러 사람에 의하여 취급된다는 것을 의미하며 여러 사람이 취급하는 만큼 외부유출, 누설, 분실 위험성이 많아진다.

(1) 분실의 위험성

문서도 다른 물건과 마찬가지로 파손과 분실 또는 도난의 위험성이 있다. 특히 경제적 · 정보적 가치가 있는 정보를 담는 문서는 담겨져 있는 정보를 시각적으로 확인할 수 있다는 점에서 정보적 침해의 주 대상이 되어오기도 하였다. 동일내용의 문서를 여러 부서에 전파하면 할수록 취급자와 관리자도 비례적으로 불어나게 되며 보관자의 주의력과 보관 장소가 동일하지 못하기 때문에 해손이나 분실, 도난의 위험성도 많아진다.

(2) 대량 누설의 위험성

문서는 문자로 표현된 것이기 때문에 보는 사람에 의하여 쉽게 인지되기도 쉬우며 완성된 문서는 표현하고자하는 전 내용이 망라되어 있어서 전말을 알아낼 수도 있다. 특히 문서의 제목만 보고도 문서 안에 기록되어 있는 내용에 대한 유추가 가능하고 문서가 유출되었을 경우에는 유출된 만큼의 다량의 정보가 누설되는 위험성이 있다.

(3) 위험의 연쇄성

문서가 유출 또는 누설된 때에는 그 문서를 복사하였거나 그 문서 내용을 발췌하였거나 일부 내용을 인용한 다른 문서, 그 문서를 근거로 생산한 관련문서, 관계되어 있는 타문서에도 연쇄적인 위험이 발생한다.

(4) 명백한 증거 자료제공

문서가 누설 또는 유출되었을 경우에는 기밀, 취약점, 비밀사업 추진사실에 대한 명백한 증거자료를 제공하는 결과를 초래한다.

2) 어떠한(What) 문서를 보호할 것인가?

문서보안의 대상인 문서의 범위는 어디까지인가? 비밀문서가 문서보안의 중요한 부분을 차지하고 있음은 사실이나 보안대상으로서의 문서의 범위는 비밀문서에 국한되지 아니하며 기업에서 작성하는 모든 문서를 포함한다. 비밀문서와 일반문서의 보안상 차이점이 있다면 보안의 수단과 방법이 다르다는 것뿐이다. 즉, 일반문서는 기업 내의 일반문서에 관한 내규에 의하여 관리 · 보호되는데 대하여 비밀문서는 좀 더 강화된 특별한 규정에 의하여 특별한 방법으로 보호 · 관리되고 있다는 것이 다를 뿐이다.

문서보안의 시작은 어떠한(What) 문서를 보호할 것인가를 선정하는 것으로부터 시작된다. 기업체에서 보관 · 관리되고 있는 방대한 양의 문서들 중 어떤 문서를 보호하고 앞으로 어떤 내용이 기록되어 있는 문서를 보호할 것인가를 엄선해야 한다. 이러한 중요문서에 대해서는 특별한 방법, 즉 보안규정에 명시된 방법으로 보호되어야 한다.

〈표 2-6〉 기술상의 보호대상 문서 · 비밀예

대상	설명	비고
시설 및 제품의 설계도	· 중요 공장의 설계도면, 기계장치의 배치도, 제품 생산 라인의 설계도, 공정 설계도	· 그 회사만의 독자적이며, 미공개된 정보나 자료
물건의 생산 및 제조방법	· 제품의 생산, 가공, 조립 또는 제조 방법으로 비법이거나 미공개된 것	
물질의 배합방법	· 물질을 생성하는 반응순서, 원료의 배합순서, 배합비율, 시차 등으로서도 미공개 되고, Reverse Engineering 으로 알아낼 수 없는 것	· 식품이나 음식의 제조비법, 의약품이나 화공약품의 제조생산 방법 등
연구개발 보고서 및 데이터	· 연구개발과정, 결과보고서 및 연구에 사용된 데이터	· 연구에 성공하지 못하고 실패한 자료도 영업비밀로 보호 가능
실험데이터	· 개발 중인 시제품 또는 시제품의 성능 실험, 의약품의 효능 시험, 기계장치의 시운전 데이터 등	
시설, 기계설비, 장비	· 기업이나 개인이 독자적으로 개발하여 보유하고 있는 시설, 특수 장비와 설비 등	· 시설과 지역을 통제구역으로 지정하고 접근을 제한하여 비밀로 관리

※ **출처:** 중소기업청. 2007. 중소기업 기술유출 대응메뉴얼. p. 55.

〈표 2-7〉 경영상의 보호대상 문서 · 비밀예

대상	설명	비고
각종 주요계획	· 경영전략, 신규 투자계획, 신제품 개발/생산계획, 마케팅/판매계획, 인력수급계획 등	· 공개되면 경쟁업체의 대응이 있을 수 있는 계획은 영업비밀로 지정
고객명부	· 지역별 고객리스트, 연령별 또는 직업별 분류표 및 대리점/영업점의 제반 영업자료 등	· 고객정보의 유출은 개인 정보보호 차원에서 사회적 물의를 일으킬 수 있음
관리정보	· 원가분석, 마진율, 거래처 정보, 인사/재무관리 및 경영분석 정보 등	· 공개되면 자사의 피해가 우려디거나 경쟁회사에 유리한 정보
매뉴얼 등 중요자료	· 그 기업의 기술과 경험을 바탕으로 한 방법 기술 서류 · 그 회사만의 독특한 방법이나 기법을 담고 있는 매뉴얼 등	· 원료 투입순서, 화합물의 반응방법, 합성방법 등 · 판매기법, 고객 접근 설득방법, 시장조사 방법, 원가 산정방법 등

※ **출처:** 중소기업청. 2007. 중소기업 기술유출 대응메뉴얼. p. 56.

3) 어떻게(How) 문서를 보호할 것인가?

어떤 문서가 보호대상 인지가 결정되었다면 그 다음 단계는 어떻게(How) 보호할 것인가의 보호 방법과 수준을 결정하여 보호하여야 한다.

(1) 기업비밀의 개념

기업비밀이란 함은 그 내용을 알아서는 안되는 불특정인에게 공개 또는 인지되는 경우 기업의 존립과 발전에 막대한 손해를 끼칠 우려가 있는 사실로서 기업 내 보안업무규정과 비밀세부 분류지침에 의하여 '비밀'로 보호된 것을 말하며 주로 문서에 의해 작성 · 관리되고 있다.

기업비밀의 공개로 인한 손해는 그 정도를 가리지 않을 뿐만 아니라 실제로 손해의 발생이 명백한 것은 물론 손해를 끼칠 우려가 있는 것까지도 포함되기 때문에 비밀의 개념은 광범위하게 해석될 소지가 있다. 또한 비밀은 유형 · 무형의 형태 여하를 불문하고 내용에 따라 그 개념이 정하여 진다. 따라서 이러한 비밀은 그 누설로 인하여 야기되는 손해의 종류에 따라 기업의 핵심기술 및 영업비밀 등과 같은 외부적 비밀과 기업의 재무상태 및 인사 등과 같은 내부적 비밀 등이 있다.

(2) 기업비밀의 성립요건

기업비밀은 문서의 표지에 비밀표시를 하였다고 해서 성립하는 것은 아니다. 비밀이 기업비밀로써 보호를 받기 위한 자격을 갖기 위하여서는 일정한 요건을 갖추어야 한다. 따라서 기업비밀은 정당한 권한을 가진 자에 의하여 정당한 의사로써 작성되어야 한다. 정당한 권한이란 고유의 직무상 권한뿐만 아니라 위임을 받은 경우를 포함한다. 또한 그 내용에 있어서 실현불능 또는 불명확하지 않은 것이라야 함은 물론, 기업 자체의 보안업무규정에 의하여 분류된 것이어야 한다. 즉, 보안업무규정에서 정하고 있는 절차와 기타 규정이 정하는 문서의 형식을 갖추어야 하며 기업의 존립과 성장과 관련된 비밀성이 내포되어야 한다. 따라서 기업운영과 관련이 없는 개인의 프라이버시 또는 기업과 관련 없는 개인단체의 공지된 사실 등은 비밀이라고 할 수 없다.

(3) 기업비밀의 특성(중소기업청, 2007: 43)

① **비밀성**(Confidentiality)

정보의 소유자가 원하는 대로 정보의 비밀이 유지되어야하는 특성이다.

② **무결성**(Integrity)

비인가자에 의한 정보의 변경, 삭제, 생성 등으로부터 보호하여 정보의 정확성과 완전성이 보장되어야 하는 특성이다.

③ **가용성**(Availability)

정보시스템은 적절한 방법으로 작동되어야 하며, 정당한 방법으로 권한이 주어진 사용자에게 정보 서비스를 거부하여서는 안되는 특성이다.

(4) 기업비밀의 보호방법

기업체에서 개발한 제품의 제조비법・연구데이터・시제품・설계도 등 기업의 독자적이고 미공개된 기밀자료는 외부로 유출될 경우 경쟁업체의 견재, 사업중단 등 기업경영에 막대한 손실을 발생하게 한다. 따라서 이러한 기업의 기밀자료에 대해 수록상태 및 보관상황, 보관책임자의 운영상황, 비밀사항의 표시유무, 누설방지 장치의 설치유무 등을 점검하여 수시 확인하는 등 체계적인 관리가 필요하다.

생산기술, 경영정보 등의 영업비밀은 컴퓨터에 저장해놓는 경우도 있으나, 일반적으로 최종 성과물은 서류 등을 매체로 하여 비밀로 관리되고 있다. 이러한 서류로는 문서, 도면, 사진, 디스켓, 마이크로필름 등 그 종류가 다양하기 때문에 관리방법 또한 단순하면서도 복잡하다(중소기업청, 2006: 91).

이러한 기업비밀은 그 누설로 인하여 미치는 손해의 정도 즉, 비밀가치의 정도와 경중에 따라 그 취급과 보호의 한계를 달리하여야 하며 이것을 나타내기 위해 기업마다 분류기준을 달리할 수 있으나 통상적으로는 그 명칭여하를 막론하고 Ⅰ급비밀(Top Secret), Ⅱ급비밀(Secret), Ⅲ급비밀(Confidential)로 구분한다. 물론 앞에서 설명한바와 같이 기업비밀의 명칭을 어떻게 하고 어떠한 등급으로 분류하는가 하는 것은 기업체의 실정에 맞게 달리할 수가 있다. 기업체의 규모나 성격, 직종에 따라 적절한 명칭과 단계를 설정하면 되는 것이다.

2. 기업비밀의 취급

1) 기업비밀 취급의 개념

기업비밀의 취급이라 함은 비밀을 수집, 작성, 분류, 재분류, 수발 등 일체의 관리 행위를 말한다. 실제로 그 비밀내용을 인지하였는지 혹은 알지 못하였는지의 여부는 가리지 아니한다.

2) 비밀취급권자와 비인가자

기업비밀을 취급하기 위해서는 권한 있는 부서의 장(비밀취급 인가권자)으로부터 비밀취급의 권한을 인가받아야 한다. 비밀취급의 권한을 부여하는 행위를 '비밀취급의 인가'라 하며 인가를 받은 자를 '비밀취급권자' 혹은 '비밀취급인가자', 이를 받지 아니한 자를 '비밀취급 비인가자'라 한다.

비밀취급인가자는 그 직에 임명됨과 동시에 해당등급 및 그 이하의 비밀을 취급할 수 있다. 비밀취급인가자라 하더라도 Ⅱ급 비밀취급인가자가 Ⅰ급 비밀을 취급하고자 할 때에는 소속 Ⅰ급 비밀 인가권자로부터 Ⅰ급 비밀 취급인가를 받아야 함은 물론이다.

3) 비밀취급의 한계

기업비밀을 취급하기 위해서는 비밀취급인가권자로부터 해당등급의 비밀취급을 인가받아야 한다. 그러나 비밀취급권자가 취급할 수 있는 비밀의 한계는 어디까지인가? 비밀취급의 인가에는 반드시 그 등급이 명시되며 인가 받은 등급 및 그 이하등급의 모든 비밀을 취급할 수 있는 것으로 해석하기 쉬우나 비밀취급을 인가받은 자가 취급할 수 있는 비밀의 한계는 그 사람의 관계 업무범위 내로 국한된다. 아무리 상위등급의 비밀취급을 인가받았다 하더라도 자기소속 업무에 속하지 아니하는 비밀에 대해서는 비인가자로 취급하여야 한다. 관계 업무라 함은 업무의 기능 및 성질에 의한 개념으로서 예컨대 기업의 재무담당 과장은 재무정보에 관한 한 그 비밀이 여타 부서에서 작성 혹은 보관된 것이라 하더라도 업무 수행상 관계업무에 속하며 따라서 인가받은 등급의 범위 내에서는 업무상 취급할 수 있다.

비밀취급인가를 받지 아니한 자가 비밀을 입수하였을 때에는 지체 없이 해당등급의 비밀취급자에게 인도하여야 한다. 하위등급의 비밀취급권자가 상위등급의 비밀을 입수하였을 때에도 또한 같다.

4) 비밀취급의 인가

비밀취급의 인가는 내규에서 정한 인가권자 및 그가 지정하는 인가권자가 행한다. 비밀취급인가권자가 행하는 비밀취급인가의 대상은 비밀을 취급하거나 또는 비밀에 접근할 직원 중 최소한의 인원으로 제한하여 인가해야한다. 비밀을 취급하는 직책에 있는자에 대하여 그 지위의 고하를 불문하고 비밀취급을 인가하여야 하지만 반대로 비밀을 취급하지 않는 직책에 있는 자에 대하여는 직위가 설사 높다하더라도 인가하여서는 안된다.

비밀을 취급하는 직책이라 함은 그 비밀을 업무상 처리하거나 내용을 시행하는 직책뿐만 아니라 내용의 시행이나 집행과는 관계없이 단지 비밀을 전달하는 수발인과 같은 직책도 포함한다.

5) 불인가기준

비밀취급인가의 요건은 대상자의 직책상 필요성 외에 기업 자체의 신원조사 및 적성검사결과 보안상 적격해야 한다. 즉, 신원조사결과 타 경쟁기업과의 관련성 및 기타 기업과 관련하여 유해로운 정보가 있음이 확인된 자에 대하여는 비밀취급인가를 하여서는 아니 되며 비밀을 취급하는 직책에 보직하여서도 아니 된다.

기업의 존립과 발전에 유해로운 정보라 함은 비밀을 안심하고 취급케 할 만한 신뢰성이 없는 심리적인 결손 있다든지 주벽이 심하다든지 언행이 경솔하여 비밀을 누설할 우려성이 있는 등 주변환경, 성격, 생활태도 상의 결함도 고려되어야 함은 물론

고의 또는 중대한 과실로 보안 사고를 범하여 비밀취급의 인가가 해제된 경우를 포함하여야 한다. 따라서 비밀취급을 인가할 때에는 대상자의 인사기록카드 및 근무성적 평정과 동료 간의 평판 등이 광범위하게 검토되어야 하는 것이다.

6) 비밀취급인가의 해제

비밀 취급권은 인가권자의 인가 해제명령에 의하여 소멸되며 해제의 효력은 해제명령이 난 날로부터 미래에 향하여 발생한다. 인가 및 인가해제의 기록은 새로운 인가 발생 시에 신원조사의 절차를 거치지 아니하는 근거로 활용할 수 있다. 비밀취급의 인가가 해제된 자는 비밀을 취급하던 직책으로부터 해임되어야 한다. 비밀의 합리적 관리를 위하여 당연한 일이라 하겠으나 경우에 따라서는 직원의 자격을 상실하는 결과도 가져올 수도 있다.

비밀취급인가를 해제하여야 할 경우는 다음과 같다

① 고위 또는 중대한 과실로 보안사고를 범하였거나 사내 규정 즉, 보안규정에 위반하여 보안업무수행에 지장을 초래한 때[42)]

② 비밀취급이 불필요한 때에도 역시 비밀취급인가를 해제하여야 한다. 비밀취급이 불필요한 때라 함은 직책이 변경되었거나 혹은 휴직, 전출 등으로 사실상 비밀을 취급하지 않게 된 때

7) 인가 및 해제의 절차와 방법

비밀취급을 인가함에는 먼저 대상자의 직책상 필요성의 여부와 신원상 적격성 여부가 검토되어야 한다. 그런데 실제 각 기업의 인가 절차를 살펴보면 이와 같은 기본사항이 검토되지도 않고 보안담당자의 독자적 판단으로 처리되고 있는 경향이 있으므로 합리적 인가를 위한 세부절차를 자체 보안내규에 규정해야 한다.

---

42) 보안사고라 함은 기업보안업무를 취급하는 자로서 정상의 주의를 태만히 하였거나 과실 등으로 비밀의 누설 또는 분실 등 기타 비밀취급자에게는 용인될 수 없는 사고를 말한다. 기업보안업무에 지장을 초래하였다 함은 보안사고에 까지는 이르지 않았다 하더라도 사고발생의 위험성을 초래케 하였거나 보안관리에 태만하여 마땅히 하여야 할 일을 하지 않는 등 보안업무를 수행할 능력이 없거나 결여된 경우를 포함한다.

(1) 비밀취급의 인가

비밀취급 인가의 제청은 제청권자인 각 부서의 임원이 제청사유를 명시하여 보안담당자에게 한다. 보안담당자는 먼저 제청자에 명시된 제청사유를 검토하고 인사담당자로 하여금 대상자의 직책상 인가의 필요성 여부, 신원 정보상 결격성 확인, 인사기록 카드상 비밀취급 인가경력의 유무 등을 검토하여 종합적 의견을 작성케 한다. 이때 인가함이 타당하다고 인정될 때에는 그대로 인가권자(기업체의 장)에게 품의하여 인가발령을 낼 수 있으나 만일 신원내용 기타 인가여부를 결정함에 곤란한 사정이 있을 때에는 그 사항을 그대로 인가권자에게 반영하여 최종적 결단을 요구하여야 하며 신중한 결정을 하기위해서 기업 내 보안심사위원회를 개최하여 위원회 의결을 받아 품의하는 것도 좋은 방법이다.[43] 인가결정 이후에는 발령, 인사기록 및 명부정리, 보안서약집행, 보안 교육 등이 이루어진다. 이상과 같은 절차는 비밀취급인가의 최선의 절차라 할 수 있으며 기업체의 실정에 맞는 제반 절차를 각 기업의 내규에 규정화하여 시행하면 효과적이다.

비밀취급인가에는 먼저 인가를 위한 신원조사를 하여야 함이 원칙이나 임용당시 임용을 위한 신원조사기록이 있을 때에는 그 기록에 의하여 인가할 수 있으며 또 인사기록 카드 상에 인가경력이 있을 때에는 이를 근거로 하여 인가할 수 있다. 그러나 Ⅰ급비밀취급을 인가함에는 ‘Ⅰ급비밀취급인가를 위한 조사’를 다시 실시하는 것이 원칙이다. 왜냐하면 Ⅰ급비밀에 해당되는 내용은 극도의 보안이 요구되는 중요한 정보로써 그 취급 소홀이 기업체의 존망과 직결되기 때문에 인가함에 신중을 기하자는 취지이다.

(2) 비밀취급인가의 해제

비밀취급인가의 해제는 해제사유가 발생할 때 해제품의에 의해 해제발령을 하면 되며 특별한 절차가 필요치 아니하나 해제의 절차도 기업체의 내규로 정할 수도 있다.

비밀취급의 인가 또는 해제는 반드시 문서로서 하여야 하며 이를 당사자의 인사기

43) 품의는 인가결재를 요구하는 것으로서 결제를 받았으면 즉시 문서발령으로 인가를 통지하되 불인가 결재 또는 인가의 필요가 없다고 인정하여 품의조차 하지 않았을 때에는 그 사유를 제청자에게 통지한다.

록 카드에 기록, 유지하여야 한다. 따라서 구두발령은 인정되지 아니한다. 이와 같이 문서에 의한 인가나 해제의 형식을 강조하는 이유는 당사자의 보안책임을 명백히 기록, 보전하기 위함이다.

(3) 자체보안내규 규정에 의한 비밀취급 인가

비밀취급 인가권자(기업의 대표이사)가 승인하고 기업체 내의 협의를 거쳐 제정한 자체 보안내규에 당연직 비밀취급인가자로 규정되어 있는 경우, 이것을 문서발령으로 볼 것인가 하는 문제이다. 즉, 어떤 직책에 보직된 자는 보직과 동시에 해당등급의 비밀취급이 인가된 것으로 볼 수 있느냐하는 문제이다.

비밀취급인가시에는 신원정보 등을 확인하여야하고 비밀 취급인가에 있어 새로 신원조사는 실시치 않는다 하더라도 이미 실시된 신원조사내용 또는 인사기록 카드 상의 인가경력 등을 검토하여야 한다. 따라서 이러한 인가절차가 이행되지 아니하는 내규상의 당연직인가는 비밀취급인가 제도나 그 취지에 어긋난다고 보아야 할 것이다. 따라서 당연직인가를 합리화하기 위해서는 보직발령 시에 비밀인가에 필요한 제반요건을 사전검토 한다는 원칙이 선행되어야 할 것이다.

(8) 서약

비밀취급의 인가를 받은 자는 인가와 동시 기업 내규에서 정하는 서식에 의하여 서약을 집행하여야 한다. 서약은 담당 부서의 보안담당자에 의하여 집행된다. 서약집행의 의미는 비밀을 취급하기에 앞서 비밀의 중요성을 인식시키고 이에 위반하는 경우에는 관련 법규와 내규에 의한 처벌을 감수하겠다는 뜻을 명백히 확인시켜 비밀의 중요성에 대한 경각심을 촉구하므로써 보안의식을 제고시켜 비밀누설을 예방하는데 있다. 즉, 보안의 목적은 사고예방이므로 보안사고 발생이후 처벌보다는 계고와 경고에 보다 큰 의의가 있기 때문이다(중소기업청, 2007: 69).

(9) 비밀취급인가증

비밀취급이 인가된 자에 대하여는 인가된 등급에 따라 구분된 비밀취급 인가증을 교부하여야 한다. 비밀취급인가증은 인가된 등급과 직책을 명시하는 증서로서 인가의 효력요건이라기 보다는 대・내외적 업무협조와 보안의식과 책임감 고취에 필요한 증명서로 해석된다.

비밀취급의 인가가 해제된 때에는 교부하였던 인가증은 당연히 회수하여야 한다.

3. 기업비밀의 생산

1) 기업비밀 생산의 개념

비밀의 생산이라 함은 비밀취급인가자의 비밀 취급권 및 직무의 범위 내에서 비밀을 만들어 내는 것을 의미한다. 원칙적으로 부서장의 직무이나 부서의 장이 그 하부 직원에게 위임하였을 때에는 그 위임을 받은 직원은 위임받은 범위 내에서 비밀을 생산할 수 있다.

2) 비밀생산의 원칙

비밀은 비밀로써 그 특유의 보안성을 유지하려면 가급적 비밀이라는 성질을 침해당할 수 있는 위협요소를 최소화 한 가운데 생산되어야한다. 따라서 최소한의 생산, 인지자의 최소화, 시간과 장소에 대한 엄격한 제한 등이 필요하다.

(1) 사전계획생산의 원칙

계획생산의 원칙이라 함은 기업의 비밀은 그 내용과 직무상 직접관계가 있는 자만이 취급할 수 있으므로 비밀의 생산은 관계자에게만 배포할 수 있도록 제한하여 생산하여야 한다. '관계자에게 만'이라 함은 업무상 관계가 있는 자를 말한다.[44]

(2) 필요최소한의 원칙

필요 최소한의 원칙이라 함은 동일내용의 기업비밀이라도 비밀의 생산량이 많으면 많을수록 비례적으로 누설 또는 분실의 위험성도 증대된다. 따라서 비밀을 생산할

44) '사전계획'이라 함은 생산 전을 뜻하는 것으로 최초 기안당시부터 배포의 필요성을 검토한 배포계획을 그 내용에 따라 수립하여야 한다. 비밀은 배포계획에 따라 생산되기 때문에 배포계획은 생산계획과도 일치한다.

때에는 생산된 개개비밀에 대한 보안능력을 고려하여야 한다.[45)]

필요 최소한이라 함은 그 비밀내용을 정상적으로 시행함에 차질이 없는 한도의 양을 말한다. 따라서 개개 실무담당자 각자가 비밀을 소유하지 못하여 검토하고 활용하는데 불편이 있다고 하여도 이를 감내하여야 한다. 물론, 미래의 필요성이 아니라 현재적 필요성에 입각하여 생산해야 한다. 따라서 장래에 사용될 수 있다는 생각에서 현제 필요치 아니하는 사본을 추가로 생산하여서는 안된다.

(3) 차단의 원칙

동일건의 비밀이라도 내용 중에는 접수자의 임무기능상 필요한 것과 필요치 아니한 사항이 있을 것이다. 따라서 차단의 원칙이라 함은 기업비밀을 그 임무기능상 알아야 할 자에게 알리는 것은 당연하나 알릴 필요가 없거나 알리는 것이 오히려 보안상 문제가 있다고 판단될 때는 이를 알려서는 안 된다는 원칙이다. 극도의 비밀사항은 사안에 따라서 직속 결재라인을 거치지 않고 차 상위 또는 기업체의 장에게 직접 보고할 수도 있다.

4. 기업비밀의 분류

1) 기업비밀의 구분

기업비밀의 구분이라 함은 비밀 내용의 가치의 중요도에 따라 분류한 등급을 말한다. 비밀의 구분은 그 보호의 수단과 방법을 취급자에게 알리고 취급자를 제한하기위한 것으로써 상위 등급의 비밀일수록 취급방법이 엄격해지고 취급범위도 축소된다. 앞에서 설명한바와 같이 기업마다 정한 보안내규에 의하여 분류하고 있으나 일반적인 비밀 분류법에 의해하면 Ⅰ급비밀(Top Secret), Ⅱ급비밀(Secret), Ⅲ급비밀(Confidential) 등으로 구분한다. 그러나 기업체 마다 고유의 분류법을 사용하여도 무방하다. 예컨대, 「최고비밀」, 「비밀」, 「사내한」으로 분류할 수도 있고 「절대비밀」, 「비밀」, 「일반문서」로 분류해도 되며 분야별로 나누어 「생산비밀」, 「판매비밀」, 「연구비밀」 등으

45) 보안능력이라 함은 비밀을 성실히 보호할 수 있는 능력을 말한다.

로 분류해도 무방하다. 다만 분류방법이 사규로 정해져 있어야 그 기업전체가 동일사안에 대하여 통일된 분류를 할 수가 있다.

〈표 2-8〉 기업의 문서 등급 분류예

등급	내용
1등급 기밀정보(In-Confidence)	· 개발소프트웨어 소스코드, 개발설계서, 고객비밀정보 등 회사 내에서도 접근권한이 부여되는 민감한 정보
2등급 대외비 정보(Internal Use Only)	· 회사 임직원에게는 공개되나 대외적으로는 비밀로 유지하는 정보
3등급 일반정보(Public)	· 회사소개 자료, 제품 설명자료 등 외부에 공개가 가능한 자료

※ **출처:** 중소기업청. 2007. 중소기업 기술유출 대응메뉴얼. p. 43.

기업의 존립과 발전에 직결되는 비밀은 아니나 직무상의 비밀로서 특히 최하위 등급의 비밀인 Ⅲ급 비밀과의 분류착오(과소분류)로 인하여 야기될 수 있는 비밀누설방지를 위한 보완적 장치로서의 「대외비」 제도가 있다. 일부 기업체에서는 이제도를 원용하여 「대외비」를 「사내비」로 명칭을 바꿔 사용하기도 한다.

대외비는 비밀에 준하여 보호한다는 의미로 비밀을 보관함에 있어서도 비밀문서 보관용기 내에 혼합 보관할 수 있다. 대외비문서에는 대외비표시를 그 문서의 중앙상단에 표지하고 보호기간을 명시한다.

〈대외비 표기의 예〉

대 외 비
2012. . .까지

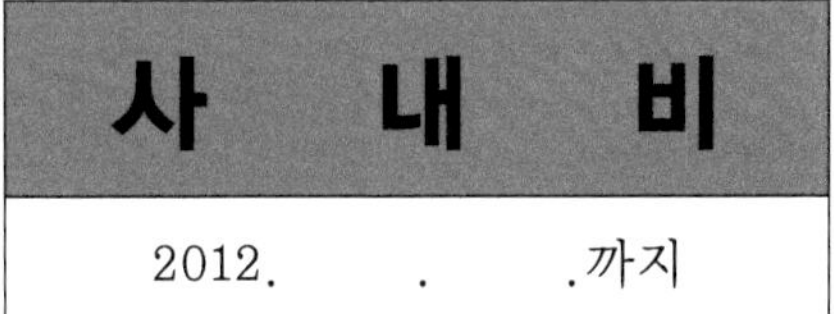

2) 기업비밀 분류의 원칙

분류는 비밀의 보호에 앞서 보호하여야 할 보안대상과 보안도를 결정하는 것으로 실질적 비밀보호의 전체적 수단이다(중소기업청, 2007: 43).

(1) 과대 · 과소분류 금지의 원칙

과대 · 과소분류 금지의 원칙이라 함은 비밀정보는 내용의 가치에 따라 최저등급으로 분류하되 과대평가하거나 과소평가하여 분류하지 않아야 한다는 원칙이다. 과대분류는 비밀의 내용도 별것이 아니라고 하는 비밀에 대한 경시풍조를 낳고 필요 이상으로 그 내용을 알고 활용해야 될 사람의 접근을 제한함으로써 업무수행에 지장을 초래하며 과소분류는 비밀의 취급이나 관리 소홀의 결과를 초래하여 비밀의 누설이나 유출의 원인이 된다.

(2) 독립분류의 원칙

독립분류의 원칙이라 함은 기업비밀은 그 내용과 가치의 정도에 따라 분류하여야 하며 다른 비밀과 관련하여 분류하여서는 아니 된다는 원칙이다. 어떤 내용이 비밀이냐 아니냐는 그 내용의 가치에 따라 결정해야지 그 비밀내용과 관련이 있다 하여 다른 내용까지 비밀로 분류해서는 아니 된다.

또한, 동일한 사안의 문서라 해도 각각의 페이지 마다 비밀 내용의 가치가 다르면 각 페이지마다 독립적으로 비밀의 등급을 달리하여 분류해야 한다. 예컨대 2page 이상으로 작성된 비밀문서의 경우 그 페이지가 Ⅱ급, 다른 페이지가 Ⅲ급 또는 일반문서인 때에는 비밀등급의 표지도 Ⅱ,Ⅲ급, 일반문서로 페이지 마다 달리하여 분류하여야 하며 한 페이지가 Ⅱ급이라 하여 일률적으로 동일한 비밀표지를 함은 부당하다.

(3) 과잉분류금지의 원칙

과잉분류금지의 원칙이라 함은 기업비밀이 아닌 것은 비밀로 분류하여서는 아니 된다는 원칙으로, 특히 누구든지 업무상의 과오나 실패를 은닉할 목적으로 비밀이 아닌 사항을 비밀로 분류할 수 없다는 것이다. 비밀이 아닌 사항을 비밀로 분류하려는 목적이 업무상의 고의 · 과실을 숨기려는데 있다면 이는 보안제도 전반에 대한 신뢰를 상실케함으로써 보안제도 전반에 피해를 줄 수 있다.[46]

46) 만일, 비밀이라면 비위사실을 은닉할 목적이 있다 하더라도 비밀로 분류하여야 하는가 하는 문제가 있다. 전술한 바와 같이 분류금지의 원칙은 보안제도를 보호하려는데 있을 뿐만 아니라 개인의 비위사항이 기업의 존립과 발전에 기여할 수 없다는 점에서'부당하다'고 보아야 한다.

또한 비밀의 제목을 표시함에 있어서는 비밀내용이 포함된 제목은 사용할 수 없다. 제목은 그 비밀의 형태여하에 불구하고 항상 노출된다. 제목은 비밀관리기록부에 기재되고, 비밀수발부에 기재될 때에도 노출이 된다. 이와 같이 노출이 심한 제목에 비밀내용을 포함한다면 그 자체가 비밀누설의 원인이 되는 것이다. 따라서 비밀의 제목은 그 비밀의 내용이 포함되어서는 아니 되며 제목만으로서 비밀의 내용을 알 수 없도록 하여야 한다.[47]

(4) 등급분류 통일성의 원칙

비밀등급 분류 통일성의 원칙이라 함은 기업체마다 등급분류의 기준, 명칭 등은 그 기업체의 업무성격, 보호의 필요성, 규모 등을 종합적으로 고려하여 그 기업체의 실정에 적합한 분류방법을 선택하면 되는 것이나, 동일 내용의 비밀을 담당자 마다 부서마다 다른 등급으로 분류해서는 안된다는 원칙이다. 따라서 기업체 내에서는 같은 등급으로 분류될 수 있도록 제도적 장치를 마련해야 한다. 그러기위해서는 분류기준과 방법을 기업체 자체 내규에 규정하므로 분류기준과 방법, 그리고 보호방법 등에 있어서 형평성과 통일성을 유지토록 하여야 한다.

(5) 외부비밀 등급존중의 원칙

외부기관, 협력업체 등 외부기업, 다른 부서에서 취급하는 비밀도 그 비밀의 등급이 정해진 수준에 맞게 보호해줘야 한다는 원칙이다. 비밀등급 분류 및 보호절차가 다른 경우에는 상호협의 하거나 해당 등급에 준하여 보호해 주어야 한다는 원칙이다.

---

47) 예컨대, 제목을 〈기업 M&A 계획〉으로 하면 기업이 M&A를 준비하고 있다는 사실을 알 수있게 하고 그것만으로도 주가에 영향을 미치는 등 파급효과가 클 수 있으므로 효과적인 비밀보호를 위하여 〈S프로젝트〉 등으로 표시하여야 하는 것이다. 이것은 〈분류금지〉라기 보다는 비밀제목의 선택(제목의 기재) 방법으로 보는 것이 타당할 것이다.

〈표 2-9〉 등급분류 예시

구분	분류기준	세부 분류지침
극비 (TOP SECRET)	회사 경영에 심각한 영향을 미치는 사항 경쟁사나 이해관계자에게 이용되어 회사에 막대한 손해를 초래하는 사항	· 경영정책 회의록 · 중장기 경영계획 · 신규사업계획 · 신기술 개발계획 · 상품개발 및 출시계획 · 중요 경영분석자료 · 신차개발 관련 계획 및 자료
비밀 (SECRET)	회사 중요정책의 효율적 집행에 지장 및 경제적 손실을 가져올 수 있는 사항	· 전사조직도 · 인원현황 및 급여체계 · 제품 및 재무제표관련 자료 및 현황 · 중요회의록 · 제품성능 및 품질관련보고서 · 고객정보 · 시장조사 자료 · 가격결정 자료
대외비 (RESTRICTED)	사외로 유출될 경우 회사에 손실을 초래할 수 있는 문건	· 각종 규정, 표준 · 계약서류 · 업무계획 · 생산 및 판매계획 · 각종 프로젝트성 업무 · 협력업체정보 · 주요직위자 인사자료 · 사내건물 설계도 및 레이아웃 · 제조원가 등 생산관련자료

※ **출처:** 지식경제부, 2009. 산업보안 실무가이드북, 148.

3) 분류지침

분류지침이라 함은 비밀분류의 기준을 말한다. 분류지침은 기업체내의 모든 부서에 해당되는 기본분류지침과 기본분류지침에 의해서 세부적으로 작성한 세부분류지침으로 구분된다. 기본분류지침은 비밀로 분류해야하는 내용들을 기업 차원에서 제시한 기준이며 세부분류지침은 기본분류지침에 의하여 각 부서별로 취급하는 업무에 따라 세부적으로 분류하는 기준을 만든 것으로써 기업전체의 보안담당 책임자는 각

부서별로 작성된 세부분류지침을 종합하여 전 부서에 배포함으로써 비밀분류의 통일성과 획일성을 기하여야 한다. 기본 분류지침과 세부분류지침을 매년 1월부터 시행할 수 있도록 작성하여 하급부서에 배포하여야 한다.

4) 비밀의 표시

비밀의 표시는 비밀을 취급하는 자에게 이 문서는 비밀문서라는 것을 알려주므로써 취급에 신중을 기하게 하고, 업무상 관계가 없는 비인가자에게는 접근하거나 열람하지 말며 우연히 알게 되었다고 하여도 누설치 말아야 한다는 경고의 의미이다. 따라서 비밀은 비밀임을 한눈에 알 수 있도록 선명하게 표시를 해야 한다.

문서의 어느 장소에 비밀 표시를 해야 하는가에 대해서는 특별한 원칙은 없다. 중안 상·하단에 표시 할 수도 있고 우측상단에 표시할 수도 있으므로 이 방법 역시 기업체 내규에 그 방법을 규정하여야 한다. 그래야만 기업체 내의 비밀 표시 방법에 통일성을 기할 수 있기 때문이다. 비밀 표시는 눈에 잘 띄는 색깔을 골라서 사용하면 효과적이다. 예컨대 적색 표시는 눈에 잘 띄기도 하고 위험성을 경고하는 뜻이 있으므로 국가기관에서도 사용하고 있다.

보호해야할 비밀이 문서의 형태가 아닐 경우, 예컨대 필름, 사진, CD, 테이프 등은 비밀 표시가 되어있는 봉투에 넣거나 이에 준하는 용기에 넣어서 보관하고 지도나 설계도면은 그 크기에 맞는 겉표지를 해서 비밀 표시를 하는 방법도 있다.

CD나 테이프에 비밀 내용을 녹음할 때에는 처음과 마지막에 경고 자막을 넣고 비밀표시 봉투나 보관용기에 넣어 보관하는 방법도 있다.

또한 보안이 요구되는 생산시설, 연구소, 실험실, 설계실 등은 그 지역이나 사무실을 통제구역으로 설정하여 경고문을 부착하고 인가받지 않은 자들의 출입을 엄격히 통제하면서 출입자 명부를 비치하여 출입자를 기록해 놓으면 비밀누설 사고 발생 시에 누가 출입했는지를 알 수 있어 누설자의 색출이 용이하게 된다.

5) 예고문

(1) 예고문의 의의

예고문이라 함은 비밀을 비밀로 보호하여야 할 시한 및 비밀의 최종적 처리방법을 결정하여 비밀관리자에게 알리는 고지문이므로 모든 비밀에는 반드시 예고문을 기재하여야 한다. 비밀은 비밀로서 보호할 시한이 경과되면 등급을 저하하거나 파기 등의 방법으로 재분류하게 되는데 일반문서로 재분류하는 경우에 일반문서로 재분류하여도 보안상 위험성이 없는 사항에 한하며 시한이 경과하였다 하더라도 비밀로써 가치가 있거나 누설되는 경우 보안상 위험성이 있는 비밀은 이를 소각 기타의 방법으로 파기・소멸시켜야 한다. 따라서 예고문을 기재함에 있어서는 시한경과후의 보안가치를 신중히 검토하여 '파기' 또는 '일반문서'로 예고문을 기재하여야 한다.

(2) 예고문의 유형

예고문의 기본 형태는 다음 두 가지가 있다.

○○로 재분류・파기(일자 또는 경우)

첨부물에서 분리되면 ○○로 재분류

전자는 비밀에 직접 기입하며, 후자는 비밀은 아니나 첨부물(비밀)이 비밀일 때 그 비밀을 보호하기 위하여 앞에 붙은 결제 또는 시행 문서에 표시하는 예고문이다. 즉, 시행문서는 첨부물이 없다면 비밀이 아니기 때문이다.

이러한 기재요령을 사례를 들어 설명하면 다음과 같다.

① 본래 내용은 비밀이 아니나 비밀인 첨부물이 뒤에 붙어 있기 때문에 비밀표시를 한 것으로써 첨부물을 분리하면 비밀이 아닌 일반문서의 경우

첨부물에서 분리되면 일반문서로 재분류

② 앞에 붙은 결재 기안문 또는 시행문서 본래의 내용은 Ⅲ급 비밀이나, 첨부물의 비밀등급이 Ⅱ급인 관계로 Ⅱ급 비밀인 첨부물을 보호하기위하여 앞에 문서에 상위등급인 Ⅱ급 비밀 표시가 된 시행문의 경우

첨부물에서 분리되면 Ⅲ급 비밀로 재분류

이 경우는 예고문이 2개가 기재되는데 이는 본래 Ⅲ급비밀에 대한에 대한 예고문이 또다시 필요하기 때문이다.

(3) 예고문의 기재요령

예고문은 비밀인 문서인 때에는 본문말미 여백에 기입한다. 그러나 비밀의 예고문을 기입할 수 없는 장비 등인 때에는 그 장비가 등재된 비밀관리기록부에 기입하며 이를 타처로 이송할 때에는 문서로써 예고문을 알려야 한다.

예고문은 재분류시기를 말하는 것으로써 그 비밀을 만든 부서 위주로 시기를 정하는 것이 아니라 접수부서에서의 처리일자와 보관의 필요기간을 기준으로 결정하여야 하며 접수부서에서 재분류시기를 알 수 있도록 명확히 기재하여야 한다. 따라서 '처리후', '참고후' 혹은 '불필요시' 등과 같이 어느 때 재분류하여야 할지를 알 수 없는 것은 예고문으로 기재하여서는 안 된다.

재분류시기를 예측할 수 없는 비밀은 통상 발행일로부터 1년 이내의 일자를 기재하고 상황의 변경여하에 따라 다시 예고문을 변경하는 것이 타당하다.

예고문은 시효가 경과한 비밀을 합리적으로 처리하기 위한 것인 만큼 만든 부서나 접수처리 부서가 비밀관리에 차질이 없도록 해야 하기 때문이다. 동일내용의 비밀을 2부 이상 복사하는 경우에는 그 원본과 동일한 예고문을 매 사본마다에 기재하여야 한다. 그러나 예고문의 재분류구분이 '파기'로 되어 있는 때에는 만든 부서에서 보관하는 원본의 파기기간보다 그 시기를 단축할 수 있다. 이는 비밀관리의 합리화를 도모하기 위한 취지로서 비밀의 양적 증대를 억제시켜 준다.

6) 기업비밀의 재분류

(1) 재분류의 의의

재분류는 비밀의 효력을 변경하거나 처리방법을 변경하는 것을 말한다. 비밀의 시효라 함은 비밀로 보호해야할 기간과 비밀등급을 변경해야할 시점을 말한다. 처리방법이란 비밀로서의 시효가 도달한 이후 그 비밀을 어떤 방법으로 관리하며 또는 어떤 방법으로 없애느냐 하는 것을 말한다.

재분류는 주로 비밀의 등급변경 즉 비밀등급을 하향 조정하거나 또는 파기 등을 말하나 예고문, 즉 비밀의 변경 시효를 변경하는 것도 재분류라 할 수 있다. 비밀은 그 효율적인 보호를 위하여 등급의 변경 또는 파기 등의 재분류를 실시한다. 또한 비밀을 취급하는 자는 소관비밀의 예고문에 의한 재분류검토를 실시하여야 하며 비밀원본에 대하여는 별도의 지침이 없는 한 통상적으로 연2회(6월과 12월) 그 내용에 의한 재분류 검토를 실시하는 것이 좋다. 오늘의 비밀이 내일이면 비밀이 아닌 경우가 있을 수 있기 때문이다. 비밀이 아닌 것을 계속 비밀로 관리하는 것은 행정낭비이며 업무상 지장을 초래하고 재분류시기가 경과한 비밀의 누적은 타비밀의 가치를 저하시키는 요인이 되기 때문이다.

(2) 재분류 시기

비밀을 재분류할 수 있는 시기는 비밀에 기재된 예고문의 재분류시기가 도래한 때라 하겠으나 비밀의 발행자는 그 발행비밀의 예고문에도 불구하고 직권으로 재분류를 할 수 있다. 즉, 비밀의 발행자는 자기가 발행한 비밀에 대하여 예고문에 구애됨이 없이 발행자의 직권으로 예고문의 재분류 구분, 재분류 시기를 임의로 변경할 수 있다.

그러나 발행자가 아니라도 비밀을 파기 또는 재분류할 수 있는 경우가 있다.

① 긴급·부득이한 사정으로 비밀을 계속 보관하거나 안전을 보장할 수 없을 때

② 기업 최고책임자의 지시가 있을 때

③ 보안유지를 위하여 예고문의 파기시기까지 계속 보관할 필요가 없을 때

(3) 재분류 검토

기업비밀을 취급하는 자는 계속하여 소관비밀의 예고문에 의한 재분류 검토를 실시하여야 한다. '비밀을 취급하는 자'라 함은 비밀취급을 인가 받은 자, 즉 비밀취급권자 전체를 뜻하는 것이 아니라 그 중에서 실질적으로 직무수행상 소관비밀을 취급하고 있는 자를 말한다. 따라서 비밀취급권자라 하더라도 자기 업무소관에 속하는 비밀이 없을 때에는 해당되지 않는다. 그러나 예고문은 업무수행상 필요한 때에는 이를 변경할 수도 있는 것으로서 절대적인 것이 아니다. 따라서 변경의 여부 결정은 처리담당자이며 제3자의 비밀을 보관하는 책임만을 지는 보관책임자는 이를 결정할 수가 없다. 그러나 접수부서에서 예고문의 시효가 적절하지 않다고 판단되는 경우에는 발행자에게 예고문의 변경을 요청할 수도 있다.

비밀원본에 대한 발행자의 재분류 검토는 그 원본에 의하여 추가로 생산된 모든 비밀에 영향을 미치게 되므로 신중하고도 철저한 검토가 요구된다. 비밀원본에 대한 재분류 검토를 하였을 때에는 그 비밀의 표면 적당한 여백에 아래와 같은 검토필 표시를 하여야 하는데 이는 재분류 검토의 중복을 피하고 검토를 신중히 철저히 하려는데 목적이 있다.

검 토 필 (.)	(인)

(4) 재분류 요청

비밀의 가치에 대한 생각은 사람에 따라, 혹은 기업체에 따라 다르다. 따라서 비밀의 분류에 있어서도 사람 또는 기업체마다 다를 수도 있다. 재분류에 관한 내규를 아무리 상세하게 작성하였다 하더라도 그 지침의 해석에 차이가 있을 수 있기 때문에 부서 상호간의 재분류 요청제도가 필요하다.

비밀을 접수한 기관이 접수비밀에 대하여 다음과 같은 사유가 있다고 인정될 때에는 발행기관에 대하여 그 비밀의 재분류를 요청할 수 있다.

① 접수비밀이 과도 또는 과소하게 분류되었다고 인정된 때

② 비밀로 분류되어야 할 사항이 비밀로 분류되지 아니한 때

③ 예고문에 의한 비밀의 처리가 업무수행에 지장을 가져온다고 인정할 때

예고문에 의한 비밀의 처리가 업무수행에 지장을 가져온다 함은 접수비밀의 예고문대로 그 비밀을 파기하는 경우는 시행기간이 짧아서 그 내용을 시행할 수 없거나 차후 업무추진 근거가 없어질 우려가 있어 파기일자의 기간연장을 요청하는 경우를 말한다. 재분류 요청은 그 사유를 명시하여야 요청하며 과소분류 되었거나 비밀로 분류되어야 할 사항이 비밀로 분류되지 아니한 경우에는 이를 적절한 비밀로 먼저 보호하고 요청한다.

요청방법에는 제한이 없으며 문서로 하거나 구두(전화)로 하거나 명확한 근거만 남기면 된다. 그러나 구두로 요청하는 때에는 그 비밀내용이 누설되지 않도록 주의하여야한다. 비밀의 발행부서가 불명하여 재분류요청을 누구한테 하여야 할지를 알 수 없는 때에는 Ⅱ·Ⅲ 급 비밀에 대한 것은 접수부서가 그 직권으로 재분류하되 Ⅰ급비밀은 기업의 최고 책임자에게 요청하여야 한다.

다른 부서로부터 인수한 비밀원본의 재분류권은 그 인수받은 부서에게 있다. 인수비밀의 재분류권이 미치는 것은 비밀원본 즉, 인계부서가 작성한 비밀의 원본에 한하며 타 부서에서 작성된 비밀에 대하여는 설사 인수받은 사항이라 할지라도 그 발행부서가 재분류권을 가진다.

〈그림 2-6〉 대외비 표지 예시

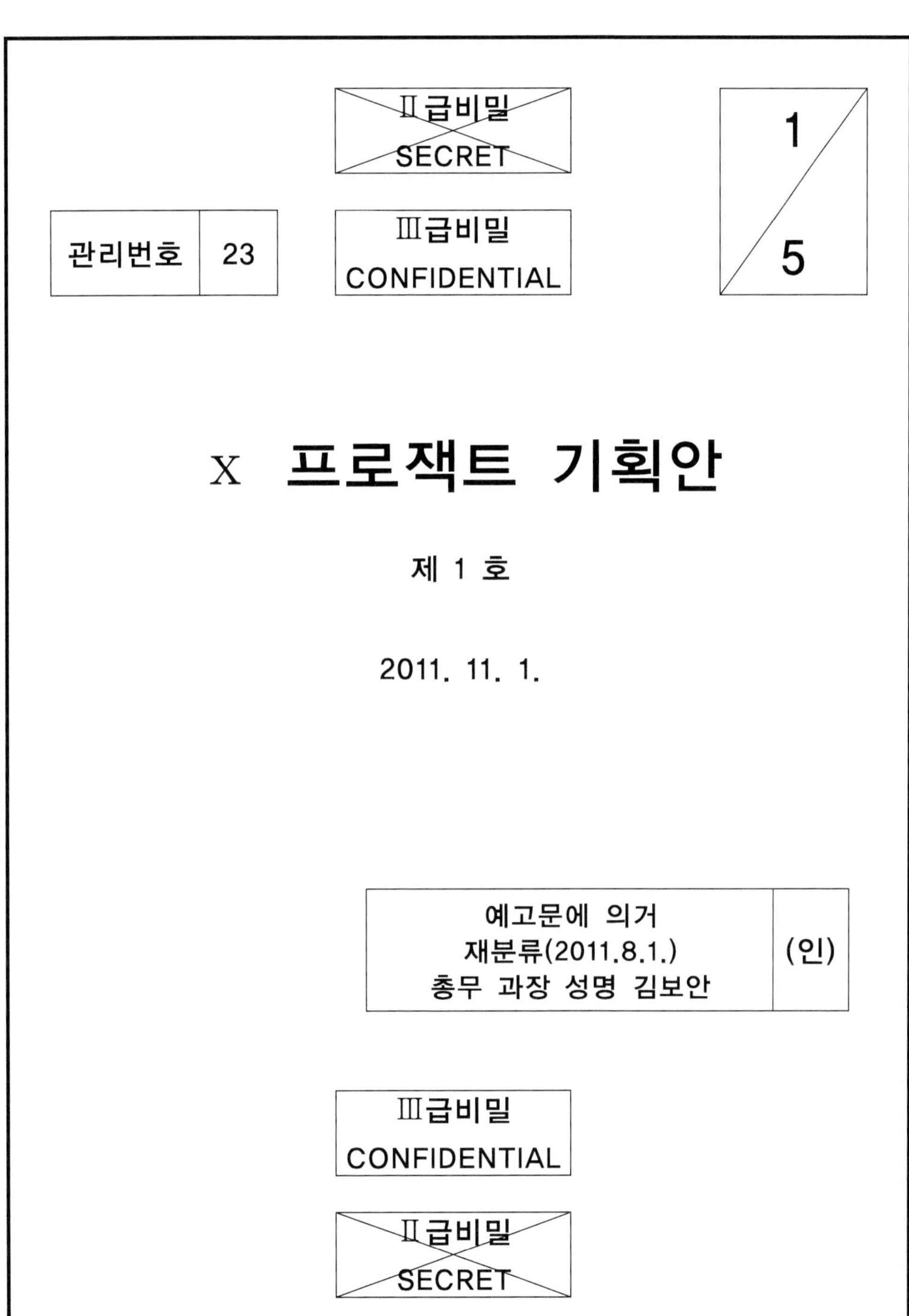

(5) 재분류 통고

재분류 통고는 비밀을 발행한 기관이 그 비밀의 예고문에 명시하였던 재분류 '일자' 또는 '경우'의 도래 이전에 비밀을 재분류하였거나 예고문을 변경한 때에는 그 비밀이 배포된 모든 접수부서에 이를 통고하여야 한다. 재분류 요청은 비밀을 접수한 부서가 하는데 반하여 재분류 통고는 주로(예외가 있다) 비밀을 발행부서가 접수부서에 대하여 하는 것이다.

(6) 파기

비밀의 파기라 함은 비밀을 소각, 용해 또는 기타의 방법으로 원형을 완전히 소멸시키는 것을 말한다. 비밀의 파기는 그 내용 및 형태를 해득하거나 재생할 수 없는 정도라면 그 방법에는 제한이 없으나 용해시설이나 세단기계의 설비가 없는 기관에서는 소각하는 방법이 가장 합리적이고 안전하다 하겠다.

첨부물이 있는 비밀문서의 경우 첨부물의 예고문은 '파기', 그 시행문서의 예고문은 '첨부물에서 분리되면 일반문서로 재분류'로 되어 있을 때에는 첨부물만을 파기하고 시행문은 예고문대로 일반문서로서 보존된다.

비밀의 파기는 보관책임자 또는 보관책임자가 지정하는 비밀취급・인가자의 참여하에 그 비밀의 처리담당자가 행하며 비밀관리기록부의 파기 확인란에 참여자의 파기 확인을 받아야 한다.

(7) 재분류의 예외

① 비밀의 존안

존안이라 함은 정보 자료의 영구보존제도를 말한다. 이는 정보업무의 영속성 및 체계화를 기하기 위함이며 후대관심자료이거나 연구가치가 있는 자료 또는 역사적가치가 있는 비밀을 존안 하고자 할 때이다. 그러한 비밀자료는 그 예고문이나 비밀등급을 변경하지 아니하고 존안기관 중 이를 재분류하지 아니한다. 다만 일반문서로는 재분류할 수 있는데 이 경우 비록 존안비밀의 예고문이 '파기'로 되어 있는 경우라 하더라도 이에 구애됨이 없이 계속 보존한다는 뜻이다.

② **비밀원본의 보관**

비밀의 원본은 그 예고문에 의하여 파기하여야 할 경우라 하더라도 그 발행자의 직권으로 계속 보관할 수 있다. 비밀문서를 생산한 자는 그 일을 최초로 착수한 자로 이들은 자기가 착수한 업무를 계속성 있게 수행하거나 업무실적을 보존하기 위하여 그 문서의 보존을 희망한다. 이와 같은 업무상 필요에 의하여 계속 보관이 필요한 경우에는 비밀의 파기여부는 발행자의 의사에 맡기는 것이 필요하다.

비밀의 원본보관은 발행자가 필요로 하는 동안 계속 보관할 수 있으며 예고문을 변경할 필요는 없으며 더욱이 파기되어야 할 비밀은 비록 내용의 시행이 완료되었다 하더라도 보안이 요구되는 것이므로 등급을 변경하지 않고 계속 비밀로 보관하여야 한다.

7) 비밀의 표시

(1) 표시의 의의

표시라 함은 분류한 비밀을 외견상 식별할 수 있도록 표시하는 것으로 취급자나, 취급자가 아닌 제3자에게 비밀이라는 뜻을 알리는데 그 목적이 있다. 비밀은 분류와 동시에 등급에 따라 구분된 표시를 하여야 하기 때문에 비밀표시가 없는 비밀은 비밀로 분류되었다고 볼 수 없다.

(2) 표시의 요령

① **문서의 표시**

비밀문서는 보통 비밀인 매면 상・하단 중앙에 비밀등급별로 표시한다. 비밀표시를 어느 곳에 할 것인가는 기업체마다 방법과 형식을 달리할 수 있으므로 정해진 원칙은 없다. 단일문서로 된 비밀로서 매 면마다 각각 비밀등급을 달리하는 때에는 매 면마다 각각 다른 비밀등급을 표시해야 한다.

그러나 그 문서의 표면 또는 표지에는 그 중 최고의 등급으로 표시해야 한다. 비밀이 책자나 팸플릿 기타 편철물인 때에는 표지의 양면 공히 비밀표시를 함으로써 그 비밀을 바로 놓거나 엎어 놓거나 항상 비밀임을 경고하는 목적이 있다.

비밀표지의 크기는 문서인 때에는 자체 내규로 정하여 통일성을 기함이 좋으나 비밀이 계도, 상황판 등인 때에는 계도 또는 상황판 등의 크기와 비교하여 적당한 크기로 하여야 할 것이다.

비밀문서를 취급(업무처리)상 책상 위나 보관용기 외에 꺼내 놓고 있을 때에는 비밀표시가 된 표지를 별도로 만들어서 앞장에 첨부하는 방법도 있다. 이것은 비밀의 내용노출을 방지하기 위한 것으로써 제목만 표기되어 있는 책자나 팸플릿 및 파일철 등에는 첨부할 필요가 없다.

② **비밀의 녹음**

비밀을 녹음할 때에는 처음과 끝에 비밀등급과 비인가자에게 전파 또는 누설하는 때에는 관계법규 및 회사 내규에 의하여 처벌한다는 경고를 녹음하여야 하며 그 녹음 테이프 등은 비밀표지가 되어 있는 케이스에 넣어 보관용기에 보관한다.

비밀녹음 시에 비밀등급의 고지 및 경고방법을 예시하면 다음과 같다.

처음 : 지금부터 말씀드리고자 하는 사항은 X급 비밀에 속합니다.

끝 : 지금까지 말씀드린 사항은 X급 비밀이었습니다. 지득하신 내용을 비인가자에게 전파하거나 누설한 때에는 관계법규 또는 회사내규에 의하여 처벌받게 됨을 예고합니다.

③ **재분류표지**

비밀을 재분류하였을 때에는 재분류 이전의 비밀표지를 대각선으로 줄을 쳐서 삭제하고 그 측면이나 상·하단중 적당한 여백에 표시한다.

8) 면 표시

비밀문서가 두 장 이상으로 이루어진 때에는 문서의 중앙하부에 전면수와 그 면의 일련번호를 기입하여야 한다. 첨부문서의 면 표시는 이 요령에 의하여 따로 한다. 비밀문서는 그 한 장 한 장이 비밀을 내포하고 있으므로 한 장이라도 유실되는 것을 방지하고 모든 취급자에게 그 비밀문서의 구성형태를 명백히 알리고 관리에 철저를 기하고자 하는데 목적이 있다.

5. 기업비밀의 관리

1) 비밀관리의 의의

기업비밀로 생산, 등급 분류된 기업비밀에 대한 보안책임 부담과 해소를 확실히 하기 위하여 취하여지는 비밀의 취급절차와 그 이행을 말한다.

2) 비밀의 수발

기업비밀의 수발이라 함은 비밀을 접수하고 발송하는 행위를 말한다. 비밀은 그 수발과정에서 분실 또는 누설의 위험성이 많으므로 최대한으로 보호할 수 있는 방법을 사용하여야 한다.

비밀은 여하한 경우를 막론하고 전화나 인터넷 이메일을 이용하여 평문으로 수발할 수 없다. 유·무선 전화 및 e-mail은 보안성이 없으므로 비밀의 평문수발 행위는 일체 하지 말아야 한다.

(1) Ⅰ급 비밀의 수발방법

① 암호화하여 수발한다.

② 직접 접촉에 의하여 주고받는다.

(2) 암호자재의 수발방법

① 직접적인 접촉에 의하여 수교하는 방법이 가장 안전한 방법이다.

(3) Ⅱ·Ⅲ급 비밀의 수발방법

① 직접 접촉에 의하여 주고받는다.

② 등기우편으로 우송한다.

③ 전자문서로 베포시 암호화하여 발송한다.

(4) 기업 내에서의 수발

기업 내의 동일시설물에 있는 부서간의 수발을 말한다. 비밀수발 절차는 비밀이 보호 될 수 있는 방법을 강구하여 그 기업의 장이 자체 보안내규로 정한다. 동일 기업 내에서의 비밀수발도 취급자 간 직접적 접촉에 의한 수교가 가장 안전하다.

(5) 접수비밀의 임의적 발송금지

접수비밀은 그 발행부서의 승인 없이 이를 재차 타부서로 발송할 수 없다. 설사 분류가 잘못되어 타 부서로 갈 것이 접수된 경우라 하더라도 원 발행부서의 승인 없이 이를 타 부서로 발송할 수 없으며 원 발행부서에 반송하여야 한다.

이것은 비밀수발의 정확성을 기하기 위한 것으로 접수된 비밀 그 자체를 타 부서로 이송 또는 발송함을 금지하는 것으로써 산하 또는 관계부서에 이첩하는 것까지 금지하는 것은 아니다.

(6) 비밀문서의 통제

비밀문서도 문서이기 때문에 일반적인 행정문서와 같이 문서통제 부서로 부터 문서통제를 받아야 한다. 문서통제의 목적은 예고 또는 지시의 중복성, 실현 가능성, 현실성 및 문서 형식에 맞느냐 하는 형식의 적합성 등을 검토하기 위하여 실시한다. 따라서 비밀문서도 문서통제가 필요하나 비밀보호라는 관점에서 볼 때 문서통제과정에서 문서 통제 담당자가 비밀내용을 인지할 수 있기 때문에 문서 통제여부에 대하여 별도로 절차를 결정할 필요가 있으며 이를 자체 보안내규에 명확히 규정함이 좋다.

(7) 수발담당관의 자격

문서수발담당자는 수발되는 모든 비밀을 알 수 있는 위치에 있다. 특히 비밀수발과 관련되는 임무를 담당하는 접수책임자, 발송책임자, 관인관리자, 문서통제자 및 문서 전달인원 등에 대하여는 보안상 위해로운 신원정보가 없는 자로써 특별한 신분과 자격이 요구된다. 따라서 '비밀수발에 종사하는 인원은 Ⅱ급 이상의 비밀취급인가를 받은 자'라야 한다.

(8) 포장

기업비밀을 수발할 때에는 그 비밀이 문서건, 자재나 물건이건, 견고한 불투명 봉투 또는 포장지로 포장하여야 한다. Ⅱ급 비밀 이상인 것은 2중으로 포장하되 내부에는 비밀표시를 하고 외부에는 비밀 표시를 하지 않는 것이 좋다.

〈그림 2-7〉 대외비 봉투 예시

〈외부봉투〉

분류번호
제　　목 : 가제목
수　　신 :
참　　조 :
발　　신 :

〈내부봉투 - 전면〉　　〈내부봉투 - 후면〉

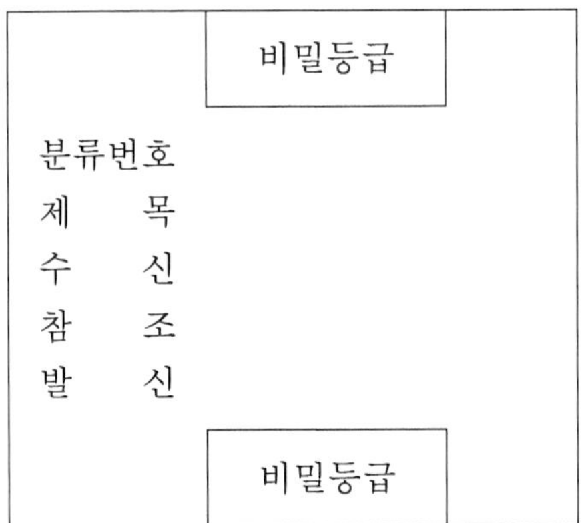

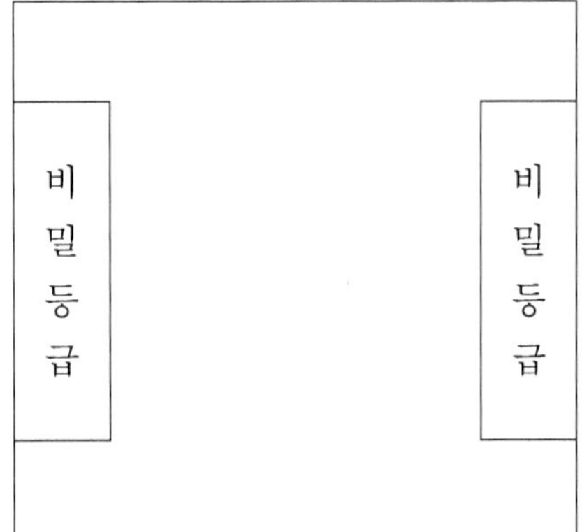

3) 영수증

일반적으로 금전을 주고받거나 매매가 이루어 졌을때 영수증을 주고받는 것은 수교의 정확성을 기함으로써 책임관계를 명확하게 하자는데 있다. 비밀을 주고받는데 있어 영수증제도를 활용하는 것도 발송비밀이 접수부서에 정확히 접수되었는지의 여부를 확인하기 위한 제도이다. 따라서 영수증을 사용하기도 하고 아니면 영수증에 갈음하여 서명을 한다든지 비밀을 정확하게 인도되었는가를 확인할 수 있다면 어떠한 방법을 사용한다 하더라도 무방하다 하겠다.

영수증은 비밀수발 담당자가 발행·관리하되 해당발행자(생산자)가 직접 발송한 비밀의 영수증은 그 생산자가 발행·관리한다. 영수증은 주로 원거리 부서간의 비밀 수발에 필요하며 비밀관리기록부 또는 비밀수발대장상에 접수부서의 접수확인을 직접 받을 수만 있다면 영수증을 사용할 필요가 없다. 영수증은 내부 비밀포장지와 외부 비밀 포장지 사이에 넣어 발송하며 발행기관으로부터 비밀을 접수한 접수기관은 접수와 동시 비밀포장내부와 외부포장지 사이의 영수증을 즉석에서 기재하고 반송하여야 한다.

영수증을 접수한 자는 비밀의 제목, 등급, 사본번호, 수량 등이 영수증 기재사항과 일치하는 가의 여부를 확인해야하며 이상이 있을 때에는 가능한 한 모든 수단을 동원하여(전화 등) 즉시 그 이상사유를 확인하여야 한다.

〈그림 2-8〉 비밀송증 서식 예시

발송번호		비밀등급		발송일자	20 . .
수 신				참 조	
건 명					
사본번호		수 량		등기번호	
발송책임자		사 번		성 명	(인)
절 취 선 (인) 비 밀 수 령 증					
발송번호		비밀등급		수령일자	20 . .
수신				참 조	
건명					
사본번호		수 량		관리번호	
이상시사유					
접수처	소속사업장				
	직급	사 번		성 명	(인)

※ 발송자는 비밀 수령증을 받는 즉시 송증과 결합하여 보관한다.

영수증 작성에 있어서 주의해야 할 사항은 다음과 같다.

① 영수용지로서 '영수증철'을 만들어 비치하고 미리 일련번호를 기입한다.

② 영수증 일련번호는 송증(상단)과 영수증(하단)이 항상 일치하여야 한다.

③ 송증의 수신자란에는 접수부서, 영수증의 발신자란에는 발행부서명을 기재

④ 영수증과 송증의 절선에는 개인의 도장(서명)을 날인할 것.

4) 비밀의 보관

비밀은 도난, 화재 등으로 부터 보호하고 비인가자의 접근을 방지할 수 있는 적절한 시설과 용기에 보관하여야 한다. 비밀은 일체의 일반사항과 혼합하여 보관하여서는 안 된다.

(1) 보관기준

비밀은 반드시 견고하고 안전한 용기에 보관해야한다. 보통 비밀을 안전하게 보관하겠다는 생각에서 소형금고 등에 보관하고 돈이 들어 있는 금고로 오인되어 금고 자체를 들어가는 절도를 당하는 사례가 많다. 따라서 이동이 곤란한 용기를 사용하는 것이 좋다.

비밀보관용기에 넣을 수 없는 것은 통제구역 등 보안대책이 철저한 실내에 보관하거나 내용이 노출되지 않도록 특별한 보안대책을 강구하여 보관한다. 이 경우 통제구역은 그 자체가 비밀보관용기가 되는 것이므로 보관책임자는 동 구역에 대하여 보관용기 취급방법에 따라 관리를 하여야 한다.

비밀을 휴대하고 국내・외를 여행하는 때에는 그 휴대비밀의 안전한 보호를 위하여 해외 지사에 위탁함이 좋다. 위탁받은 지사의 장은 이를 보호할 책무를 진다. 만일 비밀 휴대자가 위탁을 희망하지 않을 때에는 자기 책임 하에 적절한 방법으로 보관하여야 하며 호텔에 보관하거나 숙소에 놓고 다녀서는 아니 된다.

(2) 비밀보관용기의 관리

최첨단 기술로 만들었다고 해도 열리지 않은 금고가 없으며 풀리지 않는 암호는 없다. 따라서 완벽한 보안의 제도나 방법은 없다. 모든 보안제도나 대책은 보안 사고를 예방하고 피해를 최소화하며 비밀유출 기도를 지연시키고 비밀의 유출사고 등 보안사고 발생사실을 알 수 있도록 하고 사고발생시 발생 원인을 규명 할 수 있도록 하는데 그 목적이 있다(중소기업청, 2007: 45).

비밀을 보호함에 있어서 그 내용은 물론, 그 비밀의 존재 자체를 숨기는 것이 효과적이다. 산업스파이가 경쟁업체의 비밀을 훔쳐 가는데 있어서 가장 중요한 정보는 비밀의 소재를 파악하는 것이다. 비밀의 소재를 알면 이를 입수하는데 그만큼 시간과 노고가 절약된다. 비밀 유출 기도를 지연시키고 피해를 최소화하기 위해서는 비밀소재의 은닉이 그만큼 중요하다 하겠다. 따라서 비밀보관용기의 외부에 비밀이 보관되어 있다는 사실을 알리거나 이를 짐작할 수 있는 어떤 표시도 하여서는 안 된다. 즉 일반문서 보관용기와 동일 장소에 비밀보관용기가 있다면 어떤 것이 비밀보관용기이고 어떤 것이 일반문서 보관용기인가를 구별할 수 없도록 하여야 한다.

(3) 비밀보관책임자

비밀보관책임자는 소속 부서의 비밀을 보관하는 자를 말한다. 비밀을 보유하고 있는 기업의 장은 그 비밀의 보관을 위하여 소속 직원 중에서 보관하고자하는 비밀에 상당하는 비밀취급인가를 받은자를 보관책임자로 임명하여야 한다. 보관해야할 비밀의 양이 극히 적어 따로 보관책임자를 둘 필요가 없을 때에는 기업체의 대표 자신이 보관책임을 맡을 수도 있으나 본인이 직접 보관을 하지 않을 경우에는 비밀보관을 보좌하기 위한 부보관책임자를 두기도 한다..

보관책임자는 비밀 취급권자 중에서 비밀등급별로 임명함을 원칙으로 하나 Ⅱ급비밀취급권자에게 Ⅱ・Ⅲ급비밀을 통합보관 시키고자 할 때에는 따로 Ⅲ급 비밀보관책임자를 둘 필요는 없다. 그러나 Ⅰ급비밀에 대하여는 비밀보관책임자가 Ⅰ급비밀취득자라 하더라도 그 Ⅰ급 비밀을 Ⅱ・Ⅲ급비밀과 혼합보관하지 않고 따로 보관하여야 한다. 이는 최고의 비밀인 Ⅰ급 비밀을 특별히 보호하자는데 목적이 있다.

보관책임자는 보관단위 부서별로 정책임 1인을 두고 보관용기의 수 또는 보관장소에 따라 여러 명의 부책임자를 둘 수 있다. 즉 과별로 비밀을 보관하고 있다면 그 과에 1인의 정보관책임자를 두고 보관용기의 수 또는 보관장소에 따라 수인의 부보관책임자를 둘 수 있다는 것이다. 부보관책임자는 업무적으로 정보관책임자를 보좌하는 데 불과하나 실제적으로 비밀보관 관련 업무를 부보관책임자가 담당하게 되므로 부책임자의 임무는 사실상 중요한 것이다.

비밀보관책임자가 수행하여야 할 임무는 다음과 같다.

① 비밀을 최선의 상태로 보관한다.

② 비밀의 누설, 도난, 분실 또는 기타 손괴 등의 방지를 위한 감독을 이행한다.

③ 비밀관리부철(관리기록부, 비밀대출부, 비밀열람기록부철, 비밀취급자 명부 등)을 비치하여 기록을 유지하고 확인한다.

(4) 비밀관리기록부

비밀관리기록부라 함은 비밀의 생산, 접수, 발행, 재분류, 이송, 이관 및 인계인수 등 비밀관리의 일체를 기록・유지하는 장부이다. 따라서 비밀을 생산・보관・관리하는 부서에서는 반드시 비밀관리기록부를 비치하고 기록・유지하여야 한다.

비밀관리기록부에는 비밀의 수발에 관한 사항도 기록하게 되어 있으므로 비밀문서 수발을 전담하는 문서주관부서 이외에서는 따로 비밀수발대장을 비치할 필요가 없다.

비밀관리기록부는 등급별로 작성할 수도 있으나 전술한 바와 같이 비밀보관 정・부책임자가 Ⅱ급비밀취급자인 때에는 Ⅱ・Ⅲ급비밀을 혼합기재할 수 있다. 그러나 Ⅰ급비밀만을 따로 기록・유지하여야 한다.

〈그림 2-9〉 비밀관리기록부 서식 예시

관리번호	수발			문서번호	비밀등급	형태	건명	사본번호	예고문	처리담당	보관장소	재분류				참조	
	년월일	발행처	수신처									등급변경	파기	파기확인	근거	영수증	수령자

※ 파기후의 삭제요령

비밀을 재분류 하였거나 타부서로 이관하였을 때에는 관리기록부 해당란을 "비밀 등급란부터 사본번호"란 까지만 붉은색으로 삭제한다.

① 관리번호

- "팀 코드 - 연월 - 일련번호"의 형태로 작성한다.(예: ABCD-0910-0123)

② 문서번호

- 비밀의 분류번호와 문서번호 기입(책자, 유인물인 경우 책자의 발행번호, 건명 기입)

③ 비밀등급

- 접수 또는 작성한 비밀의 등급을 기록하되 관례상 적색으로 기재

④ 형태

- 비밀의 형태에 따라서 문서, 책자, 인쇄물, 자료, 필름 등 구체적으로 기입

⑤ 사본번호

- 타 기관에서 접수된 비밀은 그 사본번호를 기재하면 된다.
- 자체에서 작성한 비밀은 생산비밀 전부를 관리기록부에 등재한다.
  원본은 사본 번호란에 "원본"이라 기입하고 기타 사본문서는 사본수에 따라 사본 번호를 부여하고, 관리기록부에 기재하며 생산비밀의 사본은 관리번호를 기입치 않는다.
- 그러나 생산한 비밀의 사본을 보관할 때에는 원본과는 별도로 관리번호를 부여 한다.

⑥ 예고문

- 작성 또는 접수한 비밀에 기재되어 있는 예고문을 기입한다.

⑦ 등급변경

- 비밀관리기록부에 등록된 비밀문건이 일반문서로 재분류 되었거나 상위비밀에서 하위비밀로 저하되었을 때에는 재분류를 실시한 담당자의 이름과 재분류를 실시한 일자를 기입하고 날인한다.
- 1급에서 2급으로 등급이 변경된 경우, 사유를 기재하고 2급비밀에 대한 관리번호를 별도로 기입 등재하여야 한다. 이때 1급 비밀란은 삭제하고 근거란에 2급 비밀로서의 관리번호를 기입 표시한다.

⑧ 파기

- 비밀을 파기 시 입회한 보관책임자가 비밀의 완전파기를 확인한 후 날인한다.

⑨ 파기확인

- 비밀 파기시 입회한 보관책임자가 비밀의 완전파기를 확인한 후 날인한다.

⑩ 근거

- 비밀 재분류(등급변경 또는 파기) 하였을 경우 재분류 실시 근거를 기입한다.

⑪ 영수증

- 비밀자료 이상을 발송한 경우 접수기관의 접수자로부터 받은 수령증 번호를 기입한다.

⑫ 수령자

- 문서수발을 통하여 비밀발송할 때 수발담당자의 수령인을 받는다.

비밀수발부는 일반문서수발부와 큰 차이는 없으며 비밀수발만을 담당하는 부서에서 비치하고 비밀이 오고 가는 것을 확실히 하기 위하여 기록·유지한다.

(5) 비밀수발부

비밀수발부는 일반문서수발부와 큰 차이는 없으며 비밀수발만을 담당하는 부서에서 비치하고 비밀이 오고 가는 것을 확실히 하기 위하여 기록·유지한다.

(6) 비밀의 복제 복사

① 정의

비밀의 복제·복사라 함은 비밀의 일부 또는 전부를 모필, 타자, 복사, 인쇄, 조각, 녹음, 촬영, 인하, 확대 등 비밀의 원형을 따로 재현하는 것을 말한다.

② 복제·복사의 제한

Ⅰ급비밀의 복제 복사는 생산자로 부터 허가를 받은 때, Ⅱ·Ⅲ급비밀 복제 복사는 담당비밀취급자로서 업무상 필요한 때에만 가능하다. 다만 비밀의 생산자가 그 생산비밀에 별도의 제한을 한때에는 그 제한에 따라야 한다.

③ 사본번호

복제 복사된 비밀(사본)에는 그 원본과 같은 비밀등급과 필요한 예고문, 그리고 사본번호를 기입하여야 한다. 그러나 원본의 예고문이 재분류 시에 파기로 되어 있는 경우의 사본의 예고문은 그 원본보다 파기시기를 단축하여 기재할 수 있다.

(4) 사본근거 표지

① 배포선

비밀의 사본은 많을수록 누설 또는 분실의 위험성도 비례적으로 증대된다. 따라서 복제·복사된 사본의 행방을 파악하는 것은 비밀의 보호관리상 중요한 것이다.

사본근거 표지는 비밀의 원본에 하는 것과 원본이 아닌 사본에 하는 것이 서로 다르다. 비밀원본(기안문)을 복제·복사하여 배포하고자 할 때에는 다음과 같은 배포선을 작성하여 초안당시부터 그 비밀원본 제일 뒤에 첨부하여야 한다.

배포선은 비밀작성(기안)과 동시에 만들어 부착하여야 하는데 이는 필요한 부서가 어디인지를 사전에 산정하여 꼭 필요한 만큼의 비밀을 최소한으로 생산하자는데 목적이 있다. 배포선은 기안자의 계획(의견)에 불과하므로 결제과정에서 수정될 수도 있다. 따라서 비밀의 실제 배포가 배포선대로 배포되지 않은 경우 배포된 데로 배포선을 수정하여 관리할 수도 있다. 만일 비밀의 배포시 배포선에 접수자의 서명을 받았다면 비밀의 접수 영수증으로도 갈음 할 수 있다.

〈그림 2-10 〉 배포선 양식

순번	비밀제목	비밀등급	사본번호	배포처	비고
1	OOO에관한OO	Ⅱ급	원본/10	보관	
2			1/10	사장	※접수자 서명

② **사본표지**

비밀을 업무상 사본한 때에는 다음 예시와 같이 사본근거를 그 비밀의 첫면 또는 말미중 적당한 여백에 기입한다.

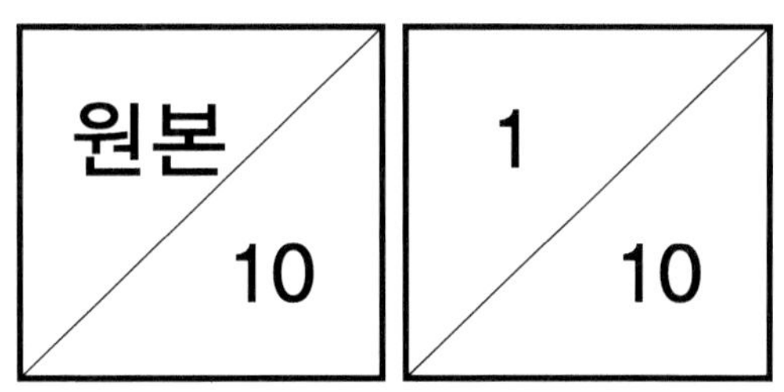

※ **사본표지의 예시:** 사본 10부의 원본이며 첫번째 복사본이라는 의미

5) 비밀의 대출, 열람, 공개, 지출 등

(1) 대출

비밀의 대출이라 함은 비밀보관책임자가 보관하고 있는 개개의 비밀을 직접업무담당자를 비롯하여 업무상 관계있는 자에게 내어 주는 것을 말한다. 비밀을 대출해줄 때에는 비밀대출부에 대출관련 사항을 기록해 놓는 것이 보안사고 발생 시 책임관계를 명확하게 할 수 있다. 보관비밀의 양이 적어 보관용기로부터 들어오고 나가는 비밀을 쉽게 파악할 수 있다면 보관책임자는 그다지 신경을 쓰지 않아도 될지 모른다. 그러나 보관비밀의 양이 많거나 취급자가 다양하다면 들어오고 나가는 비밀의 현황을 파악하기가 용이치 않다. 이런 의미에서 비밀대출부에 대출사항을 기록 · 유지하도록 권장하는 것이다. 비밀의 처리담당자가 비밀을 대출 받았다가 어떤 과실로 분실 또는 누설하고도 모르는 체 하거나 반납하였다고 주장한다면 보관책임자는 대출의 기록이 없는 한 책임을 면치 못하게 된다. 비밀대출부를 기록유지하거나 비밀보관책임자가 교체되었을 경우 보관용기의 다이얼번호 등을 변경하는 이유 가 여기에 있는 것이다.

(2) 열람

비밀의 열람은 해당등급의 비밀취급을 인가받은 자로서 업무상 관계가 있는 자에 한하여 열람할 수 있다. 비밀취급권자라고 하여 모든 비밀을 열람하게 하는 것은 아니다. 대출과 마찬가지로 어떤 비밀을 누가 보았는가를 파악하는 것이 중요하다. 개개 비밀에 대한 열람자 범위를 파악하기 위하여 비밀열람 기록지 제도를 이용하기도 한다. 비밀이 문서인 경우에는 각개 비밀문서 말미에 비밀열람 기록지를 첨부하고 문서가 아닌 비밀은 따로 열람기록지철을 비치하여 기록 · 유지한다. 그렇다고 꼭 일정한 형태를 유지해야 한다는 것은 아니다. 어떠한 형태이든지 누가 언제 이 비밀을 보았는가를 기록하면 되는 것이다. 예컨대 비밀상황실의 출입자명부는 이에 해당한다.

열람기록지는 비밀생산자와 관리자가 첨부하고 그 비밀을 파기할 때는 이를 떼어 내어 따로 철하여 일정기간 보관한다. 이와 같이 따로 보관하는 것은 파기된 비밀의 내용이 누설되었을 경우 누가 보았는가를 알아내어 누설자를 규명하기 위한 것이다.

비밀의 예고문을 파기로 하는 것은 그 비밀을 일반문서로 재분류하였을 경우 비밀내용을 알 수 있게 하여 보안누설의 원인이 되기 때문에 보호기간이 경과하면 파기하도록 하는 것이다. 즉, 파기하는 자체가 비밀 내용을 보호하는데 있으며 파기한 비밀문건의 열람기록지를 보관하는 것은 파기된 비밀내용의 누설 등 보안사고가 발생하였을 경우 과거에 누가 비밀을 보았는가를 알기위한 수단이다. 왜냐하면 비밀의 누설은 그 비밀내용을 알고 있는 자만이 누설할 수 있기 때문이다.

따라서 모든 비밀열람자는 비밀을 열람하기에 앞서 비밀열람기록지에 소정의 열람사항을 기록하고 서명토록 하여야 하나 타자, 필경, 또는 발간업무에 종사하는 자는 열람기록지에 가름하는 작업일지에 작업내용을 기록 유지함으로써 갈음할 수 있다.

(3) 공개

공개라 함은 불특정, 다수인에게 비밀을 알리거나 알게 하는 것을 말한다. 비밀의 공개는 주로 각종 증언이나 증거자료로 제시되는 경우(증거자료로 제시되는 경우에도 비밀의 유지 요구가 가능)와 공개하는 것이 비밀의 공개로 인하여 받는 불이익보다도 더 큰 이익을 가져오는 경우에는 공개가 가능하나 기업체 장의 허가를 받거나 자체 보안업무협의 기구의 협의를 거쳐야 한다.

(4) 지출

비밀은 원칙적으로 보관하고 있는 시설 밖으로 가져 나가서는 아니 된다. 다만 업무상 지출이 필요한 때에는 그 기업체 장의 승인을 받아야 한다. 시설 밖이라 함은 보관부서의 시설 밖을 말하며 부서에서 보관하고 있는 비밀만이 지출대상에 해당한다. 따라서 비밀 발송을 위한 지출은 이에 해당되지 아니한다고 볼 수 있다. 비밀의 지출을 승인하는 때는 지출 후의 보관대책을 확인하는 한편 비밀보호에 철저를 기하도록 경각심을 제고시켜야 한다.

〈그림 2-11〉 비밀열람기록부 서식 예시

비밀열람 기록부

관리번호 :

보안등급 : (   )비밀

문서제목 :   작성일 :

년월일	소속	직급	성명	사번 (주민번호)	열람목적	서명

(5) 비밀의 이관 및 인계

비밀문서는 비밀이기 때문에 일반문서 보관소에서 보관할 수 없다. 비밀을 보관하고 있는 부서가 해체되는 때에는 업무를 승계하는 인수부서에서 인계받아야 한다. 그러나 업무를 승계 받는 부서가 없거나 불명한 때에는 접수비밀은 생산한 부서에 반납하고 자체적으로 생산된 비밀은 파기한다. 이때에는 파기목적과 파기사유를 기업체 총괄 보안담당자에게 통보하여야 한다.

6) 보안조치

보안조치란 효율적인 비밀 보호를 위하여 보안대상에 대하여 취하여지는 사전 및 사후조치를 말한다. 조치의 방법은 그 보안대상의 종류와 가치에 따라 다르다.

(1) 비밀공개에 따른 보안조치

비밀취급인가를 받지 아니한 자에게 비밀을 공개코자 할 때에는 다음 사항을 기업의 장에게 통보하여 결심을 받아야 한다.

① 비인가자의 인적 사항에 해당하는 대상자의 주소, 성명, 생년원일, 근무 부서(직장) 및 지위 등을 기술한다.

② 공개하고자 하는 비밀의 건명과 내용을 노출시키지 않는 범위 내에서 개략적인 내용을 간략하게 기술한다.

③ 공개의 필요성과 이유, 즉, 공개의 목적 등을 기술한다.

④ 공개, 즉, 비인가자가 비밀을 취급하여야 할 시기 등을 기술한다.

⑤ 공개장소를 기술한다.

⑥ 비밀공개에 따른 보안조치계획, 즉 공개 전 서약집행, 관계관자의 입회, 감독 등의 보안 대책을 기술한다.

(2) 비밀발간에 따른 보안조치

비밀은 원칙적으로 기업체내의 발간 시설을 이용하여 발간하여야 한다. 비밀은 그 내용은 물론, 그 자체가 비밀이라는 사실조차 알리지 않는 것이 효과적이다. 그러나 불가피하게 외부 인쇄시설을 이용하여 발간할 때에는 사전 참여자 보안조치, 담당자의 현장 입회확인・감독, 잉여 비밀 및 폐기물 전량회수 파기 등 필요한 보안조치를 하여야 한다.

(3) 해외여행자 보안조치

신규채용직원, 비밀취급 인가예정자, 해외여행자에 대하여는 담당 부서의 장이 사전에 충분한 보안교육과 서약집행 등 보안조치를 취하여야 한다. 이때의 사전이라 함은 보직전, 비밀취급전, 출국전 등을 말하며 임용자 및 비밀취급인가예정자에 대하여는 주로 비밀보호에 따른 보안의식 제고에 중점을 두어야 한다.

7) 보안지출 및 파기계획

각 부서의 장은 비상시에 대비하여 비밀을 안전하게 지출 또는 파기할 수 있는 계획을 수립하고 소속직원에게 교육시켜야 한다.

불의의 재난으로부터의 소유비밀을 보호하기 위한 대책을 안전지출 및 파기계획이라고 하며 안전지출은 천재지변 등 자연적 재해와 화재 등으로 인한 멸실로 부터 보호하기 위함이며 파기는 외부인에게 비밀을 피탈당할 위험성이 있는 경우 외부인의 수중에 들어가지 못하도록 하기 위하여 취하여지는 긴급조치계획이다. 안전지출 및 파기계획은 각기업체의 지역적 특수성 등을 감안하여 자체 실정에 맞도록 계획하여야 한다.

안전지출 및 파기계획 수립시 고려되어야 할 사항은 다음과 같다.

① 평상 근무 또는 야간 · 공휴일 등 지휘부 부재 시로 구분하여 사태별로 작성하여야 한다.

② 야간 또는 공휴일이라 하더라도 근무 직원이면 누구나 손쉽게 실행할 수 있도록 간결하게 작성되어야 하며 실제상황에 맞는 계획을 수립하여야 한다.

③ 어떤 직원이라도 의심 없이 실행할 수 있도록 명확히 설정하고 해석상 이론이 없도록 수립하여야 한다.

8) 비밀소유 현황조사

비밀소유현황의 조사는 기업체마다 자체실정에 맞게 주기적으로 실시한다. 이는 비밀관리부서로 하여금 자체 비밀에 대한 재검토와 일제 정리의 기회를 주고 나아가서는 기업 전체의 비밀보유수를 파악 · 분석함으로써 효율적인 비밀보호 대책을 수립하는데 목적이 있다.

시설보안 및 장비보안

1. 시설보안의 의의와 원칙

1) 왜(Why) 시설보안을 해야 하는가?

시설보안이라 함은 예상되는 불순분자의 각종 침해행위로부터 대상시설을 보호하기 위하여 취하여지는 제반 보안대책과 그 이행을 말한다. 시설보안의 목적(Why)은 시설이라는 구조물 자체를 보호하고 시설 자체가 가지고 있는 기능이 정상적으로 수행되도록 하고 시설이 가지고 있는 실존 또는 잠재되어 있는 유무형의 가치, 즉, 보안가치를 보호하는데 있다. 물론 내부가 비어있는 건축물, 어떤 작용이나 기능을 가지지 아니한 시설물에는 보안조치를 할 필요가 없으므로 보안의 대상이 되지 아니한다. 또한 정상적인 시설의 기능수행을 침해하는 것은 각종 불순분자의 침해 행위뿐만 아니라 자연재해나 안전사고로부터의 위해까지 시설보안대상이 된다.

〈표 2-10〉 시설의 구분

구분	정의 및 구역의 예
공용구역	· 기관 내 · 외부의 모든 인원에게 공개된 구역 – 출입문, vvhql, 대기실, 엘리베이터, 주차장 등
일반구역	· 기관 내 인원이나 출입이 허가된 인원에 한하여 공개된 구역 – 일반 사무실, 회의실 등
제한구역	· 기업의 업무를 지원하는 중요 설비가 위치하고 있는 구역 – 장비실, 전기실, 기계실 등
통제구역	· 기술 및 경영정보의 상당수를 보유하여, 침해 및 유출시 기업의 운영에 치명적인 영향을 주는 구역 – 연구소, 중요제품 생산라인, 전산실 등

※ **출처:** 중소기업청. 2007. 중소기업 기술유출 대응매뉴얼. p. 81.

보안가치는 대상 시설의 기능에 따라 다양하다. 예컨대 생산수단, 생산능력, 생산물이 해당 기업에 기여하는 정도 등 유형, 무형의 제반가치로서 경제적 가치뿐만 아니라 경제적으로도 보상할 수 없는 정보가치와 침해됨으로써 야기되는 불리한 여론, 기업 이미지 추락 등 정신적 피해가치가 포함된다.

2) 무엇을(What) 보호해야 하는가?

보안의 대상으로 되는 시설은 태업행위 등으로 인하여 전략 또는 전술적으로 막대한 침해를 초래하거나 기업의 존립과 발전에 연쇄적 혼란을 초래할 우려가 있는 시설이다. 구체적으로 어느 규모의 시설이 전략 또는 전술적 가치의 대상이 되는 것인가는 개개 시설의 능력을 평가해서 결정되어야 할 것이며 특히 개개 시설이 가지는 기능과 의존도에 따라야 할 것이다.

시설보안 관리를 시작함에 있어서 가장 먼저 해야 할 일은 어떤 시설(What)을 보호하느냐 하는 시설 보안의 대상을 선정하여야 하는 것이다. 시설보안의 대상은 시설이 가지고 있는 경제적, 정보적, 보안상 가치, 시설이 태업 등 침해로 인해 정상적 기능을 수행하지 못할 경우 기업에 미치는 영향, 시설 자체의 취약성, 안전사고의 위험성 등을 종합적으로 검토하여 선정하여야 한다.

3) 어떻게(How) 보호해야 하는가?

(1) 시설보안 운용원칙

① 종심성(縱深性)의 원칙

시설보안을 위해 설치되는 방어벽이 종심적이어야 한다. 즉, 하나의 방벽이 무너지면 다음의 방벽으로써 곧 대체할 수 있어야 한다. 시설보안의 종심적인 운영을 위해서는 자연방벽, 인공방벽, 인간방벽, 동물방벽, 에너지방벽 등 각종 방벽(장애물)을 종합적으로 이용해야 한다.

그러나 장애물을 종합적으로 적용을 하기 위해서는 각종 장애물 설치해야하며 장애물을 설치하기 위해서는 예산문제가 수반된다. 따라서 시설물을 설치하기 위한 구상과 실천에는 상당한 차이가 생기게 되며 이러한 문제를 해소하기 위해서는 기업 차원의 적극적인 지원이 절대적으로 필요로 한다.

② **유기성(有機性)의 원칙**

시설보안은 종심적이어야 한다는 뜻은 곧 유기적이어야 한다는 것이다. 많은 예산을 들여 많은 장애물을 설치했지만 장애물간에 유기성을 상실했을 때는 실질적 의미에서 종심성의 원칙을 상실하게 된 것이다. 예를 들어 울타리는 높았지만 그 주변을 순찰하는 경비원이 발견하지 못했다면 높은 울타리도 결과적으로 울타리로서의 구실을 못한 결과가 되며 이러한 영향은 경비원 개인의 실수로 끝나는 것이 아니라 내부 여타의 모든 경비조직에 영향을 미치게 된다.

시설보안을 위한 장애물간의 유기성을 유지하기위해서는 통신과 경보수단을 구비해야하며 경비원의 성실, 책임, 기지 등도 요구된다.

③ **과신금지(過信禁止)의 원칙**

3m의 울타리도 3.1m의 사다리만 있으면 올라 갈 수 있다. 장애물설치의 경우 실제적인 방책은 예산가용범위 내에서 최선을 다하되 이에 대한 과신은 금물이다. 따라서 보안은 물리적인 것과 정신적인 것이 겸비될 때 효과가 있다. 보안대책에 대한 정신적 상태는 물리적인 보안대책을 보장한다.

(2) 시설물의 설립 및 배치 시 고려사항

① **시설물의 위치선정시 고려사항**

ⓐ 가스·유류 저장탱크 등 폭발·인화성 물질의 생산이나 보관 시설은 가급적 주변이 산이나 언덕 등 자연방벽으로 둘러 쌓여있는 지역을 선정하여야 한다.

ⓑ 막다른 골목에 위치한 시설의 경우 긴급 피난이나 화재 등 재난 발생 시 구조가 용이치 않다.

ⓒ 시설물 전체가 보안이 요구되는 경우에는 높은 건물 등이 둘러싸여 있는 등 주변에서 관찰이 용이한 지역을 선택하지 말아야 한다.

ⓓ 원자력 발전소 등 다량의 수원이 필요한 시설은 해변이나 큰 강 인근에 설치하는 것이 좋다.

ⓔ 산에서 내려온 퇴적물이 쌓인 선상지 지역은 산사태나 침수를 당할 우려가 있으므로 위치선정에 주의를 기울여야 한다.

ⓕ 하중이 무거운 시설물은 하천이나 연못 등의 매립지를 피하는 것이 좋다.

ⓖ 미세먼지가 생산물에 영향을 미치는 시설은 오염지역에서 떨어진 청정한 지역을 선택해야 한다.

ⓗ 지진이나 해일의 피해가 예상되는 지역은 피하는 것이 좋다

② 사무실 배치 시 고려사항

ⓐ 사무실이나 공장설비는 중요도에 따라 배치하며 외곽에서 안으로 외곽에서 중심부로 갈수록 보안상 중요한 사무실이나 설비를 배치해야 한다.

ⓑ 외부인의 출입이 많은 사무실은 건물 외곽에 배치하여 외부인의 출입이 용이하면서 내부 출입을 자연적으로 통제할 수 있도록 배치하여야 한다.

ⓒ 보안상 중요 사무실이나 설비는 건물의 심층부에 배치하는 것이 원칙이다. 단독 건물인 경우에는 지하나 건물의 상층부의 중심에 배치하여야 한다.

ⓓ 보안상 중요하지 않은 사무실이나 설비는 통제구역 밖으로 중요한 사무실이나 설비는 통제구역 안으로 배치하는 방법도 있다.

ⓔ 위험물을 취급하는 사무실이나 연구실은 건물 뒤편 외곽에 설치하여 비인가자의 출입을 자연스럽게 통제하면서도 사고 발생 시 피해를 최소화할 수 있도록 배치하여야 한다.

(3) 시설보안 대책수립 시 고려사항

① 시설의 위치선정, 기획 및 설계 단계에서부터 보안 대책을 감안하여야 한다. 시설 설계 시 주변여건상의 취약점, 시설 기능상 중요도, 정보·보안적 측면 등을 고려하여야 한다. 이는 시설이 완공된 이후에는 시설변경이나 개중·축이 어렵고 변경시 보안설비 예산이 추가로 소요되기 때문이다.

② 설치한 시설보안 대책은 시설의 위치 또는 주변 환경과 조화를 이루도록 해야 한다.

③ 모든 시설 보안대책은 최악의 상황을 가정하여 강구하되 시설이 가지는 고유기능 수행에 장애가 되지 않도록 설치해야 한다.

④ 모든 시설 보안대책은 시설의 중요도에 상응하는 정도의 보안대책을 강구하여야한다. 시설이 가지고 있는 경제적 가치를 넘는 보안대책을 강구하는 것은 낭비일 뿐이다.

⑤ 동일시설 내에서도 구역별·시설별 보안상 중요도가 다르므로 보안 대책의 수준을 달리하여야 한다.

⑥ 모든 보안대책은 시설의 보호자체도 중요하지만 시설의 정상적인 기능과 운영이 원활하게 이루어질 수 있도록 설계되어야 한다.

⑦ 모든 시설의 보안대책은 방어적인 입장이 아니라 침입자의 입장에서 고려되고 설계되어야 완벽한 보안이 이루어질 수 있다.

⑧ 시설보안 대책 강구실태 혹은 시설보안 확보계획 그 자체에 대하여도 보안이 강조되어야 한다.

⑨ 모든 보안대책은 강제적으로 지키게 하는 것보다는 의식하지 않는 가운데 자연스럽게 보안관리가 되도록 설치가 되어야한다.

2. 시설보안방벽

1) 시설보안방벽의 개념

시설보안방벽이라 함은 시설보안을 위하여 설치되거나 이용되는 자연적 또는 인공적인 제반방책을 말한다.

2) 시설보안방벽의 유형

(1) 자연방벽

자연방벽이라 함은 시설보안에 이용되는 자연적으로 형성된 지형지물을 말한다. 자연방벽을 이용함에 있어서 주의해야 할 것은 시설의 입지조건인바 모든 시설은 각개가 그 고유의 기능에 알맞게 입지를 선정해야하기 때문에 자연적 보안방벽의 이점만을 고려하여 입지선정을 결정할 수 없다. 예컨대, 전파중개소의 입지조건은 전파가 차단되지 아니하는 고지대라야 하는 바 자연 보안방벽을 이용할 수 있는 이점이 있다 하여 전파가 차단되는 협곡에 전파중개소를 설치할 수는 없는 것이다.

(2) 인공방벽

인공방벽이라 함은 인공적으로 설치한 보안방벽을 말하며 실제적인 시설보안의 수단이라 할 수 있다. 인공방벽을 구축함에는 보호해야 할 시설의 보안가치와 균형을 유지하여야 하며 최소의 경비, 최대의 효과(영구성・거부성), 이용의 편리성 등이 고려되어야 한다.

(3) 인간방벽

인간방벽이라 함은 사람에 의한 감시 감독 및 경비・순찰제도를 말한다. 인간방벽은 융통성과 임기응변, 기동성, 자율성 등의 장점이 있는 반면 근무자의 훈련 상태와 성실성 및 인내성 여하에 따라서 경각심이 해이해져 게으름을 피우거나 형식적이 되는 약점이 있으며 타인의 유혹에 취약할 뿐 아니라 개인의 고민이나 신병이 시설보안에 영향을 줄 우려도 있다.

인간방벽의 종류로는 청원경찰, 경비원, 수위, 안내원 등이 있다.

(4) 동물방벽

동물방벽이라 함은 사람에 의하여 훈련된 동물(특히, 개)이 경비수단으로 이용되는 것을 말한다. 동물방벽은 이용되는 동물이 독자적으로 경비업무를 수행하는 것은 아니며 동물의 특성인 기민성, 공격성, 후각, 청각 등 인간의 능력이 미치지 못하는 능력을 보조하는데 불과하다. 동물방벽의 종류로는 경비견이 대표적이다.

(5) 에너지(Energy) 방벽

에너지 방벽이라 함은 과학적 보안시설을 말한다. 에너지 방벽은 사람에 의하여 설치되는 구조물이므로 인공방벽의 일종이고 할 수 있으나 쓰이는 에너지 자체가 방벽의 구실을 하기 때문에 따로 구분하였다. 에너지 방벽은 주로 전력을 이용하는 것으로서 침입자에게 위험을 주고 침입자를 사전에 탐지하여 경비원의 경비능력을 보완한다.

에너지 방벽의 종류로는 등화(경비 등), 경보장치, 장력감지기, 열감지기, CCTV, 적외선감지기, 고압전선장치, 전자탐지기 등이 있다.

3. 보호대책

1) 구역별 보호대책

(1) 공용구역

공용구역에서는 기밀정보의 유출 및 침해가 발생하는 경우가 극히 드물지만 실질적으로 외부인의 출입통제가 이루어지는 지역이다. 따라서 외부인의 출입시 이름, 주소, 주민등록번호, 연락처 등 출입자의 주요 정보를 출입관리대장에 기재하고, 내부인력이 직접 공용구역으로 나와 안내하도록 하여야 한다.

외부인 출입시 카메라, 비디오카메라 등의 장비 반입을 원칙적으로 통제하여야 하나 출입통제는 임직원이나 외래인에게 과도한 불편을 주어 보호행위 자체에 거부감을 주지 않도록 각별히 유의할 필요가 있다.

〈표 2-11〉 공용구역에서의 보호대책

대상	설명	비고
출입통제 시스템	· 시설로 출입하는 인원 및 차량을 통제하는 시스템	· RFID Tag gaate · ID 카드 · Interlocking Portal Door
반출입관리 시스템	· 장비, 특히 전산정비의 반출입을 통제하는 시스템	· 정보유출 방지 X-ray · 문형 금속 탐지기
화상감시 시스템	· 인원 및 차량 등의 출입여부의 확인을 위한 시스템	· CCTV
차량 출입통제 시스템	· 차량의 출입을 통제하기 위한 시스템	· 차량 번호판 인식 시스템 · 역방향 진입금지 시스템
방범 시스템	· 불법적 침입 및 시설의 피해를 경고하거나 방지하는 시스템	· 방탄유리 · 유리파손 알람 시스템

※ **출처:** 중소기업청. 2007. 중소기업 기술유출 대응메뉴얼. p. 82.

(2) 일반구역

일반구역은 사무실이나 회의실 등 일반인들도 출입승인을 받으면 쉽게 들어갈 수 있기 때문에 주요 정보에 대한 보호수준이 약해지기 쉽기 때문에 의외로 유출 및 침해

가능성이 높다. 따라서 일반구역에서는 외부인과 내부인의 구별이 중요하며, 원활한 식별을 위해 임직원의 사원증 패용이 필수적이다.

사무실에서 자리 이석시에는 화면보호기를 설정하고 책상을 정리해야 하며, 주요 문서의 경우 캐비넷 보관후 반드시 시건장치를 하며, 복사기・팩스기 등은 사무실 안쪽에 비치해야 한다. 공용 회의실에서는 회의 종료 후 현장에 관련자료를 남겨 두어서는 안되며, 보드칠판 등에 적힌 내용은 반드시 지워야 한다.

〈표 2-12〉 일반구역에서의 보호대책

대상	설명	비고
출입통제 시스템	・구역 내로 출입하는 인원을 통제하는 시스템	・ID 카드
화상감시 시스템	・인원의 출입여부를 위한 시스템	・CCTV

※ **출처:** 중소기업청. 2007. 중소기업 기술유출 대응메뉴얼. p. 83.

(3) 제한구역

제한구역에서 직접적인 정보의 유출 및 침해가 발생하지는 않으나 설비들의 훼손, 파괴, 오작동 등으로 유출 및 침해가 발생할 수 있다. 따라서 제한구역의 경우 근무자 및 관련자는 자유롭게 출입할 수 있지만, 일반직원은 필요시 승인을 받고 출입하며 외부인의 출입은 통제되어야 한다.

〈표 2-13〉 일반구역에서의 보호대책

대상	설명	비고
출입통제 시스템	・구역 내로 출입하는 인원을 통제하는 시스템	・ID 카드 ・인터컴(제한구역)
화상감시 시스템	・인원의 출입여부를 위한 시스템	・CCTV

※ **출처:** 중소기업청. 2007. 중소기업 기술유출 대응메뉴얼. p. 82.

(4) 통제구역

기업이 제도적 조치로서 제정한 보안 및 기밀 관리규정 등에 따라 영업비밀로 분류한 정보는 일반 정보와 분리하여 관리하고 연구·개발부서와 영업비밀 보관 장소에 대해서는 일반 직원 및 외부인의 접근을 금지시키는 통제구역의 설정이 필요하다.

이러한 통제구역에는 출입자 명부를 비치하고 직위에 따라 출입을 제한하거나 첨단 감시 장비를 설치하여 상시 감시하는 등의 조치가 필요할 뿐만 아니라, 상시 출입자에게는 영업비밀 유지에 대한 서약서를 징구하여 항상 보안의식을 가지도록 해야 하고, 일시적인 출입자에 대해서도 출입대장을 비치하여 기록하고 영업비밀 열람부에 기록하게 하여야 한다.

특히, 외래 방문객의 경우는 사전에 방문목적을 파악하여 방문증을 패용하도록 하고, 가급적 영업비밀이 공개될 우려가 있는 장소의 출입을 제한하도록 하며, 특정상황에서는 방문객에게 비밀준수 각서에 서명토록 할 필요가 있다(중소기업청, 2006: 93).

〈표 2-14〉 통제구역에서의 보호대책

대상	설명	비고
출입통제 시스템	· 구역 내로 출입하는 인원을 통제하는 시스템	· ID 카드 · 강철 Door · 정맥인식 시스템
도감청 방지 및 전자파 차폐 시스템	· 유리창으로 전해지는 소리의 진동을 증폭하여 도청하거나 전화 감청을 탐지 및 방지하는 시스템	· 전자파탐지장치
화상감시 시스템	· 인원의 출입여부를 위한 시스템	· CCTV

※ **출처:** 중소기업청. 2007. 중소기업 기술유출 대응메뉴얼. p. 84.

2) 보호구역 운용방법

(1) 시설방벽

시설방벽이라 함은 잠재적 침입자의 침투를 방지하거나 침투가 불능 또는 곤란케 하거나 침투하는데 시간이 경과되도록 하는데 그 목적이 있는 것이므로 가능한 한 침투를 방해하는 장애물을 중첩하여 설치하여야 한다. 특히, 시설방벽은 시간의 흐름으로 인하여 훼손되거나 취약점이 발생하는 임시적인 것이어서는 안 되며 취약점이 발생되지 않도록 계속적으로 개·보수되어야 한다.

기성건물 내에 보호구역을 설정하려면 타 건물이나 부속시설 등으로 감싸여져 있고 내·외인의 출입이 적은 곳을 택하여야 하며 출입문과 창문을 최소한으로 하고 2개소 이상 있을 때에는 1개소를 비상구로 지정하여 유사시에만 사용할 수 있도록 하여야 한다.

모든 창문은 외부로부터 투시가 불가능 하도록 도색하거나 시건장치를 하는 외에 위험물질(폭발물, 화약, 돌 등 파괴력이 있는 물질)의 투척을 막을 수 있는 철망부설과 사람의 침투를 막을 수 있는 철책장치 등이 고려되어야 한다.

그러나 이와 같은 방벽시설은 그 내부기능을 저해하지 않는 범위 내에서 적절한 방법을 선택하여야한다. 예컨대 고열이 생기는 발전소에는 공기소통과 냉각대책이 강구됨을 전제로 하여야 한다. 뿐만 아니라 비밀보호를 목적으로 하는 보호구역에는 야간에 실내전등을 사용할 때를 대비하여 블라인드 또는 커튼 장치 설치도 고려되어야 한다.

(2) 경비제도

보호구역 중 제한 또는 통제구역에는 주야를 막론하고 사람의 감시 하에 놓여있게 하여야 한다. 근무 중에는 내부 근무요인에 의한 경비의 효과를 기대할 수 있으나 야간에는 별도의 경비원(숙소, 경비) 배치가 고려되어야 한다.

인적 자원의 부족으로 별도의 안내원(경비원) 배치가 불가능한 때에는 당해구역 근무자가 자기의 본연의 임무를 수행하면서 감시 및 경비임무를 수행하도록 훈련시켜야 하며 이에는 근무자와 외래 인을 식별할 수 있는 표찰의 패용제도가 강구되어야 한다.

보호구역에 대한 경비업무는 시간적 취약성이 있어서는 안 된다. 다시 말해서 경비는 인적방벽이기 때문에 일정기간 사고 없이 지나게 되면 정신적으로 해이되고 태만해지기 쉬우므로 경비원 외근상황을 점검하기 위한 기업체의 대표나 기타 책임자의 순찰과, 경비원에 대한 정기교육을 통하여 정신적 해이를 방지하여야 한다. 또한 배치된 안내원이나 근무자의 힘만으로 침입자의 침해행위를 방지할 수 없는 사태를 예상하여 당해지역과 자체경비실 또는 인근 경찰관서와의 비상경보장치를 설치하는 것이 좋다. 보안사고는 물론 모든 사고는 예기치 아니한 때 발생하므로 최악의 경우를 상정하여 사전대책을 강구해야하기 때문이다.

(3) 출입통제

출입통제는 외부로부터 내부로 들어올수록 점차적으로 강화되어야 한다. 정문에서 출입이 허가된 자라 하여 내부감시를 소홀하여서는 안 된다. 특히, 통제구역은 기업 내 임직원이라 하더라도 임의출입이 금지된 곳이기 때문에 통제구역 근무자는 각자가 모두 감시의 업무를 수행하여야 하며 외래 인에 대하여는 먼저 발견한 자가 스스로 검문하고 신분과 출입목적을 확인하는 습관을 길러야 한다.

일단 정문에서 출입허가를 받은 외래인은 허가조건의 범위 내에는 구역 내 활동이 가능하다. 그러나 여하한 사람이라도 용무를 마치고 퇴청할 때에는 반드시 최초에 들어왔던 출입문을 통하여 나가도록 출입통제 대책이 강구되어야 하며 만일 이미 근무시간이 끝난 후에도 나가지 아니한 외래인이 있을 때에는 즉각적인 비상조치를 취하여야 한다.

출입통제대책에 있어서 통제자가 확인해야 할 중요사항은 외래인의 용무이다. 예컨대 갑이라는 사람에게 용무가 있다 하여 입청시킨 외래인이 갑을 만나지 않거나 설사 만났다 하더라도 형식상 인사만 나눈 다음 신고된 용무와는 다른 활동을 하는 경우가 있음을 주의하여야 한다.

(4) 소화대책

소화대책은 불순분자의 방화테러에 대비할 뿐 아니라 모든 화재에 대비하여 필요하다. 소화기구로서는 여러 가지가 있으나 화재의 종류에 따라 적당한 것을 선택하여야 하며 구역 내에 설치된 자재, 장비의 종류, 구역구조의 성질(목재, 철재, 지류 등)에 따라 소화기를 준비해야 한다.

4. 시설보안수단

1) 울타리(Fence)

울타리라 함은 시설물과 외부공간지역 간에 설치된 침입자의 실제적 접근을 방해할 수 있는 하나의 독립적인 장애물이다. 이러한 울타리는 대표적인 인공방벽으로써 시설보안을 위하여 대부분의 경우 사용함이 원칙이나 때에 따라서는 전혀 설치되지 않을 때와 설치되었다 할지라도 보안면에서는 충족치 못할 때가 있다. 반면 어떠한 경우에는 아주 고차적인 보안수준을 가진 울타리가 설정될 때도 있다.

그러나 울타리를 설치했다고 해도 이를 넘어오거나 절단 또는 하부를 파내어 들어올 수도 있어서 울타리가 시설보안을 위한 절대적인 장애물이 될 수는 없다. 다만, 울타리를 넘어야 한다는 심리적 부담과 시간의 지연 효과로 인해 발각의 가능성을 높여줄 뿐이다. 따라서 침입하는데 심리적 부담감을 주거나 시간을 지연시키는 등 울타리와 같은 효과를 기대 할 수 있는 별도의 과학 경비시설을 설치하므로 써 울타리로 대체 할 수도 있다 하겠다.

(1) 울타리의 형태 및 종류

울타리는 대표적으로 투시울타리(Full View Fence)와 불투시울타리(Solid Fence)의 두가지 형태로 나눌 수가 있다. 투시울타리에는 망자식 철조망(Chain Link), 유자철조망(Barbed Wire), 유자 원형철조망(Concretions) 등이 있다. 또한 불 투시 울타리에는 석재, 콘크리트(Concrete), 캔버스(Canvas) 등이 있다.

이러한 울타리의 선택은 주로 경제적인 문제와 보안의 필요성에 의해서 이루어져야 할 문제이지만 그 어느 것도 침입에 대한 완전무결함을 기대할 수는 없다. 따라서 모든 울타리를 시설할 때는 항상 침입형태를 고려하여 적합한 구조를 설치하여야 한다.

울타리에 대한 침투 유형으로는 울타리를 넘어서(정상)는 경우와 울타리를 뚫고 들어오는 경우, 울타리 밑으로(지반부분) 침투하는 경우 등 세가지 방법으로 구분할 수 있으며 울타리 설치시에는 이러한 점을 염두에 두고 3단계로 나누어서 시설하여야 한다.

첫째, 모든 울타리의 지반은 견고하여야 하고 둘째, 기본층(특히 철조망 울타리일 경우)에 있어서는 그 높이나 철조망선이 침투가 용이치 않은 간격과 규격으로 설치되어야하며(석고 내지는 콘크리트일 경우에는 지반에 묻지 않게 견고해야 함) 셋째, 가급적 모든 울타리의 정상은 철조망, 못, 유리 등으로 월담이 용이치 않도록 보강되어야 한다.

울타리를 설치함에 있어서는 거기에 소요되는 경비(자체적 부담)와 시간(긴급을 요하는) 등에 의하여 어떠한 울타리를 설정할 것인가 하는 문제가 결정된다.

(2) 울타리 설치에 참고할 사항

울타리를 선택함에 있어서 주변의 환경, 인근주민의 성격, 동태 및 그 시설물 자체의 중요성, 설치 소요시간 및 미관 등을 고려해야한다. 따라서 일반적으로 울타리를 설치함에는 다음 사항이 고려되어야 한다.

일반적으로 울타리의 최저 높이는 2.1m 내지는 2.4m의 한도 내에서 이루어져야 한다. 또한 울타리는 건물로부터 최소 15m 떨어져 설정되어야 하며 외부 건물 또는 비밀침입을 도울 수 있는 외부 자연물로부터 최소 6m 떨어져 설치되어야 한다.

가능한 한 울타리의 내측 주변에 따라서 순찰경로를 만들되 전천후에 대비할 수 있도록 견고히 만들어야 하며 모든 울타리는 최소한의 출입문을 설치하여야한다.

(3) 철조망 울타리의 설치요령

① 지주의 종류 및 규격

지주의 종류에는 목재, 철책지주(원형, (H)형 등)가 있다. 목재 울타리의 규격은 10 X 10cm 이상이어야 한다. 반면 철책지주는 원형철책지주인 경우에는 그 직경이 5cm이상이어야 하고 H형일 경우에는 그 최단폭(중심저부)이 5cm이상이어야 한다.

② 철조망의 형태별 설치법

철조망의 종류에는 유자철조망(Bared Wire), 망자식 철조망(Chain Link), 유자형 철조망(Concretions)이 있으며 각 종류별 설치방법은 다음과 같다.

ⓐ 유자 철조망

이 형태의 철조망은 흔히 사용되는 것으로서 그 설치요령은 다음과 같다.

No. 12게이지(Gunge) 철선으로서 이것을 두 가닥으로 꼬아서 통상 사용하게 되는 것이며 이 철선에는 대각선형 철제가시를 10cm씩 간격을 두고 붙여서 사용하게 되는 것이다. 철조망 구성에 있어서 하나의 철선과 철선간의 간격은 15cm이상 떨어져서는 안 되며, 철조망의 1개 기본 층을 형성함에 있어서 양측의 지주와 지주간의 간격은 1.8cm를 초과해서는 안 되며 또한 매 지주는 최소한 지하로 90cm 이상 매몰되어야 한다, 철조망선의 횡선과 횡선간의 간격은 기본 층의 아래 부분을 5cm 간격으로 시작해서 정상으로 향할수록 점차로 넓힐 수 있다.

〈그림 2-15〉 유자 철조망 예시

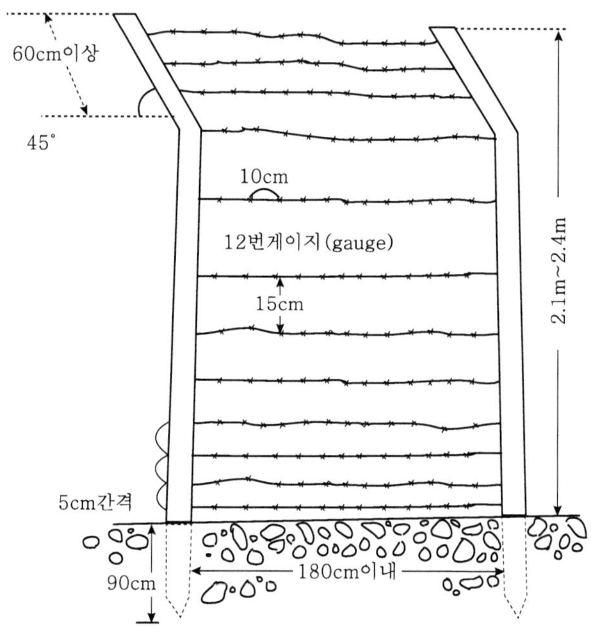

ⓑ 망자식 철조망

이 철조망에 사용되는 철선은 No.11 게이지(Gauge)가 사용되며 망자식 철조망을 구성할 때에는 출입문을 포함하는 울타리 전체에 걸쳐서 철제지주를 제외하고 망자식 형태로서 이루어지는 것이다. 형성되는 각 망구의 크기는 5X5cm를 초과해서는 안 되며 울타리의 정상부분은 반드시 유자 형으로 되어 있어야 하며, 울타리 밑의 지반은 포장되거나 기타 방법으로 견고히 되어야 하고 철조망의 하단부분은 지면 하 5cm 내외로 매몰 고착되어야 한다.

〈그림 2-16〉 망자식 철조망 예시

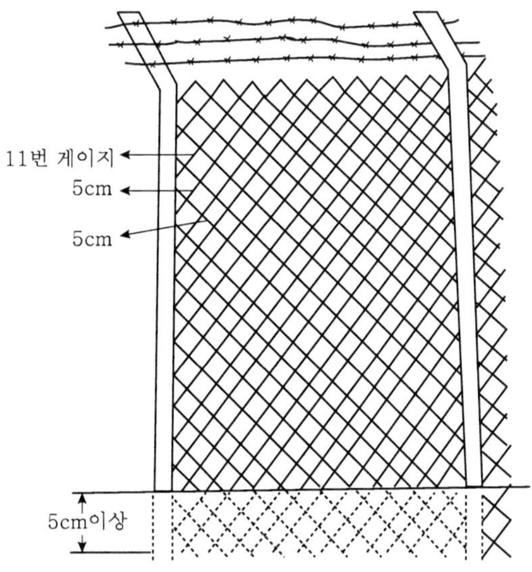

ⓒ 유자원형 철조망

여기에서 말하는 유자원형 철조망이란 우리들이 흔히 볼 수 있는 적당하고 불규칙한 원형철조망을 지칭하는 것이 아니라 어디까지나 보안적인 최저 규격여부를 뜻하는 것이다.

유자 원형철조망은 통상의 경우 하나의 두루마리(Roll)의 원형철조망의 배열의 꼭대기를 따라서 다른 하나의 원형철조망을 가설하게 되는 것이며 이때에 두 개의 두루마리를 합한 높이는 약 1.8cm가 되는 것이다. 경우에 따라서는 밑줄에 두 개의 원형철조망을 깔고 그 위에 한 줄의 원형철조망을 깔아 놓는 경우도 있다. 이것을 소위 피라미드(Pyramid)식 유자 원형철조망이라 한다. 유자 원형철조망은 강철제 철선으로 되어 있으며 한 개의 원통형묶음(Cylinder)의 무게는 약 15kg이며 또한 이 원통형 묶음을 펼쳤을 때의 한 개의 원형철조망 상태로서의 전장은 15cm이고 한 원의 직경은 90cm이다.

이 유자 원형철조망은 절대로 영구시설물에 대한 울타리로서는 사용해서는 안 된다. 따라서 기존울타리가 파기되었을 시의 보수기간 중 혹은 임시용으로서 사용되어야 한다. 지금까지 설정한 모든 유자 원형철조망을 표시한다면 다음과 같다.

〈그림 2-17〉 유자원형 철조망 예시

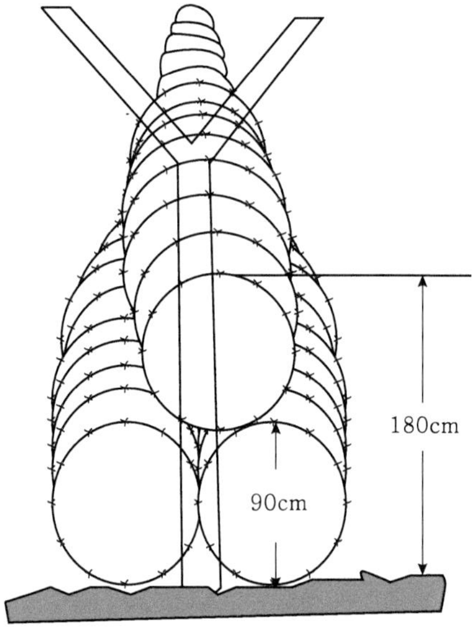

③ **정상보강**

울타리 설치에 있어서의 정상보강이란 울타리 꼭대기에 가설되는 하나의 보조적인 장애장치(철조망선, 못, 파쇄유리 등)를 말한다. 이 장애장치는 각종 울타리 종류에 따라서 가설방법과 그 가시의 종류가 달라질 수 있는 것이다.

망자식 및 유형 철조망은 보강장치로서 정상층에 가설되는 그 지주의 길이는 60cm 이상이어야 하며 외부로 45도 경사됨이 정상이다. 정상보강 지주에 가설되는 철조망 횡선은 15cm 간격으로 3~4회 가설되어야한다. 정상보강지주의 설치 형태는 외부로만 설치되는 〈일자〉식과 외부 양방향으로 가설되는 〈V〉식의 두 형태가 있다.

④ **다중 울타리 설치요령**

다중울타리란 통상 이중울타리를 지칭하며 광대한 지역에서 경비탑(Guard Tower) 및 차량순찰운용에 효과적이며 또한 경비견 사용에도 유리한 것이다.

이러한 다중울타리를 설치함에 있어서는 많은 고려사항이 나타나겠지만 그중 특히 유의해야 할 것은 다음과 같다.

ⓐ 이중울타리의 설치규정은 역시 일반적인 울타리 설치규정이 적용되는 것이나 정상 보강지주 건설에는 외부(건물에 대하여) 울타리의 것은 외향 45도, 내부 울타리의 것은 내향 45도로 가설된다.

ⓑ 이중 울타리에 있어서 내부의 것과 외부의 것은 전 주위에 따라서 평행적으로 설치됨을 원칙으로 하고 있으며 그 간격은 최소 2.7m(이것은 일방에서 타방 울타리로의 도약거리를 참작한 것이다)부터 최대 45m(이것은 지형 조명 경비능력에 따라서 다소의 차이는 생겨나기 때문에 이러한 거리는 보통인의 투척거리, 차량 순찰로 폭, 경비탑 요원의 사정권 등을 참작한 것이다)까지 설정할 수 있는 것이다. 이때에 이 공간지대에는 침입자의 그림자 등을 명백히 나타내기 위하여 경비등화 조명과 어울릴 수 있는 백색 기타 밝은 색의 모래 등을 깔아놓을 수가 있다.

ⓒ 이 이중울타리 사이에는 특별한 필요성에 입각하여 고압선 장치도 가능하다. 이러한 고압선 장치가 울타리 사이에 장치되는 까닭은 무고한 사람의 접근에 대한 위험을 제거하기 위해서이다.

2) 경비탑(Guard Tower)

경비탑 설치문제는 예산이 허용하는 한도 내에서 울타리 설치문제와 같이 시설보안상 상당히 중요한 문제이다.

경비탑간의 거리는 통상 450m까지 설치할 수가 있으나(상호간 250m씩 나누어 감시)보다 효과적인 거리는 300m로 제한함이 효과적이다. 300m로 제한하는 이유로서는, 300m 거리에서 있는 사람은 정상적인 독서거리에서 타자문자를 보는 것 같은 명확도를 나타내며, 300m거리에서 꾸부리고 있는 사람은 팔의 길이에서 타자문자를 보는 것 같은 비율로 나타내며, 동 거리에서의 침입자와 배경과의 대조는 백색용지에 쓴 흑색 잉크문자를 보는 것보다 희미하며 마치 회색용지에 쓴 타자문자를 보는 것과 같으며, 조명도가 낮거나 강우 또는 강설 하에 있어서는 동 거리에 있는 사람은 마치 월광하에서 타자문자를 보는 것과 같다는 것이다. 지금가지 설명한 몇 개의 현상을 살펴 볼 때, 300m를 초과함으로써 정상적인 시력을 가진 경비원들로 하여금 최소한의 효과적인 감시거리를 무리케 하는 경향이 발생될 우려가 있음으로써 가급적 이 300m거리를 초과해서는 안 된다.

경비탑에는 통상 탐조등이 계획적이고 조직적인 절도 또는 탈출행위 등을 적발, 체포키 위하여 설치되며, 이때에 탐조등은 통상 150만 촉광 내지는 200만 촉광을 소요 조명량으로 결정하게 되며 이러한 장비의 보급이 곤란한 경우에는 1,000와트(watt) 내지는 1,500와트의 전등을 45cm반사경에 넣어서 대용할 수가 있다. 경비탑 내부는 수위소와 동일하게 어둡게 점등되어야 하며 반면 외부에 대해서는 강우, 강설 기타 악조건 하에서도 경비원의 감시력을 저해하지 않도록 점등시설이 되어 있어야 한다.

3) 수위소(Gate House)

사실상 수위소 문제는 설치되어 있는 전 울타리를 한 요소에서 관장하면서 울타리로서의 보안효과를 증대시켜 줄 수도 있도록 설치되어야 한다.

수위소 운영 원칙은 다음과 같다.

① 수위소는 원칙적으로 울타리 시설에 연결되어 있어 차량·보행인의 주요 통제구가 되어야 한다.

② 수위소 내부 점등은 외부의 불의의 공격에 대비하기 위하여 통상 30촉 내외의 전등시설이 효과적이다.

③ 출입하는 차량 내부의 점검을 위한 조명시설을 그 조명양이 다가오는 차량 진행에 지장 없도록 적절히 양과 반사각이 조절되어야 하며 경비원에게 유리한 위치에 가설되어야 한다.

4) 경비등화

(1) 경비등화의 형태

경비등화는 그 사용목적에 따라서 다양한 형태로 사용되지만 대체적으로 구분하면 계속조명(Continuos Lighting), 특수계속조명(Standby Lighting), 가동조명(Movable Lighting), 비상조명(Emergency Lighting)의 4개 형태로 대분할 수가 있다.

① **계속조명**

계속조명은 난사조명(glare Projection Lighting)과 통제조명(Controlled Lighting)으로 구분되며, 이것은 야간 또는 기후적으로 시력이 감퇴되고 있는 동안 경비조명 소요지점에 중요하게 배열된 고정 등화시설에 의하여 원추형으로 각 등화조명이 상호 중첩되게 계속 반사되고 있음을 말하는 것이다.

특히, 난사조명은 주위지역 전체에 걸쳐서 멀리 그리고 환하게 침입자의 예상방향으로 비쳐 주는 것으로서 대단히 유용한 것이다. 이러한 난사조명은 경비원으로 하여금 외곽감시를 용이케 해 줄 수도 있고 잠재적 침입자로부터의 감시를 피할 수도 있다.

② **특수 계속조명**

특수 계속조명은 계속조명(Continuos Lighting)과 유사한 것이지만 이것은 사람의 손으로 혹은 잠재적 침입자의 접촉으로 인하여 자동적으로 점등되는 '특수 점등 고안장치(Intrusion Detection Devices)' 또는 기타 자동장치에 의하여 점등되는 것을 말한다. 때문에 일단 어떠한 점등수단에 의하여 그것이 점등만 된다면 필요시까지 계속조명의 형태와 동일한 운용을 하게 되는 것이다.

③ **가동조명**

가동조명이라고 하는 것은 수동적으로 사용되는 고정 또는 휴대용의 조명등을 말하며 어두운 동안 또는 필요시에 '계속조명'과 '특수 계속조명'을 지원하게 되는 것이다.

④ **비상조명**

비상조명은 지금까지 설명한 모든 조명형태 중에서 어느 한 개의 조명효과를 배증하는 조명을 말한다.

(2) 경비등화 가설에 고려할 사항

① **조명적량조달**

조명적량조달이라 함은 경비원은 선천적인 관찰능력에 추가해서 수초동안에 자기

시야에 나타나는 침입자를 신속히 현장 색출할 수 있는 능력을 가져야 하므로 침입에 용이한 암색지대에는 보다 밝은 적량의 조명을 실시해야 한다.

② **대조**

조명에서 대조라 함은 동일양의 조명을 실시할 때에 있어서도 피조명체로서의 목적물 내지 그의 배경의 색채가 조화됨으로써 광도가 증대될 수 있고 또한 경비원의 경비시력을 증대시킬 수가 있다.

③ **영상제거**

영상제거라 함은 실내외의 경비등화 가설에 있어서 고려되어야 할 사항으로서 예를 들어 저장소, 탱크(Tank)등의 주변 후면에 상호 중복되게 조명함을 말한다.

④ **반면영상 현출**

반면영상 현출이라 함은 최대한으로 침입자의 침입 예상방향을 고려하여 조명되어야 하는 것으로서 반면영상(Silhouette)의 발생이 용이한, 적절한 반사각으로서 조절이 되어야 한다.

이상 설명한 요소들은 동일한 경비등화 시설의 예산으로서 어떻게 하면 보다 효과적으로 등화의 효력을 발휘할 수가 있는가에 귀결되는 문제이다. 또한 가설된 등화들이 과연 보안면에서 사실적인 효과를 나타낼 수 있는가에 대한 사전적인 검토가 매우 중요하다.

(3) 경비지역별 조명강도

조명강도는 'Foot-Candle Meter'로써 측정할 수 있으며 보호지역 또는 구역별로 해당되는 최소 요구량에 일치될 수 있는 조명을 해 주어야 한다. 조명강도에 영향을 줄 수 있는 제반 요소로서는 등화로부터의 거리, 촉광량, 발전근원, 피조명체로서의 반사물체 등을 들 수 있다. 조명강도에 있어서 표면에 대한 직접조명도의 단위는 'Foot-candle'이다.

〈표 2-15〉 경비 지역(구역)별 조명강도

지역	지상수준의 수평면에 대한 Foot-candle
울타리 외곽지역	0.02
제한 지역	0.04
차량 출입구	1.0
보행 출입구	2.0
특별보호지역(Sensitive Inner Area)	0.05
특별보호건물내부(Sensitive Inner Structure)	0.10

(4) 경비등화 정비

전기 회로선에 대한 점검은 전선의 접촉부분 또는 절연상태 등의 안전점검을 위하여 주기적으로 이루어져야 하며, 모든 조명체는 항상 깨끗이 그리고 적절히 사용되어야 하며 주요지역(구역)에 가설된 전등은 그 사용수명의 80%가 넘은 것은 적기에 교환하여야 한다.

5) 경보제도

(1) 경보보고제도

① 중앙관리 경보제도(Central Station System)

중앙관리 경보제도라 함은 경보제도를 요하는 시설외부에 '경보센터'를 설치하여 운영함을 말한다. 이러한 제도는 지역이 중요하면서도 광대한 경우에 자기 시설내부에 자체적인 경비근무자를 가지고 있으면서 침해사고 발생 시 경보되도록 시설을 설치하여 중앙관리센터에서 즉각적으로 전달되도록 하는 제도를 말한다. 모든 시설내부에서 일어나는 침입 내지는 침해사항은 빠짐없이 중앙관리경보센터에 경보되고 이는 관할 지방경찰기관이나 소방서에 즉각적으로 연락되어 필요한 조치하는 것이다.

② 자체경보제도(Proprietary System)

자체경보제도라 함은 경보조직의 자체소유 및 지역 내에 그 장치가 설치되는 것을 제외하고는 중앙관리경보제도와 그 운용방법이 비슷하다. 경보에 대한 통제, 조절 및 수신 장비는 통상 시설내부의 경비본부나 자체소유 소방서가 있다면 그 내부에 설치되어 운용하는 것이다. 원칙적으로 경보에 응하는 경비요원은 자체소유 경비요원 및 소방대원에 한하나 추가적으로 지방경찰 및 소방서에 자동적으로 통보되도록 협조체제를 유지할 수도 있다.

③ **국부경보제도**(Local Alarm System)

국부경보제도라 함은 보호물과 가까운 지역에 설치됨을 원칙으로 하며 가청 또는 가시신호 수단으로서의 고안물에 의하여 이루어진다.

④ **경보보조제도**(Auxiliary System)

경보보조제도라 함은 자체경보장치로써 지방경찰 또는 소방서에 대한 확장적인 경보체제를 갖기 위한 하나의 보조적인 제도이다. 그러나 이 제도는 경비책임이 애매한 경우가 발생되기 쉬우므로 대부분의 경비조직에 있어서 잘 사용되지 않는다.

(2) 침입자동경보장치(Intrusion Detection Devices)

① **광전기 경고장치**(Photoelectric alarms)

광전기 경고장치라 함은 중요한 건물(비밀문서, 암호자재, 기타 중요 물을 포함)로서 일반 건물과 격리되어 설치되어 있는 건물에 대한 침입을 방지하기 위하여 고정적인 경비원 대신에 사용되는 장치로서 비밀접근에 대한 비교적 정확한 경고를 자동적으로 해 주는 것이다. 장치의 구조 원리는 잠재적 침입자가 자기도 모르게 양측에 놓여 있는 전송기구와 수광용기 사이를 통과하게 되면 양 기구 사이를 흐르는 불가시광선을 차단하게 되므로 자동적으로 경고를 해주게 된다.

이러한 장치는 중요하면서도 사람의 출입이 적은 건물지역에 설치함이 효과적이라고 할 수 있다.

② **화재경보장치**(Fire Alarm Sprinkler System)

화재경보장치라 함은 일명 철수경보장치(Sprinkler System)라고도 할 수 있는데 화재 경보용으로 매우 유용한 장치물이다. 이 장치의 간단한 구조원리는 파이프

(pipe)를 흐르고 있는 물이 이미 정해있는 온도나 수압변화에 의하여 자동적으로 경고해 주게 되는 것이다.

③ **정밀형태변화 경고장치**(Industrial Monitors)

정밀형태변환 경고장치라 함은 중요 산업공장 등에 설치되어 있는 중요한 온도계, 습도계, 압력계 등에 대하여 파괴분자(Saboteurs)들이 비밀리에 이상행위를 가했을 때 자동적으로 경고해 주는 장치로서 앞서 말한 국부경고제도(Local Alarm System)가 바로 이것이라고 할 수 있다.

6) 방문자 및 내부요인에 대한 통제방법

(1) 방문자에 대한 통제수단

① **유도안내 제도**

유도안내 제도란 보안면으로 보아 안전한 제도이며 특히 고위방문객에 대하여서는 여러 가지 면에서 효과적이다. 이 제도는 단순하기는 하나 제도의 효과적 운영은 유도안내요원 개개인의 자질에 달려 있기 때문에 그 인선(예의와 기지 면에서)이 문제된다. 이 제도의 중요 단점으로서는 매 방문자에 수반되어야 하므로 방문객이 많은 시설에 있어서는 실질적으로 이행하기가 곤란하다.

② **시간제한제도**

시간제한제도라 함은 방문자에게 시설지역 내에서의 불필요한 시간을 허용치 않기 위하여 사용하는 수단으로서 그 통제요령은 다음과 같다.

첫째, 개략적인 보행, 소요시간(거리) 및 일반용건 소요시간을 통제자 측에서 사전에 측정한다. 면회자가 내방하여 사고를 저질렀을 경우 그 자의 불필요한 행동을 조사하기 위해서는 피면회자와의 면담시간만 정확히 파악된다면 그 나머지 시간은 충분히 입증이 될 것이다.

둘째, 면회자 내방시에 정문에서는 면회자의 신분증명서 등과 면회자 기록카드(Slip)를 교환 소지시켜 용건 완료 후 귀가 시에는 동일 출입문을 사용케 하고 그 면회자의 카드를 검사 받도록 조치되어 있어야 한다.

셋째, 상술한 면회자 기록카드는 시간제한 제도를 운용함에 있어서의 불가결의 요소이며 그 기재내용은 다음과 같다. 즉, 출입문 출발시간, 목적 또는 피면회인, 목적지 도착 및 출발시간, 피면회인의 서명 등을 기입해야 되는 것이다.

사용방법에 있어서는 목적지에 도착하면 피면회자에게 소지한 면회카드를 제시하게 되며 이때에 피면회자는 도착시간과 출발시간을 기입해 주고 동시에 확인 서명한다.

이와 같은 기입은 매 목적지마다 동일한 방법으로써 면회자나 피면회자 공히 정확하게 실시하여야 한다. 그리고 이것을 최종적으로 정문에서 점검하는 것이다.

③ **현장불시점검제도**(Spot Check)

현장불시점검제도라 함은 방문자에게 식별증(출입증 등)을 부착시켜 순찰경비원으로 하여금 비 부착자에 대한 불시점검을 실시하도록 하는 것이다, 식별증은 경비원 또는 모든 기관요원들에게 쉽게 눈에 띨 수 있도록 그의 흉부 등에 부착하도록 지정해 주어야 하며, 현장불시점검에 있어서는 식별증의 위조변조 등에 대하여도 반드시 확인되어야 한다.

(2) 내부 요인에 대한 통제방법

① **단일증명서 발급제도**(Single Pass System)

단일증명서 발급제도라 함은 내부요인이 상시 휴대하여 개인을 식별하는 단일증명 실시제도인 것이다. 통상의 경우 문자, 색채, 숫자 등으로써 실시되며 일반 통용 증에다가 특별상징 또는 색채 등을 가미함으로써 고도의 보호구역에 대한 출입한계를 구별하기도 한다. 이 제도는 비교적 개방된 통제방법으로서 근무시간 이외에 또는 근무지 외에서도 개인 소유가 가능함으로써 위조, 변조, 복제, 불법사용 등의 가능성이 있다.

② **증명서 교환제도**(Pass Exchange System)

증명서 교환제도라 함은 두 개의 증명서가 사용되는데 증명서 내에서 반드시 증명사진이 포함되어 있어야 한다. 또한 각 증명서는 서로 다른 색채이거나 아니면 동일 색채 중 어느 일방의 것에만 다른 색채를 가미하여 만들어지는 것이다.

하나의 증명서는 정문 출입시에 제출되며 이때에 보관중인 다른 증명서와 교환되는 것이다. 이 증명서(Badge)에 제한구역 또는 통제구역에 대한 출입을 허용하는 하나의 상징적인 색채 또는 수자 등으로써 별도 표지를 할 수가 있다.

③ **다증명서 교환제도(Multiple Pass System)**

다증명서 교환제도라 함은 매 제한구역 또는 통제구역에 출입할 때마다 증명서(Badge)가 교환되는 것으로서 전자의 증명서 교환제도(Pass Exchange System)에 비하여 보다 엄격한 제도라고 할 수 있다.

매 출입 장소마다 증명을 달리하고 해당 증명서(Badge)소지자에 한하여 출입을 허용하는 것이다. 이 제도는 단일증명서 발급제도나 증명서 교환제도에 비하여 보안면에 깊이를 더 할 수 있으나 실제 운용상의 제반사정 때문에 극히 중요한 시설지역 내에 한정적으로 운용되는 것이 일반적이다.

(3) 출입증갱신

출입자 통제를 위하여 발급된 출입증은 시간경과와 더불어 보안상의 가치 감소가 예상된다. 그 이유는 출입증 그 자체의 분실과 외부지출 등의 행위로 위・변조가 가능하기 때문이다. 따라서 출입자 통제를 위한 출입증의 발급도 중요하지만 적당한 시간에 이미 발급한 출입증을 갱신하는 것이 더욱더 중요함을 잊어서는 안 된다.

일반적으로 그 갱신 시기는 다음과 같다.

① 비밀지대의 경우 2% 분실 또는 1년 경과 시, 기업체 대표가 적당하다고 인정할 시 갱신한다.

② 경비(일반)지대의 경우 5% 분실 또는 2년 경과 시, 기업체 대표가 적당하다고 인정할 시 갱신한다.

(4) 시설지역 내의 모든 침입 가능한 통구(유리창, 암거, 배수구)에 대한 방비책

① 무방비적인 유리창, 울타리 주변의 암거, 배수로 같은 통구에 대하여는 그 통구면적이 600cm²이상일 경우에는 철책이나 망자식 철조망 같은 그물로써 견고히 봉쇄되어야 한다.

② 중요 건물에 있는 유리창 같은 것은 지상 5.4m를 유지 못하거나 외부건물로부터의 간격을 유지 못할 경우에는 외부 철책에 추가해서 창문 내부로부터의 견고한 시건장치가 되어 있어야 한다.

5. 시설보안 활동

1) 순찰근무

(1) 순찰의 의미

순찰서비스는 도보나 순찰차로 한 사람 또는 여러명의 경비원이 한 팀이 되어 근무지역 내의 시설물들을 정기적으로 확인하는 활동이다. 순찰서비스는 고객의 여러 지역 시설물들 또는 한 지역 내의 여러 시설물들을 외곽에서 순찰할 수도 있고 철저한 순찰을 위해서 시설물 내에 들어가서 할 수도 있다. 순찰을 담당하는 경비원은 다양한 지역을 순찰한다는 점에서 한 지역에서 근무하는 경비원과는 다르다. 일반적으로 시설물 경비원은 보다 제한된 지역에서 활동하게 된다.

(2) 순찰의 기능

① 예방적 효과

순찰 기능 중 가장 중요한 것은 범죄, 재난 및 보안 사고를 미연에 억제, 방지하는 것이다. 중요시설에 침투하려는 자는 단순히 근무자가 가까이 지나가기만 하여도 위축되어 침투 기도를 포기하는 경우가 많으므로 부단한 순찰로 범죄 및 보안 사고를 예방함으로써 기업의 존립과 발전에 기여하여야 한다.

② **정황관찰 및 사후진압**

이미 발생한 범죄 및 보안 사고를 신속히 발견하여 적절하게 처리하는 것과 순찰 중 시설 내의 모든 상황을 파악하여 시설보안에 참고사항으로 활용하는 것도 역시 중요한 기능 중의 하나이다.

(3) 순찰의 종류

① **노선에 의한 구분**

ⓐ 정선 순찰

사전에 정해놓은 순찰 노선에 따라 규칙적으로 순행하는 순찰을 말하는 것으로, 순찰근무자의 위치를 추정하기 쉬우므로 감독·연락 등에 매우 편리하나 범죄자 등이 예측하고 순찰근무자를 피할 수 있는 단점도 있다.

ⓑ 난선순찰

순찰근무자가 임의로 노선을 택하여 목적지역을 순찰하는 방식으로 난선순찰의 효과는 순찰근무자의 능력에 따라 크게 달라질 수 있으며, 감독, 연락이 불편하고 절도 있는 근무를 하기 어렵다는 단점이 있다. 근무보다는 감독 시에 유리하다.

ⓒ 요점순찰

순찰구역 내의 중요지점을 지정하여 순찰근무자는 반드시 그 곳을 통과하며, 지정된 요점과 요점 사이에는 난선순찰 방식에 따르는 순찰을 하는 것을 말한다. 정선순찰과 난선순찰의 장점을 살리고 단점이 보완되는 방식이다.

ⓓ 구역순찰

순찰구역 내의 몇 군데를 순찰 소구역으로 설정하여 이 소구역을 중점적으로 난선순찰하는 것을 말한다. 시설 내의 특별히 범죄의 우려가 있는 지역의 경우에 흔히 사용하는 방법이다.

② **기동력에 의한 구분**

ⓐ 도보순찰

걸어서 순찰하는 전형적인 순찰방법으로 순찰속도가 느리다는 단점이 있으나 은밀히 순찰하면서 면밀히 관찰할 수 있다. 순찰근무자가 상세하게 순찰노선부근의 정황을 관찰할 수 있고 사고발생시 신속히 대처할 수 있다. 외부의 음향 등을 청취하는데 편리하므로 야간 등 청력을 필요로 하는 경우에 유리하다. 특별한 장비를 필요로 하지 않으며, 비좁은 장소나 도로 등 어떠한 장소에도 용이하게 순찰을 실시할 수 있고 상세하게 지리 및 주변 정황에 통달할 수 있으나 속도가 느려 소구역 순찰시 유리하다.

ⓑ 자동차순찰

차량을 이용하는 순찰로서 순찰차, 무전기를 장치한 자동차, 오토바이 등이 이용된다. 상당히 넓은 지역을 순찰할 수 있다는 장점이 있으나 상세히 지역을 살필 수 없다는 단점도 있다. 대규모 공단 등이나 긴급히 출동하여야 할 경우에 유용하다.

ⓒ 자전거 순찰

자전거를 이용하는 순찰로서 적당한 속도를 유지할 수 있고, 상황을 상세히 관찰할 수 있으며, 특별히 예산이나 장비가 필요 없으므로 지역적으로 중간 정도의 시설에서 유용하다.

③ 인원에 대한 구분

ⓐ 단독순찰

한 사람의 근무자가 행하는 순찰을 말한다. 소수의 인원으로 넓은 구역을 순찰할 수 있으며 장비가 우수하면 단독순찰이라도 충분히 효과를 거둘 수 있다. 은밀히 주의력을 집중하여 순찰할 수 있으나 다수의 범죄 기도자가 있을 경우 대처가 불가하다.

ⓑ 복수순찰

2인 이상의 근무자가 순찰하는 것으로서 범죄의 위협이 있을 경우 유용하다. 다수의 범인에 대한 대처가 가능하며 유사시 연락이 가능한 점이 있다.

④ 기타 순찰요령

이상 여러 가지 순찰방법이 있으나 어느 한 가지를 사용하기보다는 근무 장소나 당시의 정황에 따라 여러 가지를 혼합하여 사용하는 것이 유리하며 때로는 변칙 스타일이 유리한 경우도 있는바 다음의 순찰요령을 고려해 볼 수 있다.

ⓐ 복선순찰

순찰근무자를 2인 1조로 증원한다든가 처음 순찰 근무자가 떠난 후 얼마간의 시차를 두어 다음 순찰근무자를 순찰하게 하는 경우도 있고, 한 사람은 1호함에서 10호함까지 정선대로 순찰하게 하고 또 한 사람은 10호함에서 1호함까지 역선으로 순찰하게 하는 수도 있다.

ⓑ 난선순찰

기존의 순찰노선을 무시하고 순찰근무자의 판단에 따라 시설 어디에나 순찰하게 하는 방법이다. 이 난선순찰은 순찰근무자의 소신과 근무자세의 유동성이 필요하다.

ⓒ 역선순찰

때로는 정선순찰 노선을 역선으로 순찰하게 하는 방법이다.

(4) 근무자의 준수사항

순찰근무자는 순찰시 경비대상시설을 돌아다닌다고 해서 아무 뜻도 없이 돌아다니는 것은 아니며 순찰근무자가 지켜야 할 수칙이 있다. 이는 대상시설에 따라 다소 다르겠지만 일반적인 수칙을 들면 아래와 같다.

① **목적의식**

순찰근무자는 그저 돌아다니는 것이 아니고 시설의 안전을 지킨다는 목적의식을 가지고 순찰해야 한다. 막연히 돌아다니면 순찰 중 확인하여야 할 사항을 확인하지 못하는 수가 있다.

② **용모, 복장 단정**

순찰근무자는 순찰하기에 앞서 용모와 복장이 단정한가? 거울에 비춰보고 순차근무를 해야 한다. 용모, 복장이 단정치 못한 채 순찰하면, 외부인사가 볼 때 근무자의 정신자세를 의심받을 우려가 있다.

③ **장구 점검**

순찰하기 전 순찰에 필요한 장구를 다 갖추었는지 점검하여야 한다. 봉, 경적은 필수품이고 때로는 가스분사기, 야간이면 손전등 등을 준비해야 할 것이다.

④ **의연한 태도**

순찰근무자는 태도가 의연해야 한다. 의연하다는 것은 굳세다는 말이다. 바위를 뚫을 듯한 매서운 눈초리와 태산이 무너져도 끄떡하지 않는다는 굳센 의지와 태도를 지녀야 한다. 콧노래 부르거나, 담배를 피우거나, 껌을 씹으면서 순찰해서는 안 된다.

⑤ **정숙한 근무**

순찰근무는 비노출로 하는 것이 범죄자의 동태를 감시하는데 효과적이나 때로는 노출근무를 하는 것도 좋다. 전등을 소지하고 있는 경우 필요한 곳에서는 켜야 하나 그렇지 않은 곳에서는 끄는 것이 좋으며 불필요한 소음을 내는 것 등은 삼가는 것이 좋다.

⑥ **중점 점검대상 숙지**

순찰지점으로 지정된 곳은 취약점이 있는 장소이다. 사람의 출입이 잦다든가 중요한 서류나 물건이 있는 곳을 살핀다든가, 화기 이상 유무의 확인 등 순찰근무자가 확인해야 할 항목이 있는 것이다. 순찰함에 서명하기에 앞서 순찰지점에 대한 점검사항을 반드시 점검하여야 한다.

⑦ **이상시 원인 규명**

순찰 중 이상한 냄새, 이상한 소리 등을 느끼면 끝까지 그 원인을 찾아 밝혀야 한다. 작은 이상의 원인을 규명하지 못하면 대형사고로 확대될 가능성이 있다.

⑧ **보고**

순찰 전 감독자에게 "순찰근무 다녀오겠습니다."라고 보고 후 순찰근무를 실시하고 종료 후 감독자에게 각 순찰지점의 상태, 다음 순찰근무자에게 인계할 사항 등을 보고하여야 한다.

(5) 순찰근무 시 착안사항

건물내부 순찰시 착안해야할 사항으로는

① 처음 순찰 때의 실내 상황을 잘 기억하였다가 다음 순찰시 변동사항 유무를 주의 깊게 관찰

② 창문, 셔터 등의 파손 및 시건 여부

③ 중요기밀실의 시건 여부

④ 계단, 통로, 화장실 등 범인은닉 가능 장소 점검

⑤ 끽연실의 재떨이 상태 점검

⑥ 전기스위치 등 점검

⑦ 문을 열고 들어갈 때는 인적 유무 확인

⑧ 자물쇠가 잠긴 곳을 열었을 때는 순찰 후 다시 자물쇠를 채우고 확인

⑨ 소화기 상태

건물외부 순찰시 착안해야할 사항으로는

① 외부로부터 침입에 이용될 우려가 있는 전주, 수목, 공사장 하치물, 담벽 등 점검

② 출입문, 셔터, 창문 등의 시건 상태 점검

③ 관상수 주위 점검

④ 인근 불량자의 접근 유무

⑤ 휴지소각장, 쓰레기 하치장 점검

⑥ 담벽 파손시 보수 유무

⑦ 소화설비, 피난설비의 점검

⑧ 건물모퉁이 돌 때 인적 유무 확인

⑨ 옥외등 조명 상태

2) 출입자 관리

(1) 출입자 관리의 의의

출입자 관리라 함은 건물이나 경비대상 시설의 안전을 위하여 출입자를 감시하고 반출입 물건을 확인, 점검하는 업무로서 시설경비에 가장 중요한 근무 중의 하나이다.

(2) 근무자의 일반 수칙

출입관리 업무는 다양하므로 일정한 유형으로 단일화 할 수는 없다. 경비가 행해지지 않은 일반건물 출입시는 출입자의 제한이 없지만 경비가 행해지고 있는 건물의 경우 반드시 신분 확인 후 표찰을 패용하고서야 출입이 가능한 곳도 있다. 또한 은행과 같이 집무시간 이외는 일체의 출입을 못하는 곳도 있다. 경비대상시설이 여러 가지이고 출입하는 사람의 유형과 시간이 각기 다르기는 하나 출입관리 근무자가 공통적

으로 지켜야 할 수칙이 있다.

출입관리 근무자의 일반 수칙은 다음과 같다.

① 용모복장 단정

② 공손하고 예의바른 언행

③ 의연한 태도

④ 시설 내의 사정 숙지

⑤ 업무의 인계인수 철저

(3) 출입관리근무 요령

① 사람의 출입관리

모든 범죄는 일단 사람의 출입에서 시작된다. 따라서 사람의 출입을 철저히 통제하고 나면 어떠한 범죄도 발생되기 어려운 것이다. 시설경비에 있던 사람이 들어오고 나가는 것만 철저히 경비하면 여러 가지 범죄를 상당 부분 예방할 수 있다. 출입관리 근무의 요령은 들어와야 할 사람은 경비근무자가 없는 것처럼 출입할 수 있고, 들어와서는 안 될 사람은 철저히 통제되어야 한다는 것이다.

ⓐ 고정출입자의 파악

시설근무자나 상시 통행하는 사람 등은 가급적 신속히 익혀두도록 한다. 생각나지 않는 사람은 확실히 알게 될 때까지 정중히 문의하여 확인하도록 한다. 사람에 따라 쉽게 기억되는 사람이 있고, 쉽게 기억되지 않는 사람이 있으나 이러한 경우 근무를 위하여 협조해 달라고 부탁하고 재확인 하도록 한다. 출입자명단에 기재되어 있으면 쉽게 파악이 되니 항상 명단을 가까이 하도록 한다.

ⓑ 의심자의 발견

근무자의 근무는 출입하여서는 안 될 사람을 선별하는 것에 의해 우열이 구별된다. 평소 잘 나타나지 않던 사람이 나타나서 어떠한 사항을 문의하면 일단 의문점을을 가지고 보면 된다. 거동수상자, 외모・복장이 수상한자, 휴대물품이 수상한자, 기타 부자연스러운 행동을 하는 모든 사람이 그 대상이 된다.

② **차량의 출입관리**

최근에는 차량의 경우 주차공간의 유무에 따라 출입여부를 결정한다. 이 외에 경비대상시설에 일정한 목적을 가지고 출입하는 차량에 대해서는 다음 사항을 유의하여야 한다.

ⓐ 차량번호, 차종, 행선지, 용무, 시간 등을 출입관리부에 기재

ⓑ 화물 적재 시 화물의 종류와 수량 확인

ⓒ 주차장소의 안내

③ **물품의 반출입**

시설 밖으로 나가서는 안 될 물품이 나가서도 안 되고, 시설 안으로 들어와서는 안 될 물품이 반입되어서도 안 될 것이다. 이렇게 하기 위하여 보통 사용하는 요령은 반출증이나 반입증을 사용하는 것이다. 이때는 반출입증과 물품내용이 일치하는가, 반출입증 발행인은 정당한가, 포장을 푼 흔적은 없는가를 확인하고 반출입증에 확인하여 두 번 이상 사용하지 못하도록 하여야 한다.

3) 초소근무

시설에 따라서는 시설주위에 초소를 설치하고 24시간 경계근무를 하는 경우가 있다. 초소를 지면보다 높게 설치하여 멀리 바라보기 좋도록 한 곳을 망루라고 한다. 초소근무이건 망루근무이건 근무요령은 동일하다.

① 감시책임지역내의 모든 것을 감시한다.

② 특히 감시책임지역내의 중요 지형지물과 의심스러운 곳을 중점 감시한다.

③ 가까운 곳에서부터 감시하여 차츰 먼 곳까지 감시한다.

④ 좌에서 우로, 우에서 좌로 반복하여 감시한다.

⑤ 50cm씩 끊어서 약간 중첩되게 감시한다.

⑥ 야간에는 청각을 최대로 활용한다.

⑦ 아주 작은 음향에도 세심한 주의를 기울인다.

6. 대(對)테러 시설보안

1) 대(對)테러 시설보안의 의미

냉전의 시대가 종식된 후 세계는 '테러'라는 새로운 위협의 시대를 맞이하고 있다. 대표적인 테러의 사례로 언급되는 2001년 9월 11일 발생한 세계무역센터(World Trade Center)에 대한 테러공격으로 쌍둥이 빌딩이 무너지고, 무고한 시민 2,749명이 목숨을 잃었다. 이는 1941년 일본군의 진주만 공격으로 인한 인명피해인 2,500명보다 많은 희생자가 발생한 것이다(최진태, 2008: 338). 이러한 테러는 시간이 갈수록 증가하고 있으며, 1900년대와 2000년대를 비교할 때 테러의 발생건수는 약 5배, 사망자 수는 약 7배 증가하였다.[48] 이러한 테러의 대상은 기존에는 공공건물이나 핵심기반시설 등의 국가시설을 대상으로 발생하였던 반면, 최근 발생하고 있는 테러의 대부분은 불특정 다수의 사람이 모이는 일반 건물로 그 대상이 변해가고 있다(이정훈, 2009: 78). 또한 극단적 종교나 이데올로기에 의한 테러리즘으로부터 상대적으로 안전한 국가로 분류된 우리나라도 최근 국제적 위상 및 역할 확대에 따른 이라크, 아프카니스탄 파병 등으로 알카에다와 같은 국제적 테러세력의 위협으로부터 자유롭지 못한 국제상황이 조성되고 있다.

이렇듯 9. 11테러 이후 건축 설계에는 테러예방을 위한 안전요소가 필수적으로 고려되고 있지만 이 때문에 건물의 본래의 용도와 미적 측면, 비용, 기능, 견고성을 해쳐서는 안 되는 것도 사실이다. 또한 건물의 고유한 특성을 염두에 두지 않고 모든 건물에 대해 단일한 보호대책을 제시하는 것도 바람직하지는 않다(양문승 · 유경호희, 2010: 95).

실제로 인구 밀도가 높은 도시에 소재한 건물은 공격의 영향력이 넓은 범위에 미치기 때문에 테러에 취약할 수밖에 없으며 도심건물에 대한 테러예방대책에는 건물 내부뿐 아니라, 주변 인프라에 대한 보호대책까지 포함되어야 한다. 또한 폭탄뿐만 아니라 화생방 공격에도 대비하되, 이러한 테러예방책이 누설되지 않도록 문서보안대

48) National Memorial Institute for the Prevention of Terrorism(MIPT), Terrorism Knowledge Base.

책의 마련도 병행되어야 한다.

그렇다면, 각 건물에 대한 '테러예방설계'는 어떻게 이루어지는 것이 타당한가의 문제에 있어서 우선은 '위험평가시스템'을 통해 건물의 위험수준을 평가하는 것이 선행되어야 한다. 그래야만 수준에 맞는 대책을 제시할 수 있기 때문이다. 그렇다면, 아직 발생하지 않은 공격의 위험도를 어떻게 판단할 수 있을까? 라는 의문이 제기될 수 있다. 즉, 평가기준이 모호하다는 것이다. 따라서 기준 설정에는 주어진 위험에 따른 예상손실을 최소화하는 전략으로 불확실성속에서 테러 공격으로 인한 사상자, 경제적 손실 등의 피해 최소화대책을 찾아내야 한다(박동균, 2010: 177). 따라서 이 연구에서는 건물에 대한 위험요소를 다방면으로 분석하고, 미국의 테러예방 가이드라인 사례를 토대로 한국에서 실제 적용이 가능한 가이드라인을 제시하고자 한다.

2) 대(對) 테러시설 보안 가이드라인 성립 과정

(1) 인만 리포트(Inman Report)

미국 최초의 '테러예방 가이드라인'은 1985년 미국 국무부 장관 해외안전보좌진이 발간한 '인만 리포트'(Inman Report)로 해외 소재 대사관이나 미국계 공공건물이 대상이었다. 이는 1983년 베이루트 소재 미국 대사관과 미국 해병막사에 대한 폭탄공격 발생후 해외 소재 미국시설에 대한 테러예방을 위해 집필되었다. 이어 미국 국무부는 '인만리포트'를 활용하여 '해외진출 미국기업의 안전 가이드라인'을 발간하여 그 범위를 해외소재 민간 시설까지 확대하였다.

1995년 오클라호마 'Alfred P. Murrah 연방건물'대상 폭탄테러 공격과 2001년 9. 11테러이후 이러한 가이드라인에 대한 1, 2차 수정작업을 통해 그 범위를 미국 본토 내 건물까지 확장시키게 되었다. 미국 법무부는 1995년 '연방시설 취약성 평가'라는 보고서를 발간하여 국내 시설을 위험도에 따라 5단계로 구분, 50개의 테러예방 보호기준을 제시했다. 이후 이를 모태로 2001년 '보안기관 협의회'는 '테러예방 설계기준'(Security Design Criteria)을 발표한 것이다(국가정보원, 2010: 10).

(2) 미국 연방재난관리국(FEMA)의 '테러예방 가이드라인'

폭발물 테러에 의한 피해가 꾸준히 증가하고 있는 가운데, 미국을 중심으로 테러피해 경감을 위한 다양한 연구가 진행되었다. 미국 연방재난관리국(FEMA)은 9.11테러 이후 테러피해의 경감을 위한 다양한 지침서와 가이드라인을 제시하고 있다(지정환, 2011: 15). 또한 여기에서는 화학약품 노출, 댐 붕괴, 지진, 화재, 홍수, 폭염, 허리케인, 산사태, 핵 누출, 테러 등의 광범위한 재난 발생시 소집되는 기관이며, 건물에 대한 테러피해 최소화대책, 테러예방을 위한 부지 선정과 도시설계, 건물에 대한 테러위험 평가 및 대책, 테러피해 감소 설계법, 건축과 공학 설계 등에 관한 다양한 매뉴얼을 발간하고 있다(지정환, 2011: 19). 그러나 이러한 미국 연방재난관리국(FEMA)의 가이드라인은 법적 강제력이 없다.

테러피해 경감을 위해 Risk Management Series를 발표하면서 2003년 건물에 대한 테러공격의 피해경감 방안에 대한 매뉴얼인 FEMA 426이 발간되었으며, 같은 해 상업건물의 테러공격에 대한 피해경감을 위한 설계입문서인 FEMA 427을 발간하였다. 또한 2005년에는 테러공격 피해경감을 위한 위험도 평가 매뉴얼과 2009년에는 테러공격 피해경감 RVS핸드북 등이 발간되었다. 각각의 매뉴얼들은 테러리스트의 위협과 무기 그리고 건물의 피해 등의 테러의 원인이 되는 부분과 이를 경감하기 위한 다양한 가이드라인을 다루고 있다(FEMA, 2003-2009).

(3) 미국 연방조달청(GSA-PBS)의 '테러예방 가이드라인'

PBS-P100을 발간한 PBS(Public Building Service)는 미국 연방정부 조달청(GSA, Goverment Service Administration)소속의 연방정부 지주역할을 하는 곳으로, 건물의 신축과 임대를 통해 연방정부를 대신하여 공간을 취득하고, 국토 전역의 연방자산을 관리하는 일을 담당하는 기관이다. PBS-P100에서는 새로운 국가시설 건축시 활용되는 주요 가이드라인을 9가지로 분류해 제시하고 있으며, 그 중 '보안설계'에서 테러피해 경감을 위한 구조적 가이드라인을 제시하고 있다(GAS, 2005).

(4) 미국 국방부(DOD)의 '테러예방 가이드라인'

2008년 미국 국방부에서 발표된 UFC 3-340-02는 건물의 보호를 위한 설계 방법으로 시설의 개발, 실험, 저장, 유지·점검, 비무장화 그리고 폭발물 처리에서 사용되고 있다. 이를 통하여 설계절차와 구조기법을 설정하여 폭발의 확대나 부재의 손상을 막고, 인명과 중요장비의 보호를 기할 수 있도록 하였으며 이러한 가이드라인은 미국 3개군에 의하여 이미 공인되었다.

(5) 미국 표준기술원(NIST)의 테러예방 가이드라인

미국 표준기술원(NIST)은 '9.11 테러가 세계무역센터(WTC)의 붕괴에 미친 영향'에 대해 3년간 연구한 결과에 의해 2005년 9월 발간된 보고서에는 세계무역센터의 9.11 테러 당시 항공기 충돌로 인한 충격 → 화재 → 붕괴 등 일련의 과정에 대해 상세 설명하고 있다. 또한 2008년 8월 보고서는 세계무역센터 주요 붕괴의 원인의 하나를 화재진압 실패로 제시하고 있다. 즉, 화재로 인한 열기가 철근바닥재, 대들보 팽창을 야기했고, 건물의 주(主)기둥을 무너뜨려 결국 붕괴를 야기했다고 말이다(국가정보원, 2010: 10).

결국, 이 2개 보고서의 결론은 화재예방책 강화이다. 특히, 처음 붕괴된 세계무역센터는 건축 자재의 견고성 강화, 화재예방 설계 등 총 30개의 예방대책을, 그다음으로 붕괴된 세계무역센터는 이에 덧붙여 화재 대응력에 대한 평가 실시를 제안했다.

미국 표준기술원의 대책이 비록 미국 연방재난관리국과 마찬가지로 법적 강제성은 없었지만 2009년도 '국제건물규정'(IBC) 및 '국제화재규정'(IFC)내 23개 조항의 토대가 되었다는 점에서 그 의의를 찾을 수 있었으며 이에 대한 주된 내용은 붕괴에 대비한 건물의 내구성 제고, 비상 탈출구 추가, 신축 시 피난계단 폭 50% 확장, 접합부 강화, 설치 및 방화 검사기준 선정, 스프링클러의 자동화, 비상용 엘리베이터와 비상구 표지의 식별력 강화, 비상시 무선통신 범위 확대 등이다.

(6) 시(市) 규정과 관계(Municipal Codes & Standars)

미국 전역에서 건물 테러예방설계에 대한 시(市) 차원의 법제화는 아직까지 미흡

하나 현재 시(市)의 건물・화재규정은 부동산업자, 건축가간의 합의에 의해 결정되는 실정이다. 따라서 동 법안이 규정하는 안전 위해요소는 주로 바람・눈・화재・지진 등의 자연재해와 일반재난에 불과하고, 테러위협에 대해서는 거의 규정하지 않고 있는 실정이다. 뉴욕시는 9.11테러 이후 현실을 반영, 국제건축규정(IBC), 국제화재규정(IFC)을 모델로 시(市) 자체의 건축규정(BC), 화재규정(FC)을 제정하는 등 미국 전역에 테러예방 강조 분위기를 선도해 나가고 있다(국가정보원, 2010: 12).

뉴욕시 건축규정은 2008년 7월 1일부로 1968년까지 이어져오던 규정을 개정하여 시행하고 있으며 여타 규정에는 차량 충돌, 가스 폭발 등 극히 제한된 재난요소만 포함된 것과 비교할 때 그 응용 범위가 훨씬 넓다. 뉴욕시 화재규정 역시 2008년 7월 1일부로 시행되면서 화재경보시스템, 비상연락시스템, 대피소의 운용・관리 및 예방 기준을 한층 강화했다. 연방정부와는 달리, 뉴욕시 건물・화재 규정에는 법적 강제성이 있다.

3) 테러예방 설계시 고려사항

(1) 건축물 폭발테러

도심 소재 건물은 테러리스트의 주요 공격 목표이다. 높은 건물일수록 인구 밀집도가 높아 한 번의 공격으로도 많은 사상자를 발생시키고 자체 자산가치도 높아 막대한 재산상의 손실을 야기할 수 있기 때문이다. 또한 건물 공격은 심각한 수준의 2차 피해도 야기한다. 건물을 붕괴시키고 진압이 불가능한 화재를 초래하여 건물내에 있는 사람들의 대피를 방해할 뿐만 아니라 내부 건축요소의 파편들이 타박상, 열상 등을 초래하기도 한다.

① 폭발물(Explosive Devices)

'사제폭발물'(IEDs)은 테러리스트가 사용하는 전통적인 폭발물이다. 이는 크기, 디자인, 소재에 따라 다양한데, 특히 차량적재용, 휴대용 등 운반방법에 따라 그 피해 규모가 결정된다. 테러에 주로 사용되는 폭발물은 '차량적재용 사제폭발물'(Vehicle-Borne Improvised Explosive Devices)과 휴대용 사제폭발물(Man-portable Improvised

Explosive Devices)로 구분할 수 있다.

'차량적재용 사제폭발물'로 인한 공격은 그 피해가 건물을 붕괴시킬 수 있을 정도이다. 폭발물의 파괴력은 공격 목표에 인접할수록 극대화됨에 따라 테러리스트는 폭발물 적재차량을 건물의 옥외나 실내주차장에 주차하거나 차량을 건물 외벽에 직접 충돌하는 방법을 활용한다.[49)]

반면에 '휴대용 사제폭발물'은 특정인을 목표로 하는 경우가 많다. 소형이어서 배낭, 서류가방에 은닉이 가능하고 반입도 용이하다. 이 공격은 피해 규모가 작아 희생자들은 건물붕괴보다는 가구나 유리조각 파편으로 인한 부상인 경우가 많다(국가정보원, 2010: 15). 폭발물의 크기는 3kg 이하부터 45kg까지 다양하며 주로 쇼핑몰, 나이트클럽, 기차 등과 같은 소프트타켓 공격에 사용되며 공격 성공시에는 재산상 피해도 크고 사상자 수도 다수이다.[50)]

② **폭발효과**(Blast Effects)

건물은 폭탄 공격에 의해 거대한 압력을 받게 되어 기둥이나 지지대 등 주요 건축요소에 영향을 미쳐 건물의 붕괴를 초래하기도 한다. 또한, 폭압은 건물의 비구조적 요소인 파사드, 유리창 등을 파괴시켜 파편을 발생시키기도 한다(국가정보원, 2010: 19).

---

49) '차량 적재용 사제폭발물'의 파괴력을 보여주는 사례를 살펴보면 1983년 4월 18일 레바논 주재 미국 대사관에 폭발물을 적재한 소형트럭이 돌진하는 폭발로 인해 63명이 사망하고 같은 해 10월 23일 베이루트국제공항 근처 미해병대 막사에 약 2,000파운드의 TNT가 적재된 트럭이 돌진하여 미군 241명이 사망하는 테러가 발생했다. 해외뿐만 아니라, 미국 본토에서도 유사 사례가 있었다. 1993년 2월 26일 「람지 유세프」(Ramzi Yousef)는 렌트한 라이더 밴에 900 파운드의 TNT와 동량의 질산요소(urea-nitrate)를 혼합 적재, 세계무역센터 지하주차장에 폭파시켰으며 이 사고로 6명이 사망하고, 1,000여명의 부상자가 발생하였으며 8억 5,400만 달러에 달하는 재산상 피해가 발생하기도 하였다. 1995년 4월 19일에는 「티모시 맥베이」(Timothy Mcveigh)라는 인물이 오클라호마시내 「Alfred P. Murrah 연방건물」 밖에서 4,000파운드의 TNT를 실은 트럭을 폭파시켜 건물 일부가 무너져 내리고 168명이 사망하기도 하였다. 이처럼 차량폭탄이 도심내 건물에서 폭발하면, 심각한 경제 손실로 이어진다. 2006년 미국 보험회사협회는 차량폭탄 공격으로 인한 뉴욕시의 경제적 손실액을 약 1,189억 달러로 추정하였다.

50) 실례로 2005년 11월 9일 자살 폭탄테러조직이 요르단 암만의 호텔 3곳을 연속 공격하여 58명이 사망하고 100여명이 부상을 입는 피해가 발생하였다. 「Radisson SAS호텔」에서는 단 1개의 폭탄으로 38명이 사망하고 건물 내부도 심각한 피해를 입었다. 건물 핵심구역에 대해 집중적으로 공격이 이루어지면, 건물이 붕괴할 수도 있다.

ⓐ 폭발 발생단계

폭탄공격으로 인해 건물내에 폭압이 발생하면 양성단계와 음성단계의 두단계를 거쳐 반응 변화를 겪게 된다. '양성단계'는 에너지를 급격히 팽창시켜, 충격파가 지붕, 벽체 등 전체 건물로 확대된다. 이때, 충격파가 외부로 유출되지 않고 내부에 정체되면 피해는 훨씬 더 커져 건물의 외벽, 창문, 기둥 등 외관변형이나 진원지에 분화구를 생성시키고 지진과 같은 강렬한 진동을 야기하기도 한다. '음성단계'에서는 에너지 강도는 약하나 지속시간은 더 길다. 이 때 폭압은 '양성단계'의 작용력을 역전시켜 건축요소들을 폭발 진원지 쪽으로 끌어당겨 창문이 분리되고 지붕에 경사가 생기는 등의 변형이 이루어지게 된다. 또한 폭압에 의해 변형된 건축요소들이 다시 원래 모양으로 돌아가려는 성질로 인해 추가 피해가 발생할 수도 있다.

ⓑ 이격거리(Standoff)

'이격거리'는 폭발 발생지와 건물간의 최단거리로 정의된다. 건물은 이격거리를 증가시킬 때, 공격에 대해 안전을 확보할 수 있다. 폭탄 공격으로 인한 최고 압력은 이격거리 증가분의 세제곱비로 낮아진다. 예를 들어 이격거리가 2배가 되면, 최고 압력은 2^3=8배 감소한다.

ⓒ 설계상 기준위협(Design Basis Threat)

'설계상 기준위협'은 건물이 피해를 입지 않을 정도의 폭발력으로, 'TNT양+거리(단위: 피트)'로 표현된다. 예를 들면, A라는 건물의 '설계상 기준위협'은 'TNT 500파운드 + 거리 20피트'로 표현할 수 있다. 건물은 '설계상 기준위협'을 활용, 이격거리를 증가시키면 폭발에 대한 내구성을 강화할 수 있다.

따라서 건물 폭발 내구성을 높이려면 이격거리를 증가시키고 건축요소들의 재질 등을 강화해야 한다. 이격거리가 충분히 확보되거나 특별한 보호조치가 강구된 건물은 공격 목표로서 큰 의미가 없기 때문이다. 또한, 폭발력과 관련해서는 작은 파이프폭탄에서부터 화물트럭을 가득 채울 만큼의 폭탄의 범위를 설정, 각각에 대한 개별적 대책을 강구해야 한다.

(2) 위험평가 요소

건물마다 중요성과 기능이 다르듯, 테러에 대한 위험도가 다르기에 테러예방설계는 건물별로 다르게 이루어져야 한다. 건물에 대한 테러위험도를 평가하는 위험평가 시스템은 위협 요소(threat), 취약성(vulnerability), 예상 피해(impact) 등 세 가지 변수로 결정된다.

위험도(risk) = 위협요소(threat) × 취약성(vulnerability) × 예상 피해(impact)

위 등식은 테러는 '개인이나 단체'가 '공격의지와 실행력'을 갖추고, 취약한 목표를 대상으로 피해를 줄 수 있을 때 위협적이라는 것을 보여준다. 위협은 건물의 외형(profile)과 테러공격 목표로서의 매력도로, 취약성은 건물 접근성, 구조적 기능으로, 예상피해는 건물의 최대 수용력, 높이, 경제・교통면의 중요도 및 근접성, 기타 핵심 인프라와의 인접성 등으로 평가, 건물의 위험 수준을 저(Low) → 중(Medium) → 고(High) 등 3단계로 결정한다. 한편, 평가결과 위험도가 높은 건물은 신축시 테러예방책을 설계에 반영하여야 한다(국가정보원, 2010: 19).

(1) 위협요소(Threat)

특정 건물에 대한 위협요소를 파악하기 위해서는 우선 건물이 과거 공격전력(profile)과 공격 대상으로서의 매력도를 살펴보아야 한다. 이를 통해 위협요소를 체계적으로 개량화 할 수 있다. 위협전력(Threat Profile)은 건물이 과거에 공격을 받았던 경력, 현존하는 위협요소 및 미래에 공격받을 가능성 등으로 결정한다. 이는 공개자료나 관계기관간의 정보공유 등을 통해 확인할 수 있다.

테러예방 설계(Engineering Security)는 건물에 대한 특정 위협의 신뢰성과 일반 위협의 타당성을 동시에 고려하여 실시한다. 〈표 2-16〉에서 보는바와 같이 특정 위협은 공격력을 갖춘 개인 혹은 단체가 특정한 건물을 대상으로 테러를 자행하는 것, 일반 위협은 조직, 건물, 네트워크 등이 공격목표이긴 하나 명확하게 대상이 정해져 있지 않은 것을 의미한다.

공격 매력성(Target Attractiveness)은 대상의 인지도에 따라 좌우된다. 유명한 건물로 입주자들의 사회적 인지도가 높거나 입주기관이 사회 필수 업무를 수행할 때에 건물의 공격 매력성이 높다고 평가한다. 뉴욕시의 스카이라인을 구성하는 건물들은 유명하고 건물 내부인들의 수준이 높거나 사회 필수업무를 수행한다는 것은 입주기관이 정부기관 혹은 저명한 상업・경제시설, 교통요지임을 의미한다.

〈표 2-16〉 위협요소에 따른 매력도

공격전력에 따른 위협요소	제한(Limited)	대도시 건물 대부분으로 테러공격 발생경험이 없는 경우
	보통(Moderate)	현재까지 일반위협 목표(특정 위협 목표는 아님)
	중대(Significant)	현재까지 한번 이상 특정 위협 목표
공격대상에 따른 위협요소	제한(Limited)	대도시 건물 대부분으로 지역내에서의 인지도 보유
	보통(Moderate)	수용성과 기능 측면에서 전국적으로 인지도가 높음
	중대(Significant)	건축 설계가 전국적으로 유명하고 인지도가 높음

※ **출처:** 국가정보원. (2010). 재구성.

(2) 취약성(Vulnerability)

취약성은 〈표 2-17〉와 같이 테러로 인한 건물의 피해와 밀접한 연관성이 있다. '건물이 취약하다'는 것은 내부에 물리·기능적 결점이 있거나, 주요 건축요소가 반복 배치되지 않아 구조적 불균형이 발생할 가능성이 높다는 것을 의미한다. 건물의 취약성은 인접, 접근, 기능성 등에 의해 평가할 수 있다.

인접성(adjacency)은 A건물에 테러가 발생하면 피해는 A건물에 그치지 않고 인근 B건물에도 가해지기 때문에 인접성을 취약성의 한 요소로 포함시켜야 한다. 예를 들면 9.11 테러 당시 제2세계무역센터의 붕괴로 인한 파편이 인접한 제7세계무역센터에 화재를 유발시켜 건물 붕괴를 초래하였다.

접근성(Accessibility)은 건물에 사람이나 차량 출입의 용이성을 뜻한다. 접근성은 건물의 '이격거리'(standoff distance), 검색·탐지·감시 및 출입통제 시스템, 건물 전면부 재질에 따라 좌우된다. 구조적 기능성(structural performance)이란 테러에 대한 건물의 내구성으로 다양한 이격거리(standoff)하에서 건축 요소들이 견뎌내는 최대 풍압을 측정, 산정할 수 있다. 기능성이 취약한 건물은 건축가들이 기둥 강화, 이격거리 증가 등 내부 요소의 강화작업을 통해 기능성을 강화시킬 수 있다.

〈표 2-17〉 취약성에 따른 매력도

인접성에 따른 취약성	제한(Limited)	도심지 건물 외곽으로 100m이내에는 건물 없음
	보통(Moderate)	50~100m 이내에 건물이 존재
	중대(Significant)	50m 이내에 건물이 존재

접근성에 따른 취약성	제한(Limited)	내부인 이동에 대한 통제가 높은 수준 통제구역 접근제한, 출입차량 검문검색 등
	보통(Moderate)	내부인에 대한 출입통제나 차량 검색 실시 차량은 내부 주차장 이용 등
	중대(Significant)	내부인의 자유로운 이동 또는 일부만 통제 차량의 출입통제 미실시 및 검색 면제

※ **출처:** 국가정보원. (2010). 재구성.

(3) 예상 피해(Impact)

예상 피해는 테러공격에 의한 사망·중상 등 인적 피해 추정치로 최대수용력과 건물 높이로 표현된다. 고층건물일수록 수용력이 더 커져 최대수용력과 높이는 상호 연관성이 높다. 〈표 2-18〉에서 보는바와 같이 건물의 수용력은 성격에 따라 3가지로 분류한다. 지속적(예: 고층 상업건물(commercial high-rises)), 행사 규모에 따라 가변적(예: 공공집회장소(public assembly venues)), 일시적 인구 증가에 따라 가변적(예: 기차역(train stations)) 등이다.

경제적 중요성(Economic Criticality)은 테러 피해에 따른 경제적 손실액의 추정치이다. 이는 건물 파손 및 붕괴로 인한 손실액, 관광 및 경제시장의 실패와 정상적인 영업 불가로 인한 입주기업의 손실액 등 건물주 및 입주민 개인적인 피해는 물론, 지역과 국가 차원의 포괄적인 피해까지 전부 포함된다.

교통 중요성 및 근접성(transportation criticality and proximity)은 테러로 출퇴근자가 받는 인적 피해, 이동패턴에 미치는 부정적 영향 등에 대한 산출치이다. 뉴욕시는 자동차 전용터널·교각은 물론 지하철 및 철도시스템 등에 의해 광범위한 네트워크를 형성하는 경우가 많다. 따라서 건물의 교통시설 즉, 환승역, 역, 터널, 교각 등의 근접성을 파악하는 것도 테러피해예측의 중요한 고려요소이다.

건물의 교통근접성은 뉴욕 지하터널 깊이가 얕은 점을 감안, 주로 수직 거리로 평가한다. 예를 들면, 만약 A건물 지하에 지하철·철도 혹은 교통터널이 지나가면, A건물은 최단거리, 환승역 유무에 관계없이, '교통 근접성이 있다'고 평가한다. 물론, 근접성은 수평거리도 포함되는데, B건물의 수평거리에 환승역, 교가 입구가 위피하고 있으면, '교통 근접성이 있다'고 평가할 수 있는 것이다.

또 다른 판단요소는 환승역에 대한 근접성이다. 건물 주변에 여러 노선이 통과할수록 중요성도 높아지는 것이다. '동일방향 노선'이란 동일터널을 통과하거나 평행방향으로 운행되는 복수의 지하철 노선을 일컫는다.[51] 중요 인프라시설에 근접성(Critical Infrastructure Proximity)은 테러가 가스, 오일, 전기, 물, 통신 등 '중요 인프라시설'에 미치는 피해를 산출하는데 사용된다.

〈표 2-18〉 예상피해에 따른 매력도

수용인력에 따른 예상피해	제한(Limited)	최대수용력 5천명 이하, 높이 600피트 이하
	보통(Moderate)	최대수용력 5천~1만명, 높이 600~800피트
	중대(Significant)	최대수용력 1만명 이상, 높이 800피트 이상
경제적 중요성에 따른 예상피해	제한(Limited)	지역경제에는 영향을 미치나 국가경제에는 이미 국가경제 손실액이 10억불 이하
	보통(Moderate)	지역경제에 상당한 파급 효과 공격 직후 국가경제 손실액이 10억~100억불
	중대(Significant)	심각한 지역경제 및 국가경제에 상당기간 손실 초래 상당기간 국가경제 손실액이 100억불이상
교통의 중요성에 따른 예상피해	제한(Limited)	많은 노선이 정차하거나 환승역이 인접한다
	보통(Moderate)	2~4개의 노선이 정차하고 환승역이 인접한다.
	중대(Significant)	5개 이상의 역이 정차하는 교통 요충지 혹은 환승역, 교통터널과 교각 입구와 근접한다
인프라의 근접성에 따른 예상피해	제한(Limited)	주요 기반시설과 원거리에 위치하고 공격상황발생시 시설보다는 서비스에만 영향을 미친다
	보통(Moderate)	주요 기반시설과 가깝고 공격으로 서비스 영향
	중대(Significant)	주요 기반시설에 인접하고 서비스에 심각한 영향

※ **출처:** 국가정보원. (2010). 재구성.

51) 예를 들면, 맨해튼 지하철 제 3·5·6호선은 동일 방향으로 운행되기에 한 집합(set)을 이룬다. 반면, 7호선은 같은 방향으로 운행되는 다른 노선이 없다 하더라도 독자적으로 한 집합(set)을 이룬다고 표현할 수 있다.

4) 테러예방을 위한 환경설계 가이드라인

환경설계를 통한 테러예방을 위해 가장 중요한 취약요소 보강을 위한 전략개발 단계에서 보편적으로 사용되는 개념중의 하나가 3중 방어선 개념이다. 3중 방어선이란 각종 보안통제 수단이 부지경계(제1방어선), 건물외피 경계(제2방어선), 실내공간 경계(제3방어선)라는 세 단계의 서로 중복된 방어선으로 구성되는 것을 의미한다(Healy, 1983). 또한 FEMA(2005)에서는 잠재적 침입경로에 대한 보호의 측면에서 공간적인 성격으로 방어선을 규정하였다.

이처럼 보안시스템을 세 단계로 구분하여 각 단계별 보안통제 전략을 세우는 목적은 완벽한 보안을 보장하기 위해서 중복된 보안통제(back-up security control) 수단을 제공하자는 것이다. 세 단계의 방어선에는 각각 건축적, 전자·기계 장치적, 인적 보안통제 수단이 적용가능하며 각 단계별 적용 가능한 구성요소는 〈표 2-19〉와 같다(국가정보원, 2009: 15).

〈표 2-19〉 보안시스템의 단계별 구성요소 매트릭스

방어선		부지경계 (제1방어선)	건물외피 경계 (제2방어선)	실내공간 경계 (제3방어선)
건축적 구성요소	배치 (layout)	-부지선택 -배치계획	-출입구 위치 및 수 -주차장 및 하역장의 위치	-죠닝계획 -동선계획 -통제실 위치
	물리적장애물 (physical barrier)	-팬스 타입 -clear zone -감시타워 위치	-문/ 장문 -기타 개구부 -건물외벽/ 지붕	-벽체/ 천장 -문/ 창문 -기타 개구부
	조명 (lighting)	-팬스조명 -탐지등 -동작감지보안등	-주차장 및 건물외곽 조명 -동작감시보안등	-실내조명
전기/기계장치 구성요소		-각종 감지장치 (동작/진동/열/음향/전기/자기장/절단 등) -진출입통제장치 (바리케이드, 바, 카드, 지문인식, 음성인식, 진출입통제 장치 등)	-각종 감지장치 (동작/진동/열/음향/전기/자기장/절단 등) -진출입통제장치 (카드, 지문인식, 음성인식 등)	-각종 감지장치 (동작/진동/열/음향/전기/자기장/절단 등) -진출입통제장치 (카드, 지문인식, 음성인식 등)
인적경비		경비, 보안요원 등		

※ **출처:** 이경훈. (2009). 재구성.

(1) 부지경계(제1방어선)

① 부지 및 방향 선택(Site layout & Orientation Choice)

3중 방어선의 최외곽에 해당하는 1차 방어선은 대지 경계 주변의 상황 및 특성을 의미한다. 1차 방어선의 환경설계를 위해서는 대지 주변에 분포하는 건축물 및 거주자 유형, 업무나 행동의 패턴, 기반시설 등의 특성을 고려하여 도로 및 보행로, 스트리트 퍼니처(street furniture), 노변 주차공간, 대지경계 장애물 등을 계획한다(강경연 외, 2010: 194).

부지 및 방향선택은 건물내 핵심구역을 테러로부터 보호하기 위해 공격 취약지와 떨어진 곳에 핵심구역을 배치하는 환경설계 전략을 의미한다. 이처럼 건물 내부시설의 위치와 방향은 공격 예상피해를 최소화하는 쪽으로 선택해야 한다.[52] 이는 공격시 여러 시설이 동시에 파괴되는 것을 방지하기 위해 핵심시설을 건물내 가장 안전한 곳, 일반인의 시야에서 벗어나있고 테러리스트의 관찰과 접근이 힘든 곳에, 백업시스템 역시 안전한 장소에 보관하는 것을 의미한다. 따라서 위험도가 보통이거나 높은 건물은 유리 파사드(facade)를 인접 건물과 떨어진 곳에 배치, 공격 발생시 인접 건물에 대한 간접 피해를 방지해야 한다(국가정보원, 2010: 28).

이러한 부지로서 우선 고려되어야 하는 것은 주변 지형보다 높은 곳을 선정하여야 한다는 점이다. 주변지역에 비해 낮은 곳이나 고립된 곳에 위치할 경우에는 안개나 연기가 발생하면 자연적으로 제거되지 않아 감시의 효율이 낮아지기 때문이다(강경연 외, 2010: 195). 국토해양부에서 2010년 제시하고 있는 건축물 테러 예방설계 기준에서도 이러한 기준에 따라 대지 및 대지배치 계획시 감시가 용이하도록 대지를 높게 조성하고 대지 주변에는 볼라드, 조경수, 식재로 장애물을 구축하도록 제시하고 있으며 이는 대지경계에서 폭발 발생시 건축물에 미치는 피해를 최소화하고 감시의 용이성뿐만 아니라 차량속도를 감속시키는 장애물로서의 효과를 기대하고 있다(국토

52) 예를 들면, 500명이상의 인원이 집결할 수 있는 건물내 다목적실은 공격시 파편으로 변질될 수 있는 아트리움・유리창・외벽 등과 멀리 떨어진 곳에 배치한다. 또한 폭발로 인한 폭압을 분사하기 위해서는 매점, 신문가판대, 티켓판매소, 관리인부스 등은 주(主)출입구 혹은 유리 외벽으로부터 멀리 떨어진 곳에 배치한다. 이런 이유로 위험도가 보통이거나 높은 건물의 핵심시설은 상호 분산 배치되어야 한다.

해양부, 2010: 3). 다음으로 고려되어야 되는 점은 이격거리의 확보이다. 다른 수단들은 효과의 측면에서 완화성능이 다양하며 추가적인 비용이 소요될 수 있으나 폭발 예상 지점으로부터의 거리를 증가시키는 것은 비용적 측면에서나 효과성의 측면에서 매우 적절한 전략으로 볼 수 있다.

② **차량동선 위협분석**(Vehicle Threat Vector Analysis)

'차량동선 위협분석'은 건물에 대한 차량폭탄 공격시 이동동선에 따른 건물의 취약성을 평가하는 것이다. 이때 주변도로의 정렬상태, 굴곡 등을 고려해야 한다. 즉, 대지로 접근하는 차량이 빠른 속도로 주행하지 못하도록 대지경계로 연결되는 도로의 형태에도 주의를 기울여야 하며, 차량이 방해요소 없이 건물까지 도달하는 것과 경계벽 등 여러 가지 장애물로 인해 받는 영향력을 비교하는 것이다. 차량탑재형 사재폭발물(VBIED)은 고속, 직선방향으로 이동시 건물을 관통할 수 있으며 다소의 장애물이 있더라도 속도를 증가시켜 극복이 가능하다.[53]

그러나 해당 건축물이 도심에 위치하는 경우 대지에 인접한 도로에서부터의 이격거리를 충분히 확보하기 곤란한 경우가 발생할 수 있다. 이러한 경우 대지에 면한 보행로를 넘어 돌진하는 것을 저지하기 위한 장애물을 보행로와 도로의 경계에 설치하는 것이 효과적이다. 또한 노변주차를 허용하는 경우에 폭발물을 적재한 차량을 건물 가까이에 주차하는 것을 방치하는 결과를 가져올 수 있으므로 노변주차의 허용정도를 신중히 고려하여야 한다(강경연 외, 2010: 196).

이에 따라 국토해양부에서는 바닥면적 20,000㎡이상 건축물과 50층이상 초고층 건축물에 대해 방문객 차량은 출입을 확인받도록 하고 진입로는 차량 속도가 감속되도록 설계하며 직원과 방문객 이용 주차장은 가급적 분리하되, 필로티 하부에는 가급적 차량통행 또는 주차를 금지하여 수상한 동태 등을 수시로 모니터링 하고 필로티 하부에서의 폭발물 설치 가능성을 낮추도록 기준을 제시하고 있다(국토해양부,

53) 예를 들면, 1983년 폭탄 차량이 레바논 베이루트 국제공항 미국 해군막사에 충돌, 대규모 사상사를 발생시켰을 당시 목격자에 따르면, 트럭은 주변부 바리케이트를 따라 서쪽으로 움직였고, 북쪽을 향하여 급작스럽게 우회전으로 방해물을 무너뜨리고 트럭이 건물에 충돌하는 순간 폭탄이 터졌고 이로서 12,000파운드 TNT 위력의 폭탄테러가 성공할 수 있었다고 한다.

2010: 4).

③ **물리적 경계**(Hard Perimeter)

뉴욕시에서는 건물을 신축시에는 반드시 물리적 경계를 설치하여야 하도록 하고 있으며 현존하는 위험도가 높은 건물 역시 상황에 따를 수 있지만, 안전상 물리적 경계를 추가해야 한다.[54] 한편, 위험도가 높은 건물은 비고정식 바리게이트나 콘크리트 화분 등 이동식 방해물을 물리적 경계로 도입할 수 없다. 이는 제대로 된 기능을 수행치 못할 뿐만 아니라, 비상 사태시 구조대원은 물론 내부인 이동에도 오히려 방해가 된다. 또한, 폭발시 파편화되어 공격무기로 변질될 수도 있기 때문이다.[55]

따라서 우리정부도 국토해양부에서 제시하는 테러예방 설계 기준을 통하여 지하철역 및 지하주차장과 연결된 보행동선은 안전요원이 확인할 수 있는 지점을 통과하여 건축물 내부로 진입하도록 계획하고 지하주차장등과 연계된 승강기는 안전요원이 통제가 가능한 층에서 환승되도록 계획하고 있다(국토해양부, 2010: 4).

따라서 대지경계에 설치하는 스트리트 퍼니처, 울타리 등의 장애물은 보행자가 침입하거나 차량이 돌진하는 것에 대해 저항할 수 있는 형태로 계획, 설치할 필요가 있으며 대지경계 안쪽에서 외부의 보행자나 차량의 움직임을 감시할 수 있도록 계획하되, 외부에서는 대지 내의 주요시설 및 공간을 관할할 수 없도록 계획할 필요가 있다(강경연 외, 2010: 196).

④ **미관형 경계**(Soft perimeter)

미관형 경계는 건물에 대한 차량 공격을 막기 위해 기둥이나 가로수를 배치하는 것이다. 위험도가 보통인 건물은 보행자를 방해하지 않는 범위에서 미관형 경계를

54) 미국 국무부는 차량충돌 테스트를 실시, 이동차량을 정지시키는 물리적 경계의 성능을 측정하여 K4, K8, K12의 등급을 매긴다. 이때, 특정지역에 대한 차량동선 위협분석도 실시할 수도 있다. 뉴욕시는 장애물벽은 인도와 8피트 이상 간격을 유지하거나 혹은 인도의 50%를 넘지 않는 범위에서 설치토록 규정하고 있다. 특히, 볼라드는 4피트의 간격, 높이 30~36인치로 설정하도록 규정한다. 민간 건물에는 당연히 공공 승인 절차없이 물리적 경계를 설치할 수는 있지만, 시립 건물의 철거잡업에는 공식적인 절차가 필요하다.

55) 1996년 6월 25일 사우디아라디아 다란의 코바타워에서 발생한 테러가 좋은 예로 건물 주차장내에서 발생한 폭발로 이격거리 약 80피트의 건물 파사드가 분리되었다. 이 건물은 감속형 바리게이트를 일렬로 배치, 주차장과 울타리를 구분하고 있었는데, 20,000파운드 TNT의 폭발력이 바리게이트를 산산조각 냈고, 이 파편이 파사드를 날린 것이다.

설치할 수 있다(국가정보원, 2010: 26). 한편, 실제 공격시에 건물 앞에 주차된 차량은 차량의 너비에 따라 건물의 파사드와 폭발물간에 1m 이상에 달하는 추가 이격거리 역할을 할 수도 있다. 물론 주차차량은 위치가 유동적으로 고정 바리게이트의 역할을 할 수 없어 공격해오는 차량의 속도와 무게가 충분하거나 여러 대의 차량이 동시 공격 시에는 제 기능을 하지 못할 수 있다(정일훈 · 양진석, 2010: 441). 이런 이유로 위험도가 보통인 건물은 미관형에 물리적 경계를 섞은 혼합형 경계를 설치해야 한다. 즉, 건물 전체적으로 미관형 경계를 설치하더라도, 주(主)출입구 등 특별히 취약한 접근로에는 별도로 물리적 경계를 설치하라는 것이다. 이와 함께, 위험도가 보통이거나 높은 건물은 다양한 안전 경계를 도입하는 동시에 도로 및 교차로 조정기법 등을 활용, 진입 차량의 속도를 가능한 최소화하도록 한다.

(2) 건물외피 경계(제2방어선)

① **출입통제 시스템**(Access control System)

출입통제의 목적은 인가받은 차량의 통행은 최대화함과 동시에 비인가자의 접근을 억제하는 것이다. 대지로 진입하는 차량의 출입을 효과적으로 통제하기 위해서는 가능한 한 통제지점의 수를 제한하는 것이 기본이라고 할 수 있다(강경연 외, 2010: 197). 따라서 위험도가 보통이거나 높은 건물은 반드시 출입통제시스템을 갖추어 의심스러운 사람의 출입을 막아야 하며, 이때, 출입통제시스템은 비상시 이동 동선에 방해가 되지 않아야 하며 출입통제를 기준으로 통제가능 건물과 불가능한 건물로 구분할 수 있는데, 후자는 주로 대규모 방문객과 여행자가 모이는 교통 시설인 경우가 많다.

출입통제 시스템은 일반구역과 통제구역에 따라 달리 시행되어야 한다. '일반구역'은 주차장 등 다수 통행자가 몰리는 장소, '통제구역'은 보안사항을 담고 있는 민감정보, 전기 · 기계 · 통신장비 보관실 등을 의미한다. 따라서 전자는 통제가능 건물에 적용되고, 후자는 통제가능 여부와는 관계없이 모든 건물에 동일하게 적용된다(정일훈 · 양진석, 2010: 443). 예를 들어 직원, 방문객, 배송 등의 차량 유형에 따른 접근지점을 분리하거나, 통제 및 검사방법을 달리 계획할 필요가 있으며, 차량이 검문을 무시하고 반대차선으로 진입하여 돌진하는 것을 차단할 수 있는 중앙차선 구분 장애물을 설치할 필요가 있다(이경훈·김창훈, 2009: 48).

② **검색시스템(Screening System)**

위험도가 높거나 보통인 건물은 출입자에 대해 검색을 실시하는 '검색시스템'을 도입해야 한다. 검색대상에는 손가방, 우편물, 차량 등이 있다. 일반적으로 보안담당관이 실시하는 폭발물 검색단계는 건물의 기둥에 직접 접촉하는 폭탄의 TNT 양에 따라 달라진다. 내부 폭발로 인한 건물의 붕괴를 막기 위해 위험도가 높은 건물은 건물기둥에 대한 폭탄의 직접 접촉(contact charge)에 따른 DBT와 동일한 수준으로 설정해야 한다(국가정보원, 2010: 36).[56)]

위험도가 높은 건물은 위에서 제시한 최소한의 조치 외에도 추가적인 검색장비, 즉, 신발내장형 폭탄 광선검색기 등을 활용할 수 있다. 보안담당관이 폭발물 감지 및 휴대형 검색장비를 활용, 무기소지 여부를 확인할 수 있도록 건물내 2차 검색지를 별도 마련하며 '우편물'검색을 위한 X-ray 장비를 고정 설치해두거나, 출입구뿐만 아니라 지하주차장, 하역장 연결 출입구에서도 차량 검색을 실시해야 한다. 뿐만 아니라 차량출입구의 조명을 충분히 설치하고, 조도도 높여 차량이 움직임을 제대로 확인할 수 있도록 하며 출입차량은 건물과 떨어진 곳에서 원격지(off-set) 검색을 실시하는 것이 좋다. 그러나 이것이 현실적으로 불가능하다면 최소한 검색지를 내부 핵심시설 및 사람들이 밀집해 있는 곳과 떨어진 곳에 마련해야 한다. 왜냐하면 지하에 소재한 주차장과 화물적재장은 안전에 취약하여, 폭발사고 발생시 인접지에 피해 확산을 막고 폭발력도 외부로 확산시켜야 하기 때문이다.

위험도가 보통인 건물은 외부인 소지가방에 대해 X-ray검색을 하고, 또한 유사시에 대비하여 휴대형 검색장비도 비치해 두어야 하며 일반 수준의 검색에는 폭발물 탐지견·장비 등을 활용한다. 또한 건물 입구에 모든 우편물에 대한 검색을 의무화한다는 표지를 해 두어야 하며 위협 수준에 따른 우편물 검색절차를 별도로 마련, 적용해야 한다. 뿐만 아니라 차량 접근 출입구를 운영하지 않을 때는 안전하게 시건하고

56) 예컨대, 차고내 건물 기둥의 DBT 레벨이 900파운드 TNT 수준이라면, 출입 인원·우편물·차량에 대해서 900파운드 TNT 무게를 지닌 폭탄의 소지여부에 대한 검색이 이루어져야 한다.

휴일에도 조명을 환하게 비추되, 순찰조에 의한 정기적 차량점검이 실시되어야 한다.

③ **감시시스템(Monitoring System)**

외부공간에 설치하는 감시시스템에는 보안구역에 대한 안내가 포함되지 않도록 하며, 지중에 설치된 설비배관을 통한 접근시도를 차단할 수 있도록 계획하여야 한다. 감시의 성능을 위해 CCTV 및 조명을 설치할 경우에는 조명의 조영범위 및 CCTV의 감시 범위를 고려해야 하며, 필요한 경우 침입감지 장치의 설치를 검토하되, 주요핵심기능 주변에는 불필요한 조경 시설을 제거하여 시야가 완전히 확보된 Clear Zone을 설정할 필요가 있다(정일훈・양진석, 2010: 442). CCTV와 같은 설비는 보안인력의 순찰반경 확대, 의심스러운 행위에 대한 탐지력 향상에 큰 도움을 줄 뿐만 아니라, 범죄 및 여타 보안사고 발생시 사후 분석에도 중요한 역할을 한다. 그러나 치밀한 테러리스트는 사전답사를 하면서 감시시스템의 존재 유무에 대해서도 확인한다.[57)]

위험도가 높거나 보통인 건물은 CCTV시스템을 광범위하게 설치하고 '보안상 감시중' 이라는 표지판을 설치해야 하며, CCTV 시스템 운영에는 '제대로 훈련된 인력'과 최신기술이 필요하다. CCTV 관리자들은 다른 업무에 동원되지 않고 또 매 30분~1시간마다 교대근무를 실시하여 피로 발생을 예방토록 한다. 이러한 엄격한 근무 관행이 의심스러운 행위의 적발 가능성을 높여준다.[58)]

위험도가 높은 건물은 건물 내・외부의 중요 시설을 아우르도록 광범위하게 CCTV를 설치, 24시간동안 운영해야 하며, CCTV 카메라는 쇼크나 화재 피해 예방 및 소음감소 효과를 위해 지하에 매립해야 한다. 또한, CCTV 시스템과 연관된 비디오 신호에 비인가자가 접근하는 것을 차단하기 위해서는 단계별 절차를 취해야 하며, 비디오 신호를 변환할 때에는 안전한 매체를 통하고 외부용 CCTV 카메라는 높은 위치에 설치

57) 예를 들면, 「Dhiren Barot」은 2000~2004년간 미국내 여러 공격목표에 대한 답사를 수행하면서 CCTV 카메라의 위치나 특징에 대해 꼼꼼히 살펴보았다. 근는 '뉴욕증권거래소' 답사 결과를 다음과 같이 메모해 두었다 : '둥글고, 엷은 음영이 있는 검은색 유리로 된 CCTV가 사람들의 눈에 잘 띄지 않게 자유자재로 전체 방향을 촬영하고 있었다. 마치 숨겨둔 카메라처럼 작동하고 있었다.', 또한 그는 자신의 노트에 명백하게 '답사를 여러 번 갔었다' 라고 적고 있다.

58) 예를 들면, 앞서 소개한 「베롯(Barot)」은 일반적으로 상업지구에서 회사 중역들이 주로 리무진을 이용한다는 점에 착안, 동료들과 공격대상 건물의 지하 주차장에 잠입하여 주차되어 있는 3개의 리무진에다 폭발용 가스실린더를 설치하는 '가스 리무진 계획'을 준비한 적도 있다.

할 것, 줌기능 카메라의 설치 위치는 기상영향을 받지 않는 곳일 것 등이 이에 속한다. 뿐만 아니라 건물에 설치하는 CCTV 카메라는 역광지역을 피하고 적절한 조명으로 가시성을 확보할 수 있는 곳에 설치해야 하며, CCTV카메라에 대한 권한은 건물주에 있기 때문에 이는 반드시 건물관리인에 의해서만 통제·관리될 수 있도록 한다.59)

(3) 실내공간 경계(제3방어선)

① **대형폭발시 파편피해 감소**(Reducing th Hazards of Debris in Large Explosion)

건물에 대한 테러는 파편 및 극심한 사상자 피해를 유발할 수 있다. 따라서 아예 파편화 자체를 막거나, 파편 크기 및 이동거리 줄일 수 있는 예방대책을 마련해 둘 때 건물 내부인, 구조대원이 부상 없이 안전하게 대피할 수 있다(이경훈·김창훈, 2009: 49).

폭발의 양성단계에서는 폭압으로 외장재, 유리, 내벽 등의 2차 건축요소가 파편화 될 가능성이 높다. 그러나 음성단계로 진행되면, 위 2차 건축요소들이 폭발 진원지를 향해 빨려가게 된다. 이러한 일련의 작용과 반작용은 건축구조의 뒤틀림을 야기시켜 탈출구 봉쇄, 공포 야기 등 각종 부작용을 초래하게 된다. 따라서 중·고위험 건물의 2차 건축요소는 공격으로 인한 파편화 현상을 견딜 수 있도록 설계되어야 한다.60)

이러한 기준에 따라 국토해양부에서는 건축물 형태 및 실내공간은 폭발피해가 최소화되도록 계획하는 것을 권고하고 있으며 이는 다중이용 공간과 보완이 요구되는 공간은 가급적으로 수직 및 수평으로 분리하여 배치하며 불특정 다수가 이용하는 공

---

59) 예를 들면, 2008년 가을 뉴욕시경은 민간과 연방·주·지역정부간의 협력을 위해 맨해튼 남부에 최신식 협력센터를 개소했다. 이 협력센터는 뉴욕시경이 CCTV 카메라, 차량번호판 판독기(LPRs), 그리고 다른 영역의 인식기술 장비로 수집한 정보를 통합하여 테러공격을 탐지, 방어한다. 민간의 CCTV 시스템이 법집행기관의 통합센터로 합쳐졌다는 것은 공직의 테러 예방 및 공공안전을 위한 노력에 큰 지원요소이자, 민간과의 협력관계 증진에도 중요한 역할을 하게 될 것이다.

60) 미국 국방부 건물은 9.11테러 이후 2차 건축요소의 복원력을 강화시키는 작업을 실시했다. 이후 '아메리칸 에어라인 항공기'가 건물 서쪽에 충돌하여 100명 이상이 사망하는 사고가 발생했다. 훨씬 더 많은 사망자가 예상되는 대형 사고였음에도 불구하고, 사전에 이루어진 강화작업 덕분에 훨씬 더 많은 인명피해를 막을 수 있었다. 2차 건축요소가 부실함으로써 공격 피해가 얼마나 심각한지에 대해 보여조는 반대 사례로서 2003년 알 카에다 연계 테러리스트들은 터키 이스탄불에서 이틀에 걸쳐 4회의 차량탑재형 폭발물 공격을 감행했다. 11월 15일 유대교회 2곳, 11월 20일 인근 소재 영국계 건물 2곳을 공격한 것이다. 이로 인해 57명 이상이 사망하고, 약 700여명이 부상을 당했다. 부상자는 대부분 2차 폭풍효과에 의해 열상과 타박상을 입은 것으로 나타났다.

간은 CCTV 등으로 모니터링 할 수 있도록 하고 있다. 또한 실내조경, 로비 및 고객대기소의 휴지통 등 위험물질 은닉이 쉬운 장소에는 경비 및 순찰 등 확인시스템을 갖추도록 하여 피해를 최소화 하도록 기준을 정하고 있다(국토해양부, 2010: 5).

② **붕괴방지**(Preventing Collapse)

공격상황을 가정하고 파편 감소책을 마련하는 것도 중요하지만, 건물을 애초에 제대로 설계, 공격에 붕괴되지 않도록 하는 것이 훨씬 더 중요하다. 특히, 특정 설계방식을 사용했을 때, 폭발에 의한 건물의 균형 붕괴로 인한 연쇄 붕괴를 효과적으로 차단할 수 있다.[61)]

건물이 효율적인 구조로 설계되면, 공격을 받아도 연쇄 붕괴되는 참사를 막을 수 있다. 즉, 공격으로 1차 건축요소가 붕괴되더라도, 건물이 기본골격을 유지하고 여러 개의 출입구가 확보되어 있다면, 내부인들의 대피가 가능하게 된다. 따라서 위험도가 높은 건물은 유사시 인명구조가 가능하도록 설계해야 한다. 즉, 재질이 공격에도 붕괴되지 않고 형태만 일부 변형되는 자재를 택하되 외부 압력에 대한 내구성도 높아야 한다.

③ **내화 및 단열**(Fire Resistance & Thermal Insulation)

건물의 방화대책은 화재 등급평가, 단열 작용 등으로 이루어진다. 두 권고사항 모두 건물의 화재 내구성을 강화하고, 화재 발생시 내부인들이 안전하게 대피할 수 있도록 해준다.[62)] 미국 기술표준원의 2005년도 보고서 권고사항에 따르면, 위험도 높거나 보통인 건물은 화재등급 산정시 건물 구조에 대해 평가해야 한다. 이를 통해 건물은 더 높은 수준의 화재등급에 도달할 수 있고, 이는 건물의 모든 2차 건축요소가 1차 요소에 적용된 대책을 따라서 결국 방화대책이 전체 구조요소에 적용됨에 따라, 건물

61) 1995년 4월 19일 「티모시」가 오크라호마시에 소재한 'Afred P. Murrah 연방건물' 앞에서 폭탄을 터트려 168명이 사망한 사건을 볼때 20피트의 이격거리에도 불구하고 폭발로 인해 건물 일부에서 연쇄 붕괴가 진행되었다. 결국 이는 폭발로는 전혀 부상을 입지 않은 사람들의 대피로 방해 등으로 인해 80%의 사상자가 추가 발생되었다.

62) 뉴욕시 고층건물의 화재등급은 화재 발생직후부터 일부라도 붕괴될 때까지의 소용시간 혹은 건물 내부인들이 전원 피난하는 데 소용되는 시간을 기준으로 삼는다. 이는 미국 기술표준원의 2005년도 보고서 권고사항 제4번을 원용한 것이다. 예를 들면, A건물 내부인 저네가 외부로 탈출하는데 약 3시간이 걸린다면, A건물의 화재등급은 3시간이다. 건물마다의 특성에 맞게 방화대책을 세워야 한다.

구조의 견고성을 강화시키게 되는 것이다(이경훈·김창훈, 2009: 55).

화재등급을 높여서 건물의 안전성이 일부 확보되었다 하더라도 건물의 단열기능이 약하면, 아무런 소용없다. 예를 들면, 2001년 9.11 테러시 제1·2세계무역센터(WTC1·WTC2)는 비행기 충돌로 단열재가 건물에서 분리되었다. 폭발로 발생한 파편이 원인이었다. 단열재가 없으면 철근이 급격하게 녹아내려 본래의 강도와 견고함을 잃게 된다. 따라서 위험도가 높은 건물을 충격으로부터 보호하려면 반드시 강한 단열재를 사용해야 한다.

④ **비상대피(Emergency Egress)**

비상상황에서 인명구조의 첫걸음은 건물 내부인들이 신속하게 빠져나오게 하는 것이다. 그러나 고층건물에서 일반인도 아닌 장애인이나 거동 불편자가 신속하게 대피하는 것은 매우 어려운 일이다. 이에 대비, 피난계단과 피난용 엘리베이터를 마련해야 한다.

피난계단이 제대로 설치·관리된다면, 실제 비상상황이 발생하더라도 인명구조에 큰 역할을 할 수 있다. 엘리베이터는 화재로 인해 작동되지 않거나, 아예 멈출 수 있지만, 피난계단은 언제든 빌딩 내부인 및 구조대원의 탈출로로 이용될 수 있다. 위험도가 높은 건물은 피난계단을 건물핵심부에 설치하고, 공격에 영향을 덜 받도록 폭, 이동성, 위치 등을 조정해야 한다.[63]

한편, 건물내 피난공간의 위치는 한 곳에 밀집하기보다는 분산 배치하는 것이 좋다. 제1세계무역센터는 피난공간이 항공기 충돌층에 몰려있었던 탓에 건물 위층에 있던 사람들은 대피가 어려웠다. 반면, 제2세계무역센터의 피난 공간은 여러 곳에 분산 배치되어 제1세계무역센터 보다 더 많은 사람들이 이를 통해 대피할 수 있었다. 따라서 100m 이상의 위험도가 높은 고층 건물은 피난공간을 여러 층에 분산 배치해야

63) 미국 기술표준원은 2005년도 보고서를 통해 9.11 테러발생시 제1세계무역센터는 피난계단의 폭이 좁아 대피자와 응급구조대원들이 엉켜 신속한 대피가 힘들었음을 지적하고 있다. 제1·2 세계무역센터는 전체 인원에 대한 대피가 불가능하게 설계되어 있어, 건물전체 인원의 대피시간은 – 건물내 '피난계단' 접근시가지 계산할 때– 무려 3시간이나 소요되었다. '뉴욕시 건축규정'은 피난공간 폭을 44인치 정도로 정하고 있으나, 고위험도 건물과 높이 600피트 이상인 보통 위험도의 건물은 피난공간의 폭을 최소 66인치 정도로 유지해야 한다. 이는 대피 소용시간에 대한 연구결과, 이동인원간 동선이 상호 방해가 되지 않는 최소한의 폭이다.

한다. 이는 대피시 이동을 방해하지 않고 건물 붕괴로 인해 주(主) 피난 공간을 사용할 수 없을 경우, 보조 피난공간을 활용하기 위해서이다. 이 또한 현행 국토해양부 기준에 따라 양방향 피난이 가능하며 피난통로는 단순·명료하게 계획하고 비상계단 및 비상용승강기는 하역공간 등 폭발우려가 있는 공간과 이격하여 배치하도록 하고 있다(국토해양부, 2010: 6).

⑤ **비상연락체계**(Communication Systems)

대형 건물에 공격이 발생시, 신속한 정보 전달, 즉, 비상연락체계야말로 인명 구조에 필수적이다. 비상연락체계는 구조대원들이 내부인에게 일단 대기, 건물 통로 등 안전수칙을 전달하는데 도움이 되기 때문이다. 미국 기술표준원의 2005년 보고서 권고사항에서는 건물주·관리인 및 구조대원 상호간 연락체계 마련을 제안한다. 이를 위한 구체적 방법은 다음과 같다. 구조대원간 정보 공유, 응급구조대원·건물 내부인간 의사전달, 상황 전파 시스템 정비, 긴급 방송시스템, 지역사회 응급구조 네트워크 등이다.

위험도가 보통이거나 높은 건물은 경찰과 소방기관의 요구사항 및 규정 등에 배치되지 않는 범위에서 '건물내부용 무선시스템'을 개발해야 한다. 이때 디자인과 설치기준이 공공 안전에 부합하고 상업용 이동형 라디오 시스템을 방해하지 않는 범위에서 관계기관과 상의하여야 하다. 아울러 상업건물내 설치된 무선 라디오시스템은 비상전력으로도 작동되어야만 실제 사용에 차질이 없을 것이다.

⑥ **환기와 비상계획**(Ventilation & Emergency Plans)

위험도가 높은 건물은 화생방 물질의 내부유입 차단대책을 미리 마련해두어야 한다. 구체적인 방법으로는 통풍시스템을 구역화, 공기를 매개로 한 위험물의 확산을 저지한다거나, 환기량·풍압 조절기능의 도입 등이다. 또 건물의 공공장소에 대한 냉난방시스템은 분리 설치하여 건물 전체에 오염물질이 확산되는 것을 방지해야 한다. 건물 관리인들은 건물내 냉난방시스템을 통한 환기 지침을 완벽 숙지, 필요시 구조인력의 지시를 받아 건물 내부공기의 흐름을 즉시 통제할 수 있어야 한다.

이에 대해서도 국토해양부 건축물 테러 예방기준에서는 외부침입 방지 및 유해가스 유입방지를 위해 공기흡입구의 위치를 지면에서 3m 이상 높이로 설치하도록 하고 있다(국토해양부, 2010: 6).

7. 장비보안

1) 왜(Why) 장비보안을 실시하여야 하는가?

장비보안이라 함은 산업스파이 등과 같이 예상되는 불순분자의 각종 침해 행위로부터 대상 장비를 보호하기 위하여 취하여지는 실질적 보안 대책과 그 이행을 말한다. 따라서 장비보호란 새로운 기술에 의한 제품생산에 필요한 기업체 고유의 장비가 가지고 있는 유・무형의 보안가치를 보호하는데 있다.

특히, 외국에 생산시설 및 장비를 건설할 경우, 생산규모와 생산 방법을 알 수 있는 업종은 이를 비밀로 보호하기 위하여 상당한 노력을 하여야 한다. 비밀로 보호할 가치 여부는 기업이 결정하여야 하며, 시설에 따라 그것이 보호할 영업비밀에 해당하는 중요한 시설이나 장비인 경우에는 보호를 위하여 각별한 노력을 하여야 한다(중소기업청, 2006: 117).

2) 무엇을(What) 보호할 것인가?

새로운 기술에 의한 신제품을 생산하기 위해서는 새로운 설비나, 장비가 필요하다. 역사적 사례로 비단을 비롯한 방직 기술이 발달 되어있던 1719년 이태리의 방직공장에 영국출신의 더비(Derby)가 노무자로 위장취업하여 방직 기계의 모형을 스케치하여 영국으로 가져옴으로써 '더 헌터'라는 언덕에 방직공장을 짓게하여 영국의 방직산업의 일대 부흥을 가져오게 하였던 사실은 이미 널리 알려진 사실이다. 미국 역시 로웰(Lowell)이 1811년 영국 전역을 돌아다니며 당시의 최첨단 방직기인 카트라이트(Cartwright) 방직기 제작 기술을 훔쳐낸 것으로 유명하다. 따라서 생산수단으로서의 장비(또는 설비), 또는 새로운 연구를 위해 개발된 기구 등이 노출될 경우 국가와 기업 입장에 미치는 악영향이 매우 크게 나타날 수 있다(윤은기, 1990: 45).

기업이 독자적으로 생산 공정을 연구 개발하였다고 하더라도 그 기본이 되는 제작 설계서 작성을 용역의뢰 한 경우, 설계회사와 비밀유지계약을 철저히 하여야 한다. 새로운 장비 설계용역업체의 설계과정에서 비밀유지책임과 설계서 완성 후 귀속 문제 및 유출 및 다른 용도로 사용할 수 없도록 하여야 한다. 따라서 해외에 단독으로 공장을 짓거나 새로운 생산 공정을 제작하는 경우에는 설계용역은 물론 공장의 건설업체 및 생산 공정 설비제작업체와 철저한 비밀유지 계약을 체결하여야 한다. 그리고 제작과정에서 비밀유지 및 제작 후 유출의 위험성도 사전에 검토하고 국내에서 제작공급 또는 현지제작 등을 사전에 검토하고, 제작과정은 물론 사후에도 관리를 철저히 하여야 한다(중소기업청, 2006: 117).

따라서 구체적으로 어떤 장비(What)를 보호할 것인가 하는 것은 각 장비가 가지고 있는 기업차원의 전략·전술·정보·보안적 가치, 장비의 성능, 장비의 희소성 등을 종합적으로 평가하여 결정되어야 한다.

3) 어떻게(How) 보호하여야 하는가?

문서, 인원, 시설 뿐만 아니라 모든 보안요소의 관리방법을 결정하기 전에는 항상 무엇을(What) 보호할 것인가를 엄선해야 한다. 보호대상이 선정되었으면 다음 단계로 어떻게(How) 보호할 것인가의 수준과 방법을 강구해야 한다.

장비보안의 방법을 구체적으로 제시하면 다음과 같다.

① 중요한 장비(설비)가 설치되어 있는 장소나 사무실을 통제구역으로 설정하여 비인가자에 대한 접근을 원천적으로 차단하여야 한다.

② 중요한 장비(설비)는 도입 계획단계 및 설계단계부터 시설의 중심부에 해당하는 지하공간이나 상층의 심층부에 위치하게 하여 외부인의 출입을 근본적으로 차단하여야 한다.

③ 중요한 장비(설비)가 설치되어 있는 장소나 사무실에는 경고문을 게시하여 경각심을 가지도록 유도하여야 한다.

④ 중요한 장비(설비)가 설치되어 있는 장소의 출입은 최소한으로 인가하고 비인가자의

방문시에는 별도의 출입허가를 받도록 하며 방문자의 출입사항을 기록·유지 하여 보안사고 발생시 사후 추적이 가능하도록 한다.

⑤ 산업기술을 훔쳐가는 사람은 대부분이 그 분야의 전문가들이며 이들은 관련 장소를 스쳐지나가는 것만으로도 중요한 기술적 노하우를 인지할 수 있으므로 중요한 장비(설비)가 설치되어 있는 장소는 가급적 외부인의 시찰 코스에서 제외시키고 사진과 비디오 촬영기 및 휴대폰과 같은 일체의 촬영도구를 휴대할 수 없도록 한다.

⑥ 불가피하게 방문을 허용한 경우에는 별도로 준비된 유니폼을 입도록 한다. 이는 새로 개발된 미생물이나 주요 설비를 구성하는 원료자재 등은 손톱이나 옷깃에 조금만 묻혀나가도 중요한 정보가 외부에 유출되기 때문이다.

⑦ 중요한 장비(설비)가 설치되어있는 장소는 가급적 외부에서 투시나 관찰이 되지 않도록 해야 한다.

⑧ 화상감지기, 전자(진동, 적외선) 감지기, 유리창 파쇄감지기, 전자파 차폐시설 및 화재 등에 대비한 안전시설을 설치하여 24시간 감시체제를 구축한다.

⑨ 내부 임직원이라 할지라도 출장, 출·퇴근시 불필요한 자료 등을 반출하는 것을 금지하고 불가피한 경우 사전에 허가를 받아 반·출입 하도록 한다.

05

사이버보안 및 통신보안

1. 개 요

사이버공간(Cyberspace)이란 단어는 1982년 소설가 윌리엄 깁슨이 그의 단편소설에서 처음 사용하였으며 그의 대표작 "뉴로맨서"를 통해 세상에 널리 알려진 용어이다. 사이버공간은 새로운 정보통신매체로써 정보통신 장치와 그 속을 흐르는 정보, 이 두 가지 요소로 이루어진다.

여기서 사이버전은 적의 정보통신장치, 네트워크, 시스템, 소프트웨어 등과 저장, 소통되고 있는 각종 정보에 영향을 미쳐 정보우위와 특정 목적을 달성하는 동시에 아측의 정보통신체계를 보존하기 위해 수행하는 것으로 인터넷을 비롯한 사이버공간에서 일어나는 전쟁을 의미한다.[64] 이제 사이버 전쟁은 하이테크 병력으로 무장한 정규군 뿐 만 아니라, 책상에 앉아 노트북을 사용하는 10대까지 쉽게 참전할 수 있는 전 방위적 온라인 대전의 양상을 보여주고 있다. 특히 사이버 공격은 익명으로, 비교적 적은 비용으로, 그리고 세계 어디서나 이뤄질 수 있기 때문에 갈수록 더욱 증대될 것으로 예측된다(신승중 외, 2003: 23).

미국 리처드 A, 클라크는 그의 저서(사이버전)에서 "국가적 차원에서 다른 나라의 컴퓨터 또는 네트워크에 침투, 손상이나 파괴하는 행위"로 정의하였으며 전쟁의 새로운 도메인으로 사이버공간을 인정하였다. 최근 미 국방부의 윌리엄 린 부장관은 "21세기에는 비트(bits)와 바이트(bytes) 총알이 폭탄과 같은 위협이 될 수 있으며, 미국은 전쟁법에 따라 미국에 가해진 심각한 사이버공격에 대해 시기와 장소를 정해서 정당한 군사적 대응을 할 권리가 있다"고 밝히며 사이버 공간을 제5의 전장으로 규정

64) 2008년 8월 러시아와 그루지야 간의 사이버 전쟁으로 인하여 그루지야의 정부, 언론, 금융, 교통 전산망이 마비된 사건, 이슬람의 양대 종파인 수니파와 시아파 간의 지속적인 상대 웹사이트 해킹사건, 이스라엘과 하마스 간 전쟁발발과 동시에 행해진 수백 개의 웹사이트 해킹사건 등이 대표적인 예이다.

하였다. 또한 린 부장관은 미 국방대학에서 행한 연설에서 “복잡하고 정교한 해킹 능력은 사실상 국가적 차원에서가 아니면 얻기 어렵다. 미국의 군사력은 치명적인 사이버 공격을 억제할 힘을 갖고 있지만 테러 단체들이나 불량 국가들의 경우 문제가 다르다. 테러 단체들이 해킹 능력을 보유하게 되면 주저 없이 공격을 가할 것”이라고 말했다. 한편 로버트 게이츠 전 미 국방장관의 뒤를 이은 리언 파네타는 상원 인준청문회에서 “미국에 ‘제2의 진주만 공습’이 일어난다면 이는 미국의 발전 시설 및 금융・행정 시스템을 마비시킬 사이버 공격이 될 것”이라면서 자신이 국방장관으로 재임하는 동안 사이버 안보가 가장 중요한 분야가 될 것이라고 말했다.

한편, 영국 국제전략연구소(IISS, International Institute for Strategic Studies)는 ‘군사 균형(Military Balance) 2010’ 보고서를 발표했다. 이 보고서는 사이버 전쟁이 정부나 국가기관의 웹사이트를 마비시키는 수준에서 벗어나 각국의 도로・공항・항만 등 사회기반시설 운영 시스템에 침투해 시설의 운영을 불가능하게 만들고 군사 정보망의 내부 정보를 왜곡해 군사 작전에 혼선을 빚게 하고 금융 거래 내역을 중간에서 가로챈 뒤 숫자를 바꿔치기해 금융시장을 마비시키는 방식으로 진행될 것이라고 예측하면서 이로 인한 위협은 1950년대의 핵전쟁 공포와 비슷한 수준이라고 분석했다. 즉, 직접적인 군사행동은 아니지만, 적국의 사회를 혼란에 빠뜨려 큰 손실을 입힐 수 있다는 것이다(정태명 외, 2009: 12).

또한 국가 수준의 지원을 받은 ‘해커 부대’의 공격도 늘어나고 있다고 이보고서는 밝혔다. 영국 가디언은 IISS 보고서를 인용보도하면서 중국발 구글 해킹 공격과 북한 해커들의 소행으로 추정되는 한국의 ‘작계 5027’ 유출 사건 등을 국가 단위 해킹 공격의 예로 들었다. 현재 사이버 전쟁이 벌어지고 있다는 것이다.

또한 이보고서는 전쟁이 ‘비대칭 기술(asymmetric technique)’ 중심으로 변하고 있기 때문에 사이버 전쟁 위협이 커졌다고 설명했다. ‘비대칭 기술’은 사람 대 사람, 무기 대 무기로 맞붙는 재래전과 달리 적은 비용으로 적국의 약점을 파고드는 기술이다. 사이버 공격은 비대칭 기술의 대표적인 예다. 공격 방법이 널리 알려져 있고 비용도 저렴하기 때문이다.

또한, IISS 이사 존 칩먼(Chipman) 은 "요즘 정치적 충돌이 발생할 때 사이버 공격이 이뤄진다는 증거가 발견되고 있지만, 이러한 충돌에 대처할 방법에 대해선 국제적인 논의가 이루어지지 않았다"고 말했다(마사아키 미타니 외, 2010: 54).

한편, 우리나라 국방부는 사이버전을 "사이버공간에서 일어나는 새로운 형태의 전쟁수단으로서, 컴퓨터시스템 및 데이터 통신망 등을 교란·마비 및 무력화함으로써 적의 사이버체계를 파괴하고 아군의 사이버체계를 보호하는 것으로 정의하였다(국방부, 2002: 325). 이것은 적의 정보체계의 마비 등의 공격개념과 아군의 사이버체계 보호의 방어적 개념을 포함하였다.

특히, 2003년 1.25 인터넷 대란이후 사이버 테러로부터 국가 정보통신망을 보호하기 위해 2004년 2월 설립한 국가정보원 산하 국가사이버안전센터는 국가공공기관의 정보통신망을 직접 모니터링 하는 동시에 '인터넷침해사고 대응지원센터', '국방정보전대응센터', '보안관제센터', '정보공유분석센터(ISAC)', '컴퓨터침해사고 대응팀' 등 국내외 사이버보안 또는 침해사고 대응기구들과 협력해 각종 위협정보를 종합적으로 분석하고 공격징후를 탐지해 각급 기관에 안전대책을 제공하고 있다.

이런 측면에서 세계가 사이버전 시대에 접어들었다는 점에 대해서는 더 이상의 설명이 필요 없을 것이다. 그러나 사이버전을 '전쟁'의 한 형식으로 이해한다고 할 때 그 내포하는 의미에 대한 좀 더 진지한 고민이 필요하다고 본다. 먼저 사이버 공간에서의 어떠한 주체에 의한 어느 정도의 행위가 '전쟁'으로 규정될 수 있는가에 대한 국내외적 논의 및 합의가 필요하다. 사이버 공간의 은밀성·분산성·국제성·개방성 등으로 인해 공격행위의 근원을 추적하는 것이 매우 어렵다.

2011년 발생했던 우리나라 농협 전산망 마비사건의 경우 그 주체가 우리나라와 대치하고 있는 북한이었기에 그나마 침략행위로 규정하기가 비교적 용이한 면이 있었을 것이다. 그러나 똑같은 행위가 우리의 우방국가에 의해 행해졌다면 아마도 사이버 범죄' 정도로 규정되었을 것이다. 요는 무력도발의 경우 공격 상황을 정의하는 것이 비교적 용이하지만, 사이버 공간에서는 그러한 정의가 그렇게 쉽지 않다는 점이다. 이러한 불확실성과 은밀성, 익명성으로 인해 실제로 공격의 근원을 추적하기가 몹시 어렵다는 점 및 공격의 위력은 사회 주요 인프라를 마비시킬 수 있을 정도의 가공할 만한 하다는 점을 더하면 문제가 점점 더 심각해짐을 알 수 있다.[65]

최근 이러한 위험성을 인지한 유엔 산하 ITU사무총장은 사이버 전쟁이 전면전으로 비화하는 것을 막기 위한 국제적 조약이 마련되어야 한다고 주장했다. 현재는 사이버 범죄에 관한 조약들만이 존재할 뿐 사이버전에 관하여는 국내법·국제법을 막론하고 그 정의마저도 불분명한 상황이다. 미국과 같은 나라는 1945년에 발효된 유엔헌장에 규정된 평화에 대한 위협, 평화의 파괴 또는 침략행위의 존재에 사이버 공격행위도 포함된다고 해석하여 유엔헌장 상의 병력의 사용을 수반하는 조치를 취할 수 있다고 해석하고 있는 상황이다. 그러나 앞에서 보았듯이 사이버 공격은 물리적 공격과는 다른 여러 특성을 가진다. 따라서 물리적 공격상황을 전제로 한 유엔헌장을 그대로 적용하여 해석하기에는 부적절하며 상황에 대한 해석 차이로 인한 전쟁의 위험에 노출될 가능성이 높다.

인류가 사이버전이라는 불투명한 개념 하에 무방비로 오래 방치될수록 인류의 안전은 심각하게 위협 받을 수 있다. 사이버 공격으로 인한 위협만큼 상황에 대한 오해나 과잉반응으로부터 나오는 위협도 심각한 것이다. 인류는 두 번의 세계대전 및 수많은 국지전을 통해 힘들게 전쟁 억제 및 평화의 중요성을 배워왔다. 이러한 배움이 사이버전이라는 인류역사에 없었던 새로운 상황을 맞이해 물거품이 되지 않도록 국제사회가 사전에 머리를 맞대고 고민하여야 할 때다.

이러한 사이버전에는 적의 정보통신장치, 네트워크, 시스템, 소프트웨어 등과 저장, 소통되고 있는 각종 정보에 영향을 미칠 목적의 사이버공격과 아측의 정보통신체계를 보존하기 위해 수행하는 사이버 보안업무로 나눌 수 있다.

---

65) 예를 들어, 어느 국가가 사회의 주요 인프라에 반복적인 사이버 테러를 당하고 그 공격의 근원을 파악하기가 어려워 국가 전체가 혼란과 좌절에 빠져 있을 때 사이버 공격자가 사이버 테러를 고의로 적성 국가와 관련시켰을 때, 당해 국가는 그 적성국가에 전쟁을 선포하고 물리적인 제재에 나설 위험이 높다. 즉, 보이지 않는 공간에서의 사이버 범죄가 보이는 세상에서의 전면전으로 비화시킬 위험성을 내포하고 있는 것이다.

1) 사이버 공격(Cyber Attack)

사이버 공격이란 정보통신망을 통해 다른 컴퓨터에 불법 접속하여 상대방 국가나 기업에 손상을 입히려는 일련의 행위를 말한다. 즉 해킹이나 컴퓨터 바이러스, 논리 폭탄, 서비스 방해 등 전자적 수단을 통하여 정보통신망을 불법침입, 교란·마비·파괴하거나 정보를 절취, 훼손하는 일체의 행위를 말하고 있다. 이러한 사이버공격은 적극적 공격과 수동적 공격이 있다. 적극적 공격(Active Attack)은 허가 받지 않은 상태에서 파일의 삭제, 추가, 변경, 조작 등을 시도하는 공격기법을 말한다. 한편, 흐름의 순서를 바꾸고 복제, 훼손, 폐기, 지연시킴으로써 서비스거부를 초래하거나 위장관계를 설정하여 시스템의 합법적 사용자인 것처럼 가장하는 행위를 말한다(정태명 외, 2009: 38). 이에 반해 수동적 공격(Passive Attack)은 메시지의 변경은 시도하지 않고 단지 메시지의 내용을 도청하거나 트래픽이나 로그정보를 분석하는 등의 행위를 말한다.

사이버 공격분야에서 가장 많이 사용되고 있는 용어는 먼저 해킹(Hacking)이다. 해킹은 정보통신망의 취약점을 이용하여 불법적으로 접근하거나 정보 시스템에 유해한 영향을 끼치는 행위를 말한다. 정보통신망이나 시스템의 보안 취약점을 찾아내어 그 문제를 해결하고 이를 악의적으로 이용하는 것을 방지하는 행위에서 시작되었다.[66]

두 번째로는 컴퓨터범죄(Computer Crime)가 있다. 컴퓨터 범죄는 컴퓨터에 관한 반사회적 행위로 데이터의 부정조작, 데이터의 부정입수, 컴퓨터의 무단사용, 컴퓨터(하드·소프트웨어)의 파괴 등 여러 형태가 있다

세 번째로는 사이버범죄(Cyber Crime)는 컴퓨터 범죄와 비슷한 의미이나 컴퓨터 통신 등을 악용하여 사이버 공간에서 행하는 범죄를 말한다. 그 범행 목적에 따라

---

66) 이 말은 1950년대 말 미국 매사추세츠공과대학(MIT) 동아리 모임에서 처음 사용되었던 '해크(hack)'에서 유래된다. 해크는 '작업과정 그 자체에서 느껴지는 순수한 즐거움'이란 뜻이다. 그러나 순수하게 작업과정 자체의 즐거움에 탐닉하는 컴퓨터 전문가들의 행위로 시작된 해킹은 컴퓨터가 일반화되면서 점차 나쁜 의미로 변질되었다. 즉, 다른 사람의 컴퓨터에 침입하여 정보를 빼내서 이익을 취하거나 파일을 없애버리거나 전산망을 마비시키는 악의적 행위가 빈발하게 된 것이다. 이런 파괴적 행위를 하는 자들은 크래커(cracker)라고 하여 해커와 구별하기도 한다. 그러나 일반적으로 해커와 크래커를 구별하여 쓰이지 않고 범죄 행위를 하는 자의 의미로 쓰인다.

사이버 테러형 범죄와 일반 사이버 범죄로 나뉜다. 사이버 테러형 범죄는 해킹, 컴퓨터 바이러스와 같은 유형의 범죄이고, 일반 사이버 범죄는 사이버 명예 훼손과 전자상거래 사기, 개인 정보 침해, 불법 사이트 개설, 디지털 저작권 침해 등을 말한다. 사이버 범죄는 국내·외에 동시에 발생할 수 있다는 특성을 갖고 있는데, 이에 대처하기 위해 국가 간의 법과 제도의 상이성을 초월한 국제적인 형사 사법의 규칙도 필요하다.

네 번째로는 사이버테러(Cyber terror)가 있다. 국가·정치적 목적을 가지고 특정 조직이 행정, 국방, 통신, 국가중요시설의 정보시스템을 파괴하여 국가 기능을 마비시키는 행위를 말한다.

다섯 번째로는 정보통신기반보호법 등 대부분의 관련법규에서 사이버공격 행위로 사용하고 있는 용어로 전자적 침해행위가 있다. "전자적 침해행위"라 함은 정보통신기반시설을 대상으로 해킹, 컴퓨터바이러스, 논리·메일폭탄, 서비스거부 또는 고출력 전자기파 등에 의하여 정보통신기반시설을 공격하는 행위를 말한다.[67]

2) 사이버 보안

사이버보안은 사이버공격을 방어하는 행태로써 네트워크 환경에 따라 용어가 변경되어 왔다. 텔렉스, 전화, 팩스 등 구시대 통신장비를 이용했을 경우에는 불안전한 통신채널 상에서 수동적 공격기법을 회피하기 위하여 암호체계를 이용, 안전하게 정보를 송수신 했던 기간에는 통신보안이라 불렀으며 컴퓨터가 도입되었을 때에는 전산보안, 정보보안이라고 변천되었으며 특정 목적을 가지고 국가가 개입, 특정 네트워크와 시스템을 공격에 대한 방어수단은 사이버안전으로 불렀다.

67) 정보통신기반 보호법 제2조 (정의).2항 "전자적 침해행위"라 함은 정보통신기반시설을 대상으로 해킹, 컴퓨터바이러스, 논리·메일폭탄, 서비스거부 또는 고출력 전자기파 등에 의하여 정보통신기반시설을 공격하는 행위를 말한다.

2. 사이버보안이 연역

1) 통신보안

우리나라에서의 통신보안업무는 보안업무규정(대통령령 제21214호)으로부터 출발한다. "국가기밀에 속하는 문서"는 전신, 전화 등 통신수단에 의해 평문으로 수발할 수 없도록 하고 암호자재[68]를 이용, 암호화하여 저장, 소통하도록 규정[69]하고 있었는데 이것이 통신보안의 시초이다. 그러나 당시 통신보안을 위해 사용되는 암호자재는 대부분 수작업용 지편식 자재였으며 주로 군에서 사용되어 왔다. 그러나 외교통신용으로 사용된 암호자재는 통신량의 증가, 암호자재의 특성 등으로 지편식 암호자재의 한계에 도달, 외국산 암호장비를 이용할 수밖에 없었다.

우리나라 통신보안 발전의 계기를 가져온 것은 역시 외국산 암호장비의 트랩도어[70]가 발견된 데서부터 시작된다. 당시 외교통신망에 사용되어 왔던 외국산 암호장비는 장비별 트랩도어 뿐만 아니라 컴퓨터 계산량을 기반으로 한 통계적 분석기법으로 암호분석이 완료된 상태였다. 이에, 우리나라 정부는 1980년대 초반부터 암호기술 및 예산부족 등 어려운 환경에서도 암호관련 조직 및 전문 인력을 양성하고 국산 암호장비 개발에 노력한 결과, 2000년에는 한국전자통신연구원 부설연구소를 개소하는 등 암호기술의 진정한 주권확립의 기반을 마련하였다.

2) 전산(정보)보안

1980년 중반 컴퓨터(Stand alone) 보급이 활발하면서 컴퓨터 접근 및 하드디스크에 보관되는 각종 정보에 대한 보호업무가 필요하게 되었는데 이것이 전산보안이다. 당시 전산보안은 컴퓨터 부팅 시 장비 및 시스템 패스워드 설정과 함께 각종 정보자료 작성 시 파일 패스워드와 자료의 암호화 저장이 주요 핵심사항이며 국가기밀이 수록

68) 보안업무규정 제2조 (정의) 3항. "암호자재"라 함은 통신보안을 위하여 통신문의 내용을 보호할 목적으로 문자・숫자・기호 등의 암호로 만들어진 문서나 기구를 말한다.

69) 보안업무규정 제16조 (통신수단에 의한 비밀수발 제한) 비밀은 전신・전화 등의 통신수단에 의하여 평문으로 수발하여서는 아니 된다.

70) 시스템 관리자에게 발견되지 않고 접근할 수 있도록 하는 시스템에 불법으로 내장된 비밀 입구(백과사전)

된 보조기억장치의 보안관리도 매우 중요하게 다루어졌다. 더 나아가 컴퓨터를 이용한 네트워크(LAN, WAN)가 활성화됨으로써 프로토콜[71] 보안, 암호기술 등이 크게 대두되었는데 이것을 정보통신보안 또는 정보보안이라고 칭하였다(신승중 외, 2003: 57).

그러나 컴퓨터 시스템 및 네트워크기술의 급속한 발전으로 정부주도 암호기술개발의 한계점과 산・학・연과의 연계 필요성을 느낀 우리정부는 1992년 통신정보보호학회(한국정보보호학회로 변경)을 출범시켰으며 이를 계기로 각 대학에서는 앞 다투어 정보보호학과를 설치하고 수학과, 컴퓨터・전자공학과 등에서도 정보보호과목을 신설함으로써 전문인력 양성은 물론 좋은 연구 성과를 거둠으로서 오늘날 세계 속에서 정보보호분야 강국으로 부상하게 되었다.

3) 민간분야 정보보호

1990년대 초반까지는 국가기밀을 보호하기 위한 국가공공분야 중심의 정보보안 업무가 중점 추진되어 왔으나 민간분야에 고도의 정보통신기술이 접속되고 해킹의 심각성이 대두됨으로써 1996년 "전산망보급확장과이용촉진에관한법률"를 개정, 당시 정보통신부 산하에 민간분야 정보보호업무 전담기구인 '한국정보보호센터'를 신설하였다. 특히, 1999년도에는 정보통신망 이용을 촉진하고 정보통신서비스를 이용하는 자의 개인정보를 보호함과 아울러 정보통신망을 건전하고 안전하게 이용할 수 있는 환경을 조성하여 국민생활의 향상과 공공복리의 증진[72]에 이바지하기 위해 "정보통신망 이용촉진 및 정보보호 등에 관한 법률"법률을 제정하였다.

이 법률에서는 "침해사고"를 해킹, 컴퓨터바이러스, 논리폭탄, 메일폭탄, 서비스거부 또는 고출력 전자기파 등의 방법으로 정보통신망 또는 이와 관련된 정보시스템을 공격하는 행위라고 정의[73]하였고 이러한 침해사고를 대응하기 위하여 필요하면

71) 통신 회선을 이용하여 컴퓨터와 컴퓨터, 컴퓨터와 단말기계가 데이터를 주고받기 위하여 정한 통신 규약을 말한다.

72) "정보통신망 이용촉진 및 정보보호 등에 관한 법률, 제1조 (목적) 이 법은 정보통신망의 이용을 촉진하고 정보통신서비스를 이용하는 자의 개인정보를 보호함과 아울러 정보통신망을 건전하고 안전하게 이용할 수 있는 환경을 조성하여 국민생활의 향상과 공공복리의 증진에 이바지함을 목적으로 한다.

73) 제2조 (정의) 2. "전자적 침해행위"라 함은 정보통신기반시설을 대상으로 해킹, 컴퓨터바이러스, 논리・메

업무의 전부 또는 일부를 방송통신위원회 또는 한국인터넷진흥원이 수행하도록 규정하였다.

주요 수행업무는 침해사고에 관한 정보의 수집・전파, 침해사고의 예보・경보, 침해사고에 대한 긴급조치, 그 밖에 대통령령으로 정하는 침해사고 대응조치 등이 있다. 또한, 정보보호 안전진단, 정보보호 관리체계의 인증, 정보보호시스템 평가・인증 등 정보보호 관련 지원업무를 수행하고 있다.

1996년 당시, 정보통신부(현 방송통신위원회) 산하 "한국정보보호센터(현 한국인터넷 진흥원)"가 발족되어 민간분야 정보보호 업무를 주로 수행하게 되었으나 업무수행 범위가 모호해 국가・공공기관 보안업무를 수행하는 국가정보원, 전자정부업무를 수행하는 행정안전부, 지식정보보안업무를 수행하고 있는 지식경제부 등 정보보호업무관련 관련기관 간 갈등소지가 남아 있다고 볼 수 있다.

4) 정보통신기반보호

2000년 2월 25일 국무총리 주재로 국가정보원, 재정경제부, 국방부, 법무부, 정보통신부 등 9개 부처 장관 참석 하에 '사이버테러 방지 관계장관회의'를 개최하여 정보통신기반 보호를 위한 범정부차원의 대응체제를 구축하기로 하고, 2000년 7월 12일 대통령 주재로 제5차 정보화전략회의를 개최하여 해킹, 바이러스 유포 등 사이버테러 방지를 위한 제도정비를 추진키로 하였다. 이어서 주요 정보통신시스템 보호를 위한 범정부적 대응체계 구축을 위해 「정보통신기반보호법」을 제정키로 하고 2000년 12월 20일 국회를 통과하여 2001년 7월 1일부터 시행에 들어갔다.

정보통신기반보호법은 국가안전보장, 행정, 국방, 치안, 금융, 통신, 운송, 에너지의 업무와 관련된 전자적 제어관리시스템 등 국가 주요정보통신기반시설의 보호에 관한 대책을 수립, 시행함으로써 동 시설을 안정적으로 운용하도록 하여 국가의 안전과 국민생활의 안전보장을 목적으로 하고 있다.[74]

일폭탄, 서비스거부 또는 고출력 전자기파 등에 의하여 정보통신기반시설을 공격하는 행위를 말한다.

74) 정보통신기반보호법 제1조 (목적), 이 법은 전자적 침해행위에 대비하여 주요정보통신기반시설의 보호에 관한 대책을 수립・시행함으로써 동 시설을 안정적으로 운용하도록 하여 국가의 안전과 국민생활의 안정을 보장하는 것을 목적으로 한다.

5) 사이버 안전

2003년 1월25일 슬래머 웜[75]으로 인해 우리나라 전체 인터넷이 8시간 동안 마비

제3조 (정보통신기반보호위원회) ①제8조의 규정에 의하여 지정된 주요정보통신기반시설(이하 "주요정보통신기반시설"이라 한다)의 보호에 관한 사항을 심의하기 위하여 국무총리 소속하에 정보통신기반보호위원회(이하 "위원회"라 한다)를 둔다.

제5조 (주요정보통신기반시설보호대책의 수립 등)①주요정보통신기반시설을 관리하는 기관(이하 "관리기관"이라 한다)의 장은 제9조제1항의 규정에 의한 취약점 분석・평가의 결과에 따라 소관 주요정보통신기반시설을 안전하게 보호하기 위한 물리적・기술적 대책을 포함한 관리대책(이하 "주요정보통신기반시설보호대책"이라 한다)을 수립・시행하여야 한다.

제6조 (주요정보통신기반시설보호계획의 수립 등)⑤관계중앙행정기관의 장은 소관분야의 주요정보통신기반시설의 보호에 관한 업무를 총괄하는 자(이하 "정보보호책임관"이라 한다)를 지정하여야 한다.

제6조 (주요정보통신기반시설보호계획의 수립 등) ①관계중앙행정기관의 장은 제5조제2항의 규정에 의하여 제출받은 주요정보통신기반시설보호대책을 종합・조정하여 소관분야에 대한 주요정보통신기반시설에 관한 보호계획(이하 "주요정보통신기반시설보호계획"이라 한다)을 수립・시행하여야 한다.

제8조 (주요정보통신기반시설의 지정 등)⑥중앙행정기관의 장은 제1항 및 제3항의 규정에 의하여 주요정보통신기반시설을 지정 또는 지정 취소한 때에는 이를 고시하여야 한다. 다만, 국가안전보장을 위하여 필요한 경우에는 위원회의 심의를 받아 이를 고시하지 아니할 수 있다.

제9조 (취약점의 분석・평가) ①관리기관의 장은 대통령령이 정하는 바에 따라 정기적으로 소관 주요정보통신기반시설의 취약점을 분석・평가하여야 한다.

제10조 (보호지침) ①관계중앙행정기관의 장은 소관분야의 주요정보통신기반시설에 대하여 보호지침을 제정하고 해당분야의 관리기관의 장에게 이를 지키도록 권고할 수 있다.②관계중앙행정기관의 장은 기술의 발전 등을 감안하여 제1항의 규정에 의한 보호지침을 주기적으로 수정・보완하여야 한다.

제11조 (보호조치 명령 등) 관계중앙행정기관의 장은 다음 각 호의 어느 하나에 해당하는 경우 해당 관리기관의 장에게 주요정보통신기반시설의 보호에 필요한 조치를 명령 또는 권고할 수 있다.

제13조 (침해사고의 통지) ①관리기관의 장은 침해사고가 발생하여 소관 주요정보통신기반시설이 교란・마비 또는 파괴된 사실을 인지한 때에는 관계 행정기관, 수사기관 또는 보호진흥원(이하 "관계기관등"이라 한다)에 그 사실을 통지하여야 한다. 이 경우 관계기관 등은 침해사고의 피해확산 방지와 신속한 대응을 위하여 필요한 조치를 취하여야 한다.

제15조 (대책본부의 구성 등)①위원회의 위원장은 주요정보통신기반시설에 대하여 침해사고가 광범위하게 발생한 경우 그에 필요한 응급대책, 기술지원 및 피해복구 등을 수행하기 위한 기간을 정하여 위원회에 정보통신기반침해사고대책본부(이하 "대책본부"라 한다)를 둘 수 있다.

제16조 (정보공유・분석센터)①금융・통신 등 분야별 정보통신기반시설을 보호하기 위하여 다음 각호의 업무를 수행하고자 하는 자는 정보공유・분석센터를 구축・운영할 수 있다.

제24조 (기술개발 등) ①정부는 정보통신기반시설을 보호하기 위하여 필요한 기술의 개발 및 전문인력 양성에 관한 시책을 강구할 수 있다.

제26조 (국제협력)①정부는 정보통신기반시설의 보호에 관한 국제적 동향을 파악하고 국제협력을 추진하여야 한다.

75) http://www.everyzone.com/info/virus_db/content.asp?seq=84&GotoPage=1
MS-SQL Server가 설치된 Windows 운영체제를 대상으로 공격하며, 1월 25일 에 발생했던 국내 ISP 업체의 DNS 서버 마비로 인한 인터넷 장애를 발생시켰던 웜이다. 일반 PC 사용자는 일반적으로 MS-SQL Server를 사용하지 않으므로 공격대상에서 제외되므로 안심해도 된다. 파일 형태로 감염되는 것이 아니라 SQL 서버 에서 사용하는 UDP 1434번 포트를 통하여 네트워크트래픽을 과다하게 발생시켜 SQL 서버를 다운시키는 DDOS 공격을 이용하며, 감염된 서버의 메모리상에만 존재하게 된다.

가 되는 초유의 인터넷 대란이 발생하였다. 이러한 사고를 계기로 사이버보안에 대한 국가차원의 종합적, 체계적인 대응의 필요성이 제기되어 2004년 2월 국가사이버안전센터를 설립하게 되었다. 또한 국가사이버안전관리규정을 제정하여 국가사이버안전에 관한 조직체계 및 운영에 대한 사항을 규정하고 사이버안전 업무를 수행하는 기관간의 협력을 강화함으로써 국가안보에 위협하는 사이버공격으로부터 국가정보통신망을 보호하게 되었다.[76)]

---

76) 제4조 (사이버안전 확보의 책무) ①중앙행정기관의 장은 소관 정보통신망에 대하여 안전성을 확보할 책임이 있으며 이를 위하여 사이버안전업무를 전담하는 전문 인력을 확보하는 등 필요한 조치를 강구하여야 한다.

제6조 (국가사이버안전전략회의) ①국가사이버안전에 관한 중요사항을 심의하기 위하여 국가정보원장 소속하에 국가사이버안전전략회의(이하 "전략회의"라 한다)를 둔다.

제6조 (국가사이버안전전략회의) ④전략회의는 다음 각호의 사항을 심의한다.

1. 국가사이버안전체계의 수립 및 개선에 관한 사항
2. 국가사이버안전 관련 정책 및 기관간 역할조정에 관한 사항
3. 국가사이버안전 관련 대통령 지시사항에 대한 조치방안
4. 그 밖에 전략회의 의장이 부의하는 사항

제8조 (국가사이버안전센터) ①사이버공격에 대한 국가차원의 종합적이고 체계적인 대응을 위하여 국가정보원장 소속하에 국가사이버안전센터(이하 "사이버안전센터"라 한다)를 둔다.

②사이버안전센터는 다음 각호의 업무를 수행한다.

1. 국가사이버안전정책의 수립. 2. 전략회의 및 대책회의의 운영에 대한 지원. 3. 사이버위협 관련 정보의 수집・분석・전파. 4. 국가정보통신망의 안전성 확인
5. 국가사이버안전메뉴얼의 작성・배포. 6. 사이버공격으로 인하여 발생한 사고의 조사 및 복구 지원
7. 외국과의 사이버위협 관련 정보의 협력

③ 국가정보원장은 사이버안전센터의 업무 수행과 관련하여 필요하다고 인정하는 경우에는 관계 중앙행정기관의 장에게 소속 공무원 및 전문요원의 파견을 요청할 수 있다.

제10조의2 (보안관제센터의 설치・운영)① 중앙행정기관의 장, 지방자치단체의 장 및 공공기관의 장은 사이버공격 정보를 탐지・분석하여 즉시 대응 조치를 할 수 있는 기구(이하 "보안관제센터"라 한다)를 설치・운영하여야 한다. 다만, 보안관제센터를 설치・운영하지 못하는 경우에는 다른 중앙행정기관(국가정보원을 포함한다)의 장, 지방자치단체의 장 및 관계 공공기관의 장이 설치・운영하는 보안관제센터에 그 업무를 위탁할 수 있다.

제11조 (경보 발령) ①국가정보원장은 사이버공격에 대한 체계적인 대응 및 대비를 위하여 사이버공격의 파급영향, 피해규모 등을 고려하여 관심・주의・경계・심각 등 수준별 경보를 발령할 수 있다. 다만, 민간분야에 대하여는 방송통신위원회위원장이 경보를 발령하며, 국가정보원장과 방송통신위원회위원장관은 국가차원에서의 효율적인 경보 업무를 수행하기 위하여 경보 관련 정보를 발령 전에 상호 교환하여야 한다.

제13조 (사고조사 및 처리) ①국가정보원장은 사이버공격으로 인하여 발생한 사고에 대하여 그 원인 분석을 위한 조사를 실시할 수 있다. 다만, 경미한 사고라고 판단되는 경우에는 해당 기관의 장이 자체적으로 조사하게 할 수 있으며, 이 경우 해당 기관의 장은 사고개요 및 조치내용 등 관련 사항을 국가정보원장에게 통보하여야 한다.

제15조 (연구개발) ①국가정보원장은 국가사이버안전에 필요한 기술개발과 기술수준의 향상을 위하여 필요한 시책을 추진할 수 있다. ②중앙행정기관의 장은 공공분야의 사이버안전 관련 기술의 확보를 위하여 「과학기술분야 정부출연연구기관 등의 설립・운영 및 육성에 관한 법률」 제8조제1항의 규정에 의하여 설립된

〈그림 2-18〉 사이버위기 경보단계 및 주요업무

사이버위기 경보단계

- 전 분야 정상적인 활동
- 위험도 낮은 웜·바이러스 발표

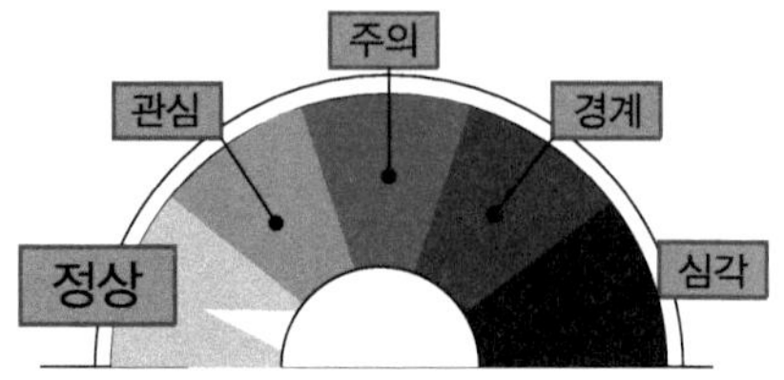

주요업무

• 국가사이버안전 정책 총괄

• 국가사이버안전 정책 · 조율
• 국가사이버안전 관련제도 · 지침수립
• 국가사이버안전전략회의 및 대책회의 운영
• 民 · 官 · 軍 정보공유체계구축 · 운영

• 사이버위기 예방활동

• 각급기관 전산망 보안컨설팅 및 안전측정
• 정보보호제품평가 · 인증및 보안적합성 검증
• 사이버위기 대응훈련
• 정보보안 관리실태 평가

• 사이버공격 탐지활동

• 24시간 365일 각급기관 보안관제
• 단계별 사이버위기 경보발령
• 각급기관 보안관제센터 운영 및 교육 지원
• 신종 해킹 탐지기술 개발 · 지원

• 사고조사 및 복구지원 활동

• 해킹사고 발생 시 사고조사 및 원인규명
• 시스템복구 지원 및 공격기법 분석
• 사이버위기 대책본부 구성 · 운영
• 해외 유관기관과 협력체계 구축

6) 전자정부 보안

전자정부는 대부분의 국가가 채택하고 있는 새로운 정부 혁신전략으로 정보통신기술을 활용하여 행정의 효율성을 개선함으로써 행정서비스에 대한 국민의 접근성, 활용성

한국전자통신연구원의 국가보안기술 연구·개발을 전담하는 부설연구소로 하여금 관련 연구개발을 수행(연구개발을 위하여 보안관제업무를 수행하는 것을 포함한다)하게 할 수 있다.

제8조 (국가사이버안전센터) ① 사이버공격에 대한 국가차원의 종합적이고 체계적인 대응을 위하여 국가정보원장 소속하에 국가사이버안전센터(이하 "사이버안전센터"라 한다)를 둔다.

② 사이버안전센터는 다음 각호의 업무를 수행한다.

1. 국가사이버안전정책의 수립
2. 전략회의 및 대책회의의 운영에 대한 지원
3. 사이버위협 관련 정보의 수집·분석·전파
4. 국가정보통신망의 안전성 확인
5. 국가사이버안전메뉴얼의 작성·배포
6. 사이버공격으로 인하여 발생한 사고의 조사 및 복구 지원
7. 외국과의 사이버위협 관련 정보의 협력

③ 국가정보원장은 사이버안전센터의 업무 수행과 관련하여 필요하다고 인정하는 경우에는 관계 중앙행정기관의 장에게 소속 공무원 및 전문요원의 파견을 요청할 수 있다.

을 높이는데 그 목적이 있다. 우리나라에서는 1994년 말 "초고속 정보통신기반 구축"에 대한 논의와 함께 등장하였으며 1996년 6월에 "정보화촉진기본계획"을 확정하고 10대 중점과제 중 첫 번째 과제로 "작지만 효율적인 전자정부 구현"을 제시하였다

또한, 2001년에는 전자정부법을 제정하였는데 이법은 행정업무의 전자적 처리를 위한 기본원칙, 절차 및 추진방법 등을 규정함으로써 전자정부의 구현을 위한 사업을 촉진시키고 행정기관의 생산성, 투명성 및 민주성을 높여 지식정보화시대의 국민의 삶의 질을 향상시키기는 목적이 있다.77)

7) 정보보증(IA : Information Assurance)

기존의 정보보호 개념에서 한 단계 더 발전된 개념으로, 정보 및 정보 시스템의 가용성, 무결성, 인증, 비밀성 및 부인방지를 보장하여 정보 및 정보 시스템을 보호하고 방어하는 것이다. 여기에는 외부로부터의 침입을 탐지하고 침입에 대한 대응능력을 강화시키며, 침입으로부터 중요 정보통신 기반을 보호하고, 이의 조화에 의해 정보 시스템을 복원하는 능력까지를 포함하고 있다. 이와 같은 정보보증의 개념은 1996. 12월 미 국방부 지침 S-3600.1 정보작전(DoD Directive S-3600-1, Information Operations)가 발표되면서부터 대두하게 되었다. 네트워크로 연결된 정보체계를 보호하기 위해서는 방화벽이나 침입탐지체계 등만 설치되면 모든 것이 해결될 수 없기에 종심방어(Defense in Depth) 개념으로 즉 여러 단계를 거쳐서 방어를 해야 제대로 정보보증을 할 수 있다는 의미로서 미군이 정보체계에 대한 보증을 대표하는 말로 사용하고 있다.

우리나라에서는 2000년 초반 정보보호란 용어보다 한 단계 위의 개념으로 세미나,

77) 제1조 (목적) 이 법은 행정업무의 전자적 처리를 위한 기본원칙, 절차 및 추진방법 등을 규정함으로써 전자정부를 효율적으로 구현하고, 행정의 생산성, 투명성 및 민주성을 높여 국민의 삶의 질을 향상시키는 것을 목적으로 한다.

제56조 (정보통신망 등의 보안대책 수립·시행) ① 국회, 법원, 헌법재판소, 중앙선거관리위원회 및 행정부는 전자정부의 구현에 필요한 정보통신망과 행정정보 등의 안전성 및 신뢰성 확보를 위한 보안대책을 마련하여야 한다.② 행정기관의 장은 제1항의 보안대책에 따라 소관 정보통신망 및 행정정보 등의 보안대책을 수립·시행하여야 한다.③ 행정기관의 장은 정보통신망을 이용하여 전자문서를 보관·유통할 때 위조·변조·훼손 또는 유출을 방지하기 위하여 국가정보원장이 안전성을 확인한 보안조치를 하여야 하고, 국가정보원장은 그 이행 여부를 확인할 수 있다.

연구실 이름으로 많이 상용해 왔으나 개념 이해 및 실용화 부족으로 더 이상 발전되지 못한 상태에서 자취를 감추고 있다.

8) 개인정보보호

정보화 사회가 진전됨에 따라 개인정보는 간단한 조작에 의하여 종합·정리되고, 전국적인 정보의 유통과 여러 기관들 간에 정보의 공유도 가능하게 되었다. 이에 따라 개인정보는 정보주체의 의사와 관계없이 파일에 등재·유통될 수 있게 되었으며, 전자적 기록에 의한 개인정보의 위조·변조가 용이하게 되었다.

따라서 오늘날 개인정보보호는 어느 나라에서나 매우 중요한 문제로 인식되고 있으며, 우리나라에서도 1994년 1월 7일에 「공공기관의 개인정보보호에 관한 법률(제 734호)」이 제정되어 1995년 1월 8일부터 시행되었다. 그 밖에 개인정보보호에 관한 법률로는 「정보통신망 이용촉진 및 정보보호 등에 관한 법률」, 「신용정보의 이용 및 보호에 관한 법률」, 「금융실명거래 및 비밀보장에 관한 법률」 등이 있다.

이 법에서 보호대상으로 하는 정보는 공공기관의 컴퓨터 등에 의하여 처리되는 개인정보이다. 여기서 '개인정보'란 생존하는 개인에 관한 정보로서 당해 정보에 포함되어 있는 성명·주민등록번호 및 화상 등의 사항에 의하여 당해 개인을 식별할 수 있는 정보를 말하며, 당해 정보만으로는 특정개인을 식별할 수 없더라도 다른 정보와 용이하게 결합하여 식별할 수 있는 것도 포함된다.[78] 따라서 전자민원서비스를 통해 행정기관과 국민들 사이에 오고가는 국민 개인에 관한 많은 정보들이 이 법에 의한 보호를 받을 수 있다.

기존 개인정보보호 관련 법률은 공공 부문의 경우 「공공기관의 개인정보보호에 관한 법률」을 통해 규정하고 있으며, 민간부문은 성격에 따라 정보통신망법, 의료법, 신용정보보호법 등이 적용되고 있다. 하지만 개인정보의 투명한 관리, 이용·제공의 적절한 통제, 유출 및 오·남용 방지 등을 구체적으로 담보하지 않는 한계가 있으며,

---

78) 제2조 (정의) 2. "개인정보"라 함은 생존하는 개인에 관한 정보로서 당해 정보에 포함되어 있는 성명·주민등록번호 및 화상 등의 사항에 의하여 당해 개인을 식별할 수 있는 정보(당해 정보만으로는 특정개인을 식별할 수 없더라도 다른 정보와 용이하게 결합하여 식별할 수 있는 것을 포함한다)를 말한다.

이로 인해 공공부문 뿐만 아니라 민간부문에서의 개인정보도 보호할 통합기구의 설치 등 필요성과 법률의 이원화 문제를 해결하기 위해 지난 17대 국회에서부터 꾸준히 논의되어 왔던 「개인정보보호법(법률 제10465호)」이 국회 본회의를 통과되어 2011년 9월 30일부터 전면 시행하게 되었다.

새로운 개인정보보호법 시행에 따라 약 350만개 모든 공공기관과 사업자를 규율대상으로 확대(약 300만개 기관·사업자 제도권 편입)함으로써, 오프라인 사업자와 협회, 동창회, 동호회와 같은 비영리 단체와 개인까지 모두 법에 적용 받게 된다.[79)]

---

79) 제7조 (개인정보 보호위원회) ① 개인정보 보호에 관한 사항을 심의·의결하기 위하여 대통령 소속으로 개인정보 보호위원회(이하 "보호위원회"라 한다)를 둔다. 보호위원회는 그 권한에 속하는 업무를 독립하여 수행한다. ② 보호위원회는 위원장 1명, 상임위원 1명을 포함한 15명 이내의 위원으로 구성하되, 상임위원은 정무직 공무원으로 임명한다.

제8조 (보호위원회의 기능 등) ① 보호위원회는 다음 각 호의 사항을 심의·의결한다.

1. 제9조에 따른 기본계획 및 제10조에 따른 시행계획
2. 개인정보 보호와 관련된 정책, 제도 및 법령의 개선에 관한 사항
3. 개인정보의 처리에 관한 공공기관 간의 의견조정에 관한 사항
4. 개인정보 보호에 관한 법령의 해석·운용에 관한 사항
5. 제18조제2항제5호에 따른 개인정보의 이용·제공에 관한 사항
6. 제33조제3항에 따른 영향평가 결과에 관한 사항
7. 제61조제1항에 따른 의견제시에 관한 사항
8. 제64조제4항에 따른 조치의 권고에 관한 사항
9. 제66조에 따른 처리 결과의 공표에 관한 사항
10. 제67조제1항에 따른 연차보고서의 작성·제출에 관한 사항
11. 개인정보 보호와 관련하여 대통령, 보호위원회의 위원장 또는 위원 2명 이상이 회의에 부치는 사항
12. 그 밖에 이 법 또는 다른 법령에 따라 보호위원회가 심의·의결하는 사항

제40조 (설치 및 구성)① 개인정보에 관한 분쟁의 조정(調停)을 위하여 개인정보 분쟁조정위원회(이하 "분쟁조정위원회"라 한다)를 둔다.② 분쟁조정위원회는 위원장 1명을 포함한 20명 이내의 위원으로 구성하며, 그 중 1명은 상임위원으로 한다.

제72조 (벌칙) 다음 각 호의 어느 하나에 해당하는 자는 3년 이하의 징역 또는 3천만원 이하의 벌금에 처한다.

1. 제25조제5항을 위반하여 영상정보처리기기의 설치 목적과 다른 목적으로 영상정보처리기기를 임의로 조작하거나 다른 곳을 비추는 자 또는 녹음기능을 사용한 자
2. 제59조제1호를 위반하여 거짓이나 그 밖의 부정한 수단이나 방법으로 개인정보를 취득하거나 개인정보 처리에 관한 동의를 받는 행위를 한 자 및 그 사정을 알면서도 영리 또는 부정한 목적으로 개인정보를 제공받은 자
3. 제60조를 위반하여 직무상 알게 된 비밀을 누설하거나 직무상 목적 외에 이용한 자

제23조 (민감정보의 처리 제한) 개인정보처리자는 사상·신념, 노동조합·정당의 가입·탈퇴, 정치적 견해, 건강, 성생활 등에 관한 정보, 그 밖에 정보주체의 사생활을 현저히 침해할 우려가 있는 개인정보로서 대통령령으로 정하는 정보(이하 "민감정보"라 한다)를 처리하여서는 아니 된다. 다만, 다음 각 호의 어느 하나에 해당하는 경우에는 그러하지 아니하다.

1. 정보주체에게 제15조제2항 각 호 또는 제17조제2항 각 호의 사항을 알리고 다른 개인정보의 처리에 대한 동의와 별도로 동의를 받은 경우
2. 법령에서 민감정보의 처리를 요구하거나 허용하는 경우

또한 기존의 컴퓨터 등에 의해 처리하는 개인정보파일 뿐만 아니라 동사무소 민원 신청 서류 등과 같은 공공기관의 종이문서에 기록된 개인정보도 포함되게 되며, 기존에는 특별한 제한 없이 개인정보의 수집 이용이 가능하였으나 이제는 법령에 근거하는 경우를 제외한 모든 경우에 반드시 정보주체의 동의를 받아야하며 위반 시 3천만원 이하의 벌금에 처해진다. 또한 개인정보를 제3자에게 제공 또는 공유하고자하는 경우 개인정보를 제공받는 자와 이용 목적과 항목, 보유 및 이용 기간 등을 정보주체에게 알리고 동의를 받아야 한다.

이밖에도 사상・신념, 노동조합・정당의 가입 및 탈퇴, 건강, 성생활 등에 관한 정보 및 그밖에 정보주체의 사생활을 현저히 침해할 우려가 있는 민감정보에 대해서는 원칙적으로 처리를 금지하며, 예외적으로만 처리 가능하도록 하고 있다. 주민등록번호, 여권번호, 운전면허번호, 외국인 등록번호와 같은 고유식별정보에 대해서는 원칙적으로 처리를 금지하고 있으며, 이에 따라 인터넷 본인확인을 위한 대체수단 강구를 의무화하여야 한다.

특히 현재는 주민번호를 인터넷 본인확인 수단 또는 DB검색의 KEY값으로 사용하는데 특별한 제한이 없었으나 법 제정에 따라 주민번호를 이용한 본인확인 및 DB검색이 금지된다.

3. 사이버공격과 보안기술

1) 개요

사이버 공격기술은 1970년대 피리를 이용하여 전화기를 무료로 사용하는 전화조작을 시점으로 1980년대 초 PC가 개발되면서 컴퓨터를 대상으로 개발되었다.

80-90년대에는 패스워드 추측공격, 사용자 계정의 패스워드 크랙, 알려진 취약점 공격 등의 단순한 공격으로 컴퓨터에 저장되어 있는 정보를 유출하는 정도였으나 90년 후반부터 2000년대에 걸쳐 인터넷 사용이 대중화 되고 서비스가 고도화됨에 따라 다양한 공격방법 및 도구가 개발되어 사이버 공격이 이루어졌는데 분산 서비스거부

공격, 인터넷 웜, 피싱 등 해킹기술과 웜 바이러스가 결합되는 지능적이면서 고도화된 공격기술이 출현하게 되었다(정태명 외, 2009: 123).

최근 사이버 공격의 형태는 개별 시스템 또는 개인 단말기를 대상으로 한 불법침입이나 웜 바이러스에 의한 파일변조, 자료유출 등 일차원적인 공격에서 원격조정이 가능한 해킹도구 및 지능화된 웜 바이러스 등을 통한 정교한 목표공격, 시스템 마비 또는 서비스거부 공격 등의 다차원적인 공격으로 변화하고 있다. 즉 간단한 공격도구를 이용하여 특정정보나 시스템을 목표로 하던 공격이 다양하고 고도화된 공격도구로 진화하여 인터넷 기반구조의 모든 요소를 공격하는 형태로 변화하고 있다.

또한 과거에는 웜 바이러스의 전파경로가 PC통신이나 디스켓의 복제 등으로 아주 제한적이었으나 최근에는 소프트웨어에 내재된 취약점을 이용하거나 네트워크 서비스를 통하여 감염이 확산되는 등 사이버공격 전파경로가 다원화되고 있다. 최근에는 침입차단, 탐지시스템 등 보안시스템을 우회하기 위하여 여러 시스템을 경유하여 단일 또는 다수의 시스템을 공격하는 방법을 사용하고 있다.

사이버 공격은 공격대상 시스템의 가장 취약한 부분을 겨냥하여 이루어진다. 이를 위해 공격자는 공격을 수행하기 전에 미리 공격대상에 관한 정보를 수집하여 취약한 부분을 식별해 낸다. 즉 네트워크 시스템의 장비종류, 운영체제, 응용프로그램, IP주소, 포트번호, 서비스 등에 관한 정보를 수집하고 분석하여 가장 취약한 부분을 식별한 후 공격을 한다. 사이버 공격을 위한 정보 수집은 풋 프린팅, 스캐닝, 목록화 등 3단계의 과정을 거치며 최근 강력한 검색엔진을 이용한 구글해킹 방법도 있다.

(1) 풋 프린팅(footprinting)

풋 프린트(footprint)란 발자국을 뜻하며, 풋 프린팅(footprinting)은 그 발자국을 살펴보는 것을 의미한다. 즉 공격자가 공격전에 공격대상에 대한 관련 정보를 수집하는 사전 작업을 말하며 침입하기 위한 보안상 취약점, 도메인 이름, IP 주소, 침입탐지 시스템 설치 여부, 사용자 목록, 시스템의 하드웨어 사양, 사용 중인 네트워크 프로토콜, 인증 메커니즘 등의 정보 수집을 말한다(이홍섭 외, 2005: 78).

풋 프린팅의 방법으로 사회공학적 접근[80]과 네트워크 검색을 통한 접근의 두 가지

방법으로 나눌 수 있다. 사회 공학적 접근은 공격대상자의 휴지통을 뒤지거나 회사에 직접 들어가서 사원의 모니터나 벽에 붙어있는 메모지에 적혀 있는 내용을 적거나 회사 내의 장비를 고치러 온 직원처럼 속여 직접적으로 공격대상시스템에 대한 정보를 얻는 방법이다.

언뜻 생각하면 "그런 게 무슨 해킹이야. 정말 해커라면 그런 것들로 시스템을 뚫고 들어가서 무슨 의미가 있겠어?" 라고 생각할지도 모르겠다. 하지만 이는 공격자에게도 보안 책임자에게도 무척이나 중요한 문제다. 실제로 패스워드가 노출되는 사건의 대부분이 스니핑(sniffing)[81]이나 스푸핑(spoofing)[82]처럼 고급 기술이 아니라 사회 공학적 공격에 의한 것이다.[83]

네트워크 검색을 통한 접근은 특정서버에 대한 침입을 목적으로 인터넷을 통한 서버의 정보수집과 네트워크를 통해 침입 가능한 시스템을 찾는 방법으로 나누어진다. 최근에는 사회 공학적 접근과 네트워크 검색을 통한 접근 모두를 활용하는 구글 해킹이 등장하였다. 인터넷의 발달과 더불어 구글 검색엔진은 기존의 검색엔진이 지니고 있는 텍스트 구문기반 검색이 아닌 소스코드 및 서브 링크관계를 분석하는 검색기법을 사용하고 있기 때문에 강력한 검색기능을 통해 최적의 정보를 제공하는 장점이 있다.

(2) 스캐닝

스캐닝(Scanning)은 네트워크상에서 전문도구를 이용하여 공격대상 네트워크의 상태를 조사하는 방법을 말한다. 스캔을 통해 공격자는 대상네트워크의 활성화된 시

---

80) 사회공학적 공격이란, 아주 특별한 기술을 필요로 하는 것이 아닌 일반 사람들이 흔히 저지르거나 방심하기 쉬운 실수들을 기반으로 암호 등을 알아내는 수법을 말한다.

81) 스니핑(sniffing)의 사전적 용어는 코를 킁킁거리다', '냄새를 맡다' 등의 뜻이 있으며 해킹기법으로스니핑은 전화 도청의 원리와 같이 특수 소프트에어를 이용해 암호(ID)와 비밀번호·이메일을 가로챈 뒤 각종 정보를 추적하거나 탐지하는 것을 말한다.

82) 스푸핑(spoofing)은 외부 악의적 네트워크 침입자가 임의로 웹 사이트를 구성해 일반 사용자들의 방문을 유도, 인터넷 프로토콜인 TCP/IP의 구조적 결함을 이용해 사용자의 시스템 권한을 획득한 뒤 정보를 빼가는 해킹 수법을 말한다.

83) 세기의 해커로 알려져 있는 케빈 미트닉(Kevin Mitnick)이 가장 능통한 분야도 사회 공학적 공격이며, 얼마 전엔 사회 공학적 공격기법만을 이용해 자신을 해고한 회사 시스템의 핵심부까지 침투했던 이야기를 쓴 책도 출판되었다.

스템 정보, 시스템에서 제공하는 서비스에 대한 정보를 수집할 수 있다. 수집된 정보는 공격자가 공격대상 네트워크의 구조적 취약성을 분석하여 공격대상 시스템에 대한 침입경로를 결정하거나 시스템에서 제공하는 서비스의 취약성을 분석하여 공격방법을 결정하는데 활용된다(이홍섭 외, 2005: 123).

스캐닝은 네트워크나 시스템의 주변조사를 수행하는 풋프린팅과 달리 실제 공격방법을 결정하거나 공격에 이용될 수 있는 네트워크의 구조, 시스템이 제공하는 서비스 등 정보를 얻기 위해서 수행되는 방법이다. 공격자는 스캐닝작업을 통해 공격대상 네트워크의 보안장비 사용현황, 우회가능 네트워크 구조, 해당 네트워크내의 시스템 플랫폼 형태, 시스템 운영체제의 커널 버전의 종류, 제공 서비스의 종류 등에 대한 정보를 알 수 있다. 이런 정보를 통해 공격자는 네트워크에 대한 직접적인 침투 경로나 우회경로의 정보를 파악할 수 있다. 이중 취약점이 있는 서비스를 제공하는 시스템이 존재한다면 취약점에 대한 해킹 수행코드를 이용하여 손쉽게 공격을 성공시킬 수 있다.

스캔기법은 네트워크의 구조를 조사하기 위해 존재하는 시스템에 대한 작동유무를 검사하는 Sweep, 시스템에서 제공하는 서비스를 확인하기 위해 사용되는 Open Scan, 스캔대상 시스템에 로그가 남아있지 않아 공격자 노출의 단점을 보완하고 방화벽이나 침입탐지시스템과 같은 보안장비에 대한 우회기능이 추가된 기법이 Stealth Scan등이 있다.

(3) 목록화

좀 더 실용적인 정보를 얻는 과정을 말한다. 목록화 단계에서는 공격대상에 포함되어 있는 사용자 계정, 보안에 취약한 공유자원 또는 응용프로그램을 파악하기 위해 공격대상 시스템에 직접 접속하여 필요한 정보를 수집하게 된다. 공격자에게 실제 사용자 계정이나 공유목록이 목록화 되었다면, 계정에 맞는 비밀번호나 공유목록의 공유자원 프로토콜의 취약점을 발견하는 것은 어렵지 않다.

예를 들면 사무실 문이 잠겨 있는지를 확인하기 위해 노크를 하거나 손잡이를 돌려보는 것은 스캐닝 작업에 해당되며, 목록화는 사무실에 들어가서 파일박스나 책상서

랍을 뒤져서 필요한 정보를 수집하는 것으로 시스템에 실제로 침입하여 이루어진다.

(4) 구글 해킹

구글 해킹은 구글을 해킹의 도구로써 이용한다는 의미이다. 구글은 현재 다양한 검색기능을 제공하며 수많은 데이터를 접근하기 때문에 해커가 구글을 이용하여 수많은 취약한 사이트들의 정보를 찾아낼 수 있으며 개인정보도 수집할 수 있다. 즉 구글의 검색기능을 이용해서 웹페이지에 올라와 있는 취약점들이나 정보를 수집해서 활용하는 것을 말한다. 사실 원래 용어는 구글독(googledork)라고 한다.

① 수집 방법 - 1

http://www.parosproxy.org 로 접속하여 PAROS를 다운 받아 사용한다. [도구]-[인터넷 옵션]-[연결]-[LAN설정] 프록시 서버 주소를 127.0.0.1 포트번호 8080 설정하고 이용한다.

② 수집방법 - 2 (구글에서 제공하는 고급 검색기능)

ⓐ Site : 특정 사이트만을 집중적으로 선정해서 검색할 때 유용하다.
((예) blog.naver.com/ljhjjang0125에 있는 페이지에서 hama 문자열을 찾는 방법, site:blog. naver.com/ljhjjang0125 hama)

ⓑ FileType : 특정 파일 유형에 대해 검색할 때 사용한다.
((예) 확장자가 txt이고 무협이라는 문자열이 들어간 파일을 검색할 때, filetype:txt 무협)

ⓒ link : 특정 링크가 포함되어 있는 페이지를 검색할 때 사용한다.
((예) blog.naver.com/ljhjjang0125 주소를 링크하는 웹페이지 검색할 때, link:blog.naver. com/ljhjjang0125)

ⓓ cache : 구글에서 백업해 둔 페이지의 정보를 보고자 할 때 사용한다.
((예) blog. naver.com/ljhjjang0125 웹 페이지에 대한 백업 정보 검색할 때, cahce:blog.naver. com/ljhjjang0125)

ⓔ intitle : 디렉토리 리스팅 취약점이 존재하는 사이트를 쉽게 찾을 수 있음.
((예) 디렉토리 리스팅이 가능한 사이트 검색할 때, intitle:index.of admin)

ⓕ inurl : site와 기능이 유사하다. 단, 주소명의 문자열만을 검색.
((예) ULR에 blog.naver.com/ljhjjang0125와 hama 문자열을 모두 포함하는

사이트를 검색할 때, inurl:blog.naver.com/ljhjjang0125 inrul:hama)

③ 구글 검색엔진의 검색을 피하는 방법

ⓐ 서버의 홈 디렉토리에 robots.txt 파일을 만들어 준다.
((예) blog.naver.com/ ljhjjang0125/robots/txt 파일이 있으면 구글 검색엔진 robots.txt에 있는 디렉토리는 검색하지 않는다)

ⓑ robots.txt 파일 중 user-agent 설정한다.
((예) User-agent: googlebot 구글 검색 엔진으로부터의 검색을 막는다)

ⓒ 모든 검색 로봇으로부터 검색을 막는다. (User-agent: *)

ⓓ robots.txt 파일 중 disallow 방법
((예) dbconn.ini 파일를 검색하지 못하도록 하려면, Disallow : dbconn.ini)

ⓔ admin 디렉터리에 접근하지 못하도록 하려면 Disallow : /admin/ 설정

2) 시스템에 대한 공격과 보안기술

(1) 공격기술

시스템에 대한 공격 형태는 공격대상시스템에 침입 후 원하는 정보를 변경·삭제·유출하는 형태의 소극적 방법과 공격대상 시스템을 마비시킴으로써 정상적인 동작을 수행하지 못하도록 하거나 서비스 제공을 멈추게 하는 적극적 방법이 있다. 공격자는 공격대상 시스템에 침입 후 목적대상 정보에 접근하기 위해서는 해당정보에 접근이 가능한 계정권한을 획득해야 한다. 이러한 계정의 권한 획득을 위해 사용되는 공격기법은 패스워드 공격과 버퍼 오버플로우 공격이 있다(정태명 외, 2009: 138).

① 패스워드 공격

패스워드 공격방법에는 사용자의 신원이나 주변 정보로 패스워드를 알아내는 사회공학적 기법과 사전공격(Dictionary Attack), 무차별 대입공격(Brute Force Attack) 등이 있다

ⓐ 사회 공학적 기법
사회 공학적 기법이란 사용자의 신원 및 주변정보를 이용하여 패스워드를 조합한 후 직접 시스템에 입력하는 방법이다.

사용자들은 자신의 패스워드를 잃어버리지 않기 위해 주변에 패스워드의 힌트를 적어두거나 패스워드 자체를 적어놓는 사례가 많다. 휴지통 뒤지기와 같은 방법으로 패스워드와 관련된 정보가 적혀 있을지 모르는 폐기 문서나 컴퓨터 주변의 메모지를 찾는다. 또한 사용자는 패스워드를 잃어버리지 않기 위해 자신이 잘 아는 정보로 패스워드를 구성하기도 한다. 예를 들면 자신 혹은 배우자의 생일, 결혼기념일, 주소, 관심분야의 내용 등의 주변정보로 패스워드를 구성한다. 따라서 공격자는 사용자의 주변정보를 조사하여 활용한다면 사용자의 패스워드를 추측할 수 있다.

또한, 사용자가 키보드 등을 이용하여 패스워드를 입력할 때 입력순간의 값을 공격자에게 노출시킨다. 즉 공격자는 특정사용자가 입력하는 키 정보를 가로채거나 옆에서 훔쳐봄으로써 암호화되지 않은 상태의 패스워드 값을 알아내는 방법이 있다.

또 하나의 방법으로는 공격자가 특정 사용자를 다른 시스템에서 발견할 경우 동일한 패스워드나 주변의 정보와 조합하여 만들어진 패스워드를 발견할 수 있다. 사용자들이 주기적인 패스워드 변경이나 여러 시스템의 계정을 쉽게 관리하기 위해 기존에 사용하고 있는 패스워드에 숫자를 붙여서 패스워드를 변경하거나 일련변호를 붙여 사용하는 경우가 있다. 또한 시스템 관리자가 일괄적으로 사용자에게 패스워드를 나누어 주는 경우에도 순차적으로 작성된 패스워드를 발급하기도 한다. 예를 들면 한 달에 한 번씩 패스워드를 변경하는 시스템이 있다하면 첫 번째 달의 패스워드가 "cat" 이었을 경우 공격자는 두 번째 달의 패스워드를 임의수자 "cat1"을 넣어서 패스워드를 추측할 수도 있다.

ⓑ 사전공격

사용자는 자신의 주변정보를 이용하지 않더라도 기억하기 쉬운 패스워드를 작성하는 경향이 있다. 그래서 자주 사용하는 언어나 의미가 있는 어휘를 사용한다. 사용자가 많이 사용하는 어휘들을 모아 사전파일을 만든 다음, 이를 이용하여 패스워드를 찾아내는 공격을 사전 공격이라 한다. 이 방법은 패스워드를 찾는데 가장 빠르고 효율적이지만, 어휘를 변경하거나 특수문자를 추가하면 실패할 수 있다.

ⓒ 무차별 대입공격

올바른 패스워드를 찾을 때까지 가능한 모든 조합의 경우수를 시도하는 방법이다. 일반적으로 패스워드로 입력 가능한 키는 특수키까지 고려하여 모두 94개(대문자 26, 소문자 26, 숫자 10, 특수문자 32)이다. 사용자가 8자리로 패수워드를 작성하면 그 경우의 수는 948이다. 무차별 대입공격은 그리 효율적인 공격법은 아니지만 모든 패스워드에 대한 조합을 이용하여 검색하기 때문에 최종적으로 하나의 패스워드를 검출할 수 있다.

전체적으로 숫자 집합을 검사한 후, 알파벳 집합, 알파벳-숫자집합, 숫자-특수키 집합 등 많이 사용될 수 있는 순서로 검사하는 방법이 좋다.

② 버퍼 오버플로우(Buffer overflow) 공격

버퍼를 넘치게(overflow) 하는 것을 의미하며, 자세히 설명하면 메모리에 할당된 버퍼의 양을 초과하는 데이터를 입력하여 프로그램의 복귀 주소(return address)를 조작, 궁극적으로 공격자가 원하는 코드를 실행하는 것이다. 여기에서 "버퍼(buffer)"란 프로그램 처리 과정에 필요한 데이터가 일시적으로 저장되는 공간으로 메모리의 스택(stack) 영역과 힙(heap) 영역이 여기에 속한다. 버퍼 오버플로우의 개념을 이해하기 위해서는 프로그래밍에 대한 기초 지식이 필요하며 이로 인하여 고급 공격기법으로 분류되고 있다.

버퍼 오버플로우는 공격기법이 아닌 단순한 프로그램상의 문제로 처음 소개되었는데 1973년경 C언어의 데이터 무결성 문제로 그 개념이 처음 알려졌다. 이 후 1988년 모리스웜(Morris Worm)이 버퍼 오버 플로우를 이용했다는 것이 알려지면서 이 문제의 심각성이 인식되기 시작했으며, 이후 "버퍼 오버플로우"는 SANS(www. sans.org)에서 매년 발표하는 TOP20 공격기법 가운데 상당수를 차지하면서 해커들의 꾸준한 사랑을 받아오고 있다.

버퍼 오버플로우의 정확한 동작원리를 이해하기 위해서는 프로그램에 의해 데이터가 어떻게 저장되는가를 우선 이해해야 한다. 하나의 프로그램은 수많은 서브루틴들로 구성되는데 이런 서브루틴이 프로그램에 의해 호출될 때, 함수 변수와 서브루틴의 복귀 주소(return address) 포인터를 스택(stack)이라는 논리적 데이터 구조에 저장하게 된다. 스택은 실행중인 프로그램이 필요로 하는 정보를 저장하는 메모리 영역이다. 서브루틴이 종료될 때 운영체제는 그것을 호출한 프로그램에 제어권을 반환해야 하기 때문에, 복귀 포인터를 통해서 프로그램이 서브루틴의 실행을 마치고 나서 되돌아 갈 주소를 가리키게 된다(정태명 외, 2009: 213).

버퍼는 할당된 메모리 공간의 높은 주소에서 낮은 주소로 채워지며, 스택 영역에 마지막으로 들어가 데이터가 제일 먼저 빠져 나오는 LIFO(Last in, First out) 특징을 가지고 있다. 이런 LIFO 특징에 의해 가장 먼저 들어가 것(복귀 포인터)이 스택에서 가장 나중에 제거된다는 것을 기억해야 한다. 서브루틴이 실행을 마치면 가장 나중에 행해지는 것은 복귀 포인터를 스택에서 제거하여 서브루틴을 호출한 함수로 반환하는 것인데, 만약 이 포인터가 사용되지 않는다면 서브루틴이 실행을 마쳤을 때 프로그램은 더 이상 어디로 진행해야 할지를 알 수 없을 것이다.

포인터(pointer)는 메모리의 위치를 저장하는 변수이다. 프로그램 실행을 위한 목적으로 다른 코드로 이동할 때 어디에서 떠났는지를 기억하기 위해 포인터를 사용해야 하며, 만약 포인터를 사용하지 않는다면 서브루틴의 실행이 끝나고 어디로 돌아와야 할지를 알 수 없을 것이다.

이제 스택을 조작하게 되면 어떤 일이 일어나는지를 살펴보자. 프로그램이 변수의 할당된 공간에 저장될 데이터의 크기를 검사하지 않고 크기에 제한을 두지 않는다면, 변수 공간은 넘치게 될 것이다. 즉, 버퍼에 오버플로우가 발생하면 저장된 데이터는 인접한 변수 영역도 침범할 것이며 결국에는 포인터 영역까지 침범하게 될 것이다.

공격자는 이러한 데이터의 길이와 내용을 적절히 조정함으로써 버퍼 오버플로우를 일으키고 운영체제의 스택을 붕괴시켜 특정 코드가 실행되도록 한다. 공격자가 보낸 데이터는 대개의 경우 특정 시스템에서 실행될 수 있는 기계어 코드와 복귀 포인터에 저장될 새로운 주소로 구성되어 있으며, 복귀 포인터에 저장될 새로운 주소는 다시 메모리의 스택 영역을 가리켜서 프로그램이 서브 루틴에서 반환될 때 공격자가 작성한 명령어를 실행하게 되는 것이다.

이때 고려해야 할 것은 공격 대상이 되는 프로그램이 무엇이든 간에 공격자의 공격 코드는 프로그램이 실행되고 있는 권한으로 실행될 것이라는 점이다. 따라서 공격자는 공격을 성공시켰을 경우에 시스템에 대한 최상위의 권한을 얻기 위해, root(주로 유닉스/리눅스 시스템) 또는 administrator(주로 윈도우즈 시스템) 권한으로 실행 중인 프로그램을 공격 대상으로 삼을 것이다.

〈그림 2-19〉 버퍼 오버플로우 원리

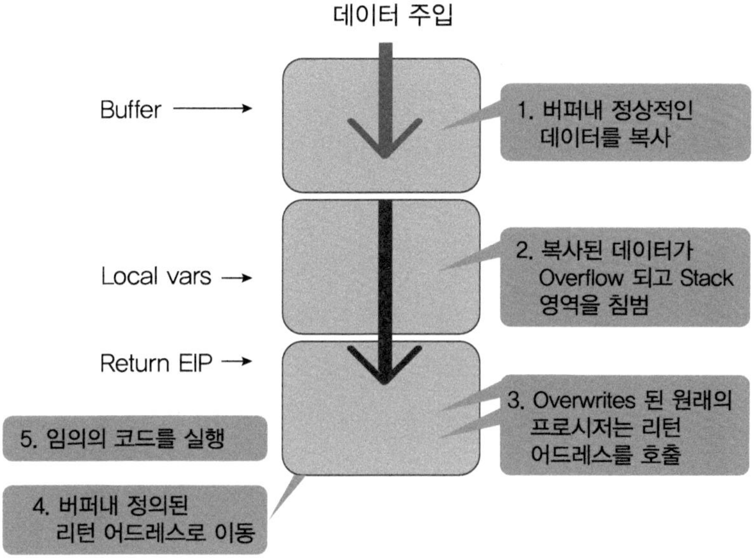

③ **악성코드**(Malicious Code)

악성코드는 컴퓨터 시스템에 설치되어 오동작 또는 마비시킴으로써 정상적인 서비스를 제공하지 못하게 하는 등 컴퓨터에 악영향을 끼칠 수 있는 모든 소프트웨어의 총칭이다. 악의적인 목적을 위해 작성된 실행 가능한 코드의 통칭으로 자기 복제 능력과 감염 대상 유무에 따라 컴퓨터 바이러스(virus), 웜(worm), 트로이목마(Trojan Horse) 등으로 분류된다.

악성코드의 대표격인 바이러스는 프로그램, 실행 가능한 어느 일부분 혹은 데이터에 자기 자신 혹은 변형된 자신을 복사하는 명령어들의 조합이라고 정의된다. 즉 컴퓨터 시스템 부트, 메모리, 파일 중 어느 한 곳에 기생하다가 컴퓨터가 작동하거나 특정 조건에 부합되면 자기증식 및 복제를 통하여 프로그램이나 데이터를 파괴시키도록 프로그래머가 인위적으로 제작한 프로그램이다.

웜은 다른 프로그램의 감염 없이 자신 혹은 변형된 자신을 복사하는 명령어들의 조합을 말하며 바이러스는 다른 실행 프로그램에 기생하여 실행되지만 웜은 독자적으로 실행되며 네트워크를 통해 자신의 복사본을 전송시킬 수 있는 자기전파 능력을 가지고 있어 네트워크 어웨어 바이러스(Network Aware virus)라고 불리기도 한다. 웜은 기억장소에 코드 형태로 존재하거나 혹은 실행파일로 존재하며 실행되면 파일이나 코드 자체를 다른 시스템으로 복사한다.

트로이목마는 컴퓨터의 프로그램 내에 사용자는 알 수 없도록 프로그래머가 고의로 포함시킨 자기 자신을 복사하지 않는 명령어들의 조합을 말한다. 고의로 포함시켰다는 점에서 프로그램의 버그(bug)와 다르며, 자신을 복사하지 않는다는 점에서 바이러스나 웜과도 약간 다르다. 또한 웜은 다른 악성코드와 함께 전파되거나 잘 알려진 프로그램의 최신 버전인 것처럼 속여 사용자들이 다운로드하도록 유도하고 사용자 정보를 유출하는 악성코드가 대부분 분산 서비스 거부공격에도 사용된다. 최근에는 악성코드의 기능 분석을 어렵게 하기 위해서 코드버츄얼라이저 등 난독화 기술이 적용된 악성코드도 등장하였다.

악성 코드와 혼동되는 것으로 유해가능 프로그램(potentially unwanted program)과 스파이웨어(spyware)가 있다. 유해가능 프로그램은 악의적인 목적으로 제작되지 않았지만 다른 악성코드나 타인에 의해 악용될 수 있어 주의가 필요한 프로그램이다. 이런 종류의 프로그램은 기능적으로는 악성코드와 유사하지만 상용으로 판매되거나 단독으로는 피해를 끼칠 수 없는 것이 대부분이다. 대표적인 것으로 원격제어(RAT, Remote Access Tool) 프로그램, 키로거(Keylogger) 프로그램, 취약점 검색 프로그램 등이 있다(이홍섭 외, 2005: 173).

④ **백도어(Back Door)**

공격자가 해킹을 통해 시스템에 침입하여 루트권한을 획득한 후 시스템을 재침입할 때 권한을 쉽게 획득하기 위하여 제작된 프로그램이다. 일종의 비밀통로로 원격지에서 공격자가 몰래 정보를 수집하거나 시스템의 특정 명령을 수행하고 재구성할 수 있도록 통제한다. 원래 목적은 시스템이 고장이 발생하였을 경우 시스템을 만든 회사의 프로그래머로 하여금 직접 접속해 들어와 점검하도록 하기 위해 특정 계정을 열어 놓는 것으로 시스템의 관리를 수월하게 하기 위하여 일부러 우회할 수 있는 접속루트(Trapdoor)로 만들어 놓은 것이다.

⑤ **리버스 엔지니어링(Reverse Engineering)을 이용한 공격**

리버스 엔지니어링이란 목표가 되는 프로그램이나 프로토콜을 분석하여 똑같은 동작을 만들어 내거나 설계구조를 알아내는 것을 말하며 역공학이라고도 한다. 통상적으로 컴파일된 바이너리(EXE, DLL, SYS 등)를 디스어셈블러라는 도구를 이용하여 어셈블리 코드를 출력한 후 그것을 C언어 소스형태로 다시 옮겨 적고 적당한 수정을 통해 리버스하고 있는 파일과 동일한 동작을 하는 프로그램을 만드는 것이다. 모든 어셈블리 코드를 소스 형태로 옮기지 않고 그냥 동작 방식만을 알아낸다거나 일정 부분만 수정하는 것들도 리버스 엔지니어링이라고 할 수 있다. 예를 들면 바이러스를 분석하는 일은 모든 코드를 알아낼 필요가 없기 때문에 동작 방식만 알아내면 되며 일정 부분만 수정하여 사용 제한을 푸는 것, 실행파일을 디스어셈블 하지 않고도 그 실행파일이 만들어내는 데이터 파일이나 패킷 등을 분석하여 똑같이 재구현하는 것도 등도 이에 해당된다. 리버스 엔지니어링에서 가장 많이 사용되는 방식은 바이너리를 디스어셈블 하여 코드를 얻어내는 방법이다(정태명 외, 2009: 223).

리버스 엔지니어링을 통해 프로그램의 취약성과 버그를 새로운 코드로 덮어씌우는 패치를 수행하여 시스템의 신뢰성과 보안성을 높이는 반면 복사방지를 제거하거나 패스워드 검증 과정을 무력화시키는 공격도구로도 사용될 수 있다. 대표적인 도구로는 디버거를 들 수 있다. 디버거는 크게 사용자 모드와 커널모드 디버거로 나누어지는데 특히 커널모드 디버거는 디바이스를 비롯한 운영체제까지 디버깅할 수 있기 때문에 시스템의 취약성을 공격할 수 있는 툴로 이용될 수 있다.

(2) 보안기술

앞에서 살펴본바와 같이 정보시스템 및 네트워크의 발달과 인터넷 사용의 확장에 따라 공격기술은 매우 다양하고 고도화되고 있다. 또한 공격대상이 특정시스템에 국한된 것이 아니라 네트워크로 연결된 모든 불특정 시스템과 사용자들을 대상으로 하고 있다. 따라서 시스템 공격에 대한 대응책은 무엇보다도 컴퓨터 사용의 최초 단계인 컴퓨터의 취약성에 대한 관리와 사용자의 접근에 있어서 필요한 사용자 인증, 접근제어, 백신프로그램 운영 등 있다.

① **인증**(Authentication)

여러 사람이 공유하고 있는 컴퓨터 시스템이나 통신망의 경우 이를 이용하려는 사람이나 응용프로그램의 신분(Identification)을 확인하여 불법적인 사용자가 들어올 수 없도록 시스템 보안을 유지하는 방법을 말한다.

〈그림 2-20〉 클라이언트, 서버간 인증절차

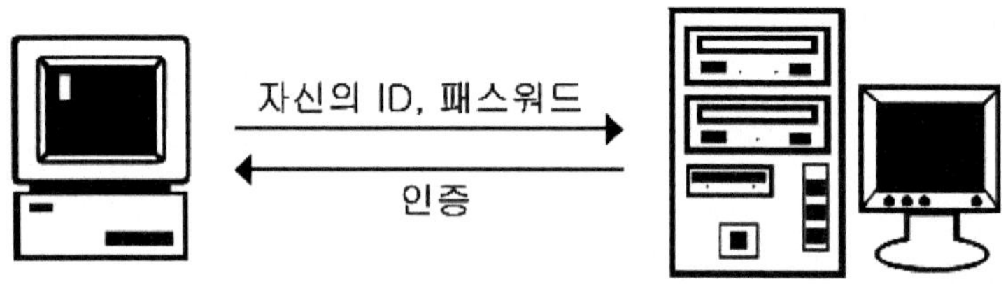

서버에서 사용자에게 ID를 요청함으로써 사용자가 누구인지 식별(Identification) 할 수 있고 패스워드를 요구함으로써 사용자가 진짜 맞는지를 확인하는 인증과정을 수행할 수 있다. 이러한 패스워드 기반 인증방법 이외도 다양한 방법이 존재하며 유형에 따라 인증강도가 결정된다.

ⓐ 사용자가 알고 있는 정보를 이용하여 사용자를 인증한다. 이때 사용자가 알고 있는 정보는 서버와 클라이언트만의 비밀정보로 보통 패스워드를 사용한다(Something the user knows).

ⓑ 사용자가 갖고 있는 정보를 이용하여 사용자를 인증한다. 스마트카드, RFID (Radio Frequence IDentification) 카드 등의 인증수단을 사용하여 사용자임을 증명할 수 있다(Something the user has).

ⓒ 사용자가 누구인지 자체를 증명할 수 있는 정보를 이용하여 사용자를 인증한다. 지문, 홍채, 망막 등을 이용하여 사용자임을 증명할 수 있다(Something the user is)

세가지 유형별 인증기술의 강도를 비교하면 ⓐ < ⓑ < ⓒ와 같은 순서가 된다. 인증강도가 낮다는 것은 공격자에게 쉽게 노출되어 도용할 수 있다는 것을 의미하는데 패스워드 기반인증이 그 대표적인 예이다. 일반적으로 패스워드는 길이가 길어질

수록(S), 패스워드의 사용기간이 짧을수록(L), 사용빈도가 낮을수록(R) 추측이 어렵다는 것으로 판명되었다(최경철, 2005: 78).

P(패스워드 추측확률)=L*R/S

이러한 패스워드 안전성 지표를 근간으로 패스워드 인증강도를 높이기 위해서 보조방법을 사용할 수 있다.

ⓐ **유효기간** : 패스워드 사용기간을 짧게 설정함으로써 공격자가 패스워드 추측 확률을 감소시킨다.

ⓑ **두 종류이상의 패스워드사용** : 민감한 정보에 대해서는 다른 패스워드를 사용함으로써 패스워드 길이를 늘이는 것과 같은 효과를 볼 수 있다.

ⓒ **지속적인 패스워드 오류에 대한 접근제한** : 일정횟수 이상의 패스워드 오류가 일어난 사용자에 대해서는 접근을 통제한다.

ⓓ **관리자 패스워드 보호** : 시스템 전체의 관리권한을 갖고 있는 루트 패스워드에 대한 보호를 수행한다.

ⓔ **시스템이 생성한 패스워드 사용** : 사용자가 생성한 패스워드가 아닌 시스템이 생성한 패스워드를 사용함으로써 유추에 의한 공격을 무력화 한다

그러나 이러한 방법으로 패스워드의 안전성을 높일 수 있으나 효율성 측면에서 단점을 갖고 있기 때문에 보안 관리자의 결정에 따라 달라진다.

② **접근제어(Access Control)**

사용자는 인증이 성공하여 접속이 허가되면 응용프로그램, 데이터 등 네트워크 및 시스템 자원에 접근하게 될 것이다. 이때 사용자가 원하는 자원에 접근하기 위해서는 해당 자원에 대한 권한이 필요하다. 권한(Permission)이란 네트워크 및 시스템 자원에 대하여 사용자가 가질 수 있는 행위에 대한 규정으로 시스템이 미리 부여한다. 시스템은 불법 접근이나 오동작을 방지하기 위해 자신의 자원에 대하여 권한을 부여하고 제어하는데 이를 접근제어라 한다.

접근제어에는 다음 세가지 요소로 구성되어 있다

ⓐ **주체**(Subject) : 객체에 대한 작업을 요청하는 사용자나 프로세스를 의미한다.

ⓑ **객체**(Object) : 시스템을 구성하고 있는 요소로서 주체에 의하여 동작한다. 파일이나 테이블 등이 여기에 해당되며 주체의 프로세스가 객체가 되는 경우도 있다.

ⓒ **권한**(Permission) : 주체가 객체에 대해 행할 수 있는 행위에 대한 정의이다.

접근제어의 기본적인 메커니즘으로는 주체를 행(Row), 객체를 열(Column)로 구성하고 주체가 객체에 수행할 수 있는 접근권한을 주체의행과 객체의 열이 만나는 셀에 기록하여 접근제어정책을 관리하는 접근제어행렬(Access Control Matrix)이 있다.

주체의 관점에서 접근권한을 부여하는 것을 자격목록(Capability List)이라고 하며 객체의 관점에서 객체에 어떤 주체가 어떤 접근권한을 갖는지를 명시한 것이 접근제어 목록(Access Control List)이다.

한편, 미 국방성에서 기밀을 분류하기 위한 목적으로 개발된 접근제어정책(Access Control Policy)으로는 임의적 접근제어정책(DAC : Discretionary Access Control Policy)과 강제적 접근 제어정책(MAC : Mandatory Access Control Policy)이 있다.

DAC는 주체 또는 그들이 속해 있는 그룹의 신분에 근거해 객체에 대한 접근을 제한하는 정책이다. DAC는 접근을 요청하는 주체의 식별에 기초로 하며 임의적으로 어떤 객체에 대해 주체가 접근권한을 추가 및 철회할 수 있다. DAC(S,O,P)의 행렬로 표시할 수 있다.

MAC는 객체에 포함된 정보의 비밀성과 주체가 접근할 수 있는 권한에 근거하여 객체에 대한 접근을 제한하는 정책이다. 각 주체와 객체는 허용등급을 나타내는 기밀수준과 범주의 집합으로 구성된 보안등급(Security Class)을 할당받는다. MAC에는 다단계 정책(MLP : Multi-Level Policies)과 부서기반정책 (CBP : Compartment-based Policy)이 있다(최경철, 2005: 172).

③ 시스템 보안설정

시스템을 보호하기 위해서는 최우선적으로 선행되어야 할 것이 계정관리다. 계정

관리의 소홀로 관리자 계정이 노출되어 시스템에 저장된 모든 정보가 유출될 수도 있다. 계정관리에 있어 가장 우선시 되는 것은 패스워드 관리이다. 패스워드 추측공격, 사전공격 등 여러 가지 공격에 쉽게 노출되지만 현재까지 시스템 접속 시에 가장 기본적인 보안수단으로 사용되고 있다.

관리자는 주기적으로 시스템의 패스워드를 점검하여 취약한 패스워드를 제거하거나 개선하고 불필요한 계정은 제거해야 한다. 예를 들면, 새로운 응용프로그램이 시스템에 설치되어 운영될 때 임시로 계정이 필요하여 생성하는 경우가 있다. 특히 임시로 생성된 계정은 '1111', 'aaaa'와 같이 취약한 패스워드로 설정해 놓은 경우가 많으며 사용용도가 끝나면 바로 제거해야 함에도 불구하고 그대로 유지하다가 관리자에게 인식이 안 되는 경우가 있다. 이러한 계정이 공격자에 의해 이용된다면 손쉽게 시스템 해킹에 이용될 수 있기 때문에 시스템 보안에 치명적이다.

특히 시스템을 관리하고 모든 설정을 변경할 수 있는 권한을 가진 관리자 계정에 대한 보호도 반드시 이루어져야 한다. 윈도우즈시스템의 경우에는 'administrator'계정과 유닉스 계열의 시스템에서는 'root'계정이 관리자 계정이다. 시스템은 이메일, 웹, 프린터 공유, 파일공유 등의 다양한 종류의 서비스를 제공한다. 공격자들은 포트스캔을 이용하여 시스템에서 제공되는 서비스 정보를 획득하고 취약한 포트를 통하여 공격을 시도할 수 있다. 따라서 시스템 관리자는 주기적으로 서비스와 포트에 대한 보안설정을 확인하고 보안패치를 이용하여 사용하지 않는 포트는 차단하고 포트의 취약점을 제거해야 한다. 또한 파일 및 디렉터리도 시스템 운영체제 마다 서로 상이함으로 관리 또한 차별화되어야 한다.

④ 백신 프로그램

웜 바이러스, 트로이 목마와 같은 악성코드는 시스템의 오동작, 프로그램 파괴, 서비스 거부 및 정보유출 등을 일으켜 시스템에 심각한 피해를 발생시킨다. 최근에는 악성코드들이 혼합되어 다양한 변종들이 발생하고 있다. 특히 웜의 자가 전파기능을 보유한 변종들이 많아 빠른 전파속도로 인해 그 피해가 점점 더 심각해지고 있다. 따라서 시스템에서 미리 악성코드를 제거하거나 감염되었더라도 빨리 치료하여 더 큰 피해를 막는 것이 효과적이다.

시스템이 바이러스 또는 웜 바이러스에 의해 감염될 징후가 있거나 감염되었을 때, 관리자는 바이러스를 제거하기 위해 백신이라는 예방 또는 치료 프로그램을 사용하게 된다. 백신프로그램은 안티바이러스와 동일한 의미로서 바이러스로부터 감염을 예방, 치료, 그리고 복구하는 역할을 수행한다.

3) 네트워크에 대한 공격과 보안기술

(1) 공격기술

최근 사이버공격은 단일시스템을 대상으로 한 공격에서 네트워크 인프라를 위협하는 대규모 공격으로 발전하고 있다. 2002년 10월 22일과 2007년 2월 6일의 루트서버에 대한 DoS 공격은 인터넷 주소 체계를 무력화시켰고 2009년 7월 7일과 2011년 3월 4일의 DDoS공격은 인터넷 전체에 대한 공격이었다. 이처럼 대규모 네트워크 피해를 유발시키는 주요 공격방법으로는 서비스 거부공격 이외에 스푸핑(Spoofing), 스니핑(Sniffing), 세션 하이재킹(Session Hijacking), 무선해킹(Wireless Hacking) 등이 있다(정태명 외, 2009: 154).

① 서비스 거부 공격(DoS : Denial of Service attack)

시스템을 악의적으로 공격해 해당 시스템의 자원을 부족하게 하여 원래 의도된 용도로 사용하지 못하게 하는 공격이다. 특정 서버에게 수많은 접속 시도를 만들어 다른 이용자가 정상적으로 서비스 이용을 하지 못하게 하거나, 서버들의 연결을 바닥내는 등의 공격이 이 범위에 포함된다. 수단, 동기, 표적은 다양할 수 있지만, 보통 인터넷 사이트 또는 서비스의 기능을 일시적 또는 무기한으로 방해 또는 중단을 초래한다.[84)]

분산 서비스 거부 공격(DDoS : Distributed DoS)은 다수의 시스템을 통해 공격을 시도하며 다양한 방법을 통해 동시에 공격하기도 한다. 악성코드나 바이러스 등의

84) 미 컴퓨터 비상 대응 팀에서는 DoS 공격으로 의심할 수 있는 증상을 네트워크 성능 저하, 특정 웹사이트의 접근 불가, 모든 웹사이트에 접근 불가, 특정 전자 우편의 급속한 증가 등으로 보고 있다. 서비스 거부 공격은 라우터, 웹, 전자 우편, DNS(Domain Name Server) 서버 등 모든 네트워크 장비를 대상으로 이루어질 수 있다.

악의적인 프로그램들을 통해서 일반 사용자의 PC를 감염시켜 좀비 PC로 만든 다음 특정 서버를 통해 DDoS 공격이 수행된다. DDoS 공격은 주로 악의적인 프로그램에서 정한 특정 시간대에 시작된다. 대표적 피해사례로 2009년 7월 7일, 2011년 3월 4일에 발생했던 DDoS 공격이 있다.

〈그림 2-21〉 DDoS 공격도

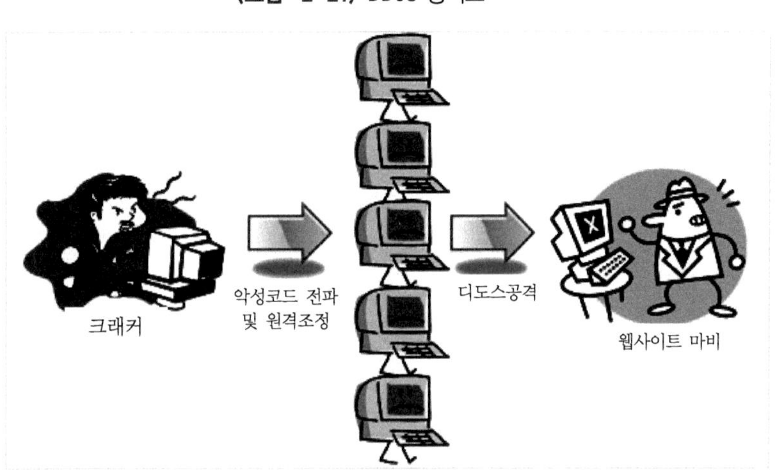

② **스니핑(Sniffing) · 스푸핑(Spoofing) 공격**

스니퍼(sniffer)는 원래 Network Associate사의 등록상표였으나 현재는 PC나 kleenex처럼 일반적인 용어로 사용되고 있다. "sniff"라는 단어의 의미(냄새를 맡다, 코를 킁킁거리다)에서도 알 수 있듯이 스니퍼는 "컴퓨터 네트워크상에 흘러 다니는 트래픽을 엿듣는 도청장치"라고 말할 수 있다. 그리고 "스니핑"이란 이러한 스니퍼를 이용하여 네트워크상의 데이터를 도청하는 행위를 말한다.

TCP/IP 프로토콜은 학술적인 용도로 인터넷이 시작되기 이전부터 설계된 프로토콜이기 때문에 보안은 크게 고려하지 않고 시작되었다. 대표적으로 패킷에 대한 암호화, 인증 등을 고려하지 않았기 때문에 데이터 통신의 보안의 기본요소 중 기밀성, 무결성 등을 보장할 수 없었다. 특히 스니핑의 목적이 패킷을 가로챈 후 패킷 디코딩을 통하여 주요 정보를 획득하기 위해서이기 때문에 보안의 기본 요소 중 기밀성을 해치는 공격 방법이다.

〈그림 2-22〉 일반적인 스니핑 기법

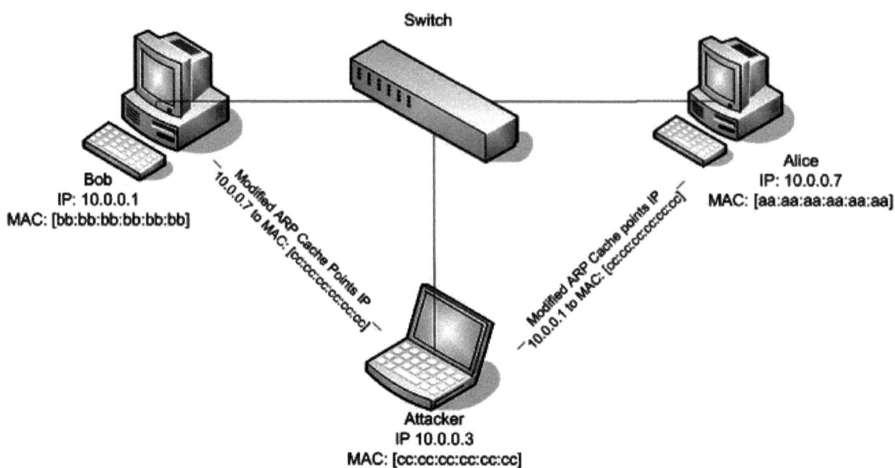

이러한 스니핑 공격은 웹호스팅, 인터넷데이터센터(IDC) 등과 같이 여러 업체가 같은 네트워크를 공유하는 환경에서는 매우 위협적인 공격이 될 수 있다. 하나의 시스템이 공격당하게 되면 그 시스템을 이용하여 네트워크를 도청하게 되고, 다른 시스템의 User ID/Passwd를 알아내게 된다. 비록 스위칭 환경의 네트워크를 구축하여 스니핑을 어렵게 할 수는 있지만 이를 우회할 수 있는 많은 공격방법이 존재한다.[85)]

특히 'IP스푸핑'이란 로그인하려는 컴퓨터가 신뢰할 수 있는 다른 컴퓨터의 IP를 이용해 해킹하는 것. 즉, 허가받은 IP를 도용해 로그인을 하는 것을 말한다. 또한 유명 업체의 명의로 스팸메일을 발송, 소비자들이 믿을 수 있는 이메일로 생각하게끔 오도해 이메일의 개봉 빈도를 높이려는 행위를 스푸핑이라 하기도 하며, 이런 이메일을 통해 '가짜 웹사이트'로 유도하여 사용자가 암호와 기타 정보를 입력하도록 속이는 것을 말한다.

85) "스푸핑(Spoofing)" 이란 '속이다, 사기 치다'는 뜻으로 외부 악의적 네트워크 침입자가 임의로 웹사이트를 구성해 일반 사용자들의 방문을 유도, 인터넷 프로토콜인 TCP/IP의 구조적 결함을 이용해 사용자의 시스템 권한을 획득한 뒤 정보를 빼가는 해킹 수법이다.

〈그림 2-23〉 일반적인 스푸핑 기법

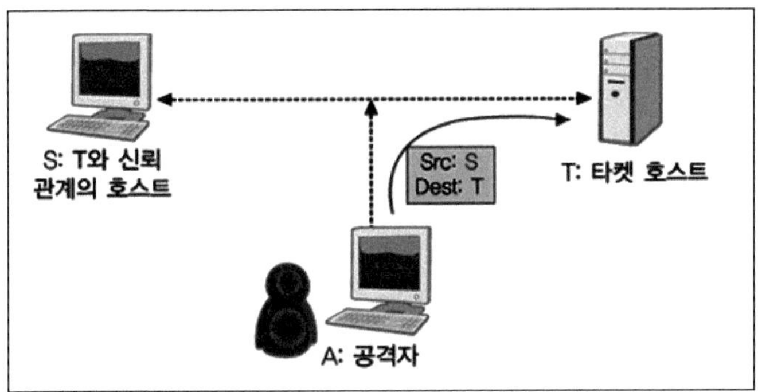

▲그림 1. IP 스푸핑 기법을 이용한 패킷 전송

ARP(Address Resolution Protocol) 스푸핑은 로컬 네트워크(LAN)에서 사용하는 ARP의 허점을 이용하여 자신의 MAC(Media Access Control) 주소를 다른 컴퓨터의 MAC인 것처럼 속이는 공격이다. ARP 스푸핑은 ARP Cache 정보를 임의로 바꾼다고 하여 "ARP Cache Poisoning 공격"이라고도 한다. 과거의 더미 허브 환경에서는 쉽게 스니핑이 가능하였지만, 최근의 스위치 환경에서는 해당 MAC을 가진 컴퓨터에게만 패킷이 전달되어 더미 환경에 비해 스니핑이 쉽지 않게 되었다. 하지만 공격자들은 자신의 MAC 주소를 라우터 또는 스니핑하고자 하는 대상 서버의 MAC 주소로 위장(ARP 스푸핑)하여 스위치 환경에서도 패킷을 스니핑할 수 있다(최경철, 2005: 213).

하지만, 최근 발견된 몇 건의 사고들을 통해 ARP 스푸핑기법이 단순히 패킷을 가로채어 훔쳐보는 스니핑 수준이 아니라, 가로챈 패킷을 변조한 후 재전송하는 공격에도 사용되고 있음을 알 수 있었다. 한 서버가 아무리 안전하게 구축되어 해킹당할 염려가 없다고 하더라도 해당 서버가 포함된 네트워크 내에 안전하지 못한 서버가 있을 경우 ARP 스푸핑 공격으로 쉽게 데이터가 유출되거나 변조될 수 있음을 알 수 있다. 다수의 서버들이 밀집해 있는 IDC에 서버가 있을 경우 타 업체 서버의 보안문제점이 자사의 보안문제로 전이될 수 있음을 보여준다. 따라서 IDC나 호스팅업체와 같이 IP 세그먼트 내에 여러 고객 서버가 있을 경우 고객 서버들은 동일한 수준으로 보안이 유지되어야 함을 알 수 있다.

③ 세션 하이재킹(Session Hijacking) 공격

다른 사람의 세션(사용자와 컴퓨터, 또는 두 대의 컴퓨터간의 활성화된 상태)을 훔치거나 도용하여 액세스하는 해킹 기법으로 세션 ID 추측 및 세션 ID 쿠키 도용을 통해 공격이 이루어진다. 하이재킹으로 인한 직접적인 피해는 세션 상태에 어떤 정보가 저장되어 있느냐에 달려 있지만 그보다 더 위험한 것은 ID와 패스워드를 사용하는 인증 절차를 건너뛰어 서버와 사용자가 주고받는 모든 내용을 그대로 도청하거나 서버의 권한을 확보할 수도 있다는 점이고 스니핑과 다른 점은 공격자가 실제 클라이언트의 인터페이스를 획득함으로써 명령의 실행이 가능하다는 것이다. 그런 이유로 세션하이재킹은 적극적인(Active) 공격이라고 한다.

〈그림 2-24〉 세션하이재킹 흐름도

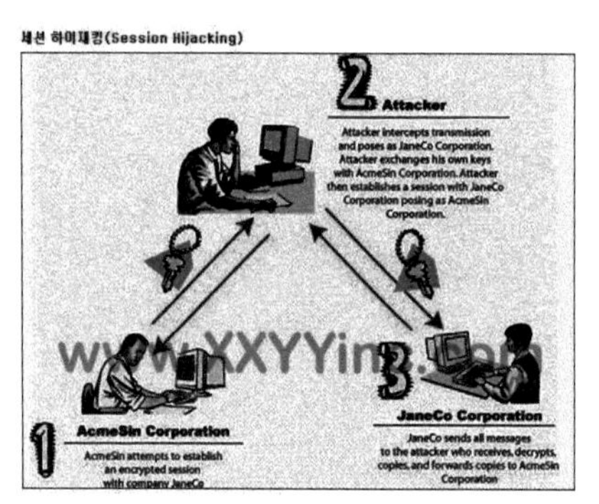

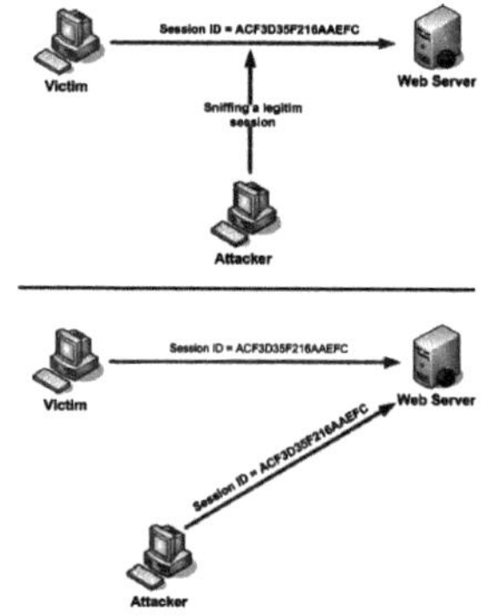

(2) 보안기술

네트워크를 통한 사이버공격은 클라이언트, 서버, 라우터, 스위치 등 네트워크와 연결된 모든 요소들에게 위협을 가할 수 있다. 대표적인 네트워크 보안기술로는 조기경보시스템, 침입차단·탐지시스템, 통합보안시스템 구축 등이 있다

① 조기 경보시스템

알려지지 않은 취약점을 악용한 침해사고와 다양한 공격기법들이 등장함에 따라 기존 단위 보안 솔루션을 통한 대응에 많은 어려움이 생겨나고 있다. 특히, 소프트웨어에 보안 취약성이 발견 되었을 때, 문제가 공표되기도 전에 그 취약성을 악용하여 자행

하는 이른바 'Zero Day 공격'에 대한 위험도 큰 부담으로 다가오고 있다. 이러한 환경에서 각종 사이버 공격의 징후관련 정보를 사전에 수집하고 피해로 직결될 수 있는 위협정보를 분석하고 보안 관리자에게 미리 경보하여 피해를 최소화할 필요가 있다. 이러한 일련의 능동적인 대응시스템을 조기경보시스템(Early Warning System)이라 한다. 최근 조기경보 시스템에 대한 언급이 눈에 띄게 증가하고 있는 배경도 이런 상황과 무관하지 않다.

조기경보 시스템은 침입탐지 기술에 의해 수집된 정보를 분석해 유해 트래픽 여부를 확인하고, 조기 예・경보를 발령하도록 함으로써 정보보호 사고에 능동적으로 대처할 수 있도록 지원한다. 물론 침입탐지 등 기술을 이용해 기초 정보를 수집하는 것은 기존 정보보호 기술과 동일하다. 하지만 수집된 정보에 대한 트래픽 분류 및 추이분석, 이벤트 간 상관관계 분석 등을 수행해 유해 트래픽을 산정 및 예측함으로써 정보보호 사고의 발생과 확산을 방지한다는 점은 조기경보 시스템만의 특징이다. 이런 의미에서 조기경보 시스템은 정보보호 사고의 징후를 조기에 파악해 능동적으로 대처할 수 있도록 공격정보의 수집, 분석 및 예・경보를 발령하는 통합된 정보보호 기술체계라고 정의할 수 있다.

조기경보 시스템은 일반적으로 공격정보를 수집하기 위한 부분을 비롯해 수집된 정보를 분석하기 위한 각종 기술, 정보공유 네트워크(Trusted Information Sharing Network), 그리고 예・경보에 대응하는 조직 및 기술체계 등으로 구성된다. 정보수집 단계에서는 침입차단 시스템, 침입탐지 시스템, Secure OS, 취약점 분석도구, 바이러스 방역 시스템 등 각종 정보보호 시스템의 모듈로부터 수집된 정보가 침입탐지 시스템 이력 DB, 공격평가 DB, 사고이력 DB등 각 정보보호 시스템 내 DB로 축적된다.

두 번째 정보분석 단계에서는 각 정보보호 시스템의 DB가 정보공유 네트워크를 통해 통합수집 DB 또는 취약점 DB로 통합된 후 정보분석 시스템을 통해 분석된다. 정보 분석 시스템은 이를 기반으로 공격여부의 파악, 예・경보 발령, 공격평가 및 관련 시스템의 모니터링을 실시한다(이홍섭 외, 2005: 207).

마지막 정보발송 단계는 정보분석 단계의 활동결과와 수집된 정보가 침해사고 또는 공격유형으로 판단돼 조기 예경보가 발령된 경우에만 수행한다. 정보발송 단계는 다시 예·경보 시스템의 환경설정, 예·경보 및 침해대응, 정책수정 및 보고의 3가지 분야로 구성된다. 이를 다시 세분화해 보면, 예·경보 시스템의 환경설정은 예·경보 발령의 기준 및 단계를 정의하고 각 단계별로 예·경보 조건 및 방법 등을 지정하는 활동으로, 공격의 영향 및 긴급성에 따라 예·경보가 적절히 전파될 수 있도록 하는 역할을 한다. 정보보호 담당자가 적절히 공격에 대응하고 필요한 정보공유 및 연계체계를 가동하는 활동인 예·경보 및 대응은 단계별로 미리 정의된 시나리오에 따라 체계적인 복구가 이뤄질 수 있도록 한다.

한편, 정보보호 사고 재발방지 목적의 정책수정 및 보고 단계에서는 정보보호 사고의 대응결과에 따라 필요한 보안정책을 수정하고, 사고 및 대응결과에 대한 사례 보고 및 전파활동을 하게 된다.

이런 의미에서 조기경보 시스템 역시 개별 정보보호 시스템 연계, 기술적 취약점 분석, 로그 분석 및 침해대응 등 기술적 대응 뿐 아니라 정보공유 및 공동대응을 위한 ISAC (Information Sharing & Analysis Center) 체계의 구축, 정보보호 관리체계(Information Security Management System) 구축 등 관리적 방향으로 발전할 것이라는 예상이 지배적이다. 무엇보다 조기경보 시스템은 향후 기업 조직 전반의 업무를 안정적으로 수행하기 위한 효과적 대안으로 자리 잡을 것이라는 사실은 분명해 보인다.

또한 각 국가, 지역(아시아) 및 전 세계적인 경보체계 구축이 이뤄지고 있는 가운데 우리나라도 국가사이버안전센터, 국방정보전대응센터, 인터넷침해사고대응지원센터 등이 건립돼 향후 지역 및 세계적인 조기경보 체계와의 연계는 물론, 이를 토대로 효과적인 정보공유가 이뤄질 것으로 예상된다.

② **침입차단시스템(Firewall System)**

외부 네트워크로부터 내부 네트워크로 침입하는 네트워크 패킷을 찾아 제어하는 기능을 가진 소프트웨어 또는 하드웨어이다. 일반적으로 내부 네트워크로 들어오는 모든 패킷이 지나가는 경로에 설치되며, 접근제어목록(ACL)을 통해 호스트의 IP주소, TCP/UDP의 포트번호, 사용자 인증에 기반을 두고 외부 침입을 차단하는 역할을 한다. 허용되지 않는 사용자나 서비스에 대해 사용을 거부하여 내부 자원을 보호한다(최경철, 2005: 217).

그러나 침입차단시스템 내부에 있는 악의적인 내부자에 의한 공격이나 백도어를 통해 내부 네트워크에 침입하는 공격, 새로운 공격, 침입차단시스템을 우회하는 공격 등에 대해서는 차단이 불가능하다는 단점이 있다

③ **침입탐지시스템**(IDS : Intrusion Detection System)

침입 탐지 시스템은 악의를 가진 숙련된 해커 또는 자동화된 툴을 사용하는 스크립트 키디에 의해 네트워크에서 사용되는 자원의 무결성, 비밀성, 가용성을 저해하는 행위를 가능한 실시간으로 탐지하여 보안 관리자에게 경고메시지를 보내주고 대응하는 시스템을 말한다. 침입탐지시스템은 보안정책에 따라 탐지 및 대응책을 설정하는데 전통적인 방화벽이 탐지할 수 없는 모든 종류의 악의적인 네트워크 트래픽 및 컴퓨터 사용을 탐지할 수 있다.

침입탐지시스템은 네트워크 및 시스템에서 제공하는 모든 데이터를 수집(데이터 수집단계)하고 침입여부를 판단하기 위해 필요한 정보를 추출하고 분석(분석 및 탐지)한다. 여기서 침입여부를 판단하기 위하여 시스템의 비정상적인 사용을 탐지하는 비정상적인 행위 탐지기법과 시스템의 취약점, 응용프로그램의 버그 등을 탐지하는 오용 탐지기법이 사용되고 있다. 침입으로 판정된 경우, 이에 대한 적절한 대응을 자동으로 실시해 주며 보안 관리자에게 침입사실을 보고하여 조치를 취하게 한다.

오용 침입 탐지방법은 시스템 로그, 네트워크 입력정보, 알려진 침입방법, 비정상적인 행위 패턴 등을 거대한 데이터베이스에 저장해 두었다가 사용자 행동패턴이 기존 침입패턴과 일치하거나 유사한 경우에는 침입이라 판단한다. 데이터베이스는 기존의 공격이나 침입시에 나타났던 패턴들을 저장하고 새로운 공격이나 침입방법이 출현하였을 경우에는 그에 맞는 공격패턴을 생성한다(정태명 외, 2009: 93).

비정상 행위 기반 탐지방법은 시스템과 사용자의 정상적인 행위 패턴을 프로파일로 생성하고 실제의 시스템 상에서의 행위가 프로파일 범위를 벗어날 경우를 탐지하는 방법이다. 탐지방법으로는 정상행위의 통계적인 프로파일을 생성하고 주기적으로 갱신하며 실제 사용자 및 시스템 행위를 산출한 통계정보와 비교, 임계치 이상의 차이를 보이면 비정상행위로 판정하는 통계적 분석방법, 현재 사건간의 상호관계와 순서를 비교하여 정상적인 패턴 범위를 벗어났을 경우에 비정상적인 행위로 판단하는 예측 가능한 패턴 생성방법, 특정사건이 학습을 통하여 구성된 신경망 구조에 대한 변경을 초래할 경우 이를 비정상적 행위로 판정하는 신경망 모델방법 등이 있다.

네트워크 기반 시스템은 네트워크를 통해 전송되는 패킹정보(패킷헤더, 데이터 및 트래픽 양, 응용프로그램 로그 등)를 분석하여 침입여부를 판단한다. 센서는 모니터할 네트워크 또는 DMZ나 네트워크 경계의 초크 지점(choke point)에 위치한다. 호스트 기반 시스템은 시스템 로그, 계정, 시스템 자원과 특정 행위에 대한 감사 자료분석 등 시스템 내부에서 생성되는 정보를 분석하여 침입여부를 판단한다.

수동적 시스템에서의 IDS 센서는 가능성 있는 보안 침해 사항을 탐지하여, 정보를 로그로 기록하고 콘솔을 통해 경고 신호를 보낸다. 반응적 시스템에서의 IDS 센서는 의심스러운 동작에 대해 자율적으로 또는 시스템 운영자에 의해 사용자를 로그오프 시키거나, 방화벽을 다시 프로그래밍하여 의심스러운 출처로부터 네트워크 트래픽을 차단하도록 응수한다.

④ **침입방지시스템(IPS : Intrusion Protection System)**

IPS는 잠재적 위협을 인지한 후 이에 즉각적인 대응을 하기 위한 네트워크 보안 기술 중 예방적 차원의 접근방식에 해당한다. IPS 역시, 침입 탐지 시스템인 IDS와 마찬가지로 네트워크 트래픽을 감시한다. 공격자가 일단 액세스 권한을 획득하고 나면 시스템의 악의적인 이용이 매우 빠르게 진행될 수 있기 때문에, IPS 역시 네트워크 관리자가 설정해 놓은 일련의 규칙에 기반을 두고 즉각적인 행동을 취할 수 있는 능력을 가지고 있어야 한다. 이를 위하여, IPS는 어떤 한 패킷을 검사하여 그것이 부당한 패킷이라고 판단되면, 해당 IP주소 또는 포트에서 들어오는 모든 트래픽을 봉쇄하는 한편, 합법적인 트래픽에 대해서는 아무런 방해나 서비스 지연 없이 수신 측에 전달한다.

효과적인 침입 방지 시스템이 되려면 개별 패킷은 물론 트래픽 패턴을 감시하고 대응하는 등 보다 복잡한 감시와 분석을 수행할 수 있어야 한다. 탐지 기법으로는 주소 대조, HTTP 스트링과 서브스트링 대조, 일반 패턴 대조, TCP 접속 분석, 변칙적인 패킷 탐지, 비정상적인 트래픽 탐지 및 TCP/UDP 포트 대조 등이 있다.

광범위하게 말하자면, 방화벽이나 안티 바이러스 소프트웨어, 그리고 네트워크 등의 접근 권한을 획득하려는 공격자들을 지키기 위해 사용되는 것이라면 어떠한 제품이나 수단이라도 IPS라 지칭할 수 있다.

⑤ **통합보안관리시스템**

해킹, 웜 바이러스 등을 이용한 사이버공격이 다양해짐에 따라 침입차단·탐지시스템 등 개발단위의 보안시스템으로는 네트워크 시스템을 보호하는데 한계점이 들어나고 있다. 침입차단시스템은 내부에서 발생하는 해킹에는 대처할 수 없고 차단시스템을 우회하는 공격을 막지 못하고 관리자의 규칙설정 오류를 이용한 공격도 가능하다. 침입탐지 시스템은 비정상적인 행위를 정상적인 행위로 탐지하거나 정상적인 행위를 비정상적인 행위로 탐지하는 등 오경보율을 해결하지 못하고 있다. 이러한 개별 보안시스템의 단점을 보완한 통합보안관리시스템(ESM : Enterprise Security Management)은 일관된 보안정책과 통합적인 관제를 통하여 네트워크 및 시스템에 대한 보안성을 향상시키고 효율적인 보안관리를 수행하는 시스템이다.

통합보안관시스템은 전송되는 메시지를 검사하고 데이터를 정규화하여 필터링 및 분석을 통해 주요한 정보를 축약하는 에이전트(Agent), 에이전트로부터 수집된 정보의 로그를 저장하고 보호대상 자산에 대한 위험관리 수행과 새로운 공격유형에 즉각적인 감시가 가능하도록 정책을 수립하는 매니저, 침입 탐지 규칙과 시나리오에 따라서 실시간으로 위험 경보를 발령하며 해당관리자에게 보안관련 로그에 대한 기록과 대응책에 대한 결과를 보고하는 콘솔 등으로 구성된다.

4) 웹에 대한 공격과 보안기술

웹(WWW : World Wide Web)은 인터넷에 연결된 컴퓨터를 통해 사람들이 정보를 공유할 수 있는 전 세계적인 정보공간을 말한다. 웹은 가장 빠르고 폭 넓게 성장하고 있는 네트워크 서비스 가운데 하나이다. 수많은 인터넷 사용자가 웹을 통해서 정보를 공유하고 서비스를 제공받기 때문에 공격자에게 중요한 공격대상이 되고 있다. 일반적으로 방화벽을 설치하여 불필요한 포트를 차단하여도 웹 서비스 포트인 80번 포트가 열려 있는 경우가 많기 때문에 취약성을 이용, 서버에 침입할 수 있다. 웹서비스는 다양한 컴포넌트로 구성된다. HTML과 URL을 처리할 수 있는 웹서버, PERL, ASP, PHP, JSP 등과 같은 스크립트 언어를 처리할 수 있는 CGI(Common Gateway Interface)컴포넌트 및 웹사이트에서 입력된 정보를 저장하기 위한 데이터베이스 서버가 있다. 이러한 컴포넌트는 각각의 취약성을 갖고 있기 때문에 이를 이용한 첨단 공격기법이 생겨나고 있다.

(1) SQL 삽입공격

SQL[86]문을 이용하여 데이터베이스에 접근할 수 있는 취약점으로, SQL문에 특정한 코드를 삽입하여 인증을 우회하거나 데이터베이스를 조작하는 것을 SQL삽입공격이라 한다. 다음은 SQL 구문을 이용하여 인증을 처리하는 일반적인 웹 페이지 구조를 나타낸다.

```
$row = mysql_query ("SELECT 신청인명, 접수번호 from USER_TABLE where 신청인명='첫번째입력값' and 접수번호='두번째입력값' ");
if ( $row == 1 )
// 인증 성공 루틴
else
 // 인증 실패 루틴
```

86) SQL(Structured Query Language, 구조화 질의어)는 관계형 데이터베이스 관리 시스템에서 자료의 검색과 관리, 데이터베이스 스키마 생성과 수정, 데이터베이스 객체 접근 조정 관리를 위해 고안된 컴퓨터 언어이다. SQL은 데이터베이스로부터 정보를 얻거나 갱신하기 위한 표준 대화식 프로그래밍 언어이다. 많은 수의 데이터베이스 관련 프로그램들이 SQL을 표준으로 채택하고 있다(위키백과, 우리 모두의 백과사전)

이 스크립트에 공격자가 test라는 신청인명을 입력하고 인터넷 접수번호 대신 'A' or 'A'='A'이란 값을 입력하면 아래와 같은 SQL Query가 완성된다.

```
SELECT 신청인명, 접수번호 FROM user_table WHERE 신청인명='test?? AND 접수번호=??A' OR
'A'='A'
```

이 경우 구문의 WHERE 절은 ??참 AND 거짓 OR 참??의 WHERE 절이 생성되며 무조건 참이 되어 SQL 구문은 올바른 입력 값으로 처리하게 되어 공격자는 웹 인증 페이지를 비정상적으로 통과하며 데이터베이스에 저장된 데이터를 임의로 열람할 수 있고 데이터베이스의 시스템 명령을 이용하여 시스템 조작이 가능하다.

〈그림 2-25〉 SQL 삽입공격

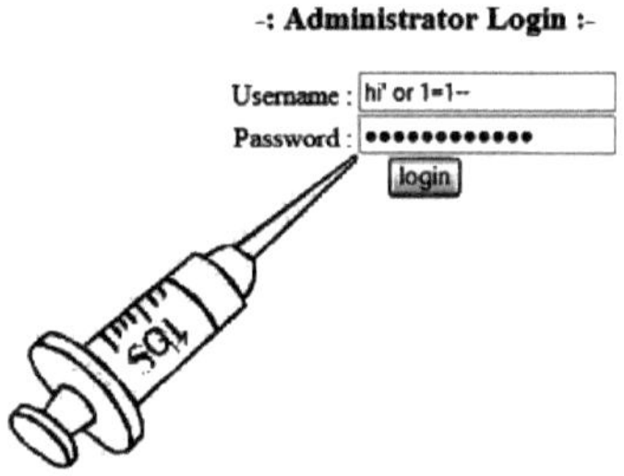

-: Administrator Login :-

Username : hi' or 1=1--

Password : ••••••••••••

login

〈그림 2-26〉 SQL 삽입공격 성공화면(관리자모드)

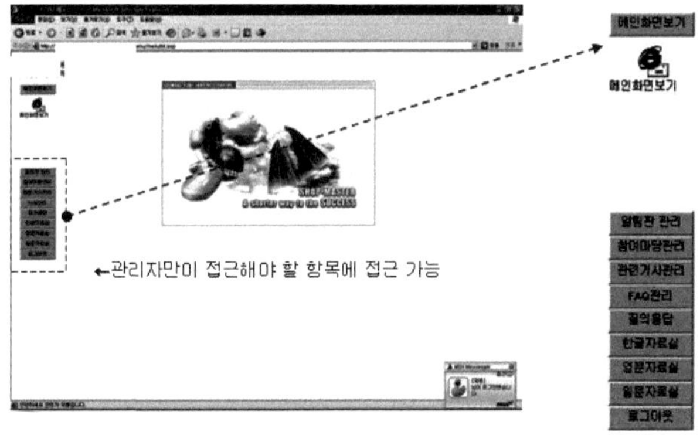

취약점 점검방법으로는 ① 변수 값에 큰따옴표("), 작은따옴표('), 세미콜론(;) 등을 입력한 후, DB error가 일어나는지 확인한다. ② ['and'a'='a, 'and'a'='b], [and

1=1, and 1=2] 셋트의 값을 각각 삽입하여 정상 변수 값을 보낸 화면과 [동일화면, 다른 화면]의 반응이 있는지 확인한다. ③ 로그인 화면의 경우 아이디나 패스워드 변수 값에 ['or 1=1 --'],['or' '=']를 입력한 후 로그인이 되는지 시도한다.

취약점 조치 방안으로는 데이터베이스와 연동을 하는 스크립트의 모든 파라미터들을 점검, 사용자 입력 시 특수문자(' " / ₩ ; : Space -- +등)가 포함되어 있는지 검사하여 허용되지 않은 문자열이나 문자가 포함된 경우에는 에러로 처리한다. SQL 서버의 에러 메시지를 사용자에게 보여주지 않도록 설정한다. 공격자는 리턴 되는 에러 메시지에 대한 분석을 통하여 공격에 성공할 수 있는 SQL Injection 스트링을 알아낼 수 있다.

(2) 디렉토리 리스팅

일반적으로 홈페이지 접속시 index.html, default.asp 등과 같은 초기화 파일이 존재하지 않을 때 웹서버가 자동적으로 디렉토리에 있는 파일 목록을 출력하는 취약점으로, 웹 서버 운영 시 특정 디렉터리에 초기화 파일이 없을 경우, 해당 디렉터리의 파일 리스트를 브라우저에 보여주게 되며 이는 공격자에게 웹 응용시스템의 구조를 파악 할 수 있도록 하며 관리자 페이지 등 민감한 정보가 포함된 설정 파일을 노출하여 보안상 심각한 위험을 초래 할 수 있으므로 반드시 해당 기능을 중지시켜야 한다.

〈그림 2-27〉 Directory Listing 취약점 (내부파일 노출)

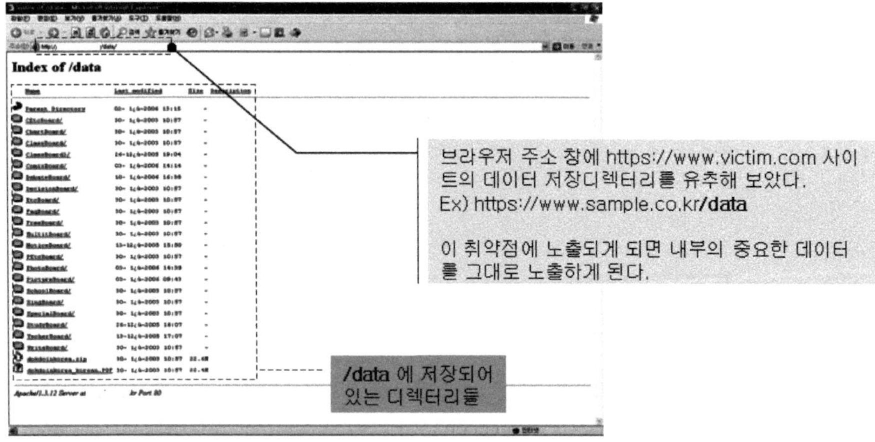

취약점 점검방법은 URL 경로 중 확인 하고자 하는 디렉터리까지만 주소 창에 입력하여 인덱싱 여부를 확인한다. 취약점 조치방안으로는 웹 서버 종류에 따라 환경설정 부분에서 디렉터리 인덱싱 기능을 제거한다.

(3) 크로스사이트 스크립팅(XSS)

웹 응용프로그램이 가지고 있는 취약점을 이용하여 다른 사용자의 PC에서 임의의 스크립트가 실행되는 취약점으로, 크로스사이트스크립팅(XSS) 취약점은 웹서버가 사용자 입력값 특히, 악성 스크립트 등을 필터링하지 않고 그대로 생성하여 다른 사용자에게 재전송할 때 발생한다. 자바스크립트처럼 사용자 PC에서 실행되는 언어로 작성된 악성 스크립트 코드를 웹 페이지, 웹 게시판 또는 이메일에 포함시켜 사용자에게 전달하면, 해당 웹 페이지나 이메일을 사용자가 클릭하거나 읽을 경우 악성 스크립트 코드가 웹 브라우저에서 실행이 된다.

이와 같이 공격자는 XSS 취약점이 존재하는 웹 사이트를 이용하여 자신이 만든 악의적인 스크립트를 일반 사용자의 컴퓨터에 전달하여 실행시킬 수 있는데, 이러한 공격방법을 통해 사용자 쿠키를 훔쳐서 해당 사용자권한으로 로그인하거나 브라우저를 제어할 수 있다.

〈그림 2-28 〉 XSS 취약점 공격

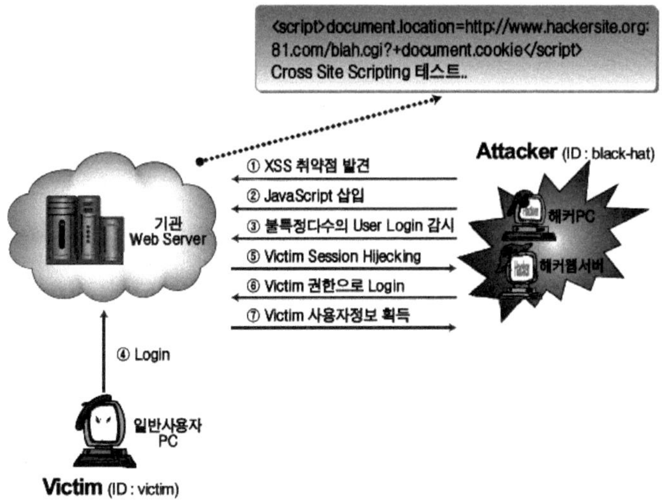

취약점 점검방법은 게시판과 같이 글쓰기가 가능한 웹페이지에 〈script〉 alert('XSS'); 〈/script〉 등이 입력 가능한지 여부와 입력한 스크립트 태그가 브라우저 화면에 표시되어 실행 가능한지를 확인한다. 취약점 조치방안으로는 공격자는 일반적으로 〈script〉 태그를 이용해 공격함으로 〈script〉 문자열이 들어오면 〈xxscript〉나 다른 문자로 변환해 스크립트 태그가 실행되지 않도록 설정해야 한다.

(4) 크로스사이트 리퀘스트변조(CSRF)

크로스-사이트 요청위조 (CSRF) 공격은 원클릭 공격, 사이드 재킹 (sidejacking), 세션 라이딩(session riding) 등으로도 알려져 있고, 약어로는 CSRF 또는 XSRF로 알려져 있다. 이 유형의 공격은 크로스-사이트 스크립팅(XSS)와 유사한 점이 있지만, XSS의 경우에는 악성 스크립트를 웹사이트에 삽입할 필요가 있는 반면, CSRF 공격의 경우, 사이트가 신뢰하는 사용자를 통해 공격자가 원하는 명령을 사이트로 전송하도록 하는 기법을 사용한다. 공격이 사용자를 통해 이루어지기 때문에, 공격자의 IP는 추적 불가능한 특성이 있다.

구체적으로 어떤 식으로 공격이 진행되는지 예를 들어보면 CSRF 공격은 사용자가 로그인한 상태에서만 접속할 수 있는 웹 페이지나 스크립트를 대상으로 한다. 공격자 A는 피해자 B가 접속하는 은행 사이트를 공격 대상으로 한 조작된 이미지 태그를 게시판에 남긴다.

```
<img src="http://bank.example.com/withdraw?account=B&amount=1000000&for=A"/>
```

피해자 B가 은행 사이트에 접속하고 나서 아직 세션 정보가 남아있는 상태이고, 이 때 공격자 A가 게시판에 남겨놓은 글을 B가 읽게 되면, 해당 링크가 요청되면서 공격이 실행된다. 원래는 이미지를 불러오기 위해 지정된 이미지 링크를 요청하게 되는데, 피해자 B가 인증되어 있는 상태인 점을 이용하여 이렇게 우회 공격을 할 수 있게 된 것이다. 특히 대부분의 게시판들이 자바스크립트는 막아놓지만, 이미지 포스팅은 막지 않는 것도 공격에 유리한 상황을 만들어 준다.

공격 조건을 다시 한 번 정리해보면 다음과 같다.

① 공격자는 피해자가 로그인한 사이트의 취약점을 잘 알고 있어야 한다.

② 사이트가 자동 로그인을 허용하고 있거나, 피해자가 현재 로그인한 상태이어야 한다.

③ 사이트에서 특정 동작을 수행할 때 사용자 세션 외에 다른 확인 절차를 밟지 않는다.

따라서 CSRF 공격을 막으려면 3번 조건을 차단하는 것이 가장 확실하다. 인증용 히든필드를 모든 폼에 넣고, 동작을 수행하기 전에 폼에 넣었던 히든 필드값이 들어왔는지 확인하면 공격을 막을 수 있다.

또한 자바스크립트를 이용해서 포스트를 하기 전에 강제로 인증 쿠키 값을 얻어 삽입하고 이를 검증하는 방법도 있다. 여기서 별도의 인증 쿠키 값은 신뢰할 수 있는 도메인의 요청으로만 읽는 것이 가능하고, 다른 도메인에서는 이 쿠키를 읽는 것이 불가능하므로 CSRF 공격을 방지할 수 있다.

지금까지 다룬 것들은 개발자 수준에서 조치할 수 있는 사항들이고, 사용자 측면에서는 다른 사이트에 접속하기 전에 로그아웃하는 방법이 있다. 세션이 끊어지면 2번 조건이 성립되지 않으므로 CSRF 공격에서 벗어날 수 있다. 옥션의 1800만명 개인정보유출 사고는 CSRF 공격을 당한 것으로 밝혀졌다.

(5) 파일업로드(File Upload)

파일을 업로드 할 수 있는 기능을 이용하여 해킹파일을 업로드 하여 명령어를 실행할 수 있는 취약점으로, 만일 게시판에 업로드 되는 파일의 확장자에 대한 적합성 여부를 검증하는 루틴이 존재하지 않으면 공격자가 조작한 해킹파일을 업로드하고 업로드 된 파일이 서버 상에 저장된 경로를 유추한 후 이 경로를 통해 해킹파일을 실행하여 명령어 실행 권한을 획득할 수 있고 이러한 과정을 통해 웹 서버의 권한이 노출될 수 있다. 명령어 실행 권한 획득 후, 시스템의 명령어를 홈페이지를 통해 실행하고 웹브라우저를 통해 그 결과 값을 보며 시스템 관리자 권한이나 인근 서버의 침입을 시도 할 수 있다.

취약점 점검방법은 ① 먼저 사용자 게시판에 파일첨부 기능이 있는지 검사한다. ② 첨부

기능이 존재하는 경우, 확장자가 jsp, php, asp, cgi 등 서버에서 실행되는 프로그램을 업로드 하여 업로드가 가능한지 검사한다. ③ 홈페이지에 있는 디렉토리 정보를 이용하여 첨부한 프로그램의 위치를 조사한 후 웹 브라우저 주소 창에서 해당 프로그램의 실행이 가능한지 확인한다.

〈그림 2-29〉 게시판 자료실을 통한 불법 실행 파일 업로드

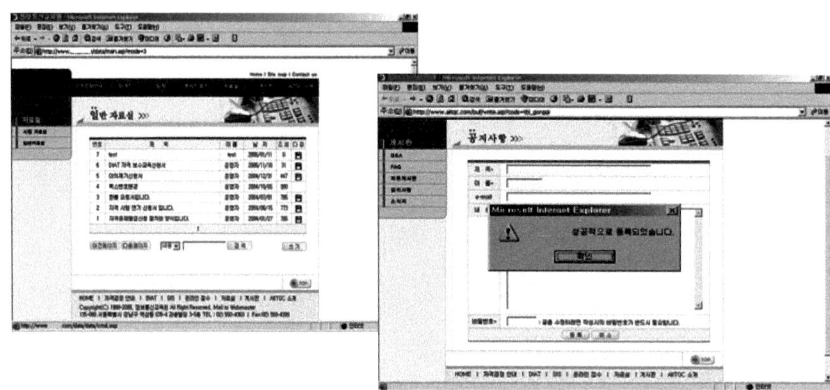

취약점 조치방안으로는 사용자가 파일을 업로드 할 수 있는 모든 모듈에 적용한다. ① 업로드 파일을 위한 디렉토리에는 실행설정을 제거하고(웹서버 보안설정) 업로드파일을 위한 전용 디렉토리를 별도 생성하여 httpd.conf와 같은 웹 서버 데몬 설정파일에서 실행 설정을 제거함으로써, Server Side Script가 업로드 되더라도 웹 엔진이 실행하지 않게 환경을 설정한다.

ⓐ IIS 보안 설정

설정 →제어판 → 관리도구 → 인터넷 서비스 관리자를 선택한다. 해당 업로드 폴더에 오른쪽 클릭을 하고 등록정보 → 디렉토리 → 실행권한을 "없음"으로 설정한다.

〈그림 2-30〉 IIS 보안실행 예시

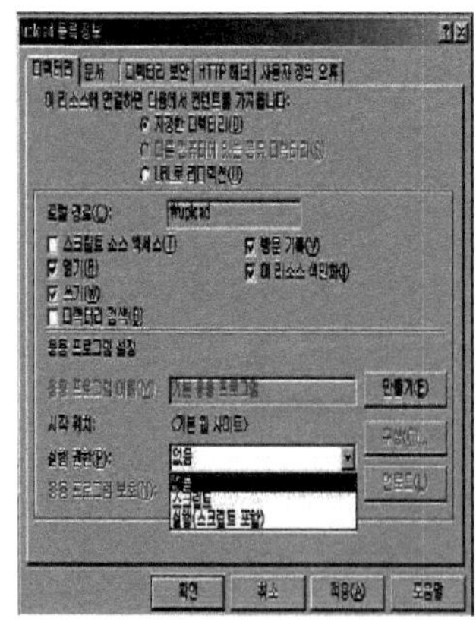

ⓑ Apache 설정

Apache 설정 파일인 httpd.conf에 해당 디렉토리에 대한 문서 타입을 컨트롤하기 위해 Directory 섹션의AllowOverride 지시자에서 FileInfo 또는 "All"을 추가한다.

```
<Directory "/usr/local/apache">
        AllowOverride FileInfo (또는 All)….
        ...
<Directory>
```

파일 업로드 디렉토리에 .htaccess 파일을 만들고 다음과 같이 AddType 지시자를 이용, 현재 서버에서 운영되는 Server Side Script 확장자를 text/html로 MIME Type을 재조정하여 업로드 된 Server Side Script가 실행되지 않도록 설정한다. 또는 FileMatch 지시자를 이용하여 *.ph, *.inc, *lib 등의 Server Side Script 파일에 대해서 직접 URL 호출을 금지시킨다.

```
<.htaccess>
<FilesMatch "\.(ph|inc|lib)">
 Order allow, deny
 Deny from all
</FilesMatch>
AddType text/html .html .htm .php .php3 .php4 .phtml .phps .in .cgi .pl .shtml .jsp
```

(6) 파일다운로드(File Download)

공격자는 파일 다운로드 스크립트를 이용하여 첨부된 주요 파일을 다운로드 할 수 있는 취약점으로, 홈페이지 상에서 파일을 다운받는 cgi, jsp, php, php3 등의 프로그램에서 입력되는 경로를 체크하지 않는 경우, 임의의 문자나 주요 파일명의 입력을 통해 웹 서버의 홈 디렉토리를 벗어나서 임의의 위치에 있는 파일을 열람하거나 다운받는 것이 가능할 수 있다.

〈그림 2-31〉 다운로드할 파일의 실제 저장위치 노출

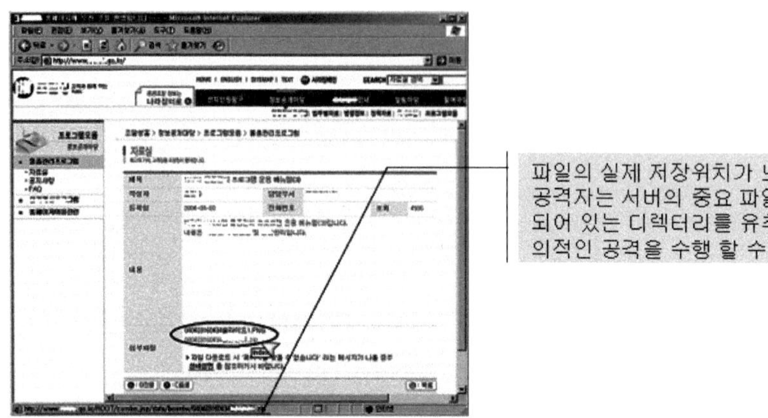

취약점 점검방법은 게시판, 공지사항 또는 자료실 등에서 cgi, jsp, php 등의 프로그램을 이용하여 파일을 다운받는 페이지가 있는지 조사하고 해당 홈페이지의 파일 다운받기 주소에서 다운받는 파일명을 시스템의 중요한 파일(winnt₩win.ini,/etc/passwd 등)의 위치와 이름을 아래와 같이 상대경로(../)로 치환한 후 입력하여 중요 파일의 다운이 가능한지 확인한다.

```
../../../../../../../../../../../../etc/passwd
../../../../../../../../../../../../winnt/win.ini
../../../../../../../../../../../../boot.ini
```

취약점 조치방안으로는 파일 다운로드의 취약성은 주로 파일의 이름을 조작하는 과정에서 비롯된다. 다운로드 파일의 이름을 데이터베이스에 저장하고 다운로드 수행시 요청 파일 이름과 비교하여 적절한지 확인하여 사용자가 조작할 수 있는 변수를 제거하는 것이 바람직하다. 또한 다운로드 위치는 지정된 데이터 저장소를 고정하여 사용하는 것이 바람직하다. 프로그램 내에서 파일을 다운받을 수 있는 디렉토리를 특정 디렉토리로 한정하고 이 외의 다른 디렉토리에서는 파일을 다운받을 수 없도록 프로그램을 수정한다.

(7) 관리자 페이지 노출

단순한 관리자 페이지 이름(admin, manager 등) 설정이나, 프로그램 설계상의 오류로 인해 관리자 메뉴에 직접 접근할 수 있는 취약점으로, 관리자 페이지는 웹 서비스의 사용자나 데이터, 컨텐츠를 손쉽게 관리하기 위한 목적으로 다양한 기능과 권한을 갖고 있다. 이는 홈페이지의 운영에 매우 중요한 역할을 하고 있으므로 일반사용자는 인증을 통과하지 못하게 할 뿐 아니라 일반사용자가 관리자 페이지를 볼 수 없게 해야 한다. 그러나 일반적으로 추측하기 쉬운 URL(ex : /admin, /manager)을 사용하고 있어, ID/패스워드에 대한 크랙 또는 접근 허가 정책에 대해 요청하는 부분의 정보를 변경함으로써 접근이 가능한 경우가 많다. 웹 관리자의 권한이 노출될 경우 홈페이지의 변조뿐만 아니라 취약성 정도에 따라서 웹 서버의 권한까지도 노출될 위험성이 존재한다.

취약점 점검방법은 ① /admin, /manager, /master, /system, /administrator 등의 명칭의 폴더 및 파일의 관리자 페이지가 존재하는지 확인한다. ② 7001, 8080, 8443, 8888 포트의 접속으로 관리 페이지가 노출되는 것을 확인한다. ③ 관리자페이지에 기본 관리자 계정 및 패스워드를 입력하여 패스워드 취약점을 점검한다(관리자 계정 예 : admin, administrator, manager 등). ④ 사용자 인증을 통과하여 접속한 페이지에 대하여 인증 과정 없이 중간페이지에 접속하여 접속이 가능한지를 점검한다.(예 : /admin/main.asp, /admin/menu.html 등)

취약점 조치방안으로는 일반사용자의 접근이 불필요한 관리자 로그인 페이지 주소를 유추하기 어려운 이름으로 변경한다. 중요한 정보를 가진 웹 서버의 특정 페이지들은 관리자 또는 특정 사용자만 접근할 필요가 있다. 이러한 주요 페이지들은 웹 서버에서 적절한 설정을 통하여 특정 사용자만 접근이 가능하게 사용자 접근제한을 할 수 있다.

(8) 쿠키변조

쿠키(cookie)란 하이퍼 텍스트의 기록서(HTTP)의 일종으로서 인터넷 사용자가 어떠한 웹사이트를 방문할 경우 그 사이트가 사용하고 있는 서버에서 인터넷 사용자의 컴퓨터에 설치하는 작은 기록 정보 파일을 일컫는다. 이 기록 파일에 담긴 정보는 인터넷 사용자가 같은 웹사이트를 방문할 때마다 읽히며 그리고 수시로 새로운 정보로 바뀐다. 이 수단은 넷스케이프의 프로그램 개발자였던 루 몬툴리(Lou Montulli)가 고안한 뒤로 오늘날 많은 서버 및 웹사이트들이 브라우저의 신속성을 위해 즐겨 쓰고 있다. 일반적으로, 쿠키는 특정한 사이트에 대한 그 사용자의 취향을 기록한다. 웹의 프로토콜인 HTTP를 사용하면, 웹 페이지에 대한 각각의 요구는 다른 요구들과 상관 관계없이 모두 독립적이다. 그렇기 때문에 웹 서버는 그 사용자에게 이전에 어떠한 페이지가 보내어졌는지에 관한 아무런 기록도 가지고 있지 않으며, 심지어 그 사용자가 이전에 방문했었는지조차 알기 어렵다. 쿠키는 웹서버에게 사용자에 관한 파일을 사용자 컴퓨터에 저장하도록 허용하는 장치이다. 쿠키 파일은 대개 자신이 사용하는 브라우저가 설치된 디렉토리의 하부에 저장된다. 쿠키 디렉토리에는 사용자가 방문했던 각 웹사이트에 대한 쿠키 파일들이 모두 저장되어 있다.

쿠키는 일반적으로 배너광고를 회전시키기 위해 사용되기도 하지만, 사용자가 쓰고 있는 브라우저의 형식 또는 그 웹사이트에 이미 제공했던 다른 정보에 기초를 두어 서버에서 보낼 웹 페이지들을 사용자에게 맞추는 데에도 사용된다. 물론, 웹 사용자들은 쿠키가 자신의 컴퓨터에 저장되는 것에 동의해야만 하는데, 대개는 이러한 것들을 통해 웹사이트가 사용자들을 좀 더 잘 지원하는데 도움을 준다. 이와 같은 쿠키값 변조를 통해서 다른 사용자로의 위장 및 권한 상승 등이 가능한 취약점이 있다.

취약점 점검방법은 ① 쿠키의 내용 및 발행되는 쿠키에 중요한 정보(인증을 위한 아이디, 권한을 위한 구분자 등)의 노출 여부를 조사한다. ② 쿠키의 중요 정보를 변경하여 다른 사용자 및 권한으로 정상적 이용이 가능한지 확인한다.

취약점 조치방안으로는 Client쪽에서 모든 것을 처리(Client Side Session)하는 쿠키방식은 그 구조상 다양한 취약점에 노출될 수 있으므로 보안성이 강한 서버에서 인증하는 방식(Server Side Session)을 사용하는 것이 바람직하다.

(9) 백업파일 등 노출

예측 가능한 폴더나 파일명을 사용하여 해당 위치가 쉽게 노출되어 공격자가 이를 악용하여 대상에 대한 정보와 민감한 정보가 담긴 데이터에 접근이 가능하게 되는 취약점이다.

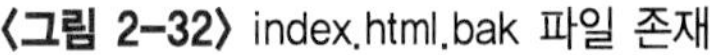

〈그림 2-32〉 index.html.bak 파일 존재

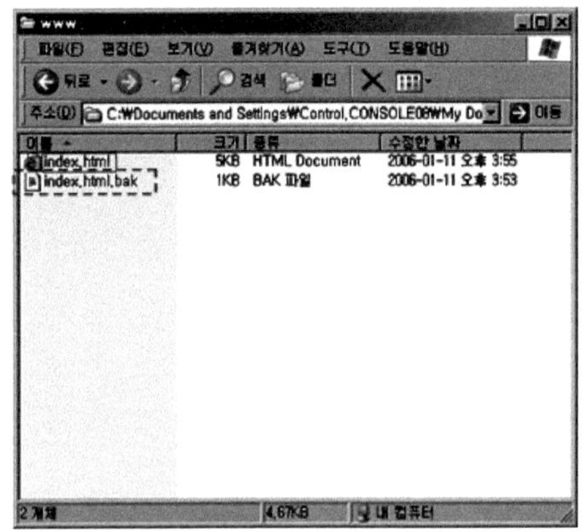

취약점 점검방법은 ① .bak, .backup, .org, .old, .zip, .log, .sql, .new, .txt, .tmp, .temp 확장자의 불필요한 파일이 존재하는지 조사한다. ② cgi-bin , manual, usage, iissamples, scripts, iisHelp, IISAdmin, _vit_bin, Printers, phpinfo.php, examples, jsp, servlets의 디렉토리 및 파일이 존재하는지 조사한다.

취약점 조치방안으로는 웹 디렉터리를 조사하여 다음과 같은 백업파일을 모두 삭제하고, *.txt 같이 작업 중 생성된 일반 텍스트 파일이나 이미지 파일 등도 제거한다.

〈표 2-20〉 삭제해야 할 파일 확장자

삭제해야 할 파일 확장자			
*.bak	*.backup	*.org	*.old
*.zip	*.log	*.!	*.sql
*.new	*.txt	*.tmp	*.temp

백업파일은 백업계획을 수립하여 안전한 곳에 정기적으로 백업을 해야 하며 웹 서버 상에는 운영에 필요한 최소한의 파일만을 생성해야 한다. 웹 서버 설정 후 Default

Page 와 Default Directory 및 Banner를 삭제하여 Banner Grab에 의한 시스템 정보 유출을 차단한다. 각 웹 서버 설정 시 함께 제공되는 Sample 디렉터리 및 Manual 디렉터리, Sample Application을 삭제하여 보안 위험을 최소화 한다.

(10) 버퍼 오버플로우(Buffer Overflow)

웹 애플리케이션 컴포넌트가 사용자의 입력값을 적절히 점검하지 않는 언어로 작성되어 다운될 수 있으며 조작된 입력값을 넣어 임의 코드를 수행, 해당프로세스의 권한획득과 서버내부에 침투가 가능하다 CGI, 라이브러리, 하드웨어 드라이버, 웹 애플리케이션 서버 컴포넌트 등이 포함된다.

〈그림 2-33〉 간단한 버퍼오버플로우 공격을 이용한 Root 권한 획득

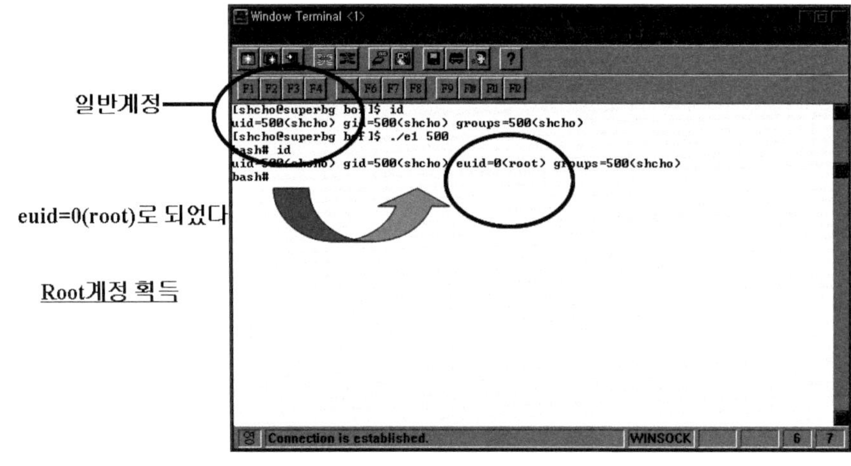

취약점 점검방법은 웹 어플리케이션에 많은 인수값을 전달(http://hostname.com/login.asp?id=xxxxxxxxxxxxxxxxxxxx)하고 게시물 작성시 허용된 문자보다 많은 문자열 입력하며 사이트 검색란에 많은 문자열을 전달한다. 취약점 조치방법으로는 웹 서버의 제품 버전을 안전한 버전으로 유지하며, 보안 패치를 항상 최신으로 유지한다. 자체 제작한 어플리케이션의 경우 HTTP 요청을 통해 입력을 받아들이는 코드를 검토하고 웹 어플리케이션에 전달되는 인수 값을 필요한 크기만큼만 받아들이며 버퍼를 점검할 때는 안전한 함수와 버퍼 오버플로우를 점검하는 웹 스캐닝 툴을 이용한다.

4. 암호기술

1) 개요

암호기술이란 어떤 내용을 남모르게 전달하려고 쓰는 신호나 부호로 정보를 통신망으로 전송하거나 기억 장치에 저장할 때, 특정인(인가자)만이 이용할 수 있도록 변형시키는 기술로 정의하고 있다. 국가가 형성되면서부터 국가와 국가 간의 이익, 그리고 상업이 발달함에 따라 개인과 개인 간의 이권에 따른 비밀보장의 필요성이 확대되면서 암호사용이 증대되었으며 특히 중세에 이르러서는 암호가 급속히 발전하였다

암호기술(Cryptography)은 암호를 설계하는 기술이고, 암호학(Cryptology)는 암호기술과 암호공격법을 다 함께 포함하는 용어라고 구별하기도 한다. 그러나 보통은 메시지를 감추기 위한 기술과 이론이라는 정도의 의미로, 구별하지 않고 암호학이라고 한다(이만영 외, 2002: 15).

암호기술은 송신측에서 암호화(Encryption)방법에 의거 평문을 암호문으로 변환시켜 전송 또는 저장하고 수신측에서는 암호키를 사용하여 수신하거나 저장된 암호문을 원래의 평문으로 복호(Decryption)시키는 과정을 거치게 되는데, 이와 같은 암호화 및 복호는 필요한 키를 갖고 있는 특정인만 이용하게 되어야 한다.

한편, 우리나라에서 암호기술에 관한 사항을 규정한 보안업무규정(대통령령)에서는 "암호자재라 함은 통신보안을 위하여 통신문의 내용을 보호할 목적으로 문자, 숫자, 기호 등의 암호로 만들어진 문서나 기구를 말한다.[87] 고 정의하고 있다.

(1) 기본용어

① 평문(Plaintext)

송신자와 수신자사이 주고받고자 하는 내용을 적은 일반적인 문장으로 모든 사람들이 이해할 수 있는 형태의 문장을 말한다. 즉 암호화되어 있지 않는 보통의 글을 말한다.

---

87) 제2조 (정의)3. "암호자재"라 함은 통신보안을 위하여 통신문의 내용을 보호할 목적으로 문자·숫자·기호 등의 암호로 만들어진 문서나 기구를 말한다.

② **암호문**(Ciphertext)

송신자와 수신자 사이에 주고받고자 하는 내용을 제3자가 이해할 수 없는 형태로 변형한 문장을 말한다.

③ **암호화**(Encryption/Encipherment/Encode)

평문을 제3자(비인가자)가 알 수 없도록 부호화하는 과정을 말하며 일반적으로 암호화 과정은 송신자가 수행한다.

④ **복호**(Decryption/Decipherment/Decode)

인가된 자가 암호문을 다시 원래의 모습으로 바꾸는 과정을 말하며 일반적으로 복호는 암호문을 수신한 인가된 수신자가 수행한다.

⑤ **암호키**(Encryption Key) **및 복호키**(Decryption Key)

평문의 암호화 과정이나 암호문의 복호과정에서 필요한 입력값으로 암호화키와 복호키로 나누어진다.

⑥ **암호알고리즘**(Algorithm) **및 함수**(Function)

암호화 및 복호에 사용되는 수학적 함수를 말한다.

⑦ **암호해독**(Cryptanalysis)

암호방식의 정당한 사용자가 아닌자(비인가자)가 불법적으로 암호문을 수집, 평문으로 복원하는 시도를 말하며, 사용되는 암호키와 주변정보를 수집하거나 암호알고리즘의 취약점 등을 이용한다.

⑧ **송수신자**(Sender, Receiver)

통신망상에서 비밀리에 평문을 주고받는 사람을 말하며 평문을 암호문으로 변경하는 사람을 송신자, 암호문으로부터 평문을 복호하는 사람을 수신자라 한다.

⑨ **공격자**(Attack)

암호방식의 사용자가 아닌자(비인가자)로 암호문으로부터 평문을 복원하기 위해 노력하는 자를 말한다.

〈그림 2-34〉 일반적인 암호체계도

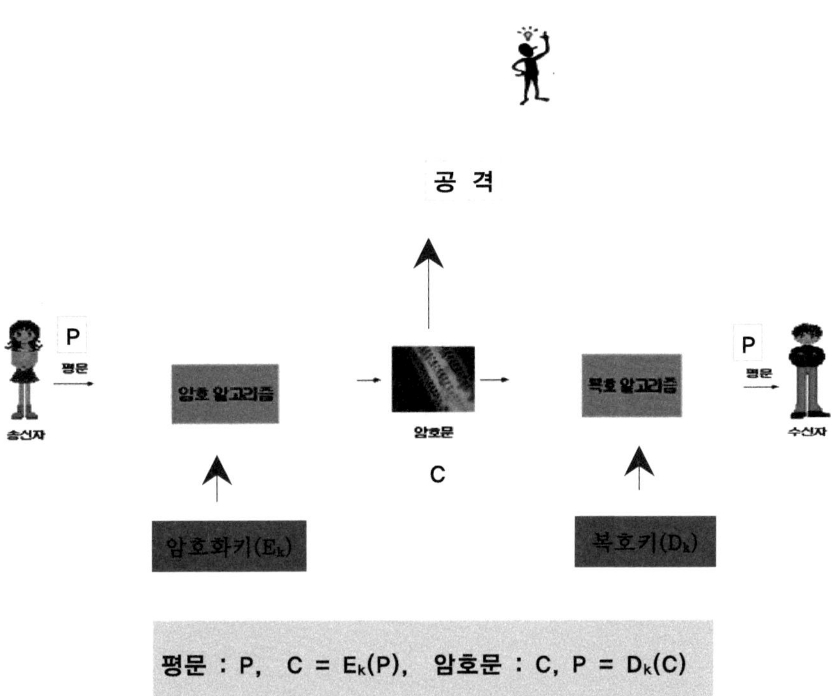

(2) 사용목적

암호기술을 사용하는 목적은 정보의 기밀성(Confidentiality), 무결성(Integrity), 가용성(Availability)의 성질을 만족시키고 인증(Authentication), 부인봉쇄(Non-repudiation)의 기능을 구현하기 위함이다.

① 기밀성

각종 공격으로부터 정보가 누설되지 않고 지속적으로 보호되는 것을 말하며 인가된 사람에게만 정보가 제공된다.

② 무결성

수신된 메시지의 위조, 또는 전송과정에서 변조 또는 재구성을 막거나 그 여부에 대해 확인이 가능한 것을 의미한다.

③ **가용성**

정보가 적절한 시간에 인가된 당사자에게 접근 가능해야 한다는 것을 의미한다. 즉 어떤 사람이나 시스템이 특정객체 집합에 대해 적법한 접근권한을 가지고 있다면, 언제든지 접근이 거부되어서는 안 된다는 것이다.

④ **인증**

컴퓨터시스템이나 통신망에서 이용하는 사람이나 응용프로그램의 신분을 확인하여 불법적인 사용자를 접근할 수 없도록 하는 행위를 의미한다.

⑤ **부인봉쇄**

송신측이 자신의 정보를 정확하게 상대방에게 전송하였다고 할지라도 수신측이 이를 부인하거나, 수신측이 정확한 정보를 받았음에도 불구하고 송신측이 자신이 보낸 정보가 아니라고 주장하는 것을 방지하는 기능을 말한다.

2) 기술 구분

(1) 고전암호

그리스 지역의 옛 나라인 스파르타에서는 전쟁터에 나가 있는 군대에 비밀메시지를 전할 때 암호를 사용했다. 이들의 암호방법은 오늘날의 시각에서 보면 매우 간단하다. 하지만 그 당시로서는 아무나 쉽게 암호문을 열어 볼 수 없는, 아주 교묘하고도 획기적인 방법이었다. 암호방법은 다음과 같다.

① 전쟁터에 나갈 군대와 본국에 남아있는 정부는 각자, 스키테일(Scytale)이라고 하는, 같은 굵기의 원통형 막대기를 나누어 갖는다.

② 비밀리에 보내야 할 메시지가 생기면, 본국 정부의 암호 담당자는 스키테일에 가느다란 양피지 리본을 위에서 아래로 감은 다음 옆으로 메시지를 적는다.

③ 리본을 풀어내어 펼치면 메시지의 내용은 아무나 읽을 수 없게 된다.

④ 전쟁터에 나가있는 오로지 같은 굵기의 원통막대기를 가진 사람만이 메시지를 읽을 수 있다.

〈그림 2-35〉 스키테일 암호체계도

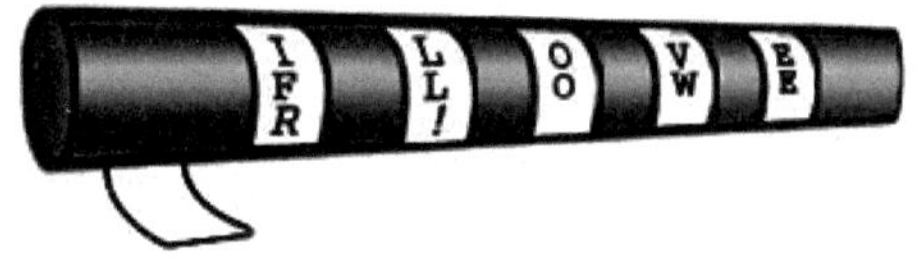

I	F	R	L	L	!	O	O	V	W	E	E

평문 : I LOVE FLOWER!
스키테일 막대를 이용한 암호문 : IFRLL!OOVWEE

스키테일 암호는 그 당시로서는 매우 효율적이고 안전한 암호이었을 것이다. 그러나 이 암호는 조금만 노력을 기울인다면 누구나 쉽게 공격할 수 있다. 전령이 리본을 가지고 전쟁터로 가는 도중에 적군에게 사로잡혀 지니고 있던 문서리본을 빼앗겼다고 하자. 적군의 정보 분석가는 비록 원통형 막대기가 없다하더라도 몇 번의 간단한 작업을 거치면 암호문을 풀 수 있다. 만약 문서를 중간에 가로챘는데 다음과 같은 문자열이 나타났다고 하자.

SYBLCRESEERACHTAYPUO HIPHRUEMTYILSOO!TDOFG

보내는 사람이 사용한 스키테일에 리본을 위에서 아래로 감았을 때 한 바퀴에 쓸 수 있는 문자의 개수를 L라고 하고 그 L가 얼마인지를 알아보자. 우선은 그 값을 알지 못하므로, L=5 라고 해 보자. 암호문에 나타나 있는 문자열을 5개씩 건너뛰어 다시 써보면 다음과 같은 아주 이상한 문자열을 얻는다.

SRRAHUI!G YEAYIELT BSCPPMSD LEHUHTOO CETORYOF

지금으로서는 무슨 내용인지 알 수 없다. 하지만 L=6으로 하여 다시 배열하여 보면 메시지의 내용을 분명하게 알 수 있다.

SECURITYSHOULDBETHESOLEAIMOFCRYPTOGRAPHY!
(security should be the sole aim of cryptography)

스키테일 암호는 암호형태로 분류하자면 전형적인 전자(轉字)암호(Transposition Cipher)이다. 전자암호란 메시지에서 사용한 문자들의 위치를 어떤 일정한 규칙에 의해 뒤 섞어서, 그 규칙을 모르는 자는 본래의 메시지를 알아 볼 수 없도록 암호문을 만드는 암호를 말한다.

전자암호와 비슷한 형태의 암호법으로 환자(換字)암호(Substitution)라는 것이 있다. 환자암호는 메시지에서 사용한 문자의 위치를 바꾸는 것이 아니라 메시지의 각 문자들을 다른 문자로 바꾸는 암호를 말한다. 예를 들어 I LOVE ROSE를 환자암호로 암호화 하면, $ #ÅX≒ Y↑AK로 바꾸는 방식으로 암호문을 만든다. 이때 암호문에서 사용한 문자들은 이미 메시지에서 사용한 것일 수도 있고 전혀 다른 기호일 수도 있다(이만영 외, 2002: 47).

더하기 암호라고도 알려져 있는 시저의 암호가 대표적인 치환암호이다. 로마의 유명한 군인이자 정치가였던 쥴리어스 시저(100-44 B.C.)는 암호를 아주 유용하게 다루었다. 기원 후 2세기경에 세토니우스가 시저의 생애라는 책을 썼는데 그 가운데 다음과 같은 글이 있다.

시저가 키케로나 친지들에게 비밀리에 편지를 보내고자 할 때 사용한 암호가 있다. 시저는 다른 사람들이 알아보지 못하도록 문자들을 다른 문자들로 치환하였다. 다른 사람이 암호를 풀어 내용을 파악하려면 각 문자대신 알파벳 순서로 보았을 때 그 문자부터 시작하여 4번째 앞에 오는 문자로, 즉 예를 들어 D는 A로 바꾸어야 했다. 시저가 사용한 이 암호법의 대응 규칙을 표로 그려 보면 다음과 같다.

평문 : a b c d e f g h I j k l m n o p q r s t u v w x y z
암호문 : D E F G H I J K L M N O P Q R S T U V W X Y Z A B C

예를 들어 You can write a letter는, 이 표를 이용해 암호문을 만든다면 BRX FDQ ZUMWH D OHWWHU로 바뀐다. 암호문을 본래의 메시지로 바꾸는 작업도 역시 쉽게 할 수 있다. 위의 표에서 반대로 아래에서 위로 대응시키면 되므로 암호문 「OHWWHU」를 복호하면 원래의 메시지가 「letter」이었음을 알 수 있다.

그런데 왜 ? 시저는 하필이면 3칸씩 뒤로 밀어서 암호화했을까? 대답은 간단하다. 아무 이유도 없다. 쉽게 짐작할 수 있듯이 3칸씩든, 10칸씩이든 몇 칸을 움직이는가는 미리 상대방과 정해 놓기만 한다면 된다. 단 미리 약속한 칸 수는 다른 사람이 절대로 알지 못하도록 해야 할 것이다. 영어알파벳은 모두 26개이므로 이런 방식의 암호는 26가지가 있을 수 있다.

컴퓨터를 사용하여 암호화할 경우 보통 a는 0, b는 1, ..., y는 24, z는 25 으로 바꾸어서 생각한다. 문자를 숫자로 바꾸어 놓으면 더하기 암호와 같은 경우 수식화하여 간단히 설명할 수 있다. "오른쪽으로 k칸 이동한다." 라는 식으로 설명하지 않아도 (+ k mod 26) 이라는 수식으로 간단히 표현할 수 있다. 더하기 암호의 암호화 과정을 살펴보기로 하자. 우선 평문의 문자를 숫자로 바꾼다. 각 숫자에 s를 더한다. 더한 값을 mod 26로 한다.

문자 x를 오른쪽으로 3칸 옮기는 더하기 암호를 수식화 해 보자. x는 23로 바뀐다. 23 + 3 = 26, 26을 26으로 나눈 나머지는 0이다. 0은 암호문자 A에 해당한다.

이러한 암호를 왜 더하기 암호라고 하는지는 설명하지 않아도 알 수 있을 것이다. 더하기 암호가 있다면 당연히 곱하기 암호도 생각할 수 있을 것이다. 문자(해당하는 숫자) x에 어떤 수 t를 곱한 다음 26으로 나눈 나머지를 구하면 대응하는 암호문이 된다. 수식으로는 tx mod 26으로 표현한다.[88)]

88) 예를 들어 각 문자에 3을 곱하는 암호를 생각해 보자. 평문 k는 숫자로 10에 해당한다. 3 · 10 mod26 = 4 이고 4에 대응하는 문자는 E 이므로, 평문의 k는 E로 암호화된다. 이 표를 이용하여 Welcome to the new world을 암호문으로 만들어 보면 OMHGQKM FQ FVM NMO OQZHJ이 된다.

곱하기 암호에서는 곱하는 수를 조심하여 선택할 필요가 있다. 예를 들어 곱하는 수가 2라고 해보자. 다시 암호표를 만들어 보면 다음과 같다.

평문 : a b c d e f g h I j k l m n o p q r s t u v w x y z
암호문 : A C E G I K M O Q S U W Y A C E G I K M O Q S U W Y

이 경우 암호문 부분을 보면 특이한 형태가 나타남을 알 수 있다. B, D, F, … 등의 문자는 전혀 나타나지 않고 있으며 A, C, E … 등은 두 번씩 반복해서 대응되고 있다. 이러한 대응은 암호에 사용하기 곤란하다. 어떤 암호라도 복호할 때(암호문자를 평문자로 바꿀 때)는 반드시 한 문자에 한 문자씩 대응되어야 한다.

곱하는 수가 3일 경우는, 한 문자에 한 문자씩 중복되지 않은 채 대응되고 있으므로 실제로 사용할 수 있는 단일문자암호이다. 하지만 곱하는 수가 2일 때는 암호로 사용할 수 가 없다. 그러면 암호에 사용하기 적절한 곱하기 수는 무엇일까? 약간 더 생각해 보면 1, 3, 5, 7, 9, 11, 15, 17, 19, 21,23, 25이 적절한 수임을 알 수 있다. 이유는? 조금 수학적이기는 하지만 mod 26에서 곱셈에 대한 역원을 가지는 수들만 곱하기 수로의 자격이 있다.

이제 더하기와 곱하기를 적절히 결합하면 조금 더 복잡한 암호를 만들 수 있다. 우선 평문 P에 적절한 수 s를 더한 다음 다시 그 결과에 t를 곱하여 암호문자 C를 얻는다. 즉 $(P + s) \times t \bmod 26 = C$을 이용한다. 이런 암호화 방법을 아핀(Affine)암호라고 하며, 더하기 수는 26개, 곱하기 수는 12개가 있으므로 모두 $26 \times 12 = 312$가지 방법이 가능하다.

이쯤에서 두 가지 중요한 개념인 암호 알고리즘과 키의 의미를 명확히 할 필요가 있다. 암호 알고리즘은 암호화와 복호를 위한 계산 또는 처리과정을 말한다. 반면에 키는 암호알고리즘을 진행하는 과정에서 일시적 혹은 한시적으로 약속하여 사용하는 숫자를 의미한다. 즉 더하기 암호에서 문자에 어떤 수를 더하여 암호문을 만드는 과정은 암호알고리즘이고, 그 때마다 결정하여 사용하는 「어떤 수」가 키에 해당한다. 예를 들어 더하기 암호알고리즘을 사용하기로 할 때 「이번 메시지는 +3 mod 26으로 암호화한다」고 결정했다면 3이 바로 키에 해당하는 수이다. 아핀암호 알고리즘에서는 더하기 수와 곱하기 수의 쌍(s, t)가 키가 될 것이다.

암호문을 보내는 사람과 받는 사람은 서로 암호 알고리즘과 키를 약속해 두어야 할 것이다. 하지만 암호 알고리즘은 지속적으로 사용하는 반면 키는 일정한 주기마다 교체해야 할 것이다. 암호문에 사용한 암호 알고리즘은 궁극적으로 노출될 수밖에 없다. 이제까지 알려진 그런대로 쓸 만한 암호 알고리즘은 그리 많지 않으므로, 어떤 알고리즘을 썼는지는 누구나 쉽게 추측할 수 있다. 그러나 메시지를 전달할 때마다 일시적으로 정하여 사용하는 키는 상대에게 메시지가 전달되어 복호할 때까지만 안전하게 관리하면 되므로 상대적으로 노출될 기회가 적다. 키마저 노출된다면 당연히 암호문은 의미가 없어진다. 즉 암호의 안전성은 키의 관리와 보관의 안전성에 의해 결정된다.

(2) 고전암호의 안전성

지금까지 스키테일 암호, 시저의 암호, 아핀암호 등 옛날에 사용했던 비교적 간단한 암호들에 대하여 알아보았다. 앞에서도 잠깐 설명했지만 이러한 암호들은 안전하지 못하다. 암호 공격자는 우선 이 암호문이 어떤 암호를 사용했을까를 판단해야 할 것이다. 나중에 차차 알게 되겠지만 사용한 암호방법(시저암호, 스키테일 암호, 아핀암호 등)은 그리 어렵지 않게 알아낼 수 있다. 사실 주로 사용하는 암호방법은 그다지 많지 않으며, 암호문의 형태나 특성, 사용용도, 사용기관 등을 잘 고려해 보면 사용한 암호방법이 무엇인지는 쉽게 알 수 있다.

암호공격을 하기 위해서는 결국은 그 시점에서 암호문에 사용한 키를 알아내는 것이 가장 중요하다. 사실 암호를 설계하는 사람은 언젠가 암호방법이 알려질 것을 전제로 하고 있다. 암호 공격자가 암호문을 가로챘고 관찰하여 암호방법은 더하기 암호임을 확인했다 하자. 이 때 암호문을 분석하는 데는 기본적으로 서로 다른 두 가지 방법이 있다.

암호알고리즘에 사용할 수 있는 모든 키를 전부 조사하는 방법을 전수탐색 공격(brute force)이라고 한다. 더하기 암호는 26가지 방법만 있으므로 공격자는 간단하게 모두 조사해 볼 수 있다. 더구나 26가지를 전체 암호문에 적용할 필요도 없이 일부 문장에만 시험해 보아도 충분하므로 공격에 필요한 작업량이 훨씬 적어진다. 전수탐색 공격은 대부분 암호의 기본 공격법이 되기는 하지만 결정적으로 심각한 결점이 있는데 바로 컴퓨터로 자동화하기가 어렵다는 점이다. 사람의 도움 없이 컴퓨터가 혼자서 이 일을 수행하려면 거의 모든 영어 단어를 기억하고 있어야 할 뿐만 아니라 문장의 앞뒤 흐름을 파악하는 지적 능력을 가지고 있어야 한다. 이 정도의 능력을 가진 컴퓨터는 현재로는 찾아보기 어렵고 설령 있다고 해도 그 정도의 컴퓨터를 이런 정도의 암호 공격에 사용하는 것은 대포로 참새를 쏘는 것이나 다름없다.

또 하나의 분석방법은 문자 고유의 출현빈도를 이용한 통계적 분석 방법이 있다. 다른 언어들도 마찬가지이지만 영어문장에 사용하는 알파벳은 각자 고유한 출현빈도를 가지고 있다. 다음 표는 1982년 영국의 Beker가 조사하여 발표 했는데 저자는 신문과 소설 등을 두루 조사하여 100,362개의 문자에 대한 출현빈도를 계산하였는데 띄어쓰기 기호나 따옴표 등은 제외했다.

특히 각 문서 유형별로 문자의 출현빈도가 약간씩 차이가 있음도 밝히고 있다. 물론 영국에서는 미국에서보다 z를 덜 사용하는데, 영국은 -ize 대신 -ise를 더 선호하기 때문이다. 수식을 많이 쓰는 수학문장은 당연히 x를 많이 사용하고, 자이레(Zaire) 공화국의 얼룩말(zebera)에 오존(ozone)이 미치는 영향에 관한 보고서에는 z가 상대적으로 많이 사용된다.

각 문자들은 상대적 빈도에 따라 여러 유형으로 분류된다. 앞의 표를 보면 문자 e는 다른 문자들 보다 사용빈도가 현저하게 높다. 두 번째로 많이 사용하는 문자들(t, a, o, i ...)의 빈도도 그리 낮지는 않다. 암호공격에 사용할 수 있을 정도로 의미 있는 수준은 된다. 그러나 나머지 문자들은 암호학적으로 거의 의미 없는 출현빈도를 가지고 있다. 영어 평문을 암호화할 때 문자들의 출현빈도에 어떤 변화가 일어날까? 더하기 암호를 사용한다면 암호화한다고 해도 문자의 출현빈도 특성은 달라지지 않는다.

예를 들어 문자 e가 X로 바뀌었다면 암호문에서 X의 출현빈도는 가장 높게 나타난다. k가 I로 바뀌었다면 I의 빈도는 하찮은 정도일 것이다. 실제로 공격자가 암호문을 공격하는 과정을 살펴보자. 앞에서 나왔던 암호문 IOL GYMMUAY XIYM HIN LYGUCH MYWLYN을 다시 한 번 생각해 보자. 우선 암호문에서 각 문자가 몇 회 나타나는지 세어 보면 다음과 같다.

	A	B	C	D	E	F	G	H	I	J	K	L	M	N	O	P	Q	R	S	T	U	V	W	X	Y	Z
문 자	A	B	C	D	E	F	G	H	I	J	K	L	M	N	O	P	Q	R	S	T	U	V	W	X	Y	Z
빈 도	1	0	1	0	0	0	2	2	3	0	0	3	4	2	1	0	0	0	0	0	2	0	1	1	6	0

가장 많이 나타난 문자는 Y이므로 Y는 평문의 e에 대응할 것이라고 가정한다. (주의 : 확률에 의존하고 있으므로 이러한 가정이 절대적으로 옳다고 확신할 수는 없다.) 이 추측이 옳다면 6칸씩 오른쪽으로 이동하여 암호문을 해독할 수 있다. 그렇다면 P, Q, R, S, T는 각각 f, v, w, x, y, z 순서로 대응한다고 판단된다. v, w, x, y, z는 출현빈도가 상대적으로 아주 적은 문자들인데 암호문에서도 이에 대응하는 P, Q, R, S, T가 전혀 나타나지 않으므로 공격자의 추측이 옳다고 보여진다. 그리고 L, M, N은 출현빈도가 높은 r, s, t에 대응하고 있는데 실제로 암호문에서도 L, M, N의 빈도가 높게 나타난다. 그러므로 공격자는 더 이상 탐색할 필요 없이 모두 6칸씩 이동하여 암호문을 복호하고, 그 결과, 의미 있는 문장인 our message does not remain secret을 얻게 된다. 이 방법은 인간의 도움 없이 컴퓨터가 독자적으로 공격을 수행할 수 있다는 장점이 있다.

그러나 이 방법은 확률에 의존하므로 약간 주의를 해야 한다. 짧은 암호문일 경우, 높은 빈도에만 의존하는 순진한 방법은 오류를 범할 수도 있다. 하지만 경험적으로 볼 때 통계적 분석에 의한 암호공격은 시도해 볼만한 방법이다. 그러면 각 문자에 대응하는 암호문자를 여러 개 대응시킨다면 문자의 출현빈도가 흐트러져서, 통계적 분석에 의한 공격으로부터 안전하지 않을까? 이러한 종류의 암호를 다중문자 암호라고 한다.

〈그림 2-36〉 영문, 한글 자모음 빈도 통계치

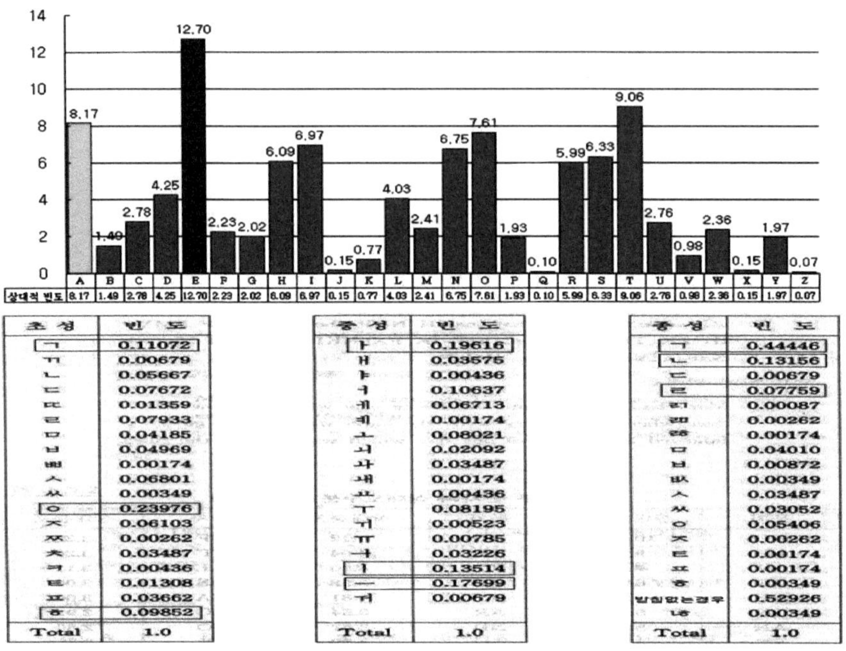

	A	B	C	D	E	F	G	H	I	J	K	L	M	N	O	P	Q	R	S	T	U	V	W	X	Y	Z
상대적 빈도	8.17	1.49	2.78	4.25	12.70	2.23	2.02	6.09	6.97	0.15	0.77	4.03	2.41	6.75	7.61	1.93	0.10	5.99	6.33	9.06	2.76	0.98	2.36	0.15	1.97	0.07

초성	빈도
ㄱ	0.11072
ㄲ	0.00679
ㄴ	0.05667
ㄷ	0.07672
ㄸ	0.01359
ㄹ	0.07933
ㅁ	0.04185
ㅂ	0.04969
ㅃ	0.00174
ㅅ	0.06801
ㅆ	0.00349
ㅇ	0.23976
ㅈ	0.06103
ㅉ	0.00262
ㅊ	0.03487
ㅋ	0.00436
ㅌ	0.01308
ㅍ	0.03662
ㅎ	0.09852
Total	1.0

중성	빈도
ㅏ	0.19616
ㅐ	0.03575
ㅑ	0.00436
ㅓ	0.10637
ㅔ	0.06713
ㅖ	0.00174
ㅗ	0.08021
ㅚ	0.02092
ㅘ	0.03487
ㅙ	0.00174
ㅛ	0.00436
ㅜ	0.08195
ㅟ	0.00523
ㅠ	0.00785
ㅝ	0.03226
ㅣ	0.13514
ㅡ	0.17699
ㅕ	0.00679
Total	1.0

종성	빈도
ㄱ	0.44446
ㄴ	0.13156
ㄷ	0.00679
ㄹ	0.07759
ㄺ	0.00087
ㄻ	0.00262
ㅀ	0.00174
ㅁ	0.04010
ㅂ	0.00872
ㅄ	0.00349
ㅅ	0.03487
ㅆ	0.03052
ㅇ	0.05406
ㅈ	0.00262
ㅌ	0.00174
ㅍ	0.00174
ㅎ	0.00349
받침없는경우	0.52926
ㄶ	0.00349
Total	1.0

이처럼 일단 숫자로 바꾸고 나면 아핀 암호 등과 같이 수학적인 처리가 가능해지므로 현대의 암호와 같은 안전한 암호시스템으로 발전해 나갈 수가 있다. 수학적 접근의 또 다른 장점은 암호 시스템의 안전성을 논리적으로 증명할 수 있다는 점이다. 과거의 암호들은 『이 정도로 어렵다면 아무도 공격할 수 없을 것이다』 라든가 『지난 3년간 아무도 이 암호를 깨지 못하였으므로 안전한 편이다』 와 같이 막연하게 안전성을 표현해 왔다. 그러나 나중에 공부하겠지만 현대의 암호는 『이 암호를 공격하려면 계산을 해야 하는데 이 계산에는 가장 좋은 컴퓨터로도 500년이 소요된다. 그러므로 이 암호는 안전하다』 라는 식으로 안전성을 설명한다.

(3) 기계암호

1,2차 세계대전에서는 기계암호의 시대였다. 에니그마(Enigma)는 1차 세계대전 당시 독일에서 개발된 기계였다. 이 기계는 아서 셔비우스 (Authur Scherbius)에 의해 상업적으로 개발되어 1920년대에 판매, 여러 국가에서 사용되었으나 독일 군부의

관심을 끌어 군용 에니그마가 만들어지기에 이른다. 그러니 어찌 보면 영화에서 같은 독일군의 초특급 비밀 암호 기계는 아닌 셈이다.

에니그마는 전기 기계식 로터 머신 (electro-mechanical rotor machines) 이었는데, 여러 개의 작은 톱니와 전기적 신호가 결합해서 동일한 암호 코드 없이는 사전에 풀기 어려운 암호를 송수신하는 기계였다. 그런데 이 암호기가 좀 좋았나 보다. 이미 상업적으로 판매된 암호기인데도 앨런 튜닝 같은 천재들을 다량 보유한 영국은 이 암호를 완전히 해독할 수가 없었다. 1941년 5월 아이슬란드 남쪽 북대서양 바다에서 연합군 상선을 공격하던 잠수함 U-110 이 영국군 구축함에게 포획된 것이다. 상선을 향해 어뢰를 쏘고 달아나던 U-110을 호위 구축함이 위치를 알아내 폭뢰로 공격한 것이다. 잠수함이 크게 손상되자 결국 U-110 은 항복했고 영국군은 이를 이용 에니그마의 암호 코드를 알아냈다. 오랫동안 난공불락으로 여겨졌으나 이후 폴란드와 영국의 암호학자들에 의해 해독되어, 전쟁 중 연합군의 전략에 상당한 도움을 주었다(이민영 외, 2002: 29).

그렇다면 과연 에니그마가 어느 정도 중요했는지는 기본적인 동작원리 파악을 통해 알아보기로 하자. 대략 1차 대전 무렵까지 주요 각국 군대에서 무선통신을 위해 사용하던 암호화 기법은 대동소이했다. 일단 송신자는 보내고 싶은 전문을 적절한 부호표(codebook)를 이용해 부호화(coding)한 다음에, 치환 등의 암호화(encipherment)를 시켜서 전송한다. 수신자는 이것의 역과정을 밟는다. 암호문을 복호(decipherment)하고, 얻어낸 부호문을 복호(decoding)하여, 원래의 평문을 얻게 된다.

여기서 핵심은 암호알고리즘을 얼마나 복잡하게 만들었는가에 달려 있다. 그래서 무작위 생성 난수정보를 담은 난수표를 이용해 암호화를 하고, 엄격히 제한된 통신병만 이 난수표를 취급할 수 있게 만들었다. 그러나 근본적인 알고리즘 자체는 간단했기 때문에, 중요한 난수표만 넘어가면 쉽게 해독이 가능하다는 약점이 있었다. 더군다나 전시에 수많은 야전부대 사이에 암호통신을 하려면 최소한 이들 야전부대 수만큼은 난수표를 배포해야 했으므로, 어디선가 유출될 위험이 컸다. 때문에 단순히 난수표 유출로는 뚫리지 않는 보다 견고한 암호기술이 필요했다.

이를 위한 대체 암호화 기법으로 떠오른 것이 바로 회전자(rotor)를 이용한 기계식 암호화 장치였다. 이 회전자 방식의 암호화 기계의 원리를 간략하게 알아보자. 회전자는 키보드의 알파벳 26자와 디스플레이용의 램프보드의 알파벳 26자를 연결하는 일종의 원통형 연결배선이다. 이 안에서는 키보드에서 들어오는 각 입력단자와, 램프보드로 나가는 각 출력단자가 서로 다른 문자끼리 1대 1로 대응이 되어있다. (정의역이 26문자, 치역이 26문자인 일대일함수의 역할을 하는 셈이다.) 즉, 이 또한 기본적으로는 고대부터 씌어온, 각 문자를 다른 문자로 치환하는 단순한 암호화 방식과 다를 바가 없었다. 이것만으로는 같은 문자의 키를 칠 경우 계속 같은 램프가 켜지기 때문에(예를 들면 A를 칠 때마다 매번 계속 C 램프가 켜지는 식), 많은 암호문 표본을 모아 알파벳별 빈도를 조사하는 방법으로 간단하게 해독이 가능하다.

〈그림 2-37〉 2차 대전 당시 사용한 진품 에니그마와 내부 세 개의 톱니바퀴

그래서 본격적인 회전자 암호화 장치에서는 복잡도를 증가시키는 한 가지 장치가 더 들어있다. 매번 키를 칠 때마다 회전자를 1스텝씩(1/26 바퀴씩) 회전시키는 것이다. 이렇게 하면 같은 키를 계속 쳐도 매번 다른 램프가 켜진다. 처음 A를 쳤을 때 C 램프가 켜지면, 다음 번 A를 치면 V가 켜지는 식이다. 이 경우 키를 26번 치면 회전자가 완전히 한 바퀴를 돌아 원래 자리로 돌아온다. 그러므로 하나의 평문으로 만들어 낼 수 있는 암호문은 26가지 종류가 된다. 복잡도를 더 증가시키려면, 즉 하나의 평문으로 만들어낼 수 있는 암호문의 종류를 늘리려면 회전자를 여러 개 직렬로 덧붙이면 된다. 회전자 2개를 연결하고, 1번째 회전자가 1바퀴(26스텝)를 돌았을 때

2번째 회전자가 1스텝씩 돌게 만들면 간단히 26 x 26 = 676가지로 늘어난다. 마찬가지로 회전자 개수를 4개, 5개로 늘림에 따라 456,976가지, 11,881,376가지로 복잡도를 높일 수가 있다.

또 하나의 기계암호로는 퍼플(PURPLE)이다. 퍼플은 미국이 제2차 세계대전을 끝내고 획득한 일본의 외교 암호기기(유럽 알파벳을 쓰는 97형식의 타자기)로 미국의 코드명인 매직(MAGIC)은 퍼플 암호해독을 가리키는 암호이다. 퍼플은 1930년대 말, 미군 암호학자인 윌리엄 F. 프리드먼과 그의 휘하에 있던 프랭크 로렛이 해독해 내었다. 미군 암호해독 기관인 SIS(Secret Intelligence Service)에서는 퍼플과 거의 비슷한 기계를 만들어 냈고, 이 기계를 1939년과 1940년에 워싱턴 D.C.에 가져다 놓았다. 거의 모든 일본 대사관은 퍼플을 사용하였다. 전쟁이 끝날 즈음 일본영사관은 퍼플을 완전히 파괴해 버렸다. 그러나 미군은 1945년부터 1952년 동안 남아 있는 기계를 찾아내는 데 성공하였다(이만영 외, 2002: 68).

퍼플은 1938년부터 1945년까지 외교메시지를 암호화, 복호하는데 사용되었다. 그러나 미국과 영국 암호학자들은 진주만이 공격당하기 직전에 약간의 메시지를 해독해 내었다. 진주만 공습 전에 미국 암호학자들은 14개로 나눠진 일본의 선전포고 메시지를 미국 시간으로 오후 한시까지 해독과 번역을 마치고 제출하였다. 워싱턴 시간으로 1941년 12월 7일 일본영사관이 미국정부에게 선전포고를 하였으나, 벌써 진주만은 공습을 당하고 있는 중이었고, 결국 일본은 선전포고를 하지 않은 채 태평양 전쟁을 시작하게 되었다. 퍼플 암호를 해독함으로써 2차 세계대전 때의 일본의 극비 외교 사안을 파악할 수 있게 되었으며 도쿄에서 태평양 전쟁 전략을 논의하고 있는 일본 외교관과 해군 장교 통신 내용 중 차량위치가 나왔고 연합군은 추적을 통하여 일본 제독 이소로쿠 야마모토를 태운 군용 비행기를 격추시킬 수 있었다. 또한 베를린 주재 일본영사관에서는 나치의 군사력을 퍼플을 통해서 본국으로 보고하였다. 당시 매직을 보유하고 있었던 미국과 영국 측은 영사관↔본국간 보고되는 모든 보고서를 실시간으로 볼 수 있게 되었다.

〈그림 2-38〉 퍼플암호기

(4) 현대 암호

현대암호의 방식에는 크게 두 가지로 분류할 수 있다.

첫째 암호화와 복호에 사용되는 키의 특성에 따라 암호방식을 분류할 수 있다. 전통적인 암호방식은 암호화와 복호에 동일한 키를 사용해 왔는데 이를 대칭키(비밀키, 단일키, 공통키, 또는 관용키)암호방식이라 한다. 1976년 Diffie와 Hellman에 의해 최초 만들어진 공개키 암호방식은 암호화와 복호에 동일한 키가 아닌 서로 다른 키(공개키, 비밀키)를 사용함으로써 키 분배 및 관리의 용이함을 가져왔다.

둘째 평문을 처리하는 방식에 따라 블록 암호방식과 스트림 암호방식으로 분류할 수 있다. 블록암호방식은 평문을 블록단위로 나누어서 암호화를 수행하며 같은 길이의 암호문을 생성한다. 복호도 암호화와 마찬가지로 블록단위로 나뉘어 수행된다. 스트림암호방식은 한 비트 또는 한 바이트 단위로 암호화/복호하는 방식이다. 스트림암호방식은 일반적으로 의사난수 발생기를 통해 얻은 난수열과 평문 스트림의 XOR연산에 의해 암호문을 생성하기 때문에 의사난수 발생기의 주기에 따라 암호방식의 안전성이 좌우된다.

① 대칭키 암호방식(Symmetric Key Cryptography)

암호의 송수신자가 하나의 키를 타인에게 알려지지 않게 사용해 암호화와 복호를 하는 것을 말한다. 비밀키, 단일키, 관용키 암호방식이라고도 불리어진다. 대칭키 암호의 특징으로는 키가 알려지지 않게 전송이나 보관에 주의할 필요가 있다.

계산량이 적어 고속으로 암호화와 복호가 이루어지기 때문에 대량의 데이터 통신에 적합하다. 다수의 키와 그 관리가 필요함으로 불특정 다수와 통신하기에는 적합하지 않으며 n명의 이용자가 공통키 암호로 서로 통신할 때 필요한 키의 수는 ${}_{n}C_{2}=n(n-1)/2$이다.

대칭키 암호방식에는 스트림암호와 블록암호의 2종류가 있다. 스트림 암호는 1비트나 1바이트 단위로 차례로 암호화하는 방식을 말한다. 블록암호는 평문을 일정한 길이(블록)마다 구획해 암호화하고 복호하는 방식이다

〈그림 2-39〉 대칭키 암호체계도

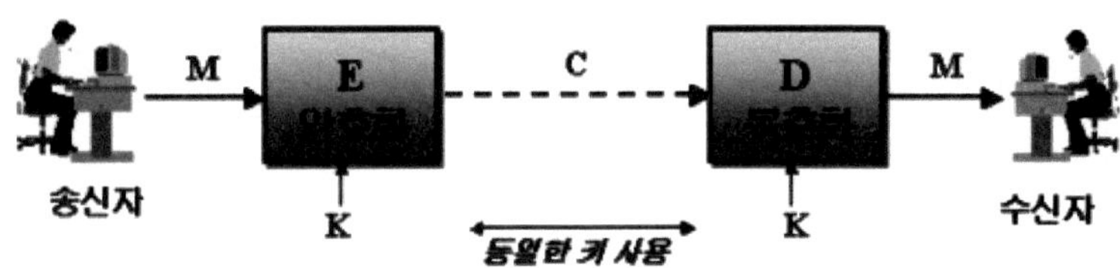

ⓐ 스트림 암호

평문, 암호문을 1비트, 1바이트 단위로 축차적으로 암호화, 복호를 하는 것으로 블록암호에 비해 경량 및 고속 동작이 용이하여 무선 환경이나 스트리밍 서비스 등과 같은 환경에서 많이 사용되고 있다. 스트림암호의 경우, 과거에는 주로 하드웨어 구현이 용이한 LFSR(Linear Feedback Shift Register)에 기반을 둔 암호알고리즘을 설계하여 왔으나, 근래에는 다양한 응용환경 개발과 인터넷 서비스에서 스트리밍 기법이 많이 이용되면서 블록암호보다 고속 동작이 가능한 소프트웨어기반의 스트림 암호개발이 많아지고 있다. LFSR기반의 스트림 암호는 높은 주기성과 좋은 통계적 성질을 갖는 LFSR들을 결합하여 알고리즘을 설계한다.

〈그림 2-40〉 스트림 암호체계도

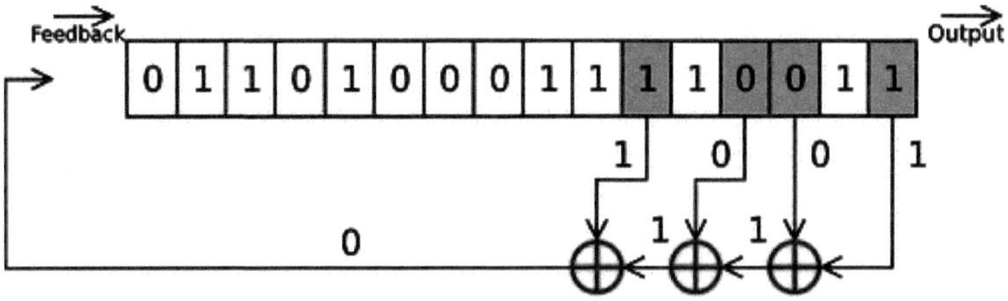

이러한 LFSR기반의 스트림 암호는 주로 유럽을 중심으로 1970-1990초까지 연구되어 왔고 대부분의 상용암호제품에 사용되는 스트림암호는 LFSR기반으로 설계되어졌으며 암호기술이 전 세계적으로 일반화된 1990년대부터 소프트웨어 구현이 적합한 스트림 암호가 등장하기 시작하였다.

많은 스트림 암호가 비트 단위의 선형 되먹임 시프트 레지스터를 기반으로 하는 것과 달리, RC4는 옥텟 단위를 기반으로 한다. 따라서 비트 단위의 암호보다 소프트웨어적인 실행 속도가 빠르다. RC4는 RSA Security를 위해 Ron Rivest에 의해 1987년에 고안된 대표적인 스트림암호방식이다. 이것은 바이트 단위의 적용에 대하여 다양한 키 사이즈를 갖는 스트림 암호방식으로 웹 브라우저와 서버사이의 통신의 표준으로 규정된 SSL/TLS (Secure Sockets Leyer/Transport Leyer Security)과 무선랜 표준 IEEE802.11의 WEP(wired Equivalent Privacy) 프로토콜에서 사용된다(마사아키 미타니 외, 2010: 218).

RC4의 등장은 소프트웨어 구현이 용이한 스트림암호의 개발 및 분석에 대한 연구의 시발점이 되었다. 1990년대 후반에 들어오면서 다양한 설계논리를 바탕으로 한 스트림 암호가 등장하였다. 블록암호에 비해 소프트웨어 구현을 기반으로 한 스트림암호는 설계 및 분석기법의 부족으로 인해, 기존의 블록암호 설계논리, 해쉬함수의 설계논리 혹은 LFSR의 설계논리를 바탕으로 설계되었다.

스트림 암호의 가장 대표적인 분석기법은 상관공격(Correlation Attack) 기법이다. 이러한 상관공격은 특정 LFSR의 출력비트와 키 수열 생성기의 출력비트 간에 상관관계 확률이 클수록 공격을 성공할 확률이 커진다. 또한, 상관공격은 키 수열 생성기의 구조적인 영향을 거의 받지 않고 적용가능하다. 다만, LFSR의 출력이 키 수열에 직접적인 영향을 주어 상관관계를 형성해야 하고, 대부분의 고속상관공격은 특정 LFSR의 출력이 초기 상태 값의 선형결합으로 이루어졌을 때 쉽게 공격할 수 있다. 상관공격과 더불어 스트림 암호의 분석에 가장 많이 활동되고 있는 기법이 대수적 공격(Algebraic Attack)이다. 대수적 공격은 알려진 입출력 쌍을 가지고 내부 알고리즘의 기본 대수 방정식을 이용하는 방법으로, 과포화된 다변수 연립방정식을 통하여 변수의 값을 얻고 이를 이용하여 키를 복구해 내는 방법이다.

ⓑ 블록암호

스트림 암호는 1비트마다 암호화 및 복호를 하는데 비해 블록암호는 일정한 길이의 블록으로 나누어 암호화 및 복호를 수행한다. 평문의 동일 블록들이 하나의 메시지에서 동일한 암호문으로 되지 않도록 하기 위해 이전 암호블록의 암호문을 다음 블록에 순서대로 적용하는 것이다. 같은 시간에 암호화된 동일 메시지들이 같은 암호문들 만들지 않도록 난수 발생기에 의한 초기화 벡터를 평문의 첫 블록에 조합함으로써 다음 블록들이 이전 암호블록과 다른 암호문이 된다. 길이는 암호에 따라 다르지만, 64, 128, 256비트 등 다양하게 개발되고 있다.

대표적인 블록암호로 DES(Data Encryption Standard)암호는 암호화키와 복호키가 같은 대칭키 암호로 1960년대 말에 IBM에서 개발하여 1977년 미국 표준 암호 알고리즘으로 채택되어 속도가 빠르기 때문에 금융기관 등 여러 분야에서 세계적으로 사용되고 있는 암호이다. DES암호는 대칭 블록암호로서 평문의 각 블록의 길이가 64비트이고 키가 64비트(실제로는 56비트가 키이고 8비트는 검사용)이며 암호문이 64비트인 암호이다. DES 알고리즘은 64비트의 평문이 16라운드의 Feistel 연산을 거쳐 64비트의 암호문이 나오게 하는 것이다. 전체적인 구성은 아래 그림과 같다.

Feistel 연산이란 각각 t비트인 두 블록으로 이루어진 2t비트 평문 블록이 r라운드를 거쳐 암호문으로 변환되는 반복 연산을 말한다. 보통 Feistel 연산은 3라운드 이상이며, 짝수 라운드로 구성된다. 이러한 Feistel 연산은 ㉠ 라운드 함수에 관계없이 역변환이 가능하며(즉, 암·복호 과정이 같음), ㉡ 두 번의 수행으로 블록간의 완전한 diffusion(분산)이 이루어지며, ㉢ 알고리즘의 수행속도가 빠르고, ㉣ H/W 및 S/W로 구현이 용이하고, ㉤ 아직 구조상의 문제점이 발견되고 있지 않다는 장점을 지니고 있다. DES 암호의 Feistel 연산은 다음 XOR연산을 이용한다. XOR연산(eXclusive-OR)은 2진법에서의 한 자리 수끼리의 덧셈의 계산결과가 한 자리수인 연산을 의미한다(이만영 외, 2002: 178).

DES 암호는 전수공격에 취약하며 더 이상 안전한 암호가 아니다. 하지만 전수조사에 의한 공격은 암호키의 길이를 늘이거나 암호화한 것을 다시 암호화하거나 하면 효과적이다. DES암호를 보완한 것으로, 현재 실제로 이용하고 있는 것은 3중 DES암호를 이용하거나 암호키의 비트수를 128비트로 늘린 개량된 DES암호인 IDEA(International Data Encryption Algorithm) 등을 사용하고 있다.

1990년대 들어 DES암호의 해독의 가능성이 높아지고, 1998년을 기점으로 DES는 표준기한이 만료됨에 따라, 미국 NIST(National Institute of Standards and Technology: 표준기술연구소)에서 1997년 9월에 암호키의 길이가 128비트 이상인 새로운 블록암호인 AES(Advanced Encryption Standard)를 공모하였다. 총 21개가 응모하여 그 중

〈그림 2-41 〉 DES 암호 전체도

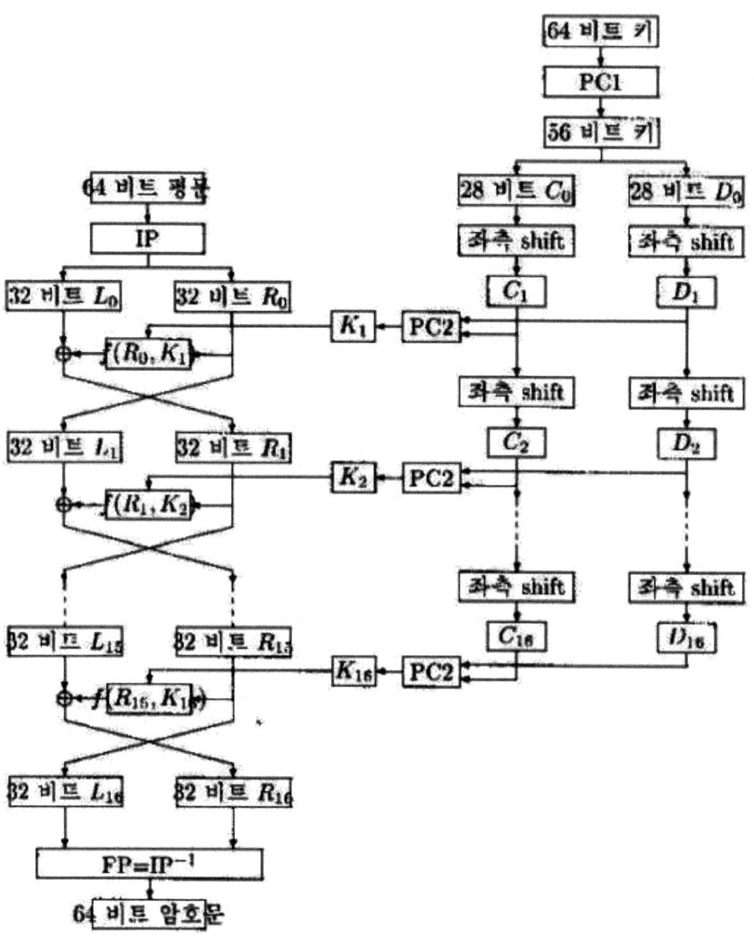

1998년 8월에 15개의 1차 후보가 올랐고, 1999년 4월 그중 5개 후보로 압축되어, 최종적으로 2000년 10월 2일에 벨기에에서 만든 Rijndael(Rijmen & Daemen)이 AES로 채택되었고, DES 암호의 뒤를 이은 블록암호 시스템으로 활용되고 있다.

AES (Advanced Encryption Standard–Rjindael)은 Daemen과 Rijmen에 의해 개발, 2000년 10월 AES 알고리즘으로 최종 선정되었다. SPN(Substitution–Permutation Network) 구조의 가변 블럭길이를 지원하는 블록암호로 지원 블럭길이는 128, 192, 256비트이며, 각 블럭길이에 대해 128, 192 혹은 256비트의 키를 사용할 수 있다. 라운드 수는 키 길이에 의해 결정되며, 128비트 블럭을 사용하는 경우 128, 192, 256비트 키에 대해 각각 10, 12, 14라운드를 사용하도록 권고되고 있다. Rijndael 디자인의 세 가지 특징으로는 ㉠ 모든 알려진 공격에 강하고 ㉡ 여러 플랫폼에서 빠르고 코드가 간단하며 ㉢ 디자인이 단순하다. Rijndael은 대개의 블록암호와는 달리 Feistal 구조가 아니다. 대신에 세 가지의 "layer"로 구성되어 있다. ㉠ Linear mixing layer : 여러 라운드에 걸친 high diffusion ㉡ Non-linear layer : S-box의 병렬 적용 ㉢ Key addition layer : 중간 State에 라운드 키의 EXOR등이다.

한국의 블록암호로는 1998년 10월 한국인터넷진흥원과 국내 암호전문가들이 순수 국내기술로 개발한 128비트 블록암호인 SEED가 있다. 1999년 9월에 한국통신기술협회에서 국가 표준안(TTA.KO-12.0004)으로 제정하였다. SEED는 특허가 걸려있지 않으므로, 아무런 제약이 없이 상용화하여 사용할 수 있고 2005년에는 국제 표준화 기구인 ISO/IEC 국제 블록암호 IETF 표준으로 제정되었다.

두 번째 블록암호로는 아리아(ARIA)가 있다. 아리아는 Academy(학계), Research Institute(연구소), Agency(정부 기관)의 첫 글자들을 딴 것으로, 개발에 참여한 학·연·관의 공동 노력을 표현하고 있다. 아리아는 128비트 블록크기와 128/192/256비트 (AES와 동일 규격)의 키 크기, 키 크기에 따라 12/14/16의 라운드 수, 경량 환경 및 하드웨어 구현을 위해 최적화된, Involutional SPN 구조를 갖는 범용 블록암호이다. 아리아는 지난 2004년에 국가표준기본법에 의거, 지식경제부에 의하여 국가표준(KS)으로 지정되었다. 아리아(ARIA)는 민간 암호화 알고리즘 시드(SEED)와 함께 전자정부의 대국민행정서비스용으로 보급되고 있으며, 스마트 카드 등의 초경량 환경 및 고성능 서버 환경 등에서 시드에 비하여 상대적인 장점을 가지고 있다. 국내 학계 및 산업계의 구현 결과에서 초경량 환경과 고성능 서버 환경에서는 아리아가 미국 암호화 알고리즘인 AES와 어깨를 나란히 할 수 있음이 밝혀졌으며, Pentium IV PC에서는 일본의 암호 알고리즘인 카멜리아(Camellia)와 민간 암호 알고리즘인 SEED보다 약 2배의 성능을 가짐이 AES를 개발한 벨기에 루벤 대학의 검증을 통하여 밝혀졌다.

세 번째 블록암호로는 HIGHT 암호가 있다. HIGHT(HIGh security and light weigHT)는 RFID, USN 등과 같이 저전력·경량화를 요구하는 컴퓨팅 환경에서 기밀성을 제공하기 위해 2005년 KISA, ETRI 부설연구소 및 고려대가 공동으로 개발한 64비트 블록암호이다.

ⓒ 암호학적 해쉬함수(Hash Function)

암호학적 해쉬함수는 현대 암호학에서 중요한 역할을 하고 있다. 이는 컴퓨터 응용분야에서 사용되고 있는 일반 해쉬함수와 비교할 때 두 경우 모두 큰 정의역에서 작은 치역으로의 함수이지만 몇 가지 중요한 측면에서 서로 다르다. 우리의 관심은 암호학적 해쉬함수로 제한되고 특히 무결성과 메시지 인증에 사용되는 것이다.

해쉬함수는 요약함수·메시지다이제스트함수(message digest function)라고도 한다. 주어진 원문에서 고정된 길이의 데이터를 생성해 주는 함수를 말하며 해쉬함수의 결과를 해쉬값, 메시지 다이제스트, 메시지 지문이라 한다. 해쉬함수는 메시지 다이제스트, 메시지 지문과 같은 이름에서 알 수 있듯이 임의 길이의 메시지를 대신 대표할 수 있는 고정된 길이의 값을 계산하여 주는 함수를 말한다.

엄밀히 말하면 해쉬함수 h는 임의의 길이의 문자열을 고정된 길이를 갖는 n비트 문자열로 대응시킨다. 정의역을 D, 치역을 R이라고 할 때 해쉬함수 h : D→R(‖D‖> ‖R‖)는 다대일 대응함수이다. 이것은 충돌이 반드시 존재함을 의미한다. 예를 들어 해쉬함수 h가 t비트의 입력값과 n비트의 출력값을 갖는 함수라 가정하면, h가 임의성을 가질 때 2t-n개의 입력값이 각각의 출력값에 대응한다. 따라서 확률 2t-n로 두개의 임의로 선택된 입력값은 t의 값과는 무관하게 같은 출력값을 가진다.

따라서 해쉬함수는 크게 다음과 같은 요구사항을 충족하여야 한다.

㉠ 압축 : 임의의 길이의 문자열을 일정한 크기의 문자열로 변환해야 하고 원문 크기보다 작은 크기로 축소해 주어야 한다.

㉡ 계산의 용이성 : x가 주어지면 H(x)는 계산하기 쉬어야 한다.

㉢ 일방향성 : 해쉬값 y(=H(x))가 주어졌을 때 y로부터 x를 찾는 것은 계산적으로 어려워야 한다.

㉣ 충돌 회피성 : x가 주어졌을 때 H(x')=H(x)인 x'(≠x)을 찾는 것은 계산적으로 어려워야 한다(weak collision-resistance). 그리고 H(x')=H(x)인 서로 다른 임의의 두입력 x와 x'을 찾는 것이 어려워야 한다(strong collision-resistance).

이러한 해쉬함수는 크게 세가지 용도로 사용된다. 첫째 전자서명에서 사용된다. 전자서명 암호알고리즘은 보통 공개키 암호를 많이 사용한다. 매우 큰길이의 메시지 전체를 개인키로 암호화하여 전자서명하기에는 비용이 많이 소요된다. 따라서 전체 메시지 대신에 그 메시지를 대표하는 짧은 길이의 해쉬값에 서명하는 경우가 많다.

둘째 메시지의 무결성을 제공하기 위해 사용된다. 통신회선을 통해서 데이터를 주고 받을 때, 경로의 양쪽 끝에서 원문의 해쉬값을 구해서, 보낸 쪽과 받은 쪽의 값을 비교하면 데이터를 주고받는 도중에 변경이 가해졌는지 어떤지를 확인할 수 있다.

셋째, 패스워드를 안전하게 유지하기 위해 사용된다. 유닉스시스템에서는 사용자의 계정 이름을 passwd라는 파일에 유지하며, 초기에는 이 파일에 각계정의 패스워드도 평문상태로 함께 보관하였다. 이와 같은 형태로 패스워드를 유지할 경우에는 이 파일에 접근 권한을 획득하면 모든 계정의 패스워드를 알 수 있게 된다. 이에 passwd파일에서 패스워드 부분을 shadow라는 파일로 옮기고 평문형태로 유지하던 패스워드 대신에 그것의 해쉬값을 유지하는 형태로 바꾸었다. 이 경우, 사용자가 패스워드를 입력하면 그것의 해쉬값을 계산하여 유지하고 있는 해쉬값과 비교하여 올바른 패스워드가 입력되었는지 검사한다. 따라서 기존과 달리 이 파일에 대한 접근권한을 획득하더라도 해쉬값의 일방향성 특성 때문에 계정의 패스워드를 알 수 없다.

하지만 패스워드의 해쉬값만 유지할 경우에는 크게 두 가지 문제점이 존재한다. 하나는 공격자들이 이 파일을 이용하여 사전공격(dictionary attack)을 할 수 있다는 것이고, 또 하나는 해쉬값이 같은 두 사용자는 동일한 패스워드를 사용하고 있다는 것이 노출된다. 따라서 패스워드만을 이용하여 해쉬값을 계산하지 않고 salt라고 하는 랜덤값과 패스워드를 비트 결합한 값을 입력으로 사용하여 해쉬값을 계산한다. 이 경우 올바른 패스워드가 입력되었는지 검사하기 위해서는 시스템에서 사용된 salt값을 알고 있어야 하기 때문에 salt도 평문 그대로 해쉬값과 함께 저장된다. 이와 같은 방식을 사용하면 앞서 언급한 두 가지 문제는 어느 정도 극복이 가능하다. 전자에 대해서는 salt를 사용하지 않으면 가능한 패스워드에 대한 해쉬값들만 계산하면 되지만 이제는 각 패스워드에 사용된 salt의 개수만큼 계산해야 한다. 따라서 사전공격에 소요되는 시간과 비용이 증가하게 된다. 후자는 각 계정마다 다른 salt를 사용하므로 동일한 패스워드를 사용하는 사용자라 하더라도 결과 해쉬값은 서로 다르게 된다. 이런 목적으로 개발된 해쉬함수에는 MD5, SHA-1, SHA-256, SHA-512, RIPEMD-160 등이 있다.

ⓓ 블록암호의 운용모드

ⓓ-1 ECB(Electronic CodeBook)

ECB 모드는 블록암호의 사용 방식 중 가장 간단한 방식으로 평문을 64비트씩 나누어 암호화하는 방식이다. 평문을 64비트씩 나눌 때 마지막 블록이 64비트가 되지 않을 때는 임의의 약속된 비트 모양을 패딩(padding)하게 된다.

이 방식은 동일한 평문 블록 모양에 따라 항상 동일한 암호문이 출력되므로 암호 해독자들의 해독 가능성을 높게 만든다. 즉, 문서의 종류에 따라 동일한 문서 모양을 갖고 있으므로 암호문 단독 공격의 가능성을 높게 해준다. 따라서 64비트 길이의 평문 암호화에 유용하게 사용될 수 있으므로 블록암호의 키 암호화에 사용할 수 있다.

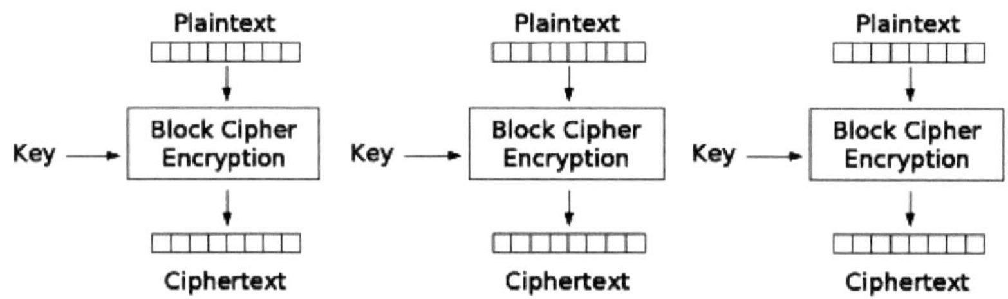

Electronic Codebook (ECB) mode encryption

ⓓ-2 CBC(Cipher Block Chaining)

블록암호의 CBC 모드는 출력 암호문이 다음 평문 블록에 영향을 미치게 하여 각 암호문 블록이 전단의 암호문의 영향을 받도록 만든 방식으로 ECB에서 발생하는 동일한 평문에 의한 동일한 암호문이 발생하지 않도록 구성한 동작 모드이다. CBC 모드 동작은 아래 그림과 같이 처음 입력된 평문 블록은 초기 벡터(Initial vector)와 EXOR되어 블록암호에 입력된다. 블록암호 출력 암호문은 다음 단 평문블록와 EXOR되어 블록암호에 입력된다. CBC 모드의 수식적인 표현은 다음과 같다.

- C_n : 모든 평문 블럭 $P_1, P_2, \cdots, P_n$의 함수
- 암호화 : $C_n = E_K[C_{n-1} \oplus P_n]$
- 복호화 : $D_K[C_n] = D_K[E_K(C_{n-1} \oplus P_n)]$

$$D_K[C_n] = (C_{n-1} \oplus P_n),$$

$$C_{n-1} \oplus D_K[C_n] = C_{n-1} \oplus C_{n-1} \oplus P_n = P_n$$

CBC 모드 동작 중 발생하는 비트 손실이나 오류에 대한 영향을 검토해보자. 전송 중에 암호문 블럭 Ci에서 발생하는 한 비트의 오류는 복호된 해당 평문 블럭 Pi에서는 여러 비트의 영향을 주게 되며 다음 단의 복호된 평문 블럭 P_{i+1}에는 한 비트의 오류를 유발하게 된다. 물론 그 다음 단의 복호된 평문블록 P_{i+2}에는 영향을 주지 않는다.

CBC방식의 특징은 현 단계에서 생성되는 암호문이 그 다음으로 생성되는 암호문 블록에 영향을 미치기 때문에 특정 암호문 블록이 전달되는 과정에서 발생되는 채널 상의 잡음에 의한 오류는 해당 암호문 뿐만 아니라 그 다음 암호문에도 그 효과가 연장된다. 한편 CBC모드의 평문 블록 P_i 에서의 오류 발생 시 암호문 분석에 미치는 영향을 살펴보자.

평문 블록 Pi 에서의 한 비트 오류는 그 다음에 출력되는 모든 암호문 블록 C_i, C_{i+1} ,C_{i+2}…에 영향을 미치게 된다. 이러한 특징은 메시지 인증에 유용하게 사용될 수 있다. 구체적으로 말하면 이러한 특징은 문서 인증 부호 MAC(Message Authentication Code)에 사용될 수 있다.

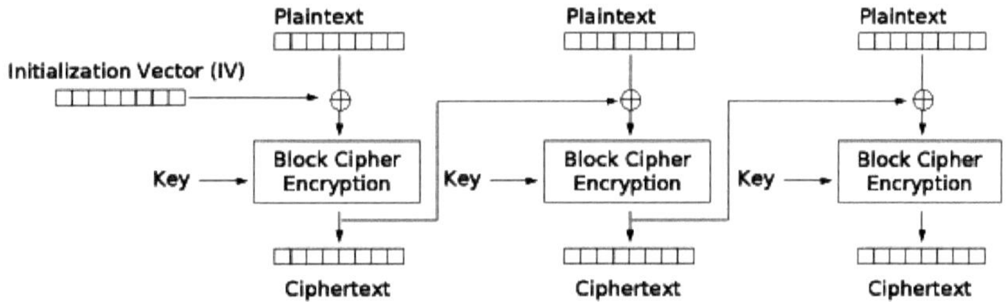

Cipher Block Chaining (CBC) mode encryption

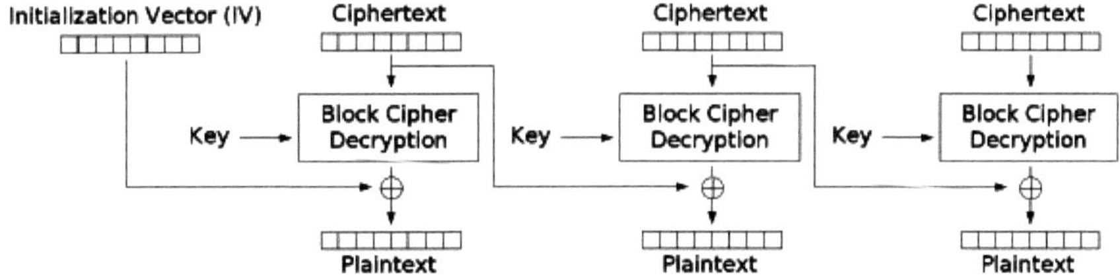

Cipher Block Chaining (CBC) mode decryption

ⓓ-3 CFB(Cipher FeedBack)

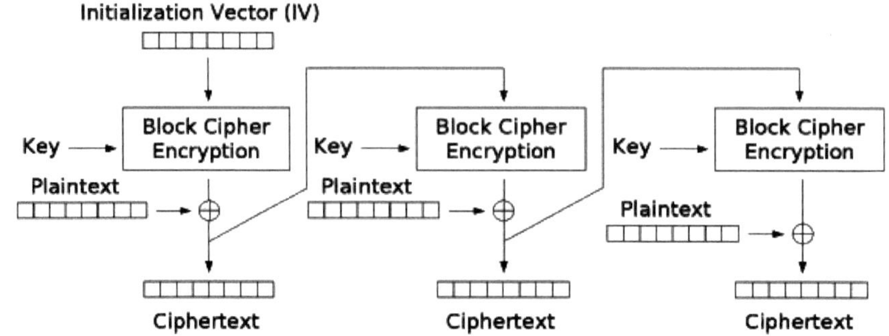

Cipher Feedback (CFB) mode encryption

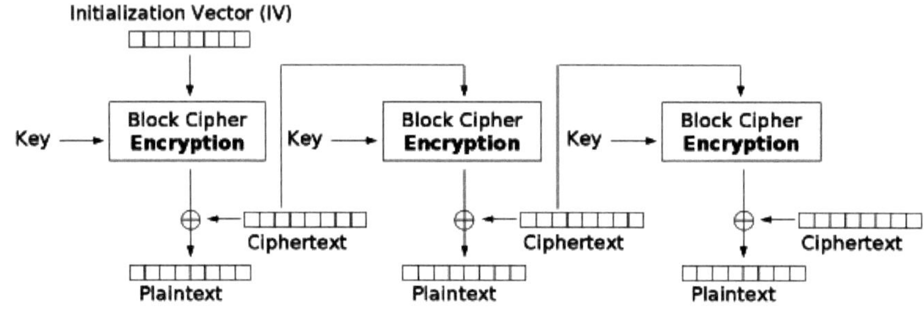

Cipher Feedback (CFB) mode decryption

컴퓨터 및 통신시스템 내에서 데이터는 메시지 전체, 또는 프레임이나 블록단위, 그리고 문자나 비트 단위로 취급되어 질 수 있다. 문자나 비트 단위로 취급되어질 경우 CFB 방식에 의해서 암호화가 수행될 수 있다.

통신 프로토콜의 하위 계층에서는 데이터를 문자나 비트 단위로 취급한다. 아래의 그림은 r비트 단위로 암호화하는 CFB 방식이다. 맨 처음으로 CFB 방식이 기동될 때 쉬프트 레지스터 안에 초기화 벡터 IV를 입력하여 블록 암호화를 수행하고 그 결과의 왼쪽 r비트에 대하여 r비트 평문과 XOR하여 r비트의 암호문을 생성하게 된다.

각각의 r비트에 대하여 암호화가 수행된 후에 그 r비트의 암호문이 다시 키 수열을 생성하는 알고리즘에 유입된다. 유입될 때마다 쉬프트 레지스터는 r비트씩 왼쪽으로 이동한다. CFB 방식도 CBC 방식와 마찬가지로 평문 블록이 동일한 경우 동일한 암호문이 나타나지 않도록 전단의 암호문이 다음 단의 평문에 영향을 미치게 구성하는 방식이다.

ⓓ-4 OFB(Output FeedBack)

OFB방식은 CFB방식과 마찬가지로 블록암호에 의해서 생성되는 일종의 키 수열과 r비트 단위의 평문이 XOR되어져 암호화가 이루어진다. r 비트 문자의 암호화에 스트림 암호가 적용된다는 측면에서는 CFB방식과 동일하지만 키 수열은 평문과 무관하게 생성되어지기 때문에 현재 생성된 암호문이 그 다음 암호화에는 영향을 미치지 않는다는 차이점을 가지고 있다. 맨 처음으로 CFB방식이 기동될 때에는 쉬프트 레지스터 안에 초기화 벡터 IV를 입력하여 블록으로 암호화를 수행하고 그 결과의 왼쪽 r비트를 r비트 평문과 XOR하여 r비트의 암호문을 생성하게 된다. 각각의 r비트에 대하여 암호화가 수행됨과 동시에 블록 암호화의 결과 출력되는 왼쪽의 r비트가 다시 키 수열을 생성하는 알고리즘에 유입된다. 유입될 때마다 쉬프트 레지스터는 r비트씩 왼쪽으로 이동한다. OFB방식은 키 수열의 생성에 있어서 이전에 생성되었던 암호문이 이용되고 있지 않기 때문에 채널상의 잡음에 의한 다른 암호문으로의 오류의 파급효과가 발생되지 않고 단지 해당 암호문만이 영향을 받게 된다. 즉, OFB방식은 평문 블록이 동일하면 암호문이 같아지는 ECB방식의 단점과 오류 전파가 발생하는 CBC방식과 CFB방식을 개선한 동작 모드이다.

② 공개키 암호(Public Key Cryptography)

데이터를 암호화하기 위하여 사용하는 암호화키(공개키)와 암호화된 데이터를 복원하기 위하여 사용하는 복호키(비밀키)가 서로 다른 암호방식을 말하며 암호화, 복호에 다른 키를 사용한다는 의미에서 비대칭암호(Asymmetric Key Cryptography)라고도 부른다.

〈그림 2-42〉 공개키 암호체계도

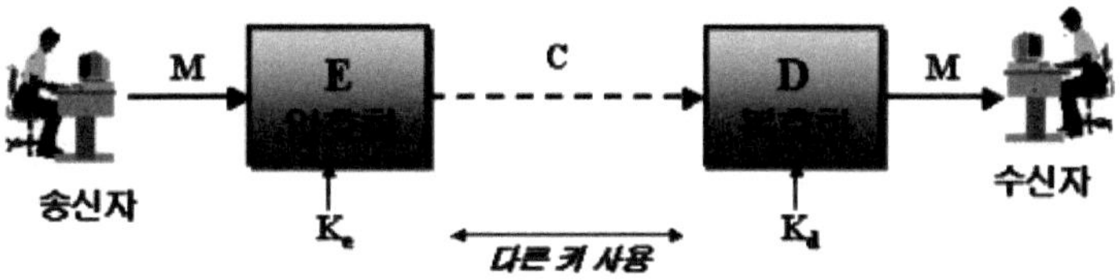

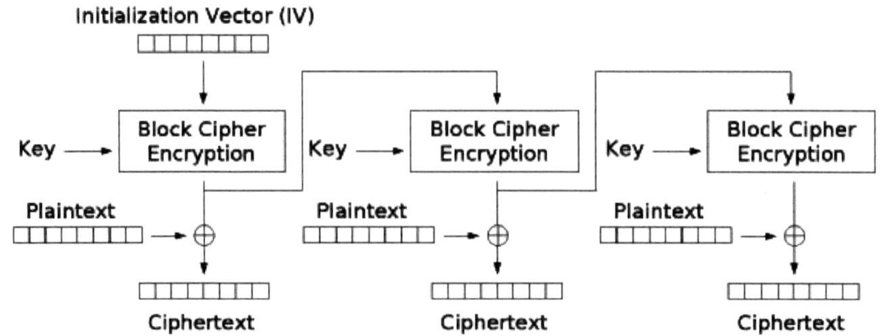

Output Feedback (OFB) mode encryption

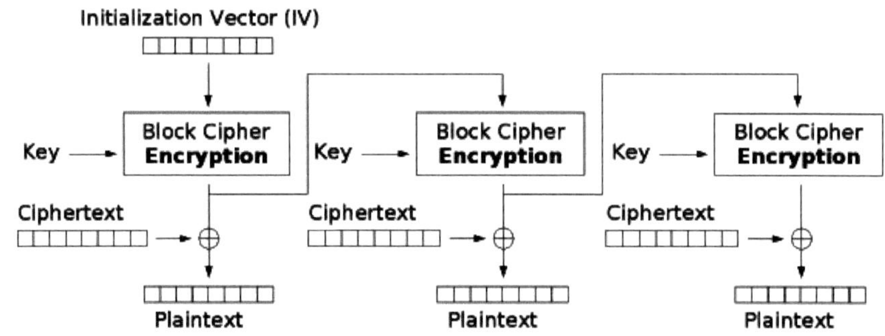

Output Feedback (OFB) mode decryption

공개키 암호는 공통키 암호의 비밀키 관리의 어려움을 해결하기 위하여 제시된 개념이다. 공개키 암호방식에서는 이용자 n명이 서로 암호통신을 한다고 하더라도 키의 총수는 2n개 있으면 충분하다. 이용자가 1000명일 경우 공통키 암호방식에서는 ${}_{1000}C_2$=1000×(1000−1)/2로서 키가 499500개 필요하지만 공개키 암호방식에서는 2×1000=2000개 밖에 필요없다.

공개키 암호방식은 암호를 만드는 방법의 종류에 따라 크게 둘로 나뉜다. 소인수분해문제가 어렵다는 것을 이용하여 만든 암호(RSA, Rabin 암호 등)와 이산로그문제를 기초로 하여 만든 암호(ELGamal 암호, 타원곡선 암호)가 있다

ⓐ 소인수분해

커다란 두 소수를 곱하여 그 결과를 얻는 것은 간단하다. 그렇지만 반대로 곱해진 수

(합성수)로부터 원래의 두 소수를 구하기는 매우 어렵다. 합성수로부터 원래의 소수를 구하는 것을 소인수 분해문제라고 한다.

〈표 2-21〉 공통키와 공개키의 비교

구분	공통키(대칭키)	공개키(비대칭키)
대표 알고리즘	DES, IDEA, RC4, RC5	RSA, ECC
키의 관계	암호키=복호키	암호키=복호키
키의 수	두사람 이상이 한 개의 키를 공유	전송당자 간에 각각 키 쌍을 공유
키의 종류	Secret key	Private key, Public key
키의 보호	많음	적음
속도	빠름	느림
성능	효율적	비요율적
인증기능	없음	제공
용도	개인파일 암호화, 특정그룹내의 통신에 사용	불특정 다수의 정보교환(key)에 주로 사용

소인수분해의 어려움을 기반으로 한 RSA암호는 1977년 공표된 세계 최초의 공개키 암호이다. RSA라는 이름은 이를 개발한 미국의 세 연구자 리베스트(Rivest), 샤미르(Shamir), 에이들먼(Adleman)의 머리글자로부터 유래한다. 암호의 강도를 보증하는 것은 소인수분해 문제이다. 과학 전문지 "사이언스"에 이들 3인이 만든 문제가 게재되었는데 그것은 어떤 수를 소인수분해하여 메시지를 해독하라는 것이었다. 그 수는 다음의 129자리 자연수였다.

```
114381625757888867669235779976146612010218296721242362562561842935706935245733
897830597123569587050589890751475992900268795435 41
```

이 소인수분해는 17년 후인 1994년에 약 1600대의 컴퓨터를 사용해 계산함으로써 메시지가 복호되었다. 일반적으로 17년이라는 매우 오랜 세월이 걸렸다고 생각되겠지만, RSA개발자의 한사람이었던 리베스트는 1000년은 걸릴 것이라고 예상한 만큼 출제자들에게는 짧게 여겨졌던 같다. 참고로 해독된 메시지는 "the magic words are squeamish ossifrage"이다. 현재 RSA암호에 사용되는 숫자는 10진수로 300자리 이상이다. 이것을 소인수 분해하려면 천문학적인 시간이 걸리게 된다.

〈그림 2-43〉 샤미르, 로날드 리베스트 및 애들만

샤미르(Adi Shamir),로날드 리베스트(Ronald Rivest), 애들만(Len Adleman)

〈 RSA 암호의 암호화 및 복호 〉

A와 B가 보안이 보장되어 있지 않은 환경에서 서로 비밀 메시지를 주고받고 싶다고 가정하자. B가 A에게 메시지를 전달하기 위해서는 A의 공개키가 필요하다. A는 아래와 같은 방법을 통해 그만의 공개키와 개인키를 제작한다.

㉠ p와 q 라고 하는 두 개의 서로 다른 $(p \neq q)$ 소수를 고른다.

㉡ 두 수를 곱하여 $N=pq$ 을 찾는다.

㉢ $G(N)=(p-1)(q-1)$를 구한다.

㉣ G(N)보단 작고, G(N)와 서로 소인 정수 e를 찾는다.

㉤ 유클리드 호제법을 이용하여 $de \equiv 1(\mathrm{mod}\ G(N)$ 을 만족시키는 d를 구한다.

A의 공개키는 위에서 구한 두 개의 숫자로 이루어진 〈N, e〉이고, 개인키는 d이다. A는 〈N, e〉만을 B에게 공개하고, B는 이 공개키를 사용하여 자신의 메시지를 암호화하게 된다. 여기서 p와 q의 보안은 매우 중요하다. 이를 가지고 d와 e의 계산이 가능하기 때문이다. 그리하여 공개키와 개인키가 생성이 된 후에는 이 두 숫자를 지워버리는 것이 안전하다.

〈 암호화 과정 〉

B가 M이란 메시지를 A에게 보내고 싶다고 하자. 일단 B는 이 M를 N보다 작은 숫자로 변환(m : 이 변환법(padding scheme)은 A에게도 미리 알려져 있어야 한다. 이를테면, 메시지를 토막 내어 하나의 메시지가 일정 수의 비트를 넘지 않게 하는 방법이 있다. 하지만 실제로는 이중 보안을 위해 더욱 복잡한 변환법이 사용된다) 한다. 그리고 B는 A의 공개키 〈N, e〉를 획득하고, 다음과 같이 c를 계산한다.

$$c = m^e \bmod N$$

그리고 이 c를 A에게 보낸다.

〈 복호과정 〉

A는 암호화된 메시지 c를 B에게서 건네받았고, N과 d를 알고 있다. 다음 식을 통해 m을 찾는다.

$$m = c^d \bmod N$$

위에서 설명하였듯 m을 가지고 A는 M을 찾아낼 수 있는 방법을 알고 있다.

ⓑ 이산로그문제

다음 합동식을 생각해 보자. $g^x=y(\text{mod } p)$ 여기서 a와 x가 알려져 있는 경우 y를 구하기는 비교적 쉽다. 그렇지만 g와 y가 알려져 있더라도 y의 로그인 x를 구하기에는 매우 곤란하다. 이것을 이산로그문제라고 한다. 이산이란 연속의 반대이며, 건너뛰는 값임을 나타낸다.

〈 이산대수 계산의 어려움을 기초로 한 Diffie-Hellman 비밀키 교환시스템 〉

Diffie와 Hellman은 유한체 F_p 위에서 제 삼자가 g^a과 g^b을 가지고 g^{ab}을 계산하기 어려운 점을 이용하여 두 사용자들 사이에 만나는 번거로움 없이 비밀키를 교환할 수 있는 방법을 개발하였다.

㉠ 사용자 A와 사용자 B가 사용할 소수 p와 원시원소 g를 상의하여 결정한다.

㉡ 사용자 A는 a를 선택하고 g^a mod p를 계산하여 공개하고 사용자 B는 b를 선택하고 g^b mod p를 계산하여 공개한다.

㉢ 사용자 A는 사용자 B의 공개키 g^b mod p와 자신의 개인키 a를 이용하여 $(g^b)^a$ mod p를 계산하고, 사용자 B는 사용자 A의 공개키 g^a mod p와 자신의 개인키 b를 이용하여 $(g^a)^b$ mod p를 계산하여 공동 비밀키로 사용한다.

실제로 $K=(g^a)^b = (g^b)^a$ mod p이므로 A와 B는 같은 비밀키를 공유할 수 있다. 또, 이산대수를 구하는 어려움 때문에 g^a mod p와 g^b mod p로부터 a, b를 얻을 수 없으므로 g^{ab} mod p를 구할 수 없기 때문에 안전하다. 즉 A와 B는 만나는 번거로움 없이 K를 비밀키로 결정하여 안전하게 공유하고 이용할 수 있다.

(5) 암호의 공격기법

새로 출현한 암호문을 분석하기 위하여 암호 공격자는 최대한의 정보를 수집한다. 출현한 암호문, 완전하지 않은 평문, 완전한 평문, 암호방식 등 이다.

제일 먼저 생각할 수 있는 것은 암호문 단독공격(Cipher Only Attack)이다. 공격자는 비교적 긴 암호문을 알고 있고, 원한다면 같은 암호 알고리즘을 사용한 암호문의 부분을 어렵지 않게 구할 수는 있지만, 그 외의 정보 즉 평문이나 암호알고리즘에 관한 정보는 전혀 없는 상황에서의 암호 공격을 말한다. 공격자는 확률론, 분포, 암호문의 특성, 그리고 공공연하게 이용할 수 있는 지식이 사용된다.

두 번째는 완전하거나 부분적으로 알려진 평문 공격이다. 외교부문에서 양나라의 공동 선언문을 암호통신하였고 그후 평문으로 공개되었을 때 공격자는 암호문과 그에 해당하는 평문를 수집할 수 있다. 이때 분석자는 C와 P 둘 다를 가지고 있고 D를 발견하기 위해 C=E(P)에서 E를 추론하는 것이 필요할 것이다. 또한, 공격자는 비교적 짧은 부분의 평문과 이에 대응하는 암호문을 알고 있는 상황으로 실제에서 흔히 있을 수 있는 경우로, 예를 들면 대부분의 사람들은 편지의 시작과 끝에 상투적인 문구를 사용하므로 그에 대응하는 암호문과 비교할 수 있다. 공격자는 보통, 공격하려는 암호문이 어떤 종류의 문서(편지, 전자상거래 등)인지 대략 짐작하고 있고, 자주 사용하는 문장들에 대해서는 어느 정도 중요한 단어들을 추측할 수 있는 정도의 능력은 있다고 봐야 한다.

세 번째는 선택 평문 공격이다. 가령, 공격자는 특정메시지를 암호화하고, 이를 전송할 수 있는 송신자의 전송프로세스에 깊숙이 개입될 수 있는 경우를 생각하자. 공격자가 암호문과 그에 대응하는 평문을 여러 쌍 알고 있고, 간단한 평문을 선택해서 대응하는 암호문이 무엇인지 테스트해 볼 수 있을 정도로 많은 정보를 가지고 있는 상황을 말한다.

네 번째는 공격자가 암호방식과 암호문 둘 다 이용할 수도 있다. 선택된 암호문공격에서 공격자는 특정 암호문에 해당하는 하나의 평문 메시지를 찾기 위해 대규모 평문을 암호방식에 적용시킬 수 있다. 선택된 암호문공격의 목적은 도중에 가로챈 암호문에 대한 송신자의 복호키를 간단히 적용함으로써 앞으로 메시지를 복호할 수 있도록 송신자의 암호화키를 추측하기 위한 것이다.

다섯 번째는 암호운용의 결점을 이용하는 것이다. 공격자는 매우 서두르거나, 혹은 게으르고, 경솔하고, 고지식하거나 지식이 없는 사람을 상대로 작업한다. 때때로 사람들은 암호키를 변경하지 않거나, 부주의하게 암호키를 허술하게 보관하거나 추측 가능한 암호키를 선택하기도 한다. 즉 암호방식이 아무리 강력하고 효과적으로 구현되었다 할지라도, 그것을 사용하는 사람들이 잘못 사용할 수도 있다.

사람들은 특정 암호문과 그에 대응하는 평문을 함께 보관하여 스파이가 쉽게 접근할 수 있도록 부주의한 행동을 하기도 한다. 사람들의 실수와 H/W, S/W도 모순덩어리다. 때때로 H/W에 지워졌을 것이라고 생각한 민감한 자료가 아직 디스크에 남아 있을 수 있다. 이러한 문제는 암호방식과 별개의 문제이지만, 공격자에게 암호를 깨는 작업에 접근할 수 있는 방법을 제공한다. 분석가에게 적용될 수 있는 어떤 일반적인 규칙도 없다는 것을 항상 기억해야 한다.

블록암호의 해독은 암호 알고리즘은 공개되어 있고 암호키의 수가 유한인 개여서 1970년대 설계 당시부터 전수공격에 대한 우려가 있었으나, 표준 암호 알고리즘으로 채택될 당시에는 해독이 어려운 암호였다.

선택된 평문공격법의 하나로, 1990년에는 Biham과 Shamir에 의해 두 개의 평문 블록들의 비트의 차이에 대응하는 암호문 블록들의 차이를 이용하여 사용된 암호키를 찾아내는 차분해독법(Differential Cryptanalysis)이 발표되어, 실질적인 공격이 가능하게 되었다. DES설계자의 한 사람인 Coppersmith에 의하면 설계 당시부터 이미 차분공격법에 대해 알고 있어, 그에 대한 대비책으로 S함수 설계조건이 나왔다고 한다.

1993년 Biham과 Shamir에 의하면, DES 암호는 계산량의 차분공격으로 해독이 된다. 차분공격의 기본 개념은 ① 2개의 입력 I , I'에 같은 암호키 K를 사용하여 대응하는 출력을 O, O'이라 하자. ② 출력 O, O' 의 차이 △O = O ⊕ O'을 알고 있다. ③ 입력 I, I' 의 차이 △I = I ⊕ I'는 암호키 K에 상관없는 값이다. ④ △I에서 △O로 가는 가능한 입력쌍 I⊕K , I'⊕K를 미리 알고 있다. ⑤ I와 I⊕K를 XOR연산을 하여 암호키 I⊕(I⊕K)=(I⊕I)⊕K=K를 구할 수 있다.

1993년에는 일본의 Matsui가 DES S함수의 입력 비트와 출력비트 사이의 상관도를 선형 근사하여 해독하는 선형근사공격법을 발표하여, 243개의 기지평문과 12대의 Workstation으로 50일 만에 해독하였다.

또한 1993년에 캐나다의 Weiner는 Key Search Machine을 설계하였는데 100만 달러를 들여 칩을 만들어 공격하면 3.5시간 안에 해독할 수 있다고 주장하였다. 실제로 컴퓨터의 성능발달과 해독알고리즘의 개량으로, 전수조사에 의한 DES암호 공격이 실행되어 1997년 2월에는 RSA사에서 개최한 DES Challenge I에서 78,000대의 컴퓨터를 이용하여 96일만에, 1998년 7월에는 DES Challenge II에서 250,000달러의 전용칩을 제작하여 56시간만에, 1999년 1월 18일 DES Challenge III에서 1만 여대의 컴퓨터와 전용칩을 이용하여 DES암호를 22시간 15분만에 해독을 하였다.

3) 암호의 실제

암호알고리즘별 특성을 고려하여 실제 암호구현에 있어서는 대칭키 암호와 공개키 암호를 결합하여 사용되고 있다. 이를 하이브리드 암호라고도 불리어 지고 있다. 공개키 암호는 모듈러 지수연산으로 인하여 공통키 암호시스템에 비해 1만 배의 시간이 소요되기 때문에 특별한 작업에 한하여 유용하다. 이러한 기본 암호를 이용하여 여러 실생활에 구현하고 있는데 대표적으로 전자서명이다

(1) 전자서명(電子署名, Electronic Signature, Digital Signature)

전자서명은 펜 대신에 컴퓨터를 매개로 하여 전자적 형태의 자료로 서명자의 신원을 확인하고 자료메시지의 내용에 대한 그 사람의 승인을 나타낼 목적으로 사용된다. 이와 비슷한 용어로 디지털 서명이 있는데, 디지털 서명이란 공개키 암호방식을 이용한 전자서명의 한 종류이다.

전자서명은 송신자가 작성한 전자문서 자체를 암호화하는 것이 아니므로 제3자가 문서내용을 열람하는 데에는 아무런 장애가 없다. 다만 그 전자서명에 작성자로 기재된 자가 그 전자문서를 작성하였다는 사실과 작성내용이 송·수신과정에서 위조·변조되지 않았다는 사실을 증명하고, 작성자가 그 전자문서 작성사실을 나중에 부인할 수 없게 하는 역할을 한다. 인터넷쇼핑이나 사이버 금융거래 등에서 생길 수 있는 정보유출 등의 위험을 줄일 수 있는 효과적인 도구로서, 전자서명을 활용하면 개인정보 도용이나 변조를 원천적으로 차단할 수 있다.

전자서명의 대표적인 용도는 인터넷뱅킹 등의 금융거래, 인터넷 민원서비스, 인터넷쇼핑 등이 있으며, 앞으로 국제간 전자상거래, 전자투표 등으로 확대될 수 있다. 인터넷뱅킹이나 온라인 주식거래에 필요한 공인인증서는 국가가 지정한 공인인증기관에서 발행하고 공개키를 관리하는 대표적인 전자서명이다.

이러한 전자서명에 관한 기본사항을 정하여 정보화를 촉진하고 국민생활의 편익을 증진하기 위해 제정한 법이 전자서명법이다. 동 법은 1999년 제정된 뒤 2008년 2월 법률 제8852호까지 6차례 개정되었다.[89] '전자서명'이란 서명자가 해당 전자문서에

89) 제2조 (정의) 2. "전자서명"이라 함은 서명자를 확인하고 서명자가 당해 전자문서에 서명을 하였음을 나타내는데 이용하기 위하여 당해 전자문서에 첨부되거나 논리적으로 결합된 전자적 형태의 정보를 말한다.
제2조 (정의) 1. "전자문서"라 함은 정보처리시스템에 의하여 전자적 형태로 작성되어 송신 또는 수신되거나 저장된 정보를 말한다.
제4조 (공인인증기관의 지정) ①행정안전부장관은 공인인증업무(이하 "인증업무"라 한다)를 안전하고 신뢰성 있게 수행할 능력이 있다고 인정되는 자를 공인인증기관으로 지정할 수 있다.

서명하였음을 나타내기 위해 전자문서에 첨부되거나 논리적으로 결합된 전자적 형태의 정보를 말한다. 다른 법령에서 문서에 서명, 서명날인 또는 기명날인을 요구하는 경우, 전자문서에 공인전자서명이 있으면 법적인 효력을 갖는다.

전자 서명이 유용하려면 다음과 같은 서명조건을 만족해야 한다.

㉠ 합법적인 서명자만이 전자문서에 대한 전자서명을 생성할 수 있어야 한다(위조불가)

㉡ 전자서명의 서명자를 누구든지 검증할 수 있어야 한다(서명자 인증)

㉢ 서명자는 서명 후에 자신의 서명사실을 부인할 수 없어야 한다(부인불가)

㉣ 서명한 문서의 내용은 변경될 수 없어야 한다(변경불가)

㉤ 전자문서의 서명은 다른 전자문서의 서명으로 사용될 수 없어야 한다(재사용 불가)

① RSA 암호를 이용한 전자서명

RSA 암호방식은 정보보호 기능과 전자서명 기능을 동시에 갖고 있는 암호방식으로 전자서명에 널리 사용하고 있다

ⓐ 준비과정

㉠ 서명자는 100자리의 소수 p와 q($p \neq q$)를 선정하여 N=pq 를 계산하고 Euler함수 G(N)=(p−1)(q−1)를 계산한다.

㉡ G(N)보다 작고, G(N)와 서로소인 정수 e, 즉 gcd(e,G(N))=1인 e를 선정한 다음, G(N)을 법으로 하는 e의 승산역원 d, 즉 유클리드 호제법을 이용하여 de ≡ 1(mod

---

제21조 (전자서명생성정보의 관리) ①가입자는 자신의 전자서명생성정보를 안전하게 보관·관리하고, 이를 분실·훼손 또는 도난·유출되거나 훼손될 수 있는 위험을 인지한 때에는 그 사실을 공인인증기관에 통보하여야 한다. 이 경우 가입자는 지체 없이 이용자에게 공인인증기관에 통보한 내용을 고지하여야 한다.

제26조의3 (전자서명의 상호연동) ①행정안전부장관은 전자서명의 원활한 상호연동을 위하여 다음 각 호의 사항을 추진한다.

1. 전자서명의 상호연동을 위한 국내외 표준의 조사연구 및 개발
2. 전자서명의 상호연동과 관련한 표준의 제정 및 보급
3. 전자서명의 상호연동을 위한 전자서명 및 인증정책의 조정
4. 그 밖에 전자서명의 상호연동과 관련한 사항

②행정안전부장관은 제1항 각호의 사항을 추진하기 위하여 필요한 경우 관련기관 및 단체로 하여금 이를 대행하게 할 수 있다. 이 경우 행정안전부령이 정하는 바에 의하여 이에 소요되는 비용을 지원할 수 있다.

제27조의2 (상호인정) ①정부는 전자서명의 상호인정을 위하여 외국정부와 협정을 체결할 수 있다.

②제1항의 규정에 의하여 협정을 체결하는 경우에는 외국의 인증기관 또는 외국의 인증기관이 발급한 인증서에 대하여 이 법에 의한 공인인증기관 또는 공인인증서와 동일한 법적 지위 또는 법적 효력을 부여하는 것을 그 협정의 내용으로 할 수 있다.

G(N)을 만족시키는 d를 구한다.

ⓑ 서명과정

㉢ 서명자는 서명문 M을 한 번에 서명할 수 있도록 해쉬값 H=h(M)을 구한다.

㉣ 서명자는 서명 $S \equiv H^{d}$ mod N 를 계산하여 M과 함께 검증자에게 전송한다.

ⓒ 검증과정

㉤ 검증자는 서명자로부터 서명문 M과 서명 S를 수신하여 H'=h(M)를 계산한 다음 $H \equiv S^{e}$ mod n과 비교하여 서명 S의 정당성을 검증한다.

② ELGamal암호를 이용한 전자서명

ⓐ 준비과정

㉠ 서명자는 100자리 이상의 소수 p를 선정하여 원시원소 g를 찾은 다음 다시 비밀 서명키 X를 선정하여 공개 검증키 $y = g^{x}$ mod p를 계산하여 공개목록에 공개한다.

㉡ 서명자는 난수 k를 선택하여 중간값 $R = g^{k}$ mod p를 계산한다.

㉢ 서명자 서명문 M에 대한 서명 $S = (M-XR)k^{-1}$ mod (p-1)을 계산하여 M, S, R을 검증자에게 전송한다.

ⓑ 검증과정

㉣ 검증자는 M, S, R을 수신한 다음 공개목록에서 서명자의 공개 검증키 y로 $y^{R}R^{S} = g^{M}$ mod p의 성립여부를 검사하여 서명을 검증한다.

〈그림 2-43〉 ELGamal 전자서명

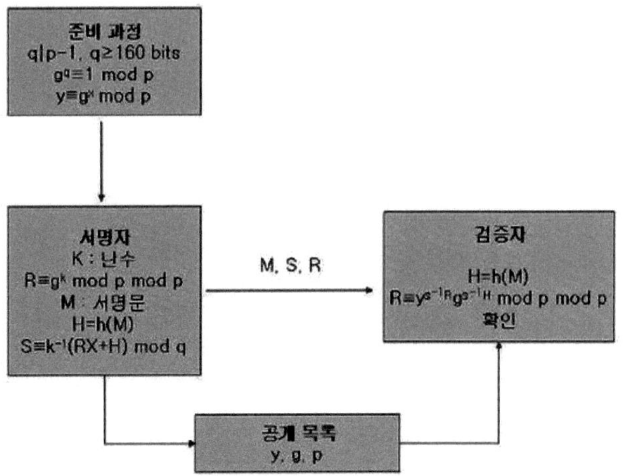

(2) 인증(Authentication)

여러 사람이 공유하고 있는 컴퓨터 시스템이나 통신망의 경우 이를 이용하려는 사람이나 응용프로그램의 신분(identification)을 확인하여 불법적인 사용자가 들어올 수 없도록 시스템 보안을 유지하는 방법을 말한다. 인증에는 ㉠ 망을 경유해서 컴퓨터에 접속해 오는 사용자가 등록되어 있거나 정당하게 허가받은 사용자인지를 확인하는 것(사용자 인증)과, ㉡ 전송된 메시지가 변경, 변조되지 않은, 송신자가 보낸 그대로의 것인지를 확인하는 것(메시지 인증)이 있다. ㉠의 경우, 사용자의 성명과 패스워드를 허가받은 사용자 목록과 대조하여 일치하면 사용자가 컴퓨터 시스템에 접속하는 것을 허용하되 그 사용자의 접속 카테고리나 사용자 계정상의 지정된 범위까지만 접속을 허용한다. ㉡의 경우, 메시지 인증 코드, 암호, 디지털 서명 등이 사용된다.

① 사용자 인증

실제 생활에서 특정시스템에 로그인하기 위하여 사용자의 신원을 확인하는 절차가 자주 일어난다. 이와 같은 절차를 신원확인(Identification) 과정 또는 사용자 인증과정이라 한다. 이를테면 목소리, 지문 등 신체의 일부분을 이용하거나 비밀번호를 입력함으로써 개인의 신분을 확인하는 과정은 현대사회에서 흔히 일어나는 현상이다.

ⓐ 패스워드를 이용한 개인식별

특정사용자가 자신만이 알고 있는 비밀정보인 패스워드를 사용자 이름과 함께 서버에 제공함으로써 서비스를 제공받을 수 있는 가장 전통적인 개인 식별방법이다.

이 방법은 현금 자동 인출기나 네트워크에 로그인 할 때 사용되는 개인 식별번호로 자주 사용되는 방법으로 몇 가지 문제점을 가지고 있다. ㉠ 네트워크를 통한 도청 ㉡ 추측 가능한 패스워드(어려운 패스워드와 관리의 불편성) ㉢ 사용자 모든 패스워드를 보관하는 패스워드 파일관리의 어려움 등이 있다.

이러한 문제점을 해결하는 방법으로 시스템 보안부분에서 설명하여 일반적인 내용은 생략하고 일회용 패스워드의 한부분만 소개하겠다. 유효기관이 없이 매 세션마다 서로 상이한 패스워드를 사용하면 특별 세션의 개인 식별과정에서 해당 패스워드가 노출되어도 다음 세션에 사용될 패스워드를 예측할 수 없는 장점이 있다. 매 세션 마다 피스워드를 달리하는 일회용 패스워드로 일방향 해쉬함수를 생성하는 개인 식별방식으로 Lamport에 의해 제안된 알고리즘이 있다

〈준비 과정〉

㉠ 방향 함수 h가 공개된다. ㉡ 클라이언트 C는 초기값으로 x_0을 선정하고 일방향 함수 h를 이용하여 $x_i=h(x_{i-1})$, $i=1,2,\ldots,n$를 계산하여 x_i를 얻는다.

〈개인식별 과정〉

㉢ C는 자신의 ID로 x_n을 서버 S에 등록한다. ㉣ S는 C의 패스워드를 요청한다. ㉤ C는 패스워드로 x_{n-1}을 S에게 전송한다. ㉥ S는 공개된 함수 h와 x_{n-1}을 이용, $h(x_{n-1})=x_n$를 증명하여 C임을 확인하고 C의 등록번호를 x_{n-1}로 변경한다. ㉦ 이와 같은 과정을 반복하므로 매 세션 패스워드를 변경한다. 이 과정에서 h는 일방향 함수임으로 x_n을 가지고 x_{n-1}을 얻을 수 없으므로 C임이 확인되며 그다음 세션의 패수워드는 x_{n-2}가 되며 귀납적으로 세션마다 다른 패스워드를 사용할 수 있다.

ⓑ 시도-응답 개인 식별 프로토콜

패스워드를 이용한 개인 식별방법은 도청이 가능한 환경에서는 안전한 방식이라고 할 수 없음은 이미 설명하였다. 이러한 문제점을 해결하기 위해 대칭형 암호와 공개키 암호에 기반을 둔 시도-응답 프로토콜에 대하여 알아보자. 이 방식은 신분증명을 요청하는 서버가 신분을 밝히라는 시도를 클라이언트에게 보내면 클라이언트는 그 비밀 정보를 이용하여 적당하게 응답함으로써 서버에게 자신을 증명하는 프로토콜로 일방향성과 양방향성 방식이 있다.

ⓑ-1 일방향성 개인 식별 프로토콜

서버 또는 클라이언트 중에 어느 한 대상이 다른 대상을 식별하는 프로토콜을 일방향 개인식별 프로토콜이라 한다.

〈준비과정〉

㉠ 클라이언트 C와 서버 S 사이에 대칭 암호(E, D)와 비밀키 k를 약속한다.

〈클라이언트 식별과정〉

㉡ C가 자신의 신원을 나타내는 내용 I_c를 S에게 전송한다. ㉢ S는 임의의 난수 r을 C에게 전송한다. ㉣ C는 $E_k(r)$를 계산하여 S에게 전송한다. ㉤ S는 $D_k(E_k(r))$을 계산하여 r과 비교하여 C를 확인한다.

이 방법은 클라이언트가 비밀키 k를 갖고 있다는 사실을 간접적으로 서버에게 보이는 방식으로 단순 패스워드 방식과 달리 개인의 비밀정보를 직접적으로 노출하지 않고 확인할 수 있다. 또한 매 개인 식별 세션마다 서버는 r를 생성하여 클라이언트에게 보내므로 일회용 패스워드와 같이 어떤 세션의 r과 $E_k(r)$이 노출되어도 안전하다. 그러나 서버는 등록된 모든 사람의 비밀키를 보관하고 있어야 함으로 비밀키를 보관하는 데이터베이스를 안전하게 관리하여야 한다. 모든 클라이언트의 비밀키를 관리하는 어려움은 RSA와 같은 공개키를 이용함으로 해소될 수 있다. 이를테면, 서버가 r을 생성하여 보내면 클라이언트는 자신의 개인키를 이용하여 r을 서명하여 전송하고 서버는 공개키를 이용하여 클라이언트의 서명을 확인한다. 즉 서버는 모든 클라이언트의 공개키만 관리하면 됨으로 매우 편리하다.

ⓑ-2 상호개인 식별 프로토콜

일방향 개인 식별 프로토콜처럼 서버가 클라이언트의 신원을 확인할 수 있는 것과 달리 클라이언트 또한 서버를 확인하기를 원하는 경우가 자주 일어난다. 즉 서버의 입장과 마찬가지로 클라이언트의 입장에서도 신원 확인을 원하는 상호 개인식별 프로토콜이 요구된다.

〈준비과정〉

㉠ 클라이언트 C와 서버 S 사이에 대칭 암호(E, D)와 비밀키 k를 약속한다.

〈클라이언트와 서버의 식별과정〉

㉡ C가 자신의 신원을 나타내는 내용과 r_1을 S에게 전송한다. ㉢ S는 $(E_k(r_1), r_2)$를 C에게 전송한다. ㉣ C는 $D_k(E_k(r_1))$을 계산하여 S를 확인하고 $E_k(r_2)$를 계산하여 S에게 전송한다. ㉤ S는 $D_k(E_k(r_2))$을 계산하여 r_2과 비교하여 C를 확인한다.

ⓒ 영지식 개인 식별 프로토콜(Zero-Knowledge Identification Protocol)

시도-응답 개인 식별 프로토콜은 클라이언트나 서버가 비밀정보를 동시에 공유하고 있어야 됨으로 서버가 클라이언트의 비밀정보를 유용하지 않는다는 신뢰가 있어야 사용될 수 있다. 여기서 클라이언트가 자신의 비밀정보를 서버에게 제공하지 않고 자신의 신분을 증명하는 방식을 영지식 개인 식별 프로토콜이라 한다. 이 방법에서의 클라이언트는 자신의 신분을 증명해야 함으로 증명자(Prover)라 하고 서버는 클라이언트를 확인해야 함으로 검증자(Verifier)라고 한다.

〈준비과정〉

㉠ 적당한 집합이 정해진다.

〈증명과정〉

㉡ 증명자는 정해진 집합 내에서 임의로 선정된 난수에 대한 증거(Witness)를 계산하여 검증자에게 제시한다. 증거는 정당한 증명자(클라이언트)만이 알고 있는 비밀정보를 알고 있다는 사실을 검증자(서버)에게 입증시키는 방법이다. ㉢ 검증자는 증거를 이용하여 여러 개의 질문을 증명자에게 제시한다. ㉣ 증명자는 검증자가 제시하는 모든 질문에 대답함으로써 정당한 클라이언트임을 확인시킨다. 이때 대답의 내용은 증명자의 비밀정보를 유추할 수 있는 어떤 정보도 포함되지 않아야 한다.

이와 같은 영지식 개인식별 프로토콜을 설계하는데 많은 수학이론이 이용된다. 잘 알려진 프로토콜로 Fiat-Shamir방식과 Schnorr방식이 있다.

② 메시지 인증

통신시스템상에서 송신자와 수신자 사이에 메시지의 교환이 일어날 때에 메시지의 내용과 송신자에 대한 검증은 새로운 메시지를 수신할 때마다 확인되어야 한다. 이러한 확신 서비스를 메시지 인증이라고 한다. 메시지 인증 서비스에서는 정당한 메시지 송신자에 관한 확인, 메시지의 변조여부 확인, 동일한 메시지 수신거부, 메시지 블록의 전송순서 확인 등이 검증되어야 한다. 이와 같은 메시지 인증에는 주로 인증함수를 이용한 메시지 인증방식, 공통키 및 공개키를 기반으로 하는 인증방식이 있다. 인증방식의 대표적인 예로 MAC(Message Authentication Code)이 있다. MAC의 목적은 메시지 데이터와 그의 무결성을 동시에 보증하는 것으로 메시지와 비밀키가 입력비트가 되는 키를 갖는 해쉬함수류에 속한다.

ⓐ 대칭키 암호방식을 이용한 메시지 인증방식

우선 송신자가 평문을 사전에 분배해서 갖고 있던 비밀키로 암호화하여 암호문을 수신자에게 전송하면 수신자는 암호문을 비밀키로 복호하여 확인한다. 이때 평문이 문장으로 되어 있으면 복호 후 전송중의 메시지 변경여부를 확인할 수 있다. 만약 2진 데이터로 되어 있는 경우에는 두 사람만이 알 수 있는 비트 패턴을 메시지에 패딩한 다음에 암호화하여 복호한 후 사전에 합의한 비트 패턴인지를 확인하여 메시지 인증을 할 수 있다.

ⓑ 공개키 암호방식을 이용한 메시지 인증방식

송신자는 자신의 개인키로 평문을 암호화하여 암호문을 수신자에게 전송한다. 수신자는 송신자의 공개키로 암호문을 복호하여 인증을 확인한다. 이 방식에서 누구나 메시지 인증을 검증할 수 있으나 개인키를 알고 있는 송신자만 인증을 생성할 수 있기 때문에 제 3자가 송신자를 가장하여 메시지를 전송할 수 없다.

ⓒ 해쉬함수를 이용한 메시지 인증방식

해쉬함수를 이용한 방식은 해쉬함수 결과값을 메시지에 덧붙여 전송하면 이를 수신한 수신자는 메시지로부터 해쉬값을 계산한 후 수신한 해쉬값과 비교하여 메시지의 무결성을 검증하는 방식(M, H)이다. 그러나 이 방식은 해쉬함수가 공개되어 있어서 제3자가 인증자인 것처럼 가장하여 임의의 메시지를 정당한 메시지인 것처럼 인증을 하면 수신자는 제3자의 위조 인증임을 알 수 없는 단점이 있다. 이러한 단점을 해결하기 위해서 비밀정보를 해쉬함수에 추가하여 계산(H=h(메시지 ‖ 비밀정보))하면 된다.

ⓓ MAC을 이용한 메시지 인증방식

MAC(Message Authentication Code)은 대칭키 암호방식을 이용하여 간단한 무결성 검증코드를 만들어 메시지에 부가시키는 방법(M, MAC)이다. 우선 송신자가 인증할 메시지를 비밀키로 암호화시킨 MAC 값을 계산한 후 메시지와 함께 수신자에게 전송한다. 그런 다음 메시지와 MAC값을 수신한 자는 수신한 메시지를 자신이 가지고 있던 비밀키로 암호화한 결과 값이 수신한 MAC값과 동일한 지 비교하여 메시지 인증을 수행한다.

(3) 암호 프로토콜

프로토콜(protocol)은 원래 외교상의 언어로서 국가와 국가 간의 교류를 원활하게 하기 위한 외교에 관한 의례나 국가 간에 약속을 정한 의정서이다. 이것을 통신에 적용한 것이 통신 프로토콜(communication protocol)이며 TCP/IP가 한 예가 될 수 있다. 외교에서 프로토콜이 상대 국가와의 약속인 것처럼, 인터넷과 같은 네트워크상에서 통신을 하기 위해서는 모든 시스템 간에 알맞은 프로토콜이 필요하며, 시스템과 시스템 간에 또는 프로그램 상호간에 원활한 통신을 하기 위한 약속이 필요하다.

암호 프로토콜(cryptographic protocol)은 보안에 관한 문제를 해결하는 프로토콜을 말한다. 예를 들어, 인터넷상에서 상점과 고객 간의 거래계약을 위한 암호프로토콜을 생각하여 보자. 이 경우, 면-대-면 거래가 아니기 때문에 고객과 상점은 서로 신뢰할 수 없을 것이다. 고객은 상점에 돈을 지불하였지만, 상점이 지불받은 사실을 부인하여 요청한 상품을 구매자에게 전달하지 않을 수도 있고, 반대로 상점은 구매자에게 상품을 고객에게 전달하였지만, 구매자가 구매사실을 부인하여 상점에게 돈을 지불하지 않을 수도 있다. 또한 고객과 상점이 아닌 제 3자가 상점에게 고객으로 위장하여 상품을 주문할 수도 있고, 고객에게 상점으로 위장하여 상품을 판매할 수 있는 여러 가지 보안상의 위협요소들이 존재한다. 여기서 암호프로토콜이 해결해야 하는 보안상의 문제는 거래 당사자의 행위부인과 제 3자의 신분위장이다. 즉, 거래 암호 프로토콜의 목적은 최소한 면-대-면 거래계약에서 보장하는 공정성과 안전성이 온라인 거래에서도 동일하게 수행되도록 하는 것이다.

이처럼 암호 프로토콜은 특정한 보안 목적을 해결하도록 설계되며, 보안 목적은 한 가지가 아닌 여러 가지가 복합적으로 결합되어 달성하도록 설계될 수도 있다. 암호 프로토콜은 기밀성을 보장하기 위한 대칭키 암호와 공개키 암호, 신원확인과 부인방지를 보장하기 위한 전자서명, 메시지 위/변조를 막기 위한 MAC(Message Authentication Code)과 같은 암호 알고리즘들을 사용하여 설계되어진다. 이중에서 전자서명은 신원확인과 부인방지 자체를 목적으로 하는 암호프로토콜로도 분류되어진다.

대표적인 암호프로토콜에는 1993년 웹서버와 브라우저간의 안전한 통신을 위해

Netscape사에 의해 개발된 SSL(Secure Socket Layer)이 있다. SSL은 TCP/IP 계층과 어플리케이션 계층사이에 존재하여, HTTP뿐만 아니라 TCP/IP기반의 다른 어플리케이션 프로토콜에 대해서도 보안서비스를 제공할 수 있다.

또한, SSL동작에 대한 관리를 위해 사용되는 "SSL Handshake Protocol", "SSL Change Spec", "SSL Alert Protlcol" 등 3개 계층과 실질적인 보안서비스를 제공하는 "SSL Record Protocol"의 두 계층으로 나뉜다. 이러한 3가지 기능으로 클라이언트와 서버사이에 안전한 통신을 가능하게 해주며 암호화, 메시지 압축, 메시지 인증코드(MAC)를 위해 사용되는 알고리즘을 선택하는 것이 가능하다.

SSL에 제공되는 서비스로 먼저 ㉠ 두 응용간의 기밀성(Confidentiality)을 유지시켜준다. DES, RC4 등과 같은 대칭키 암호를 사용하여 기밀성을 유지할 수 있으며 사용되는 비밀키는 핸드 쉐이크 프로토콜과 세션키 협상을 통하여 생성된다. ㉡ 클라이언트와 서버의 상호 인증서비스를 제공해 준다. RSA와 같은 비대칭 암호, DSS(Digital Signature Standard)와 같은 전자서명 암호와 X.509 공개키 인증서를 사용하여 클라이언트와 서버가 서로에 대해 인증을 할 수 있다. ㉢ 메시지 무결성을 유지시켜 준다. MAC을 사용하여 메시지에 대한 무결성을 확인할 수 있다.

서버와 클라이언트가 SSL을 이용하여 데이터를 주고받기 위해서는 먼저 SSL 핸드쉐이크 프로토콜을 이용하여 SSL 세션동안 사용할 세션키, 암호알고리즘, 인증서 등과 같은 암호 매개변수를 공유해야 한다.

다가오는 미래의 정보통신 환경은 컴퓨터의 소형화와 더불어 네트워크 기술의 융합으로 우리는 언제 어디서나 사용자가 인식하지 못하는 사이 네트워크에 접속 가능한 유비쿼터스(Ubiquitous) 환경이 될 것이다. 다음에서는 이러한 차세대 정보통신 환경에서의 암호 프로토콜의 응용에 대해 간단히 살펴보도록 한다.

① 센서네트워크 보안

최근 무선센서네트워크는 홈 네트워크 시스템의 자동화, 야생 환경의 정보 수집, 다양한 군사장비, 지능화된 건강관리 그리고 지진 모니터링 등 차세대 핵심 응용분야 중 하나로 활발히 연구되고 있다. 센서 네트워크는 온도, 습도, 빛, 움직임 등의 필요한 정보를 수집하는 수많은 센서 노드에서 모여진 정보를 사용자나 어플리케이션으로 전달하는 싱크로 구성되어 있다. 안전한 센서네트워크를 구성하기 위해서, 정보를 전달하는 기본적인 요소인 라우팅 프로토콜 등에 앞에서 설명한 키 교환, 인증 등 암호 프로토콜들이 상호 결합되어 적용되어질 수 있다. 하지만 광범위한 센서네트워크를 구성하기 위해서는 저렴하고 작은, 즉, 에너지, 계산능력, 통신 그리고 메모리가 제한된 센서 장비가 요구된다. 따라서 전통적인 접근방법 대신 경량 환경에 적합한 새로운 보안 프로토콜들이 최근 개발되고 있다. 특히 센서 노드에서 에너지 소모는 대부분 계산 비용보다는 통신 패킷전송에서 발생하는 점을 고려하여, 효율적인 암호프로토콜들이 활발히 연구 개발되고 있다.

② RFID 보안

RFID(Radio Frequency Identification)는 라디오 주파수를 이용하여 움직이는 물체와 인식기간에 데이터 통신을 하는 자동 정보 수집 기술을 말한다. RFID 시스템은 고유정보를 저장하는 RFID 태그와 판독 및 해독 기능을 수행하는 인식기 그리고 태그로부터 읽어 들인 데이터를 처리할 수 있는 데이터베이스로 구성된다. RFID는 비접촉 인식 기능과 재사용 가능 및 반영구성이라는 장점 때문에, 재고 및 물품관리, 환자 진료 기록 관리, 식품 유통 정보, 공항 수하물 관리 등 다양한 분야에서 기존의 인식매체인 바코드를 대체하는 신매체로 떠오르고 있다.

국가 차원에서도 신 성장 동력의 한 기술로 채택하여 RFID 시스템 구축을 위한 시범 사업들을 추진하고 있다. RFID 시스템의 동작원리는 기본적으로 해당 물체의 인증 기능 수행에 있다. RFID 인증은 태그와 인식기 간 질의와 응답을 통해서 태그는 인식기의 정당성을 확인한 후 자신의 정보를 전송하여 수행한다. 이때 보통 RFID 태그는 매우 소형이고 연산 능력이 미약하여 많은 계산이나 통신을 수행할 수 없으므로 단순 비트 연산을 통하여 태그가 인식기와의 인증이 가능한 기법들이 연구되고 있다. 또한 인식기 주변의 제삼자가 RFID 태그로부터 획득된 정보로부터 사용자의 구매 이력이나 위치 정보를 얻지 못하도록 하여 개인의 프라이버시 침해 문제를 해결하기 위한 다양한 기법들이 개발되고 있다.

③ **무선네트워크 보안**

암호프로토콜의 대표적 응용분야는 무선보안 프로토콜이다. 우리나라는 현재 CDMA2000 1X, EV-DO 서비스를 도입하여 세계 무선인터넷 시장을 선도하고 있다. 이동전화를 통한 무선인터넷 서비스는 전송속도가 낮고, 이용요금이 높아 보편적으로 이용하기에 한계가 있으며, 무선랜의 경우 전송속도는 빠르나, 기지국 반경이 작고 이동성이 보장되지 않는 문제점이 있다. 최근 와이브로(WiBro: Wireless+Broadband)는 이러한 문제를 해결할 필요성에 따라 개발되었다. 초창기 무선네트워크에 대한 표준은 보안기능을 배제한 상태로 개발되어 여러 가지 보안 취약점들이 알려지면 이를 보완하여 추가적인 표준을 발표하는 형태로 발전되어 왔다. 반면 와이브로는 채널 암호화 및 인증이 고려되어 설계되었다. 단말과 기지국이 안전한 통신을 만드는 과정을 표준에 정의된 인증 및 키 교환 프로토콜인 PKMv2를 기준으로 살펴보자.

기지국은 단말이 정당한 사용자인지 검증하며, 단말 역시자신이 연결하려는 기지국이 정당한 기지국인지를 검증한다. 두 개체간의 양방향 인증방식에서 RSA방식과 EAP(Extensible Authentication Protocol)방식이 있다. RSA방식은 단말과 기지국 사이의 인증을 제공하며 EAP는 IEEE902.1x 포트기반 가입자 인증표준으로 별도의 인증서버인 AAA(Authentication, Authorization, Accounting) 서버를 두어 단말과 인증 서버간의 인증을 수행한다. 인증과 동시에 PKMv2를 통해서 양개체간의 키 교환 과정이 이루어지게 되며, 교환된 키를 이용하여 무선구간인 단말과 기지국사이의 모든 데이터 패킷은 3DES 혹은 AES등의 대칭키 암호시스템으로 암호화 복호되며, MAC을 이용하여 송수신 패킷이 변조되지 않았음을 확인한다.

④ **DB 보안**

전자정부 구현과 개인정보보호법 시행에 따른 민감한 개인정보의 관리 방법은 굉장히 중요한 핫이슈로 부각되었다. 개인정보보호를 위한 가장 현실적인 방법은 개인정보보호를 저장하는 데이터 집적소(DB)의 암호화이다. 데이터베이스 시스템에 사용자들이 개인적인 기밀 정보를 저장할 때 암호화를 해서 서버에 저장해 두고 데이터베이스를 암호화하여 검색하면, 시스템 관리자 및 내부 사용자들은 사용자들의 암호화된 정보를 알 수 없게 되어 외부 공격자뿐만 아니라 내부 공격자(서버 관리자)에 의한 정보 유출을 막을 수 있게 된다.

데이터베이스를 암호화하여 검색하는 방법으로 보통 키 교환 프로토콜을 이용하며, 이것을 이용한 연구 분야로 인덱스를 이용한 키워드 검색 프로토콜이 있다. 이는 서버에 암호화된 문서를 저장하여 암호화된 키워드로 검색하는 시스템으로, 비 신뢰적인 서버 관리자는 문서 및 키워드의 암호화로 인하여 저장된 문서의 내용을 알 수 없을 뿐만 아니라, 사용자가 어떤 검색어로 어떤 내용을 검색하는지 조차 알 수가 없게 하여 내부자에 의한 정보 유출을 막을 수 있게 하는 시스템이다. 이런 암호화된 검색 시스템들은 환경에 따라 다양하게 응용될 수 있다.

(5) 암호키 복구방식

강력한 암호기술의 사용은 중요 정보의 누출을 방지하는 등 많은 장점을 가지는 반면, 여러 가지 역기능적인 요소도 있다. 먼저, 정상적인 사용자가 암호문을 작성한 후, 복호에 필요한 암호키를 분실했을 경우, 암호문을 복호할 수 없게 되어 중요 정보가 손실될 수 있다. 또 하나의 역기능적인 요소로는 악의적인 사용자가 중요정보를 암호화하고 키를 담보로 금품을 요구하거나 범죄자들이 범행계획 등을 강력한 암호시스템을 이용하여 소통함으로써 수사기관의 활동을 무력화하는 행위 등 암호키의 도난, 손상, 악용 등의 위협이 항상 존재한다.

키 복구시스템이란 이러한 암호기술사용의 문제점을 해결하기 위한 것으로 암호문의 사용자가 아닐지라도 사전에 약속된 어떤 특정한 조건하에서 허가된 사람에게 복호가 가능한 능력을 제공하는 암호시스템으로 정의된다.

키 복구개념을 1993년 클린턴 행정부가 민간의 암호 제품 이용을 허용하는 동시에 국가안보와 치안에서 발생할 수 있는 상충관계를 해결하고자 하는 목적으로 합법적인 도청을 수행하는 법률 집행기관의 업무를 지원하면서도 개인의 사생활 보호를 위해 키 위탁방식을 채택하는 것을 주요내용으로 하는 클리퍼(Clipper)정책을 발표하였다.

우리나라에서는 1999년 당시 정보통신부가 민간분야에서 암호사용을 촉진하고 개인이 암호키를 분실하거나 사망으로 상속이 불가능한 때, 그리고 공익, 국가안보차원에서 필요할 때 합법적으로 정부기관 등이 암호키에 접근할 수 있는 기술 및 체계의 암호키 복구제도가 포함된 "(가칭)암호이용촉진법"을 제정 추진하였으나, 당시 정치일정과 정보수사기관과의 갈등 때문에 중단되고 말았다.

이러한 키 복구제도는 암호사용자에게 키의 분실 및 도난의 경우 암호화된 평문을 다시 복구할 수 있다는 보장을 가능하게 함으로써 사용자의 신뢰를 증대시킬 수 있을 뿐만 아니라 범죄자들이 암호통신을 운용할 경우, 합법적인 경우에 한하여 수사를 지원, 공공의 안녕을 도모할 수 있다.

① **암호키 위탁방식(Key Escrow System)**

암호키 위탁방식은 범죄 수사 등의 목적으로 법원의 허가를 받은 복수의 신뢰기관에 사용자의 비밀키, 비밀키의 부분 또는 키 관련 정보를 위탁하는 방식을 말한다. 키 위탁방식에서는 사용자의 비밀키가 위탁기관에 직접 맡겨져야 하므로 개인의 프라이버시가 전적으로 위탁기관에 의존한다는 문제점을 안고 있다. 이러한 문제점 해결과 위탁기관의 신뢰성을 보장하기 위해서 두개 이상의 위탁기관을 이용하는 비밀 분산개념이 주로 사용되고 있다.

미국의 클린턴 행정부는 국가안전보장국(NSA)이 개발한 스킵잭(Skipjack)이라는 암호화 알고리듬을 구현한 클리퍼 칩을 공공 목적에 사용할 것을 의무화하고, 법원의 허가를 받은 정부 기관에 암호 키를 제공하여 암호화된 메시지를 해독할 수 있게 하는 암호 키 위탁 방식의 도입 구상을 1993년에 발표했다. 그러나 이 구상은 프라이버시 보호 단체 등의 민간단체와 산업계의 강력한 반발에 부딪혀 관철되지 못했으며, 그 대신 암호 키 복구 방식으로 내용이 변경되어 법제화되었다. 이 방식은 연방정부 산하기관과 같은 제3의 신뢰기관(Trusted Third Party)이 특수한 소프트웨어를 사용하여 암호화된 데이터로부터 암호 키를 복구할 수 있게 하는 암호화 방식이다. 현행 연방법률은 1998년 이후에 미국에서 수출되는 모든 암호 소프트웨어 제품의 수출 허가조건으로 암호키 복구의 구현을 의무화하고 있다. 암호 키 복구는 1993년부터 미국

정부가 추진해 온 암호 키 위탁 대신 도입하여 법제화한 것이다.

② **캡슐화 방식**

캡슐화(Encapsulation) 방식은 키 위탁방식과는 달리 암호문을 생성하는 각 세션마다 키를 복구해낼 수 있는 정보를 포함하는 필드를 생성해서 해당 암호메시지에 부가시키는 방식으로 실제적인 키 위탁이 일어나지 않는다. 법 집행기관의 키 복구는 복구기관의 비밀정보를 이용하여 암호화된 데이터에 부가된 복구필드를 복구한 후 목적키를 얻을 수 있다. 그러므로 복구되는 키가 사용자가 오랜 기간 동안 사용하는 키가 아니라 세션키가 되도록 할 수 있기 때문에 감청기관의 복구능력을 제한할 수 있게 되어 사용자의 입장에서는 키 위탁방식보다는 안전에 대한 확신을 가질 수 있다. 또한, 기존의 프로토콜에서 확장필드가 존재한다면 이를 이용하여 복구필드를 부가시킴으로써 구현 비용의 절감 및 호환성 제공이 가능하다는 장점을 가진다. 그러나 복구필드를 사용자가 생성하므로 이 필드에 대한 사용자의 부정이 가능할 수도 있다. 그러므로 복구필드의 유효성 확인과정이 반드시 필요하며 복구기관의 신뢰성도 키 위탁방식에서도 마찬가지로 보장되어야 한다.

5. 통신보안

1) 왜(Why) 통신보안을 해야 하는가?

통신이란 우편, 전신, 전화 등의 매체를 이용하여 정보나 의사를 주고받는 것을 의미한다. 통신의 본래적 의미는 사람과 사람이 접촉하여 사상과 정보를 주고받는 모든 의사소통을 말하지만 근대적 의미로는 파발마・우편・전화・전신 등 통신수단을 통하여 이루어지는 일련의 행위를 말한다. 인간은 정보수집활동 결과를 저장하고 전달하고 축적하는 정보행위를 해왔으며, 이러한 인간의 정보행위를 통하여 인류의 지혜 발달과 과학의 발전을 가져오게 되었고 오늘날의 역사와 문화를 이루게 되었다는 점은 주지의 사실이다.

이러한 인간의 정보행위 과정에서 서로 간의 정보나 의사를 전달하는 행위를 통신이라 할 수 있을 것이다. 따라서 통신은 인류의 집단생활이 시작되면서 사상과 정보의 단순한 전달만이 아니라, 구성원들의 지적・감정적 활동에 커다란 영향을 끼쳐왔기 때문에 일찍이 통신업은 국가권력의 간섭내지 통제를 받아왔다. 대부분의 국가가 통신수단을 국유 또는 공영화하고 있는 것은 모두 통신이 그 나라의 정치・경제・문화・군사 등의 분야에서 중요한 기능을 담당하고 있기 때문이다(한국연사연구회, 2004: 13).

우리는 일상생활에 있어서 서로간의 의사를 소통하지 않고서는 원활한 생활을 영위 할 수 없다. 이를 위해 인간들은 음성, 표정, 손짓・발짓, 그리고 그림, 문자 등을 통하여 자기 의사나 정보를 타인에게 전달하고자 하였으며, 더 나아가서 인간은 멀리 떨어져 있는 사람은 물론 후대의 사람이나 다수의 사람에게 동시에 정확하고 신속하게 전달하기 위해서 통신수단을 계속 발전시켜 왔다. 뿐만 아니라 과학기술의 발전과 인류의 지혜의 발달, 통신수요의 급팽창은 질적・양적인 면에서 통신수단의 발전을 가중시켜 왔으며 점차 기계화, 전기・전자・디지털화하여 오늘날과 같은 고도의 통신수단을 보유할 수 있게 하였다.

이러한 통신은 사상과 정보를 멀리 떨어져 있는 사람은 물론 후대의 사람이나 다수의 사람에게 동시에 정확하고 신속하게 전달 할 수 있게 해주며 다량의 의사소통을 가능하게 해준다는 점에서 대단히 편리한 문명의 이기이다. 효율성을 중시할 수밖에 없는 기업의 입장에서도 이 편리성에 의해 통신 수단을 이용하지 않고 기업의 영업활동도 할 수 없는 시대에 살게 된 것이다. 그러나 이러한 통신수단 편리성은 역설적으로 상당한 취약점을 내포하고 있다. 인간의 생활이 복잡하고 광역화 되면서 무선통신 이용이 급증하고 있으며 무엇보다도 무선통신은 여타의 통신수단에 비하여 저비용 고효율을 보장해 줄수 있다는 매력을 가지고 있다. 그러나 기업의 정보가 중요해지는 현대사회에서 이러한 통신기술은 이용에 편리한 만큼 보안성이 현저히 떨어진다는 약점을 가지고 있다. 따라서 이에 대한 보안대책이나 기술도 덩달아 급속도로 발전하고 있으나 반대로 통신정보 침해 기술의 발전을 초래하는 악순환을 가져오게 하고 있다.

통신을 통해 입수되는 정보는 생생하여 이용가치가 높고 수집이 비교적 용이하기 때문에 세계 각국의 기업체와 정보기관은 통신정보 수집을 위해 도청기술과 장비를 계속 발전시켜오고 있다. 따라서 앞으로도 보안상 완벽한 통신수단은 없다고 보아야 한다.

따라서 통신보안이란 기업기밀이 통신수단에 의하여 전달되는 과정에서 직접 또는 간접으로 누설되는 것을 미연에 방지하거나 지연시키기 위한 제반 보안관리활동을 의미한다. 통신수단을 이용하여 기업체의 중요한 의사나 정보를 전달하여야 할 경우에는 정보의 성격, 중요도와 통신수단별 단・장점을 분석하고 그에 맞는 보안대책을 강구한 후 사용하여야 한다.

2) 무엇을(What) 보호해야 하는가?

(1) 음향통신(신호통신)

인간은 의사를 전달하는 수단으로서 여러 가지 방법을 궁리해 냈다. 몸짓・손짓이나 언어는 그 수단의 하나이다. 문자의 발명은 시간・공간을 떠나 통신을 가능하게 해주었다. 그러나 문자로 쓰여진 편지를 인편에 의하여 멀리 떨어진 곳에 도달케 하려면 그 속도는 1시간당 고작 15㎞에 불과했었다. 따라서 전달하려는 내용을 미리 신호로써 정해두면 빛이나 소리 따위를 이용해 먼거리를 빠르게 의사전달 할 수 있을 것이라는 생각이 이르게 된다(장은영・임황비, 2006: 28).

1790년 프랑스 혁명이 한창 중일 때에 클로드 샤프(Claude Chappe)는 되도록 단시간 내에 정보를 전달하는 방식의 개발에 착수했다. 이것은 탑(塔)의 지붕에다 나무기둥을 세우고 그 기둥에 수평의 가로 막대를 붙이고 그 양쪽 끝에다 가동성의 짧은 막대를 단 것으로 탑의 내부 쪽에서 로프로 그 막대의 각도를 바꿀 수가 있도록 장치되어 있었다. 이것이 세마포어(semaphore)라는 것이며, 이것이 현대적인 통신의 시초라고 할 수 있다. 이 탑은 10㎞ 내지 12㎞마다 설치되어 병사가 망원경으로 이웃탑의 막대의 모양을 보고 차례로 같은 부호를 다음 탑으로 전달하였다. 1794년 파리와 릴 간에 설치된 세마포어의 처음 메시지는 프랑스군의 케즈노 탈환을 정부에 알리는 것이었다. 영국 · 네덜란드 · 프러시아의 대군에 포위된 프랑스가 끈질기게 버틸 수 있었던 것은 프랑스군에게 세마포어를 이용한 정보의 전달수단이 있었기 때문이라고 한다(이기열, 2011: 73).

(2) 전령통신

전령통신은 의사나 정보를 당사자가 직접 접촉하여 전달하거나 전달자를 통하여 전달하는 통신 수단을 말한다. 전령통신은 의사나 정보를 전달하는데 있어 신속성이 없고 경제성이 결여되어 있으나 직접 만나서 전달하는 것이므로 보안성은 양호하다. 따라서 고도의 보안성이 요구되는 정보나 의사, 비밀문건 등을 전달하는데 가장 좋은 방법에 속한다.

(3) 우편통신

우편통신은 국가의 공신력에 의해 취급되는 통신수단으로써 봉서 · 엽서 등 일반우편, 등기우편, 소포우편을 이용하여 통신하는 것을 말한다. 전기 전자통신에 비해 비교적 신속성이 결여된 단점이 있으나 국가가 운영하므로 등기우편은 어느 정도 보안성이 있다고 할 수 있다. 그러나 대부분의 국가가 통신사업을 통제하고 있고 자국의 안보나 국가이익차원에서 우편에 대한 검열을 한다고 본다면 외국의 우편통신을 이용하여 해외지사 등에 중요한 정보를 전달하는 것은 보안적 측면에서는 대단히 취약하다고 볼 수 있다.

(4) 전기(전자)통신

전기통신은 전기 또는 전자기적 방식을 통하여 문자, 부호, 음향, 영상 등의 각종 정보를 주고받는 것을 말한다. 즉, 정보나 의사를 보내고자하는 쪽에서 보내고자하는 정보나 의사를 전류로 변환시켜 전기적 네트워크를 이용하여 전송하면 받는 쪽에서 해석에 적합한 형태로 다시 변환하여 받는 통신을 말하며 전자통신은 원거리에 있는 송신기와 수신기가 신호를 주고받는 행위로써 전자 통신 시스템의 성능은 송신기와 수신기 사이 매체의 채널 특성과 노이즈[90] 등에 의해 결정된다.

전자기의 연구는 18세기에서 19세기에 걸쳐 진전됐다. 전자기를 이용해서 알파벳을 송신하는 방법에 대하여서 여러 학자들이 연구하였는데 1832년 뉴욕의 화가 모스는 프랑스 여행으로부터 귀국하는 도중, 대서양 정기 여객선에 함께 타고 있던 학자로부터 전기의 이야기를 듣고 문득 영감을 얻게 되었다. 그는 뉴욕에 돌아오자 곧바로 베일(Alfred Vail)과 협력하여 점과 봉선(棒線)의 배열로 문자와 숫자를 표시하고 이것을 송신해서 전자석으로 펜을 움직여 기록을 하는 방법을 생각해 냈다. 이것이 모스 부호이다. 1845년 1월에 워싱턴과 볼티모어 사이에 전신회선을 만들어서 최초의 모스 부호의 실험을 했다. 이 모스의 발명으로 말미암아 통신의 역사는 비로소 전기통신의 시대로 들어섰다(신요안 · 김광순, 2011: 103). 이러한 전기통신에는 유선통신과 무선통신이 있다.

① **유선통신**

유선통신이라 함은 구리선이나 광섬유 등을 전송로로 하여 전기신호나 광신호 등을 전달해서 이루어지는 통신을 말한다. 공간을 매체로 하여 전자기파로 이루어지는 무선통신에 대응하는 말이다.

전신 분야에서 시작된 유선통신의 기원은 1876년 알렉산더 그레이엄 벨이 발명한 자석식 전화기에서 그 기원을 찾을 수 있다. 이후 통신 케이블의 개발로 수용할 수 있는 회선 수가 대폭 증가했다. 그러나 구리의 지름이 나선에 비해 작고 구리끼리 접근해 있으므로 통신전류의 감쇠가 크다는 결점이 있었다. 그후 장하(裝荷) 코일 방식 유선통신으로 결점이 보완되는 한편, 코일 대신 증폭기를 사용해 보다 넓은 주파수대역의 신호가 전송 가능한 다중화반송(多重化搬送) 기술이 개발되었다. 1929년에는 미국에서 대용량화를 이룰 수 있는 동축(同軸) 케이블 방식이 제안되었다.

1937년 영국에서 발명된 펄스 부호 변조방식은 근래 반도체의 발달과 함께 고품질의 신호를 전달할 수 있어 중계회선의 주류가 되어 있다. 그러나 광섬유 케이블의 실용화로 동축 케이블은 광섬유 케이블로 바뀌어졌다(신요안 · 김광순, 2011: 123).

90) 필요한 신호에 섞여 신호를 바꾸어 버리는 전기적인 장애 또는 잘못된 부호 동기성 잡음, 랜덤성 잡음, 열잡음, 임펄스성 잡음 등 목적한 정보가 아닌 신호에 혼입된 유해하거나 불필요한 성분을 말한다.

② **무선통신**

무선통신은 전선을 쓰지 않고 전파를 이용하여 정보나 의사를 주고받는 통신방식을 말한다. 무선전신이나 무선전화, 라디오 방송, 텔레비전 방송 등이 이에 속한다.

전자기파의 형태로 통신신호를 직접 전달하거나 또는 대기권에 있는 전리층이나 통신위성에 반사시켜 전송하고 교신하는 것이다. 전자기파의 2가지의 특성이 중요한데. 즉, 파의 길이인 파장과 일정한 시간 동안의 반복 횟수인 주파수이다. 주파수의 단위는 Hz(헤르츠)로 표시하며 무선통신에 쓰는 전송주파수는 30GHz(3×1010Hz) 범위까지 이른다. 주파수가 높아질수록 파장은 짧아지는데 이것은 모든 파가 빛의 속력(약 30만km/s)으로 진행하기 때문이다(홍완표 · 나극환, 2011: 32).

이러한 무선통신의 전송은 정보를 반송파의 진폭 · 주파수 · 지속시간을 변화시키는 변조라는 과정을 통해 반송파에 싣는다. 진폭변조(AM)에서는 반송파의 최저 최고의 양쪽에 '측파대 주파수를 두고 파의 세기를 변조시켜 전송한다. 반면에 주파수변조(FM)는 진폭 대신에 주파수에 변화를 주어 필요한 정보를 송신기에서 수신기로 전송한다. 지속시간변조는 보다 단순한 방식으로써 어떤 시간 동안만 일정한 음을 전송하고 멈췄다가 다시 전송하는 것을 되풀이하는 전송방법이며, 모스 부호의 전송은 이 방법을 이용한 것이다. 최초의 무선통신은 영국의 과학자인 마이클 패러데이가 전류에서 자기장을 유도할 수 있음을 밝힌 후에야 가능했다. 1864년 케임브리지대학교의 실험물리학교수인 제임스 클럭 맥스웰은 이런 전기적 교란이 상당히 멀리 떨어진 곳에서 검출될 수 있다는 것을 수학적으로 증명했다. 맥스웰은 이런 전자기적 에너지는 파의 형태를 가지고 빛의 속력으로 진행할 수 있음을 예언했다. 1888년 하인리히 헤르츠는 맥스웰의 예언이 짧은 거리에서 실제로 들어맞는다는 것을 증명했다(홍완표, 2011: 23).

그 후 이탈리아의 기술자 굴리엘모 마르코니는 1901년 대서양을 통해 모스 부호를 전송하는 무선방식을 완성했다. 곧이어 안테나로 수신된 무선신호를 증폭시키는 진공관이 개발되자, 예전에는 불가능했던 아주 약한 신호의 전송도 가능하게 되었고 진공관을 이용해 전류를 진동시킬 수 있고, 이 전자관 발진기로 매우 깨끗한 전파를 만들 수 있게 되었다. 또한 수신기능도 동조회로의 개선으로 훨씬 향상되었다. 양질의 무선 신호를 만드는 데 필요한 거의 모든 요소들은 제2차 세계대전 이전에 이미 급속히 발달했다.

제2차 세계대전이 끝난 뒤에도 눈부신 발전이 있었는데 진공관이 트랜지스터로, 전선이 프린트 기판으로 대체되면서 수신기의 필요 전력이 대폭 줄었으며 따라서 크기도 작아졌다. 그 외에도 송수신 음질이 깨끗해지고 완벽한 FM 스테레오 방송이 가능하게 되었다.

3) 어떻게(How) 보호해야 하는가?

통신수단별 보안도 우선순위를 적시하면 다음과 같다.

① 전령통신, ② 등기우편, ③ 인가된 유선회로, ④ 일반우편, ⑤ 일반유선통신, ⑥ 신호통신, ⑦ 음향통신, ⑧ 무선중계유선회로, ⑨ 무선통신 순으로 보안성이 있다

(1) 음향통신 보안대책

음향통신은 나팔, 호루라기, 총, 사이렌 따위의 소리를 이용한 통신과 전등, 수기, 신호탄, 연기, 봉화, 거울, 후레쉬 등을 이용하여 상호 약정된 신호나 부호를 시각적으로 확인하여 의사나 정보를 전달하는 통신이다. 통신수단이 발달하지 않은 시대에 많이 사용하고 있으며 현대에서는 거의 사용되지 않고 있다. 신호통신은 기상상태나 시계등 주변 환경의 영향을 많이 받을 뿐만 아니 복잡한 정보나 의사전달이 곤란하여 단순한 내용의 전달만 가능하며 보안성도 부족하다. 조금만 주의 있게 보면 전달내용을 쉽게 알아차릴 수가 있으므로 보안적 가치가 있는 내용을 전달하기에 적절하지 않다.

(2) 전령통신 보안대책

전령통신의 경우에는 보안성이 제일 좋으나 전달과정에서 피탈당하거나 분실 우려가 있으므로 피탈 및 분실 방지대책을 강구하여야 한다. 또한 문서가 피탈되었을 경우 상대방이 손쉽게 해석이 되지 않도록 암호화하거나 음어 화하는 것이 좋다. 보안대책

은 항상 중첩하여 마련해야 한다.

(3) 우편통신 보안대책

우편통신은 수송과정에서 피탈, 분실우려가 있으므로 피탈, 분실방지대책을 강구하여야 하며 문서가 피탈되었을 경우를 대비하여 암호화 하는 등 문서보안관리 규정을 준수해야 한다.

(4) 유선통신 보안대책

유선통신은 무선통신에 비해 다소 보안성이 있는데 특히 자체적으로 구성한 내부유선망은 좀 더 보안성이 있다고 할 수 있다. 그러나 실선중간에 유도장치를 설치 또는 동형의 수신기를 접속하거나 단자함에 도청장치나 다른 선을 연결하거나 교환수를 이용하면 도청이 가능하다. 특히 교환업무 등을 아웃소싱 한 경우에는 더욱더 보안상 취약하다. 따라서 노선을 지하에 매설하고 단자함이나 노선 인입구에 견고한 보호 장치를 설치하고 통신망과 노선에 대한 정기적인 점검을 실시하여야 하며 보안상 중요한 내용은 음어 화하거나 보안장비를 부착하여 사용하여야 한다. 특히 국제전화를 이용할 경우에는 보안적 가치가 있는 내용을 소통하여서는 아니된다

(5) 무선통신 보안대책

무선통신을 시설비용이 적게 들고 대량의 정보를 가장 신속하게 주고받을 수 있는 최고의 통신수단이다. 그러나 편리한 반면 보안도가 극이 낮아 100%도청이 가능하다. 따라서 보안적 가치가 있는 내용은 무선통신을 이용하여 소통하는 행위는 절대적으로 하지 말아야한다. 불가피 할 경우에는 상호 약정된 음어나 약호를 이용하거나 소통되는 내용을 암호화 할 수 있는 보안장비를 부착하여 사용하여야 한다. 그러나 풀리지 않는 암호가 없으므로 중요내용은 무선통신을 이용하여 소통하지 않는 것이 최고의 보안대책이라 할 수 있다.

무선통신을 사용하는데 있어 암호화하였고 하여도 안심할 수 없다. 1942년 6월 5일 세계 제2차 대전 시 미드웨이 해전에서 미국은 태평양의 전략 요충지인 미드웨이섬을 공격하려던 일본제국의 항모전단의 전략암호를 해독함으로써 일본의 작전 목표

를 알게 되어 객관적으로 전력이 열세인 상황에서 일본의 항공모함 4척을 격침시켜 태평양의 제해권을 장악하고 반격으로 나설 수 있는 발판을 마련했다. 따라서 암호화 프로그램도 비도의 정도에 따라 주기적으로 바꿔 사용하여야 한다.

(6) 기타 통신 보안대책

통신보안의 목적은 통신수단으로 주고받는 의사나 정보를 통신하는 과정에서 유출되지 않도록 하는데 있다. 그러나 통신은 편리한 만큼 보안상 취약점이 많고 그 취약점을 이용하여 정보를 빼내기 위한 도청이 용이하다. 도청은 보통 전화나 전자 장비를 이용한다. 최근에는 눈부신 전자공학의 발달에 힘입어 보다 정밀한 도청기기들이 개발되고 있으며 개인의 사생활보호 및 인권보호차원에서 도청은 중대한 문제로 제기되고 있다. 역사적으로 가장 흔한 형태의 전자 도청은 전화·전신 도청으로 전화와 전신을 이용해 이야기를 주고받는 것을 감시하는 것이다. 실제로 모든 사법권에서 상업적이거나 사적인 목적으로 도청을 사용하는 것을 법으로 금하고 있다. 이 기술을 이용해 범죄를 찾아내거나 형사소추의 증거 수집을 하는 것에 대해 매우 많은 논쟁이 벌어져왔다. 반대자들은 범죄를 줄이려는 합법적 노력보다는 개인의 사생활 및 부당한 수색·체포를 금하고 있는 시민권의 헌법적 보장이나 기본권이 더욱더 중요하다고 주장한다. 법 시행의 합법적 목표가 사생활을 침해하는 경우를 만족스럽게 규명하려는 노력이 일반적으로 실패해왔기 때문에 전화·전신 도청을 비롯한 여타 모든 종류의 전자 도청을 둘러싼 논쟁이 끈질기게 지속되어 왔다

전화·전신 도청행위는 전신·통신의 초기부터 시작되었다. 미국에서는 전달되는 말을 엿듣는 것을 금하는 주 법령들이 1862년에 제정되었다. 전화 도청은 1890년대에 시작되었고, 1928년 대법원은 '옴스테드 대 연방정부' 소송사건 판결에서 경찰의 전화 도청을 승인했다. 1934년 의회는 소송 때 도청 자료를 증거로 사용하는 것을 엄격히 제한하는 법을 제정했음에도 연방 수사당국들은 계속해서 전화·전신 도청을 해왔다. 1960, 1970년대 대법원은 전자 감시장치에 바탕을 둔 형사소추를 제한함으로써 '부당 수색과 체포'에서 개인을 보호하려고 했다. 미국의 몇몇 주는 전화·전신 도청을 완전히 금하는 반면 합법적인 법원 명령에 따라 사용하는 것을 인가하는 주들

도 있다. 1968년 의회는 범죄단속법을 채택하면서 엄격한 사법적 지휘를 받는다는 조건으로 다양한 중범죄에 전자 감시장치의 사용을 인가했다.

영국에서는 도청 이외의 다른 조사방법으로는 범죄사실을 증명할 수 없는 중범죄의 경우에만 전화·전신 도청을 허용한다. 대부분의 다른 사법권에서는 법원이나 검찰, 경찰의 요청에 따라 규정된 상황에서 전화·전신 도청을 인가한다. 법원 명령이 보통 요구되지만 덴마크와 스웨덴 같은 나라에서는 긴급한 경우에 예외가 인정된다.

전화·전신 도청 사용을 규제하는 모호한 기준들은 도청 기구들에 관한 또 다른 논쟁을 불러일으켰다. 우주시대의 기술이 낳은 트랜지스터·집적회로·레이저 등은 전자 도청 기술을 혁신했다. 광선은 몇 수십 m 떨어진 곳에서 조사대상에게 발사되면 아무도 모르게 대상의 대화를 멀리 떨어져서 들을 수 있다. 대화는 보통 전파 빔이 나르지만 광선이나 레이저 같은 현대적인 방법을 응용하면 이러한 기술은 더욱더 단순화되고 개선될 수 있을 것이다. 소리를 실은 광선을 몇 km 거리로 전송하는 데는 지극히 작은 동력이 필요하고 전파 빔과는 달리 레이저 광선은 최근에 이용할 수 있는 어떤 수단으로도 도청행위를 탐지하는 것이 실제적으로 불가능하다. 가장 효과적이고도 가장 값싼 형태의 도청기구는 통합 집적회로로 만든 무선 송신기이다. 100개의 독특한 집적회로를 우표보다 더 작고 얇은 물질조각 위에 연결하여 만들 수 있다. 그렇게 만든 송신기는 카드 속이나 벽 뒤에 숨길 수 있다. 비교적 값이 싸다는 것이 트랜지스터나 집적회로 무선송신기의 또 다른 특징이며, 도청기구의 값이 꾸준히 떨어지면서 더욱더 많은 사람들이 도청기구를 소유할 수 있게 될 것이다. 이 같은 현상을 비판하는 사람들은, 범죄자와 단지 호기심을 가진 평범한 사람이 도청기구를 사용하는 사례가 급격하게 늘어날 것이며, 그 결과 개인과 시민의 기본적인 사생활의 권리를 위협하는 일이 일어날 뿐 아니라, 이미 전자 장치를 이용한 염탐의 주요대상이 되어버린 비밀스러운 사업거래와 정부차원의 거래행위를 위태롭게 할 것이라고 경고한다.

따라서 모든 유무선 통신 수단을 이용하여 통신할 때는 자동적으로 소통내용을 음어나 암호화하는 보안장비를 부착하여야 한다. 회의실 등 중요시설에는 방음시설, 전자파 차단장치나 전자파차폐시설을 설치하고 회의실내에서 사용하는 필기도구도 도청기를 장착 할 수 있는 볼펜이나 만년필 등을 사용하지 않고 연필을 사용하는 것이 원칙이다. 창문에는 이중 커튼을 부착하거나 여타의 전파가 흐르게 하고 중요회의실 등에는 도청기로 활용할 수 있는 스피커 등 송신기를 설치하여서는 아니된다. 또한 주기적인 대 도청 점검을 실시하여야 하며 시설 내에 휴대폰, 카메라 등의 반입을 금지하여야 한다. 중요한 비밀내용을 생산하거나 저장하고 있는 컴퓨터에서도 전파가 발생하므로 전자파가 차단되는 시설을 설치하는 것이 좋다.

보안조사

1. 보안조사의 의의와 종류

1) 보안조사의 의의

보안조사라 함은 보안관리 상태의 적정여부를 판단하여 보안상의 취약성유무를 발굴하고 필요한 보안대책을 강구하기 위한 조사를 말한다. 보안조사는 각종 보안 사고를 방지하기위한 사전조사, 보안사고 발생이후 사고원인을 규명하고 재발방지대책을 강구하기위한 사후조사 등이 있다. 보안조사는 기업체장의 보안에 대한 예방·감독에 속하며 현재의 보안관리 상태는 물론, 장래의 보안관리 능력을 측정하고 판단하는 것을 포함한다.

2) 보안조사의 종류

보안조사의 종류를 살펴보면 ①신원조사, ②보안감사, ③보안측정, ④보안사고 조사, ⑤보안판단 등이 있다. 이중 신원조사와 보안판단은 국가기관이 행하는 것이므로 이 장에서는 기업체 보안관리 상태의 적정성 및 취약점을 발견하고 보완하는데 필요한 보안감사, 보안측정, 보안사고 조사를 중심으로 기술하고자 한다.

2. 보안감사

1) 보안감사의 개념

보안감사라 함은 보안업무수행상의 적정여부 즉 보안대상인 인원, 문서, 시설, 장비, 사이버 ,자재, 지역 등의 모든 보안관리 상태와 그 적정여부에 대한 조사이다. 보안감사는 평상시 보안업무수행상태의 적정성 여부, 보안 내규나 각종지침과 지시사항의 이행상태, 보안업무추진계획의 추진실태를 확인·감독하고 보안 관리상의 문제점을 찾아내어 개선하는데 그 목적이 있다. 감사를 통하여 적발되는 보안규정 위반자에게는 시정 및 개선을 명령하고 중대한 보안규정 위반자에게는 제제를 부과함으로써 경각심을 고취한다. 그러나 위반자에 대한 제재규정은 내규에 명시하여야 효과가 있다.

기업체의 보안감사는 기업체 자체에 보안감사 전담 조직을 신설하거나 기존의 감사 조직에 보안감사 임무를 부여하여 실시할 수도 있다. 보안감사는 감사기관과 주요감사 사항을 사전에 예보하고 정규적으로 실시하는 정기보안감사와 수시, 필요에 의하여 불시에 실시하는 불시감사로 구분한다. 불시감사는 보안점검이라고도 하며 대상부서에 대하여 사전에 시기를 통보하지 아니하고 불시에 실시하며 특별히 발견된 보안의 취약점을 확인하거나 보안각성을 촉구하고 근무기강을 확립시키는데 목적을 두소 실시한다는 점에서 정기 감사와 다르다.

2) 보안감사 실시요령

(1) 감사원칙

① 정확한 현상 파악

ⓐ 감사대상 및 감사범위의 결정

ⓑ 감사실시 방법(소환감사, 개인별감사, 부서별 방문감사)의 결정

ⓒ 감사관의 편성 및 업무분장

② 감사실시의 기본원칙

ⓐ 기초적인 사항으로부터 기술적인 사항으로

ⓑ 제도면으로부터 실무면으로

ⓒ 전체적인 사항으로부터 부분적인 사항으로

ⓓ 부당한 사유가 발견되었을 때에는 반드시 그 원인을 규명할것

ⓔ 결론은 감사관들의 의견을 종합하여 최종에

③ 감사관의 기본자세

ⓐ 지도 및 감독자로서의 자세를 견지할 것

ⓑ 언행은 항시 정중하게 할 것

ⓒ 시종 예의를 지키고 누구에게나 경어를 쓸 것

ⓓ 감사반원은 감사반장의 감사방침에 순응할 것

ⓔ 감사관 각자의 독자적인 평가를 자제할 것

(2) 보안감사시 확인사항(중소기업청, 2006: 177)

① 보안체제

ⓐ 당신의 기업이 산업 스파이에 취약한 경우, 정보 유출을 막을 특별한 조치를 취하였는가?

ⓑ 기밀정보를 휴대용 컴퓨터나 개인 서류철에 담아 사무실 밖으로 운반할 때 기업이 기밀정보를 보호할 수 있는 정책과 절차를 가지고 있는가?

ⓒ 당신 기업에서 누군가 보안 목록을 책임지고 있는가?

ⓓ 공정한 정보 규범과 관련해 누군가 현재의 법률과 규정을 지키는 책임을 맡고 있는가?

② 인원보안

ⓐ 기술 문제와 법률문제에서 뒤떨어지지 않기 위해 직원이 정기 교육 프로그램에 참여하고 있는가?

ⓑ 기밀 정보에 접근 권한을 가진 직원에 대해 경력 확인을 하고 있는가?

ⓒ 임시직, 지원직, 계약직을 포함해 기밀정보를 다루는 모든 직원들에게 권한 없는 악의의 자가 신상정보를 "알아내려고 하는"때를 탐지할 수 있도록 교육시키고 있는가?

ⓓ 임시직이나 계약직 등 재택 근로자의 경우, 기업체에서는 정보 취급 규범을 강조하는 정책, 절차, 교육프로그램을 가지고 있는가?

ⓔ 집과 직장 간에 안전한 네트워크가 연결되어 있는가?

③ **문서보안**

ⓐ 직접 정보를 확인할 수 있는 컴퓨터 작업과 종이 파일에 대해 물리적으로 접근을 제한하고 있는가?

ⓑ 이전 직원이 컴퓨터와 종이 파일에 접근하지 못하도록 방지하는 절차를 가지고 있는가?

ⓒ 타인에게 정보 사본을 제공할 때 직원들은 본질적인 정보가 제거되었는지 확인하고 있는가?

ⓓ 당신의 기업은 저장 매체가 종이, 필름, 마그네틱·전자(컴퓨터) 매체인지와 상관없이 기록 보존·폐기 일정을 가지고 있는가?

ⓔ 폐 종이를 버리거나 재활용할 때 기밀 정보가 담긴 모든 문서를 안전한 잠금장치 컨테이너에 넣거나 파쇄하고 있는가?

ⓕ 재활용 회사에서 폐기·파기 방식을 증명하고 있는가?

ⓖ 그곳은 인증업체인가?

ⓗ 감시 구역 안에 팩스 기기를 두고 권한 없는 자의 출입을 금지하고 있는가?

ⓘ 권한 있는 자만이 사용할 수 있도록 제한하고 있는가?

ⓙ 기밀이 아닌 자료를 전송하는 데에만 팩스 기기를 사용하고 있는가?

ⓚ 문서를 발송할 때, 모든 사용자들이 표지를 작성하여 발송인과 수신인의 이름, 주소, 전화번호를 표시하고 있는가?

ⓛ 기밀 정보를 발송할 때 그 표지 위에 기밀 정보임을 알리는가?

ⓜ 사용자가 항상 문서 발송전에 수신인의 전화번호를 확인하고 있는가?

ⓝ 사용자는 실수가 없는지 확인하기 위해 표시된 번호와 통화되고 있는 번호를 비교하는가?

ⓞ 사용자는 팩스가 발송된 후 전송 보고서를 확인하는가?

ⓟ 기밀 자료를 전송할 때, 수령자는 그 문서가 발송될 것을 미리 공지 받았는가?

ⓠ 발송인과 수신인이 문서를 받았는지 확인하는가?

④ **시설·장비보안**

ⓐ 자격을 갖춘 자만이 이용할 수 있는 보안 구역·컴퓨터 시스템에 기밀 파일이나 비밀파일을 따로 격리해 두고 있는가?

ⓑ 사내 출입자와 출입차량에 대한 통제를 실시학고 있는가?

ⓒ 중요지역을 제한구역으로 설정하고 인가받은 자만 출입토록 엄격히 통제하고 있는가?

ⓓ 방문·견학자 등 외부인은 지정된 장소·시설만 출입토록 하는가?

⑤ **통신·사이버보안**

ⓐ 기밀 요주의 메시지가 자동응답 기기나 음성메일로 남겨질 것이라 예상되는 경우 어떤 예방조치를 취하고 있는가?

ⓑ 통화 수신인의 번호가 정확한지 확인했는가?

ⓒ 기밀 메시지를 남기라고 요청한 자가 원래 의도했던 통화 수신인인가?

ⓓ 통화 수신인으로부터 사전 허가를 얻지 못했을 때 구체적이지 않은 메시지를 남겼는가?

ⓔ 안전한 디지털 모델을 이용하지 않는 한, 기밀 정보 대화에서 무선 전화를 엄격하게 금지하고 있는가?

ⓕ 무선 전화 사용자는 대화를 중간에서 들을 수 있는 근처의 타인에게 대화가 들리지 않도록 조심하고 있는가?

ⓖ 전화 사기나 장비 및 정보 절도를 막기 위한 감사 절차와 엄격한 징계 절차를 가지고 있는가?

ⓗ 모든 직원들이 엄격하게 암호 절차와 바이러스 보호 절차에 따르고 있는가?

ⓘ 직원들에게 "foolproof(간단한)" 방식을 이용해 암호를 자주 바꾸도록 요구하고 있는가?

ⓙ 인터넷을 통한 기밀 정보나 영업비밀 정보의 보호를 위해 암호화를 이용하고 있는가?

ⓚ 시스템이 해커로부터 안전한지 확인하기 위해 정기적으로 시스템 침투 테스트를 수행하고 있는가?

ⓛ 기밀 정보를 화면에 띄운 상태에서 컴퓨터 터미널을 떠나지 않도록 직원들에게 교육하고 있는가?

ⓜ 암호 활성 스크린 세이버 프로그램을 직원들이 사용하고 있는가?

ⓝ 컴퓨터, 디스켓, 마그네틱테이프, CD-ROM, 하드드라이브, 기타 기밀 정보를 담고

있는 전자 매체를 폐기할 때, 모든 데이터를 입증된 유틸리티 프로그램으로 지우거나 물리적으로 파괴하고 있는가?

(3) 강평서 작성

강평서에는 감사결과, 보안정책이나 보안 내규에 비추어 잘된 점과 개선해야 할 점 등 향후 반영해야 할 각 사안에 대하여 기술하여야 한다.

강평서의 작성방법으로는 감사 담당자가 자신만이 아는 문장을 쓰거나 이해할 수 없는 문구를 써서는 안 되며 필요 없는 미사여구를 나열해서도 안 된다. 강평서는 간단명료하게 감사 담당자의 의견을 충분히 반영하되 추상적인 강평을 하지 말아야 하며 도출된 문제점에 대하여는 피감사부서에서 잘 알 수 있도록 서술하되 실현가능성이 있는 개선대책을 제시해야 한다. 강평서는 앞뒤가 관련성이 있어야 하며 상호 모순이 있어서는 안 된다. 예컨대 총평에서는 양호하다고 평가해 놓고 세부강평에서는 불량하다고 평가하면 피감사 대상자가 당황하게 되며 강평서의 신뢰성도 상실하게 된다.

강평서는 먼저 총평을 기술하게 되는데 총평에서는 잘된 점과 미비점을 간략하게 기술하고 세부강평에서 보안정책이나 제도, 조직, 인원, 문서, 시설, 장비, 사이버 등 분야별로 도출된 문제점을 설명하고 개선대책을 제시한다.

3. 보안측정

1) 보안측정의 개념

보안측정이라 함은 기업의 존립과 발전에 밀접한 관련이 있는 시설, 장비, 지역 등을 보호하는데 필요한 소요 보안대책을 결정(판단)하기 위하여 실시되는 보안조사를 말한다. 다시 말해서 소요 보안대책(취약점 해소방법)을 결정하기 위한 종합적 보안조사(진단)을 말한다.

보안측정은 유출 등 정보적 침해나 파괴 등으로 인하여 기업에 막대한 손해를 초래하거나 연쇄적 혼란을 초래할 우려가 있는 시설 또는 중요장비에 대하여 실시한다.

또한, 시설이나 장비를 신축하였거나 신설했을 경우, 시설이나 장비를 개・증축했을 경우, 조직을 신설한 경우에 실시하는 것으로써 본격적으로 제품 생산을 개시하거나 업무를 시작하기 전 보안상 허점을 해소하기위한 소요 보안대책을 강구・보완하는데 목적이 있다. 또한 보안사고가 빈번히 발생할 경우에도 실시할 수 있다. 이때 발견된 보안상의 문제점에 대하여 소요보안 대책을 제시하여 시정・개선을 하도록 하여야 한다.

2) 보안측정 실시시기

보안측정 실시의 기본적 사유로는 신축한 시설을 보호하기위한 최초의 기본적 소요 보안대책을 판단하기 위한 경우이며 이외 에도 대상시설을 개수 또는 증축하였거나 구조 또는 기능의 변경 등으로 새로운 보안대책이 필요하다고 인정할 때, 또는 최초의 측정을 통하여 결정된 소요 보안대책을 변경할 사유나 필요성이 있을 때에 실시한다. 따라서 개수, 보수, 증축 또는 구조나 기능의 변경 등이 있다 하더라도 종전의 보안대책을 변경할 필요가 없을 때에는 실시할 필요가 없다.

또한, 대상시설에 보안사고가 빈번히 발생하고 그 원인규명이 불명할 때에 실시하는 보안조사는 사고의 원인규명에도 목적이 있지만 동일 시설에 대한 동종의 사고가 다시 발생하지 않도록 예방하는 데도 목적이 있다. 뿐만 아니라 산업스파이의 침투기도 또는 보안사고 발생의 징후가 엿보이거나 사고발생의 우려가 있다고 인정할 때에도 보안측정을 실시한다. 이러한 경우에는 보안측정을 실시하면서 이와 같은 정보를 철저히 주지시켜 각성을 촉구하여야 한다.

3) 보안측정계획

보안측정이라 함은 기업의 존립과 발전에 밀접한 관련이 있는 시설, 장비, 지역 등을 보호하는데 필요한 소요 보안대책을 결정(판단)하기 위하여 실시되는 보안조사를 말한다. 다시 말해서 소요 보안대책(취약점 해소방법)을 결정하기 위한 종합적 보안조사(진단)를 말한다.

보안측정은 유출 등 정보적 침해나 파괴 등으로 인하여 기업에 막대한 손해를 가져올 수 있는 시설 또는 중요장비에 대하여 실시한다. 보안측정 대상은 시설보안의 대상과 일치하며 시설보안대상에 대하여는 이미 설명한 바 있다.

보안측정은 시설이나 장비를 신축하였거나 신설했을 경우, 시설이나 장비를 개·증축했을 경우, 조직을 신설한 경우에 실시하며 본격적으로 제품 생산을 개시하거나 업무를 시작하기 전 보안상 허점을 해소하기 위한 소요보안 대책을 강구·보완하는데 목적이 있다.

따라서 보안측정은 보안감사와는 달리 감독권을 바탕으로 하는 것이 아니기 때문에 일방적으로 실시해서는 안 된다. 사전에 보안측정의 취지와 목적을 충분히 인식시켜야 한다. 왜냐하면 피 측정시설의 협조 없이 준비된 보안측정 자료는 보안측정 자료로서의 실효성이 희박하고 시설의 취약점을 제대로 파악할 수 없기 때문이다.

4) 보안측정의 절차

(1) 자료수집

보안측정 실시에 있어서 가장 중요한 것은 사전 자료수집활동을 통하여 대상에 대한 광범위하고도 정확한 자료(시설현황, 규모·능력, 주변환경, 보안상 취약점, 보안사고 발생 징후 등)를 수집하는 것이다. 측정대상에 대한 자세한 현황은 소요보안대책을 판단, 결정하는데 주요 요건이 된다. 왜냐하면 판단된 소요 보안대책은 그 대상의 규모, 기능 가치와 비교하여 균형을 유지하여야 하기 때문이다.

(2) 수집할 자료의 범위

① 대상의 정확한 고유명칭과 통상명칭,

② 위치와 교통로 및 교통수단, 도로 및 시설 접근로

③ 부서장의 주요 경력 및 간부들의 인적사항

④ 구성원의 수와 성향, 조직의 분위기 및 인적취약 요소

④ 편제 및 부서별 임무기능

⑤ 시설의 규모와 능력, 경제적, 정보적 가치

⑥ 시설 주변환경, 지리적 특성, 보안상 취약요인

⑦ 지역 특유의 관습 및 주민 동향, 민심동향

⑧ 과거 보안사고 발생 및 대응실태

⑨ 시설 조감도 설계도, 핵심시설 현황 등 시설 관련자료

⑩ 기타 필요한 정보

(3) 점검표 작성

보안측정을 체계적으로 하기 위해서는 점검표를 사전에 만들어 활용하는 것이 효율적이다. 보안측정 점검표는 모든 측정대상에 공통적으로 적용되는 공통점검표와 특정한 시설이나 장비를 대상으로 점검하여야 할 특별점검표로 구분할 수 있다. 특별점검표는 보안상 중요한 특정시설과 장비에 대하여 수집된 현황과 대상의 특성, 고유의 기능을 고려하여 작성한다. 공통점검표나 특별 점검표 공히 제출된 자료와 수집된 자료를 분석하여 만들어지나 현황 청취를 통하여 만들어지기도 한다.

(4) 측정기재의 준비

보안측정을 하는데 있어서 구체적으로 어떠한 기재가 필요 하는가는 대상 시설과 장비의 규모, 구조, 기능에 따라 다르다. 그러나 모든 보안측정에 꼭 기재가 필요한 것은 아니다. 보안측정은 기재를 활용하기도 하지만 대부분이 사람의 관찰과 현장 확인으로 이루어지는 경우가 대부분이다. 또한 시설보안대책은 시설규모와 시설의 특징에 맞게 강구되는 것이기 때문에 시설마다 대책의 내용과 수준이 다를 수밖에 없다. 기본적으로 보안의 원칙들이 적용될 뿐 어떤 규격과 기준을 필요로 하는 것이 아니다. 그러나 현장에서 발견된 취약점과 취약점에 대한 보완대책을 연구해내기 위해서는 현장사진 등이 필요하므로 촬영을 위한 기재(카메라)와 실제적 길이와 거리 및 높이의 측정을 위한 자(척) 등이 기본적으로 필요한 기재라 할 것이다.

〈표 2-22〉 산업보안 자가진단 체크리스트

구분	항목	실시	부분실시	미실시
보안 체제	1. 회사 실정에 적합한 보안규정을 제정, 시행하고 있는가? (교육/공지 등을 통한 직원들의 숙지여부 포함)	☐	☐	☐
	2. 사무실, 연구실 등에 대한 보안점검을 실시하고 점검결과에 따라 대상 임직원에 대한 포상/징계 등 상응하는 조치를 취하고 있는가?	☐	☐	☐
	3. 보안업무를 전담할 조직 또는 인원이 편성되어 있으며 그 인원은 적당한가?	☐	☐	☐
인원 보안	4. 입사시 보안서약서를 징구하고 있는가?(기밀누설시 손해배상 및 민·형사상 책임 부여 등 기재)	☐	☐	☐
	5. 재직직원에 대한 비밀유지서약서를 작성하고 있는가?(특정 영업 비밀 및 비밀유지 의무기간 등 기재)	☐	☐	☐
	6. 핵심인력에 대한 애로/고충사항을 파악하고 애사심 고취를 위한 조치를 취하고 있는가?	☐	☐	☐
	7. 퇴직직원(또는 퇴직예정직원)에 대한 별도 보안조치를 시행하고 있는가?(비밀유지/경업금지서약서 징구, 반출물품 확인 등)	☐	☐	☐
	8. 전직원을 대상으로 보안교육을 실시하고 있는가?(영업비밀보호의 중요성과 위반시 민·형사상 책임고지 등 내용)	☐	☐	☐
문서 보안	9. 전자문서를 포함한 회사의 모든자료를 중요도에 따라 비밀로 분류하고 식별이 가능한 표시 및 경고문 표시를 하고 있는가?(전자문서 포함)	☐	☐	☐
	10. 비밀문서는 일반문서와 분리하여 별도의 장소에 보관하고 인가된 자 외의 접근을 제한하고 있는가?	☐	☐	☐
시설·장비 보안	11. 사내 출입자와 출입차량에 대한 통제를 실시학고 있는가? (직원/외부인 출입증 사용 및 출입차량 보안검색 등)	☐	☐	☐
	12. 중요지역을 제한구역으로 설정하고 인가받은자만 출입토록 엄격히 통제하고 있는가?(카드출입기, CCTV설치 등)	☐	☐	☐
	13. 방문/견학자 등 외부인은 지정된 장소/시설만 출입토록 하는가?	☐	☐	☐
통신·사이버 보안	14. 정보통신 보안업무를 수행하는 조직 및 인원을 보유하고 있는가?(정보통신 보안분야 외부 전문교육 포함)	☐	☐	☐
	15. 화재/홍수 등 재난재해에 대비해 중요 전산자료 백업 등을 시행하고 있는가?	☐	☐	☐
	16. 사내 전산망에 대한 보안대책을 마련/시행하고 있는가?(침입차단시스템, 바이러스월, 운영체재 패치 등)	☐	☐	☐
	17. 웹메일/메신저/웹하드 등 내부자료 유출이 우려되는 사이트에 대한 접속을 차단하고 있는가?	☐	☐	☐
	18. 서버상의 중요 업무자료에 대해서는 사용자 직책별 권한에 따라 열람/PC전송/인쇄 등 차별적인 접근제한이 이루어지고 있는가?	☐	☐	☐
	19. USB/CD-Writer 등 대용량 저장매체 사용은 업무상 필요한 경우에만 보안담당자의 승인하게 사용되도록 통제하고 있는가?	☐	☐	☐
	20. 노트북/PDA/USB메모리/카메라폰/디지털카메라/스마트폰 등 보통신 장○비의 무단 반·출입을 통제하고 있는가?	☐	☐	☐

※ **평가:** 불량(1~25점)/미흡(26~50점)/양호(51~79점)/우수(80점이상)

※ **출처:** 중소기업청. 2006. 산업기술 보호 가이드북. p. 179.

5) 실제측정

(1) 현황청취(Briefing)

보안측정을 실시하려면 먼저 대상시설에 대한 상세한 현황을 숙지하고 현황청취와 질의 · 응답을 통하여 구체적 측정일정과 측정요령을 결정하는 한편 측정 관별 담당시설, 측정일정, 중요 측정대상, 대상별 착안사항 등을 선정한다. 주변 환경이나 현제 구비되어 있는 보안대책 등에 대한 침입자 입장에서 설명을 듣고 예견되는 문제점을 착안한 후 이를 어떻게 확인해 나갈 것인가를 결정하여야 한다.

(2) 제1단계 조사

제1단계측정 사항은 측정관이 사전에 준비된 자료와 현황설명을 통하여 하는 조사 단계이다. 따라서 시설에 대해 실제 현장 확인이나 검토를 하지 아니하고 판단하는 단계이다. 제1단계 확인사항은 내 · 외부의 구조별 보안상 중요도 판단이나 보안상 취약점을 판단하는 것으로 이는 종합적인 보안대책을 결정하는 바탕을 이룬다.

보안상의 가치판단은

① 대상 시설이 당해 기업에 기여하는 정도

② 대상 시설의 기능과 기업 내에서의 비중

③ 대상 시설의 전략적 가치, 정보적 보안상 가치

④ 파기되는 경우에 미치는 영향과 복구에 소요되는 비용과 소요기간

⑤ 보호해야할 유 · 무형의 자산

(3) 제2단계 조사

제2단계 조사는 대상 시설과 장비에 어떠한 보안상 취약점이 있는가에 대하여 실제로 현장을 확인하는 단계이다. 현장 확인 전에 시설과 장비의 위치, 설계도면에 대한 충분한 숙지가 필요하며 현장 확인 시에는 침입자 입장에서 모든 것을 실제로 확인하고 관찰하고 침투를 해보고 보안상 취약접이나 허점을 확인하여 보안대책을 강구하는 단계이다. 현장 확인 방법은 다음과 같다.

현장조사는

① 밖으로부터 내부로 내부로부터 밖으로

② 위에서 아래로 아내로부터 위로

③ 침입자의 관점에서 취약점과 침입방법 발굴

④ 주관적 편견을 버리고 객관적 입장에서 판단

⑤ 현지 근무자 생활에 부담을 최소화하는 자연스러운 보안대책 방안모색

⑥ 최소한의 비용과 최대한의 효과가 있는 소요 보안대책 선택

(4) 실제적 측정사항

① **주위환경**

ⓐ 자연적 조건, 지역적 특수성 및 보안상 취약요인

ⓑ 주민성향과 민심의 동향

ⓒ 도로(철도, 국도 및 간선도로), 교통수단 등 시설과의 접근성과 취약요소

ⓓ 관내경찰, 소방서 위치 및 유사시 협조 기반

② **경비구조**

ⓐ 울타리의 필요성, 구조형태와 주변과의 조화 여부, 현제 울타리의 취약성

ⓑ 경비탑의 필요성 여부, 구조, 설치장소의 적절성과 탐조등의 기능

ⓒ 출입문과 수위실의 위치, 수 및 출입통제 방안의 적절성

ⓓ 야간 경비조명 장치

야간 경비등, 경비탑등은 예상 침투로를 봉쇄하거나 선점하는 의미가 있으므로 침투자를 가장 쉽게 발견 할 수 있도록 설치하여야 한다. 야간 경비등은 야간의 시각적 취약점을 보완하기 위한 방법이므로 설치위치나 조명각도에 주의하여야 한다. 예컨대 침입자가 담벼락을 넘는 경우에는 그림자가 먼저 경비원의 눈에 발견되도록 함에 효과적이며 조명각을 대치되도록 설치하면 그림자가 여러 개 생기게 되어 경비에 지장을 준다. 특히 환경이 불량한 곳일수록 야간조명을 밝게 하여야 한다. 경비실 내부나 순찰로에 경비등을 가설하면 역 관찰이 용이하므로 공격목표가 될 우려가 있다. 기타

상세한 방법은 시설과 장비의 보안 관리에서 설명한바와 같다.

③ **시설의 구조**

ⓐ 시설보안측정에서 있어서 기본은 그 시설구조에 대한 정확한 이해이다. 이를 위해서는 설계도면을 면밀히 검토하고 현장 확인을 통하여 숙지하므로 써 시설을 보지 않고서도 세부구조까지 정확히 묘사할 수 있어야 한다.

ⓑ 시설구조에 대한 정확하고 세밀한 관찰은 보안상 문제점 발견의 기본요건이다. 따라서 시설 현황이 완벽하게 숙지될 때까지 반복적으로 관찰하는 것이 필요하다.

ⓒ 기존시설을 보안대책의 이유로 개조할 수는 없는 것이다. 기존시설의 불합리(보안상) 또는 불비점은 새로운 대책으로 보완하여야 한다.

ⓓ 시설구조는 외부에서 내부로 최고층으로부터 최하층 순으로 중첩하여 점검하며 각 층별 장비 자재현황과 업무기능이 파악되어야 한다.

ⓔ 층별 자재 및 장비의 설치와 업무기능은 가능한 범위 내에서 보안관리에 유리하도록 조정할 수 있다. 예컨대 1층 현관입구에 위치하여야 할 행정담당 부서가 3~4층에 위치함은 불합리하므로 일층으로의 이전하도록 유도할 수가 있다.

ⓕ 보안상 중요 할수록 지하층이나 고층에 위치함이 효과적이나 본연의 기능을 저해하지 않는 범위에서 고려되어야 한다.

④ **보안구역**

ⓐ 보안구역의 설정은 대상의 기능과 보안상 중요도에 따라 다르며 비밀의 보호와 그 시설과 장비의 정상적인 기능과 운영을 보장하는데 목적이다.
따라서 보호구역은 객관적 기준에 입각하여야 최소한의 범위에서 설정하고 자연스러운 보안대책이 강구되어 있는지를 측정해야한다. 정상적인 기능과 운영에 지장을 주고, 생활하는데 과도한 불편을 가져오는 보안대책은 지켜지지 않으므로 보안상 실익도 없으므로 합리적으로 조정하여야 한다.

ⓑ 반면에 다소간의 불편을 이유로 보호구역으로 설정되어야 할 구역이 방치되었다면 즉각적인 대책을 강구하여야 한다.

ⓒ 그러나 보호구역의 과도한 설정은 보안상 효과도 없으므로 합리적으로 조정하여야 하다. 불필요구역을 보호구역으로 설정하면 본연의 업무 수행에 지장을 초래하며 보호구역으로써의 가치도 없을 뿐 아니라 과잉보안의 문제를 발생시킨다.

⑤ **출입통제 및 경계제도**

ⓐ 직원과 외래인의 식별방법과 출입통제 제도의 운영실태를 확인한다.

ⓑ 차량식별 및 검색, 통제방법의 적절성을 확인한다.

ⓒ 자사 및 외래차량의 진입로와 주차장 운영제도를 확인한다.

ⓓ 반 출입 물품 및 휴대품 검색제도 특히, 생산 공장인 경우 납품차량에 대한 검색제도는 명확히 이행되어야 한다.

ⓔ 경비원의 적정 수, 운영실태 및 지휘감독체계

ⓕ 시설보호를 위한 비상시 및 평상시 경비체제의 적절성 여부와 담당부서별 책임한계 및 그 이행상태를 확인한다.

ⓖ 경보, 탐지, 검색 등 보안시설의 적정성 및 운용실태를 확인한다.

ⓗ 출입증 등 각종 증명서 운용실태를 확인한다.

⑥ **경보장치**

비상시 비상상황을 전 직원에게 알릴 수 있는 내부경보장치와 외부기관(경찰, 소방, 군)의 지원을 요청할 수 있는 외부경보장치가 강구되어야 하며 예비 경보장치도 확보되어야 한다. 외부경보제도의 필요성 여부는 대상 시설의 보안상 가치에 결정한다.

⑦ **경비원 및 경비조직**

경비원의 정적 수, 과중한 업무부담 여부 등 근무 조 및 순찰조 편성의 합리성, 경비능력 저하요인, 사기 진작책, 지휘감독체계의 일원화 여부, 경비원의 근무기강 및 감독실태, 경비원에 대한 교육실태 등을 확인한다.

⑧ **통신망**

경비통신망은 자연적, 인적, 물리적 보안 시설과 장비를 유기적으로 연결시키며 보안상황을 신속히 전달하는데 긴요한 요소이다. 특히 도심지로부터 떨어져 있는 산간벽지 및 고지 등에 위치한 시설에서는 유・무선 통신망의 유지가 중요시된다. 유선망 설치가 불가능한 지역에 있어서는 무선통신망을 설치하고 통달거리와 전파장애물의 유무를 확인하여야 하며 예비통신망 구축도 필요하다.

⑨ **화재예방책**

ⓐ 화재는 불순분자의 소행에 의한 방화가 아니라 하더라도 피해가 크므로 시설과 장비의 안전을 위하여 철저한 화재예방과 진화대책이 필요하다.

ⓑ 인화성 폭발물질의 취급 및 저장소는 사고발생시 피해를 최소화 할 수 있는 일정한 장소에 국한하여 설치해야 하며 위치가 불합리 할 때에는 방화벽 등 필요한 보안대책이 강구되어야 한다..

ⓒ 화재사고예방을 위한 소속 직원의 의식 및 평상시 점검실태, 소방기구의 구비 및 훈련실태. 소방관서와의 긴급연락망 구축실태 등의 확인이 필요하다.

ⓓ 소화 장비의 설치 위치 및 실제 작동실태 등을 확인한다.

6) 보안측정결과의 종합

보안측정(실제측정)이 완료된 후에는 1차로 측정관 회의를 열어 각 측정관이 도출한 문제점을 종합하여 실현가능성 여부, 최소의 비용·최대의 보안효과, 이용의 편리성 등에 대하여 토론을 거쳐 최적의 보안대책을 선택하고 2차로 측정관과 피 측정시설 관계자와 토론은 통하여 최종 대책을 마련한 후 강평회를 갖는다.

(1) 강평회(최종회의)

강평회를 갖는 이유는 향후 정식으로 통보할 강평서에 대해 사전지식을 줌으로서 제시한 보안대책에 대한 이해를 높여 적극적이고 자발적으로 실현시키기 위한 협조분위기를 조성하는데 있다. 따라서 참석자가 정신적 부담을 갖지 않도록 분위기를 조성한 가운데 도출된 문제점과 보완대책에 대하여는 피상적이고 추상적 용어를 사용하지 말고 이해하기 쉬운 용어로 육하원칙에 의하여 설명함으로써 대상자들을 납득시키고 교육시키는데 주력해야 한다. 강평회에 참석하는 인원은 최초 현장청취(Briefing)에 참석하였던 인원은 물론, 측정관이 필요하다고 인정하는 관계자를 참석시킨다.

(2) 소요보안대책의 결정시 고려사항

① 보안의 원칙적인 이론과 규정에 얽매어 실현 불가능한 대책을 제시하거나 보안상의 취약성을 묵인하여서도 안 된다.

② 대상 시설의 경제적 가치와 제시하는 보안대책이 균형을 유지하여야 한다.

③ 가급적 현제 설치된 각종 보안시설을 보완 또는 개선하는 방향으로 보안대책을 결정함으로써 경제적 부담이 가지 않도록 하되 항구적 대책이 되는 사항은 소요 예산에 구애되어서는 아니 된다.

④ 시설관리자가 할 수 있는 조치사항과 기업차원에서 할 수 있는 조치 사항을 명백히 구분함으로써 제시한 사항이 원활하게 해결될 수 있도록 하여야 한다.

⑤ 모든 보안대책은 이용에 편리성을 고려하므로 써 자연스러운 보안관리가 되도록 하여야 한다.

4. 보안사고 조사

1) 보안사고 조사의 의의

보안사고 조사라 함은 기업비밀의 누설 또는 분실과 시설 또는 장비의 파기, 보호구역에 대한 불법침입 등의 사고에 대한 전말을 조사하여 재발 방지대책을 강구하기 위한 조사로써 보안조사 중 유일한 사후 조사이다. 보안사고 조사의 목적은 보안사고의 원인, 보안사고 유발 책임자의 규명, 보안사고가 초래하는 위험정도 등을 조사하여 위험의 발생을 최소화하고 동일한 사고가 재발하지 않도록 하는 데에 있다. 따라서 보안사고의 원인이나 사고의 책임자도 규명해야 하지만 누설된 비밀로 인해 초래될 위험성을 분석하여 그 피해를 최소화하는 방안, 예컨대 비밀의 효력을 정지시키거나 내용을 변경하거나 재발을 방지하기위한 보안대책을 강구하는 데에도 그 목적이 있는 것이다.

보안사고는 보안대상에 대해서 발생된 사고로서 사고자의 고의・과실을 묻지 아니하며 기업체에 미친 손해의 정도에 따라 사고의 경중이 가려진다. 사고자의 고의성이 있어야만 보안사고로 보는 견해도 있으나 보안사고는 행정사고이며 행정사고에 대해서는 고의성이 유무를 가리지 않는 것으로 보아 고의의 유무에 불구하고 보안사고는 성립된다.

보안사고에 고의성이 개재된 경우에는 보안사고의 범위를 벗어나 형벌법규에 해당하는 범죄를 구성한다고 보는 것이 타당하다.

2) 보안사고 조사의 방법

보안사고가 발생한 부서의 장 또는 사고를 범하였거나 이를 인지한 자는 지체 없이 사고의 일시, 장소, 사고내용 및 현재 취하고 있는 조치사항을 기업체의 보안책임자에게 통보하여야 한다.

또한, 보안사고는 이에 대한 전말조사가 종결될 때까지 공개하여서는 안 된다. 보안사고 발생사실 자체가 외부에 알려지는 경우에는 조사에 지장을 줄 뿐만 아니라 피해범위가 불필요하게 확대된다. 예컨대 비밀분실이 외부에 알려지는 경우에는 분실비밀의 내용이 누설되는 결과를 가져오며, 보안 대상 시설의 파괴사고가 공개되는 경우에는 불신감이 조성된다. 따라서 사고조사는 은밀히 하여야 하며 사고내용을 배포하거나 불필요인원에게 알려서는 안 된다.

보안사고 조사는 우선 누설된 비밀의 중요성 여부를 판단해야 한다. 왜냐하면 중요한 비밀의 누설은 고위직이 누설하고 보통의 비밀내용은 하위직 근무자가 누설하는 경우가 많기 때문이다. 또한 하위직에서 발생하는 보안사고의 대부분은 비밀의 분실사고가 많다. 또한 누설된 내용에 따라 비밀문건이 통째로 누설된 것인지, 아니면 중요내용이나 핵심 골자만 누설된 것인지, 일부만 누설된 것인지 등을 분석하여 조사 방향을 결정한다. 전체가 누설되었으면 비밀내용이 담긴 문건이 유출되었을 가능성이 많고 일부분이나 핵심내용이 유출되었다면 구두로 누설되었을 가능성이 많기 때문이다. 두 번째는 비밀을 수발한자나 접수자 또는 배포 받은 자가 분실하였는지 여부를 확인한다. 비밀의 생산 기록, 배포처, 추가로 복사 활용하였는지, 현재 그 비밀을 소지하고 있는 지 등을 관련대장과 비교하여 확인한다. 세 번째는 그 비밀내용을 인지하고 있는 인원을 확인하여야 한다. 즉, 비밀의 생산에 관여한 자, 비밀내용에 대한 토론회 등에 참석한 자, 비밀을 배포 받았거나 열람한 자, 비밀문서를 수발한 자 등 비밀의 인지범위를 확인하여야 한다. 이는 비밀누설 사고는 그 비밀을 알고 있는 자만이 누설할 수 있으며 비밀내용을 알지 못한 자는 누설하고 싶어도 누설 할 수 없기 때문이다. 그 다음 단계는 비밀을 인지하고 있는 자들의 행적을 확인한다. 비밀을 알고 있는 자가 누구를 언제 접촉하여 무었을 하였는지 여부, 예컨대 누구와 만나서 저녁을 먹었고 술을 마셨는지, 인지자의 사무실을 누가 언제 방문하였는지 등의 접촉자를 확인한다.

3) 보안사고 조사결과 처리

① 보안사고가 발생하였을 경우에는 반듯이 누설자를 규명하여야 한다. 누설자는 반듯이 규명되며 엄격하게 처벌된다는 전통이 확립되어야만 경각심이 제고되어 보안사고 발생을 최소화 할 수 있기 때문이다. 시간관계상 규명하지 못하였다면 장기 조사 사항으로 등재하여 반듯이 규명해야 한다. 영원한 비밀은 없는 것이므로 포기치 않고 지속적으로 조사한다면 규명되지 않은 보안사고는 없다.

② 보안누설자가 규명되지 않았다고 하여도 누설되도록 원인을 제공한 자, 즉, 보안관리를 소홀히 한자도 색출하여 엄격하게 처벌되어야 한다.

③ 보안사고재발을 방지하기위한 광범위한 대책을 수립하고 그 대책을 철저하게 실천하므로 써 경각심을 갖도록 해야 한다

④ 누설된 비밀내용은 효력을 정지시키거나 내용을 변경해야 한다.

⑤ 보안사고의 원인과 보안대책은 전 부서에 전파, 교육을 실시하므로 써 주의를 환기시켜야 한다.

참고문헌

1. 국내문헌

가. 단행본

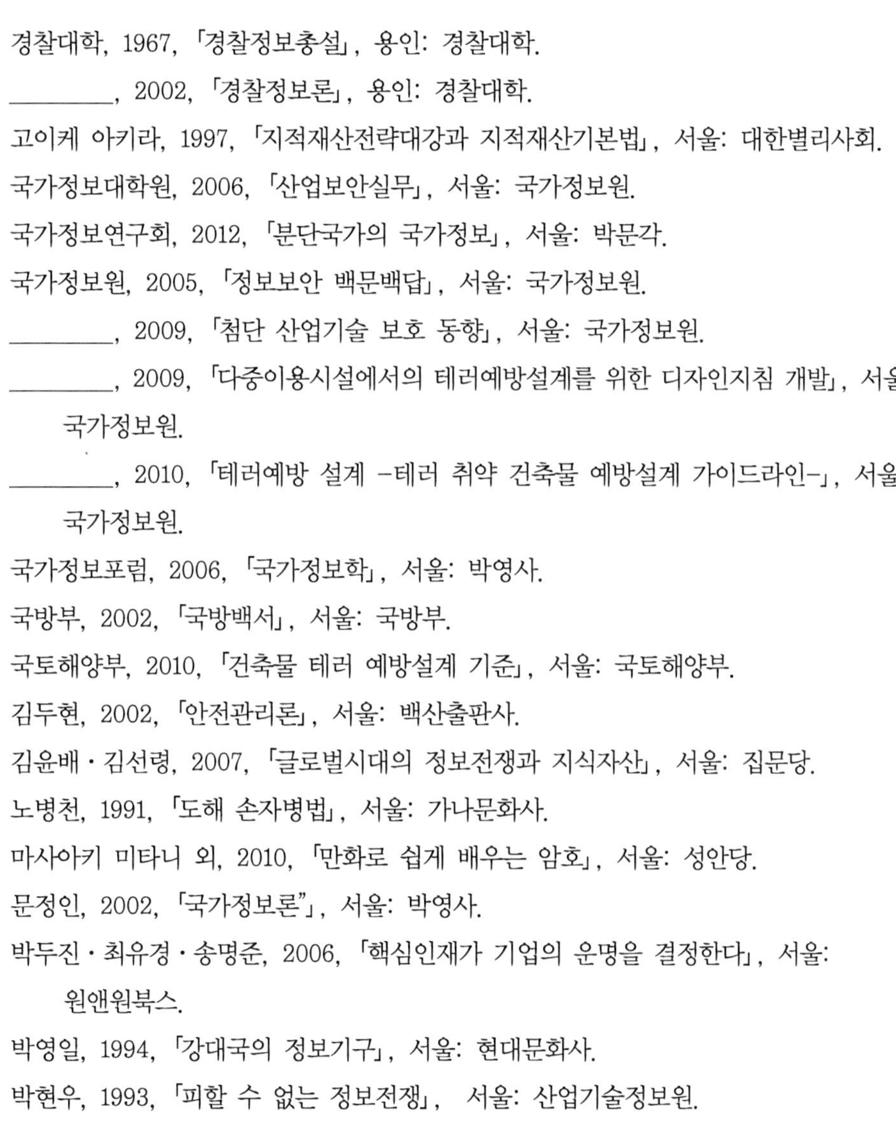

경찰대학, 1967, 「경찰정보총설」, 용인: 경찰대학.

________, 2002, 「경찰정보론」, 용인: 경찰대학.

고이케 아키라, 1997, 「지적재산전략대강과 지적재산기본법」, 서울: 대한별리사회.

국가정보대학원, 2006, 「산업보안실무」, 서울: 국가정보원.

국가정보연구회, 2012, 「분단국가의 국가정보」, 서울: 박문각.

국가정보원, 2005, 「정보보안 백문백답」, 서울: 국가정보원.

________, 2009, 「첨단 산업기술 보호 동향」, 서울: 국가정보원.

________, 2009, 「다중이용시설에서의 테러예방설계를 위한 디자인지침 개발」, 서울: 국가정보원.

________, 2010, 「테러예방 설계 -테러 취약 건축물 예방설계 가이드라인-」, 서울: 국가정보원.

국가정보포럼, 2006, 「국가정보학」, 서울: 박영사.

국방부, 2002, 「국방백서」, 서울: 국방부.

국토해양부, 2010, 「건축물 테러 예방설계 기준」, 서울: 국토해양부.

김두현, 2002, 「안전관리론」, 서울: 백산출판사.

김윤배·김선령, 2007, 「글로벌시대의 정보전쟁과 지식자산」, 서울: 집문당.

노병천, 1991, 「도해 손자병법」, 서울: 가나문화사.

마사아키 미타니 외, 2010, 「만화로 쉽게 배우는 암호」, 서울: 성안당.

문정인, 2002, 「국가정보론"」, 서울: 박영사.

박두진·최유경·송명준, 2006, 「핵심인재가 기업의 운명을 결정한다」, 서울: 원앤원북스.

박영일, 1994, 「강대국의 정보기구」, 서울: 현대문화사.

박현우, 1993, 「피할 수 없는 정보전쟁」, 서울: 산업기술정보원.

산업기밀보호센터, 2007, 「산업기술 보호지침」, 서울: 산업기밀보호센터.

삼성경제연구소, 2002, 「핵심인재 확보 · 양성 전략」, 서울: 삼성경제연구소.
서진석, 2010, 「민간경비론」, 서울: 진영사.
신승중 외, 2003, 「정보보호학 개론」, 서울: 인터비젼.
신요안 · 김광순, 2011, 「디지털통신」, 서울: 복두출판사.
스티븐 핑크, 2004, 「뚫는 자와 막는자– 기업스파이전쟁」, 서울: 조선일보사.
유동환, 1999, 「손자병법」, 서울 홍익출판사.
윤은기, 1990, 「산업스파이의 공격과 방어: 기업보안의 이론과 실제」, 서울: 유나이티드 컨설팅 그룹.
이기열, 2011, 「편지에서 인터넷까지 IT강국 한국의 정보통신 역사기행」, 서울: 북스토리.
이만영 외, 2002, 「현대 암호학 및 응용」, 서울: 생능출판사.
이만종, 2008, 「최신범죄학개론」, 서울: 학현사.
이윤근, 2001, 「민간경비론」, 서울: 엑스퍼트.
이윤식, 1994, 「행정정보체제론」, 서울: 법영사.
________, 2009, 「신행정정보체계론」, 서울: 대영문화사.
이홍섭 외, 2005, 「컴퓨팅 보안」, 서울: 홍릉과학출판사.
장은영 · 임황비, 2006, 「통신공학의 기초」, 서울: 산화전산기획.
정태명 외, 2009, 「사이버 공격과 보안기술」, 서울: 홍릉과학출판사.
중소기업청, 2006, 「산업기밀 보호 가이드북」, 서울: 중소기업청.
________, 2007, 「중소기업 산업기밀관리 실태조사 보고서」, 서울: 중소기업청.
________, 2007, 「중소기업 기술유출 대응메뉴얼」, 서울: 중소기업청.
지식경제부, 2011, 「국가 산업경쟁력 강화를 위한 산업기술 보호대책에 관한 연구」, 서울: 산업기술보호협회.
최경철, 2005, 「웹보안.」, 서울: 프리렉.
최병권 · 한상엽, 2009, 「핵심인재 확보전략」, 서울: 새로운제안.
최선태, 2009, 「21세기 산업보안론」, 서울: 진영사.
한국기술거래소, 2005, 「기술유출 대응 가이드북」, 서울: 한국기술거래소.
한국산업기술진흥협회, 2009, 「산업기밀실태조사 보고서」, 서울: 한국산업기술진흥협회.
한국산업보안연구학회, 2011, 「산업보안학」, 서울: 박영사.
한국역사연구회, 2004, 「고대로부터의 통신」, 서울: 푸른역사.

한희원, 2009, 「국가정보학 원론」, 서울: 법률출판사.
현대호 외, 2008, 「산업스파이에 대한 법적 대응 방안」, 서울: 한국법제연구원.
홍완표 · 나극환, 2011, 「무선통신 기본원리」, 서울: 홍릉과학출판사.

나. 연구논문

강경연 · 임동현 · 김정석 · 이경훈, 2010, "초고층 건축물의 폭발물테러 예방을 위한 건축계획 가이드라인 연구", 「한국위기관리논집」 4: 192-205..
김기권, 2009, "산업스파이의 대응 실태 및 대책에 관한 연구", 「석사학위논문」, 동국대 행정대학원.
김순석, 2011, "환경설계를 통한 테러예방 연구 -다중이용시설 및 초고층빌딩을 중심으로-", 「한국범죄심리연구」, 7(3): 77-100.
김순석 · 신제철, 2010, "산업기술 유출방지를 위한 핵심인력 관리방안에 관한 연구", 「한국경호경비학회지」, 25: 109-130.
김태환, 2007, "핵심기술 보호를 위한 기업의 대응 방안 연구", 「석사학위논문」, 고려대 정보경영공학전문대학원.
류지훈, 2008, "산업기밀 유출실태 및 대응전략에 관한 연구: 98~07년 발생 산업스파이 사건을 중심으로", 「석사학위논문」, 고려대 정책대학원.
박동균, 2010, "다중이용시설 테러에 대비한 지방자치단체의 위기관리 전략", 「한국지방자치연구」, 11(4): 172-183.
박성필, 2009, "기술유출 방지를 위한 핵심인력 보상체계", 「석사학위논문」, 서울과학종합대학원.
백영준, 2011, "산업기술의 보호에 관한 비교법적 연구", 「박사학위논문」, 한양대학교 대학원.
염돈재, 2008, "각국 정보수사기관의 산업기술 보호활동에 관한 비교연구- 미국, 독일, 일본 및 한국 사례를 중심으로", 한국국가정보학회 연례학술회의 발표논문.
양문승 · 윤경희, 2010, "다중이용시설의 테러 위험요인에 따른 경찰 대비방안 연구", 「한국경찰연구」, 9(3): 92-101.
오일석, 2007, "산업기술유출 방지를 위한 국가 및 기업의 대응 방안 연구", 「박사학위논문」, 고려대 정보경영공학전문대학원.
이경훈, 2009, "국내 다중이용시설의 테러예방설계를 위한 기초연구 -건물외피경계 및 실내공간의 디자인적 요소를 중심으로", 「테러정책」, 6: 75-83.
이경훈·김창훈, 2009, "다중이용시설의 테러예방을 위한 건축물 보안통제 디자인의 실태와 지방자치단체의 역할", 「한국위기관리논집」, 5(1): 36-51.
이재하, 2004, "핵심인재의 이직인식에 관한 연구", 한국산업경영시스템학회 춘계학술대회 논문집.
이창환, 2010, "보안정책에 미치는 영향요인에 관한 연구", 「박사학위논문」, 경원대학교 대학원.
장보영, 2011, "중국 기술획득 전략의 유형과 변화", 「산업보안 연구논총」, 7: 190-205.
정병수, 2007, "산업스파이의 실태분석 및 대응방안에 관한 연구", 「석사학위논문」 동국대학교 대학원.
정일훈·양진석, 2010, "환경설계를 활용한 도시범죄 예방에 관한 연구", 「한국생활환경학회지」, 17(4): 431-449..
지정환, 2011, "국내 초고층 건물의 폭발물 피해 경감을 위한 구조 가이드라인", 「석사학위 논문」, 서울과학기술대학교 산업대학원.
최진태, 2008, "미래 국제 테러유형과 전망에 관한 연구", 「한국경호경비학회지」, 15: 335-342.

2. 국외문헌

가. 단행본

Army TM 5-1300, 2007, Navy Navfac P-397 and Air Force AFR 88-22.
DOD, 2008, Structures to Resist the Effects of Accidental Explosions, UFC 3-340-02.
FEMA, 2003, FEMA 426-Reference Manual to Mitigate Potential Terrorist Attacks Against Building, FEMA. 2003. FEMA 427-Primer for Design of Commercial Building to Mitigate Terrorist Attack, FEMA. 2005. FEMA 452-Risk Assessment: A How-To Guide to Mitigate Potential Terrorist Attacks, FEMA. 2009. FEMA 455-Handbook for Rapid Visual Screening of Building to Evaluate Terrorism Risk.
GAS, 2005, The Facilities Standards for the Public Buildings Service. PBS-100.

Jeffrey, T. Richelson., 2002, *The U.S. Intelligence Community,* New York: Lexington Books.

Howard, M., 1976, *War in European History*, Oxford : Oxford University Press.

Leo, D. Carl., *International Dictionary of Intelligence*, McLean: International Defense Consultant Services Inc.

Watson Wyatt, 2007/2008, Global Strategic Rewards® Report and Asia-Pacific Findings, Playing to win in a National Memorial Institute for the Prevention of Terrorism(MIPT), Terrorism Knowledge Base.

나. 연구논문

Ferris, J., 1989, "Before 'Room 40' : the British Empire and Signals Intelligence, 1898~1914," Journal of Strategic Studies, 12(4): 431-457.

Herman, Michael. E., 1989, "British and US Concepts of Intelligence: Barriers or Aids to Cooperation?" BISA/ISA conference, London, March 1989, p. 25-41.

Robertson, Ken. G., 1987, "Intelligence, Terrorism and Civil Liberties," *Conflict Quarterly*(University of New Brunswick), 7(2): 41-53.

3. 기타

브리테리커 사전 http://www.britannica.com/EBchecked/topic/

산업기밀보호센터 http://service4.nis.go.kr/servlet/page

일본경제산업성, http://www.meti.go.jp/policy/

일본수상관저, http://www.kantei.go.jp/

위키디피아 사전 http://en.wikipedia.org/wiki/

중소기업청 http://www.smba.go.kr/

지식경제부 http://www.mke.go.kr/mke/index.jsp#

한국기업보안연구회, www.security.ne.kr.

(주)서버테크 대표이사 이희준 www.servertek.co.kr

INDEX

【저자약력】

◉ **신제철(申濟喆)**

- 現 신라대학교 법경찰학부 교수
- 現 신라대학교 산업보안센터 책임교수
- 現 에스원 고문
- 前 세명대학교 경찰행정학과 객원교수
- 前 경기산업기술보호협회 수석부회장
- 前 경기대학교 산업보안특화펩 부소장
- 前 동국대, 중앙대, 용인대, 세명대, 경기대 산업보안론 강사

※ 공직 30여년 동안 보안업무 담당

◉ **김순석(金舜石)**

- 現 신라대학교 법경찰학부 교수
- 現 신라대학교 민간경비센터 책임교수
- 現 부산지방 경찰청 집회·시위 자문위원
- 現 경찰공무원 시험 출제위원
- 現 한국공안행정학회 연구이사
- 現 한국범죄심리학회 및 한국경호경비학회 편집위원
- 現 한국민간조사연구학회 및 한국해양경찰학회 총무이사
- 現 한국경찰학회, 한국경찰발전연구학회 이사
- 前 중앙경찰학교, 동국대, 경기대, 울산대, 경남대, 순천향대 강사

도서출판

산업보안론

산업정보수집과 산업보안

인쇄일 ▶ 2013년 3월 2일
발행일 ▶ 2013년 3월 8일
저 자 ▶ 신제철 · 김순석
발행처 ▶ 도서출판 **그린**
발행인 ▶ 윤 덕 우
출판등록 ▶ 제8-161호(1995. 5. 3.)
주소 ▶ 서울시 서대문구 연희동 219-20 (우)120-828
전화 ▶ 02)333-2574, 2575
Fax ▶ 02)333-2561
E-mail ▶ greenpress@greenpress.co.kr
Homepage ▶ http://www.greenpress.co.kr

정가 : 29,000원

ISBN : 978-89-5727-181-0 (93330)